国际统计年鉴

INTERNATIONAL STATISTICAL YEARBOOK

2004

中华人民共和国国家统计局　编

中国统计出版社
China Statistics Press

(京)新登字 041 号

图书在版编目 (CIP) 数据

国际统计年鉴. 2004/中华人民共和国国家统计局编.
－北京：中国统计出版社，2004.6
ISBN 7-5037-4381-6

I. 国…
II. 中…
III. 社会经济统计－统计资料－世界－2004－年鉴
IV.C831-54

中国版本图书馆 CIP 数据核字 (2004) 第 044717 号

国际统计年鉴－2004

作　　者／中华人民共和国国家统计局
责任编辑／吕　军
封面设计／艺编广告 · 张 冰
出版发行／中国统计出版社
通信地址／北京市西城区月坛南街 75 号　　邮政编码 / 100826
办公地址／北京市丰台区西三环南路甲 6 号
E-mail: yearbook@stats.gov.cn
电　　话／(010)63459084、63266600-22500（发行部）
印　　刷／北京顺义振华印刷厂
经　　销／新华书店
开　　本／890 × 1240 毫米　　1/16
字　　数／590 千字
印　　张／26　　11 彩页
版　　别／2004 年 9 月第 1 版
版　　次／2004 年 9 月北京第 1 次印刷
书　　号／ISBN 7-5037-4381-6/F · 1845
定　　价／200.00 元

本书附同版本 CD-ROM 一张，光盘内容以书面文字为准。
中国统计版图书，如有印装错误，本社发行部负责调换。

《国际统计年鉴–2004》

编委会和编辑人员

International Statistical Yearbook 2004

EDITORIAL BOARD AND STAFF

2002年各大洲国土面积占世界的比重

Area of Each Continent as Percentage of the World (2002)

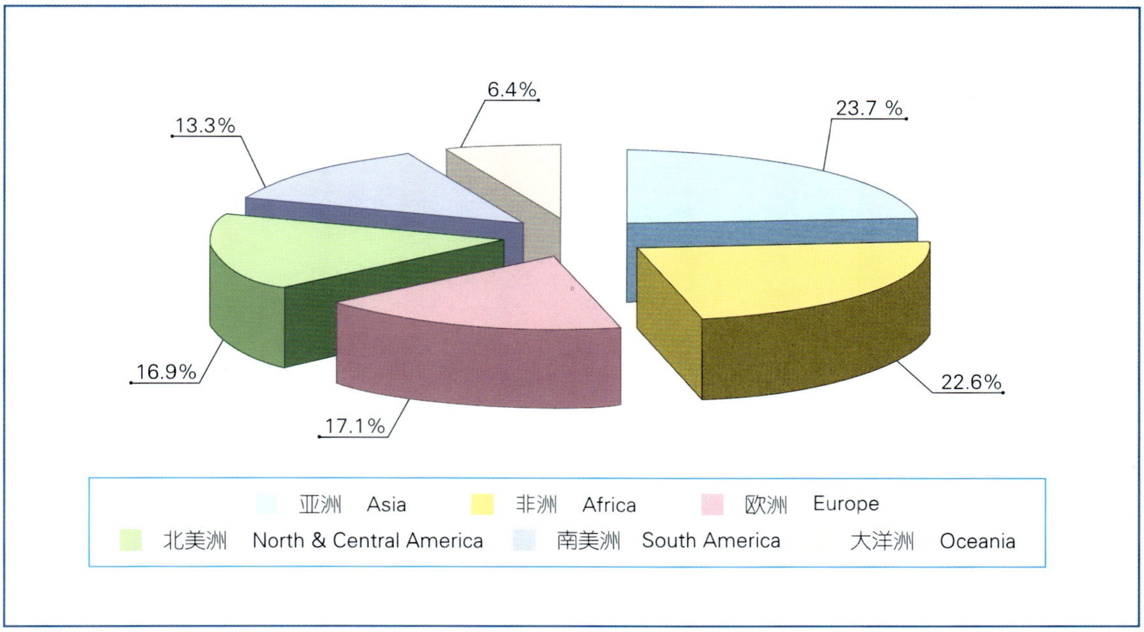

2002年各大洲人口数占世界总人口的比重

Population of Each Continent as Percentage of the World (2002)

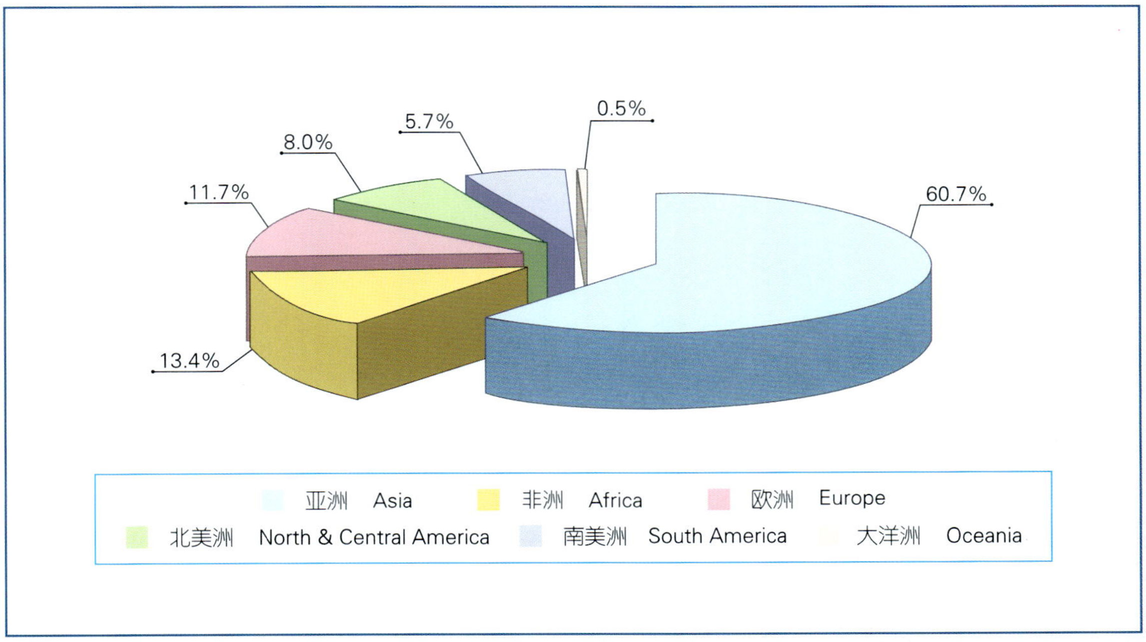

世界与中国国内生产总值增长率

Growth Rate of GDP in the World and China

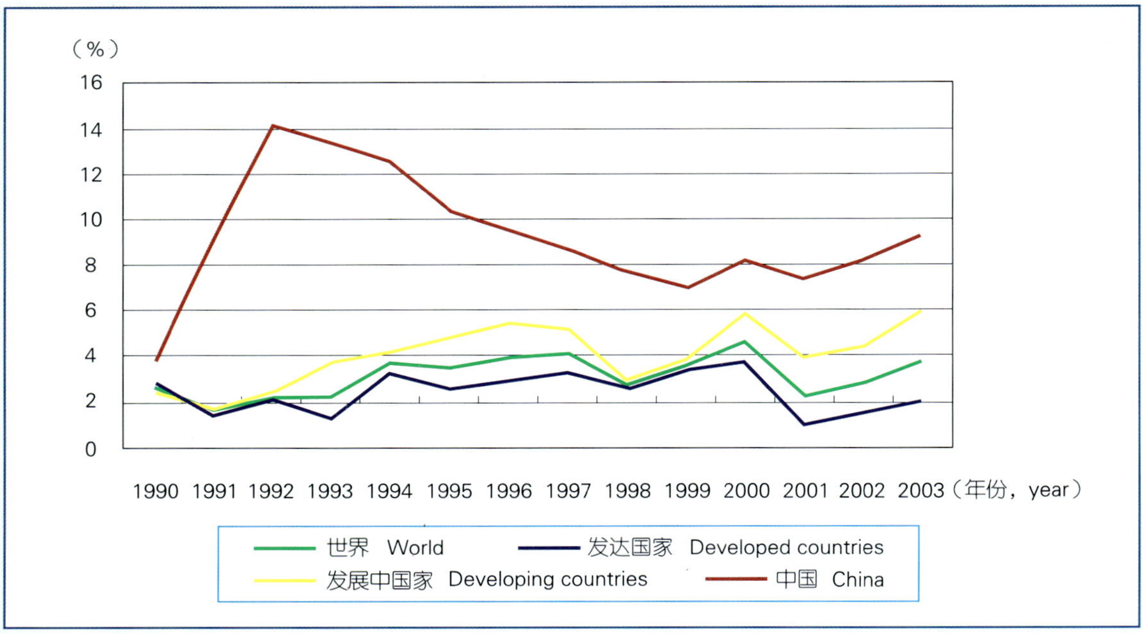

世界货物进出口增长率

Growth Rate of the World Merchandise Imports and Exports

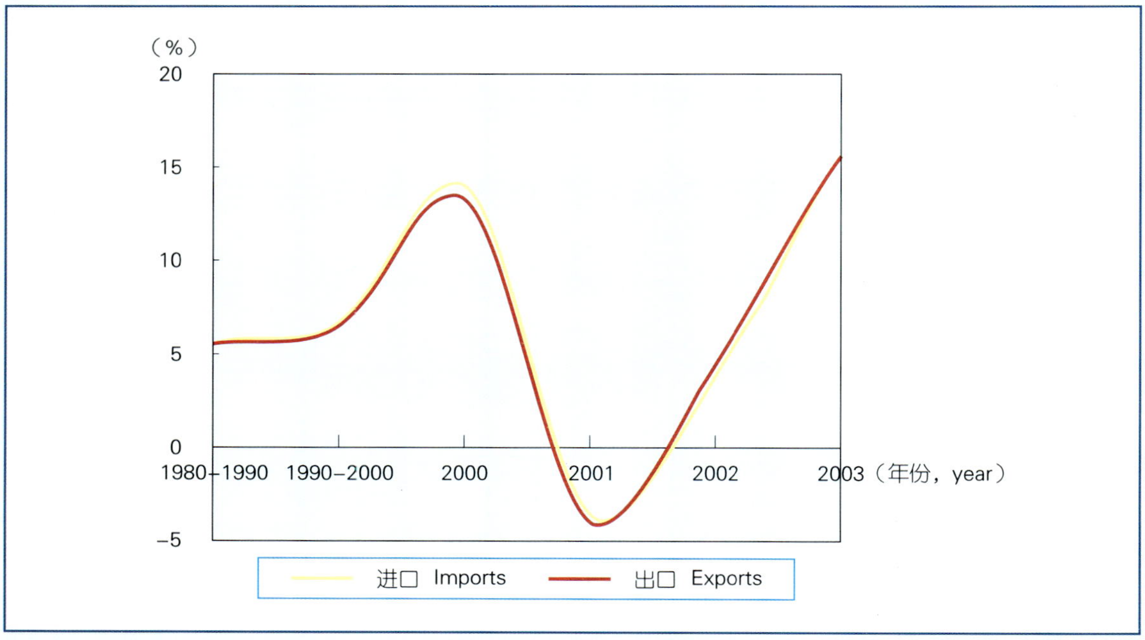

2002年人口数居世界前十位国家

Population of the Top Ten Countries in the World (2002)

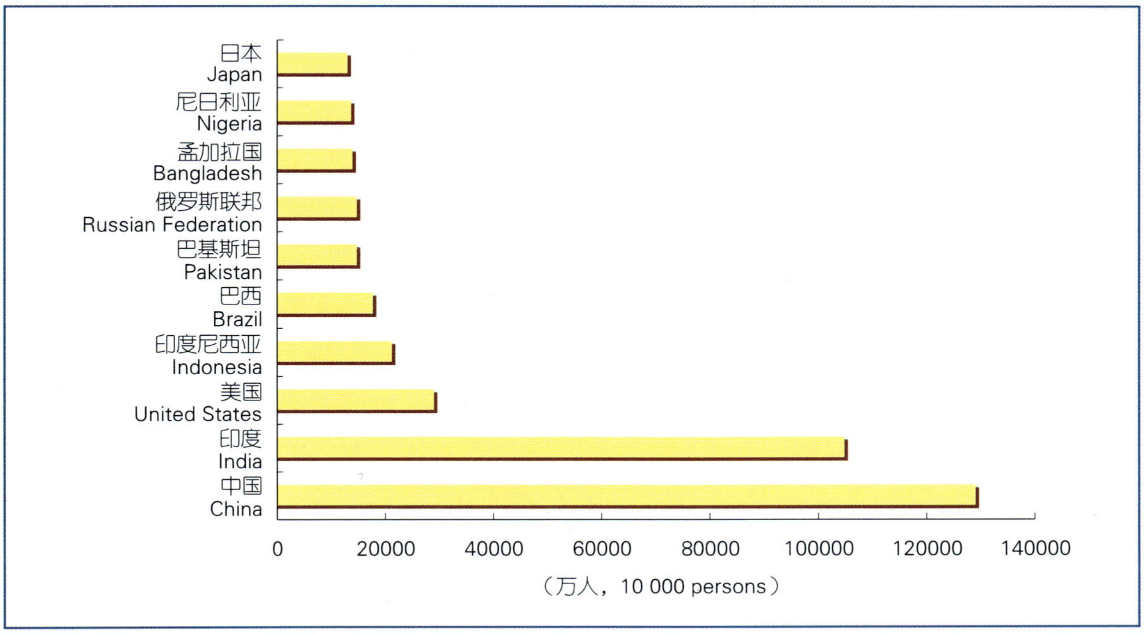

2002年世界人口数居前十位国家的人口年龄构成

Age Composition of the Top Ten Countries' Population in the World (2002)

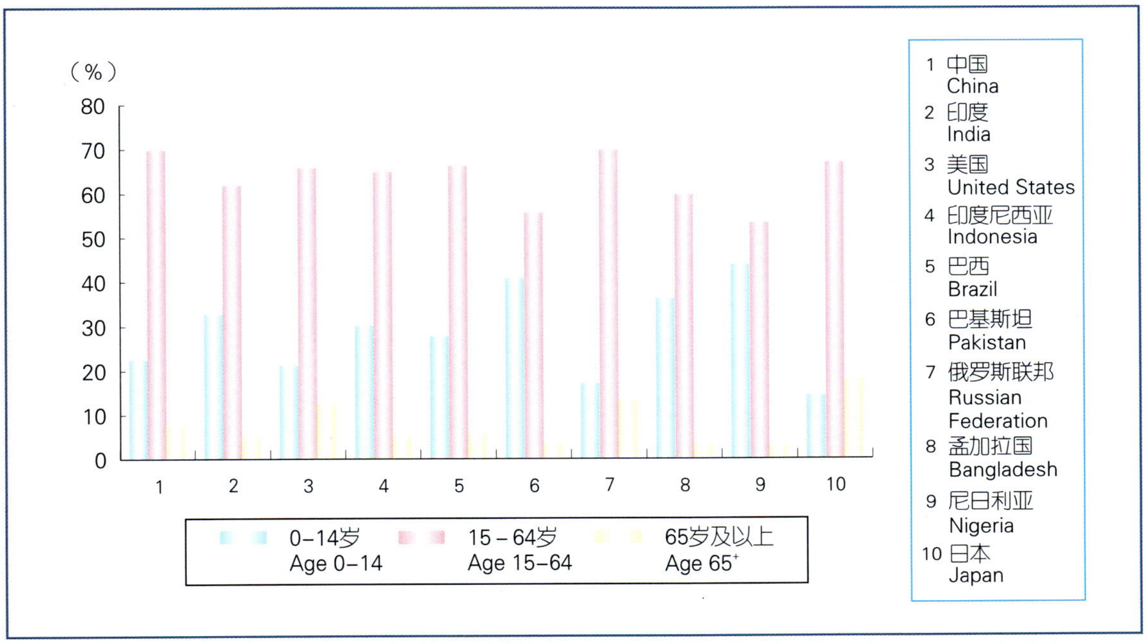

2002年国土面积居世界前十位国家

Area of the Top Ten Countries in the World (2002)

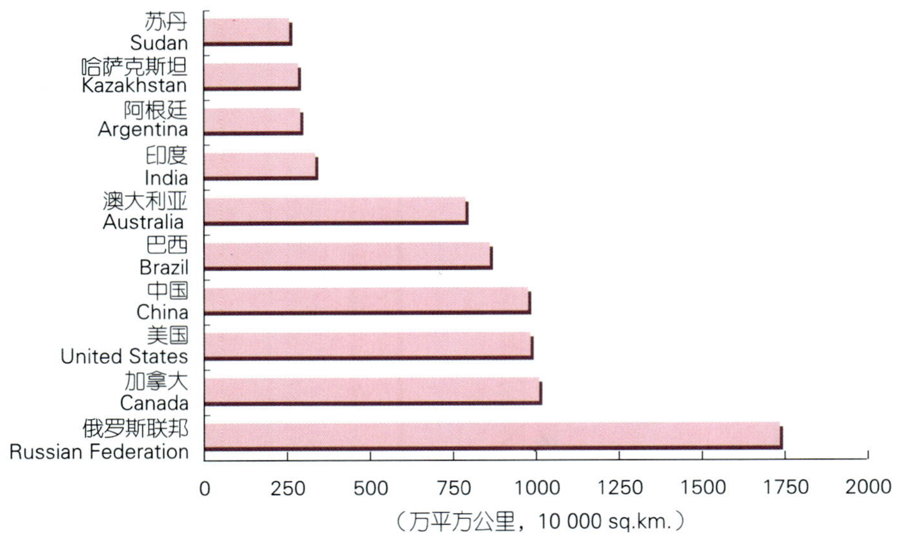

2002年外国直接投资额（流入）居世界前十位国家

Foreign Direct Investment (Inflow) of the Top Ten Countries in the World (2002)

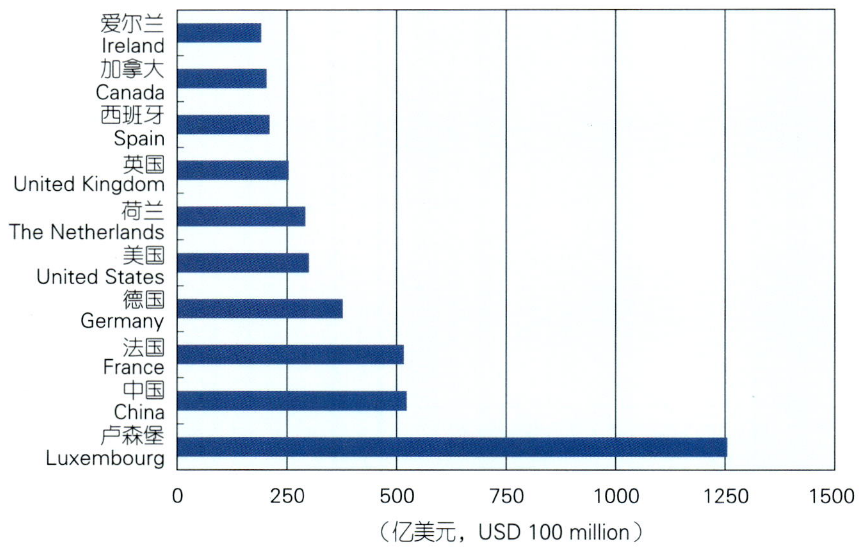

2002年国内生产总值居世界前十位国家

Gross Domestic Product of the Top Ten Countries in the World (2002)

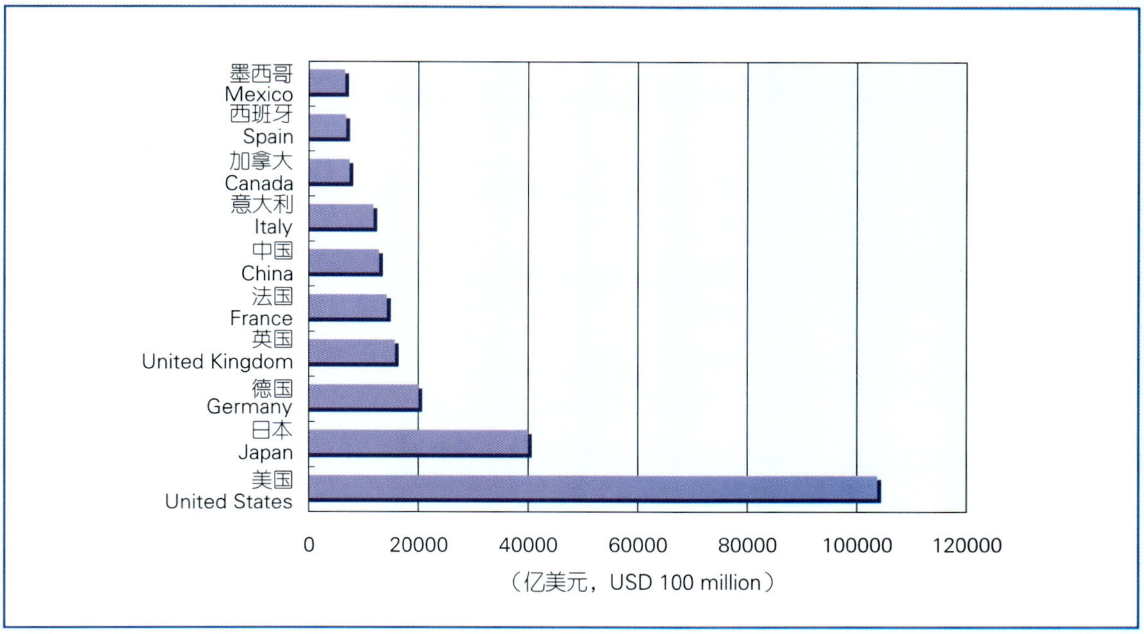

2002年人均国民总收入居世界前十位国家和地区

Gross National Income Per Capita of the Top Ten Countries and Region in the World (2002)

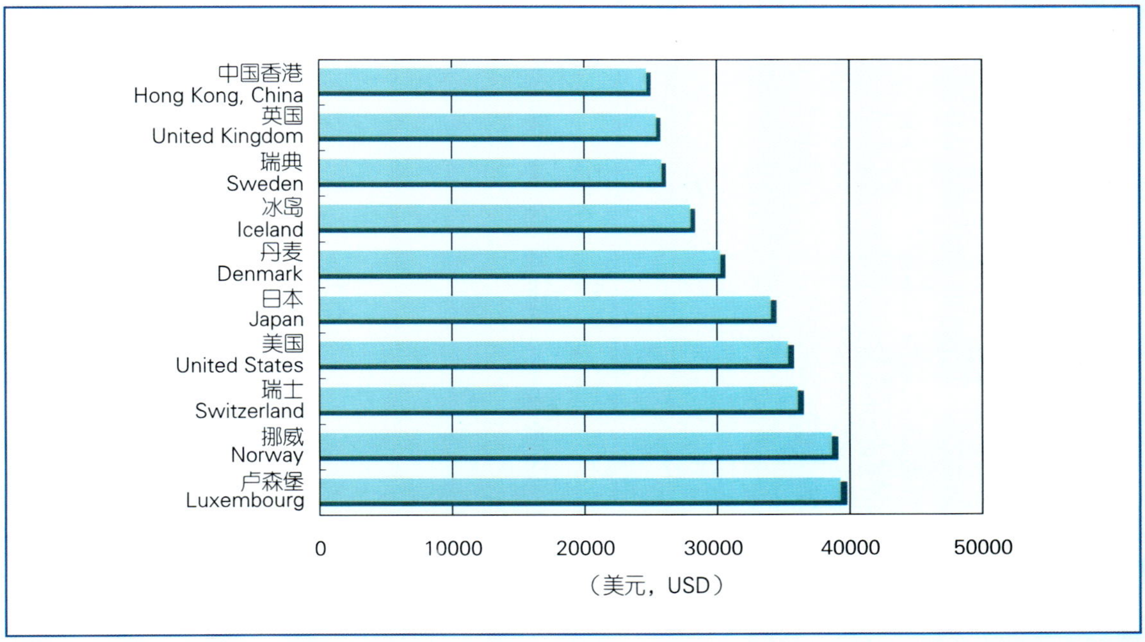

2003年世界主要国家谷物产量

Cereal Production in Major Countries of the World (2003)

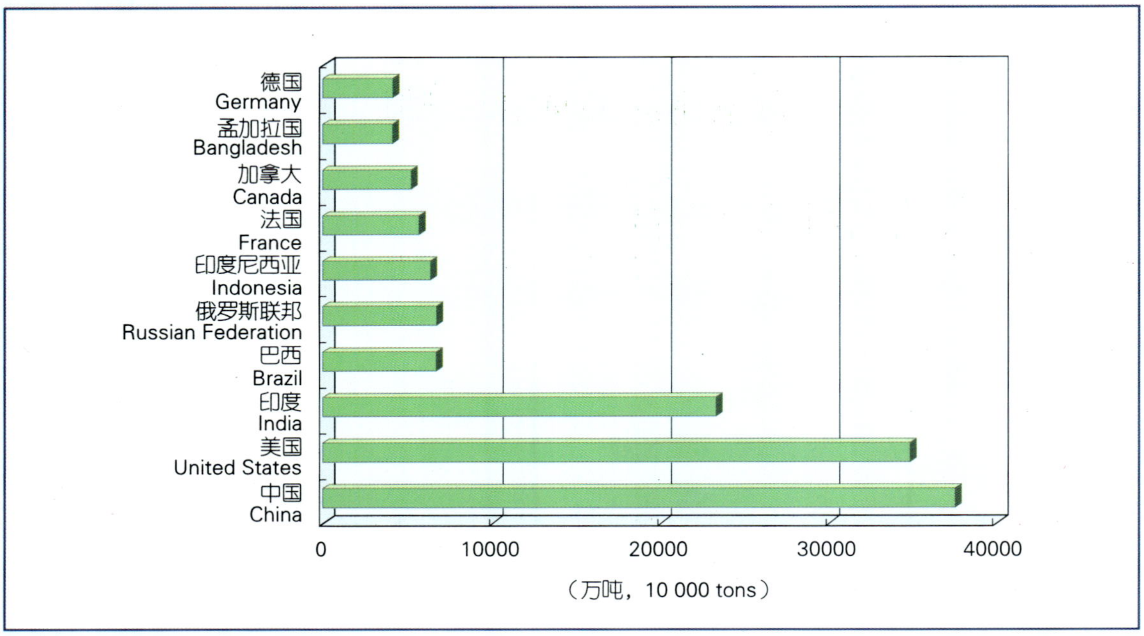

2003年世界主要国家棉花产量

Cotton Production in Major Countries of the World (2003)

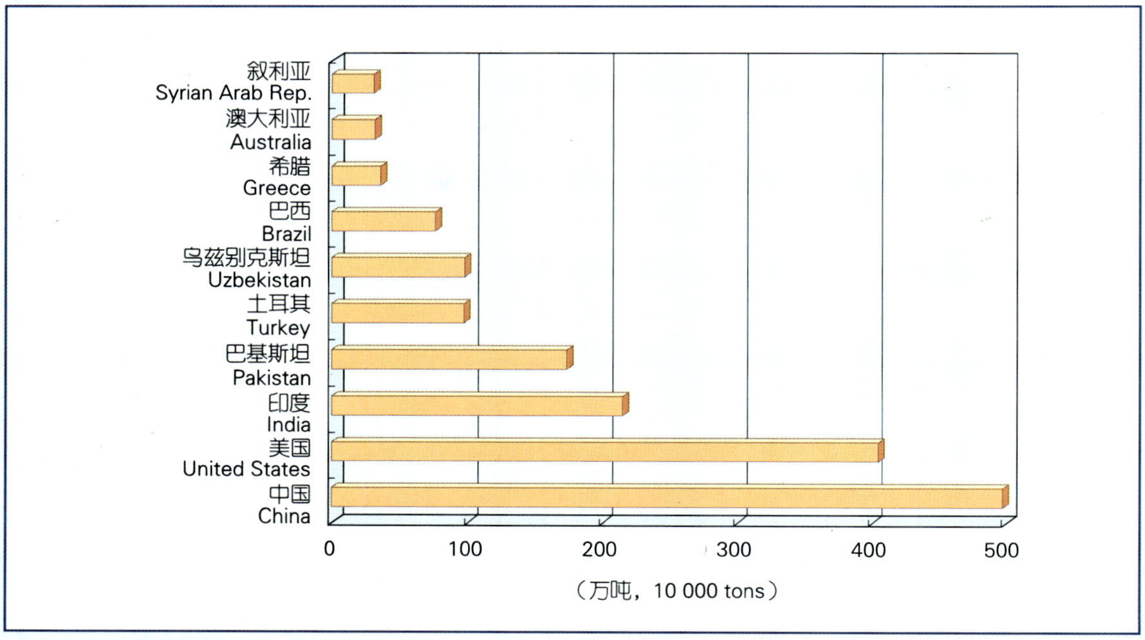

2003年世界主要国家肉产量

Meat Production in Major Countries of the World (2003)

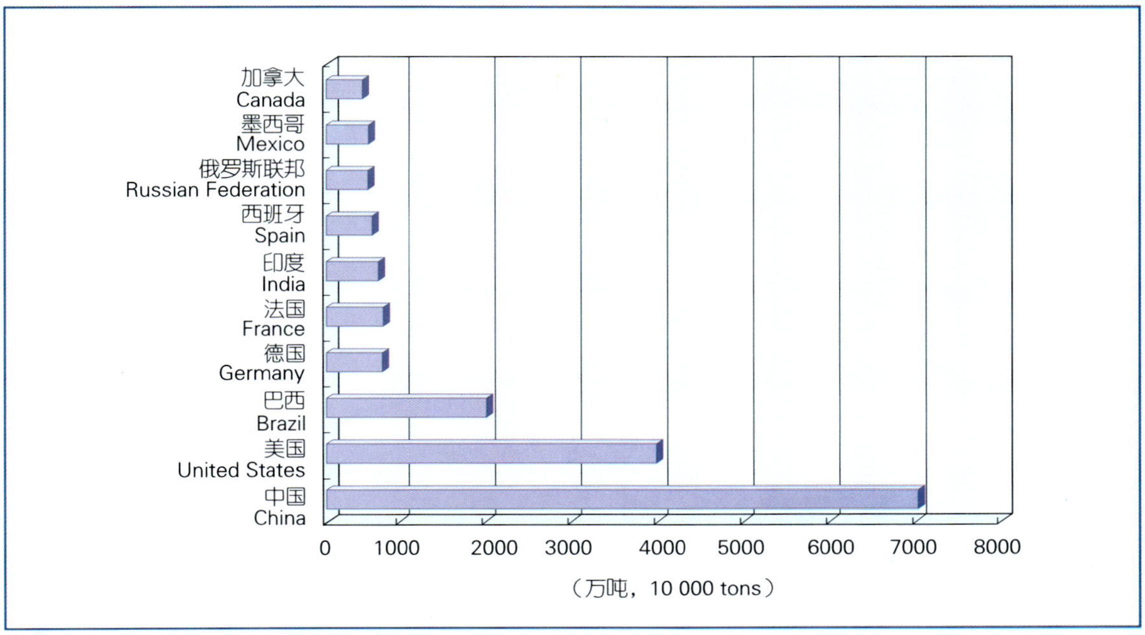

2003年世界主要国家牛奶产量

Cow Milk Production in Major Countries of the World (2003)

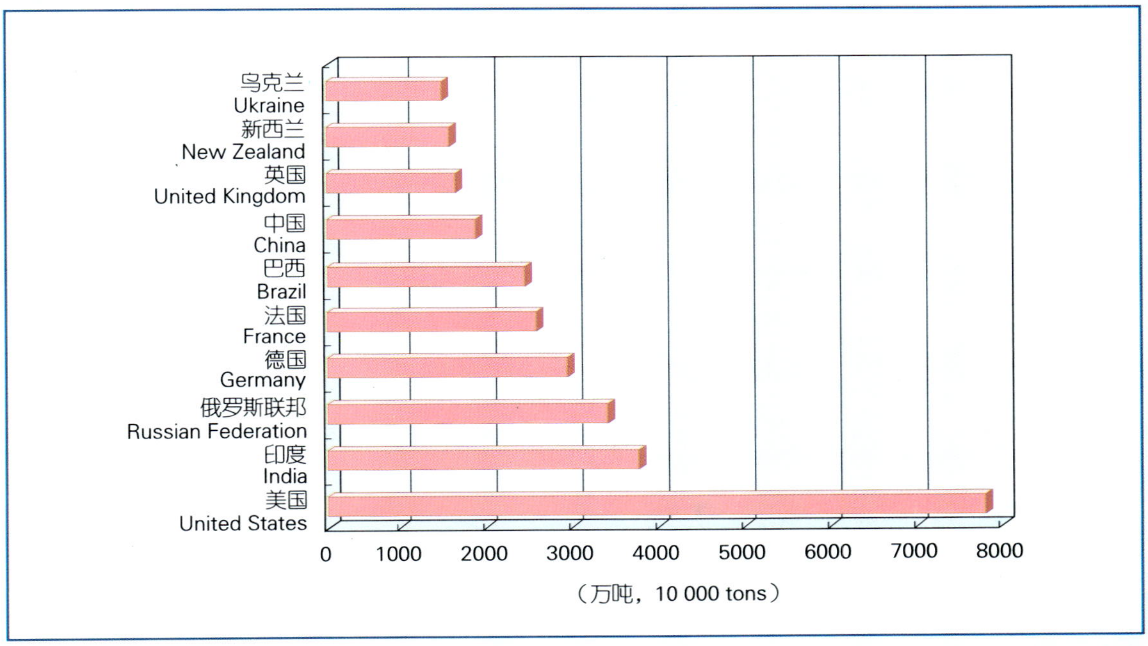

2002年世界主要国家钢产量

Steel Production in Major Countries of the World (2002)

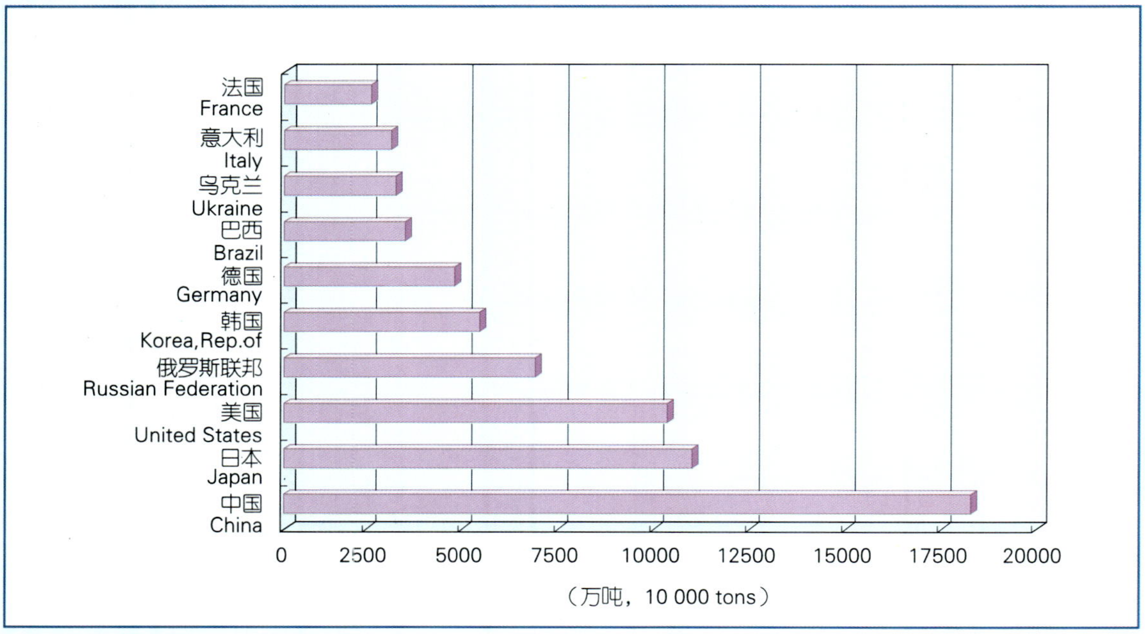

2002年世界主要国家煤炭产量

Coal Production in Major Countries of the World (2002)

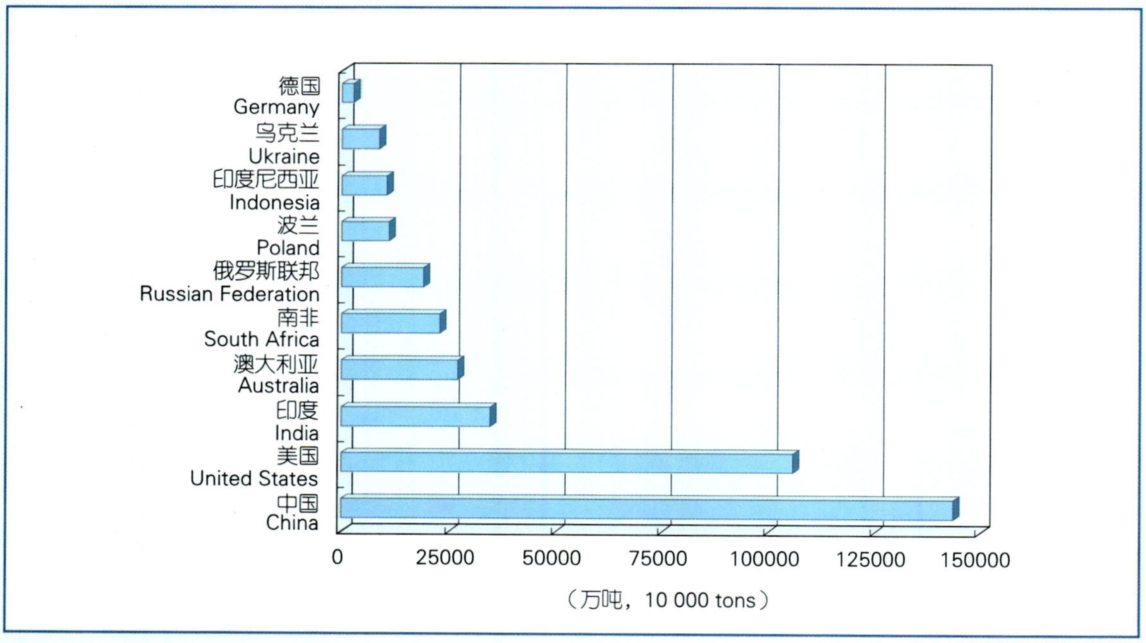

2002年世界主要国家原油产量

Crude Petroleum Production in Major Countries of the World (2002)

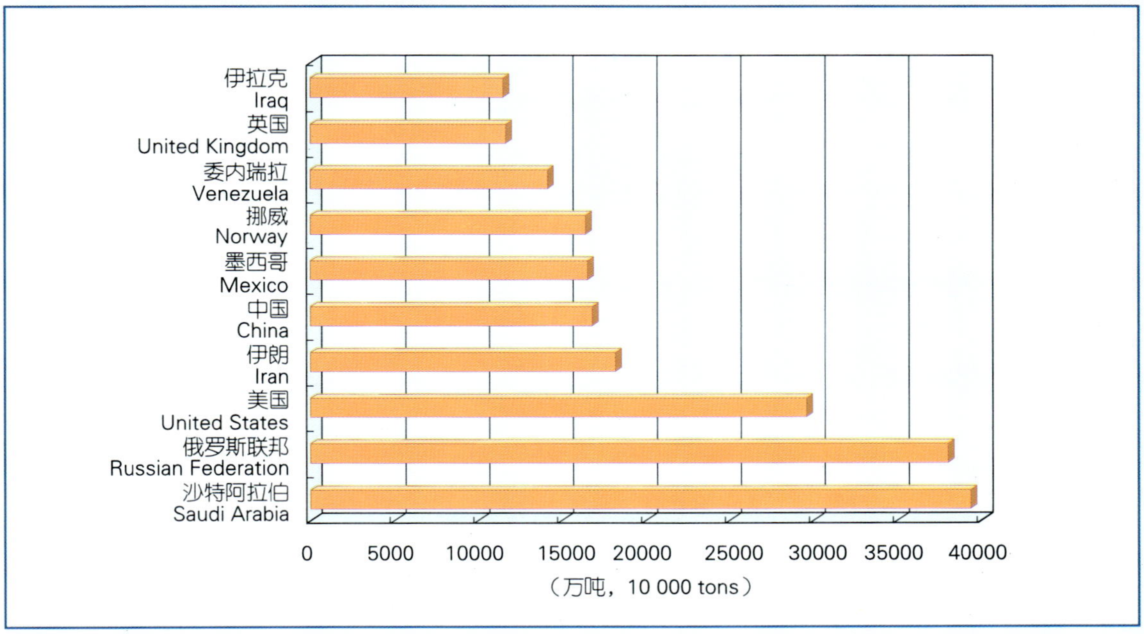

2002年世界主要国家发电量

Electricity Production in Major Countries of the World (2002)

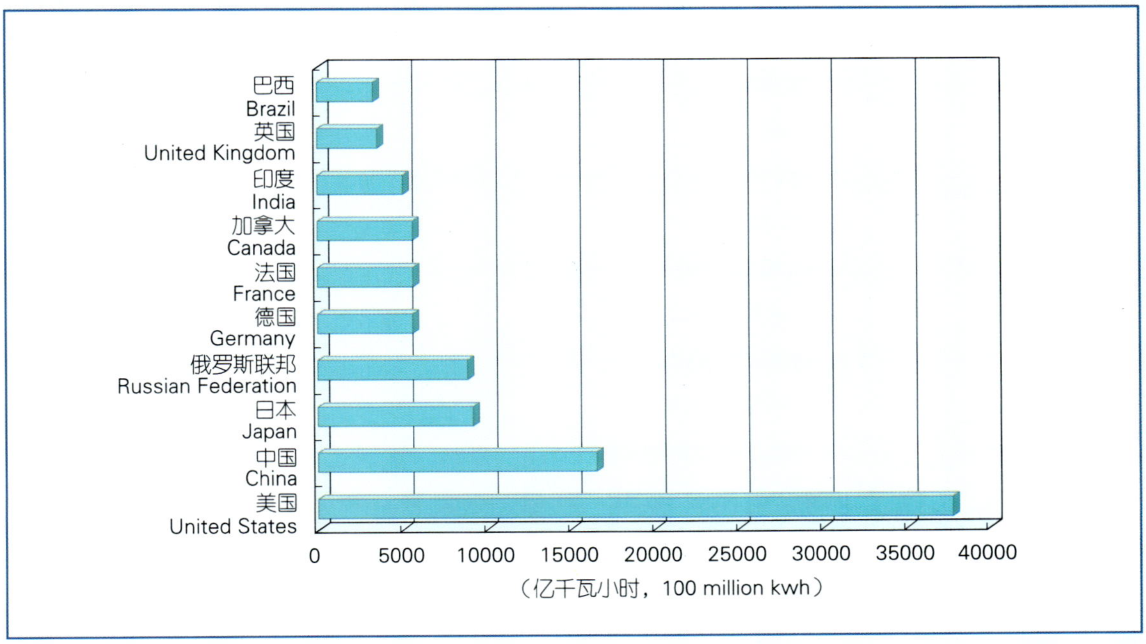

2003年货物出口额居世界前十位国家

Merchandise Exports Value of the Top Ten Countries in the World (2003)

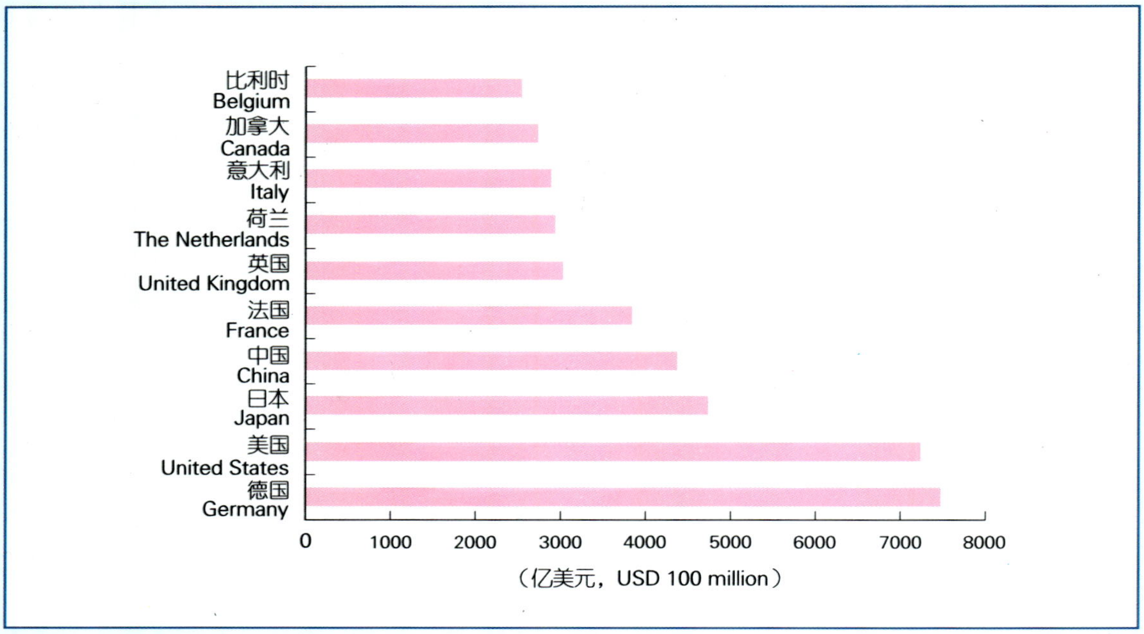

2003年货物进口额居世界前十位国家

Merchandise Imports Value of the Top Ten Countries in the World (2003)

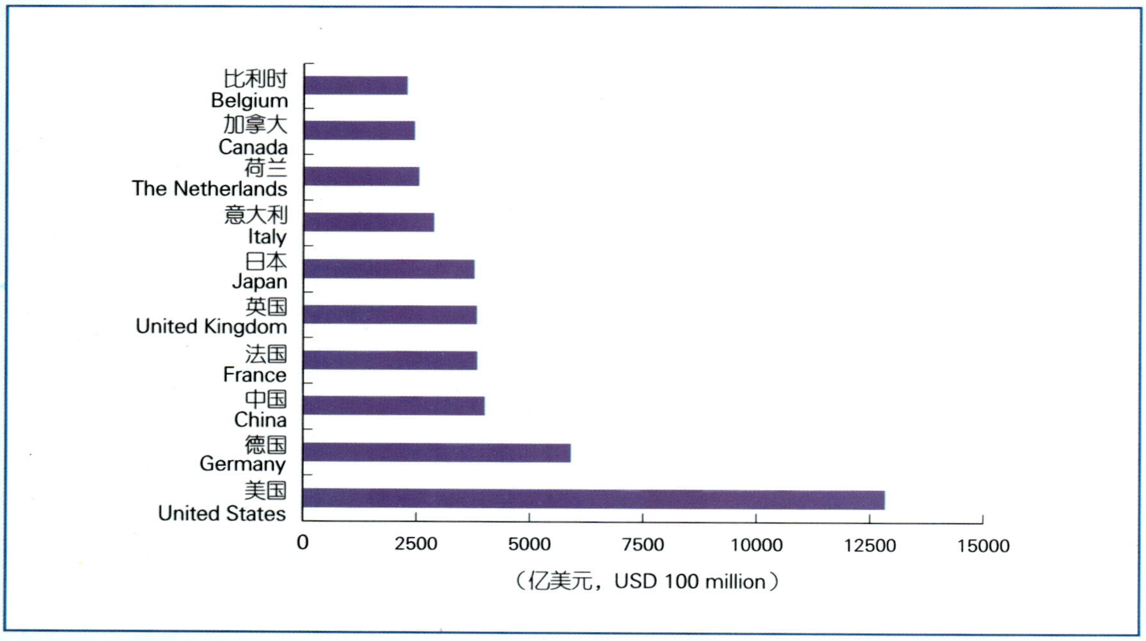

2002年世界主要国家每千人拥有计算机数

Personnel Computers per 1000 People in Major Countries of the World (2002)

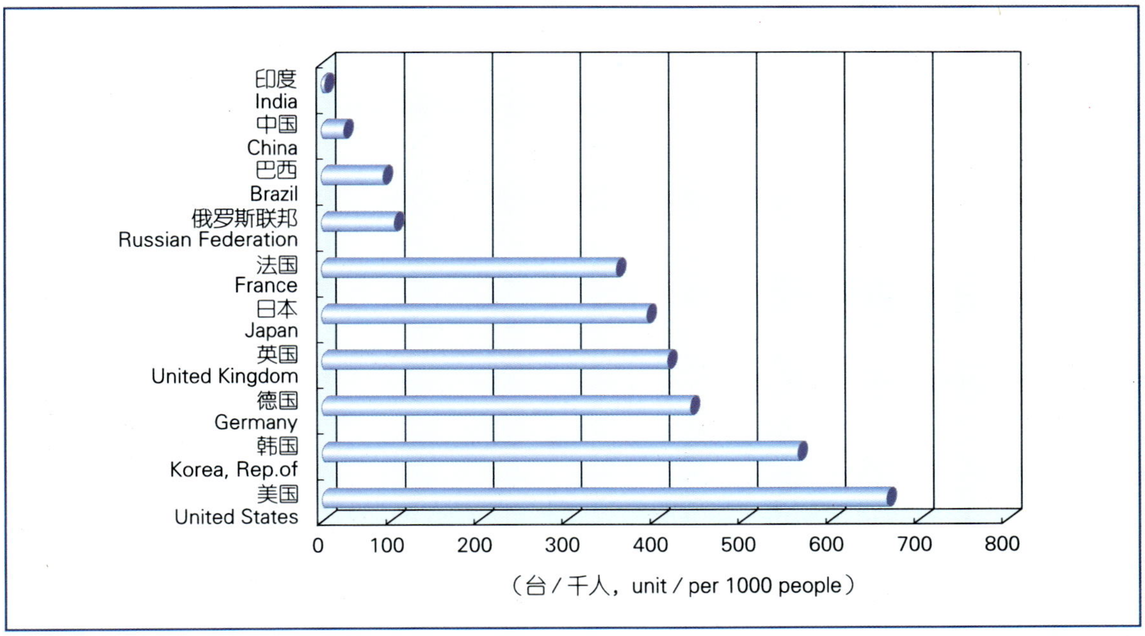

2002年世界主要国家每千人互联网用户数

Internet Users per 1000 People in Major Countries of the World (2002)

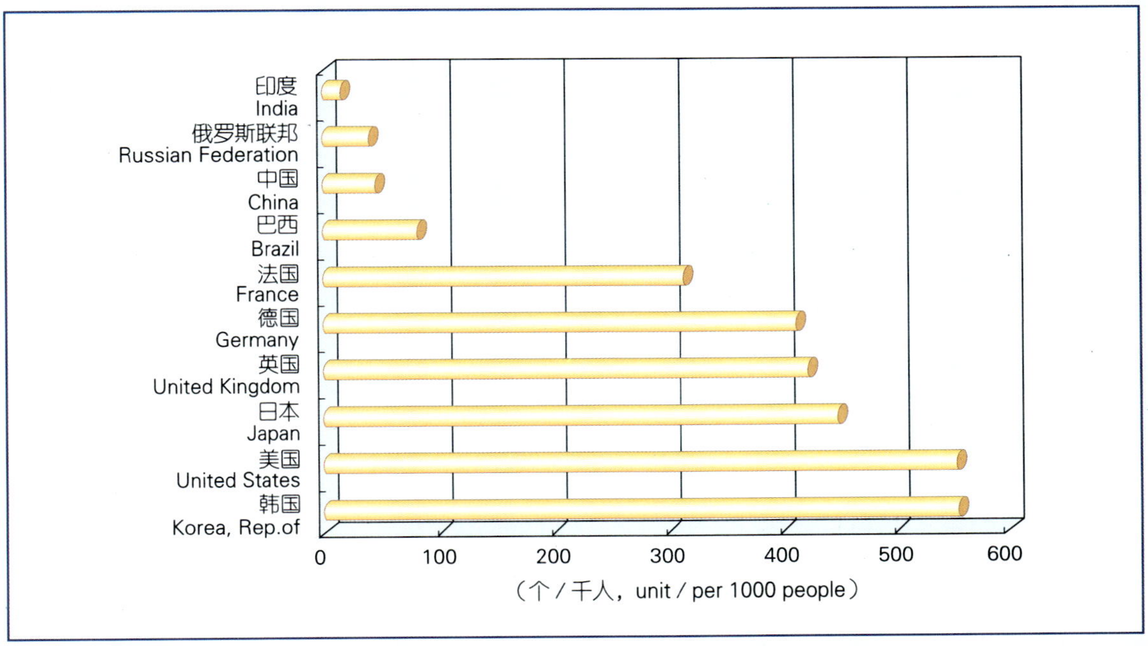

编辑说明

一、《国际统计年鉴–2004》是一部综合性国际经济、社会统计资料年刊。本书收录了世界多达190个国家和地区的统计资料，对其中的40多个主要国家和地区的经济和社会发展状况和世界知名公司的基本情况作了更为详细的介绍。为直观地展示国际统计数据，增强本书的可读性，本年鉴首次增加了彩色统计图。

二、本年鉴分为16个部分：1.中国在世界的地位；2.地理和气象；3.自然资源和环境保护；4.国民经济核算；5.人口；6.就业和工资；7.财政和金融；8.价格指数；9.住户收支和贫困；10.农业；11.工业、能源和建筑业；12.运输和通讯；13.对外贸易和旅游；14.国际收支和外债；15.教育、科技、文化、卫生和军事；16.世界最大500家企业主要指标。

三、国外的大部分数据经过联合国等国际组织的调整，口径基本可比。

四、很多国家的最新数据主要是初步数或估计数。

五、中国数据，除国土面积外，均未包括中国台湾省、香港特别行政区和澳门特别行政区。

六、国外数据主要取自有关国际组织的数据库、光盘、年报、月报。每张表均附有资料来源。中国数据以《中国统计年鉴》为准，本书所列国际组织有关中国的统计数据均加注释，仅供参考。

七、一些数据的合计数或相对数，因受进位的影响，不一定等于分项的累加。

八、尽管本年鉴所跨年度内，一些国家的名称和疆域有所改变，除非特别注明，本年鉴中所列国家均为现国家名称及其疆域范围。

九、本年鉴中使用的符号含义如下："–"表示数据不足本表最小单位数；"空格"表示无该项数据或该项统计数据不详；"#"表示其中的主要项；"|"表示因统计口径的调整，前后数据不可比。

十、一些国际组织及其组成成员如下：

西方七国包括美国、日本、英国、德国、法国、意大利和加拿大。

截止2000年，经济合作与发展组织（简称经合组织）成员国有30个：澳大利亚（1971）、奥地利、比利时、冰岛、丹麦、德国、法国、芬兰（1969）、加拿大、荷兰、卢森堡、美国、葡萄牙、日本(1964)、挪威、瑞典、瑞士、爱尔兰、西班牙、希腊、意大利、新西兰（1973）、土耳其、英国、墨西哥（1994.3.24)、捷克（1995.11.28)、匈牙利（1996.3.29)、波兰(1996.7.11)、韩国（1996.10.11)、斯洛伐克(2000.9)。

欧洲联盟，简称欧盟。截止2004年5月1日，成员国共25个：法国、德国、意大利、荷兰、比利时、卢森堡（1951年）、丹麦、爱尔兰、英国（1973年）、希腊（1981年）、西班牙、葡萄牙（1986年）、奥地利、芬兰、瑞典（1995年）、塞浦路斯、捷克、爱沙尼亚、匈牙利、拉脱维亚、立陶宛、马耳他、波兰、斯洛伐克和斯洛文尼亚(后10个国家于2004年5月1日加入)。其中欧洲货币联盟（或欧元区）成员国共12个：德国、比利时、奥地利、荷兰、法国、意大利、西班牙、葡萄牙、卢森堡、爱尔兰、芬兰、希腊。1999年1月1日欧元启动起，各成员国与欧元汇率锁定，1欧元分别相当于1.95583德国马克、40.3399比利时法郎、40.3399卢森堡法郎、166.386西班牙比塞塔、6.55967法国法郎、0.787564爱尔兰镑、1936.27意大利里拉、2.20371荷兰盾、13.7603奥地利先令、200.482葡萄牙埃斯库多和5.94873芬兰马克。2001年1月1日，希腊加入欧元区，其原货币德拉克马与欧元汇率锁定为1欧元兑换340.7502德拉克马。2002年1月1日起，欧元现钞正式取代各成员国原货币全面流通。

截止2000年底，东南亚国家联盟（简称东盟）成员国共有10个：菲律宾、马来西亚、泰国、新加坡、印度尼西亚、文莱（1984年）、越南（1995年）、缅甸（1997年）、老挝（1997年）和柬埔寨（1999年）。

北美自由贸易区成立于1994年1月1日，至今始终有三个成员国，即加拿大、墨西哥和美国。

十一、一些国家(含地区)组含义如下：

高中低收入国家：按照世界银行分组标准，高收入国家、上中等收入国家、下中等收入国家和低收入国家分别指2002年人均国民总收入9076美元及以上、2936美元至9075美元、736美元至2935美元和735美元及以下的国家。

发达国家与发展中国家：按照联合国分组标准，发达国家具体包括加拿大、美国、原欧盟成员国、澳大利亚、新西兰、日本、以色列和南非，发展中国家则指其他国家。

工业国家和发展中国家：按照国际货币基金组织分组标准，工业国家具体包括加拿大、美国、原欧盟成员国、澳大利亚、新西兰和日本，发展中国家则指其他国家。

十二、本年鉴中使用的缩写及含义如下：

sq.km (square kilometer) ＝平方公里， ha (hectare) ＝公顷， kwh (kilowatt-hour) ＝千瓦时， g (gram) ＝克， kg (kilogram) ＝千克， TJ （terojoule） ＝ 1012焦耳， TCE (ton of standard coal equivalent)＝标准煤当量，TOE(ton of standard oil equivalent)＝标准油当量，UNSD(Statistics Division of the United Nations)＝联合国统计司，IMF(International Monetary Fund) ＝国际货币基金组织， FAO (Food and Agriculture Organization of the United Nations) ＝联合国粮食及农业组织， UNCTAD (United Nations Conference on Trade and Development)＝联合国贸易和发展会议，UNDP(United Nations Development Program)＝联合国开发计划署，ILO (International Labor Organization)＝国际劳工组织，WHO(World Health Organization)＝世界卫生组织。

PREFACE

I. *International Statistical Yearbook 2004* is an annual comprehensive reference publication on international economic and social statistics. It contains data from as much as 160 countries, regions and territories over the world. More detailed information on the economic and social development of over 40 countries and the key indicators of the world famous companies is also included in the Yearbook. In order to make the international data being more comprehensible and enhance the readability of this book, we added some colorized statistical graphs into this yearbook for the first time.

II. The Yearbook contains the following 16 chapters: China in the World; Geography and Climate; Natural Resources and Environmental Protection; National Accounts; Population; Employment and Wages; Government Finance and Banking; Price Indices; Household Income and Expenditure and Poverty; Agriculture; Industry, Energy and Construction; Transportation and Communication; External Trade and Tourism; Balance of Payments and External Debts; Education, Science and Technology, Culture, Health and Military; Main Indicators of the 500 Largest Companies in the World.

III. Data for most of the foreign countries/territories have been adjusted by international organizations such as the United Nations, and the scope and coverage is therefore comparable.

IV. The latest data for many countries are preliminary or estimated statistics.

V. All data of China do not cover Taiwan Province, Hong Kong SAR and Macao SAR except data for the surface area.

VI. The data sources for foreign countries/territories include databases, CD-ROMs, yearbooks and monthly publications of international organizations. The sources of data are given at the top of each table in the Yearbook. Data for China are mainly taken from China Statistical Yearbook, while Chinese data from international organizations are footnoted and are used for reference.

VII. Some aggregations or rates/ratios may not add up to the sum of the series because of rounding.

VIII. Unless otherwise indicated, the countries included in the Yearbook are the countries under their present names with the present territories, although the names or the boundaries may have changed during the period covered by the Yearbook.

IX. The meanings of the symbols used in the Yearbook are as following,

"-" indicates that the figure is not large enough to be measured with the smallest unit in the table;

"(blank)" indicates that data are not available;

"#" indicates the major items of the total;

"|" indicates that the data to the left are not comparable with those to the right because of the adjustment of scope and coverage.

X. Some international organizations and the members included are as following,

Group 7 includes the United States, Japan, the United Kingdom, Germany, France, Italy and Canada.

Organization for Economic Co-operation and Development (OECD), until 2000, has 30 members, i.e., Australia (1971), Austria, Belgium, Iceland, Denmark, Germany, France, Finland (1969), Canada, the Netherlands, Luxembourg, United States, Portugal, Japan (1964), Norway, Sweden, Switzerland, Ireland, Spain, Greece, Italy, New Zealand (1973), Turkey, United Kingdom, Mexico (Mar. 24, 1994), Czech Republic (Nov. 28, 1995), Hungary (Mar. 29, 1996), Poland (Jul. 11, 1996), Korea (Oct. 11, 1996) and Slovakia (Sep. 2000).

European Union (EU). On May 1, 2004, it expanded to 25 members, i.e., France, Germany, Italy, the Netherlands, Belgium, Luxembourg (1951), Denmark, Ireland, United Kingdom (1973), Greece (1981), Spain, Portugal (1986), Austria, Finland, Sweden (1995), Cyprus, the Czech Republic, Estonia, Hungary, Latvia, Lithuania, Malta, Poland, Slovakia and Slovenia (The last 10 countries join the European Union on May 1, 2004).

European Monetary Union (Euro zone) has 12 members, i.e., Germany, Belgium, Austria, the Netherlands, France, Italy, Spain, Portugal, Luxembourg, Ireland, Finland and Greece. Since the launch of the euro on Jan. 1, 1999, the central rates have been fixed between the euro and the currencies of the participating countries. One euro equals to 1.95583 Deutsch Mark, 40.3399 Belgium Francs, 40.3399 Luxembourg Francs, 166.386 Spanish Pesetas, 6.55967 French Francs, 0.787564 Irish Pounds, 1936.27 Italian Lire, 2.2037 Dutch Guilders, 13.7603 Austrian Schillings, 200.482 Portugal Escudos and 5.94873 Finnish Mark respectively. Greece joined Euro zone on January 1, 2001, adopting the euro as its currency, with a conversion factor of 340.750 drachmas per euro. Since January 1, 2002, the euro has formally substitute the former local currencies of the member countries.

Association of South East Asian Countries (ASEAN). By the end of 2000, it has 10 members, i.e., the Philippines, Malaysia, Thailand, Singapore, Indonesia, Brunei Darussalam (1984), Viet Nam (1995), Myanmar (1997), Lao People's Democratic Republic (1997) and Cambodia (1999).

North American Free Trade Area was founded on January 1, 1994, with members unchanged hitherto, i.e., Canada, Mexico and the United States.

XI. Countries (territory) groups and their meanings are as following,

Countries by Income Group According to the criteria by the World Bank, countries and territories (referred to as economies) are classified into high income (higher than $9076), higher middle income (between $2936 and $9075), lower middle income (between $736 and $2935) and low income ($735 and below) groups by their per capita GNI in the year 2002.

Developed and Developing Countries According to the classification standard of the United Nations, developed countries include Canada, the United States, the member countries of the former European Union, Australia, New Zealand, Japan, Israel and South Africa while the others are developing countries.

Industrial and Developing Countries According to the classification standard of International Monetary Funds, industrial countries include Canada, the United States, the member countries of the former European Union, Australia, New Zealand and Japan while the others are developing countries.

XII. The abbreviations used in this book and their meanings are as following,

Sq.km=square kilometer, ha = hectare, kwh = kilowatt-hour, g = gram, kg = kilogram, TJ = terojoule (1012 joule), TCE = ton of standard coal equivalent, TOE = ton of standard oil equivalent, UNSD = Statistics Division of the United Nations, IMF = International Monetary Funds, FAO = Food and Agriculture Organization of the United Nations, UNCTAD = United Nations Conference on Trade and Development, UNDP = United Nations Development Program, ILO = International Labor Organization, WHO = World Health Organization.

目　　录
CONTENTS

一、中国在世界的地位
China in the World

二、地理和气象
Geography and Climate

三、自然资源和环境保护
Natural Resource and Environment Protection

四、国民经济核算
National Accounts

五、人口
Population

六、就业和工资
Employment and Wages

七、财政和金融
Government Finance and Banking

八、价格指数
Price Indices

九、住户收支和贫困
Household Income and Expenditure and Poverty

十、农业
Agriculture

十一、工业、能源和建筑业
Industry, Energy and Construction

十二、运输和通讯
Transportation and Communication

十三、对外贸易和旅游
External Trade and Tourism

十四、国际收支和外债
Balance of Payments and External Debts

十五、教育、科技、文化、卫生和军事
Education, Science and Technology, Culture, Health and Military

十六、世界最大500家企业主要指标
Main Indicators of the 500 Largest Companies in the World

附 录
Appendix

一、中国在世界的地位

China in the World

1-1 中国主要经济社会指标的国际比较(2002 年)

International Comparison of the Economic and Social Development of China (2002)

资料来源：世界银行数据库；国际货币基金组织数据库；联合国数据库；联合国粮农组织数据库；联合国贸发会议《世界投资报告》2003 年；联合国开发计划署《人文发展报告》2004 年。

Source: World Bank Database; IMF Database; UN Database; FAO Database; UNCTAD *World Investment Report 2003*; UNDP *Human Development Report 2004*.

国家和地区	Country or Area	国土面积（万平方公里）Area of Country Soil (10 000 sq km)	年中人口(万人) Total Mid-year Population (10 000 people)			人口密度（人/平方公里）Population Density (people per sq km)
				14 岁及以下 Ages 0-14	65 岁以上 Ages 65+	
世　界	**World**	**13427.9**	**619868.8**	**180694.8**	**43748.4**	**46.2**
发达国家①	**Developed Countries ①**	**5639.7**	**96616.5**	**17607.0**	**13885.0**	**17.1**
发展中国家①	**Developing Countries ①**	**7788.2**	**523252.2**	**163087.8**	**29863.4**	**67.2**
西方七国	**Group 7**	**2142.9**	**70578.0**	**12696.3**	**10650.2**	**32.9**
欧洲货币联盟	**European Monetary Union**	**250.7**	**30548.3**	**4897.3**	**5122.8**	**121.8**
北美自由贸易区	**NAFTA**	**2155.8**	**42055.0**	**9952.1**	**4499.4**	**19.5**
东南亚国家联盟	**ASEAN**	**448.0**	**51740.4 ②**	**16764.6 ②**	**2413.9 ②**	**115.5 ②**
中　国	China	960.0	128453.0	30984.4	9205.0	134.0
美　国	United States	962.9	28836.9	6056.9	3586.1	31.5
日　本	Japan	37.7	12715.0	1818.2	2295.0	348.8
加拿大	Canada	997.1	3136.2	576.9	399.8	3.4
德　国	Germany	35.7	8249.5	1240.1	1386.9	236.4
英　国	United Kingdom	24.3	5922.9	1083.7	947.8	245.9
法　国	France	55.2	5948.5	1108.4	957.0	108.1
意大利	Italy	30.1	5769.0	812.1	1077.6	196.2
墨西哥	Mexico	195.8	10081.9	3318.3	513.5	52.8
印度尼西亚	Indonesia	190.5	21171.6	6316.2	1008.6	116.9
马来西亚	Malaysia	32.9	2430.5	806.0	104.0	74.0
泰　国	Thailand	51.3	6161.3	1429.3	396.2	120.6
新加坡	Singapore	0.1	416.4	88.0	31.2	6826.2
韩　国	Korea, Rep.	9.9	4764.0	997.2	344.4	482.5
印　度	India	328.7	104864.1	34279.2	5271.1	352.7
巴　西	Brazil	845.7	17448.5	4866.1	923.1	20.6
俄罗斯联邦	Russian Federation	1707.5	14407.1	2434.2	1854.9	8.5

1－1 续表 1　continued

国家和地区	Country or Area	土地利用（2001 年，万公顷）Land Utilization (10 000 ha)				国内生产总值（亿美元）Gross Domestic Product (USD 100 million)
		耕地面积 Arable Area	多年生作物面积 Permenent Crops	多年生牧场面积 Permenent Pasture	其他土地面积 Other Area	
世　界	**World**	**140167.0**	**13042.0**	**348983.0**	**804574.0**	**323121.5**
发达国家①	**Developed Countries ①**	**61351.0**	**2401.0**	**120585.0**	**362048.0**	**260528.1**
发展中国家①	**Developing Countries ①**	**78816.0**	**120585.0**	**228399.0**	**442526.0**	**62591.5**
西方七国	**Group 7**	**26260.0**	**672.0**	**29410.0**	**144744.0**	**212567.9**
欧洲货币联盟	**European Monetary Union**	**6319.6**	**1103.3**	**4385.5**	**12550.7**	**66484.9**
北美自由贸易区	**NAFTA**	**24575.0**	**469.0**	**34300.0**	**143721.0**	**117346.3**
东南亚国家联盟	**ASEAN**	**6280.1 ②**	**2901.8 ②**	**1688.4 ②**	**32583.9 ②**	**5512.2 ②**
中　国	China	13003.9		40000.0		12660.5 ③
美　国	United States	17521.0	205.0	23400.0	50464.0	103831.0
日　本	Japan	445.0	35.0	41.0	3125.0	39934.3
加 拿 大	Canada	4574.0	14.0	2900.0	84722.0	7143.3
德　国	Germany	1181.0	21.0	501.0	1786.0	19841.0
英　国	United Kingdom	565.0	5.0	1125.0	713.0	15662.8
法　国	France	1145.0	114.0	1005.0	2538.0	14312.8
意 大 利	Italy	829.0	278.0	438.0	1396.0	11842.7
墨 西 哥	Mexico	2480.0	250.0	8000.0	8535.0	6372.0
印度尼西亚	Indonesia	2050.0	1310.0	1118.0	13638.0	1729.1
马来西亚	Malaysia	180.0	579.0	29.0	2499.0	949.0
泰　国	Thailand	1500.0	330.0	80.0	3199.0	1269.1
新 加 坡	Singapore				6.0	869.7
韩　国	Korea, Rep.	170.0	19.0	5.0	793.0	4766.9
印　度	India	16175.0	815.0	1091.0	11651.0	5101.8
巴　西	Brazil	5887.0	760.0	19700.0	58219.0	4523.9
俄罗斯联邦	Russian Federation	12386.0	186.0	9114.0	147199.0	3465.2

1-1续表2 continued

国家和地区	Country or Area	人均国民总收入（美元）GNI per Capita, Atlas Method (current USD)	国内生产总值增长率(%) Growth Rate of GDP (%)	GDP 支出构成（%）Structure of GDP by Expenditure Approach (%)		
				居民消费支出 Household Final Consumption Expenditure	政府消费支出 General Government Final Consumption Expenditure	资本形成总额 Gross Capital Formation
世　界	**World**	**5120**	**3.0**	**62.6**	**17.3**	**19.9**
发达国家①	**Developed Countries ①**	**26490**	**1.7**	**63.6**	**17.9**	**19.0**
发展中国家①	**Developing Countries ①**	**1170**	**4.6**	**59.4**	**14.9**	**22.9**
西方七国	**Group 7**					
欧洲货币联盟	**European Monetary Union**	**20320**	**0.8**	**57.4**	**20.2**	**20.8**
北美自由贸易区	**NAFTA**					
东南亚国家联盟	**ASEAN**					
中　国	China	960 ③	8.3	43.4	13.2	40.4
美　国	United States	35400	2.2	70.3	15.6	18.2
日　本	Japan	34010	-0.3		17.8	
加拿大	Canada	22390	3.3			
德　国	Germany	22740	0.2	58.9	19.1	18.0
英　国	United Kingdom	25510	1.7	66.1	20.0	15.7
法　国	France	22240	1.2	54.8	23.9	19.3
意大利	Italy	19080	0.4	60.2	18.8	19.9
墨西哥	Mexico	5920	0.7	70.0	11.8	20.3
印度尼西亚	Indonesia	710	3.7	70.7	8.2	14.3
马来西亚	Malaysia	3540	4.1	44.2	13.9	24.5
泰　国	Thailand	2000	5.4	57.7	11.2	23.9
新加坡	Singapore	20690	2.2	42.4	12.9	20.6
韩　国	Korea, Rep.	9930	7.0	62.0	10.6	26.0
印　度	India	470	4.7	65.0	12.5	22.8
巴　西	Brazil	2830	1.9	58.3	19.3	20.3
俄罗斯联邦	Russian Federation	2130	4.7	51.3	16.9	21.1

1-1续表3 continued

国家和地区	Country or Area	GDP支出构成（%） Structure of GDP by Expenditure Approach (%)	GDP三次产业构成（%） Structure of GDP by Production Approach (%)			粗出生率（‰） Birth Rate, Crude (per 1000 People)
		净出口 External Balance on Goods and Services	第一产业 Primary Industry	第二产业 Secondary Industry	第三产业 Tertiary Industry	
世　　界	**World**	**0.6**	**3.9 ②**	**29.8 ②**	**66.3 ②**	**20.7**
发达国家①	**Developed Countries ①**	**0.0**	**1.9 ②**	**28.6 ②**	**69.5 ②**	**11.6**
发展中国家①	**Developing Countries ①**	**2.8**	**11.4**	**33.4**	**55.2**	**22.4**
西方七国	**Group 7**					
欧洲货币联盟	**European Monetary Union**	**1.7**	**2.2**	**28.1**	**69.7**	**10.2**
北美自由贸易区	**NAFTA**					
东南亚国家联盟	**ASEAN**					**22.2 ②**
中　　国	China	3.0	15.4	51.1	33.5	14.6
美　　国	United States	-4.1				13.9
日　　本	Japan	1.3				9.3
加 拿 大	Canada					10.7
德　　国	Germany	3.9	1.2	29.6	69.2	8.7
英　　国	United Kingdom	-1.8	1.0	26.4	72.6	10.8
法　　国	France	2.1	2.7	24.9	72.4	12.5
意 大 利	Italy	1.1	2.7	28.5	68.7	8.8
墨 西 哥	Mexico	-2.0	4.0	26.6	69.4	19.9
印度尼西亚	Indonesia	6.9	17.5	44.5	38.1	20.2
马来西亚	Malaysia	17.5	9.0	47.4	43.6	21.8
泰　　国	Thailand	7.2	9.4	42.7	48.0	15.1
新 加 坡	Singapore		0.1	35.7	64.2	11.4
韩　　国	Korea, Rep.	1.4	4.0	40.9	55.1	12.2
印　　度	India	-0.4	22.7	26.6	50.7	24.0
巴　　西	Brazil	2.1	6.1	21.0	72.9	19.1
俄罗斯联邦	Russian Federation	10.8	5.8	33.8	60.5	9.8

1－1续表4 continued

国家和地区	Country or Area	粗死亡率（‰）Crude Death Rate (per 1000 People)	人口自然增长率（‰）Natural Increase Rate（‰）	婴儿死亡率（‰）Infant Mortality Rate (per 1000 Live Births)	平均预期寿命（岁）Life Expectancy at Birth (Years)	劳动力总数（万人）Labor Force (10 000 People)
世　界	**World**	**9.2**	**11.5**	**55.0**	**66.7**	**302861.0**
发达国家①	**Developed Countries ①**	**8.7**	**2.8**	**5.4**	**78.2**	**47064.6**
发展中国家①	**Developing Countries ①**	**9.3**	**13.1**	**59.6**	**64.6**	**255796.4**
西方七国	**Group 7**					
欧洲货币联盟	**European Monetary Union**	**10.1**	**0.1**	**4.4**	**78.3**	**14161.1**
北美自由贸易区	**NAFTA**					
东南亚国家联盟	**ASEAN**	**6.6 ②**	**15.6 ②**			
中　国	China	7.5	7.1	30.0	70.7	76926.4
美　国	United States	8.5	5.4	7.0	77.3	14833.7
日　本	Japan	8.1	1.2	3.0	81.6	6801.3
加拿大	Canada	7.1	3.6	5.0	79.2	1681.9
德　国	Germany	10.4	-1.7	4.0	78.1	4111.6
英　国	United Kingdom	10.4	0.4	5.0	77.5	2960.3
法　国	France	9.6	2.9	4.0	79.2	2697.6
意大利	Italy	10.9	-2.1	4.0	78.4	2565.5
墨西哥	Mexico	4.2	15.7	24.0	73.6	4227.3
印度尼西亚	Indonesia	7.3	12.9	32.0	66.7	10416.4
马来西亚	Malaysia	4.5	17.3	8.0	72.8	1027.6
泰　国	Thailand	7.8	7.3	24.0	69.2	3746.7
新加坡	Singapore	4.5	6.9	3.0	..	204.9
韩　国	Korea, Rep.	6.5	5.7	5.0	73.9	2457.3
印　度	India	8.5	15.5	65.0	63.4	47021.1
巴　西	Brazil	7.1	12.0	33.0	68.6	8171.1
俄罗斯联邦	Russian Federation	15.4	-5.6	18.0	65.8	7756.8

1—1续表5 continued

国家和地区	Country or Area	就业人口（万人） Employment (10 000 People)	失业率 (%) Unemployment Rate (%)	不包括捐赠的中央政府经常收入占GDP比重(%) 2001年 Current Revenue of Central Government, Excluding Grants (% of GDP)	中央政府预算赤字／盈余占GDP比重(%) 2001年 Central Government Budget Surplus / Deficit (% of GDP)
世　界	**World**			**24.7 ⑤**	**-1.0 ⑤**
发达国家①	**Developed Countries ①**		**6.2 ②**		
发展中国家①	**Developing Countries ①**			**17.1 ⑥**	**-3.3 ⑥**
西方七国	**Group 7**	**32601.2**			
欧洲货币联盟	**European Monetary Union**	**13960.1**	**9.8 ②**		
北美自由贸易区	**NAFTA**	**19219.9**			
东南亚国家联盟	**ASEAN**	**25657.9**			
中　国	China	73740.0	3.1 ⑦	7.8	-2.9 ③⑥
美　国	United States	13648.5	5.8	20.8	1.3
日　本	Japan	6330.0	5.4		
加拿大	Canada	1541.2	7.7	21.1	1.3
德　国	Germany	3653.6	8.6	31.3 ⑤	-0.9 ⑤
英　国	United Kingdom	2841.5	5.1	36.0 ⑥	
法　国	France	2394.2	8.9		
意大利	Italy	2192.2	9.0	41.3 ⑥	-1.6 ⑥
墨西哥	Mexico	4030.2	2.4	14.8 ②	-1.3 ②
印度尼西亚	Indonesia	9164.7	6.1 ②	21.2	-1.2
马来西亚	Malaysia	945.1 ④	3.9		
泰　国	Thailand	3348.4 ④	1.8	17.5	-2.8
新加坡	Singapore	201.7	3.4 ②	24.9	5.2
韩　国	Korea, Rep.	2216.9	3.1		
印　度	India	277.9 ④		13.0	4.7
巴　西	Brazil	7545.8 ④	9.4 ②	24.9 ⑤	-7.8 ⑤
俄罗斯联邦	Russian Federation	6040.8 ⑥	8.9	26.8	3.4

1-1续表6 continued

国家和地区	Country or Area	国际收支（亿美元） Balance of Payments (USD 100 million)			黄金储备（万盎司） Gold Reserves (10 000 ounce)
		经常帐户 Current Account	资本帐户 Capital Account	金融帐户 Financial Account	
世　　界	**World**	**-760.0**	**-115.0**	**1128.0**	**93055.7**
发达国家①	**Developed Countries ①**	**-2580.3**	**98.3**	**2690.2**	**76984.9**
发展中国家①	**Developing Countries ①**	**1563.8**	**-20.1**	**-1548.8**	**16070.8**
西方七国	**Group 7**	**-3146.2**	**3.6**	**3662.4**	**58415.5**
欧洲货币联盟	**European Monetary Union**				
北美自由贸易区	**NAFTA**	**-4800.2**	**17.8**	**5422.2**	**26282.4**
东南亚国家联盟	**ASEAN**	**8571.0 ②**		**451.2 ②**	
中　　国	China	354.2	-0.5	323.4	1929.0
美　　国	United States	-4808.6	-12.9	5316.8	26200.0
日　　本	Japan	1124.5	-33.2	-633.8	2460.2
加 拿 大	Canada	149.1	30.7	-116.9	59.9
德　　国	Germany	465.9	-2.3	-770.8	11078.6
英　　国	United Kingdom	-267.1	15.8	88.8	1009.1
法　　国	France	257.4	-1.8	-333.6	9724.7
意 大 利	Italy	-67.4	7.4	111.9	7882.9
墨 西 哥	Mexico	-140.7		222.3	22.5
印度尼西亚	Indonesia	78.2		-11.7	310.1
马来西亚	Malaysia	71.9		-31.4	117.0
泰　　国	Thailand	76.5		-26.8	250.0
新 加 坡	Singapore	187.0	-1.6	-156.6	
韩　　国	Korea, Rep.	60.9	-10.9	26.1	44.4
印　　度	India	46.6	34.8	80.7	1150.2
巴　　西	Brazil	-77.0	4.3	-31.0	44.2
俄罗斯联邦	Russian Federation	295.2	-124.0	9.1	1246.4

1-1续表7 continued

国家和地区	Country or Area	不包括黄金的国际储备（亿美元）International Reserves Excluding Gold (USD 100 million)	外来直接投资（亿美元）Foreign Direct Investment Inflows (USD 100 million)	对外直接投资（亿美元）Foreign Direct Investment Outflows (USD 100 million)	外债余额（亿美元）External Debt (USD 100 million)	负债率（债务现值占国民总收入的%）Present Value Debt (as % of GNI)
世　界	**World**	**25145.0**	**6511.9**	**6473.6**		
发达国家①	**Developed Countries ①**	**9826.6**	**4603.3**	**6000.6**		
发展中国家①	**Developing Countries ①**	**15318.5**	**1621.5**	**431.0**	**23388.5**	
西方七国	**Group 7**	**7138.8**	**1890.0**	**3239.1**		
欧洲货币联盟	**European Monetary Union**					
北美自由贸易区	**NAFTA**	**1556.0**	**642.6**	**1495.0**		
东南亚国家联盟	**ASEAN**		**138.5 ②**		**3370.3 ②**	
中　国	China	2864.1 ⑧	527.0	28.5	1682.5	12.9
美　国	United States	679.9	300.3	1197.4		
日　本	Japan	4613.5	93.3	314.8		
加拿大	Canada	370.0	206.0	287.9		
德　国	Germany	511.9	380.3	245.3		
英　国	United Kingdom	393.7	249.5	397.0		
法　国	France	283.8	515.1	625.5		
意大利	Italy	286.1	145.5	171.2		
墨西哥	Mexico	506.1	136.3	9.7	1412.6	24.7
印度尼西亚	Indonesia	309.8	-15.2	1.2	1322.1	79.5
马来西亚	Malaysia	342.3	32.0	12.4	485.6	54.6
泰　国	Thailand	380.6	10.7	1.1	592.1	46.6
新加坡	Singapore	820.5	76.6	40.8		
韩　国	Korea, Rep.	1213.9	19.7	26.7		
印　度	India	676.9	34.5	4.3	1044.3	16.4
巴　西	Brazil	377.0	165.7	24.8	2279.3	55.8
俄罗斯联邦	Russian Federation	440.7	24.2	32.8	1475.4	43.7

1−1续表8 continued

国家和地区	Country or Area	居民消费价格指数(1990＝100) Consumer Price Index (1990=100)	生产者(批发)价格指数(国内总供给，1990年＝100) Producers' or Wholesale Price Index(Domestic Supply,1990=100)	农业生产指数(2003年，1999-2001年＝100) Agriculture Production Index (2003, 1999-2001=100)	工业生产指数(1995年＝100) Industrial Production Index (1995=100)	能源生产总量(2001年，万吨标准油当量) Commercial Energy Production (2001, 10 000 TOE)
世　界	**World**	**321.8 ④**		**405.1**	**120.3**	**1014070.6**
发达国家①	**Developed Countries ①**	**130.1 ④**		**99.1**		**385713.7**
发展中国家①	**Developing Countries ①**	**1057.8 ④**		**108.3**		**628356.9**
西方七国	**Group 7**					**274968.4**
欧洲货币联盟	**European Monetary Union**					**43916.7**
北美自由贸易区	**NAFTA**					**232125.7**
东南亚国家联盟	**ASEAN**					
中　国	China	200.1	98 ⑨	113.6 ⑩	194.3⑪	113861.7 ③
美　国	United States	137.6	113	100.7	124.2	171181.4
日　本	Japan	107.0	90	96.3	97.6	10400.6
加拿大	Canada	127.6	134⑫④	97.5	124.6	37920.7
德　国	Germany	127.4⑬	110⑳	93.3	113.5	13374.5
英　国	United Kingdom	139.7	131	97.6	102.5	26193.9
法　国	France	122.8	91⑭④	94.4	114.3	13270.9
意大利	Italy	152.0	145	91.1	105.3	2626.4
墨西哥	Mexico	622.1	520	104.8	136.1⑯	23023.6
印度尼西亚	Indonesia	433.5	474	108.5	84.2⑰	23431.4
马来西亚	Malaysia	146.3	130	113.8	147.8	7762.3
泰　国	Thailand	161.0⑮	147	106.7	123.3⑰	4005.9
新加坡	Singapore	119.7	86	75.6	137.0	6.4
韩　国	Korea, Rep.	175.5	139	93.8	167.6	3420.7
印　度	India	256.5⑱	225	103.2	143.2	43809.9
巴　西	Brazil	275.8⑲	339⑲	118.1	114.1	14593.3
俄罗斯联邦	Russian Federation	1135160.0⑳④		108.7		99616.1

1-1续表9 continued

国家和地区	Country or Area	能源消费总量（2001年，万吨标准油当量）Commercial Energy Use (2001, 10 000 TOE)	货物进出口贸易总额（亿美元）Total Merchandise Trade (USD 100 million)	货物出口总额（亿美元）Merchandise Exports (USD 100 million)	货物进口总额（亿美元）Merchandise Imports (USD 100 million)	进出口贸易平衡（亿美元）Balance of Merchandise Trade (USD 100 million)
世　界	**World**	**1000963**	**131920**	**64770**	**67150**	**-2380**
发达国家①	**Developed Countries ①**	**518799**	**86489**	**41174**	**45316**	**-4142**
发展中国家①	**Developing Countries ①**	**485086**	**35640**	**18626**	**17014**	**1612**
西方七国	**Group 7**	**407415**	**60221**	**28444**	**31778**	**-3334**
欧洲货币联盟	**European Monetary Union**	**118904**				
北美自由贸易区	**NAFTA**	**268187**	**27912**	**11062**	**16851**	**-5789**
东南亚国家联盟	**ASEAN**		**7711 ②**	**4110 ②**	**3602 ②**	**508 ②**
中　国	China	113937 ③	6208	3256	2952	304
美　国	United States	228141	18933	6931	12002	-5071
日　本	Japan	52073	7539	4167	3372	795
加拿大	Canada	24818	4799	2524	2275	249
德　国	Germany	35109	11061	6158	4903	1255
英　国	United Kingdom	23516	6265	2802	3463	-661
法　国	France	26557	6610	3317	3293	25
意大利	Italy	17200	5014	2544	2470	74
墨西哥	Mexico	15227	3373	1607	1766	-159
印度尼西亚	Indonesia	15230	884	572	313	259
马来西亚	Malaysia	5161	1731	933	799	134
泰　国	Thailand	7554	1334	688	647	41
新加坡	Singapore	2916	2416	1252	1164	87
韩　国	Korea, Rep.	19478	3146	1625	1521	103
印　度	India	53145	1058	493	565	-72
巴　西	Brazil	18508	1100	604	496	108
俄罗斯联邦	Russian Federation	62135	1673	1071	602	469

1－1续表10 continued

国家和地区	Country or Area	成人(15岁及以上)识字率(%) Adult Literacy Rate (% of People Ages 15 and Above)	人文发展指数 Human Development Index	2001年净入学率（%） Net School Enrollment Rate of 2001(%) 小学生 Primary	中学生 Secondary	大学生（粗入学率） Tertiary (Gross)	每千人口医生数（人） Physicians (per 1000 People)
世　界	**World**	**79.1 ②**	**0.729**	**87.9 ②**		**23.9 ②**	
发达国家①	**Developed Countries ①**		**0.933**	**97.4 ②**	**91.1 ②**	**61.1 ②**	**2.8 ⑤**
发展中国家①	**Developing Countries ①**	**78.4 ②**		**86.1 ②**		**16.7 ②**	
西方七国	**Group 7**						
欧洲货币联盟	**European Monetary Union**			**99.2 ②**	**90.0 ②**	**54.4 ②**	**3.5 ④**
北美自由贸易区	**NAFTA**						
东南亚国家联盟	**ASEAN**						
中　国	China	88.4	0.745	92.8 ③	50.3 ③⑤	12.5 ③②	1 5
美　国	United States		0.939	94.3 ②	87.1 ②	70.7 ②	2.7 ⑤
日　本	Japan		0.938	100.0 ②	100.0 ②	47.7 ②	1.9 ②
加拿大	Canada		0.943	99.6 ②	97.6 ②	59.1 ②	2.1 ④
德　国	Germany		0.925	87.0 ②	88.3 ②	46.0 ②	3.3 ④
英　国	United Kingdom		0.936	99.0 ②	94.6 ②	59.0 ②	2.0 ②
法　国	France		0.932	99.9 ②	92.3 ②	53.6 ②	3.3 ④
意大利	Italy	98.5	0.920	99.8 ②	91.0 ②	49.9 ②	4.3 ④
墨西哥	Mexico	90.5 ②	0.802	99.4 ②	58.2 ②	20.5 ②	1.5 ④
印度尼西亚	Indonesia	87.9	0.692	92.1	48.0 ②	15.1	0.2㉒
马来西亚	Malaysia	88.7 ②	0.793	95.2	69.4	26.0	0.7㉒
泰　国	Thailand	92.6 ②	0.768	86.3	55.2 ⑤	36.8	0.4㉑
新加坡	Singapore	92.5 ②	0.902		76.0㉒	43.8㉒	1.6 ⑤
韩　国	Korea, Rep.	97.9	0.888	98.5 ②	90.9 ②	82.0	1.4 ④
印　度	India	61.3 ②	0.595	83.3 ②	60.0㉒	10.6 ②	0.4㉓
巴　西	Brazil	86.4 ②	0.775	96.5	71.6	17.9	1.3㉑
俄罗斯联邦	Russian Federation	99.6	0.795	100.0㉒	88.0㉒	68.4	4.2 ④

注：①除“国土面积”、“土地利用”、“经济增长率”、“国际收支平衡”、“黄金储备”、“国际储备”和“外国直接投资”外，发达国家均指高收入国家，发展中国家均指中低收入国家。②为2000年数据。③国际组织数据。④为2001年数据。⑤为1998年数据。 ⑥为1999年数据。⑦城镇登记失业率。⑧外汇储备。⑨ 以上年为100的工业品出厂价格指数。⑩以2000年为100的农业总产值指数。⑪工业增加值指数。⑫仅指原材料。⑬1991年＝100。⑭仅指农产品。⑮仅指曼谷。⑯包括建筑业。⑰制造业。⑱仅为产业工人。⑲1994年＝100。⑳1991年＝100。㉑为1996年数据。㉒为1997年数据。㉓为1995年数据。

Note: ① Developed country and developing country refers to high income economy and low and middle income respectively except "area of country soil", "land utilization", "economic growth rate", "balance of payments", "gold reserves", "international reserves" and "foreign direct investment". ② Refer to 2000. ③ Data from international organizations. ④ Refer to 2001. ⑤ Refer to 1998. ⑥ Refer to 1999. ⑦ Urban registered unemployment rate. ⑧ Refer to foreign exchange reserves. ⑨ Ex-factory price indexes of industrial products,preceding year=100. ⑩ Refer to indexes of gross output value of agriculture, 2000=100. ⑪Refer to indexes of industrial value added. ⑫Only refer to raw materials. ⑬ 1991=100. ⑭ Refer only to agriculture products.⑮ Only refer to Bangkok. ⑯ Including construction. ⑰ Manufacturing only. ⑱ Only refer to industrial workers. ⑲ 1994=100. ⑳ 1991=100. ㉑ Refer to 1996. ㉒ Refer to 1997. ㉓ Refer to 1995.

1-2 中国主要指标居世界的位次

Changes in the Order of Precedence of Major Indicators of China

资料来源：联合国粮农组织数据库；联合国统计司数据库；世界银行数据库；国际货币基金组织数据库；联合国开发计划署《人文发展报告》2004 年。
Data sources: FAO Database; UNSD Database; World Bank Database; IMF Database;UNDP *Human Development Report 2004*.

指标	Indicator	1978	1980	1990	1995	2000	2002	2003
国土面积	Area of Country Soil	4	4	4	4	4	4	4
人口	Population	1	1	1	1	1	1	1
平均预期寿命②	Life Expectancy at Birth, Both Sexes ②	75(169) ③	77(173)	83(186)	85(188)	88(190)	85(193)	
国内生产总值(美元)	Gross Domestic Product (USD)	10	11	11	8	6	6	7
人均国民总收入(美元)②	GNI per Papita (USD) ②	175(188)	177(188)	178(200)	157(205)	141(207)	136(207)	
进出口贸易总额(美元)	Foreign Trade Total (USD)	27	25	16	12	8	5	4
出口额	Exports	28	28	14	12	7	5	4
进口额	Imports	27	22	17	12	9	6	3
外来直接投资(美元)	Foreign Direct Investment Inflow (USD)			5 ①	2	9	2	
外汇储备(美元)	Foreign Exchange Reserves(USD)	40	37	7	2	2	2	2
人文发展指数②	Human Development Index ②			79(160)	106(174)	96(173)	94(177)	

注：① 1988 年至 1993 年平均数。②括号中所列为排序资料的国家和地区数。③ 1977 年数。
Note: ① Refer to the average of 1988-1993. ② The number in the parentheses indicates the number of countries or territories the order based on. ③ Data refer to 1977.

1-3 中国农业主要产品产量居世界的位次

Changes in the Order of Precedence of Output of Major Agricultural Products of China

国外资料来源：联合国粮农组织数据库。

Sources: United Nations FAO Database.

项目	Item	1978	1980	1985	1990	1995	2000	2002	2003
谷物	Cereals	2	1	2	1	1	1	1	1
肉类①	Meat ①	3	3	2	1	1	1	1	1
棉花	Cotton Lint	3	2	1	1	1	1	1	1
大豆	Soybeans	3	3	3	3	3	4	4	4
花生	Groundnuts in Shell	2	2	2	2	1	1	1	1
油菜籽	Rapeseeds	2	2	1	1	1	1	1	1
甘蔗	Sugar Cane	9	9	4	4	3	3	3	3
茶叶	Tea	2	2	2	2	2	2	2	2
水果	Fruit		10	8	4	1	1	1	1

注：①1993年以前为猪、牛、羊肉产量的位次。

Note: ① Data refer to pork, beef and mutton prior to 1993.

1-4 中国工业主要产品产量居世界的位次

Changes in the Order of Precedence of Output of Major Industrial Products of China

国外资料来源：联合国数据库、《工业产品统计年鉴》；联合国粮农组织数据库。

Sources: United Nations Database, *Industrial Commodity Statistics Yearbook* ; FAO Database.

项　目	Item	1978	1980	1985	1990	1995	2000	2001	2002
钢	Crude Steel	5	5	4	4	2	1	1	1
煤	Coal	3	3	2	1	1	1	1	1
原　油	Crude Petroleum	8	6	6	5	5	5	5	5
发电量	Electricity	7	6	5	4	2	2	2	2
水　泥	Cement	4	4	1	1	1	1	1	1
化　肥	Fertilizer	3	3	3	3	2	1	1	1
化学纤维	Chemical Fibre	7	5	4	2	2	2		
棉　布	Woven Cotton Fabrics	1	1	1	1	1	2	2	1
糖	Sugar	8	10	6	6	4	4	3	3
电视机	Television Set	8	5	3	1	1	1	1	1

二、地理和气象

Geography and Climate

2-1 地球和地表
The Earth and the Earth's Surface

资料来源：中国地图出版社《世界地图集》。
Source: China Map Publishing House *Atlas of the World*.

指标	Indicator	数据 Number
地球离太阳的平均距离(公里)	Average Distance between the Sun and the Earth (km)	149598000
日地最远距离	Maximum Distance	152100000
日地最近距离	Minimum Distance	147100000
地球公转的平均速度(公里／秒)	Average Revolution Speed of the Earth (km/s)	29.79
在远日点公转速度	At the Aphelion	29.3
在近日点公转速度	At the Perihelion	30.8
地球公转的轨道长度(公里)	Orbit Length of the Earth's Revolution (km)	939120000
地球公转一周的时间(日／时／分／秒)	Revolution Period of the Earth (d/h/m/s)	365/5/48/46
地球自转周期(时／分／秒)	Self-rotation Period of the Earth (h/m/s)	23/56/4
赤道半径长度(公里)	Semidiameter Length of Equator (km)	6378140
极半径长度(公里)	Polar Semidiameter Length(km)	6356863
子午线周长(公里)	Meridian Length (km)	40008548
赤道周长(公里)	Equator Length (km)	40075704
地球表面总面积(平方公里)	Earth's Surface Area (sq. km)	510083042
陆地面积(平方公里)	Land Area (sq. km)	149519000
# 亚洲(%)	Asia (%)	29.4
非洲(%)	Africa (%)	20.2
欧洲(%)	Europe (%)	6.8
北美洲(%)	North America (%)	16.2
南美洲(%)	South Africa (%)	12.0
大洋洲(%)	Oceania (%)	6.0
南极洲(%)	Antarctica (%)	9.4
海洋面积(平方公里)	Ocean Area (sq. km)	361000000
# 太平洋(%)	Pacific Ocean(%)	49.4
大西洋(%)	Atlantic Ocean(%)	25.4
印度洋(%)	Indian Ocean (%)	21.1
北冰洋(%)	Arctic Ocean (%)	4.1
地球体积(亿立方公里)	Cubage of the Earth (100 million cub. km)	10833.2

2-2 世界各大洲海拔高度

Altitude of the Continents

资料来源：中国地图出版社《世界地图集》。
Source: China Map Publishing House *Atlas of the World.*

洲别	Continent	最高点	Summit	海拔高度(米) Altitude(m)	最低点	Lowest Point	海拔高度(米) Altitude (m)	平均高度(米) Average Altitude(m)
世　界	World	珠穆朗玛峰	Everest	8848	死海	Dead Sea	-400	875
亚　洲	Asia	珠穆朗玛峰	Everest	8848	死海	Dead Sea	-400	950
非　洲	Africa	乞力马扎罗山	Kilimanjaro	5895	阿萨勒湖	Assal Lake	-156	750
欧　洲	Europe	厄尔布鲁士山	Elburz	5642	里海	Caspian Sea	-28	340
北美洲	North America	麦金利山	Mckinley	6194	死谷	Death Valley	-86	700
南美洲	South America	阿空加瓜山	Aconcagua	6960	格兰德斯盐湖		-40	600
大洋洲	Oceania	查亚山	Tayawijaya	5029	北艾尔湖	Eyresee	-16	350
南极洲	Antarctica	文森山	Vinson	5140			-2538	2350

2-3 世界著名河流

The Famous Rivers in the World

资料来源：中国地图出版社《世界地图集》。
Source: China Map Publishing House *Atlas of the World.*

河流	River	长度(千米) Length (km)	流经国家	Flow via
尼罗河	Nile	6671	坦桑尼亚、布隆迪、卢旺达、乌干达、苏丹、埃及	Tanzania, Burundi, Rwanda, Uganda, Sudan, Egypt
亚马逊河	Amazon	6480	秘鲁、巴西	Peru, Brazil
长江	Changjiang	6397	中国	China
密西西比－密苏里河	Mississippi- Missouri	6262	美国	United States
黄河	Huanghe	5464	中国	China
鄂毕－额尔齐斯河	Ob'-Irtysh	5410	俄罗斯、哈萨克斯坦、中国	Russian Federation, Kazakhstan, China
澜沧江－湄公河	Lancang-Mekong	4500	中国、缅甸、老挝、泰国、柬埔寨、越南	China, Myanmar, Laos, Thailand, Cambodia, Viet Nam
刚果河(扎伊尔河)	Congo (Zaire)	4650	赞比亚、刚果（金）、中非、刚果（布）、喀麦隆、安哥拉	Zambia, Congo DR, Central Africa, Congo Rep., Cameroon, Angola
黑龙江	Helongjiang	4370	中国、俄罗斯	China, Russian Federation
勒拿河	Lena	4320	俄罗斯	Russian Federation

2-4　世界著名湖泊
The Famous Lakes in the World

资料来源：中国地图出版社《世界地图集》。
Source: China Map Publishing House *Atlas of the World*.

湖泊	Lake	面积(平方公里) Area (sq. km)	位置	Location
里海	Caspian Sea	371000	俄罗斯、哈萨克斯坦、土库曼斯坦、伊朗、阿塞拜疆	Russian Federation, Kazakhstan, Turkmenistan, Iran, Azerbaijan
苏必利尔湖	Superior Lake	82400	美国、加拿大	United States, Canada
维多利亚湖	Victoria Lake	69400	乌干达、肯尼亚、坦桑尼亚	Uganda, Kenya, Tanzania
咸海	Aral Sea	66500	哈萨克斯坦、乌兹别克斯坦	Kazakhstan, Uzbekistan
休伦湖	Huron Lake	59600	美国、加拿大	United States, Canada
密歇根湖	Michigan Lake	58000	美国	United States
坦噶尼喀湖	Tanganyika Lake	32900	刚果（金）、坦桑尼亚、布隆迪、赞比亚	Cango D.R., Tanzania, Burundi, Zambia
贝加尔湖	Baikal Lake	31500	俄罗斯	Russian Federation
大熊湖	Great Bear Lake	31080	加拿大	Canada
马拉维湖	Malawi Lake	30800	马拉维、莫桑比克、坦桑尼亚	Malawi, Mozambique, Tanzania

2-5 世界主要城市天气

资料来源：德国《国外统计年鉴-2003》。
Source: Statistical *Yearbook 2003 for Foreign Countries of Germany.*

城市	City	国家	Country	地理纬度（北纬或南纬）Latitude (N/S)	海跋（米）Altitude (m)	平均温度℃ Average Temperature（℃）
亚洲						
鄂木斯克	Omsk	俄罗斯	Russia Federation	55° 00′ N	85	1.4
海参崴	Vladiostok	俄罗斯	Russia Federation	43° 10′ N	28	4.2
塔什干	Taschkent	乌兹别克斯坦	Uzbekistan	41° 15′ N	478	14.2
安卡拉	Ankara	土耳其	Turkey	39° 55′ N	902	11.7
北京	Beijing	中国	China	39° 55′ N	37	11.8
德黑兰	Teheran	伊朗	Iran	35° 40′ N	1191	17.1
东京	Tokyo	日本	Japan	35° 40′ N	6	15.6
巴格达	Bagdad	伊拉克	Iraq	33° 20′ N	34	22.9
新德里	New Delhi	印度	India	28° 40′ N	216	25.1
加尔各答	Calcutta	印度	India	22° 35′ N	10	26.9
香港	Hong Kong	中国	China	22° 20′ N	33	22.9
孟买	Bombay	印度	India	18° 55′ N	11	27.5
马尼拉	Manila	菲律宾	Philippines	14° 35′ N	16	27.4
胡志明市	Ho Chi Minh City	越南	Viet Nam	10° 45′ N	10	27.2
新加坡	Singapore	新加坡	Singapore	1° 20′ N	17	26.7
雅加达	Jakarta	印度尼西亚	Indonesia	6° 10′ S	8	26.2
非洲						
的黎波里	Tripolis	利比亚	Libya	32° 55′ N	22	19.6
开罗	Cairo	埃及	Egypt	30° 05′ N	20	21.4
金沙萨	Kinshasa	刚果(金)	Congo D. R.	4° 20′ S	290	25.3
比勒陀利亚	Pretoria	南非	South Africa	25° 45′ S	1369	18.2
德班	Durban	南非	South Africa	29° 55′ S	5	20.6
开普敦	Cape Town	南非	South Africa	33° 55′ S	17	16.2
北美洲						
温尼伯	Winnipeg	加拿大	Canada	49° 55′ N	240	2.4
蒙特利尔	Montreal	加拿大	Canada	45° 30′ N	57	7.2
芝加哥	Chicago	美国	United States	41° 50′ N	186	9.5
纽约	New York	美国	United States	40° 40′ N	3	12.6
华盛顿	Washington, D.C.	美国	United States	38° 55′ N	22	14.5
旧金山（圣弗朗西斯科）	San Francisco	美国	United States	37° 45′ N	16	13.9
新奥尔良	New Orleans	美国	United States	30° 00′ N	3	20.0
墨西哥城	Mexico City	墨西哥	Mexico	19° 25′ N	2309	16.0
加拉加斯	Caracas	委内瑞拉	Venezuela	10° 35′ N	920	22.0

Weather Condition of Main Cities in the World

		平均降水(mm/m^2)			平均日照时数（小时）	Average Sunshine Hours (hours)
最冷月平均 Coolest Month	最暖月平均 Warmest Month	Average Precipitation	最湿月平均 Humidest Month	最干月平均 Driest Month	日照最长月 Longest Sunshine Month	日照最短月 Shortest Sunshine Month
-17.3/1	19.7/7	391	61/7	14/2,3	10.4/7	2.0/12
-13.1/1	19.5/8	788	149/8	15/1	7.0/3	3.9/7
0.5/1	27.6/7	420	72/3	2/8	12.4/7	3.4/12
0.1/1	22.9/8	413	55/5	12/8	11.8/7	2.5/12
-4.3/1	25.9/7	578	182/8	2/12	9.3/5	6.1/12
3.0/1	30.4/7	230	37/1,3	1/8,9	11.5/6	5.5/1
5.2/1	27.1/8	1406	185/5	45/1	5.9/5	3.7/9
10.0/1	34.8/7	147	24/2	0/6-9	11.9/7,8	6.3/1,12
14.3/1	33.4/6	790	237/7	9/11,12	7.3/9	5.4/7
20.1/1	30.7/5	1800	411/7	11/1	7.9/4	3.0/7
15.8/1	28.8/7	2215	391/8	23/1	7.5/7	3.1/3
24.5/1	30.2/5	2168	682/7	0/1-3	9.6/5	2.4/7
25.6/1	29.5/5	1875	398/8	3/2	8.6/4	4.2/8
25.7/1	29.0/4	1861	303/9	4/2	7.5/2	4.4/7
25.7/12	27.5/5	2150	304/12	140/6	6.2/2	4.3/11
25.6/2	27.3/8	1802	336/1	46/8	7.6/8	4.5/1
12.3/1	26.1/8	362	94/12	1/6-8	11.2/7	4.7/12
13.6/1	27.6/7	26	7/1	0/5-9	11.9/6	6.4/12
22.2/7	26.8/4	1375	236/11	1/7	5.5/4	4.0/7
11.5/6	22.6/1	673	135/1	3/7	9.6/8	8.4/2
16.5/7	24.3/2	1015	134/1	28/6	7.4/7	5.5/11
11.9/7	20.4/1,2	520	93/6	14/1	10.9/1	5.9/6
-18.3/1	19.8/7	505	84/6	15/2	10.4/7	3.2/11
-8.9/1	21.6/7	999	93/7,11	71/2	8.5/7	2.3/11
-6.1/1	22.9/7	910	107/8	35/2	10.3/7	3.4/12
-0.3/1	24.9/7	1201	114/11	83/2	8.7/7,8	4.5/12
1.4/1	26.7/7	982	99/8	69/1,2,4	9.1/7	4.3/12
10.6/1	16.8/9	502	103/1	1/7	10.5/5	5.2/12
10.7/1	27.7/7	1572	157/8	78/10	9.0/5	4.9/1
13.4/1	18.6/5	848	183/7	6/11	7.4/3	4.6/9
20.2/1	23.2/5	916	124/8	12/3	7.4/1	7.0/11

2–5续表 continued

城市	City	国家	Country	地理纬度（北纬或南纬）Latitude (N/S)	海拔（米）Altitude (m)	平均温度℃ Average Temperature（℃）
南美洲						
科隆	Colon	巴拿马	Panama	9° 20′ N	8	26.8
基多	Quito	厄瓜多尔	Equador	0° 15′ S	2880	14.4
拉巴斯	La Paz	玻利维亚	Bolivia	16° 30′ S	3632	8.8
里约热内卢	Rio de Janeiro	巴西	Brazil	22° 55′ S	60	23.7
圣地亚哥	Santiago	智利	Chile	33° 30′ S	520	14.4
布宜诺斯艾利斯	Buenos Aires	阿根廷	Argentina	34° 40′ S	25	17.6
欧洲						
汉堡	Hamburg	德国	Germany	53° 35′ N	13	8.7
柏林	Berlin	德国	Germany	52° 30′ N	51	8.9
华沙	Warsaw	波兰	Poland	52° 15′ N	110	7.8
布拉格	Prague	捷克共和国	Czch Republic	50° 05′ N	263	7.9
维也纳	Vienna	奥地利	Austria	48° 15′ N	202	9.9
慕尼黑	Munich	德国	Germany	48° 10′ N	515	7.8
贝尔格莱德	Belgrade	南斯拉夫	Yugoslavia	44° 50′ N	132	11.9
圣彼得堡	St. Petersburg	俄罗斯	Russia Federation	59° 55′ N	4	5.0
莫斯科	Moscow	俄罗斯	Russia Federation	55° 45′ N	156	5.0
布加勒斯特	Bucharest	罗马尼亚	Romania	44° 25′ N	82	10.6
卑尔根	Bergen	挪威	Norway	60° 25′ N	43	7.7
斯德哥尔摩	Stockholm	瑞典	Sweden	59° 20′ N	44	6.6
伦敦	London	英国	United Kingdom	51° 30′ N	5	9.6
布鲁塞尔	Brussels	比利时	Belgium	50° 50′ N	100	9.7
巴黎	Paris	法国	France	48° 50′ N	75	10.6
日内瓦	Geneva	瑞士	Switzerland	46° 15′ N	405	9.6
罗马	Rom	意大利	Italy	41° 55′ N	51	16.2
伊斯坦布尔	Istanbul	土耳其	Turkey	41° 00′ N	40	14.1
马德里	Madrid	西班牙	Spain	40° 25′ N	660	14.3
里斯本	Lisbon	葡萄牙	Portugal	38° 45′ N	77	16.8
雅典	Athen	希腊	Greece	38° 00′ N	107	18.4
大洋洲						
檀香山（火奴鲁鲁）	Honolulu	美国	United States	21° 20′ N	4	25.1
悉尼	Sydney	澳大利亚	Australia	33° 55′ S	41	18.2
墨尔本	Melbourne	澳大利亚	Australia	37° 45′ S	35	15.5

注：温度、降水和日照指标之后的数字表示特定的月份（如：-3.1/2=-3.1℃在二月 或3/5,7=3毫米降水在五月和七月）；字母表示：W=冬天，S=夏天。

Note: The number after temperature, precipitation and sunshine indicates the relevant month, for example, -3.1/2 indicates the temperature of February is -3.1℃, 3/5,7 indicates the precipitation of May and July is 3mm. W = Winter, S = Summer.

最冷月平均 Coolest Month	最暖月平均 Warmest Month	平均降水(mm/m²) Average Precipitation	最湿月平均 Humidest Month	最干月平均 Driest Month	平均日照时数(小时) Average Sunshine Hours (hours) 日照最长月 Longest Sunshine Month	日照最短月 Shortest Sunshine Month
26.2/11	27.2/4	3291	572/11	38/3	8.8/3	4.6/11
15.0/8	14.0/2	1013	149/4	26/7	6.9/7	4.5/3,4
7.2/7	10.4/11	629	141/1	4/6	8.0/6	4.8/3
21.3/7	26.5/2	1172	69/12	51/8	7.4/2	4.6/9
8.1/7	20.9/1	311	87/7	0/1	10.4/1	3.5/6
11.0/7	24.5/1	1147	119/1,10	63/6	9.0/1	4.4/6
0.5/1	16.8/7	768	82/7	41/2	7.4/6	1.1/12
-0.4/1	17.9/7	591	71/6	37/2	7.2/5	1.2/12
-3.3/1	18.0/7	515	71/7	21/2	7.6/7	0.9/12
-2.0/1	17.1/7	527	77/5	23/2	7.3/7	1.5/12
-0.7/1	19.7/7	607	74/6	38/1	7.9/7	0.2/12
-2.2/1	17.3/7	805	109/6	42/2	7.5/7	1.4/12
0.4/1	21.7/7	683	90/6	40/10	9.2/7	2.0/12
-7.8/1	17.7/7	635	81/8	30/3	9.2/6	0.4/12
-9.3/1	18.2/7	691	94/7	34/3	9.2/6	0.6/12
-2.4/1	22.0/7	595	77/6	32/10	9.3/7	2.0/12
1.5/1	14.5/7	2250	283/9	106/5	6.3/6	0.4/12
-3.0/2	17.2/7	539	72/7	26/3	9.7/6	1.1/12
3.5/1	16.5/7	754	79/12	45/7	6.6/7	1.5/12
2.5/1	17.2/7	821	78/6,11	54/2	6.1/5	1.4/12
3.4/1	18.4/7	650	63/5	46/2	7.7/7	1.6/12
0.7/1	19.1/7	904	88/11	61/4	8.2/7	1.4/12
7.5/1	25.6/7	760	15/10	9/7	11.2/7	3.5/12
5.6/1	23.2/7	697	22/12	19/7	11.6/7	2.6/1,12
6.1/1	24.4/7	456	64/11	9/8	12.0/7	4.4/12
11.4/1	22.8/8	753	114/11	5/7	11.4/7	4.6/12
10.2/1	27.8/7	371	66/12	6/6,7	11.7/7	4.1/12
22.7/1	27.4/8	560	97/12	11/8	9.9/7	6.4/12
12.8/7	22.8/2	1304	140/4	65/9	7.2/1,9,10	5.6/7
10.1/7	20.8/2	640	68/5	44/3	8.9/1	3.5/6

三、自然资源和环境保护

Natural Resource and Environment Protection

3-1 国土面积与人口密度（2002年）

Area of Country Soil and Population Density(2002)

资料来源：联合国粮农组织数据库。
Sources: FAO Database.

国家和地区	Country or Area	国土面积（万平方公里）Area (10 000 sq.km)	年中人口数(万人) Mid-year Population (10 000 persons)	人口密度（人／平方公里）Population Density (persons/sq.km)
世界总计	**World**	**13427.9** ①	**622498**	**46**
亚　　洲	**Asia**	**3187.0**	**377595**	**118**
中　　国	China	960.0	128453 ②	134
日　　本	Japan	37.8	12748	337
印　　度③	India ③	328.7	104955	319
印度尼西亚	Indonesia	190.5	21713	114
菲 律 宾	Philippines	30.0	7858	262
泰　　国	Thailand	51.3	6219	121
马来西亚	Malaysia	33.0	2397	73
新 加 坡	Singapore	0.1	418	6747
巴基斯坦	Pakistan	79.6	14991	188
缅　　甸	Myanmar	67.7	4885	72
孟加拉国	Bangladesh	14.4	14381	999
土 耳 其	Turkey	77.5	7032	91
蒙　　古	Mongolia	156.7	256	2
朝　　鲜	Korea,Dem.People's Rep.	12.1	2254	187
韩　　国	Korea,Rep.	9.9	4743	478
越　　南	Viet Nam	33.2	8028	242
非　　洲	**Africa**	**3030.9**	**83209**	**27**
埃　　及	Egypt	100.1	7051	70
尼日利亚	Nigeria	92.4	12091	131
南　　非	South Africa	122.1	4476	37
欧　　洲	**Europe**	**2297.6**	**72702**	**32**
德　　国	Germany	35.7	8241	231
英　　国	United Kingdom	24.3	5929	244
法　　国	France	55.2	5985	109
意 大 利	Italy	30.1	5748	191
捷克共和国	Czech Republic	7.9	1025	130
波　　兰	Poland	31.3	3862	124
罗马尼亚	Romania	23.8	2239	94
保加利亚	Bulgaria	11.1	797	72
俄罗斯联邦	Russian Federation	1707.5	14408	8
北 美 洲	**North America**	**2272.5**	**50075**	**22**
美　　国	United States	962.9	29104	30
加 拿 大	Canada	997.1	3127	3
墨 西 哥	Mexico	195.8	10197	52
南 美 洲	South America	1783.4	35733	20
巴　　西	Brazil	854.7	17626	21
阿 根 廷	Argentina	278.0	3798	14
大 洋 洲	**Oceania**	**856.4**	**3184**	**4**
澳大利亚	Australia	774.1	1954	3
新 西 兰	New Zealand	27.1	385	14

注：①是指有定居人口的各大洲面积，未包括尚无定居人口的南极洲。如包括南极洲，全世界陆地面积为 14950 万平方公里。②中国为年底人口数。③不包括查谟、克什米尔和锡金等地区。

Note: ① The data exclude the Antarctic Continent. If included, it would be 149.50 million sq.km. ② The population of China refers to the population of the year-end. ③ Excluding Jammu, Kashmir and Sikkim.

3-2 土地利用

Land Use

国外资料来源：联合国粮农组织数据库
Source:FAO database
单位：万公顷 (10 000 hectares)

国家和地区	Country or Area	1990	2001	国家和地区	Country or Area	1990	2001
世界总计	**World Total**			**以 色 列**	**Israel**		
土地面积	Land Area	1305322	1306767	土地面积	Land Area	206	206
耕地面积	Arable Area	139156	140167	耕地面积	Arable Area	34	34
多年生作物面积	Permanent Crop Area	11359	13042	多年生作物面积	Permanent Crop Area	9	9
多年生牧场面积	Permanent Pasture	341298	348983	多年生牧场面积	Permanent Pasture	15	14
其他面积	Other Area	813509	804574	其他面积	Other Area	148	150
发达国家	**Developed Countries**			**日 本**	**Japan**		
土地面积	Land Area	545628	546385	土地面积	Land Area	3646	3645
耕地面积	Arable Area	64949	61351	耕地面积	Arable Area	477	445
多年生作物面积	Permanent Crop Area	2360	2401	多年生作物面积	Permanent Crop Area	48	35
多年生牧场面积	Permanent Pasture	119195	120585	多年生牧场面积	Permanent Pasture	45	41
其他面积	Other Area	359125	362048	其他面积	Other Area	3077	3125
发展中国家	**Developing Countries**			**哈萨克斯坦**	**Kazakhstan**		
土地面积	Land Area	759694	760382	土地面积	Land Area		26997
耕地面积	Arable Area	74208	78816	耕地面积	Arable Area		2154
多年生作物面积	Permanent Crop Area	8999	10641	多年生作物面积	Permanent Crop Area		14
多年生牧场面积	Permanent Pasture	222104	228399	多年生牧场面积	Permanent Pasture		18510
其他面积	Other Area	454384	442526	其他面积	Other Area		6320
亚 洲①	**Asia ①**			**朝 鲜**	**Korea,Dem People's Rep.**		
土地面积	Land Area	268817	309821	土地面积	Land Area	1204	1204
耕地面积	Arable Area	45846	50860	耕地面积	Arable Area	229	250
多年生作物面积	Permanent Crop Area	4926	6136	多年生作物面积	Permanent Crop Area	30	30
多年生牧场面积	Permanent Pasture	79970	110996	多年生牧场面积	Permanent Pasture	5	5
其他面积	Other Area	138075	141830	其他面积	Other Area	940	919
中 国	**China**			**韩 国**	**Korea,Rep.**		
土地面积②	Land Area ②	96000	96000	土地面积	Land Area	987	987
耕地面积	Arable Area	13004	13004	耕地面积	Arable Area	195	170
多年生作物面积	Permanent Crop Area			多年生作物面积	Permanent Crop Area	16	19
多年生牧场面积	Permanent Pasture	40000	40000	多年生牧场面积	Permanent Pasture	7	5
其他面积	Other Area			其他面积	Other Area	769	793
孟加拉国	**Bangladesh**			**马来西亚**	**Malaysia**		
土地面积	Land Area	1302	1302	土地面积	Land Area	3286	3286
耕地面积	Arable Area	914	809	耕地面积	Arable Area	170	180
多年生作物面积	Permanent Crop Area	30	40	多年生作物面积	Permanent Crop Area	525	579
多年生牧场面积	Permanent Pasture	60	60	多年生牧场面积	Permanent Pasture	28	29
其他面积	Other Area	298	393	其他面积	Other Area	2563	2499
印 度	**India**			**蒙 古**	**Mongolia**		
土地面积	Land Area	29732	29732	土地面积	Land Area	15665	15665
耕地面积	Arable Area	16314	16175	耕地面积	Arable Area	137	120
多年生作物面积	Permanent Crop Area	630	815	多年生作物面积	Permanent Crop Area		
多年生牧场面积	Permanent Pasture	1160	1091	多年生牧场面积	Permanent Pasture	12429	12930
其他面积	Other Area	11628	11651	其他面积	Other Area	3099	2615
印度尼西亚	**Indonesia**			**缅 甸**	**Myanmar**		
土地面积	Land Area	18116	18116	土地面积	Land Area	6576	6576
耕地面积	Arable Area	2025	2050	耕地面积	Arable Area	957	999
多年生作物面积	Permanent Crop Area	1172	1310	多年生作物面积	Permanent Crop Area	50	64
多年生牧场面积	Permanent Pasture	1311	1118	多年生牧场面积	Permanent Pasture	36	31
其他面积	Other Area	13607	13638	其他面积	Other Area	5533	5482
伊 朗	**Iran**			**巴基斯坦**	**Pakistan**		
土地面积	Land Area	16362	16362	土地面积	Land Area	7709	7709
耕地面积	Arable Area	1519	1427	耕地面积	Arable Area	2048	2149
多年生作物面积	Permanent Crop Area	131	228	多年生作物面积	Permanent Crop Area	46	67
多年生牧场面积	Permanent Pasture	4400	4400	多年生牧场面积	Permanent Pasture	500	500
其他面积	Other Area	10312	10307	其他面积	Other Area	5115	4993

3-2续表1 continued

单位：万公顷 (10 000 hectares)

国家和地区	Country or Area	1990	2001
菲 律 宾	**Philippines**		
土地面积	Land Area	2982	2982
耕地面积	Arable Area	548	565
多年生作物面积	Permanent Crop Area	440	500
多年生牧场面积	Permanent Pasture	126	128
其他面积	Other Area	1868	1789
新 加 坡	**Singapore**		
土地面积	Land Area	6	6
耕地面积	Arable Area		
多年生作物面积	Permanent Crop Area		
多年生牧场面积	Permanent Pasture		
其他面积	Other Area		
斯里兰卡	**Sri Lanka**		
土地面积	Land Area	646	646
耕地面积	Arable Area	88	90
多年生作物面积	Permanent Crop Area	103	102
多年生牧场面积	Permanent Pasture	44	44
其他面积	Other Area	412	411
泰 国	**Thailand**		
土地面积	Land Area	5109	5109
耕地面积	Arable Area	1749	1500
多年生作物面积	Permanent Crop Area	311	330
多年生牧场面积	Permanent Pasture	78	80
其他面积	Other Area	2971	3199
土 耳 其	**Turkey**		
土地面积	Land Area	7696	7696
耕地面积	Arable Area	2465	2381
多年生作物面积	Permanent Crop Area	303	255
多年生牧场面积	Permanent Pasture	1200	1238
其他面积	Other Area	3729	3823
越 南	**Viet Nam**		
土地面积	Land Area	3255	3255
耕地面积	Arable Area	534	650
多年生作物面积	Permanent Crop Area	105	194
多年生牧场面积	Permanent Pasture	34	64
其他面积	Other Area	2582	2347
非 洲	**Africa**		
土地面积	Land Area	296331	296331
耕地面积	Arable Area	16714	18229
多年生作物面积	Permanent Crop Area	2293	2633
多年生牧场面积	Permanent Pasture	90670	89971
其他面积	Other Area	186654	185498
埃 及	**Egypt**		
土地面积	Land Area	9955	9955
耕地面积	Arable Area	228	286
多年生作物面积	Permanent Crop Area	36	48
多年生牧场面积	Permanent Pasture		
其他面积	Other Area		
尼日利亚	**Nigeria**		
土地面积	Land Area	9108	9108
耕地面积	Arable Area	2954	2850
多年生作物面积	Permanent Crop Area	254	270
多年生牧场面积	Permanent Pasture	4000	3920
其他面积	Other Area	1900	2068

国家和地区	Country or Area	1990	2001
南 非	**South Africa**		
土地面积	Land Area	12210	12210
耕地面积	Arable Area	1344	1475
多年生作物面积	Permanent Crop Area	86	96
多年生牧场面积	Permanent Pasture	8250	8393
其他面积	Other Area	2530	2246
北 美 洲	**North America**		
土地面积	Land Area	213703	214390
耕地面积	Arable Area	26644	25751
多年生作物面积	Permanent Crop Area	764	850
多年生牧场面积	Permanent Pasture	36536	36218
其他面积	Other Area	149759	151571
加 拿 大	**Canada**		
土地面积	Land Area	92210	92210
耕地面积	Arable Area	4582	4574
多年生作物面积	Permanent Crop Area	13	14
多年生牧场面积	Permanent Pasture	2900	2900
其他面积	Other Area	84715	84722
墨 西 哥	**Mexico**		
土地面积	Land Area	19087	19087
耕地面积	Arable Area	2400	2480
多年生作物面积	Permanent Crop Area	190	250
多年生牧场面积	Permanent Pasture	7750	8000
其他面积	Other Area	8747	8357
美 国	**United States**		
土地面积	Land Area	91590	91590
耕地面积	Arable Area	18574	17521
多年生作物面积	Permanent Crop Area	203	205
多年生牧场面积	Permanent Pasture	23917	23400
其他面积	Other Area	48895	50464
南 美 洲	**South America**		
土地面积	Land Area	175295	175295
耕地面积	Arable Area	9964	11275
多年生作物面积	Permanent Crop Area	1271	1401
多年生牧场面积	Permanent Pasture	49989	51563
其他面积	Other Area	114070	111056
阿 根 廷	**Argentina**		
土地面积	Land Area	27367	27367
耕地面积	Arable Area	2890	3370
多年生作物面积	Permanent Crop Area	120	130
多年生牧场面积	Permanent Pasture	14220	14200
其他面积	Other Area	10137	9667
巴 西	**Brazil**		
土地面积	Land Area	84565	84565
耕地面积	Arable Area	5068	5887
多年生作物面积	Permanent Crop Area	673	760
多年生牧场面积	Permanent Pasture	18420	19700
其他面积	Other Area	60404	58219
委内瑞拉	**Venezuela**		
土地面积	Land Area	8821	8821
耕地面积	Arable Area	283	250
多年生作物面积	Permanent Crop Area	78	81
多年生牧场面积	Permanent Pasture	1825	1824
其他面积	Other Area	6635	6656

3–2续表2 continued

单位：万公顷 (10 000 hectares)

国家和地区	Country or Area	1990	2001
欧　洲③	**Europe ③**		
土地面积	Land Area	47334	226015
耕地面积	Arable Area	12459	28813
多年生作物面积	Permanent Crop Area	1397	1695
多年生牧场面积	Permanent Pasture	8349	18288
其他面积	Other Area	25128	177219
白俄罗斯	**Belarus**		
土地面积	Land Area		2075
耕地面积	Arable Area		613
多年生作物面积	Permanent Crop Area		12
多年生牧场面积	Permanent Pasture		300
其他面积	Other Area		1150
保加利亚	**Bulgaria**		
土地面积	Land Area	1106	1106
耕地面积	Arable Area	386	442
多年生作物面积	Permanent Crop Area	30	21
多年生牧场面积	Permanent Pasture	200	162
其他面积	Other Area	490	480
捷　克	**Czech Republic**		
土地面积	Land Area		773
耕地面积	Arable Area		308
多年生作物面积	Permanent Crop Area		24
多年生牧场面积	Permanent Pasture		97
其他面积	Other Area		345
法　国	**France**		
土地面积	Land Area	5501	5501
耕地面积	Arable Area	1800	1845
多年生作物面积	Permanent Crop Area	119	114
多年生牧场面积	Permanent Pasture	1138	1005
其他面积	Other Area	2444	2538
德　国	**Germany**		
土地面积	Land Area	3490	3490
耕地面积	Arable Area	1197	1181
多年生作物面积	Permanent Crop Area	44	21
多年生牧场面积	Permanent Pasture	562	501
其他面积	Other Area	1686	1786
意大利	**Italy**		
土地面积	Land Area	2941	2941
耕地面积	Arable Area	901	829
多年生作物面积	Permanent Crop Area	296	278
多年生牧场面积	Permanent Pasture	487	438
其他面积	Other Area	1257	1396
荷　兰	**Netherlands**		
土地面积	Land Area	339	339
耕地面积	Arable Area	88	91
多年生作物面积	Permanent Crop Area	3	3
多年生牧场面积	Permanent Pasture	110	99
其他面积	Other Area	138	146
波　兰	**Poland**		
土地面积	Land Area	3044	3044
耕地面积	Arable Area	1439	1397
多年生作物面积	Permanent Crop Area	35	34
多年生牧场面积	Permanent Pasture	406	408
其他面积	Other Area	1165	1204

国家和地区	Country or Area	1990	2001
罗马尼亚	**Romania**		
土地面积	Land Area	2303	2303
耕地面积	Arable Area	945	940
多年生作物面积	Permanent Crop Area	59	52
多年生牧场面积	Permanent Pasture	473	493
其他面积	Other Area	827	818
俄罗斯联邦	**Russian Federation**		
土地面积	Land Area		168885
耕地面积	Arable Area		12386
多年生作物面积	Permanent Crop Area		186
多年生牧场面积	Permanent Pasture		9114
其他面积	Other Area		147199
西 班 牙	**Spain**		
土地面积	Land Area	4994	4994
耕地面积	Arable Area	1534	1302
多年生作物面积	Permanent Crop Area	484	493
多年生牧场面积	Permanent Pasture	1030	1145
其他面积	Other Area	1947	2055
乌 克 兰	**Ukraine**		
土地面积	Land Area		5794
耕地面积	Arable Area		3256
多年生作物面积	Permanent Crop Area		93
多年生牧场面积	Permanent Pasture		791
其他面积	Other Area		1653
英　国	**United Kingdom**		
土地面积	Land Area	2409	2409
耕地面积	Arable Area	662	565
多年生作物面积	Permanent Crop Area	7	5
多年生牧场面积	Permanent Pasture	1152	1125
其他面积	Other Area	589	713
大 洋 洲	**Oceania**		
土地面积	Land Area	84914	84914
耕地面积	Arable Area	5093	5238
多年生作物面积	Permanent Crop Area	256	328
多年生牧场面积	Permanent Pasture	43054	41947
其他面积	Other Area	36510	37401
澳大利亚	**Australia**		
土地面积	Land Area	76823	76823
耕地面积	Arable Area	4790	5030
多年生作物面积	Permanent Crop Area	18	30
多年生牧场面积	Permanent Pasture	41640	40490
其他面积	Other Area	30375	31273
新 西 兰	**New Zealand**		
土地面积	Land Area	2680	2680
耕地面积	Arable Area	251	150
多年生作物面积	Permanent Crop Area	135	187
多年生牧场面积	Permanent Pasture	1349	1386
其他面积	Other Area	944	956

注：①2001年亚洲总计包括亚美尼亚、阿塞拜疆、格鲁吉亚、哈萨克斯坦、吉尔吉斯斯坦、塔吉克斯坦、土库曼斯坦和乌兹别克斯坦，1990年未包括这些国家。②指国土面积。③2001年欧洲总计包括白俄罗斯、爱沙尼亚、拉脱维亚、立陶宛、摩尔多瓦共和国、俄罗斯联邦和乌克兰，1990年未包括这些国家。

Notes: ① In 2001,the total for Asia includes estimates for Armenia,Azerbaijan,Georgia,Kazakhstan,Kyrgyzstan,Tajikistan,Turkmenistan and Uzbeckistan,while in 1990 the total for Asia excludes these independent republics of the former USSR. ② Refer to the area of territory. ③ The data in 2001 for Europe includes estimates for Belarus,Estonia,Latvia,Lithuania,the Republic of Moldova,the Russian Federation and Ukraine,while in 1990 the total for Europe excludes estimates for republics of the former USSR.

3-3 能源储量(2000 年)

Energy Resources and Reserves(2000)

资料来源：联合国《能源统计年鉴》2000 年。
Source: United Nations *Energy Statistics Yearbook 2000*.
单位:万吨 (10 000 tons)

国家和地区	Country or Area	烟煤和无烟煤 Bituminous Coal/Anthracite			亚烟煤和褐煤 Sub-bituminous Coal/Lignite			泥煤 Peat		
		探明储量 Proved Amount in Place	可开采储量 Proved Recoverable Reserves	估计储量 Estimated Additional Amount	探明储量 Proved Amount in Place	可开采储量 Proved Recoverable Reserves	估计储量 Estimated Additional Amount	探明储量 Proved Amount in Place	可开采储量 Proved Recoverable Reserves	估计储量 Estimated Additional Amount
中　　国①	China ①	11450000	6220000	36320000	10880000	5230000	30470000	468700	32800	95200
孟加拉国	Bangladesh	105400								13800
印　　度	India	19689200	7473300	8608800	2600000	200000	393200			
印度尼西亚	Indonesia		77000		133100	445000	629900	4900000		
伊　　朗	Iran	375400	19300		229500					
以 色 列	Israel							50000	38600	100000
日　　本	Japan	827700	78500		17500	1700				
马来西亚	Malaysia	1500	400	7800	12600		57500			
蒙　　古	Mongolia	1200000			1200000					
缅　　甸	Myanmar	500	200	12000			8000			
朝　　鲜	Korea, Dem People's Rep.	200000	30000	270000	30000	30000	220000			
韩　　国	Korea, Rep.	13800	8200	27200						
巴基斯坦	Pakistan					292800				
菲 律 宾	Philippines	4000	2400	800	34300	27500	3700			
斯里兰卡	Sri Lanka							500	500	
泰　　国	Thailand				231500	200000	300000			
土 耳 其	Turkey	59000	44900	24900	733900	62600	11000			
越　　南	Viet Nam	31200	15000							4600
埃　　及	Egypt	2500	1300		2700	2200	5200			
尼日利亚	Nigeria		2100	2100	33800	16900	100000			
南　　非	South Africa	12840700	5533300	21104600	3000	99900	10000	4700	3000	
加 拿 大	Canada	862500	450900	2604500	1435500	411400	3199000	109200		33690800
墨 西 哥	Mexico	121100	121100	196000	73200	35100	21300			
美　　国	United States	24665000	11133800	45615300	20854800	14530500	66588700	2600000	1300000	
阿 根 廷	Argentina				19500	13000	773500	9000	8000	
巴　　西	Brazil				1707200	1195000	1531900			48700
委内瑞拉	Venezuela	132800	47900	452800						4600
保加利亚	Bulgaria	4800	1300	120000	479100	269800	261800	500	500	
捷　　克	Czech Republic	640100	261300		254700	356400				
法　　国	France	59300	9500	20000	12400	2100	16500			
德　　国	Germany	6700000	2400000	18600000	7800000	4300000		15700	9600	20000
意 大 利	Italy				7500	3400	30200			250000
荷　　兰	Netherlands	140600	49700	275000				12000	12000	
波　　兰	Poland	6018500	1430900	11330000	1418400	219600	3070000	89000		230000
罗马尼亚	Romania	100	100	100	319900	361000	197600	2500	1300	1000
俄罗斯联邦	Russian Federation	7575300	4908800	158247900	12482300	10792200	235808500	1768000	1155400	16832000
西 班 牙	Spain	170000	20000	300000	86000	46000	126000	9400	7000	
英　　国	United Kingdom	150000000	150000	19000000	100000	50000				
澳大利亚	Australia	9040000	4730000	12500000	4800000	4310000	21500000			
新 西 兰	New Zealand	13600	2900	64200	258300	54200	1220100	164000		

3-3续表 continued

单位:万吨　　　　(10 000 tons)

国家和地区	Country or Area	可开采储量 Proved Recoverable Reserves 天然气 Natural Gas (亿立方米) (10^8m^3)	原油和天燃气 Crude Oil and NGL	油页岩 Oil Shale	油砂 Bituminous Sands	铀矿 Uranium 理论储量 Reasonably Assured Resources	估计储量 Estimated Additional Resources	水电理论装机容量(亿千瓦小时／年) Hyrdropower Gross Theoretical Capability (100 million kwh/year)
中　　国①	China ①	171100	527200		25	7210		59220
孟加拉国	Bangladesh	2880	-					10
印　　度	India	6880	73300			5210	2430	26380
印度尼西亚	Indonesia	20510	67700			630	170	21470
伊　　朗	Iran	231790	1467400			280		1760
以 色 列	Israel	10	100	60000				-
日　　本	Japan	320	700			660		7180
马来西亚	Malaysia	22720	52600					2300
蒙　　古	Mongolia					6160	2100	60
缅　　甸	Myanmar	3110	700					3660
朝　　鲜	Korea, Dem People's Rep.							-
韩　　国	Korea, Rep.					3100	2170	720
巴基斯坦	Pakistan	5950	3000					2620
菲 律 宾	Philippines	800	2800					470
斯里兰卡	Sri Lanka							70
泰　　国	Thailand	1880	2800	170000				560
土 耳 其	Turkey	120	3400	2000		910		4330
越　　南	Viet Nam	1450	8200			130	670	3000
埃　　及	Egypt	7350	53400					500
尼日利亚	Nigeria	34760	277700		2			910
南　　非	South Africa	230	600	1300		45710	17850	150
加 拿 大	Canada	20960	85000		72	33100	9900	13320
墨 西 哥	Mexico	18410	660600			170	70	1550
美　　国	United States	47140	376800			36100	127270	5285
阿 根 廷	Argentina	6700	36300			880	310	5350
巴　　西	Brazil	2240	111100	35200		16200	10020	30200
委内瑞拉	Venezuela	40620	1009700		36			3450
保加利亚	Bulgaria	50	200			780	840	260
捷　　克	Czech Republic	50	1200			3020	1900	130
法　　国	France	230	1800			2240	140	2000
德　　国	Germany	3850	2800			300	400	1200
意 大 利	Italy	24500	5200		3	480	130	3400
荷　　兰	Netherlands	17710	1500					10
波　　兰	Poland	1170	500					230
罗马尼亚	Romania	4470	21800		-	690	900	700
俄罗斯联邦	Russian Federation	447670	665400			14500	3650	24000
西 班 牙	Spain	20	100			1220	820	1380
英　　国	United Kingdom	20660	66600					80
澳大利亚	Australia	13660	34500	365100		71500	18000	2640
新 西 兰	New Zealand	680	1500					1520

注：①数据来源于联合国。

Notes: ① Data from United Nations.

3-4 森林消失和淡水资源

Deforestation and Freshwater

资料来源：世界银行《世界发展指标》2004年。

Source: World Bank *World Development Indicators 2004*.

国家和地区	Country or Area	1990-2000年年均森林消失量① Average Annual Deforestation		2000年人均淡水资源总量（立方米）Total Freshwater Resources Per Capita(cu.m.)	1980-2000年度淡水抽取量占水资源总量百分比(%) Annual Freshwater Withdrawals as Percentage of Total Resources(%)	1980-2000年淡水抽取量的利用（%）Freshwater Withdrawals in 1980-2000(%)		
		平方公里 sq.km	比率(%) Rate(%)			用于农业 for Agriculture	用于工业 for Industry	生活用水 for Domestic
世界总计	**World**	**95009**	**0.2**	**8513**	**6**	**71**	**20**	**10**
高收入国家	**High Income**	**-7947**	**-0.1**		**9**	**42**	**42**	**16**
中等收入国家	**Middle Income**	**29869**	**0.1**	**9938**	**5**	**73**	**18**	**9**
低收入国家	**Low Income**	**73087**	**0.8**	**6416**	**7**	**92**	**4**	**5**
中　国②	China ②	-13483	-0.9	2210	18.6	78	18	5
孟加拉国	Bangladesh	-204	-0.6	8922	1.2	86	2	12
印　度	India	-381	-0.1	1819	26.2	92	3	5
印度尼西亚	Indonesia	13124	1.2	13405	2.6	93	1	6
以色列	Israel	-50	-4.9	259	94.1	54	7	39
日　本	Japan	-34	0.0	3382	21.3	64	17	19
韩　国	Korea, Rep.	49	0.1	1465	34.0	63	11	26
马来西亚	Malaysia	2377	1.2	23863	2.2	77	13	11
蒙　古	Mongolia	600	0.5	14210	1.1	53	27	20
巴基斯坦	Pakistan	304	1.1	1534	70.0	97	2	2
菲律宾	Philippines	887	1.4	5992	11.6	88	4	8
斯里兰卡	Sri Lanka	348	1.6	2636	19.6	96	2	2
泰　国	Thailand	1124	0.7	6653	8.1	91	4	5
土耳其	Turkey	-220	-0.2	3369	15.1	73	12	16
尼日利亚	Nigeria	3984	2.6	2109	1.3	54	15	31
南　非	South Africa	80	0.1	1103	26.6	72	11	17
加拿大	Canada			92532	1.6	12	70	18
墨西哥	Mexico	6306	1.1	4543	17.0	78	5	17
美　国	United States	-3880	-0.2	9772	16.6	42	45	13
阿根廷	Argentina	2851	0.8	23693	3.2	75	9	16
巴　西	Brazil	22264	0.4	41941	0.8	61	18	21
委内瑞拉	Venezuela	2175	0.4	28796	0.6	46	10	44
白俄罗斯	Belarus	-2562	-3.2	5844	4.7	35	43	22
保加利亚	Bulgaria	-204	-0.6	2662	65.6	22	76	3
法　国	France	-616	-0.4	3186	17.0	10	72	18
德　国	Germany			2158	26.0	20	69	11
意大利	Italy	-295	-0.3	3281	22.2	48	34	19
荷　兰	Netherlands	-10	-0.3	5637	8.6	34	61	5
波　兰	Poland	-110	-0.1	1595	20.0	11	76	13
罗马尼亚	Romania	-147	-0.2	9520	12.2	59	33	8
俄罗斯联邦	Russian Federation	-1353	0.0	31222	1.7	20	62	19
西班牙	Spain	-860	-0.6	2725	31.6	68	19	13
乌克兰	Ukraine	-310	-0.3	2866	18.6	30	52	18
英　国	United Kingdom	-200	-0.8	2482	8.0	3	77	20
澳大利亚	Australia			25022	3.0	33	2	65
新西兰	New Zealand	-390	-0.5	83016	0.6	44	10	46

注：①负值表示森林面积的增长。②为世界银行统计数据。

Notes: ① The negative represents the forest area increased. ② Data from World Bank.

3-5 国家保护区面积和生物多样性

Nationally Protected Areas and Biodiversity

资料来源：世界银行《世界发展指标》2004 年。

Source:World Bank *World Development Indicators 2004.*

国家和地区	Country or Area	国家保护区 Nationally Protected Areas		哺乳动物 Mammals		鸟类 Birds		高植株植物② Higher Plants	
		万平方公里③ 10000 sq.km 2003	占土地总面积的比重%③ as Percentage of Total Land(%)2003	物种(种) Species 2002	濒危物种(种) Threatened Species 2002	物种(种) Species 2002	濒危物种(种) Threatened Species 2002	物种(种) Species 2002	濒危物种(种) Threatened Species 2002
世界总计	**World**	**1375.0**	**10.7**						
高收入国家	**High Income**	**501.1**	**19.5**						
中等收入国家	**Middle Income**	**607.4**	**9.1**						
低收入国家	**Low Income**	**266.6**	**8.4**						
中　　国①	China ①	72.7	7.8	394	79	618	74	32200	168
中国香港	Hong Kong,China	0.1			1		11		
孟加拉国	Bangladesh	0.1	0.8	125	23	166	23	5000	12
印　　度	India	15.5	5.2	390	88	458	72	18664	244
印度尼西亚	Indonesia	37.3	20.6	515	147	929	114	29375	384
伊　　朗	Iran	7.8	4.8	140	22	293	13	8000	1
以 色 列	Israel	0.3	15.8	116	14	162	12	2317	0
日　　本	Japan	2.5	6.8	188	37	210	34	5565	11
缅　　甸	Myanmar	0.2	0.3	300	39	310	35	7000	37
韩　　国	Korea, Rep.	0.7	6.9	49	13	138	25	2898	0
巴基斯坦	Pakistan	3.8	4.9	188	19	237	17	4950	2
菲 律 宾	Philippines	1.7	5.7	153	50	404	67	8931	193
斯里兰卡	Sri Lanka	0.9	13.5	88	22	126	14	3314	280
泰　　国	Thailand	7.1	13.9	265	37	285	37	11625	78
土 耳 其	Turkey	1.2	1.6	116	17	278	11	8650	3
越　　南	Viet Nam	1.2	3.7	213	40	262	37	10500	126
埃　　及	Egypt	9.7	9.7	98	13	123	7	2076	2
尼日利亚	Nigeria	3.0	3.3	274	27	286	9	4715	119
南　　非	South Africa	6.7	5.5	247	42	304	28	23420	45
加 拿 大	Canada	102.4	11.1	193	14	310	8	3270	1
墨 西 哥	Mexico	19.5	10.2	491	70	440	39	26071	
美　　国	United States	237.2	25.9	428	37	508	55	19473	
阿 根 廷	Argentina	18.1	6.6	320	34	362	39	9372	42
巴　　西	Brazil	56.7	6.7	394	81	686	114	56215	
委内瑞拉	Venezuela	56.3	63.8	323	26	547	24	21073	67
捷　　克	Czech Republic	1.2	16.1	81	8	205	2	1900	4
法　　国	France	7.3	13.3	93	18	283	5	4630	2
德　　国	Germany	11.4	31.9	76	11	247	5	2682	12
意 大 利	Italy	2.3	7.9	90	14	250	5	5599	3
荷　　兰	Netherlands	0.5	14.2	55	10	192	4	1221	0
波　　兰	Poland	3.8	12.4	84	15	233	4	2450	4
俄罗斯联邦	Russian Federation	131.7	7.8	269	45	528	38	11400	7
西 班 牙	Spain	4.3	8.5	82	24	281	7	5050	14
英　　国	United Kingdom	5.0	20.9	50	12	229	2	1623	13
澳大利亚	Australia	102.9	13.4	252	63	497	37	15638	38
新 西 兰	New Zealand	7.9	29.6		8		63		

注：①世界银行数据。②指维管类植物，仅为开花植物。③数据不确定，需进一步核实。

Notes: ① Data from World Bank. ② Refer to native vascular plant species,but flowering plants only. ③ These are tentative data and are being finalized.

3-6 能源消费
Commercial Energy Use

资料来源：世界银行数据库。
Source: World Bank Database.

国家和地区	Country or Area	消费总量(万吨标准油当量) Commercial Energy Use (10 000 tons of standard oil equivalent)		人均消费量(千克标准油当量) Commercial Energy Use per Capita (kg of standard oil equivalent)	
		1990	2001	1990	2001
世　界	**World**	**857243**	**1000963**	**1677**	**1686**
高收入国家	**High Income**	**428785**	**518799**	**4847**	**5423**
中等收入国家	**Middle Income**	**340036**	**364158**	**1417**	**1339**
低收入国家	**Low Income**	**92345**	**123342**	**480**	**518**
中　国①	China ①	87044	113937	767	896
中国香港	Hong Kong, China	1066	1628	1869	2421
孟加拉国	Bangladesh	1294	2041	118	153
印　度	India	36315	53145	427	515
印度尼西亚	Indonesia	9282	15230	521	729
伊　朗	Iran	6878	12000	1264	1860
以色列	Israel	1211	2119	2599	3291
日　本	Japan	43652	52073	3534	4099
朝　鲜	Korea, Dem. Rep.	3287	2044	1647	914
韩　国	Korea, Rep.	9258	19478	2160	4114
马来西亚	Malaysia	2246	5161	1234	2168
缅　甸	Myanmar	1068	1216	264	252
巴基斯坦	Pakistan	4342	6451	402	456
菲律宾	Philippines	2829	4215	463	538
斯里兰卡	Sri Lanka	552	792	339	423
泰　国	Thailand	4322	7554	777	1235
土耳其	Turkey	5301	7246	944	1057
越　南	Viet Nam	2469	3936	373	495
埃　及	Egypt	3202	4801	611	737
尼日利亚	Nigeria	7091	9544	737	735
南　非	South Africa	9123	10774	2592	2404
加拿大	Canada	20909	24818	7524	7985
墨西哥	Mexico	12403	15227	1490	1532
美　国	United States	192757	228141	7728	7996
阿根廷	Argentina	4504	5760	1395	1537
巴　西	Brazil	13299	18508	899	1074
委内瑞拉	Venezuela	4392	5486	2252	2227
白俄罗斯	Belarus		2442		2449
保加利亚	Bulgaria	2882	1948	3306	2428
捷　克	Czech Republic	4740	4140	4574	4049
法　国	France	22711	26557	4003	4487
德　国	Germany	35622	35109	4485	4264
意大利	Italy	15255	17200	2690	2981
荷　兰	Netherlands	6649	7721	4447	4814
波　兰	Poland	9985	9057	2619	2344
罗马尼亚	Romania	6240	3684	2689	1644
俄罗斯联邦	Russian Federation		62135		4293
西班牙	Spain	9121	12738	2349	3127
乌克兰	Ukraine		14158		2884
英　国	United Kingdom	21218	23516	3686	3982
澳大利亚	Australia	8754	11563	5130	5956
新西兰	New Zealand	1402	1829	4065	4714

3-6续表 continued

国家和地区	Country or Area	单位国内生产总值所产生的二氧化碳（千克/1995年价格，美元）Industrial CO_2 Emissions,(kg per 1995 US$ of GDP)		人均二氧化碳排放量（吨）per Capita Industrial CO_2 Emissions(tons)	
		1990	2000	1990	2000
世　　界	**World**	**0.7**	**0.7**	**4.1**	**3.8**
高收入国家	**High Income**	**0.5**	**0.4**	**11.8**	**12.4**
中等收入国家	**Middle Income**	**1.8**	**1.7**	**3.8**	**3.4**
低收入国家	**Low Income**	**1.7**	**1.8**	**0.8**	**0.9**
中　　国①	China ①	6.0	2.7	2.1	2.2
中国香港	Hong Kong, China	0.2	0.2	4.6	5.0
孟加拉国	Bangladesh	0.5	0.6	0.1	0.2
印　　度	India	2.5	2.3	0.8	1.1
印度尼西亚	Indonesia	1.2	1.3	0.9	1.3
伊　　朗	Iran	3.0	2.9	3.9	4.9
以 色 列	Israel	0.5	0.6	7.4	10.0
日　　本	Japan	0.2	0.2	8.7	9.3
朝　　鲜	Korea, Dem. Rep.			12.3	8.5
韩　　国	Korea, Rep.	0.7	0.7	5.6	9.1
马来西亚	Malaysia	1.0	1.3	3.0	6.2
蒙　　古	Mongolia	9.7	7.3	4.7	3.1
缅　　甸	Myanmar			0.1	0.2
巴基斯坦	Pakistan	1.4	1.5	0.6	0.8
菲 律 宾	Philippines	0.7	0.9	0.7	1.0
斯里兰卡	Sri Lanka	0.4	0.6	0.2	0.6
泰　　国	Thailand	0.9	1.2	1.7	3.3
土 耳 其	Turkey	1.0	1.1	2.6	3.3
越　　南	Viet Nam	1.6	2.0	0.3	0.7
埃　　及	Egypt	1.5	1.8	1.4	2.2
尼日利亚	Nigeria	3.6	1.1	0.9	0.3
南　　非	South Africa	2.1	2.0	0.7	0.9
加 拿 大	Canada	0.8	0.6	15.4	14.2
墨 西 哥	Mexico	1.2	1.1	3.7	4.3
美　　国	United States	0.7	0.6	19.3	19.8
阿 根 廷	Argentina	0.6	0.5	3.4	3.9
巴　　西	Brazil	0.3	0.4	1.4	1.8
委内瑞拉	Venezuela	1.7	2.0	5.8	6.5
白俄罗斯	Belarus		3.1		5.9
保加利亚	Bulgaria	5.0	3.4	8.6	5.2
捷　　克	Czech Republic		2.1		11.6
法　　国	France	0.2	0.2	6.3	6.2
德　　国	Germany		0.3		9.6
意 大 利	Italy	0.4	0.4	7.0	7.4
荷　　兰	Netherlands	0.4	0.3	10.0	8.7
波　　兰	Poland	3.5	2.1	9.1	7.8
罗马尼亚	Romania	3.9	2.6	6.7	3.8
俄罗斯联邦	Russian Federation		3.3		9.9
西 班 牙	Spain	0.4	0.4	5.5	7.0
乌 克 兰	Ukraine		7.9		6.9
英　　国	United Kingdom	0.5	0.4	9.9	9.6
澳大利亚	Australia	0.8	0.8	15.6	18.0
新 西 兰	New Zealand	0.5	0.5	6.8	8.3

注：①数据来源于世界银行。

Note: ① Data from World Bank.

3-7 世界主要城市空气污染状况

Air Pollution in Major Cities of the World

资料来源：世界银行《世界发展指标》2004年。
Source: World Bank *World Development Indicators 2004.*

国家和地区	Country or Area	城市	City	城市人口（万人）City Population (10 000 people) 2000	总悬浮颗粒物（微克／立方米）Total Suspended Particulates (microgram per cubic meter) 1999	二氧化硫（微克／立方米）Sulfur Dioxide (microgram per cubic meter) 1995-2001	二氧化氮（微克／立方米）Nitrogen Dioxide (microgram per cubic meter) 1995-2001
中　　国①	China ①	上海	Shanghai	1037	87	53	73
		北京	Beijing	930	106	90	122
		天津	Tianjin	733	149	82	50
印　　度	India	孟买	Mumbai	1598	79	33	39
		德里	Delhi	1056	187	24	41
		加尔各答	Calcutta	1382	153	49	34
印度尼西亚	Indonesia	雅加达	Jakarta	1085	103		
伊　　朗	Iran	德黑兰	Tehran	769	71	209	
日　　本	Japan	东京	Tokyo	1248	43	18	68
		大阪	Osaka	263	39	19	63
		横滨	Yokohama	337	32	100	13
韩　　国	Korea Rep.	汉城	Seoul	1155	45	44	60
		大丘	Taegu	242	49	81	62
		釜山	Pusan	408	43	60	51
马来西亚	Malaysia	吉隆坡	Kuala Lumpur	153	24	24	
菲 律 宾	Philippines	马尼拉	Manila	1043	60	33	
新 加 坡	Singapore	新加坡	Singapore	316	41	20	30
泰　　国	Thailand	曼谷	Bangkok	730	82	11	23
土 耳 其	Turkey	伊斯坦布尔	Istanbul	929	62	120	
		安卡拉	Ankara	370	53	55	46
埃　　及	Egypt	开罗	Cairo	794	178	69	
南　　非	South Africa	开普敦	Cape Town	294	15	21	72
		德班	Durban	136	29	31	
		约翰内斯堡	Johannesburg	234	30	19	31
加 拿 大	Canada	多伦多	Toronto	454	26	17	43
		蒙特利尔	Montreal	352	22	10	42
		温哥华	Vancouver	188	15	14	37

3-7续表 continued

国家和地区	Country or Area	城市	City	城市人口（万人）City Population (10 000 people) 2000	总悬浮颗粒物（微克／立方米）Total Suspended Particulates (microgram per cubic meter) 1999	二氧化硫（微克／立方米）Sulfur Dioxide (microgram per cubic meter) 1995-2001	二氧化氮（微克／立方米）Nitrogen Dioxide (microgram per cubic meter) 1995-2001
墨西哥	Mexico	墨西哥城	Mexico City	1802	69	74	130
美国	United States	纽约	New York	2095	23	26	79
		洛杉矶	Los Angeles	1620	38	9	74
		芝加哥	Chicago	902	27	14	57
阿根廷	Argentina	科尔多瓦	Córdoba City	137	52		97
巴西	Brazil	圣保罗	São Paulo	998	46	43	83
		里约热内卢	Rio de Janeiro	590	40	129	
委内瑞拉	Venezuela	加拉加斯	Caracas	349	18	33	57
保加利亚	Bulgaria	索非亚	Sofia	118	83	39	122
捷克	Czech Republic	布拉格	Prague	121	27	14	33
法国	France	巴黎	Paris	985	15	14	57
德国	Germany	法兰克福	Frankfurt	67	22	11	45
		柏林	Berlin	356	25	18	26
		慕尼黑	Munich	128	22	8	53
意大利	Italy	米兰	Milan	138	36	31	248
		都灵	Torino	97	53		
		罗马	Rome	271	35		
荷兰	Netherlands	阿姆斯特丹	Amsterdam	113	37	10	58
波兰	Poland	华沙	Warsaw	172	49	16	32
		罗兹	Lodz	87	45	21	43
罗马尼亚	Romania	布加勒斯特	Bucharest	207	25	10	71
俄罗斯联邦	Russian Federation	莫斯科	Moscow	881	27	109	
		鄂木斯克	Omsk	121	28	20	34
西班牙	Spain	马德里	Madrid	307	37	24	66
		巴塞罗那	Barcelona	165	43	11	43
乌克兰	Ukraine	基辅	Kiev	262	45	14	51
英国	United Kingdom	伦敦	London	781	23	25	77
		伯明翰	Birmingham	234	17	9	45
		曼彻斯特	Manchester	233	19	26	49
澳大利亚	Australia	悉尼	Sydney	386	22	28	81
		墨尔本	Melbourne	329	15	0	30
		帕斯	Perth	125	15	5	19
新西兰	New Zealand	奥克兰	Auckland	99	15	3	20

注：①数据来源于世界银行。

Note: ① Data from World Bank.

主要统计指标解释

人口密度指由年中人口除以国土面积得来。国土面积是指一个国家包括内陆水域和沿海水域在内的总面积。

土地面积是指土地的总面积，不包括内陆水域的面积。"内陆水域"的定义一般包括主要的河流与湖泊。

耕地是指种植短期作物的土地(种植两季作物的土地面积只计算一次)，供割草或放牧的短期性草场，供应市场的菜园和自用菜园，以及暂时休闲的土地（少于5年）。而转换耕作方式而休闲的土地不包括在此类。

多年生作物土地是种有长期生长的作物而在每次收获后不需要再种植的土地，如可可、咖啡和橡胶；它包括生长灌木、果树、坚果树和藤本植物的土地，但不包括用材林所占的土地。

探明储量指已探明可开采的原煤、原油、天然气的储量。

已探明可开采的储量是将来在现有和可承受的经济条件下，已探明的可开采的吨数。

淡水资源指可更新的淡水资源，既包括国内可再生的资源，也包括从其他国家流入的江河水流量和抽取的地下水量。

年度淡水抽取量指水源总抽取量，未计入水库的水蒸发量。在淡化水是水资源的重要来源的国家，水资源抽取量还包括来自淡化水厂的水量。工农业的抽取量分别是指用于灌溉、畜牧生产以及工业的直接使用的总抽取量(包括热电厂冷却用水抽取量)。民用抽取量包括饮用水、市政用水或供水、公共设施用水、商业机构用水和家庭用水。

国家级保护区指总面积或部分面积不少于1000公顷的下列区域：国家公园、自然遗址、自然保护区、野生动植物栖息地、受保护的陆地景观和海洋景观地、公众进入受限的科学保护地，不包括受地方或省法律法规保护地。

二氧化碳排放量是指矿物燃料燃烧以及水泥制造等过程中排放的二氧化碳，包括使用固体、液体、气体燃料以及煤气时产生的二氧化碳。

商业能源消费量指可见的消费，其计算方法是本国产量加进口量和存量变动量，减去出口量和从事国际运输的船舶及飞机所使用的燃料。

Explanatory Notes on Main Statistical Indicators

Population Density comes from population in mid-year divided by area of country soil is the total area incuding inland water area and marginal sea area.

Land Area (in Hectares) is a country total area, excluding area under inland water bodies, national claims to continental shelf, and exclusive economic zones. In most cases the definition of inland water bodies includes major rivers and lakes.

Arable Land includes land defined by the FAO as land under temporary crops (double-cropped areas are counted once), temporary meadows for mowing or for pasture, land under market or kitchen gardens, and land temporarily fallow. Land abandoned as a result of shifting cultivation is excluded.

Permanent Cropland is land cultivated with crops that occupy the land for long periods and need not be replanted after each harvest, such as cocoa, coffee, and rubber. This category includes land under flowering shrubs, fruit trees, nut trees, and vines, but excludes land under trees grown for wood or timber.

Proved Amount in Place is the tonnage of crude coal,crude petroleum, nature gas that has been both carefully measured and assessed.

Proved Recoverable Reserves are the tonnage of the proved amount in place that can be recovered under present and expected local economic conditions with existing available technology.

Freshwater Resources refer to total renewable resources, broken down between internal flows of rivers and groundwater from rainfall in the country, and river flows from other countries.

Annual Freshwater Withdrawals refer to total water withdrawal, not counting evaporation losses from storage basins. Withdrawals also include water from desalination plants in countries where they are a significant source.Withdrawals for agriculture and industry are total withdrawals for irrigation and livestock production and for direct industrial use (including withdrawals for cooling thermoelectric plants). Withdrawals for domestic uses include drinking water, municipal use or supply, and use for public services, commercial establishments, and homes.

Nationally Protected Areas are totally or partially protected areas of at least 1,000 hectares that are designated as national parks, natural monuments, nature reserves or wildlife sanctuaries, protected landscapes and seascapes, or scientific reserves with limited public access. The data do not include sites protected under local or provincial law.

Carbon Dioxide Emissions are those stemming from the burning of fossil fuels and the manufacture of cement. They include contributions to the carbon dioxide produced during consumption of solid, liquid, and gas fuels and gas flaring.

Commercial Energy Use refers to apparent consumption, which is equal to indigenous production plus imports and stock changes, minus exports and fuels supplied to ships and aircraft engaged in international transport.

四、国民经济核算

National Accounts

4-1 国内生产总值（本币）

Gross Domestic Product (Local Currency)

资料来源：国际货币基金组织世界经济展望数据库。
Source: IMF World Economic Outlook Database.
单位：亿本币 (100 million local currency units)

国家和地区	Country or Area	1990	2000	2001	2002	2003
中　　国	China	18548	89468	97315	105172	117252
中国香港	Hong Kong, China	5876	12883	12699	12598	12349
孟加拉国	Bangladesh	10542	24532	26337	28684	31495
印　　度	India	54805	207087	223557	239445	267826
印度尼西亚①	Indonesia ①	211	1265	1468	1611	1787
伊　　朗	Iran	345056	5997460	6907624	9087175	11216936
以 色 列	Israel	1058	4681	4740	4913	4943
日　　本①	Japan ①	440	512	506	498	499
哈萨克斯坦	Kazakhstan		25999	32506	37472	43756
韩　　国①	Korea, Rep. ①	189	579	622	684	721
马来西亚	Malaysia	1191	3426	3343	3607	3920
蒙　　古	Mongolia	105	10189	11156	12313	13622
缅　　甸	Myanmar	1625	27578	37989	58885	86604
巴基斯坦	Pakistan	9352	32851	35259	38234	42085
菲 律 宾	Philippines	10745	33051	36193	39632	42945
新 加 坡	Singapore	671	1597	1541	1581	1591
斯里兰卡	Sri Lanka	3218	12577	14074	15827	17866
泰　　国	Thailand	21911	49233	51338	54519	59391
土 耳 其①	Turkey ①	392	127844	188141	278221	358700
越　　南①	Viet Nam ①	42	430	458	520	572
埃　　及	Egypt	961	3401	3587	3785	4150
尼日利亚	Nigeria	2864	48680	53391	56323	72968
南　　非	South Africa	2898	8885	9835	11209	12071
加 拿 大	Canada	6799	10756	11075	11549	12146
墨 西 哥	Mexico	7389	54914	58286	61528	67548
美　　国	United States	58031	98170	101008	104808	109855
阿 根 廷	Argentina	689	2842	2687	3126	3762
巴　　西	Brazil	-	11013	11987	13460	15223
委内瑞拉	Venezuela	22793	824507	913248	1095238	1365815
白俄罗斯	Belarus		91338	171732	261383	359301
保加利亚	Bulgaria	-	268	297	323	347
捷　　克	Czech Republic		19848	21752	22756	24101
法　　国②	France ②	10100	14216	14757	15236	15515
德　　国②	Germany ②	12749	20300	20737	21104	21302
意 大 利②	Italy ②	6822	11665	12185	12604	13009
荷　　兰②	Netherlands ②	2436	4023	4291	4446	4534
波　　兰	Poland	576	7239	7606	7805	8150
罗马尼亚	Romania	8579	8037731	11672428	15126168	18907780
俄罗斯联邦	Russia Federarion		73056	89436	108342	133047
西 班 牙②	Spain ②	3124	6097	6533	6962	7430
乌 克 兰	Ukraine		1701	2042	2258	2632
英　　国	United Kingdom	5573	9513	9940	10429	11005
澳大利亚	Australia	3951	6503	6927	7343	7797
新 西 兰	New Zealand	733	1124	1329	1412	1489

注：①万亿本币。②货币单位为欧元。
Note: ① Trillion local currency units. ② The monetary unit is the euro.

4-2 国内生产总值（美元）
Gross Domestic Product (USD)

资料来源：世界银行世界发展指标数据库。
Source: World Bank World Development Indicators Database.
单位：亿美元 (USD 100 million)

国家和地区	Country or Area	1990	1999	2000	2001	2002
世界总计	**World**	**216761**	**306941**	**315080**	**311924**	**323122**
低收入国家	**Low Income**	**7650**	**9833**	**10210**	**10411**	**11239**
最不发达国家	**Least Developed Countries**	**1613**	**1833**	**1902**	**1953**	**2046**
重债穷国	**Heavily Indebted Poor Countries**	**1672**	**1986**	**2037**	**2102**	**2245**
中等收入国家	**Middle Income**	**32294**	**46480**	**50905**	**51480**	**51393**
下中等收入国家	**Lower Middle Income**	**23260**	**30035**	**32715**	**32845**	**34263**
上中等收入国家	**Upper Middle Income**	**9054**	**16384**	**18119**	**18558**	**17088**
高收入国家	**High Income**	**176838**	**250594**	**253980**	**250079**	**260528**
非经合组织成员国	**Non-OECD Countries**	**4711**	**8768**	**9579**	**9201**	**9203**
经合组织成员国	**OECD Countries**	**172085**	**241833**	**244429**	**240896**	**251299**
中、低收入国家	**Low & Middle Income**	**39913**	**56283**	**61096**	**61870**	**62592**
东亚和太平洋	**East Asia & Pacific**	**6742**	**14878**	**16042**	**16803**	**18331**
欧洲和中亚	**Europe & Central Asia**	**10996**	**8558**	**9413**	**9919**	**11328**
拉丁美洲和加勒比	**Latin America & Caribbean**	**10987**	**17794**	**19810**	**19157**	**16688**
中东和北非	**Middle East & North Africa**	**4241**	**6172**	**6785**	**6836**	**6707**
南亚	**South Asia**	**4048**	**5813**	**5965**	**6150**	**6491**
撒哈拉以南非洲	**Sub-Saharan Africa**	**2984**	**3229**	**3259**	**3181**	**3193**
中国①	China ①	3546	9914	10807	11757	12661
中国香港	Hong Kong, China	754	1606	1654	1628	1615
中国澳门	Macao, China	33	61	62	62	68
阿尔巴尼亚	Albania	21	34	37	43	48
阿尔及利亚	Algeria	620	476	535	549	559
安哥拉	Angola	103	61	89	95	112
安提瓜和巴布达	Antigua and Barbuda	4	7	7	7	7
阿根廷	Argentina	1414	2835	2842	2687	1020
亚美尼亚	Armenia	23	18	19	21	24
阿鲁巴	Aruba		17	19	19	19
澳大利亚	Australia	3106	4056	3880	3688	4094
奥地利	Austria	1617	2100	1907	1896	2041
阿塞拜疆	Azerbaijan		46	53	57	61
巴哈马	Bahamas	31	45	48		
巴林	Bahrain	42	66	76	75	77
孟加拉国	Bangladesh	301	460	472	470	476
巴巴多斯	Barbados	17	25	26	25	25
白俄罗斯	Belarus	174	121	127	124	143
比利时	Belgium	1972	2510	2280	2275	2454
伯利兹	Belize	4	7	8	8	8
贝宁	Benin	18	24	23	24	27
百慕大	Bermuda	16				
不丹	Bhutan	3	4	5	5	6
玻利维亚	Bolivia	49	83	84	80	78
波黑	Bosnia and Herzegovina		47	45	50	56
博茨瓦纳	Botswana	38	51	54	53	53
巴西	Brazil	4620	5295	6017	5090	4524
保加利亚	Bulgaria	207	130	126	136	155
布基纳法索	Burkina Faso	31	28	26	28	31
布隆迪	Burundi	11	7	7	7	7
柬埔寨	Cambodia	11	34	36	37	40
喀麦隆	Cameroon	112	94	89	86	91

4-2续表 1 continued

单位：亿美元 (USD 100 million)

国家和地区	Country or Area	1990	1999	2000	2001	2002
加拿大	Canada	5742	6498	7066	6945	7143
佛得角	Cape Verde	3	6	5	6	6
中非	Central African Republic	15	11	10	10	10
乍得	Chad	17	15	14	17	20
智利	Chile	303	730	755	665	642
哥伦比亚	Colombia	403	863	838	817	809
科摩罗	Comoros	3	2	2	2	3
刚果（金）	Congo, Dem. Rep.	93	47	49	52	57
刚果（布）	Congo	28	24	32	28	30
哥斯达黎加	Costa Rica	57	158	160	164	168
科特迪瓦	Cote d'Ivoire	108	126	106	107	117
克罗地亚	Croatia		199	184	195	224
塞浦路斯	Cyprus	56	92	88	91	101
捷克	Czech Republic	349	550	514	572	695
丹麦	Denmark	1334	1731	1585	1592	1729
吉布提	Djibouti	4	5	6	6	6
多米尼克	Dominica	2	3	3	3	2
多米尼加	Dominican Republic	71	173	197		217
厄瓜多尔	Ecuador	104	167	159	210	243
埃及	Egypt	431	891	994	985	899
萨尔瓦多	El Salvador	48	125	131	138	143
赤道几内亚	Equatorial Guinea	1	9	13	17	21
厄立特里亚	Eritrea		7	6	7	6
爱沙尼亚	Estonia		52	51	56	65
埃塞俄比亚	Ethiopia	86	65	65	65	61
斐济	Fiji	13	19	16	17	19
芬兰	Finland	1372	1278	1200	1215	1315
法国②	France ②	12159	14437	13084	13204	14313
法属波利尼西亚	French Polynesia	32	38	34		
加蓬	Gabon	60	44	49	43	50
冈比亚	Gambia	3	4	4	4	4
格鲁吉亚	Georgia	77	28	30	32	34
德国	Germany	16713	21080	18703	18534	19841
加纳	Ghana	59	77	50	53	62
希腊	Greece	841	1203	1121	1172	1328
格林纳达	Grenada	2	4	4	4	4
危地马拉	Guatemala	77	183	193	210	233
几内亚	Guinea	28	35	31	30	32
几内亚比绍	Guinea-Bissau	2	2	2	2	2
圭亚那	Guyana	4	7	7	7	7
海地	Haiti	29	41	39	38	34
洪都拉斯	Honduras	30	54	62	64	66
匈牙利	Hungary	331	480	467	518	658
冰岛	Iceland	62	84	84	76	84
印度	India	3169	4470	4574	4785	5102
印度尼西亚	Indonesia	1144	1400	1502	1413	1729
伊朗	Iran	1204	996	1016	1141	1082
伊拉克	Iraq	487				
爱尔兰	Ireland	473	956	948	1024	1214
以色列	Israel	525	1037	1148	1127	1037
意大利	Italy	11024	11804	10748	10918	11843
牙买加	Jamaica	46	72	74	76	79
日本	Japan	30531	44696	47638	41756	39934

4–2续表2 continued

单位：亿美元 (USD 100 million)

国家和地区	Country or Area	1990	1999	2000	2001	2002
约　　旦	Jordan	40	81	85	88	93
哈萨克斯坦	Kazakhstan	269	169	183	222	246
肯 尼 亚	Kenya	86	106	104	112	123
基里巴斯	Kiribati	-	1	-	-	1
韩　　国	Korea, Rep.	2526	4061	4615	4272	4767
科 威 特	Kuwait	184	292	370	342	354
吉尔吉斯斯坦	Kyrgyzstan	27	12	14	15	16
老　　挝	Laos	9	15	17	17	17
拉脱维亚	Latvia		66	72	77	84
黎 巴 嫩	Lebanon	28	165	165	167	173
莱 索 托	Lesotho	6	9	9	8	7
利比里亚	Liberia	4	4	5	5	6
利 比 亚	Libya	289	305	340	284	191
立 陶 宛	Lithuania	103	107	112	119	138
卢 森 堡	Luxembourg	111	201	196	198	210
马 其 顿	Macedonia	45	37	36	34	38
马达加斯加	Madagascar	31	37	39	45	44
马 拉 维	Malawi	19	18	17	17	19
马来西亚	Malaysia	440	791	902	880	949
马尔代夫	Maldives	2	6	6	6	6
马　　里	Mali	24	26	24	26	34
马 耳 他	Malta	23	36	36	36	39
马绍尔群岛	Marshall Islands	1	1	1	1	1
毛里塔尼亚	Mauritania	10	10	9	10	10
毛里求斯	Mauritius	24	42	44	45	45
墨 西 哥	Mexico	2627	4805	5808	6239	6372
密克罗尼西亚联邦	Micronesia,Fed. States	1	2	2	2	2
摩尔多瓦	Moldova	35	12	13	15	16
蒙　　古	Mongolia		9	10	10	11
摩 洛 哥	Morocco	258	352	333	339	361
莫桑比克	Mozambique	25	40	37	34	36
纳米比亚	Namibia	24	34	35	32	29
尼 泊 尔	Nepal	36	50	55	56	55
荷　　兰	Netherlands	2943	3985	3709	3840	4179
新喀里多尼亚	New Caledonia	25	31	27		
新 西 兰	New Zealand	436	567	517	514	586
尼加拉瓜	Nicaragua	10	22	40	40	40
尼 日 尔	Niger	25	20	18	19	22
尼日利亚	Nigeria	285	365	421	427	435
挪　　威	Norway	1161	1581	1669	1698	1905
阿　　曼	Oman	105	157	199	199	203
巴基斯坦	Pakistan	400	586	608	586	591
帕　　劳	Palau	1	1	1	1	1
巴 拿 马	Panama	53	114	119	121	123
巴布亚新几内亚	Papua New Guinea	32	34	34	29	28
巴 拉 圭	Paraguay	53	77	77	68	55
秘　　鲁	Peru	263	514	530	536	565
菲 律 宾	Philippines	443	762	759	720	780
波　　兰	Poland	590	1550	1641	1834	1890
葡 萄 牙	Portugal	715	1151	1065	1100	1216
波多黎各	Puerto Rico	306	578	610	679	
卡 塔 尔	Qatar	74	122	178	171	175
罗马尼亚	Romania	383	356	371	402	457

4−2续表3 continued

单位：亿美元 (USD 100 million)

国家和地区	Country or Area	1990	1999	2000	2001	2002
俄罗斯联邦	Russian Federation	5168	1959	2597	3099	3465
卢旺达	Rwanda	26	19	18	17	17
萨摩亚	Samoa	1	2	2	2	3
圣多美和普林西比	Sao Tome and Principe	1	-	-	-	1
沙特阿拉伯	Saudi Arabia	1168	1612	1887	1833	1885
塞内加尔	Senegal	57	48	44	46	50
塞尔维亚和黑山	Serbia and Montenegro		98	86	116	157
塞舌尔	Seychelles	4	6	6	6	7
塞拉利昂	Sierra Leone	6	7	6	7	8
新加坡	Singapore	369	814	915	849	870
斯洛伐克	Slovak	155	202	197	205	237
斯洛文尼亚	Slovenia		201	190	195	220
所罗门群岛	Solomon Islands	2	3	3	3	2
索马里	Somalia	9				
南非	South Africa	1120	1311	1280	1142	1042
西班牙	Spain	5100	6022	5614	5831	6531
斯里兰卡	Sri Lanka	80	157	163	157	166
圣基茨和尼维斯	St. Kitts and Nevis	2	3	3	3	4
圣卢西亚	St. Lucia	4	7	7	6	7
圣文森特和格林纳丁斯	St. Vincent and the Grenadines	2	3	3	3	4
苏丹	Sudan	132	106	112	121	135
苏里南	Suriname	4	9	9	8	10
斯威士兰	Swaziland	9	14	14	13	12
瑞典	Sweden	2459	2516	2398	2194	2403
瑞士	Switzerland	2284	2586	2401	2458	2674
叙利亚	Syrian Arab Republic	123	159	180	194	208
塔吉克斯坦	Tajikistan	26	11	10	11	12
坦桑尼亚	Tanzania	43	86	91	93	94
泰国	Thailand	853	1223	1227	1155	1269
东帝汶	Timor-Leste		3	3	4	4
多哥	Togo	16	14	12	13	14
汤加	Tonga	1	1	2	1	1
特立尼达和多巴哥	Trinidad and Tobago	51	69	83	93	96
突尼斯	Tunisia	123	208	195	200	210
土耳其	Turkey	1506	1838	1993	1452	1837
土库曼斯坦	Turkmenistan	32	33	44	60	77
乌干达	Uganda	43	60	59	56	58
乌克兰	Ukraine	815	316	313	380	415
阿联酋	United Arab Emirates	341	549	703	692	710
英国	United Kingdom	9896	14602	14380	14297	15663
美国	United States	57508	92128	97621	100197	103831
乌拉圭	Uruguay	93	209	201	187	121
乌兹别克斯坦	Uzbekistan	134	87	78	76	79
瓦努阿图	Vanuatu	2	2	2	2	2
委内瑞拉	Venezuela	486	1033	1213	1262	943
越南	Viet Nam	65	287	312	327	351
约旦河西岸和加沙地带	West Bank and Gaza		42	46	40	34
也门	Yemen	48	75	94	95	100
赞比亚	Zambia	33	31	32	36	37
津巴布韦	Zimbabwe	88	55	72	91	83

注：①世界银行统计数据。②包括法属圭亚那、瓜德罗普、马提尼克和留尼汪。

Note: ① Data from World Bank. ② Include the Frenche Guiana,Guadeloupe Martinique and Réunion.

4-3 国民总收入（本币）
Gross National Income(Local Currency)

资料来源：国际货币基金组织国际金融统计数据库。
Source: IMF International Financial Statistics Database.
单位：亿本币 (100 million local currency units)

国家和地区	Country or Area	1990	2000	2001	2002	2003
中国	China	18598	88254	95728	103935	116250
中国香港	Hong Kong, China		13101	13111	12765	
孟加拉国	Bangladesh	10242	24580	26239	28574	
印度	India	56113	207221	227006	245034	
印度尼西亚	Indonesia	2012490	12105800	13598900	14610100	
伊朗	Iran	351530	5801520	6714520	9276780	
以色列	Israel	1033	4429	4576	4780	4812
日本①	Japan ①	4428970	5178840	5141680	5062950	
哈萨克斯坦	Kazakhstan		24375	30669		
韩国	Korea, Rep.	1786280	5761600	6210280	6850690	7223560
马来西亚	Malaysia	1140	3137	3087	3356	
蒙古②	Mongolia ②	91	10277	11311	12433	
缅甸	Myanmar	1520				
巴基斯坦	Pakistan	8907	31323	33724	36607	41987
菲律宾	Philippines	10714	35661	39187	42902	46854
新加坡	Singapore	683	1576	1530	1537	
斯里兰卡	Sri Lanka	3151	12346	13836	15608	
泰国	Thailand	21561	48396	50384	53438	58344
土耳其②	Turkey ②	3971274	1255961000	1764840000	2725351000	
越南	Viet Nam	392840	4353180	4748550	5273870	
埃及②	Egypt ②	937	3419	3657	3880	
尼日利亚	Nigeria	2383	45404	53113	54958	58551
南非①	South Africa ①	2788	8667	9516	10926	
加拿大①	Canada ①	6456	10426	10779	11276	
墨西哥②	Mexico ②	7146	53511	56988	60340	
美国	United States	58322	98480	101041	104367	110316
阿根廷	Argentina	679	2768	2605	2917	
巴西	Brazil	-	10687	11535	12941	
委内瑞拉	Venezuela	22116	816326	902328	1073650	
白俄罗斯	Belarus		91450	172025	261600	
保加利亚	Bulgaria	-	261	290	318	336
捷克	Czech Republic		20932	22395	22847	22935
法国①③	France ①③	65945|	14318	14871	15278	15562
德国①③	Germany ①③	24482|	20203	20656	21088	21182
意大利③	Italy ③	13004400|	11570	12098	12508	12869
荷兰①③	Netherlands ①③	5330|	4040	4252	4355	4413
波兰②	Poland ②	528	7070	7451	7634	
罗马尼亚②	Romania ②	8614	7975907	11590480	14970840	
俄罗斯联邦②	Russian Federation ②		71161	89239	106716	
西班牙①③	Spain ①③	496930|	6033	6441	6876	7351
乌克兰	Ukraine		1649	2006		
英国①	United Kingdom ①	5492	9568	10034	10625	11212
澳大利亚①	Australia ①	3783	6315	6729	7127	7568
新西兰①	New Zealand ①	704	1066	1161	1216	1327
澳大利亚①	Australia ①	3779	6334	6714	7121	
新西兰①	New Zealand ①	704	1095	1143	1234	

注：①季节调整值。②世界银行统计数据。③从2000年起以欧元为货币单位。
Note: ① Season adjusted. ② Data from World Bank. ③ Since 2000,the monetary unit is the euro.

4-4 人均国民总收入（美元）
GNI Per Capita (USD)

资料来源：世界银行世界发展指标数据库。
Source: World Bank World Development Indicators Database.
单位：美元 (USD)

国家和地区	Country or Area	1990	1999	2000	2001	2002
世界总计	**World**	**4060**	**5050**	**5210**	**5160**	**5120**
低收入国家	**Low Income**	**390**	**400**	**410**	**420**	**430**
最不发达国家	**Least Developed Countries**	**320**	**290**	**290**	**290**	**290**
重债穷国	**Heavily Indebted Poor Countries**	**340**	**320**	**310**	**310**	**320**
中等收入国家	**Middle Income**	**1240**	**1780**	**1840**	**1830**	**1850**
下中等收入国家	**Lower Middle Income**	**1030**	**1370**	**1380**	**1360**	**1400**
上中等收入国家	**Upper Middle Income**	**2780**	**4860**	**5160**	**5330**	**5110**
高收入国家	**High Income**	**19770**	**25860**	**26850**	**26640**	**26490**
非经合组织成员国	**Non-OECD Countries**	**9590**	**15970**	**16590**	**16050**	**15680**
经合组织成员国	**OECD Countries**	**20340**	**26470**	**27490**	**27300**	**27170**
中、低收入国家	**Low & Middle Income**	**860**	**1130**	**1160**	**1160**	**1170**
东亚和太平洋	**East Asia & Pacific**	**430**	**810**	**860**	**910**	**960**
欧洲和中亚	**Europe & Central Asia**		**1970**	**2000**	**1970**	**2160**
拉丁美洲和加勒比	**Latin America & Caribbean**	**2250**	**3650**	**3700**	**3560**	**3280**
中东和北非	**Middle East & North Africa**	**1770**	**2070**	**2160**	**2230**	**2240**
南　亚	**South Asia**	**380**	**430**	**440**	**450**	**460**
撒哈拉以南非洲	**Sub-Saharan Africa**	**550**	**500**	**480**	**470**	**450**
中　国①	China ①	320	780	840	900	960
中国香港	Hong Kong, China	12520	25580	26830	25780	24690
中国澳门	Macao, China	8470	14420	14800	14600	
阿尔巴尼亚	Albania	680	970	1220	1400	1450
阿尔及利亚	Algeria	2440	1540	1580	1660	1720
安哥拉	Angola	820	430	470	530	710
安提瓜和巴布达	Antigua and Barbuda	5550	8810	9150	9560	9720
阿根廷	Argentina	3220	7780	7690	7200	4220
亚美尼亚	Armenia		600	650	700	790
澳大利亚	Australia	17720	20860	20080	19850	19530
奥地利	Austria	19720	26130	25730	24230	23860
阿塞拜疆	Azerbaijan		570	610	660	710
巴哈马	Bahamas	11720	14000	14860		
巴　林	Bahrain	7120	9560	10160	10410	10500
孟加拉国	Bangladesh	280	370	380	380	380
巴巴多斯	Barbados	6600	8650	9130	8980	8790
白俄罗斯	Belarus		1410	1380	1300	1360
比利时	Belgium	18520	25060	24900	23530	22940
伯利兹	Belize	2190	2660	2880	2940	2970
贝　宁	Benin	370	390	390	380	380
百慕大	Bermuda	26320				
不　丹	Bhutan	490	470	510	560	600
玻利维亚	Bolivia	750	980	980	940	900
波　黑	Bosnia and Herzegovina		1240	1270	1280	1310
博茨瓦纳	Botswana	2750	3020	3040	3170	3010
巴　西	Brazil	2800	3930	3650	3090	2830
保加利亚	Bulgaria	2260	1450	1580	1650	1770
布基纳法索	Burkina Faso	330	260	250	240	250
布隆迪	Burundi	220	120	110	100	100
柬埔寨	Cambodia		290	290	300	300
喀麦隆	Cameroon	950	600	580	570	550

4-4续表1 continued

单位：美元 (USD)

国家和地区	Country or Area	1990	1999	2000	2001	2002
加 拿 大	Canada	19840	20600	21720	21930	22390
佛 得 角	Cape Verde	980	1340	1320	1280	1250
中 非	Central African Republic	470	280	280	270	250
乍 得	Chad	270	210	190	200	210
智 利	Chile	2190	4730	4810	4600	4250
哥伦比亚	Colombia	1190	2190	2050	1910	1820
科 摩 罗	Comoros	550	400	380	380	390
刚果（金）	Congo, Dem. Rep.	220	90	90	90	100
刚果（布）	Congo	880	450	510	570	610
哥斯达黎加	Costa Rica	1790	3580	3820	3970	4070
科特迪瓦	Cote d'Ivoire	780	750	690	640	620
克罗地亚	Croatia		4500	4430	4330	4540
塞浦路斯	Cyprus	8110	12220	12460	12320	
捷 克	Czech Republic		5120	5250	5260	5480
丹 麦	Denmark	23430	32240	31510	30470	30260
吉 布 提	Djibouti		810	830	840	850
多米尼克	Dominica	2270	3240	3270	3350	3000
多米尼加	Dominican Republic	880	1970	2140		
厄瓜多尔	Ecuador	900	1480	1330	1370	1490
埃 及	Egypt	810	1370	1490	1530	1470
萨尔瓦多	El Salvador	940	1930	2020	2070	2110
赤道几内亚	Equatorial Guinea	350	820	700	930	
厄立特里亚	Eritrea		210	180	190	190
爱沙尼亚	Estonia		3540	3790	3930	4190
埃塞俄比亚	Ethiopia	170	110	110	110	100
斐 济	Fiji	1760	2300	2050	2100	2130
芬 兰	Finland	24970	24640	25000	23940	23890
法 国②	France ②	19620	24400	23990	22880	22240
法属波利尼西亚	French Polynesia	15500	16540	16150		
加 蓬	Gabon	4800	3220	3120	3100	3060
冈 比 亚	Gambia	310	340	330	320	270
格鲁吉亚	Georgia		660	630	600	650
德 国	Germany	20160	25740	25150	23540	22740
加 纳	Ghana	380	380	330	290	270
希 腊	Greece	7770	11910	11700	11450	11660
格林纳达	Grenada	2300	3460	3720	3630	3530
危地马拉	Guatemala	970	1690	1700	1700	1760
几 内 亚	Guinea	460	500	450	420	410
几内亚比绍	Guinea-Bissau	220	150	160	140	130
圭 亚 那	Guyana	380	870	860	860	860
海 地	Haiti	410	480	500	480	440
洪都拉斯	Honduras	710	770	870	910	930
匈 牙 利	Hungary	2880	4620	4770	4820	5290
冰 岛	Iceland	23500	28390	29920	28660	27960
印 度	India	390	440	450	460	470
印度尼西亚	Indonesia	620	590	570	680	710
伊 朗	Iran	2590	1600	1650	1690	1720
伊 拉 克	Iraq	2170				
爱 尔 兰	Ireland	11960	21750	22970	22950	23030
以 色 列	Israel	10860	16470	17020	16760	16020
意 大 利	Italy	17420	20350	20170	19490	19080
牙 买 加	Jamaica	1820	2610	2710	2710	2690

4-4续表2 continued

单位：美元 (USD)

国家和地区	Country or Area	1990	1999	2000	2001	2002
日　　本	Japan	27110	33170	35400	35920	34010
约　　旦	Jordan	1390	1620	1720	1750	1760
哈萨克斯坦	Kazakhstan		1260	1250	1350	1520
肯 尼 亚	Kenya	380	360	350	350	360
基里巴斯	Kiribati	730	1080	1060	1070	960
韩　　国	Korea, Rep.	5740	8530	9010	9490	9930
科 威 特	Kuwait		15280	16280	16700	16340
吉尔吉斯斯坦	Kyrgyzstan		300	280	280	290
老　　挝	Laos	200	290	290	300	310
拉脱维亚	Latvia		2570	2940	3260	3480
黎 巴 嫩	Lebanon	1010	3910	4000	4000	3990
莱 索 托	Lesotho	650	670	640	600	550
利比里亚	Liberia		110	130	140	140
立 陶 宛	Lithuania		2850	3110	3340	3670
卢 森 堡	Luxembourg	29650	44970	43720	41550	39470
马 其 顿	Macedonia		1830	1830	1690	1710
马达加斯加	Madagascar	240	250	250	260	230
马 拉 维	Malawi	200	190	170	160	160
马来西亚	Malaysia	2380	3370	3390	3410	3540
马尔代夫	Maldives		2050	2130	2130	2170
马　　里	Mali	270	250	230	230	240
马 耳 他	Malta	6780	9270	9300	9280	9260
马绍尔群岛	Marshall Islands	1760	2150	2200	2220	2380
毛里塔尼亚	Mauritania	540	390	350	360	280
毛里求斯	Mauritius	2300	3720	3690	3850	3360
墨 西 哥	Mexico	2830	4450	5100	5550	5920
密克罗尼西亚联邦	Micronesia,Fed. States	1760	1940	2030	1970	1970
摩尔多瓦	Moldova		410	390	400	460
蒙　　古	Mongolia		390	390	400	430
摩 洛 哥	Morocco	1030	1210	1180	1190	1170
莫桑比克	Mozambique	170	220	210	200	200
纳米比亚	Namibia	1720	2140	2100	1970	1790
尼 泊 尔	Nepal	220	220	230	240	230
荷　　兰	Netherlands	18710	25270	25330	24010	23390
新喀里多尼亚	New Caledonia	15010	14820	14030		
新 西 兰	New Zealand	12840	14640	13480	13280	13260
尼加拉瓜	Nicaragua	340	400	520	600	710
尼 日 尔	Niger	310	190	180	180	180
尼日利亚	Nigeria	270	260	270	300	300
挪　　威	Norway	25660	34530	35660	36960	38730
阿　　曼	Oman	5890	6120	6710	7720	7830
巴基斯坦	Pakistan	390	460	450	420	420
帕　　劳	Palau		6070	7220	6610	6820
巴 拿 马	Panama	2220	3680	3920	3920	4020
巴布亚新几内亚	Papua New Guinea	860	770	670	580	530
巴 拉 圭	Paraguay	1210	1650	1520	1380	1170
秘　　鲁	Peru	780	2080	2050	1970	2020
菲 律 宾	Philippines	740	1040	1030	1030	1030
波　　兰	Poland		4060	4230	4350	4570
葡 萄 牙	Portugal	6450	11090	11090	10770	10720
波多黎各	Puerto Rico	6220	9620	10550	10950	
罗马尼亚	Romania	1730	1580	1680	1720	1870

4-4续表3 continued

单位：美元 (USD)

国家和地区	Country or Area	1990	1999	2000	2001	2002
俄罗斯联邦	Russian Federation		1760	1720	1800	2130
卢旺达	Rwanda	370	270	260	240	230
萨摩亚	Samoa		1390	1390	1440	1430
圣多美和普林西比	Sao Tome and Principe	430	270	290	290	300
沙特阿拉伯	Saudi Arabia	7490	7810	8120	8460	8530
塞内加尔	Senegal	720	510	500	490	470
塞尔维亚和黑山	Serbia and Montenegro		1310	1200	1240	1400
塞舌尔	Seychelles	5020	7330	7330	7150	6780
塞拉利昂	Sierra Leone	200	130	130	130	140
新加坡	Singapore	11840	22660	22780	21100	20690
斯洛伐克	Slovak	3340	3860	3800	3770	3970
斯洛文尼亚	Slovenia		10010	10250	10160	10370
所罗门群岛	Solomon Islands	730	800	660	610	580
索马里	Somalia	130				
南非	South Africa	2890	3120	2980	2740	2500
西班牙	Spain	11680	14710	14790	14460	14580
斯里兰卡	Sri Lanka	490	860	890	840	850
圣基茨和尼维斯	St. Kitts and Nevis	3620	6140	6550	6600	6540
圣卢西亚	St. Lucia	2810	3880	3980	3750	3750
圣文森特和格林纳丁斯	St. Vincent and the Grenadines	1740	2650	2730	2770	2820
苏丹	Sudan	570	350	340	340	370
苏里南	Suriname	1510	2100	2220	1800	1940
斯威士兰	Swaziland	1180	1420	1390	1330	1240
瑞典	Sweden	26390	28540	28680	26750	25970
瑞士	Switzerland	33510	39140	39610	36790	36170
叙利亚	Syrian Arab Republic	940	920	960	1070	1130
塔吉克斯坦	Tajikistan		180	180	170	180
坦桑尼亚	Tanzania	190	250	270	270	290
泰国	Thailand	1520	2000	2010	1980	2000
东帝汶	Timor-Leste			420	520	520
多哥	Togo	440	320	290	270	270
汤加	Tonga	1160	1730	1660	1540	1440
特立尼达和多巴哥	Trinidad and Tobago	3730	4740	5300	6160	6750
突尼斯	Tunisia	1430	2080	2080	2060	1990
土耳其	Turkey	2270	2800	2980	2420	2490
土库曼斯坦	Turkmenistan	880	720	850	1090	
乌干达	Uganda	320	290	270	250	240
乌克兰	Ukraine		760	690	720	780
阿联酋	United Arab Emirates	19930				
英国	United Kingdom	16190	24070	25220	25230	25510
美国	United States	23440	32250	34360	34640	35400
乌拉圭	Uruguay	2870	6320	6120	5650	4340
乌兹别克斯坦	Uzbekistan		410	360	320	310
瓦努阿图	Vanuatu	1130	1170	1120	1110	1070
委内瑞拉	Venezuela	2650	3730	4310	4780	4080
越南	Viet Nam	130	360	380	410	430
约旦河西岸和加沙地带	West Bank and Gaza		1850	1750	1370	1110
也门	Yemen		390	420	470	490
赞比亚	Zambia	450	330	320	330	340
津巴布韦	Zimbabwe	880	470	440	480	

注：①世界银行统计数据。②包括法属圭亚那、瓜德罗普、马提尼克和留尼汪。

Note: ① Data from World Bank. ② Include the Frenche Guiana,Guadeloupe Martinique and Réunion.

4-5　按购买力平价法计算的国民经济核算主要指标（2002 年）

Main Economic Indicators of National Accounts Based on PPP(2002)

资料来源：世界银行世界发展指标数据库。
Source: World Bank World Development Indicators Database.

国家和地区	Country or Area	国内生产总值（亿国际元）GDP (100 million current international $)	人均国内生产总值（国际元）GDP per Capita (current international $)	国民总收入（亿国际元）GNI (100 million current international $)	人均国民总收入（国际元）GNI per Capita (current international $)
世　　界	**World**	**487709**	**7868**	**484618**	**7820**
中　　国①	China ①	58609	4580	57917	4520
中国香港	Hong Kong, China	1826	26910	1866	27490
中国澳门	Macao, China			96	21910
孟加拉国	Bangladesh	2300	1700	2406	1770
印　　度	India	27996	2670	27778	2650
印度尼西亚	Indonesia	6829	3230	6499	3070
伊　　朗	Iran	4383	6690	4382	6690
以 色 列	Israel	1282	19530	1248	19000
日　　本	Japan	34251	26940	34813	27380
哈萨克斯坦	Kazakhstan	874	5870	837	5630
韩　　国	Korea, Rep.	8073	16950	8080	16960
马来西亚	Malaysia	2217	9120	2066	8500
蒙　　古	Mongolia	42	1710	42	1710
巴基斯坦	Pakistan	2813	1940	2837	1960
菲 律 宾	Philippines	3335	4170	3556	4450
新 加 坡	Singapore	1001	24040	988	23730
斯里兰卡	Sri Lanka	677	3570	666	3510
泰　　国	Thailand	4319	7010	4248	6890
土 耳 其	Turkey	4448	6390	4385	6300
越　　南	Viet Nam	1854	2300	1854	2300
埃　　及	Egypt	2526	3810	2529	3810
尼日利亚	Nigeria	1136	860	1059	800
南　　非	South Africa	4568	10070	4448	9810
加 拿 大	Canada	9247	29480	9073	28930
墨 西 哥	Mexico	9046	8970	8871	8800
美　　国	United States	103080	35750	104143	36110
阿 根 廷	Argentina	4127	10880	3866	10600
巴　　西	Brazil	13550	7770	13003	7450
委内瑞拉	Venezuela	1351	5380	1309	5220
白俄罗斯	Belarus	548	5520	546	5500
保加利亚	Bulgaria	568	7130	560	7030
捷　　克	Czech Republic	1611	15780	1524	14920
法　　国	France	16014	26920	16088	27040
德　　国	Germany	22358	27100	22261	26980
意 大 利	Italy	15247	26430	15100	26170
荷　　兰	Netherlands	4699	29100	4577	28350
波　　兰	Poland	4077	10560	4037	10450
罗马尼亚	Romania	1462	6560	1447	6490
俄罗斯联邦	Russian Federation	11856	8230	11647	8080
西 班 牙	Spain	8780	21460	8680	21210
乌 克 兰	Ukraine	2373	4870	2339	4800
英　　国	United Kingdom	15491	26150	15745	26580
澳大利亚	Australia	5557	28260	5395	27440
新 西 兰	New Zealand	856	21740	809	20550

注：①世界银行统计数据。
Note: ① Data from World Bank.

4-6 国内生产总值增长率
Growth Rate of GDP

资料来源：国际货币基金组织世界经济展望数据库。
Source: IMF World Economic Outlook Database.
单位：%　　(%)

国家和地区	Country or Area	1991-2003年年均增长率 Average Annual Real Growth Rate 1991-2003	1990	2000	2001	2002	2003
世　界	**World**	**3.3**	**2.8**	**4.7**	**2.4**	**3.0**	**3.9**
发达国家	**Developed Countries**	**2.5**	**3.0**	**3.8**	**1.1**	**1.7**	**2.1**
发展中国家	**Developing Countries**	**4.3**	**2.5**	**5.9**	**4.1**	**4.6**	**6.1**
中　国	China	9.7	3.8	8.0	7.5	8.3	9.3
中国香港	Hong Kong, China	3.9	3.7	10.2	0.5	2.3	3.3
阿尔巴尼亚	Albania	2.4	-10.0	7.3	7.6	4.7	6.0
阿尔及利亚	Algeria	2.3	0.8	2.2	2.6	4.1	6.7
安哥拉	Angola	2.4	0.1	3.0	3.2	15.3	4.5
安提瓜和巴布达	Antigua and Barbuda	3.1	2.3	3.3	1.5	2.1	2.5
阿根廷	Argentina	2.6	-1.3	-0.8	-4.4	-10.9	8.7
亚美尼亚①	Armenia ①	-1.7		6.0	9.6	12.9	12.0
澳大利亚	Australia	3.4	1.8	3.2	2.5	3.8	3.0
奥地利	Austria	2.0	4.7	3.4	0.8	1.4	0.7
阿塞拜疆①	Azerbaijan ①	-1.8		11.1	9.9	10.6	11.2
巴哈马	Bahamas	1.4	1.2	4.9	-2.0	0.7	0.9
巴　林	Bahrain	4.7	7.3	5.3	4.5	5.1	5.0
孟加拉国	Bangladesh	4.9	4.6	5.6	4.8	4.9	5.4
巴巴多斯	Barbados	0.7	-3.3	3.0	-2.7	-1.8	1.6
白俄罗斯①	Belarus ①	0.4		5.8	4.7	5.0	6.8
比利时	Belgium	1.8	3.1	3.7	0.7	0.7	1.1
伯利兹	Belize	4.4	10.2	8.2	5.4	9.0	2.1
贝　宁	Benin	5.0	3.2	5.8	5.0	6.0	5.5
不　丹	Bhutan	6.2	6.6	5.3	6.6	7.7	7.3
玻利维亚	Bolivia	3.4	4.6	2.3	1.5	2.8	2.6
波　黑①	Bosnia and Hercegovinia ①	11.8		5.5	4.4	5.5	3.5
博茨瓦纳	Botswana	5.1	6.8	7.5	5.2	3.9	5.4
巴　西	Brazil	2.3	-4.2	4.4	1.3	1.9	-0.2
文　莱	Brunei Darussalam	1.8	2.7	2.8	3.0	3.2	3.6
保加利亚	Bulgaria	-2.1	-9.1	5.4	4.1	4.8	4.3
布基纳法索	Burkina Faso	5.4	10.8	1.5	5.9	4.4	6.5
布隆迪	Burundi	-0.9	3.5	-1.1	2.2	4.5	-0.5
柬埔寨	Cambodia	6.0	1.1	7.0	5.7	5.5	4.8
喀麦隆	Cameroon	2.3	-6.2	4.2	5.3	6.5	4.2
加拿大	Canada	2.8	0.2	5.3	1.9	3.3	1.7
佛得角	Cape Verde	6.3	0.7	7.3	5.1	4.3	5.0
中　非	Central African Republic	0.3	0.4	1.8	1.0	-0.8	-5.8
乍　得	Chad	4.9	3.2	1.0	9.5	9.9	10.0
智　利	Chile	5.6	3.7	4.2	3.7	2.2	3.3
哥伦比亚	Colombia	2.6	4.3	2.9	1.4	1.8	3.6
科摩罗	Comoros	2.0	0.1	4.5	2.3	2.3	2.1
刚果（金）	Congo, Dem. Rep. of	-3.8	-6.6	-6.2	-2.1	3.5	5.0
刚果（布）	Congo	1.7	1.0	8.2	3.6	3.5	0.8
哥斯达黎加	Costa Rica	4.8	3.9	1.8	1.1	2.9	5.6
科特迪瓦	Cote D`Ivoire	1.5	-1.1	-2.3	0.1	-1.6	-3.8

4-6续表1 continued

单位：% (%)

国家和地区	Country or Area	1991-2003年年均增长率 Average Annual Real Growth Rate 1991-2003	1990	2000	2001	2002	2003
克罗地亚①	Croatia ①	1.8		2.9	3.8	5.2	4.4
塞浦路斯	Cyprus	3.8	7.3	5.0	4.0	2.0	2.0
捷　克①	Czech Republic ①	1.8		3.3	3.1	2.0	2.9
丹　麦	Denmark	2.0	1.0	2.8	1.6	1.0	0.2
吉布提	Djibouti	-0.8	5.8	0.7	1.9	2.6	3.5
多米尼克	Dominica	0.9	6.3	1.4	-4.2	-4.7	0.0
多米尼加	Dominican Republic	5.0	-5.5	7.3	3.2	4.7	-1.3
厄瓜多尔	Ecuador	2.5	3.0	2.8	5.1	3.3	2.6
埃　及	Egypt	3.5	2.4	5.1	3.5	3.2	3.1
萨尔瓦多	El Salvador	2.9	4.9	2.2	1.7	2.1	2.2
赤道几内亚	Equatorial Guinea	20.7	3.2	18.2	36.3	18.0	14.7
厄立特里亚②	Eritrea ②	5.0		-13.2	10.2	1.0	4.0
爱沙尼亚①	Estonia ①	0.8		7.3	6.5	6.0	4.7
埃塞俄比亚	Ethiopia	2.6	3.4	5.4	7.7	1.2	-3.8
斐　济	Fiji	2.8	3.7	-3.2	4.3	4.4	5.2
芬　兰	Finland	1.9	-0.3	5.1	1.1	2.3	1.9
法　国	France	1.7	2.6	4.2	2.1	1.2	0.2
加　蓬	Gabon	1.6	5.2	-1.9	2.0	0.0	2.8
冈比亚	Gambia	4.1	5.7	5.5	5.8	-3.2	8.7
格鲁吉亚①	Georgia ①	-4.6		1.9	4.7	5.5	8.6
德　国	Germany	1.5	5.7	2.9	0.8	0.2	-0.1
加　纳	Ghana	4.5	3.3	3.7	4.2	4.5	4.7
希　腊	Greece	2.7	0.0	4.4	4.0	3.8	4.2
格林纳达	Grenada	2.8	5.2	6.5	-3.3	-0.5	2.5
危地马拉	Guatemala	3.7	3.1	3.6	2.3	2.2	2.1
几内亚	Guinea	3.9	4.3	1.9	3.8	4.2	2.1
几内亚比绍	Guinea-Bissau	0.1	4.6	7.5	0.2	-7.2	-1.2
圭亚那	Guyana	4.0	-3.0	-1.3	2.3	1.1	-0.2
海　地	Haiti	-0.1	1.0	0.9	-1.1	-0.9	0.0
洪都拉斯	Honduras	3.2	0.1	5.7	2.6	2.7	3.0
匈牙利	Hungary	1.4	-3.5	5.2	3.8	3.5	2.9
冰　岛	Iceland	2.5	1.1	5.6	2.8	-0.6	4.0
印　度	India	5.5	6.0	5.4	4.0	4.7	7.4
印度尼西亚	Indonesia	3.9	7.2	4.9	3.5	3.7	4.1
伊　朗	Iran	4.9	16.9	5.9	5.4	7.2	5.9
爱尔兰	Ireland	6.7	8.3	10.1	6.2	6.9	1.4
以色列	Israel	4.2	5.7	7.5	-0.9	-0.8	1.3
意大利	Italy	1.4	2.0	3.0	1.8	0.4	0.3
牙买加	Jamaica	0.6	4.9	0.9	1.1	1.5	2.2
日　本	Japan	1.3	5.3	2.8	0.4	-0.3	2.7
约　旦	Jordan	4.7	7.1	4.1	4.2	5.0	3.2
哈萨克斯坦①	Kazakhstan ①	0.5		9.8	13.5	9.5	9.5
肯尼亚	Kenya	1.6	4.0	-0.1	1.2	1.0	1.5
基里巴斯	Kiribati	4.1	2.1	1.6	1.8	1.0	2.5
韩　国	Korea, Rep.	5.6	9.0	8.5	3.8	7.0	3.1

4–6续表2 continued

单位：% (%)

国家和地区	Country or Area	1991–2003 年年均增长率 Average Annual Real Growth Rate 1991-2003	1990	2000	2001	2002	2003
科威特	Kuwait	3.4	-26.2	1.9	0.6	-0.4	9.9
吉尔吉斯斯坦①	Kyrgyzstan ①	-1.6		5.3	5.4	0.0	5.2
老挝	Laos	6.1	6.7	5.8	5.8	5.9	5.3
拉脱维亚①	Latvia ①	-0.3		6.8	7.9	6.1	6.7
黎巴嫩	Lebanon	6.0	-13.4	-0.5	2.0	2.0	3.0
莱索托	Lesotho	3.5	5.6	1.9	3.3	3.8	3.9
利比亚	Libya	2.2	-20.2	3.1	0.5	2.5	4.7
立陶宛①	Lithuania ①	-0.6		3.9	6.4	6.8	9.0
卢森堡	Luxembourg	5.1	3.4	9.1	1.2	1.3	1.2
马其顿①	Macedonia ①	-0.3		4.5	-4.5	0.9	3.1
马达加斯加	Madagascar	1.4	3.1	4.8	6.0	-12.7	9.6
马拉维	Malawi	2.8	5.7	1.1	-4.2	1.8	4.4
马来西亚	Malaysia	6.2	9.0	8.6	0.3	4.1	5.2
马尔代夫	Maldives	6.9	4.9	4.8	3.5	6.0	6.2
马里	Mali	4.3	16.5	-3.2	13.3	4.4	3.2
马耳他	Malta	4.1	4.7	6.4	-1.2	1.2	1.3
毛里塔尼亚	Mauritania	4.0	-1.2	5.2	4.0	3.3	4.2
毛里求斯	Mauritius	5.5	4.9	2.6	7.2	4.0	3.3
墨西哥	Mexico	2.8	5.1	6.6	-0.2	0.7	1.3
摩尔多瓦①	Moldova ①	-7.2		2.1	6.1	7.8	6.3
蒙古	Mongolia	0.7	-5.6	1.1	1.0	3.9	5.0
摩洛哥	Morocco	2.9	4.0	1.0	6.3	3.2	5.5
莫桑比克	Mozambique	6.4	1.0	1.5	13.0	7.7	7.0
缅甸	Myanmar	7.1	2.8	13.7	10.5	5.5	5.1
纳米比亚	Namibia	4.3	0.8	3.5	2.3	3.3	3.7
尼泊尔	Nepal	4.3	4.6	6.1	4.8	-0.5	2.3
荷兰	Netherlands	2.3	4.1	3.5	1.2	0.2	-0.8
荷属安的列斯	Netherlands Antilles	1.2	1.5	-2.0	0.6	0.2	0.5
新西兰	New Zealand	2.9	0.0	4.0	2.5	4.3	3.5
尼加拉瓜	Nicaragua	3.0	-0.1	4.2	3.0	1.0	2.3
尼日尔	Niger	2.4	-1.3	-1.4	7.1	3.0	4.0
尼日利亚	Nigeria	2.7	12.0	5.4	3.0	1.5	10.6
挪威	Norway	3.1	2.0	2.8	1.9	1.0	0.2
阿曼	Oman	4.6	8.4	5.5	9.3	2.3	2.2
巴基斯坦	Pakistan	3.9	5.0	3.4	2.7	4.4	5.5
巴拿马	Panama	4.8	8.1	2.7	0.6	2.2	4.1
巴布亚新几内亚	Papua New Guinea	3.6	-3.0	-1.2	-2.3	-0.6	2.5
巴拉圭	Paraguay	1.7	3.1	-0.4	2.7	-2.3	2.3
秘鲁	Peru	3.8	-3.8	2.8	0.3	4.9	4.0
菲律宾	Philippines	3.1	3.0	4.4	3.0	4.4	4.5
波兰	Poland	3.3	-7.2	4.0	1.0	1.4	3.7
葡萄牙	Portugal	2.3	7.9	3.4	1.8	0.5	-1.3
卡塔尔	Qatar	6.0	-14.6	11.6	7.2	3.0	4.0
罗马尼亚	Romania	-0.1	-5.6	2.1	5.7	5.0	4.9
俄罗斯联邦①	Russian Federation ①	-1.5		10.0	5.1	4.7	7.3

4-6续表3 continued

单位：%　　　　(%)

国家和地区	Country or Area	1991-2003 年年均增长率 Average Annual Real Growth Rate 1991-2003	1990	2000	2001	2002	2003
卢 旺 达	Rwanda	1.3	0.4	6.0	6.7	9.4	0.9
萨 摩 亚	Samoa	3.6	-6.4	6.9	6.2	1.8	3.1
圣多美和普林西比	Sao Tome & Principe	2.3	-2.2	3.0	4.0	4.1	4.5
沙特阿拉伯	Saudi Arabia	2.4	10.6	4.9	1.3	1.0	6.4
塞内加尔	Senegal	3.6	3.9	5.6	5.6	1.1	6.3
塞尔维亚和黑山①	Serbia and Montenegro ①	2.0		5.0	5.5	4.0	3.0
塞 舌 尔	Seychelles	2.9	7.5	4.8	-2.2	0.3	-5.1
塞拉利昂	Sierra Leone	-4.6	1.6	3.8	5.4	6.3	6.5
新 加 坡	Singapore	6.0	9.0	9.7	-1.9	2.2	1.1
斯洛伐克①	Slovak ①	2.6		2.0	3.8	4.4	4.2
斯洛文尼亚①	Slovenia ①	3.0		4.1	2.9	2.9	2.2
所罗门群岛	Solomon Islands	1.4	2.2	-14.3	-9.0	-2.0	5.6
南 非	South Africa	2.0	-0.3	3.5	2.7	3.6	1.9
西 班 牙	Spain	2.6	3.8	4.2	2.8	2.0	2.4
斯里兰卡	Sri Lanka	4.6	6.2	6.0	-1.5	3.9	5.5
圣基茨和尼维斯	St. Kitts And Nevis	3.7	3.1	4.1	3.3	2.1	2.1
圣卢西亚	St. Lucia	1.9	4.1	0.1	-4.3	0.0	2.3
圣文森特和格林纳丁斯	St. Vincent and the Grenadines	2.6	7.3	1.3	0.9	1.1	2.2
苏 丹	Sudan	5.3	-1.7	6.9	6.1	6.0	5.8
苏 里 南	Suriname	1.5	-11.8	-0.1	4.5	3.0	5.8
斯威士兰	Swaziland	2.9	8.9	1.9	1.7	3.6	2.2
瑞 典	Sweden	1.9	1.0	4.3	0.9	2.1	1.6
瑞 士	Switzerland	0.7	3.7	3.2	0.9	0.2	-0.5
叙 利 亚	Syrian Arab Republic	5.2	2.7	0.6	3.4	3.2	2.5
塔吉克斯坦①	Tajikistan ①	-3.4		8.3	10.2	9.1	10.2
坦桑尼亚	Tanzania	3.7	7.0	5.6	6.1	6.3	5.5
泰 国	Thailand	4.5	11.6	4.8	2.1	5.4	6.7
东 帝 汶	Timor-Leste, Dem. Rep. of			15.4	17.3	2.3	-3.1
多 哥	Togo	1.0	5.9	-0.8	-0.2	4.6	3.1
汤 加	Tonga	2.0	4.7	6.5	0.5	1.6	2.5
特立尼达和多巴哥	Trinidad and Tobago	3.2	1.5	6.1	3.3	2.7	3.8
突 尼 斯	Tunisia	4.6	7.1	4.7	4.9	1.7	6.1
土 耳 其	Turkey	3.2	9.2	7.4	-7.5	7.9	5.8
土库曼斯坦①	Turkmenistan ①	0.4		18.0	20.5	6.0	3.0
乌 干 达	Uganda	6.6	6.5	5.4	5.3	6.7	4.9
乌 克 兰	Ukraine	-4.2		5.9	9.2	5.2	9.3
阿 联 酋	United Arab Emirates	5.2	16.6	12.3	3.5	1.9	7.0
英 国	United Kingdom	2.3	0.8	3.8	2.1	1.7	2.3
美 国	United States	3.0	1.9	3.7	0.5	2.2	3.1
乌 拉 圭	Uruguay	1.3	0.3	-1.4	-3.4	-11.0	2.5
乌兹别克斯坦①	Uzbekistan ①	0.1		3.2	4.1	3.2	0.3
瓦努阿图	Vanuatu	1.6	11.6	2.5	-2.1	-2.8	1.0
委内瑞拉	Venezuela	0.3	6.5	3.2	2.8	-8.9	-9.2
越 南	Viet Nam	6.8	5.0	5.5	5.0	5.8	6.0
也 门	Yemen	5.4	1.3	4.4	4.6	3.9	3.8
赞 比 亚	Zambia	0.5	-0.6	3.6	4.9	3.3	4.2
津巴布韦	Zimbabwe	-2.3	7.0	-6.8	-8.8	-12.8	-13.2

注：①为1992-2003年年均增长率。②为1993-2003年年均增长率。

Note: ① Refer to the average annual real growth rate of 1992-2003. ② Refer to the average annual real growth rate of 1993-2003.

4-7 人均国内生产总值增长率
Growth Rate of GDP Per Capita

资料来源：世界银行世界发展指标数据库。
Source: World Bank World Development Indicators Database.

单位：% %

国家和地区	Country or Area	1998	1999	2000	2001	2002
世　界	**World**	**0.8**	**1.6**	**2.7**	**-**	**0.7**
中　国	China	6.8	6.2	7.1	6.7	7.6
中国香港	Hong Kong, China	-5.8	2.4	9.2	-0.4	1.3
中国澳门	Macao, China	-5.9	-4.2	4.4	1.5	8.9
孟加拉国	Bangladesh	3.4	3.1	4.1	3.5	2.6
印　度	India	4.2	5.3	2.2	3.5	3.0
印度尼西亚	Indonesia	-14.3	-0.5	3.5	2.1	2.3
伊　朗	Iran	0.4	1.0	4.4	3.4	5.1
以色列	Israel	0.9	0.1	4.7	-3.2	-2.7
日　本	Japan	-1.4	-0.1	2.6	0.3	0.2
哈萨克斯坦	Kazakhstan	-0.5	4.3	11.5	14.6	10.1
韩　国	Korea, Rep.	-7.4	10.1	8.4	2.4	5.7
马来西亚	Malaysia	-9.5	3.7	5.9	-1.9	1.9
蒙　古	Mongolia	2.4	2.3	0.3	0.4	2.8
缅　甸	Mongolia	4.3	9.4	12.2	8.3	
巴基斯坦	Myanmar	0.1	1.2	1.8	0.1	0.4
菲律宾	Philippines	-2.8	1.0	3.5	0.7	2.3
新加坡	Singapore	-4.1	5.6	7.6	-5.0	1.4
斯里兰卡	Sri Lanka	3.3	2.7	4.5	-2.9	2.7
泰　国	Thailand	-11.1	3.7	3.9	1.4	4.7
土耳其	Turkey	1.3	-6.3	5.6	-9.0	6.1
越　南	Viet Nam	4.3	3.4	5.4	5.6	5.8
埃　及	Egypt	2.6	4.3	3.1	1.6	1.1
尼日利亚	Nigeria	-0.8	-1.4	1.7	0.6	-3.1
南　非	South Africa	-1.6	-0.4	1.0	1.0	1.8
加拿大	Canada	3.2	4.6	3.6	0.4	2.3
墨西哥	Mexico	3.6	2.2	5.0	-1.7	-0.5
美　国	United States	3.0	2.8	2.5	-0.8	1.4
阿根廷	Argentina	2.8	-4.3	-1.7	-5.2	-11.7
巴　西	Brazil	-1.2	-0.5	3.1	0.1	0.3
委内瑞拉	Venezuela	-1.8	-7.9	1.3	0.9	-10.5
白俄罗斯	Belarus	8.9	3.8	6.1	5.1	5.2
保加利亚	Bulgaria	4.7	2.9	5.9	6.0	5.5
捷　克	Czech Republic	-1.0	0.6	3.4	3.6	2.1
法　国	France	3.1	2.8	3.3	1.6	0.7
德　国	Germany	2.0	2.0	2.7	0.4	0.0
意大利	Italy	1.7	1.6	3.1	1.8	0.4
荷　兰	Netherlands	3.7	3.3	2.6	0.5	-0.4
波　兰	Poland	4.8	4.1	4.0	1.0	1.4
罗马尼亚	Romania	-4.6	-1.0	0.7	5.4	4.8
俄罗斯联邦	Russian Federation	-5.0	6.8	10.6	5.6	4.8
西班牙	Spain	4.1	3.3	3.4	2.1	1.6
乌克兰	Ukraine	-1.2	0.6	6.7	10.1	5.6
英　国	United Kingdom	2.7	2.2	2.8	1.8	1.5
澳大利亚	Australia	4.1	2.8	0.6	2.7	1.4
新西兰	New Zealand	-0.4	4.4	2.1	2.9	2.8

4-8 三次产业对国内生产总值增长的贡献

Contribution of Primary Industry,Secondary Industry and Tertiary Industry to the Growth of GDP

资料来源：世界银行世界发展指标数据库。

Source: World Bank World Development Indicators Database.

单位：百分点

(percentage)

国家和地区	Country or Area	第一产业对GDP增长的贡献 Contribution of Primary Industry to the Growth of GDP		第二产业对GDP增长的贡献 Contribution of Secondary Industry to the Growth of GDP		第三产业对GDP增长的贡献 Contribution of Tertiary Industry to the Growth of GDP	
		2001	2002	2001	2002	2001	2002
中　　国①	China ①	0.41	0.42	4.73	5.56	2.26	2.30
中国香港	Hong Kong, China	-	-	-0.62	-0.47	1.55	2.33
孟加拉国	Bangladesh	0.78	0.00	1.85	1.62	2.39	2.78
印　　度	India	1.36	-1.16	0.83	1.59	2.95	3.26
印度尼西亚	Indonesia	0.18	0.27	1.51	1.46	1.76	1.94
伊　　朗	Iran	1.14	2.42	1.73	1.70	3.08	2.58
日　　本	Japan	0.01		-1.50		1.68	
哈萨克斯坦	Kazakhstan	1.74	0.31	5.48	4.31	6.70	5.23
韩　　国	Korea, Rep.	0.10	-0.22	1.25	2.64	1.88	3.65
马来西亚	Malaysia	-0.10	0.24	-1.81	3.76	2.14	0.29
蒙　　古	Mongolia	0.35	1.97	0.12	0.35	0.94	1.73
巴基斯坦	Pakistan	-0.72	0.00	0.86	1.26	1.86	1.82
菲 律 宾	Philippines	0.82	0.60	0.31	1.30	1.95	2.50
新 加 坡	Singapore	-0.01	-0.01	-3.11	1.27	0.99	0.96
斯里兰卡	Sri Lanka	-0.63	0.54	-0.53	0.32	-0.21	2.90
泰　　国	Thailand	0.37	0.29	1.00	2.93	1.33	1.95
土 耳 其	Turkey	-0.76	1.00	-2.10	1.73	-2.86	4.82
越　　南	Viet Nam	0.69	0.92	3.69	3.41	2.55	2.73
埃　　及	Egypt	0.45	0.48	0.25	1.10	2.59	0.96
尼日利亚	Nigeria	1.39	1.94	0.44	-1.40	1.06	-1.45
南　　非	South Africa	-0.08	0.16	0.80	0.78	1.92	1.87
加 拿 大	Canada	-0.18		-0.62		2.06	
墨 西 哥	Mexico	0.17	-0.03	-0.94	0.00	0.44	0.38
美　　国	United States	-0.07		-1.12		1.56	
阿 根 廷	Argentina	0.04	-0.11	-1.63	-3.45	-2.54	-6.06
巴　　西	Brazil	0.44	0.49	-0.28	0.55	0.97	0.96
委内瑞拉	Venezuela	0.14	-0.08	1.03	-6.00	1.37	-1.33
白俄罗斯	Belarus	0.28		2.88		2.05	
保加利亚	Bulgaria	0.03	0.58	1.05	0.87	2.03	2.59
捷　　克	Czech Republic	-0.05	0.23	-0.34	-0.40	3.06	2.05
法　　国	France	-0.02		0.37		1.63	
德　　国	Germany	0.02	-0.02	-0.25	-0.30	1.02	1.01
意 大 利	Italy	-0.02	-0.08	0.39	0.10	1.18	0.58
荷　　兰	Netherlands	-0.11	0.03	0.36	-0.35	0.83	0.54
波　　兰	Poland	0.24	0.03	-0.66	-0.53	1.46	1.71
罗马尼亚	Romania	3.09	-0.56	2.42	2.56	0.00	2.56
俄罗斯联邦	Russian Federation	0.65	0.07	2.04	1.47	1.54	2.56
西 班 牙	Spain	-0.13	-0.09	0.76	0.55	1.89	1.29
乌 克 兰	Ukraine	3.35	1.12	3.05	1.76	1.90	1.66
英　　国	United Kingdom	-0.14	0.05	-0.36	-0.35	2.05	1.53
澳大利亚	Australia	0.08		0.82		2.80	
新 西 兰	New Zealand	0.19		0.10		3.14	

注：①世界银行统计数据。

Note: ① Data from World Bank.

4–9 资本形成总额、最终消费及净出口对国内生产总值增长的贡献
Contribution of Gross Capital Formation,Final Consumption and Net Export to the Growth of GDP

资料来源：世界银行世界发展指标数据库。
Source: World Bank World Development Indicators Database.

单位：百分点 (percentage)

国家和地区	Country or Area	资本形成总额对GDP增长的贡献 Contribution of Gross Capital Formation to the Growth of GDP		最终消费对GDP增长的贡献 Contribution of Final Consumption Expenditure to the Growth of GDP		净出口对GDP增长的贡献 Contribution of Net Export to the Growth of GDP	
		2001	2002	2001	2002	2001	2002
中　　国①	China ①	5.06	5.16	4.02	3.74	-0.27	0.47
中国香港	Hong Kong, China	-0.78	-0.59	2.94	-0.47	-1.70	3.33
中国澳门	Macao, China	-1.27	0.73	1.13	2.30	2.35	7.10
孟加拉国	Bangladesh	1.37	1.95	3.65	4.35	0.08	1.74
印　　度	India	0.39	2.28	3.85	2.73	0.57	2.47
印度尼西亚	Indonesia	1.19	-2.43	3.70	4.28	-1.45	1.80
伊　　朗	Iran	2.42	4.32	3.55	3.68	1.27	-0.10
以 色 列	Israel	-1.03	-2.48	2.72	1.75	-2.60	-0.08
日　　本	Japan	-0.22		1.32	1.18	-0.69	0.68
哈萨克斯坦	Kazakhstan	7.73	2.55	6.87	6.29	-1.47	6.61
韩　　国	Korea, Rep.	-0.63	1.08	2.50	3.73	1.40	1.98
马来西亚	Malaysia	-3.03	2.58	2.98	3.65	0.34	-2.13
蒙　　古	Mongolia	1.37	0.37	2.91	3.94	-2.88	-0.31
巴基斯坦	Pakistan	0.49	-0.47	0.55	2.31	1.52	1.01
菲 律 宾	Philippines	3.00	-0.85	2.33	3.35	-3.35	-0.86
新 加 坡	Singapore	-8.07	-2.78	1.84	0.91	0.00	0.00
斯里兰卡	Sri Lanka	-4.81	0.72	0.20	6.67	3.07	-3.44
泰　　国	Thailand	0.53	1.39	2.37	2.94	0.12	1.06
土 耳 其	Turkey	-12.86	0.87	-6.99	11.22	12.37	-4.65
越　　南	Viet Nam	3.29	3.34	3.38	5.03		
埃　　及	Egypt	1.43	-0.04	2.76	2.30	1.15	0.31
尼日利亚	Nigeria					-3.89	-7.93
南　　非	South Africa	0.04	1.43	2.52	2.68	0.60	-1.04
加 拿 大	Canada	-1.05		2.03		0.64	
墨 西 哥	Mexico	-1.24	0.11	1.77	0.73	-0.70	-0.10
美　　国	United States	-2.09	0.35	2.21	2.86	-0.19	-0.85
阿 根 廷	Argentina	-2.81	-5.76	-3.65	-11.13	2.05	6.00
巴　　西	Brazil	0.00	3.01	0.43	-3.60	0.97	2.09
委内瑞拉	Venezuela	2.36	-8.54	3.17	-3.51	-2.74	3.17
白俄罗斯	Belarus	0.33		9.70		1.55	1.27
保加利亚	Bulgaria			3.87	3.62	-3.05	0.44
捷　　克	Czech Republic	2.49	0.47	2.98	3.17	-2.34	-1.73
法　　国	France	-0.28	-0.55	2.16	1.60	0.12	0.27
德　　国	Germany	-1.82	-1.36	1.01	-0.07	1.38	1.60
意 大 利	Italy	0.52	0.53	1.23	0.57	0.06	-0.73
荷　　兰	Netherlands	-0.01	-1.42	1.31	1.30	-0.03	0.36
波　　兰	Poland	-3.03	-1.41	1.40	2.33	2.65	0.29
罗马尼亚	Romania	3.33	1.53	9.08	2.77	-3.17	0.34
俄罗斯联邦	Russian Federation	2.93	0.34	4.82	5.05	-2.32	-1.17
西 班 牙	Spain	0.75	0.50	2.04	1.79	-0.11	-0.28
乌 克 兰	Ukraine	2.65	-2.85	8.95	3.19	0.51	2.27
英　　国	United Kingdom	-0.46	-0.70	3.24	3.37	-0.63	-0.94
澳大利亚	Australia	2.31	3.60	2.88	3.00	-0.97	-3.32
新 西 兰	New Zealand	1.09	1.32	2.35	3.15	-0.01	-0.72

注：①世界银行统计数据。
Note: ① Data from World Bank.

4-10 资本形成总额占国内生产总值比重

Gross Capital Formation as Percentage of GDP

资料来源：世界银行世界发展指标数据库。

Source: World Bank World Development Indicators Database.

单位：%

(%)

国家和地区	Country or Area	1990	1999	2000	2001	2002
世　界	**World**	**24.0**	**22.1**	**22.5**	**21.4**	**19.9**
中　国	China	35.2	37.1	36.4	38.0	39.4
中国香港	Hong Kong,China	27.5	25.3	28.1	25.9	23.4
中国澳门	Macao, China	25.0	17.9	12.0	10.4	10.6
孟加拉国	Bangladesh	17.1	22.2	23.0	23.1	23.1
印　度	India	24.1	23.7	22.7	22.3	22.8
印度尼西亚	Indonesia	30.7	11.4	16.1	17.4	14.3
伊　朗	Iran	28.6	15.5	27.4	29.3	34.9
以色列	Israel	25.1	23.0	20.9	20.1	18.0
日　本	Japan	32.7	25.9	26.2	25.6	
哈萨克斯坦	Kazakhstan		17.8	18.1	26.9	27.3
韩　国	Korea, Rep.	37.7	26.7	28.2	26.9	26.0
马来西亚	Malaysia	32.4	22.4	27.2	24.0	24.5
蒙　古	Mongolia	38.1	28.5	30.0	30.0	30.7
缅　甸	Myanmar	13.4	13.4	12.4	15.0	
巴基斯坦	Pakistan	18.9	15.6	16.0	15.5	14.7
菲律宾	Philippines	24.2	18.4	21.2	20.6	19.3
新加坡	Singapore	36.4	32.4	32.3	24.2	20.6
斯里兰卡	Sri Lanka	22.6	27.3	27.9	22.0	21.0
泰　国	Thailand	41.4	20.5	22.8	24.1	23.9
土耳其	Turkey	24.3	23.4	24.5	16.8	16.3
越　南	Viet Nam	12.6	27.6	29.6	31.2	32.1
埃　及	Egypt	28.8	20.5	18.3	16.9	16.9
尼日利亚	Nigeria	14.7	22.3	17.7	20.1	23.3
南　非	South Africa	17.2	15.9	15.6	15.1	15.8
加拿大	Canada	21.2	20.7	20.8	19.6	
墨西哥	Mexico	23.1	23.5	23.8	20.9	20.3
美　国	United States	17.6	20.5	20.7	18.7	18.2
阿根廷	Argentina	14.0	18.0	16.2	14.2	12.0
巴　西	Brazil	20.2	20.4	21.5	21.2	20.3
委内瑞拉	Venezuela	10.2	18.1	17.2	19.7	17.1
白俄罗斯	Belarus	26.5	23.7	25.4	23.8	22.0
保加利亚	Bulgaria	25.6	17.9	18.3	20.7	19.7
捷　克	Czech Republic	25.2	28.1	29.7	29.5	28.1
法　国	France	23.4	19.7	20.9	19.9	19.3
德　国	Germany	23.8	21.6	21.9	19.6	18.0
意大利	Italy	22.2	19.7	20.2	19.7	19.9
荷　兰	Netherlands	23.5	22.6	22.3	21.9	20.4
波　兰	Poland	25.6	26.4	25.0	21.0	19.1
罗马尼亚	Romania	30.2	16.1	19.5	22.6	23.1
俄罗斯联邦	Russian Federation	30.1	14.8	18.7	22.0	21.1
西班牙	Spain	26.6	24.5	25.7	25.7	26.0
乌克兰	Ukraine	27.5	17.5	20.2	21.8	19.1
英　国	United Kingdom	20.2	17.7	17.3	16.7	15.7
澳大利亚	Australia	22.3	24.4	21.5	22.3	24.1
新西兰	New Zealand	19.5	21.2	20.3	20.5	20.3

4-11 总储蓄和最终消费占国内生产总值比重

Total Saving and Final Consumption Expenditure as Percentage of GDP

资料来源：世界银行世界发展指标数据库。

Source: World Bank World Development Indicators Database.

单位：% (%)

国家和地区	Country or Area	总储蓄占GDP的比重 Total Saving as Percentage of GDP			最终消费占GDP的比重 Final Consumption Expenditure as Percentage of GDP		
		2000	2001	2002	2000	2001	2002
世　界	**World**	**22.8**	**21.7**	**20.4**	**77.2**	**78.3**	**79.6**
中　国	China	39.0 ①	40.9 ①	43.4 ①	61.1	59.8	58.0
中国香港	Hong Kong, China	31.7	29.6	31.8	68.3	70.4	68.2
中国澳门	Macao, China	47.2	46.6	49.6	52.8	53.4	50.4
孟加拉国	Bangladesh	17.8	17.0	18.4	82.2	83.0	81.6
印　度	India	21.9	21.7	22.5	78.1	78.3	77.5
印度尼西亚	Indonesia	25.6	24.9	21.1	74.4	75.1	78.9
伊　朗	Iran	38.9	35.9	36.6	61.1	64.1	63.4
以色列	Israel	15.9	12.5	9.5	84.1	87.5	90.5
日　本	Japan	27.6	26.2		72.4	73.8	
哈萨克斯坦	Kazakhstan	26.7	25.2	28.2	73.3	74.8	71.8
韩　国	Korea, Rep.	31.3	29.1	27.5	68.7	70.9	72.5
马来西亚	Malaysia	47.2	42.3	41.9	52.8	57.7	58.1
蒙　古	Mongolia	13.6	14.1	16.5	86.4	85.9	83.5
缅　甸	Myanmar	12.4			87.6		
巴基斯坦	Pakistan	14.4	14.2	14.4	85.6	85.8	85.6
菲律宾	Philippines	23.1	17.5	18.8	76.9	82.5	81.2
新加坡	Singapore	48.1	44.0	44.7	51.9	56.0	55.3
斯里兰卡	Sri Lanka	17.3	15.8	14.3	82.7	84.2	85.7
泰　国	Thailand	31.4	30.6	31.1	68.6	69.4	68.9
土耳其	Turkey	17.0	19.2	16.0	83.0	80.8	84.0
越　南	Viet Nam	27.1	28.8	28.1	72.9	71.2	71.9
埃　及	Egypt	11.7	12.2	10.4	88.3	87.8	89.6
尼日利亚	Nigeria	33.4	24.5	17.4	66.6	75.5	82.6
南　非	South Africa	18.3	18.7	19.2	81.7	81.3	80.8
加拿大	Canada	26.0	24.7		74.0	75.3	
墨西哥	Mexico	21.8	18.6	18.3	78.2	81.4	81.7
美　国	United States	17.0	15.2	14.1	83.0	84.8	85.9
阿根廷	Argentina	15.6	15.5	26.9	84.4	84.5	73.1
巴　西	Brazil	20.0	20.2	22.4	80.0	79.8	77.6
委内瑞拉	Venezuela	29.3	24.5	29.1	70.7	75.5	70.9
白俄罗斯	Belarus	22.2	20.2	17.6	77.8	79.8	82.4
保加利亚	Bulgaria	12.9	13.1	13.1	87.1	86.9	86.9
捷　克	Czech Republic	26.3	26.8	25.8	73.7	73.2	74.2
法　国	France	22.1	21.5	21.3	77.9	78.5	78.7
德　国	Germany	22.3	21.5	22.0	77.7	78.5	78.0
意大利	Italy	21.2	21.1	21.0	78.8	78.9	79.0
荷　兰	Netherlands	27.4	27.2	25.7	72.6	72.8	74.3
波　兰	Poland	18.4	17.3	15.7	81.6	82.7	84.3
罗马尼亚	Romania	13.8	14.8	17.3	86.2	85.2	82.7
俄罗斯联邦	Russian Federation	38.7	34.8	31.8	61.3	65.2	68.2
西班牙	Spain	23.4	24.1	24.5	76.6	75.9	75.5
乌克兰	Ukraine	24.7	23.4	23.5	75.3	76.6	76.5
英　国	United Kingdom	15.4	14.5	13.9	84.6	85.5	86.1
澳大利亚	Australia	21.6	22.1	21.5	78.4	77.9	78.5
新西兰	New Zealand	22.1	23.6	21.8	77.9	76.4	78.2

注：①世界银行统计数据。

Note: ① Data from World Bank.

4-12 国内生产总值构成

Composition of Gross Domestic Product

资料来源：世界银行世界发展指标数据库。
Source: World Bank World Development Indicators Database.

单位：% (%)

国家和地区	Country or Area	第一产业 Primary Industry 2001	第一产业 Primary Industry 2002	第二产业 Secondary Industry 2001	第二产业 Secondary Industry 2002	第三产业 Tertiary Industry 2001	第三产业 Tertiary Industry 2002
世　界	**World**	**3.8**		**28.6**		**67.7**	
中　国	China	15.8	15.3	50.1	50.4	34.1	34.3
中国香港	Hong Kong, China	0.1	0.1	13.4	12.8	86.5	87.1
中国澳门	Macao, China			11.3		71.7	
孟加拉国	Bangladesh	24.1	22.7	25.9	26.4	50.0	50.9
印　度	India	25.0	22.7	25.7	26.6	49.4	50.7
印度尼西亚	Indonesia	17.0	17.5	45.6	44.5	37.5	38.1
伊　朗	Iran	12.9	12.1	36.5	39.0	50.6	48.9
日　本	Japan	1.4		30.6		68.1	
哈萨克斯坦	Kazakhstan	9.4	8.6	38.8	38.6	51.8	52.8
韩　国	Korea, Rep.	4.3	4.0	42.0	40.9	53.7	55.1
马来西亚	Malaysia	8.1	9.0	48.3	47.4	43.7	43.6
蒙　古	Mongolia	30.5	29.7	16.9	15.9	52.6	54.4
巴基斯坦	Pakistan	25.3	23.2	22.8	23.3	51.9	53.5
菲律宾	Philippines	14.9	14.7	32.4	32.5	52.6	52.8
新加坡	Singapore	0.1	0.1	34.2	35.7	65.6	64.2
斯里兰卡	Sri Lanka	20.1	20.1	26.8	26.3	53.1	53.6
泰　国	Thailand	9.1	9.4	42.1	42.7	48.8	48.0
土耳其	Turkey	12.8	13.1	26.1	26.8	61.1	60.1
越　南	Viet Nam	23.2	23.0	38.1	38.5	38.6	38.5
埃　及	Egypt	16.8	16.8	33.1	33.0	50.1	50.2
尼日利亚	Nigeria	34.6	37.4	35.5	28.8	29.9	33.8
南　非	South Africa	3.5	3.8	31.5	32.1	65.0	64.2
墨西哥	Mexico	4.1	4.0	27.1	26.6	68.7	69.4
美　国	United States	1.6		23.1		75.3	
阿根廷	Argentina	4.8	10.7	26.6	32.0	68.6	57.3
巴　西	Brazil	6.1	6.1	22.3	21.0	71.6	72.9
委内瑞拉	Venezuela	4.5	2.6	35.5	43.0	59.9	54.4
白俄罗斯	Belarus	11.9	10.9	37.2	36.9	50.9	52.2
保加利亚	Bulgaria	13.7	12.7	29.3	28.3	57.0	59.0
捷　克	Czech Republic	4.5	3.8	40.5	39.6	55.1	56.7
法　国	France	2.8	2.7	25.5	24.9	71.7	72.4
德　国	Germany	1.3	1.2	30.1	29.6	68.6	69.2
意大利	Italy	2.8	2.7	29.0	28.5	68.2	68.7
荷　兰	Netherlands	2.8	2.7	27.0	25.9	70.3	71.4
波　兰	Poland	3.8	3.2	31.3	30.5	64.9	66.4
罗马尼亚	Romania	14.8	13.1	37.0	38.1	48.1	48.8
俄罗斯联邦	Russian Federation	6.5	5.8	35.6	33.8	57.9	60.5
西班牙	Spain	3.6	3.4	29.9	30.1	66.5	66.5
乌克兰	Ukraine	16.4	15.3	34.7	38.2	48.9	46.5
英　国	United Kingdom	1.0	1.0	27.6	26.4	71.5	72.6
澳大利亚	Australia	3.8		25.6		70.6	

4-13 生产法国内生产总值

Gross Domestic Product by Production Approach

资料来源：联合国《国民经济核算年鉴》2001 年；经合组织《经合组织成员国国民核算》1991−2002 年。

Source: UN *National Accounts Statistics 2001*; OECD *National Accounts of OECD Countries 1991-2002.*

单位：亿本币 (100 million local currency units)

国家和地区	Country or Area	1990	1998	1999	2000	2001
中 国	**China**					
按当年价格计算	In Current Prices	18548	78345	82068	89468	97315
第一产业	Primary Industry	5017	14552	14472	14628	15412
第二产业	Secondary Industry	7717	38619	40558	44935	48750
工业	Industry	6858	33388	35087	39047	42375
建筑业	Construction	859	5231	5471	5888	6375
第三产业	Tertiary Industry	5814	25174	27038	29905	33153
#交通运输仓储邮电通信业	# Transport, Storage and Communication	1148	4121	4460	5409	5968
批发和零售贸易餐饮业	Wholesale and Retail Trade, Restaurants and Hotels	1420	6579	6910	7316	7919
中国香港	**Hong Kong, China**					
按当年价格计算	In Current Prices	5825|	12799	12461	12883	12790
农业	Agriculture and Fishing	14|	15	12	9	10
采掘业	Mining and Quarrying	2|	3	3	2	2
制造业	Manufacturing	984|	726	675	717	620
电、煤气和水供应业	Electricity, Gas and Water Supply	126|	361	372	389	402
建筑业	Construction	302|	710	672	640	598
批发零售、机动车及日用品修理、饭店及旅馆业	Wholesale and Retail Trade,Repair of Motor Vehicles and Household Goods, Restaurants and Hotels	1407|	3017	2963	3246	3161
运输、仓储和邮电业	Transport, Storage and Communication	529|	1114	1127	1257	1273
金融中介、租赁及房地产与商务服务业	Finance Intermediation,Renting and Real Estate and Business Services	1130|	2964	2814	2911	2724
公共管理与国防；社会基本保障	Public Administration & Defence;Compulsory Social Security	312|	920	966	962	2651
教育；卫生和社会工作；其他团体、社会和个人服务	Education;Health & Social Work;Other Community, Social & Personal Services	500|	1412	1494	1562	
雇人的私人住户	Private Households with Employed Persons	590|	1707	1625	1553	1612
小计①	Subtotal ①	5902|	12948	12724	13248	13051
减：间接计算的银行中介服务费	Less: Financial Intermediation Services Indirectly Measured	307|	894	946	959	935
加：税减产品补贴	Plus: Taxes Less Subsidies on Products	296|	604	535	579	540
统计误差	Statistical Discrepancy	-65|	141	149	15	134
按2000年价格计算	At Constant Prices of 2000				12883	12965
农业	Agriculture and Fishing				9	9
采掘业	Mining and Quarrying				2	2
制造业	Manufacturing				717	680
电、煤气和水供应业	Electricity, Gas and Water Supply				389	401
建筑业	Construction				640	622
批发零售、机动车及日用品修理、饭店及旅馆业	Wholesale and Retail Trade,Repair of Motor Vehicles and Household Goods, Restaurants and Hotels				3246	3247
运输、仓储和邮电业	Transport, Storage and Communication				1257	1303
金融中介、租赁及房地产与商务服务业	Finance Intermediation,Renting and Real Estate and Business Services				2911	2873
公共管理与国防；社会基本保障	Public Administration & Defence;Compulsory Social Security				2524	2603
教育；卫生和社会工作；其他团体、社会和个人服务	Education;Health & Social Work;Other Community, Social & Personal Services					
雇人的私人住户	Private Households with Employed Persons				1553	1601
小计	Subtotal				13248	13341
减：间接计算的银行中介服务费	Less: Financial Intermediation Services Indirectly Measured				959	956
加：税减产品补贴	Plus: Taxes Less Subsidies on Products				580	569
统计误差	Statistical Discrepancy				15	12

4-13续表 1　continued

单位：亿本币　　　　(100 million local currency units)

国家和地区	Country or Area	1990	1998	1999	2000	2001
中国澳门	**Macao, China**					
按当年价格计算	In Current Prices		519	490	497	
农业	Agriculture and Fishing					
采掘业	Mining and Quarrying		-	-	-	
制造业	Manufacturing		40	39	41	
电、煤气和水供应业	Electricity, Gas and Water Supply		14	14	12	
建筑业	Construction		16	15	11	
批发零售、机动车及日用品修理、饭店及旅馆业	Wholesale and Retail Trade,Repair of Motor Vehicles and Household Goods, Restaurants and Hotels		43	40	46	
运输、仓储和邮电业	Transport, Storage and Communication		30	30	32	
金融中介、租赁及房地产与商务服务业	Finance Intermediation,Renting and Real Estate and Business Services		119	107	103	
公共管理与国防；社会基本保障	Public Administration & Defence;Compulsory Social Security		39	39	37	
教育；卫生和社会工作；其他团体、社会和个人服务	Education;Health & Social Work;Other Community, Social & Personal Services		165	151	166	
雇人的私人住户	Private Households with Employed Persons		2	2	2	
小计	Subtotal		440	415	427	
加：税减产品补贴	Plus: Taxes Less Subsidies on Products		66	55	66	
统计误差	Statistical Discrepancy		13	20	4	
孟加拉国	**Bangladesh**					
按当年价格计算	In Current Prices	8944	21970	23709	25355	27141
农业	Agriculture,Hunting, Forestry and Fishing	3006	5548	5837	5904	6112
采掘业	Mining and Quarrying	1	207	231	264	293
制造业	Manufacturing	728	3278	3484	3823	4125
电、煤气和水供应业	Electricity, Gas and Water Supply	112	284	307	335	365
建筑业	Construction	473	1562	1762	1933	2101
批发零售、机动车及日用品修理、饭店及旅馆业	Wholesale and Retail Trade,Repair of Motor Vehicles and Household Goods, Restaurants and Hotels	723	2855	3067	3407	3726
运输、仓储和邮电业	Transport, Storage and Communication	977	1804	1974	2213	2414
金融中介、租赁及房地产与商务服务业	Finance Intermediation,Renting and Real Estate and Business Services	972	2293	2479	2628	2818
公共管理与国防；社会基本保障	Public Administration & Defence;Compulsory Social Security	382	555	623	670	723
教育；卫生和社会工作；其他团体、社会和个人服务	Education;Health & Social Work;Other Community, Social & Personal Services	970	2806	3112	3324	3546
小计	Subtotal	8344	21192	22876	24500	26222
加：税减产品补贴	Plus: Taxes Less Subsidies on Products	404	778	833	855	919
按1990年价格计算	At Constant Prices of 1990	5144	19343	20493	21574	22609
农业	Agriculture, Hunting,Forestry and Fishing	1934	4696	5043	5201	5348
采掘业	Mining and Quarrying	-	185	203	223	239
制造业	Manufacturing	504	2899	3037	3240	3402
电、煤气和水供应业	Electricity, Gas and Water Supply	67	265	283	303	327
建筑业	Construction	311	1425	1546	1680	1812
批发零售、机动车及日用品修理、饭店及旅馆业	Wholesale and Retail Trade,Repair of Motor Vehicles and Household Goods, Restaurants and Hotels	487	2570	2757	2936	3102
运输、仓储和邮电业	Transport, Storage and Communication	608	1710	1814	1958	2076
金融中介、租赁及房地产与商务服务业	Finance Intermediation,Renting and Real Estate and Business Services	526	1979	2060	2137	2216
公共管理与国防；社会基本保障	Public Administration & Defence;Compulsory Social Security	223	474	503	532	570
教育；卫生和社会工作；其他团体、社会和个人服务	Education;Health & Social Work;Other Community, Social & Personal Services	483	2372	2471	2574	2685
小计	Subtotal	5144	18576	19716	20782	21776
加：税减产品补贴	Plus: Taxes Less Subsidies on Products		767	777	791	833

4−13续表2 continued

单位：亿本币 (100 million local currency units)

国家和地区	Country or Area	1990	1998	1999	2000	2001
印　度	**India**					
按当年价格计算	In Current Prices	53553	174094	192964	208799	
农业	Agriculture,Hunting, Forestry and Fishing	14800	44249	46055	47198	
采掘业	Mining and Quarrying	1179	3568	4052	4465	
制造业	Manufacturing	8916	25224	26689	29975	
电、煤气和水供应业	Electricity, Gas and Water Supply	1046	4362	4389	4953	
建筑业	Construction	2862	9201	10544	11643	
批发零售、机动车及日用品修理、饭店及旅馆业	Wholesale and Retail Trade,Repair of Motor Vehicles and Household Goods, Restaurants and Hotels	6188	22082	24154	26129	
运输、仓储和邮电业	Transport, Storage and Communication	3391	11251	12419	13833	
金融中介、租赁及房地产与商务服务业	Finance Intermediation,Renting and Real Estate and Business Services	3890	18114	22056	23665	
公共管理与国防；社会基本保障	Public Administration & Defence;Compulsory Social Security	2711	9957	11530	12462	
教育；卫生和社会工作；其他团体、社会和个人服务	Education;Health & Social Work;Other Community, Social & Personal Services	2798	11800	13676	15261	
小计①	Subtotal ①	4778	159808	175564	189584	
加：税减产品补贴	Plus: Taxes Less Subsidies on Products	5772	14286	17400	19215	
按1993年价格计算	At Constant Prices of 1993	24024	118175	126561	131520	
农业	Agriculture, Hnting, Forestry and Fishing	6565	28609	28984	28919	
采掘业	Mining and Quarrying	421	2639	2691	2780	
制造业	Manufacturing	4486	18458	19240	20522	
电、煤气和水供应业	Electricity, Gas and Water Supply	480	2699	2864	3041	
建筑业	Construction	983	5439	5882	6280	
批发零售、机动车及日用品修理、饭店及旅馆业	Wholesale and Retail Trade,Repair of Motor Vehicles and Household Goods, Restaurants and Hotels	2658	15687	16836	17469	
运输、仓储和邮电业	Transport, Storage and Communication	1116	7861	8515	9213	
金融中介、租赁及房地产与商务服务业	Finance Intermediation,Renting and Real Estate and Business Services	2170	13189	14587	15005	
公共管理与国防；社会基本保障	Public Administration & Defence;Compulsory Social Security	1133	62221	6960	7260	
教育；卫生和社会工作；其他团体、社会和个人服务	Education;Health & Social Work;Other Community, Social & Personal Services	1213	7445	8293	8904	
小计①	Subtotal ①	21225	108247	114850	119392	
加：税减产品补贴	Plus: Taxes Less Subsidies on Products	2799	9927	11711	12128	
印度尼西亚②	**Indonesia ②**					
按当年价格计算	In Current Prices	211	956	1100	1282	1491
农业	Agriculture, Hunting,Forestry and Fishing	41	173	216	218	244
采掘业	Mining and Quarrying	26	120	110	177	203
制造业	Manufacturing	44	239	286	335	389
电、煤气和水供应业	Electricity, Gas and Water Supply	1	11	13	15	17
建筑业	Construction	12	62	68	76	84
批发零售、机动车及日用品修理、饭店及旅馆业③	Wholesale and Retail Trade,Repair of Motor Vehicles and Household Goods, Restaurants and Hotels ③	36	147	176	195	240
运输、仓储和邮电业	Transport, Storage and Communication	13	52	55	65	80
金融中介、租赁及房地产与商务服务业	Finance Intermediation,Renting and Real Estate and Business Services	16	699	71	79	92
公共管理与国防；社会基本保障	Public Administration & Defence; Compulsory Social Security	14	41	57	69	82
教育；卫生和社会工作；其他团体、社会和个人服务③	Education;Health & Social Work;Other Community, Social & Personal Services ③	8	41	48	52	59
小计④	Subtotal ④	211	956	1100	1282	1491
按1993年价格计算	At Constant Prices of 1993	263	376	379	398	411
农业	Agriculture, Hunting, Forestry and Fishing	53	64	65	66	67
采掘业	Mining and Quarrying	27	37	37	39	38
制造业	Manufacturing	54	95	99	105	110
电、煤气和水供应业	Electricity, Gas and Water Supply	3	6	6	7	7

4—13续表3 continued

单位：亿本币 (100 million local currency units)

国家和地区	Country or Area	1990	1998	1999	2000	2001
印度尼西亚②（续）	**Indonesia ② (continued)**					
建筑业	Construction	15	22	22	23	24
批发零售、机动车及日用品修理、饭店及旅馆业	Wholesale and Retail Trade,Repair of Motor Vehicles and Household Goods, Restaurants and Hotels	42	60	60	63	67
运输、仓储和邮电业	Transport, Storage and Communication	18	27	27	29	31
金融中介、租赁及房地产与商务服务业	Finance Intermediation,Renting and Real Estate and Business Services	21	28	26	27	28
公共管理与国防；社会基本保障	Public Administration & Defence;Compulsory Social Security	21	22	22	23	23
教育；卫生和社会工作；其他团体、社会和个人服务	Education;Health & Social Work;Other Community, Social & Personal Services	9	15	15	15	16
小计④	Subtotal ④	263	376	379	398	411
伊　朗	**Iran**					
按当年价格计算②	In Current Prices ②	37	325	431	569	666
农业	Agriculture, Hunting,Forestry and Fishing	8	56	63	75	86
采掘业	Mining and Quarrying	4	30	65	103	103
制造业	Manufacturing	5	43	56	73	91
电、煤气和水供应业	Electricity, Gas and Water Supply	-	3	4	7	8
建筑业	Construction	1	12	16	20	24
批发零售、机动车及日用品修理、饭店及旅馆业	Wholesale and Retail Trade,Repair of Motor Vehicles and Household Goods, Restaurants and Hotels	7	53	67	82	94
运输、仓储和邮电业	Transport, Storage and Communication	3	26	32	47	60
金融中介、租赁及房地产与商务服务业	Finance Intermediation,Renting and Real Estate and Business Services	4	55	69	85	106
公共管理与国防；社会基本保障	Public Administration & Defence;Compulsory Social Security	3	39	48	61	75
教育；卫生和社会工作；其他团体、社会和个人服务	Education;Health & Social Work;Other Community, Social & Personal Services	1	8	11	14	16
小计①	Subtotal ①	36	325	431	568	663
减：间接计算的银行中介服务费	Less: Financial Intermediation Services Indirectly Measured	-	4	7	10	13
加：税减产品补贴	Plus: Taxes Less Subsidies on Products	1	-	-	1	2
按1990年价格计算	At Constant Prices of 1990	123110	493118	501662	527535	553993
农业	Agriculture, Hunting,Forestry and Fishing	29680	94615	85535	87972	92070
采掘业	Mining and Quarrying	23280	44575	43041	46458	43429
制造业	Manufacturing	16440	56271	61250	66248	72880
电、煤气和水供应业	Electricity, Gas and Water Supply	2470	5351	5763	6090	5490
建筑业	Construction	4380	21200	24063	25621	28796
批发零售、机动车及日用品修理、饭店及旅馆业	Wholesale and Retail Trade,Repair of Motor Vehicles and Household Goods, Restaurants and Hotels	11360	75701	76064	82220	87691
运输、仓储和邮电业	Transport, Storage and Communication	7960	54102	59422	64688	69215
金融中介、租赁及房地产与商务服务业	Finance Intermediation,Renting and Real Estate and Business Services	13920	90376	96261	97399	101196
公共管理与国防；社会基本保障	Public Administration & Defence;Compulsory Social Security	8760	40925	39417	38735	33021
教育；卫生和社会工作；其他团体、社会和个人服务	Education;Health & Social Work;Other Community, Social & Personal Services	2990	9338	10333	11541	12043
小计①	Subtotal ①	121240	492454	501149	526972	551831
减：间接计算的银行中介服务费	Less: Financial Intermediation ServicesIndirectly Measured	780	3762	4150	4046	4425
加：税减产品补贴	Plus: Taxes Less Subsidies on Products		664	513	563	2162
加：统计误差	Plus: Statistical Discrepancy	2650				
以 色 列	**Israel**					
按当年价格计算	In Current Prices	777	4085	4468	4870	4915
农业	Agriculture, Hunting,Forestry and Fishing	25	75	72	70	74
采掘业	Mining and Quarrying					
制造业⑥	Manufacturing ⑥	170	640	702	760	727

4–13续表4 continued

单位：亿本币 (100 million local currency units)

国家和地区	Country or Area	1990	1998	1999	2000	2001
以 色 列(续)	**Israel(continued)**					
电、煤气和水供应业	Electricity, Gas and Water Supply	10	68	74	81	82
建筑业	Construction	50	242	234	229	213
批发零售、机动车及日用品修理、饭店及旅馆业	Wholesale and Retail Trade,Repair of Motor Vehicles and Household Goods, Restaurants and Hotels	87	359	399	435	430
运输、仓储和邮电业	Transport, Storage and Communication	64	301	312	336	338
金融中介、租赁及房地产与商务服务业	Finance Intermediation,Renting and Real Estate and Business Services	187	1040	1142	1311	1327
公共管理与国防；社会基本保障	Public Administration & Defence;Compulsory Social Security	187	305	327	344	364
教育；卫生和社会工作；其他团体、社会和个人服务	Education;Health & Social Work;Other Community, Social & Personal Services	34	640	702	768	825
加：统计误差	Plus: Statistical Discrepancy	6	-31	-18	-11	-9
小计	Subtotal	820	3639	3947	4323	4371
减：间接计算的银行中介服务费	Less: Financial Intermediation ServicesIndirectly Measured	42	83	59	65	72
加：税减产品补贴	Plus: Taxes Less Subsidies on Products		529	580	613	616
按2000年价格计算	At Constant Prices of 2000			4511	4870	4827
农业	Agriculture, Hunting,Forestry and Fishing		68	66	70	74
采掘业	Mining and Quarrying					
制造业⑥	Manufacturing ⑥		675	679	760	712
电、煤气和水供应业	Electricity, Gas and Water Supply		73	76	81	81
建筑业	Construction		259	237	229	207
批发零售、机动车及日用品修理、饭店及旅馆业	Wholesale and Retail Trade,Repair of Motor Vehicles and Household Goods, Restaurants and Hotels		389	404	435	426
运输、仓储和邮电业	Transport, Storage and Communication		304	315	336	336
金融中介、租赁及房地产与商务服务业	Finance Intermediation,Renting and Real Estate and Business Services		1094	1144	1311	1298
公共管理与国防；社会基本保障	Public Administration & Defence;Compulsory Social Security		345	346	344	352
教育；卫生和社会工作；其他团体、社会和个人服务	Education;Health & Social Work;Other Community, Social & Personal Services		707	741	768	790
加：统计误差	Plus: Statistical Discrepancy		5	13	-11	15
小计	Subtotal		3919	4021	4323	4292
减：间接计算的银行中介服务费	Less: Financial Intermediation Services Indirectly Measured		58	59	65	72
加：税减产品补贴	Plus: Taxes Less Subsidies on Products		552	568	613	607
加：统计误差	Plus: Statistical Discrepancy		-24	-19		-
日 本	**Japan**					
按当年价格计算	In Current Prices	4420723	5165792	5091159	5133768	5074555
农业	Agriculture, Hunting,Forestry and Fishing	109163	82505	75829	71098	69729
采掘业	Mining and Quarrying	11212	7425	6551	6618	6626
制造业	Manufacturing	1173155	1134455	1109912	1121140	1042308
电、煤气和水供应业	Electricity, Gas and Water Supply	112324	145431	144237	142182	144948
建筑业	Construction	434058	397368	384946	379363	357623
批发零售、机动车及日用品修理、饭店及旅馆业	Wholesale and Retail Trade,Repair of Motor Vehicles and Household Goods, Restaurants and Hotels	583243	773816	790991	714508	
运输、仓储和邮电业	Transport, Storage and Communication	290904	346523	329355	326195	321615
金融中介、租赁及房地产与商务服务业	Finance Intermediation,Renting and Real Estate and Business Services	722983	934140	981749	991332	1418627
公共管理与国防；社会基本保障	Public Administration & Defence;Compulsory Social Security	198493	266684	271213	275255	280274
教育；卫生和社会工作；其他团体、社会和个人服务	Education;Health & Social Work;Other Community, Social & Personal Services	917230	1286753	1295417	1323512	
小计	Subtotal	4545453	5375052	5301096	5318365	5270298
减：间接计算的银行中介服务费	Less: Financial Intermediation Services Indirectly Measured	154500	242785	238504	232041	257546

4—13续表5 continued

单位：亿本币 (100 million local currency units)

国家和地区	Country or Area	1990	1998	1999	2000	2001
日　　本(续)	**Japan (continued)**					
加：税减产品补贴	Plus: Taxes Less Subsidies on Products	3864	-6488	-3673	-3688	-3027
加：统计误差	Plus: Statistical Discrepancy	25906	40013	32240	51132	64830
按1995年价格计算	At Constant Prices of 1995	4630587	5193231	5198347	5344105	5366117
农业	Agriculture, Hunting,Forestry and Fishing	117104	86973	82072	83382	83716
采掘业	Mining and Quarrying	14023	8373	8356	9386	9647
制造业	Manufacturing	1126763	1162373	1181774	1266905	1204883
电、煤气和水供应业	Electricity, Gas and Water Supply	123986	148911	150704	154573	158642
建筑业	Construction	480055	390771	385134	375899	361520
批发零售、机动车及日用品修理、饭店及旅馆业③	Wholesale and Retail Trade,Repair of Motor Vehicles and Household Goods, Restaurants and Hotels ③	574480	783817	749599	740854	
运输、仓储和邮电业	Transport, Storage and Communication	308218	381896	375411	383540	393820
金融中介、租赁及房地产与商务服务业	Finance Intermediation,Renting and Real Estate and Business Services	781144	922975	974462	982890	
公共管理与国防；社会基本保障	Public Administration & Defence;Compulsory Social Security	222341	260638	269482	277527	284007
教育；卫生和社会工作；其他团体、社会和个人服务	Education;Health & Social Work;Other Community, Social & Personal Services	1016293	1269715	1289637	1328797	
小计	Subtotal	4758260	5415429	5437494	5567807	5589223
减：间接计算的银行中介服务费	Less: Financial Intermediation Services Indirectly Measured	145744	248913	251508	245348	273086
加：税减产品补贴	Plus: Taxes Less Subsidies on Products	-787	4879	7274	4545	9720
加：统计误差	Plus: Statistical Discrepancy	18858	21836	5087	17101	40260
哈萨克斯坦	**Kazakstan**					
按当年价格计算	In Current Prices		17333	20165	25999	32506
农业	Agriculture, Hunting,Forestry and Fishing		1485	1994	2109	2836
采掘业	Mining and Quarrying		1370	2102	3391	3715
制造业	Manufacturing		2083	2842	4461	5326
电、煤气和水供应业	Electricity, Gas and Water Supply		772	747	796	930
建筑业	Construction		856	957	1346	1777
批发零售、机动车及日用品修理、饭店及旅馆业	Wholesale and Retail Trade,Repair of Motor Vehicles and Household Goods, Restaurants and Hotels		2740	2855	3383	3929
运输、仓储和邮电业	Transport, Storage and Communication		2394	2432	2985	3626
金融中介、租赁及房地产与商务服务业	Finance Intermediation,Renting and Real Estate and Business Services		2566	2960	3606	4904
公共管理与国防；社会基本保障	Public Administration & Defence;Compulsory Social Security		510	527	607	
教育；卫生和社会工作；其他团体、社会和个人服务	Education;Health & Social Work;Other Community, Social & Personal Services		1625	1801	1979	3551 ⑦
小计	Subtotal		16400	19216	24662	30594
减：间接计算的银行中介服务费	Less: Financial Intermediation Services Indirectly Measured		104	186.6	237	373
加：税减产品补贴	Plus: Taxes Less Subsidies on Products		1037	1135	1574	2285
按上年价格计算	At the Prices of Preceding Year		16406	17798	22144	29528
农业	Agriculture, Hunting,Forestry and Fishing		1539	1800	1930	2469
采掘业	Mining and Quarrying		1430	1477	2543	3879
制造业	Manufacturing		1778	2125	3239	5072
电、煤气和水供应业	Electricity, Gas and Water Supply		788	738	791	864
建筑业	Construction		813	924	1091	1714
批发零售、机动车及日用品修理、饭店及旅馆业	Wholesale and Retail Trade,Repair of Motor Vehicles and Household Goods, Restaurants and Hotels		2668	2790	3004	3839
运输、仓储和邮电业	Transport, Storage and Communication		1938	2381	2889	3269
金融中介、租赁及房地产与商务服务业	Finance Intermediation,Renting and Real Estate and Business Services		2767	2542	3191	3911
公共管理与国防；社会基本保障	Public Administration & Defence;Compulsory Social Security		495	498	557	

4—13续表6 continued

单位：亿本币 (100 million local currency units)

国家和地区	Country or Area	1990	1998	1999	2000	2001
哈萨克斯坦（续）	**Kazakstan(continued)**					
教育；卫生和社会工作；其他团体、社会和个人服务	Education;Health & Social Work;Other Community, Social & Personal Services		1490	1585	1863	3073 ⑦
小计	Subtotal		15706	16860	21099	28090
减：间接计算的银行中介服务费	Less: Financial Intermediation Services Indirectly Measured		88	104	202	348
加：税减产品补贴	Plus: Taxes Less Subsidies on Products		789	1041	1247	1786
韩　国	**Korea Rep.**					
按当年价格计算	In Current Prices	1787968	4443665	4827442	5219592	5515575
农业	Agriculture, Hunting,Forestry and Fishing	152122	219778	244815	245176	239352
采掘业	Mining and Quarrying	16233	16751	16700	18022	18935
制造业	Manufacturing	515511	1371527	1484029	1632832	1681604
电、煤气和水供应业	Electricity, Gas and Water Supply	38085	108676	130140	143744	155912
建筑业	Construction	20335	449926	421493	417880	459184
批发零售、机动车及日用品修理、饭店及旅馆业	Wholesale and Retail Trade,Repair of Motor Vehicles and Household Goods, Restaurants and Hotels	240371	456613	544510	632016	675779
运输、仓储和邮电业	Transport, Storage and Communication	119565	313304	329763	349011	367457
金融中介、租赁及房地产与商务服务业	Finance Intermediation,Renting and Real Estate and Business Services	262027	864663	952765	989771	1055463
公共管理与国防；社会基本保障	Public Administration & Defence;Compulsory Social Security	75185	200419	208776	223976	248699
教育；卫生和社会工作；其他团体、社会和个人服务	Education;Health & Social Work;Other Community, Social & Personal Services	159753	478555	513145	552933	631473
雇人的私人住户	Private Households with Employed Persons	2044	9669	10461	11330	12450
小计④	Subtotal ④	1781785	4489881	485696	5216690	5546309
减：间接计算的银行中介服务费	Less: Financial Intermediation Services Indirectly Measured	63180	175881	185214	191565	241014
加：税减产品补贴	Plus: Taxes Less Subsidies on Products	69363	129665	156060	194466	203729
按1995年价格计算	At Constant Prices of 1995	2634304	3947104	4377094	4785329	4930255
农业	Agriculture, Hunting,Forestry and Fishing	202871	235694	248334	253183	257893
采掘业	Mining and Quarrying	16525	13376	14088	14851	14518
制造业	Manufacturing	739825	1167348	141295	1637331	1671723
电、煤气和水业	Electricity, Gas and Water Supply	48327	9868	108970	124253	130644
建筑业	Construction	301472	421613	383058	371253	392070
批发零售、机动车及日用品修理、饭店及旅馆业	Wholesale and Retail Trade,Repair of Motor Vehicles and Household Goods, Restaurants and Hotels	335769	468132	534223	586350	609555
运输、仓储和邮电业	Transport, Storage and Communication	166251	308879	353618	416914	460872
金融中介、租赁及房地产与商务服务业	Finance Intermediation,Renting and Real Estate and Business Services	408869	759564	800974	840608	865727
公共管理与国防；社会基本保障	Public Administration & Defence;Compulsory Social Security	138028	161207	164539	163945	162793
教育；卫生和社会工作；其他团体、社会和个人服务	Education;Health & Social Work;Other Community, Social & Personal Services	279122	390146	410728	422214	436332
雇人的私人住户	Private Households with Employed Persons	4094	7359	7942	8493	8540
小计④	Subtotal ④	2641153	4031998	4439428	4838983	5010668
减：间接计算的银行中介服务费	Less: Financial Intermediation Services Indirectly Measured	67546	161712	165302	181496	198900
加：税减产品补贴	Plus: Taxes Less Subsidies on Products	60697	76819	102968	127842	122035
马来西亚	**Malaysia**					
按当年价格计算	In Current Prices	1191	2832	3008	3422	3346
农业	Agriculture, Hunting,Forestry and Fishing	181	377	326	297	285
采掘业	Mining and Quarrying	141	191	231	374	360
制造业	Manufacturing	288	815	930	1128	1023
电、煤气和水供应业	Electricity, Gas and Water Supply	26	92	96	109	118
建筑业	Construction	46	145	140	141	143
批发零售、机动车及日用品修理、饭店及旅馆业	Wholesale and Retail Trade,Repair of Motor Vehicles and Household Goods, Restaurants and Hotels	162	432	444	471	479

4-13续表 7 continued

单位：亿本币 (100 million local currency units)

国家和地区	Country or Area	1990	1998	1999	2000	2001
马来西亚(续)	**Malaysia(continued)**					
运输、仓储和邮电业	Transport, Storage and Communication	70	194	203	229	243
金融中介、租赁及房地产与商务服务业	Finance Intermediation,Renting and Real Estate and Business Services	154	499	510	523	529
公共管理与国防；社会基本保障	Public Administration & Defence;Compulsory Social Security	111	183	202	227	242
教育；卫生和社会工作；其他团体、社会和个人服务	Education;Health & Social Work;Other Community, Social & Personal Services	29	78	81	84	88
小计	Subtotal	1210	3007	3164	3583	3509
减：间接计算的银行中介服务费	Less: Financial Intermediation Services Indirectly Measured	62	228	221	220	221
加：税减产品补贴	Plus: Taxes Less Subsidies on Products	43	53	65	58	58
按1987年价格计算	At Constant Prices of 1987	1060	1822	1934	2095	2105
农业	Agriculture, Hunting,Forestry and Fishing	173	175	176	179	183
采掘业	Mining and Quarrying	100	144	153	156	159
制造业	Manufacturing	261	509	568	677	635
电、煤气和水供应业	Electricity, Gas and Water Supply	28	67	71	82	88
建筑业	Construction	38	72	69	70	72
批发零售、机动车及日用品修理、饭店及旅馆业	Wholesale and Retail Trade,Repair of Motor Vehicles and Household Goods, Restaurants and Hotels	140	285	294	308	317
运输、仓储和邮电业	Transport, Storage and Communication	71	147	154	170	183
金融中介、租赁及房地产与商务服务业	Finance Intermediation,Renting and Real Estate and Business Services	135	329	345	358	386
公共管理与国防；社会基本保障	Public Administration & Defence;Compulsory Social Security	93	132	141	144	151
教育；卫生和社会工作；其他团体、社会和个人服务	Education;Health & Social Work;Other Community, Social & Personal Services	28	57	59	61	63
小计	Subtotal	1067	1918	2030	2207	2236
减：间接计算的银行中介服务费	Less: Financial Intermediation Services Indirectly Measured	47	140	149	159	179
加：税减产品补贴	Plus: Taxes Less Subsidies on Products	40	44	53	47	48
蒙　古	**Mongolia**					
按当年价格计算	In Current Prices	105|	8337	9258	10189	11156
农业	Agriculture, Hunting,Forestry and Fishing	16|	3062	3421	2965	2776
采掘业	Mining and Quarrying		683	802	1172	1008
制造业	Manufacturing	37 ⑧ |	475	550	625	901
电、煤气和水供应业	Electricity, Gas and Water Supply		332	337	246	330
建筑业	Construction	5.2|	201	230	193	219
批发零售、机动车及日用品修理、饭店及旅馆业	Wholesale and Retail Trade,Repair of Motor Vehicles and Household Goods, Restaurants and Hotels	20|	1818	1917	2446	2978
运输、仓储和邮电业	Transport, Storage and Communication	13|	800	847	1122	1449
金融中介、租赁及房地产与商务服务业	Finance Intermediation,Renting and Real Estate and Business Services	12|	295	300	358	465
公共管理与国防；社会基本保障	Public Administration & Defence;Compulsory Social Security		306	336	471	482
教育；卫生和社会工作；其他团体、社会和个人服务	Education;Health & Social Work;Other Community, Social & Personal Services		500	560	704	756
雇人的私人住户	Private Households with Employed Persons	1|				
小计⑨	Subtotal ⑨	105|	8473	9300	10301	11365
减：间接计算的银行中介服务费	Less: Financial Intermediation Services Indirectly Measured		135	165	248	320
按1995年价格计算	At Constant Prices of 1995	2086|	6108	6259	6325	6395
农业	Agriculture, Hunting,Forestry and Fishing	640|	2433	2524	2148	1750
采掘业	Mining and Quarrying		777	801	854	936
制造业	Manufacturing	693 ⑧ |	438	488	472	622
电、煤气和水供应业	Electricity, Gas and Water Supply		101	105	106	110
建筑业	Construction	71|	91	93	79	88

4-13续表8 continued

单位：亿本币 (100 million local currency units)

国家和地区	Country or Area	1990	1998	1999	2000	2001
蒙　　古(续)	**Mongolia(continued)**					
批发零售、机动车及日用品修理、饭店及旅馆业	Wholesale and Retail Trade,Repair of Motor Vehicles and Household Goods, Restaurants and Hotels	371	715	1123	1410	1539
运输、仓储和邮电业	Transport, Storage and Communication	16	444	470	589	676
金融中介、租赁及房地产与商务服务业	Finance Intermediation,Renting and Real Estate and Business Services	121	114	102	111	147
公共管理与国防；社会基本保障	Public Administration & Defence;Compulsory Social Security		179	182	189	195
教育；卫生和社会工作；其他团体、社会和个人服务	Education;Health & Social Work;Other Community, Social & Personal Services		406	422	431	441
雇人的私人住户	Private Households with Employed Persons	28				
小计⑨	Subtotal ⑨	2086	5699	6311	6389	6505
减：间接计算的银行中介服务费	Less: Financial Intermediation Services Indirectly Measured			52	68	85
巴基斯坦	**Pakistan**					
按当年价格计算	In Current Prices	10206	29384	31472	34163	37266
农业	Agriculture, Hunting,Forestry and Fishing	2331	7396	7797	7890	8294
采掘业	Mining and Quarrying	64	145	174	209	228
制造业	Manufacturing	1588	4235	4474	4991	5370
电、煤气和水供应业	Electricity, Gas and Water Supply	306	1230	1141	1052	1066
建筑业	Construction	382	884	975	1002	1032
批发零售、机动车及日用品修理、饭店及旅馆业⑩	Wholesale and Retail Trade,Repair of Motor Vehicles and Household Goods, Restaurants and Hotels ⑩	1520	4107	4439	4886	5118
运输、仓储和邮电业	Transport, Storage and Communication	777	2775	3116	3576	3938
金融中介、租赁及房地产与商务服务业	Finance Intermediation,Renting and Real Estate and Business Services	666	2117	1958	2433	2658
公共管理与国防；社会基本保障	Public Administration & Defence;Compulsory Social Security	765	2070	2498	2635	3211
教育；卫生和社会工作；其他团体、社会和个人服务⑩	Education;Health & Social Work;Other Community, Social & Personal Services ⑩	684	2399	2648	2945	3368
雇人的私人住户⑩	Private Households with Employed Persons ⑩					
小计①	Subtotal ①	9084	27359	29220	31619	34283
加：税减产品补贴	Plus: Taxes Less Subsidies on Products	1122	2024	2252	2543	2983
按1980年价格计算	At Constant Prices of 1980	5000	6692	6977	7167	7483
农业	Agriculture, Hunting,Forestry and Fishing	1145	1588	1685	1640	1663
采掘业	Mining and Quarrying	25	28	30	31	33
制造业	Manufacturing	790	1068	1084	1166	1217
电、煤气和水供应业	Electricity, Gas and Water Supply	154	295	286	254	247
建筑业	Construction	185	214	225	224	226
批发零售、机动车及日用品修理、饭店及旅馆业⑩	Wholesale and Retail Trade,Repair of Motor Vehicles and Household Goods, Restaurants and Hotels ⑩	734	949	967	1018	1041
运输、仓储和邮电业	Transport, Storage and Communication	427	641	664	697	698
金融中介、租赁及房地产与商务服务业	Finance Intermediation,Renting and Real Estate and Business Services	342	521	534	558	586
公共管理与国防；社会基本保障	Public Administration & Defence;Compulsory Social Security	317	384	420	425	502
教育；卫生和社会工作；其他团体、社会和个人服务⑩	Education;Health & Social Work;Other Community, Social & Personal Services ⑩	341	566	603	642	684
雇人的私人住户⑩	Private Households with Employed Persons ⑩					
小计①	Subtotal ①	4460	6252	6497	6656	6896
加：税减产品补贴	Plus: Taxes Less Subsidies on Products	540	440	481	511	587
菲 律 宾	**Philippines**					
按当年价格计算	In Current Prices	10772	26651	29769	33083	36400
农业	Agriculture, Hunting,Forestry and Fishing	2360	4516	5105	5259	5494
采掘业	Mining and Quarrying	167	201	180	212	212
制造业	Manufacturing	2675	5829	6440	7459	8316
电、煤气和水供应业	Electricity, Gas and Water Supply	223	780	861	975	1163
建筑业	Construction	649	1574	1629	1744	1824
批发零售、机动车及日用品修理、饭店及旅馆业	Wholesale and Retail Trade,Repair of Motor Vehicles and Household Goods, Restaurants and Hotels	1701	4114	4776	5360	5862

4-13续表9 continued

单位：亿本币 (100 million local currency units)

国家和地区	Country or Area	1990	1998	1999	2000	2001
菲 律 宾(续)	**Philippines(continued)**					
运输、仓储和邮电业	Transport, Storage and Communication	532	1397	1593	1990	2476
金融中介、租赁及房地产与商务服务业	Finance Intermediation,Renting and Real Estate and Business Services	1147	3576	3966	4244	4605
公共管理与国防；社会基本保障	Public Administration & Defence;Compulsory Social Security	770	2741	2908	3198	3436
教育；卫生和社会工作；其他团体、社会和个人服务	Education;Health & Social Work;Other Community, Social & Personal Services	526	1923	2310	2643	3012
雇人的私人住户	Private Households with Employed Persons	23				
小计	Subtotal	10772	26651	29769	33083	36400
按1985年价格计算	At Constant Prices of 1985	7207	8880	9182	9584	9893
农业	Agriculture, Hunting,Forestry and Fishing	1608	1732	1845	1907	1977
采掘业	Mining and Quarrying	111	106	97	107	100
制造业	Manufacturing	1840	2212	2247	2373	2441
电、煤气和水供应业	Electricity, Gas and Water Supply	187	303	313	326	328
建筑业	Construction	419	518	510	517	498
批发零售、机动车及日用品修理、饭店及旅馆业	Wholesale and Retail Trade,Repair of Motor Vehicles and Household Goods, Restaurants and Hotels	1159	1506	1580	1657	1745
运输、仓储和邮电业	Transport, Storage and Communication	411	586	617	682	742
金融中介、租赁及房地产与商务服务业	Finance Intermediation,Renting and Real Estate and Business Services	757	1010	1026	1036	1046
公共管理与国防；社会基本保障	Public Administration & Defence;Compulsory Social Security	364	462	477	485	498
教育；卫生和社会工作；其他团体、社会和个人服务	Education;Health & Social Work;Other Community, Social & Personal Services	333	444	470	496	518
雇人的私人住户	Private Households with Employed Persons	19				
小计	Subtotal	7207	8880	9182	9584	9893
新 加 坡	**Singapore**					
按当年价格计算	In Current Prices	679	1376	1401	1599	1535
农业	Agriculture, Hunting,Forestry and Fishing	2				
采掘业	Mining and Quarrying	1				
制造业	Manufacturing	194	327⑪	346⑪	431⑪	362⑪
电、煤气和水供应业	Electricity, Gas and Water Supply	13	27	24	25	30
建筑业	Construction	37	129	112	100	94
批发零售、机动车及日用品修理、饭店及旅馆业	Wholesale and Retail Trade,Repair of Motor Vehicles and Household Goods, Restaurants and Hotels	128	238	257	309	296
运输、仓储和邮电业	Transport, Storage and Communication	87	157	166	178	173
金融中介、租赁及房地产与商务服务业	Finance Intermediation,Renting and Real Estate and Business Services	178	423	423	460	480
公共管理与国防；社会基本保障	Public Administration & Defence;Compulsory Social Security	41	72	72	88	89
教育；卫生和社会工作；其他团体、社会和个人服务	Education;Health & Social Work;Other Community, Social & Personal Services	34	87	91	98	107
小计	Subtotal	713	1461	1491	1683	1631
减：间接计算的银行中介服务费	Less: Financial Intermediation Services Indirectly Measured	40	92	99	94	107
加：税减产品补贴	Plus: Taxes Less Subsidies on Products	6	7	8	10	11
按1990年价格计算	At Constant Prices of 1990	679	1201	1284	1416	1387
农业	Agriculture, Hunting,Forestry and Fishing	2				
采掘业	Mining and Quarrying	1				
制造业	Manufacturing	194	284⑪	323⑪	372⑪	329⑪
电、煤气和水供应业	Electricity, Gas and Water Supply	13	22	22	23	24
建筑业	Construction	37	110	100	99	96
批发零售、机动车及日用品修理、饭店及旅馆业	Wholesale and Retail Trade,Repair of Motor Vehicles and Household Goods, Restaurants and Hotels	128	224	239	273	265
运输、仓储和邮电业	Transport, Storage and Communication	87	168	180	196	201

4–13续表10 continued

单位：亿本币 (100 million local currency units)

国家和地区	Country or Area	1990	1998	1999	2000	2001
新 加 坡（续）	**Singapore(continued)**					
金融中介、租赁及房地产与商务服务业	Finance Intermediation,Renting and Real Estate and Business Services	178	333	349	370	380
公共管理与国防；社会基本保障	Public Administration & Defence;Compulsory Social Security	41	68	73	77	81
教育；卫生和社会工作；其他团体、社会和个人服务	Education;Health & Social Work;Other Community, Social & Personal Services	34	68	72	78	83
小计	Subtotal	713	1276	1359	1487	1461
减：间接计算的银行中介服务费	Less: Financial Intermediation Services Indirectly Measured	40	83	83	82	85
加：税减产品补贴	Plus: Taxes Less Subsidies on Products	40	7	8	10	11
斯里兰卡	**Sri Lanka**					
按当年价格计算	In Current Prices	3179	10183	11088	12536	13975
农业	Agriculture, Hunting,Forestry and Fishing	730	1761	1924	2021	2168
采掘业	Mining and Quarrying	50	110	129	172	179
制造业	Manufacturing	550	1788	1929	2241	2528
电、煤气和水供应业	Electricity, Gas and Water Supply	60	166	197	217	291
建筑业	Construction	220	654	726	812	896
批发零售、机动车及日用品修理、饭店及旅馆业	Wholesale and Retail Trade, Repair of Motor Vehicles and Household Goods, Restaurants and Hotels	600	1929	2050	2449	2673
运输、仓储和邮电业	Transport, Storage and Communication	310	1072	1205	1348	1569
金融中介、租赁及房地产与商务服务业	Finance Intermediation,Renting and Real Estate and Business Services	180	775	866	1013	1169
公共管理与国防；社会基本保障	Public Administration & Defence;Compulsory Social Security	240	659	664	737	780
教育；卫生和社会工作；其他团体、社会和个人服务⑤	Education;Health & Social Work;Other Community, Social & Personal Services ⑤	70	144	181	155	187
雇人的私人住户	Private Households with Employed Persons					
小计	Subtotal	3004	1124	9872	11165	12440
加：税减产品补贴	Plus: Taxes Less Subsidies on Products	175	1182	1217	1372	1535
按1990年价格计算	At Constant Prices of 1990	3179	10183	10626	11259	11103
农业	Agriculture, Hunting,Forestry and Fishing	728	1755	1859	1899	1826
采掘业	Mining and Quarrying	46	109	115	128	116
制造业	Manufacturing	549	1857	1940	2115	2042
电、煤气和水供应业	Electricity, Gas and Water Supply	56	202	220	234	231
建筑业	Construction	216	679	725	775	784
批发零售、机动车及日用品修理、饭店及旅馆业	Wholesale and Retail Trade, Repair of Motor Vehicles and Household Goods, Restaurants and Hotels	605	2343	2412	2577	2468
运输、仓储和邮电业	Transport, Storage and Communication	309	1056	1109	1164	1201
金融中介、租赁及房地产与商务服务业	Finance Intermediation,Renting and Real Estate and Business Services	177	783	806	865	901
公共管理与国防；社会基本保障	Public Administration & Defence;Compulsory Social Security	241	867	897	929	942
教育；卫生和社会工作；其他团体、社会和个人服务	Education;Health & Social Work;Other Community, Social & Personal Services	70	260	265	275	287
雇人的私人住户	Private Households with Employed Persons	6				
小计	Subtotal	3004	9913	10348	10959	10797
加：税减产品补贴	Plus: Taxes Less Subsidies on Products	175	271	278	300	306
泰　　国	**Thailand**					
按当年价格计算	In Current Prices	21840	39902	46321	49047	
农业	Agriculture, Hunting,Forestry and Fishing	2720	5644	4970	5034	
采掘业	Mining and Quarrying	310	722	769	1003	
制造业	Manufacturing	4700	11378	12154	13492	
电、煤气和水供应业	Electricity, Gas and Water Supply	480	1319	1218	1374	
建筑业	Construction	1300	1666	1564	1424	
批发零售、机动车及日用品修理、饭店及旅馆业	Wholesale and Retail Trade, Repair of Motor Vehicles and Household Goods, Restaurants and Hotels	4240	3591	5935	6175	

4—13续表11 continued

单位：亿本币 (100 million local currency units)

国家和地区	Country or Area	1990	1998	1999	2000	2001
泰　国(续)	**Thailand(continued)**					
运输、仓储和邮电业	Transport, Storage and Communication	1550	5925	3750	3951	
金融中介、租赁及房地产与商务服务业	Finance Intermediation,Renting and Real Estate and Business Services	1580	3175	2538	2528	
公共管理与国防；社会基本保障	Public Administration & Defence;Compulsory Social Security	770	1953	2041	2125	
教育；卫生和社会工作；其他团体、社会和个人服务	Education;Health & Social Work;Other Community, Social & Personal Services	1260	6129	6665	7097	
小计	Subtotal	18910	41502	41606	44205	
加：税减产品补贴	Plus: Taxes Less Subsidies on Products	2930	4762	4716	4843	
按1988年价格计算	At Constant Prices of 1988	19450	27497	28715	30047	
农业	Agriculture, Hunting,Forestry and Fishing	2640	3190	3255	3416	
采掘业	Mining and Quarrying	310	562	609	642	
制造业	Manufacturing	5410	8873	9967	10569	
电、煤气和水供应业	Electricity, Gas and Water Supply	470	861	888	976	
建筑业	Construction	1170	902	841	762	
批发零售、机动车及日用品修理、饭店及旅馆业	Wholesale and Retail Trade,Repair of Motor Vehicles and Household Goods, Restaurants and Hotels	4370	5124	5307	5534	
运输、仓储和邮电业	Transport, Storage and Communication	1470	2545	2699	2909	
金融中介、租赁及房地产与商务服务业	Finance Intermediation,Renting and Real Estate and Business Services	1790	2499	2069	2041	
公共管理与国防；社会基本保障	Public Administration & Defence;Compulsory Social Security	610	917	941	958	
教育；卫生和社会工作；其他团体、社会和个人服务	Education;Health & Social Work;Other Community, Social & Personal Services	1220	2024	2140	2241	
小计	Subtotal	19450	27497	28715	30047	
土　耳　其②	**Turkey ②**					
按当年价格计算	In Current Prices	393	52225	77415	124583	178412
农业	Agriculture, Hunting,Forestry and Fishing	69	9113	11851	17541	21521
采掘业	Mining and Quarrying					
制造业⑧	Manufacturing ⑧	100	11970	17974	29028	45881
电、煤气和水供应业	Electricity, Gas and Water Supply					
建筑业	Construction	25	3125	4362	6483	9241
批发零售、机动车及日用品修理、饭店及旅馆业⑬	Wholesale and Retail Trade,Repair of Motor Vehicles and Household Goods, Restaurants and Hotels⑬	121	17507	25619	42552	65562
运输、仓储和邮电业	Transport, Storage and Communication					
金融中介、租赁及房地产与商务服务业	Finance Intermediation,Renting and Real Estate and Business Services	26	5042	7694	10471	15131
公共管理与国防；社会基本保障	Public Administration & Defence;Compulsory Social Security					
教育；卫生和社会工作；其他团体、社会和个人服务⑦	Education;Health & Social Work;Other Community, Social & Personal Services ⑦	48	6971	11885	17541	26036
小计	Subtotal	380	50680	75101	119518	171839
减：间接计算的银行中介服务费	Less: Financial Intermediation Services Indirectly Measured	10	3049	4284	4098	11534
加：税减产品补贴	Plus: Taxes Less Subsidies on Products	13	1545	2315	5065	6574
按1995年价格计算	At Constant Prices of 1995	6628	9208	8774	9420	8724
农业	Agriculture, Hunting,Forestry and Fishing	1180	1346	1279	1328	1242
采掘业	Mining and Quarrying					
制造业⑧	Manufacturing ⑧	1640	2464	2340	2482	2295
电、煤气和水供应业	Electricity, Gas and Water Supply					
建筑业	Construction	394	477	418	436	412
批发零售、机动车及日用品修理、饭店及旅馆业⑬	Wholesale and Retail Trade,Repair of Motor Vehicles and Household Goods, Restaurants and Hotels⑬	2095	3148	2995	3280	3021
运输、仓储和邮电业	Transport, Storage and Communication					
金融中介、租赁及房地产与商务服务业	Finance Intermediation,Renting and Real Estate and Business Services	532	624	642	643	631

4-13续表12 continued

单位：亿本币 (100 million local currency units)

国家和地区	Country or Area	1990	1998	1999	2000	2001
土 耳 其②(续)	**Turkey ② (continued)**					
公共管理与国防；社会基本保障	Public Administration & Defence;Compulsory Social Security					
教育；卫生和社会工作；其他团体、社会和个人服务⑦	Education;Health & Social Work;Other Community, Social & Personal Services ⑦	817	1008	1011	1044	1028
小计	Subtotal	6634	9103	8698	9240	8642
减：间接计算的银行中介服务费	Less: Financial Intermediation Services Indirectly Measured	284	294	312	314	277
加：税减产品补贴	Plus: Taxes Less Subsidies on Products	255	404	381	488	365
统计误差	Statistical Discrepancy	1	5	4	10	3
越　南	**Viet Nam**					
按当年价格计算	In Current Prices	419550	3610170	3999420	4441400	
农业	Agriculture, Hunting,Forestry and Fishing	162520	930720	1017230	1079130	
采掘业	Mining and Quarrying	21850	241960	337030	422190	
制造业	Manufacturing	51420	619060	707670	829220	
电、煤气和水供应业	Electricity, Gas and Water Supply	5730	103390	117250	129930	
建筑业	Construction	16130	208580	217640	244610	
批发零售、机动车及日用品修理、饭店及旅馆业	Wholesale and Retail Trade,Repair of Motor Vehicles and Household Goods, Restaurants and Hotels	72340	681870	727960	788030	
运输、仓储和邮电业	Transport, Storage and Communication	14490	140760	155460	176010	
金融中介、租赁及房地产与商务服务业	Finance Intermediation,Renting and Real Estate and Business Services	4900	62740	74880	84570	
公共管理与国防；社会基本保障	Public Administration & Defence;Compulsory Social Security	13940	118490	116830	121950	
教育；卫生和社会工作；其他团体、社会和个人服务	Education;Health & Social Work;Other Community, Social & Personal Services	30380	317260	335920	364490	
雇人的私人住户	Private Households with Employed Persons	25850	185330	191550	201260	
小计	Subtotal	419550	3610170	3999420	4441400	
按1994年价格计算	At Constant Prices of 1994	295260	2445950	2562700	2735820	
农业	Agriculture, Hunting,Forestry and Fishing	120030	578660	608940	633530	
采掘业	Mining and Quarrying	11250	151730	172000	179790	
制造业	Manufacturing	39760	426940	461050	521770	
电、煤气和水供应业	Electricity, Gas and Water Supply	3990	51360	55310	61120	
建筑业	Construction	11290	187610	192110	206480	
批发零售、机动车及日用品修理、饭店及旅馆业	Wholesale and Retail Trade,Repair of Motor Vehicles and Household Goods, Restaurants and Hotels	34860	494770	505100	535250	
运输、仓储和邮电业	Transport, Storage and Communication	7440	95360	101410	108900	
金融中介、租赁及房地产与商务服务业	Finance Intermediation,Renting and Real Estate and Business Services	3790	48430	53270	58640	
公共管理与国防；社会基本保障	Public Administration & Defence;Compulsory Social Security		81740	77230	78670	
教育；卫生和社会工作；其他团体、社会和个人服务	Education;Health & Social Work;Other Community, Social & Personal Services	62850	207120	211540	223580	
雇人的私人住户	Private Households with Employed Persons		122240	124760	128090	
小计	Subtotal	295260	2445950	2562700	2735820	
埃　及	**Egypt**					
按当年价格计算	In Current Prices	1101	3076	3401	3587	3817
农业	Agriculture, Hunting,Forestry and Fishing	178	489	528	551	584
采掘业	Mining and Quarrying	110	130	233	239	268
制造业	Manufacturing	174	552	612	651	695
电、煤气和水供应业⑫	Electricity, Gas and Water Supply⑫	14	46	49	53	58
建筑业	Construction	52	146	151	158	166
批发零售、机动车及日用品修理、饭店及旅馆业	Wholesale and Retail Trade,Repair of Motor Vehicles and Household Goods, Restaurants and Hotels	217	507	549	560	572
运输、仓储和邮电业	Transport, Storage and Communication	108	259	279	301	327
金融中介、租赁及房地产与商务服务业	Finance Intermediation,Renting and Real Estate and Business Services	15	224	250	280	299

4−13续表13 continued

单位：亿本币 (100 million local currency units)

国家和地区	Country or Area	1990	1998	1999	2000	2001
埃　及(续)	**Egypt(continued)**					
公共管理与国防；社会基本保障	Public Administration & Defence;Compulsory Social Security					
教育；卫生和社会工作；其他团体、社会和个人服务⑫	Education;Health & Social Work;Other Community, Social & Personal Services⑫	164	473	504	532	577
雇人的私人住户	Private Households with Employed Persons					
小计①	Subtotal ①	1033	2826	3157	3324	3545
加：税减产品补贴	Plus: Taxes Less Subsidies on Products	68	250	244	263	272
按1996年价格计算	At Constant Prices of 1996	549	2935	3093	3202	3304
农业	Agriculture, Hunting,Forestry and Fishing	98	449	464	482	499
采掘业	Mining and Quarrying	18	158	159	156	159
制造业	Manufacturing	91	513	553	578	601
电、煤气和水供应业⑫	Electricity, Gas and Water Supply⑫	7	49	52	56	59
建筑业	Construction	25	140	143	146	149
批发零售、机动车及日用品修理、饭店及旅馆业	Wholesale and Retail Trade, Repair of Motor Vehicles and Household Goods, Restaurants and Hotels	121	499	549	553	561
运输、仓储和邮电业	Transport, Storage and Communication	50	247	258	276	279
金融中介、租赁及房地产与商务服务业	Finance Intermediation,Renting and Real Estate and Business Services		207	224	239	248
公共管理与国防；社会基本保障	Public Administration & Defence;Compulsory Social Security	57				
教育；卫生和社会工作；其他团体、社会和个人服务⑫	Education;Health & Social Work;Other Community, Social & Personal Services⑫	35	448	468	483	507
雇人的私人住户	Private Households with Employed Persons					
小计①	Subtotal ①	502	2710	2870	2968	3063
加：税减产品补贴	Plus: Taxes Less Subsidies on Products		225	223	234	241
南　非	**South Africa**					
按当年价格计算	In Current Prices	2898	7389	8007	8881	9829
农业	Agriculture, Hunting,Forestry and Fishing	122	243	250	261	311
采掘业	Mining and Quarrying	241	434	462	550	672
制造业	Manufacturing	622	1290	1360	1502	1664
电、煤气和水供应业	Electricity, Gas and Water Supply	106	225	217	227	226
建筑业	Construction	86	217	223	238	255
批发零售、机动车及日用品修理、饭店及旅馆业	Wholesale and Retail Trade, Repair of Motor Vehicles and Household Goods, Restaurants and Hotels	375	898	956	1073	1187
运输、仓储和邮电业	Transport, Storage and Communication	216	633	709	808	882
金融中介、租赁及房地产与商务服务业	Finance Intermediation,Renting and Real Estate and Business Services	360	1238	1435	1609	1772
公共管理与国防；社会基本保障	Public Administration & Defence;Compulsory Social Security	377	1165	1235	1325	1430
教育；卫生和社会工作；其他团体、社会和个人服务	Education;Health & Social Work;Other Community, Social & Personal Services	48	194	215	241	276
雇人的私人住户	Private Households with Employed Persons	78	202	225	249	275
小计	Subtotal	2632	6739	7288	8082	8949
加：税减产品补贴	Plus: Taxes Less Subsidies on Products	267	651	719	798	880
按1995年价格计算	At Constant Prices of 1995	5251	5913	6033	6244	6420
农业	Agriculture, Hunting,Forestry and Fishing	237	225	237	255	250
采掘业	Mining and Quarrying	344	348	345	337	332
制造业	Manufacturing	1054	1084	1081	1136	1177
电、煤气和水供应业	Electricity, Gas and Water Supply	151	204	207	209	211
建筑业	Construction	18	171	167	171	181
批发零售、机动车及日用品修理、饭店及旅馆业	Wholesale and Retail Trade, Repair of Motor Vehicles and Household Goods, Restaurants and Hotels	686	739	742	775	801
运输、仓储和邮电业	Transport, Storage and Communication	377	543	581	622	665
金融中介、租赁及房地产与商务服务业	Finance Intermediation,Renting and Real Estate and Business Services	747	967	1042	1092	1142
公共管理与国防；社会基本保障	Public Administration & Defence;Compulsory Social Security	766	827	822	815	811

4-13续表14 continued

单位：亿本币 (100 million local currency units)

国家和地区	Country or Area	1990	1998	1999	2000	2001
南　　非(续)	**South Africa(continued)**					
教育；卫生和社会工作；其他团体、社会和个人服务	Education;Health & Social Work;Other Community, Social & Personal Services	109	141	144	151	157
雇人的私人住户	Private Households with Employed Persons	134	146	149	152	154
小计	Subtotal	4811	5396	5516	5714	5881
加：税减产品补贴	Plus: Taxes Less Subsidies on Products	437	517	517	529	539
加 拿 大	**Canada**					
按当年价格计算	In Current Prices	6717	9004	9654		
农业	Agriculture, Hunting,Forestry and Fishing	178	218	225		
采掘业	Mining and Quarrying	274	274	342		
制造业	Manufacturing	1065	1548	1742		
电、煤气和水供应业	Electricity, Gas and Water Supply	203	276	281		
建筑业	Construction	430	442	471		
批发零售、机动车及日用品修理、饭店及旅馆业	Wholesale and Retail Trade,Repair of Motor Vehicles and Household Goods, Restaurants and Hotels	918	1176	1251		
运输、仓储和邮电业	Transport, Storage and Communication	452	628	654		
金融中介、租赁及房地产与商务服务业	Finance Intermediation,Renting and Real Estate and Business Services	1423	2188	2323		
公共管理与国防；社会基本保障	Public Administration & Defence;Compulsory Social Security	434	500	515		
教育；卫生和社会工作；其他团体、社会和个人服务	Education;Health & Social Work;Other Community, Social & Personal Services	917	1216	1273		
小计	Subtotal	6291	8465	9076		
减：间接计算的银行中介服务费	Less: Financial Intermediation Services Indirectly Measured	100	146	151		
加：税减产品补贴	Plus: Taxes Less Subsidies on Products	477	684	729		
加：统计误差	Plus: Statistical Discrepancy	49	30			
按1997年价格计算	At Constant Prices of 1997	7563	9044	9539	9973	10118
农业	Agriculture, Hunting,Forestry and Fishing	214	217	230	229	212
采掘业	Mining and Quarrying	269	345	339	365	371
制造业	Manufacturing	1230	1542	1650	1739	1661
电、煤气和水供应业	Electricity, Gas and Water Supply	248	276	283	296	290
建筑业	Construction	482	443	465	485	503
批发零售、机动车及日用品修理、饭店及旅馆业	Wholesale and Retail Trade,Repair of Motor Vehicles and Household Goods, Restaurants and Hotels	964	1191	1260	1327	1365
运输、仓储和邮电业	Transport, Storage and Communication	485	619	669	723	745
金融中介、租赁及房地产与商务服务业	Finance Intermediation,Renting and Real Estate and Business Services	1619	2164	2305	2429	2531
公共管理与国防；社会基本保障	Public Administration & Defence;Compulsory Social Security	477	502	511	521	538
教育；卫生和社会工作；其他团体、社会和个人服务	Education;Health & Social Work;Other Community, Social & Personal Services	1103	1191	1223	1242	1264
小计	Subtotal	7077	8490	8936	9354	9481
减：间接计算的银行中介服务费	Less: Financial Intermediation Services Indirectly Measured	116	145	146	150	158
墨 西 哥	**Mexico**					
按当年价格计算	In Current Prices	7389	38464	45937	54914	58286
农业	Agriculture, Hunting,Forestry and Fishing	531	1835	1938	2020	2188
采掘业	Mining and Quarrying	158	484	601	702	
制造业	Manufacturing	1406	7493	8843	10133	11718 [8]
电、煤气和水供应业	Electricity, Gas and Water Supply	92	443	555	549	
建筑业	Construction	265	1650	2073	2579	2626
批发零售、机动车及日用品修理、饭店及旅馆业	Wholesale and Retail Trade,Repair of Motor Vehicles and Household Goods, Restaurants and Hotels	1672	7011	8407	10668	17007 [13]
运输、仓储和邮电业	Transport, Storage and Communication	615	3811	4687	5564	
金融中介、租赁及房地产与商务服务业	Finance Intermediation,Renting and Real Estate and Business Services	896	4818	5551	6055	6421

4-13续表15 continued

单位：亿本币 (100 million local currency units)

国家和地区	Country or Area	1990	1998	1999	2000	2001
墨 西 哥（续）	**Mexico(continued)**					
公共管理与国防；社会基本保障	Public Administration & Defence;Compulsory Social Security	194	1237	1549	1962	
教育；卫生和社会工作；其他团体、社会和个人服务	Education;Health & Social Work;Other Community, Social & Personal Services	1009	6749	8423	10169	13804⑯
雇人的私人住户	Private Households with Employed Persons					
小计	Subtotal	8682	35178	42057	49808	52856
减：间接计算的银行中介服务费	Less: Financial Intermediation Services Indirectly Measured	112	354	570	611	908
加：税减产品补贴	Plus: Taxes Less Subsidies on Products	809	3286	3880	5106	5430
按1995年价格计算	At Constant Prices of 1995	17028	21663	22447	23920	23878
农业	Agriculture, Hunting,Forestry and Fishing	862	984	999	1005	1064
采掘业	Mining and Quarrying	280	337	330	343	
制造业	Manufacturing	3308	4581	4774	5102	5514 ⑧
电、煤气和水供应业	Electricity, Gas and Water Supply	188	239	258	260	
建筑业	Construction	715	855	897	934	884
批发零售、机动车及日用品修理、饭店及旅馆业	Wholesale and Retail Trade,Repair of Motor Vehicles and Household Goods, Restaurants and Hotels	3520	4333	4475	5041	7498⑬
运输、仓储和邮电业	Transport, Storage and Communication	1436	2129	2295	2516	
金融中介、租赁及房地产与商务服务业	Finance Intermediation,Renting and Real Estate and Business Services	2541	3365	3487	3680	3849
公共管理与国防；社会基本保障	Public Administration & Defence;Compulsory Social Security	578	592	600	621	
教育；卫生和社会工作；其他团体、社会和个人服务	Education;Health & Social Work;Other Community, Social & Personal Services	2925	3495	3575	3677	4274⑯
雇人的私人住户	Private Households with Employed Persons					
小计	Subtotal	16219	19797	20514	21859	21822
减：间接计算的银行中介服务费	Less: Financial Intermediation Services Indirectly Measured	771	1000	1059	1131	1204
加：税减产品补贴	Plus: Taxes Less Subsidies on Products	1466	1865	1933	2060	2056
美　　国	**United States**					
按当年价格计算	In Current Prices	57508	87202	92128	97621	100197
农业	Agriculture, Hunting,Forestry and Fishing	1103	1280	1272	1357	1406
采掘业	Mining and Quarrying	1119	1002	1041	1331	1390
制造业	Manufacturing	10406	14315	14813	15203	14230
电、煤气和水供应业	Electricity, Gas and Water Supply	1654	2048	2110	2165	2219
建筑业	Construction	2487	3808	4254	4613	1800
批发零售、机动车及日用品修理、饭店及旅馆业	Wholesale and Retail Trade,Repair of Motor Vehicles and Household Goods, Restaurants and Hotels	9982	15772	16711	17941	18273
运输、仓储和邮电业	Transport, Storage and Communication	3659	5885	6214	6589	6609
金融中介、租赁及房地产与商务服务业	Finance Intermediation,Renting and Real Estate and Business Services	14462	25194	26994	29459	30873
公共管理与国防；社会基本保障	Public Administration & Defence;Compulsory Social Security	4805	6333	6621	7009	7438
教育；卫生和社会工作；其他团体、社会和个人服务	Education;Health & Social Work;Other Community, Social & Personal Services	7452	11734	12353	13118	14011
雇人的私人住户	Private Households with Employed Persons	94	140	127	136	119
小计①	Subtotal ①	53239	81489	86278	92362	94773
加：税减产品补贴	Plus: Taxes Less Subsidies on Products	3964	6023	6237	6444	6597
加：统计误差	Plus: Statistical Discrepancy	306	-310	-388	-1285	-1173
按1995年价格计算	At Constant Prices of 1995	65205	82859	86291	89551	89778
农业	Agriculture, Hunting,Forestry and Fishing	1057	1298	1368	1483	1462
采掘业	Mining and Quarrying	896	1014	971	863	904
制造业	Manufacturing	11060	14492	15190	15907	14953
电、煤气和水供应业	Electricity, Gas and Water Supply	1897	1934	2085	2135	1940
建筑业	Construction	2817	3381	3564	3662	3604

4–13续表16 continued

单位：亿本币 (100 million local currency units)

国家和地区	Country or Area	1990	1998	1999	2000	2001
美　国(续)	**United States(continued)**					
批发零售、机动车及日用品修理、饭店及旅馆业	Wholesale and Retail Trade,Repair of Motor Vehicles and Household Goods, Restaurants and Hotels	11118	16472	17456	18597	18972
运输、仓储和邮电业	Transport, Storage and Communication	3955	5602	5950	6445	6571
金融中介、租赁及房地产与商务服务业	Finance Intermediation,Renting and Real Estate and Business Services	17308	22977	24144	25444	25986
公共管理与国防；社会基本保障	Public Administration & Defence;Compulsory Social Security	5897	5819	5908	6057	6224
教育；卫生和社会工作；其他团体、社会和个人服务	Education;Health & Social Work;Other Community, Social & Personal Services	9219	10651	10833	11130	11401
雇人的私人住户	Private Households with Employed Persons	111	129	114	116	98
小计①	Subtotal ①	60931	77729	81355	85332	85747
阿 根 廷	**Argentina**					
按当年价格计算	In Current Prices	689	2989	2835	2842	2687
农业	Agriculture, Hunting,Forestry and Fishing	56	157	126	133	123
采掘业	Mining and Quarrying	20	43	47	71	67
制造业	Manufacturing	185	477	426	414	380
电、煤气和水供应业	Electricity, Gas and Water Supply	13	57	60	64	62
建筑业	Construction	31	164	154	133	116
批发零售、机动车及日用品修理、饭店及旅馆业	Wholesale and Retail Trade,Repair of Motor Vehicles and Household Goods, Restaurants and Hotels	108	502	456	439	401
运输、仓储和邮电业	Transport, Storage and Communication	36	244	235	241	229
金融中介、租赁及房地产与商务服务业	Finance Intermediation,Renting and Real Estate and Business Services	102	555	553	558	563
公共管理与国防；社会基本保障	Public Administration & Defence;Compulsory Social Security		167	175	178	171
教育；卫生和社会工作；其他团体、社会和个人服务	Education;Health & Social Work;Other Community, Social & Personal Services	147	328	341	351	350
雇人的私人住户	Private Households with Employed Persons		35	35	34	33
加：统计误差	Plus: Statistical Discrepancy		-61	-59	-61	-47
小计①	Subtotal ①	697	2669	2548	2556	2447
减：间接计算的银行中介服务费	Less: Financial Intermediation Services Indirectly Measured	8	42	44	43	41
加：税减产品补贴	Plus: Taxes Less Subsidies on Products		367	335	332	281
按1993年价格计算	At Constant Prices of 1993		2855	2758	2762	2640
农业	Agriculture, Hunting,Forestry and Fishing		149	153	150	151
采掘业	Mining and Quarrying		47	46	49	510
制造业	Manufacturing		452	413	399	367
电、煤气和水供应业	Electricity, Gas and Water Supply		64	67	71	72
建筑业	Construction		171	158	143	126
批发零售、机动车及日用品修理、饭店及旅馆业	Wholesale and Retail Trade,Repair of Motor Vehicles and Household Goods, Restaurants and Hotels		480	447	436	402
运输、仓储和邮电业	Transport, Storage and Communication		234	231	235	224
金融中介、租赁及房地产与商务服务业	Finance Intermediation,Renting and Real Estate and Business Services		567	564	576	550
公共管理与国防；社会基本保障	Public Administration & Defence;Compulsory Social Security		140	143	144	141
教育；卫生和社会工作；其他团体、社会和个人服务	Education;Health & Social Work;Other Community, Social & Personal Services		323	331	339	342
雇人的私人住户	Private Households with Employed Persons		40	39	39	37
加：统计误差	Plus: Statistical Discrepancy		-60	-57	-57	-46
小计	Subtotal		2612	2539	2524	2419
减：间接计算的银行中介服务费	Less: Financial Intermediation Services Indirectly Measured		83	83	84	69
加：税减产品补贴	Plus: Taxes Less Subsidies on Products		326	303	322	290

4-13续表17 continued

单位：亿本币 (100 million local currency units)

国家和地区	Country or Area	1990	1998	1999	2000	2001
巴　西	**Brazil**					
按当年价格计算	In Current Prices		9142	9738	11013	12001
农业	Agriculture, Hunting,Forestry and Fishing		676	719	783	892
采掘业	Mining and Quarrying		52	133	253	305
制造业	Manufacturing		1697	1787	2172	2406
电、煤气和水供应业	Electricity, Gas and Water Supply		261	2889	341	388
建筑业	Construction		832	815	889	908
批发零售、机动车及日用品修理、饭店及旅馆业	Wholesale and Retail Trade,Repair of Motor Vehicles and Household Goods, Restaurants and Hotels		582	619	722	794
运输、仓储和邮电业	Transport, Storage and Communication		457	450	533	602
金融中介、租赁及房地产与商务服务业	Finance Intermediation,Renting and Real Estate and Business Services		2103	2121	2169	2425
公共管理与国防；社会基本保障	Public Administration & Defence;Compulsory Social Security		1323	1403	1600	1733
教育；卫生和社会工作；其他团体、社会和个人服务	Education;Health & Social Work;Other Community, Social & Personal Services		546	598	610	615
雇人的私人住户	Private Households with Employed Persons		99	107	114	130
小计	Subtotal		8208	8705	9819	10651
减：间接计算的银行中介服务费	Less: Financial Intermediation Services Indirectly Measured		420	412	396	547
加：税减产品补贴	Plus: Taxes Less Subsidies on Products		934	1034	1194	1350
委内瑞拉	**Venezuela**					
按当年价格计算	In Current Prices	22793	524825	625770	824507	913248
农业	Agriculture, Hunting,Forestry and Fishing	1228	24611	28806	32580	38728
采掘业	Mining and Quarrying	5306	54121	83213	159177	132121
制造业	Manufacturing	4678	74637	82045	106215	109521
电、煤气和水供应业	Electricity, Gas and Water Supply	432	8679	9316	11371	13552
建筑业	Construction	1029	3443	34001	38420	50321
批发零售、机动车及日用品修理、饭店及旅馆业	Wholesale and Retail Trade, Repair of Motor Vehicles and Household Goods, Restaurants and Hotels	4009	87756	9795	116885	134773
运输、仓储和邮电业	Transport, Storage and Communication	1042	48933	57164	69208	80539
金融中介、租赁及房地产与商务服务业	Finance Intermediation,Renting and Real Estate and Business Services	2561	78988	91246	110028	133401
公共管理与国防；社会基本保障	Public Administration & Defence;Compulsory Social Security	1404	29883	33788	42475	55721
教育；卫生和社会工作；其他团体、社会和个人服务	Education;Health & Social Work;Other Community, Social & Personal Services	949	55316	75049	98689	117147
雇人的私人住户	Private Households with Employed Persons	245	8358	10785	12354	14507
小计	Subtotal	22881	505714	603365	797403	880432
减：间接计算的银行中介服务费	Less: Financial Intermediation Services Indirectly Measured	422	19152	17965	18516	20912
加：税减产品补贴	Plus: Taxes Less Subsidies on Products	333	38263	40371	45620	53728
按1984年价格计算	At Constant Prices of 1984	4783	6026	5659	5842	6005
农业	Agriculture, Hunting,Forestry and Fishing	255	284	277	284	292
采掘业	Mining and Quarrying	867	1415	1281	1341	1356
制造业	Manufacturing	1036	1191	1115	1138	1133
电、煤气和水供应业	Electricity, Gas and Water Supply	81	106	107	109	114
建筑业	Construction	236	365	304	296	336
批发零售、机动车及日用品修理、饭店及旅馆业	Wholesale and Retail Trade, Repair of Motor Vehicles and Household Goods, Restaurants and Hotels	660	657	594	617	638
运输、仓储和邮电业	Transport, Storage and Communication	252	329	334	362	393
金融中介、租赁及房地产与商务服务业	Finance Intermediation,Renting and Real Estate and Business Services	660	742	717	733	751
公共管理与国防；社会基本保障	Public Administration & Defence;Compulsory Social Security	438	445	445	459	465
教育；卫生和社会工作；其他团体、社会和个人服务	Education;Health & Social Work;Other Community, Social & Personal Services	240	309	309	312	321

4-13续表18 continued

单位：亿本币　　　　(100 million local currency units)

国家和地区	Country or Area	1990	1998	1999	2000	2001
委内瑞拉(续)	**Venezuela(continued)**					
雇人的私人住户	Private Households with Employed Persons	70	78	77	77	78
小计	Subtotal	4796	5915	5560	5730	5878
减：间接计算的银行中介服务费	Less: Financial Intermediation Services Indirectly Measured	67	45	41	43	43
加：税减产品补贴	Plus: Taxes Less Subsidies on Products	54	155	139	154	170
白俄罗斯	**Belarus**					
按当年价格计算	In Current Prices	433	7021610	30260600	91340	171730
农业	Agriculture, Hunting,Forestry and Fishing	99	846930	3843270	11050	17780
采掘业	Mining and Quarrying					
制造业⑧	Manufacturing ⑧	172	2180530	9043648	26037	47840
电、煤气和水供应业	Electricity, Gas and Water Supply					
建筑业	Construction	34	409220	1757339	5878	10070
批发零售、机动车及日用品修理、饭店及旅馆业	Wholesale and Retail Trade, Repair of Motor Vehicles and Household Goods, Restaurants and Hotels	15	661480	2896785	8686	17240
运输、仓储和邮电业	Transport, Storage and Communication	28	694740	3458851	10115	19750
金融中介、租赁及房地产与商务服务业	Finance Intermediation,Renting and Real Estate and Business Services	11	486770	1926680	5490	11120
公共管理与国防；社会基本保障	Public Administration & Defence;Compulsory Social Security	21	232120	906340	2902	6520
教育；卫生和社会工作；其他团体、社会和个人服务	Education;Health & Social Work;Other Community, Social & Personal Services	42	69660	3044027	9551	21710
小计	Subtotal	422	6208390	26876942	79708	152020
减：间接计算的银行中介服务费	Less: Financial Intermediation Services Indirectly Measured		103150	628853	1641	2340
加：税减产品补贴	Plus: Taxes Less Subsidies on Products	10	916370	4012548	13271	22050
按上年价格计算	At the Prices of Preceding Year		3978070	7263759	3201200	95650
农业	Agriculture, Hunting,Forestry and Fishing		487450	782739	4198000	11210
采掘业	Mining and Quarrying					
制造业⑧	Manufacturing ⑧		1295630	2357466	9757000	27700
电、煤气和水供应业	Electricity, Gas and Water Supply					
建筑业	Construction		230630	399270	1721000	5570
批发零售、机动车及日用品修理、饭店及旅馆业	Wholesale and Retail Trade, Repair of Motor Vehicles and Household Goods, Restaurants and Hotels		333270	715696	3174000	10380
运输、仓储和邮电业	Transport, Storage and Communication		403120	710003	3536000	10350
金融中介、租赁及房地产与商务服务业	Finance Intermediation,Renting and Real Estate and Business Services		255110	501243	2025000	5740
公共管理与国防；社会基本保障	Public Administration & Defence;Compulsory Social Security		124440	238015	956000	2980
教育；卫生和社会工作；其他团体、社会和个人服务	Education;Health & Social Work;Other Community, Social & Personal Services		381730	743370	3234000	9830
小计	Subtotal		3511390	6447802	28601000	83760
减：间接计算的银行中介服务费	Less: Financial Intermediation Services Indirectly Measured		55480	122416	660000	1410
加：税减产品补贴	Plus: Taxes Less Subsidies on Products		522160	938373	4071000	13300
保加利亚	**Bulgaria**					
按当年价格计算	In Current Prices	454	224211	238	268	296
农业	Agriculture, Hunting,Forestry and Fishing	83	37694	35	33	36
采掘业	Mining and Quarrying		3672	4	4	4
制造业	Manufacturing	200 ⑧	38367	36	42	46
电、煤气和水供应业	Electricity, Gas and Water Supply		9525	9	12	13
建筑业	Construction	32	9659	11	11	12
批发零售、机动车及日用品修理、饭店及旅馆业	Wholesale and Retail Trade, Repair of Motor Vehicles and Household Goods, Restaurants and Hotels	35	18963	21	25	28
运输、仓储和邮电业	Transport, Storage and Communication	33	17246	21	27	34
金融中介、租赁及房地产与商务服务业⑯	Finance Intermediation,Renting and Real Estate and Business Services⑯	72	38933	44	47	51

4-13续表19 continued

单位：亿本币 (100 million local currency units)

国家和地区	Country or Area	1990	1998	1999	2000	2001
保加利亚(续)	**Bulgaria(continued)**					
公共管理与国防；社会基本保障	Public Administration & Defence;Compulsory Social Security		12025	14	16	17
教育；卫生和社会工作；其他团体、社会和个人服务	Education;Health & Social Work;Other Community, Social & Personal Services		14434	17	20	22
小计	Subtotal	455	200518	212	237	262
减：间接计算的银行中介服务费	Less: Financial Intermediation Services Indirectly Measured		3254	4	5	5
加：税减产品补贴	Plus: Taxes Less Subsidies on Products		26948	29	35	39
按上年价格计算	At the Prices of Preceding Year	360	181311	229	251	278
农业	Agriculture, Hunting,Forestry and Fishing	42	41329	40	31	33
采掘业	Mining and Quarrying		4078	3	4	4
制造业	Manufacturing		29871	36	40	45
电、煤气和水供应业	Electricity, Gas and Water Supply		7393	8	12	13
建筑业	Construction	26	5621	10	11	11
批发零售、机动车及日用品修理、饭店及旅馆业	Wholesale and Retail Trade,Repair of Motor Vehicles and Household Goods, Restaurants and Hotels	23	16033	21	23	27
运输、仓储和邮电业	Transport, Storage and Communication	29	12797	19	23	30
金融中介、租赁及房地产与商务服务业⑯	Finance Intermediation,Renting and Real Estate and Business Services⑯	60	2799	39	45	48
公共管理与国防；社会基本保障	Public Administration & Defence;Compulsory Social Security		6637	12	15	16
教育；卫生和社会工作；其他团体、社会和个人服务	Education;Health & Social Work;Other Community, Social & Personal Services		8420	15	19	20
小计	Subtotal	360	160165	204	223	246
减：间接计算的银行中介服务费	Less: Financial Intermediation Services Indirectly Measured		2699	3	4	4
加：税减产品补贴	Plus: Taxes Less Subsidies on Products		23844	29	33	-
捷　　克	**Czech Republic**					
按当年价格计算	In Current Prices	6262	18391	18873	19595	21461
农业	Agriculture, Hunting,Forestry and Fishing	483	797	738	791	869
采掘业	Mining and Quarrying	161	286	265	253	273
制造业	Manufacturing	1543	4605	4628	4959	5480
电、煤气和水供应业	Electricity, Gas and Water Supply	455	688	711	725	798
建筑业	Construction	637	1234	1271	1309	1347
批发零售、机动车及日用品修理、饭店及旅馆业	Wholesale and Retail Trade,Repair of Motor Vehicles and Household Goods, Restaurants and Hotels	721	2721	2878	3039	3386
运输、仓储和邮电业	Transport, Storage and Communication	221	1435	1418	1495	1691
金融中介、租赁及房地产与商务服务业	Finance Intermediation,Renting and Real Estate and Business Services	964	2979	2990	3062	3134
公共管理与国防；社会基本保障	Public Administration & Defence;Compulsory Social Security	223	904	925	928	
教育；卫生和社会工作；其他团体、社会和个人服务	Education;Health & Social Work;Other Community, Social & Personal Services	488	1531	1801	1839	
雇人的私人住户	Private Households with Employed Persons		2	2	3	
小计	Subtotal	5896	17181	17624	18402	20012
减：间接计算的银行中介服务费	Less: Financial Intermediation Services Indirectly Measured	157	689	662	697	495
加：税减产品补贴	Plus: Taxes Less Subsidies on Products	523	1899	2060	2144	2235
按1995年价格计算	At Constant Prices of 1995	14494	14144	14210	14673	15126
农业	Agriculture, Hunting,Forestry and Fishing	460	695	802	790	783
采掘业	Mining and Quarrying	170	253	225	232	234
制造业	Manufacturing	3791	3711	3634	3925	3996
电、煤气和水供应业	Electricity, Gas and Water Supply	1458	579	590	707	668
建筑业	Construction	1503	677	664	622	544
批发零售、机动车及日用品修理、饭店及旅馆业	Wholesale and Retail Trade,Repair of Motor Vehicles and Household Goods, Restaurants and Hotels	1590	2221	2225	2252	2408

4–13续表20 continued

单位：亿本币 (100 million local currency units)

国家和地区	Country or Area	1990	1998	1999	2000	2001
捷　克(续)	**Czech Republic(continued)**					
运输、仓储和邮电业	Transport, Storage and Communication	778	1138	1157	1252	1441
金融中介、租赁及房地产与商务服务业	Finance Intermediation,Renting and Real Estate and Business Services	1782	2347	2417	2446	2590
公共管理与国防；社会基本保障	Public Administration & Defence;Compulsory Social Security	493				
教育；卫生和社会工作；其他团体、社会和个人服务	Education;Health & Social Work;Other Community, Social & Personal Services	1005				
小计	Subtotal	13031	13261	13372	13795	14239
减：间接计算的银行中介服务费	Less: Financial Intermediation Services Indirectly Measured	122	841	901	896	943
加：税减产品补贴	Plus: Taxes Less Subsidies on Products	1585	1724	1740	1774	1830
法　国	**France**					
按当年价格计算	In Current Prices	10093	13059	13551	14201	14756
农业	Agriculture, Hunting,Forestry and Fishing	345	375	367	355	369
采掘业	Mining and Quarrying	27	22	22	26	28
制造业	Manufacturing	1894	2200	2239	2343	2431
电、煤气和水供应业	Electricity, Gas and Water Supply	215	274	269	257	263
建筑业	Construction	540	520	545	607	651
批发零售、机动车及日用品修理、饭店及旅馆业	Wholesale and Retail Trade,Repair of Motor Vehicles and Household Goods, Restaurants and Hotels	1282	1551	1600	1670	1747
运输、仓储和邮电业	Transport, Storage and Communication	600	763	798	822	882
金融中介、租赁及房地产与商务服务业	Finance Intermediation,Renting and Real Estate and Business Services	2523	3416	3630	3910	4020
公共管理与国防；社会基本保障	Public Administration & Defence;Compulsory Social Security	741	1019	1053	1090	1141
教育；卫生和社会工作；其他团体、社会和个人服务	Education;Health & Social Work;Other Community, Social & Personal Services	1214	1747	1805	1883	1958
雇人的私人住户	Private Households with Employed Persons	48	84	89	94	100
小计	Subtotal	9430	11971	12418	13057	13589
减：间接计算的银行中介服务费	Less: Financial Intermediation Services Indirectly Measured	418	350	352	373	365
加：税减产品补贴	Plus: Taxes Less Subsidies on Products	1081	1437	1485	1518	1532
按1995年价格计算	At Constant Prices of 1995	11210	12591	12995	13488	13734
农业	Agriculture, Hunting,Forestry and Fishing	339	386	400	397	
采掘业	Mining and Quarrying	27	20	20	19	
制造业	Manufacturing	1894	2206	2273	2368	
电、煤气和水供应业	Electricity, Gas and Water Supply	234	285	294	300	
建筑业	Construction	620	489	500	533	
批发零售、机动车及日用品修理、饭店及旅馆业	Wholesale and Retail Trade,Repair of Motor Vehicles and Household Goods, Restaurants and Hotels	1430	1509	1552	1607	
运输、仓储和邮电业	Transport, Storage and Communication	625	813	877	934	
金融中介、租赁及房地产与商务服务业	Finance Intermediation,Renting and Real Estate and Business Services	2964	3201	3308	3449	
公共管理与国防；社会基本保障	Public Administration & Defence;Compulsory Social Security	835	978	988	1004	
教育；卫生和社会工作；其他团体、社会和个人服务	Education;Health & Social Work;Other Community, Social & Personal Services	1435	1648	1671	1711	
雇人的私人住户	Private Households with Employed Persons	61	76	79	82	
小计	Subtotal	10469	11598	11946	12390	12621
减：间接计算的银行中介服务费	Less: Financial Intermediation Services Indirectly Measured	478	331	323	336	336
加：税减产品补贴	Plus: Taxes Less Subsidies on Products	1218	1322	1371	1430	1447
德　国	**Germany**					
按当年价格计算	In Current Prices	13807	19294	19786	20300	20712
农业	Agriculture, Hunting,Forestry and Fishing		226	216	221	235
采掘业	Mining and Quarrying		53	51	51	57

4—13续表21 continued

单位：亿本币 (100 million local currency units)

国家和地区	Country or Area	1990	1998	1999	2000	2001
德　国(续)	**Germany(continued)**					
制造业	Manufacturing		4081	4064	4188	4284
电、煤气和水供应业	Electricity, Gas and Water Supply		418	384	345	360
建筑业	Construction		1008	1005	963	916
批发零售、机动车及日用品修理、饭店及旅馆业	Wholesale and Retail Trade,Repair of Motor Vehicles and Household Goods, Restaurants and Hotels		2130	2214	2382	2442
运输、仓储和邮电业	Transport, Storage and Communication		1034	1067	1109	1156
金融中介、租赁及房地产与商务服务业	Finance Intermediation,Renting and Real Estate and Business Services		5272	5467	5607	5723
公共管理与国防；社会基本保障	Public Administration & Defence;Compulsory Social Security		1142	1156	1165	1161
教育；卫生和社会工作；其他团体、社会和个人服务	Education;Health & Social Work;Other Community, Social & Personal Services		2714	2783	2837	2930
雇人的私人住户	Private Households with Employed Persons		24	25	26	26
小计	Subtotal	12975	18103	18432	18894	19291
减：间接计算的银行中介服务费	Less: Financial Intermediation Services Indirectly Measured	462	684	668	656	653
加：税减产品补贴	Plus: Taxes Less Subsidies on Products	1294	1876	2022	2061	2074
按1995年价格计算	At Constant Prices of 1995	16279	18764	19148	19695	19808
农业	Agriculture, Hunting,Forestry and Fishing		235	243	242	246
采掘业	Mining and Quarrying		65	67	54	50
制造业	Manufacturing		3921	3840	4006	4029
电、煤气和水供应业	Electricity, Gas and Water Supply		387	386	395	393
建筑业	Construction		1050	1055	1026	960
批发零售、机动车及日用品修理、饭店及旅馆业	Wholesale and Retail Trade, Repair of Motor Vehicles and Household Goods, Restaurants and Hotels		2036	2062	2084	2086
运输、仓储和邮电业	Transport, Storage and Communication		1107	1291	1446	1532
金融中介、租赁及房地产与商务服务业	Finance Intermediation,Renting and Real Estate and Business Services		5259	5483	5726	5852
公共管理与国防；社会基本保障	Public Administration & Defence;Compulsory Social Security		1114	1105	1105	1090
教育；卫生和社会工作；其他团体、社会和个人服务	Education;Health & Social Work;Other Community, Social & Personal Services		2635	2677	2745	2803
雇人的私人住户	Private Households with Employed Persons		23	23	23	24
小计	Subtotal	15208	17830	18233	18853	19065
减：间接计算的银行中介服务费	Less: Financial Intermediation Services Indirectly Measured	524	854	930	999	1050
加：税减产品补贴	Plus: Taxes Less Subsidies on Products	1594	1788	1845	1840	1794
意大利	**Italy**					
按当年价格计算	In Current Prices	6822	10730	11080	11666	12202
农业	Agriculture, Hunting,Forestry and Fishing	221	300	303	299	309
采掘业	Mining and Quarrying	33	42	45	58	51
制造业	Manufacturing	1534	2115	2120	2206	2298
电、煤气和水供应业	Electricity, Gas and Water Supply	138	226	230	234	262
建筑业	Construction	398	479	493	520	556
批发零售、机动车及日用品修理、饭店及旅馆业	Wholesale and Retail Trade, Repair of Motor Vehicles and Household Goods, Restaurants and Hotels	1100	1675	1704	1801	1896
运输、仓储和邮电业	Transport, Storage and Communication	456	745	756	799	840
金融中介、租赁及房地产与商务服务业	Finance Intermediation,Renting and Real Estate and Business Services	1368	2468	2599	2816	2970
公共管理与国防；社会基本保障	Public Administration & Defence;Compulsory Social Security	387	563	574	581	614
教育；卫生和社会工作；其他团体、社会和个人服务	Education;Health & Social Work;Other Community, Social & Personal Services	852	1286	1341	1427	1525
雇人的私人住户	Private Households with Employed Persons	43	77	79	84	87
小计	Subtotal	6529	9977	10245	10821	11408

4-13续表22 continued

单位：亿本币 (100 million local currency units)

国家和地区	Country or Area	1990	1998	1999	2000	2001
意 大 利（续）	**Italy(continued)**					
减：间接计算的银行中介服务费	Less: Financial Intermediation Services Indirectly Measured	326	408	390	434	480
加：税减产品补贴	Plus: Taxes Less Subsidies on Products	619	1162	1226	1278	1273
按1995年价格计算	At Constant Prices of 1995	8666	9691	9853	10162	10346
农业	Agriculture, Hunting,Forestry and Fishing	250	293	310	301	299
采掘业	Mining and Quarrying	40	42	40	37	34
制造业	Manufacturing	1785	1988	1981	2042	2058
电、煤气和水供应业	Electricity, Gas and Water Supply	189	199	215	214	222
建筑业	Construction	474	453	458	471	490
批发零售、机动车及日用品修理、饭店及旅馆业	Wholesale and Retail Trade,Repair of Motor Vehicles and Household Goods, Restaurants and Hotels	1370	1572	1568	1656	1679
运输、仓储和邮电业	Transport, Storage and Communication	558	683	705	744	787
金融中介、租赁及房地产与商务服务业	Finance Intermediation,Renting and Real Estate and Business Services	1900	2189	2242	2364	2413
公共管理与国防；社会基本保障	Public Administration & Defence;Compulsory Social Security	438	482	486	485	488
教育；卫生和社会工作；其他团体、社会和个人服务	Education;Health & Social Work;Other Community, Social & Personal Services	1085	1142	1165	1183	1215
雇人的私人住户	Private Households with Employed Persons	59	70	70	72	74
小计	Subtotal	8147	9113	9239	9569	9758
减：间接计算的银行中介服务费	Less: Financial Intermediation Services Indirectly Measured	367	427	428	477	504
加：税减产品补贴	Plus: Taxes Less Subsidies on Products	886	1005	1041	1070	1091
荷 兰	**Netherlands**					
按当年价格计算	In Current Prices	2432	3542	3741	4026	4292
农业	Agriculture, Hunting,Forestry and Fishing	100	100	96	100	105
采掘业	Mining and Quarrying	71	78	66	97	117
制造业	Manufacturing	430	548	560	605	615
电、煤气和水供应业	Electricity, Gas and Water Supply	44	56	57	55	60
建筑业	Construction	135	175	194	212	231
批发零售、机动车及日用品修理、饭店及旅馆业	Wholesale and Retail Trade,Repair of Motor Vehicles and Household Goods, Restaurants and Hotels	354	494	532	563	587
运输、仓储和邮电业	Transport, Storage and Communication	158	245	250	264	278
金融中介、租赁及房地产与商务服务业	Finance Intermediation,Renting and Real Estate and Business Services	458	826	904	979	1040
公共管理与国防；社会基本保障	Public Administration & Defence;Compulsory Social Security	203	248	260	275	295
教育；卫生和社会工作；其他团体、社会和个人服务	Education;Health & Social Work;Other Community, Social & Personal Services	328	474	509	545	595
雇人的私人住户	Private Households with Employed Persons	8	13	14	15	16
小计	Subtotal	2288	3258	3440	3710	3938
减：间接计算的银行中介服务费	Less: Financial Intermediation Services Indirectly Measured	58	96	111	127	144
加：税减产品补贴	Plus: Taxes Less Subsidies on Products	201	380	411	443	497
按1995年价格计算	At Constant Prices of 1995	2720	3374	3509	3626	3671
农业	Agriculture, Hunting,Forestry and Fishing	85	101	107	108	104
采掘业	Mining and Quarrying	68	76	73	72	76
制造业	Manufacturing	457	534	547	575	576
电、煤气和水供应业	Electricity, Gas and Water Supply	50	53	52	53	56
建筑业	Construction	161	159	168	174	177
批发零售、机动车及日用品修理、饭店及旅馆业	Wholesale and Retail Trade,Repair of Motor Vehicles and Household Goods, Restaurants and Hotels		503	535	558	558
运输、仓储和邮电业	Transport, Storage and Communication		250	267	288	295
金融中介、租赁及房地产与商务服务业	Finance Intermediation,Renting and Real Estate and Business Services		760	804	829	843

4-13续表23 continued

单位：亿本币 (100 million local currency units)

国家和地区	Country or Area	1990	1998	1999	2000	2001
荷　　兰(续)	**Netherlands(continued)**					
公共管理与国防；社会基本保障	Public Administration & Defence;Compulsory Social Security		242	245	249	256
教育；卫生和社会工作；其他团体、社会和个人服务	Education;Health & Social Work;Other Community, Social & Personal Services		444	451	459	466
雇人的私人住户	Private Households with Employed Persons	10	12	12	12	13
小计	Subtotal	2552	3133	3259	3370	3417
减：间接计算的银行中介服务费	Less: Financial Intermediation Services Indirectly Measured	73	99	107	109	116
加：税减产品补贴	Plus: Taxes Less Subsidies on Products	241	340	357	364	371
波　　兰	**Poland**					
按当年价格计算	In Current Prices	560	5536	6151|	7123	7493
农业	Agriculture, Hunting,Forestry and Fishing		231	213|	223	247
采掘业	Mining and Quarrying		139	141|	161	152
制造业	Manufacturing		1043	1129|	1244	1186
电、煤气和水供应业	Electricity, Gas and Water Supply		157	182|	196	242
建筑业	Construction		420	471|	513	482
批发零售、机动车及日用品修理、饭店及旅馆业	Wholesale and Retail Trade,Repair of Motor Vehicles and Household Goods, Restaurants and Hotels		1058	1173|	1348	1426
运输、仓储和邮电业	Transport, Storage and Communication		309	363|	430	482
金融中介、租赁及房地产与商务服务业	Finance Intermediation,Renting and Real Estate and Business Services		644	749|	918	1007
公共管理与国防；社会基本保障	Public Administration & Defence;Compulsory Social Security		259	269|	397	452
教育；卫生和社会工作；其他团体、社会和个人服务	Education;Health & Social Work;Other Community, Social & Personal Services		590	668|	799	884
小计⑭	Subtotal⑭		4852	5358|	6228	6560
加：税减产品补贴	Plus: Taxes Less Subsidies on Products		684	793|	895	933
按1995年价格计算	At Constant Prices of 1995	2767	3659	3807	3959	3999
农业	Agriculture, Hunting,Forestry and Fishing		203	200	186	171
采掘业	Mining and Quarrying		99	97	99	95
制造业	Manufacturing		847	881	945	937
电、煤气和水供应业	Electricity, Gas and Water Supply		109	110	114	119
建筑业	Construction		249	248	256	238
批发零售、机动车及日用品修理、饭店及旅馆业	Wholesale and Retail Trade,Repair of Motor Vehicles and Household Goods, Restaurants and Hotels		679	733	760	795
运输、仓储和邮电业	Transport, Storage and Communication		208	226	238	236
金融中介、租赁及房地产与商务服务业	Finance Intermediation,Renting and Real Estate and Business Services		261	269	281	293
公共管理与国防；社会基本保障	Public Administration & Defence;Compulsory Social Security		166	176	187	179
教育；卫生和社会工作；其他团体、社会和个人服务	Education;Health & Social Work;Other Community, Social & Personal Services		336	330	329	343
小计⑭	Subtotal⑭		3149	3271	3384	3415
加：税减产品补贴	Plus: Taxes Less Subsidies on Products		511	538	572	589
罗马尼亚	**Romania**					
按当年价格计算	In Current Prices	8579	3737982	5457301	8003081	11541264
农业	Agriculture, Hunting,Forestry and Fishing	1871	537729	728052	885368	1543110
采掘业	Mining and Quarrying	278	96965	119122		
制造业	Manufacturing	3151	79237	1034263	2019530⑧	2972458⑧
电、煤气和水供应业	Electricity, Gas and Water Supply	48	92784	200054		
建筑业	Construction	460	190292	273767	398217	579770
批发零售、机动车及日用品修理、饭店及旅馆业	Wholesale and Retail Trade,Repair of Motor Vehicles and Household Goods, Restaurants and Hotels	532	504032	745988	1151538	1594309
运输、仓储和邮电业	Transport, Storage and Communication	493	355270	542892	838120	1152656
金融中介、租赁及房地产与商务服务业	Finance Intermediation,Renting and Real Estate and Business Services	493	419270	646260	1027764	1389663

4–13续表24 continued

单位：亿本币 (100 million local currency units)

国家和地区	Country or Area	1990	1998	1999	2000	2001
罗马尼亚（续）	**Romania(continued)**					
公共管理与国防；社会基本保障	Public Administration & Defence;Compulsory Social Security	239	128337	182753	314054	
教育；卫生和社会工作；其他团体、社会和个人服务	Education;Health & Social Work;Other Community, Social & Personal Services	515	254065	415667	539621	1217857⑦
小计	Subtotal	8080	3371123	4888817	7174212	10449823
减：间接计算的银行中介服务费	Less: Financial Intermediation Services Indirectly Measured	199	55647	84066	85794	169833
加：税减产品补贴	Plus: Taxes Less Subsidies on Products	697	422506	652551	914663	1261274
按上年的价格计算	In Prices of the Preceding Year	7551	2407410	3694995	5554050	8423550
农业	Agriculture, Hunting,Forestry and Fishing	1582	408079	555324	595439	1073372
采掘业	Mining and Quarrying	151	61825	89390		
制造业	Manufacturing	2851	612706	789754	1437556⑧	2178434⑧
电、煤气和水供应业	Electricity, Gas and Water Supply	72	65406	87955		
建筑业	Construction	443	126404	185928	290984	418871
批发零售、机动车及日用品修理、饭店及旅馆业	Wholesale and Retail Trade,Repair of Motor Vehicles and Household Goods, Restaurants and Hotels	503	299416	505945	781644	1140837
运输、仓储和邮电业	Transport, Storage and Communication	423	203961	505945	556172	941063
金融中介、租赁及房地产与商务服务业	Finance Intermediation,Renting and Real Estate and Business Services	454	258624	427554	721512	1018102
公共管理与国防；社会基本保障	Public Administration & Defence;Compulsory Social Security	230	65359	123066	195429	
教育；卫生和社会工作；其他团体、社会和个人服务	Education;Health & Social Work;Other Community, Social & Personal Services	476	137913	250344	375721	836904⑦
小计	Subtotal	7185	2239691	3521206	4954457	7607583
减：间接计算的银行中介服务费	Less: Financial Intermediation Services Indirectly Measured	150	37423	60051	62887	125501
加：税减产品补贴	Plus: Taxes Less Subsidies on Products	515	205141	395972	662491	942664
俄罗斯联邦	**Russian Federation**					
按当年价格计算	In Current Prices	6442	27411	47668	73022	90408
农业	Agriculture, Hunting,Forestry and Fishing	996	1443	3280	4349	5616
采掘业	Mining and Quarrying					
制造业⑧	Manufacturing ⑧	2384	7788	13545	21345	23904
电、煤气和水供应业	Electricity, Gas and Water Supply					
建筑业	Construction	573	1770	2627	4699	6632
批发零售、机动车及日用品修理、饭店及旅馆业	Wholesale and Retail Trade,Repair of Motor Vehicles and Household Goods, Restaurants and Hotels	336	4875	9878	15295	18472
运输、仓储和邮电业	Transport, Storage and Communication	602	2735	4152	5915	8138
金融中介、租赁及房地产与商务服务业	Finance Intermediation,Renting and Real Estate and Business Services	194	1652	3863	5756	7820
公共管理与国防；社会基本保障	Public Administration & Defence;Compulsory Social Security	192	1941	2183	3161	4032
教育；卫生和社会工作；其他团体、社会和个人服务	Education;Health & Social Work;Other Community, Social & Personal Services	750	2876	3301	4752	5986
小计	Subtotal	6027	25079	42829	65273	80600
减：间接计算的银行中介服务费	Less: Financial Intermediation Services Indirectly Measured	31	63	115	582	1184
加：税减产品补贴	Plus: Taxes Less Subsidies on Products	446	2394	4954	8331	10992
按1995年价格计算	At Constant Prices of 1995		14287	15058	16413	17234
农业	Agriculture, Hunting,Forestry and Fishing		804	936	1048	1155
采掘业	Mining and Quarrying					
制造业⑧	Manufacturing ⑧		3988	4404	4829	5065
电、煤气和水供应业	Electricity, Gas and Water Supply					
建筑业	Construction		901	956	1107	1217
批发零售、机动车及日用品修理、饭店及旅馆业	Wholesale and Retail Trade,Repair of Motor Vehicles and Household Goods, Restaurants and Hotels		2831	2763	3126	3310
运输、仓储和邮电业	Transport, Storage and Communication		1545	1687	1790	1849

4-13续表25 continued

单位：亿本币 (100 million local currency units)

国家和地区	Country or Area	1990	1998	1999	2000	2001
俄罗斯联邦（续）	**Russian Federation(continued)**					
金融中介、租赁及房地产与商务服务业	Finance Intermediation,Renting and Real Estate and Business Services		1120	1216	1199	1210
公共管理与国防；社会基本保障	Public Administration & Defence;Compulsory Social Security		819	822	836	827
教育；卫生和社会工作；其他团体、社会和个人服务	Education;Health & Social Work;Other Community, Social & Personal Services		1400	1392	1431	1450
小计	Subtotal		13410	14175	15367	16084
减：间接计算的银行中介服务费	Less: Financial Intermediation Services Indirectly Measured		152	141	136	136
加：税减产品补贴	Plus: Taxes Less Subsidies on Products		1058	1089	1168	1240
加：统计误差	Plus: Statistical Discrepancy		-29	-64	15	46
西 班 牙	**Spain**					
按当年价格计算	In Current Prices		5280	5655	6093	6516
农业	Agriculture, Hunting,Forestry and Fishing		212	200	201	210
采掘业	Mining and Quarrying		23	23	25	27
制造业	Manufacturing		933	964	1032	1068
电、煤气和水供应业	Electricity, Gas and Water Supply		127	129	125	132
建筑业	Construction		368	417	482	537
批发零售、机动车及日用品修理、饭店及旅馆业	Wholesale and Retail Trade,Repair of Motor Vehicles and Household Goods, Restaurants and Hotels		946	1028	1110	1166
运输、仓储和邮电业	Transport, Storage and Communication		413	436	462	532
金融中介、租赁及房地产与商务服务业	Finance Intermediation,Renting and Real Estate and Business Services		954	1007	1100	1233
公共管理与国防；社会基本保障	Public Administration & Defence;Compulsory Social Security		310	326	352	372
教育；卫生和社会工作；其他团体、社会和个人服务	Education;Health & Social Work;Other Community, Social & Personal Services		660	711	763	812
雇人的私人住户	Private Households with Employed Persons		87	60	63	66
小计	Subtotal		5000	5299	5714	5156
减：间接计算的银行中介服务费	Less: Financial Intermediation Services Indirectly Measured		194	191	213	260
加：税减产品补贴	Plus: Taxes Less Subsidies on Products		473	544	592	620
按1995年价格计算	At Constant Prices of 1995	4062	4868	5068	5284	5426
农业	Agriculture, Hunting,Forestry and Fishing		223	212	216	209
采掘业	Mining and Quarrying		22	22	20	20
制造业	Manufacturing		889	923	958	967
电、煤气和水供应业	Electricity, Gas and Water Supply		137	142	153	160
建筑业	Construction		345	374	398	420
批发零售、机动车及日用品修理、饭店及旅馆业	Wholesale and Retail Trade,Repair of Motor Vehicles and Household Goods, Restaurants and Hotels		858	900	918	925
运输、仓储和邮电业	Transport, Storage and Communication		382	397	426	459
金融中介、租赁及房地产与商务服务业	Finance Intermediation,Renting and Real Estate and Business Services		847	864	911	976
公共管理与国防；社会基本保障	Public Administration & Defence;Compulsory Social Security		288	295	306	314
教育；卫生和社会工作；其他团体、社会和个人服务	Education;Health & Social Work;Other Community, Social & Personal Services		596	621	647	663
雇人的私人住户	Private Households with Employed Persons		48	50	51	52
小计	Subtotal	4021	4634	4800	5002	5164
减：间接计算的银行中介服务费	Less: Financial Intermediation Services Indirectly Measured	285	175	166	179	210
加：税减产品补贴	Plus: Taxes Less Subsidies on Products	326	409	439	461	472
乌 克 兰	**Ukraine**					
按当年价格计算	In Current Prices	1671	1026	1304	1701	2042
农业	Agriculture, Hunting,Forestry and Fishing	410	124	155	246	
采掘业	Mining and Quarrying					

4—13续表26 continued

单位：亿本币 (100 million local currency units)

国家和地区	Country or Area	1990	1998	1999	2000	2001
乌 克 兰（续）	**Ukraine(continued)**					
制造业⑧	Manufacturing ⑧	600|	276	377	477	
电、煤气和水供应业	Electricity, Gas and Water Supply					
建筑业	Construction	140|	49	54	61	
批发零售、机动车及日用品修理、饭店及旅馆业	Wholesale and Retail Trade,Repair of Motor Vehicles and Household Goods, Restaurants and Hotels	70|	76	93	152	
运输、仓储和邮电业	Transport, Storage and Communication	120|	126	154	198	
金融中介、租赁及房地产与商务服务业	Finance Intermediation,Renting and Real Estate and Business Services	40|	49	64	83	
公共管理与国防；社会基本保障	Public Administration & Defence;Compulsory Social Security	70|	47	52	68	
教育；卫生和社会工作；其他团体、社会和个人服务	Education;Health & Social Work;Other Community, Social & Personal Services	160|	132	149	175	
小计	Subtotal	1600|	880	1096	1460	
减：间接计算的银行中介服务费	Less: Financial Intermediation Services Indirectly Measured		10	12	17	
加：税减产品补贴	Plus: Taxes Less Subsidies on Products	70|	156	220	258	
按上年价格计算	In Prices of the Preceding Year		916	1024	1381	1855
农业	Agriculture, Hunting,Forestry and Fishing		104	119	174	
采掘业	Mining and Quarrying					
制造业⑧	Manufacturing ⑧		247	293	393	
电、煤气和水供应业	Electricity, Gas and Water Supply					
建筑业	Construction		48	46	51	
批发零售、机动车及日用品修理、饭店及旅馆业	Wholesale and Retail Trade,Repair of Motor Vehicles and Household Goods, Restaurants and Hotels		75	83	102	
运输、仓储和邮电业	Transport, Storage and Communication		119	117	158	
金融中介、租赁及房地产与商务服务业	Finance Intermediation,Renting and Real Estate and Business Services		41	51	65	
公共管理与国防；社会基本保障	Public Administration & Defence;Compulsory Social Security		46	43	65	
教育；卫生和社会工作；其他团体、社会和个人服务	Education;Health & Social Work;Other Community, Social & Personal Services		125	126	142	
小计	Subtotal		805	877	1149	
减：间接计算的银行中介服务费	Less: Financial Intermediation Services Indirectly Measured		10	10	11	
加：税减产品补贴	Plus: Taxes Less Subsidies on Products		120	156	243	
英　　国	**United Kingdom**					
按当年价格计算	In Current Prices	5573	8594	9025	9504	9931
农业	Agriculture, Hunting,Forestry and Fishing	95	96	95	88	82
采掘业	Mining and Quarrying	136	157	174	253	257
制造业	Manufacturing	1164	1534	1524	1537	1531
电、煤气和水供应业	Electricity, Gas and Water Supply	116	160	160	157	157
建筑业	Construction	347	391	415	440	473
批发零售、机动车及日用品修理、饭店及旅馆业	Wholesale and Retail Trade,Repair of Motor Vehicles and Household Goods, Restaurants and Hotels	706	1178	1252	1306	1361
运输、仓储和邮电业	Transport, Storage and Communication	417	622	651	688	703
金融中介、租赁及房地产与商务服务业	Finance Intermediation,Renting and Real Estate and Business Services	1139	2086	2215	2397	2559
公共管理与国防；社会基本保障	Public Administration & Defence;Compulsory Social Security	339	398	394	408	421
教育；卫生和社会工作；其他团体、社会和个人服务	Education;Health & Social Work;Other Community, Social & Personal Services	713	1246	1346	1443	1548
雇人的私人住户	Private Households with Employed Persons	18	36	38	41	43
小计	Subtotal	5191	7904	8264	8760	9219
减：间接计算的银行中介服务费	Less: Financial Intermediation Services Indirectly Measured	177	280	301	379	403
加：税减产品补贴	Plus: Taxes Less Subsidies on Products	559	970	1062	1124	1130

4-13续表27 continued

单位：亿本币 (100 million local currency units)

国家和地区	Country or Area	1990	1998	1999	2000	2001
英　国(续)	**United Kingdom(continued)**					
按1995年价格计算	At Constant Prices of 1995	6592	7866	8086	8392	8571
农业	Agriculture, Hunting,Forestry and Fishing	120	121	125	124	112
采掘业	Mining and Quarrying					
制造业⑧	Manufacturing ⑧	1617	1783	1804	1838	1810
电、煤气和水供应业	Electricity, Gas and Water Supply					
建筑业	Construction	365	352	353	358	370
批发零售、机动车及日用品修理、饭店及旅馆业⑬	Wholesale and Retail Trade,Repair of Motor Vehicles and Household Goods, Restaurants and Hotels⑬	1291	1664	1734	1823	1871
运输、仓储和邮电业	Transport, Storage and Communication					
金融中介、租赁及房地产与商务服务业	Finance Intermediation,Renting and Real Estate and Business Services	1442	1862	1928	2025	2107
公共管理与国防；社会基本保障	Public Administration & Defence;Compulsory Social Security					
教育；卫生和社会工作；其他团体、社会和个人服务⑦	Education;Health & Social Work;Other Community, Social & Personal Services ⑦	1275	1510	1542	1588	1609
小计	Subtotal	6124	7026	7204	7480	7621
减：间接计算的银行中介服务费	Less: Financial Intermediation Services Indirectly Measured	214	275	282	303	318
加：税减产品补贴	Plus: Taxes Less Subsidies on Products	758	840	882	911	948
加：统计误差	Plus: Statistical Discrepancy	-5	1		2	
澳大利亚	**Australia**					
按当年价格计算	In Current Prices	3979	5919	6286	6693	7130
农业	Agriculture, Hunting,Forestry and Fishing	140	181	203	216	248
采掘业	Mining and Quarrying	194	243	267	340	342
制造业	Manufacturing	498	700	715	734	761
电、煤气和水供应业	Electricity, Gas and Water Supply	127	142	146	154	160
建筑业	Construction	241	342	385	350	399
批发零售、机动车及日用品修理、饭店及旅馆业	Wholesale and Retail Trade,Repair of Motor Vehicles and Household Goods, Restaurants and Hotels	502	755	796	811	877
运输、仓储和邮电业	Transport, Storage and Communication	316	488	492	516	531
金融中介、租赁及房地产与商务服务业	Finance Intermediation,Renting and Real Estate and Business Services	939	1510	1655	1785	1868
公共管理与国防；社会基本保障	Public Administration & Defence;Compulsory Social Security	161	235	239	252	278
教育；卫生和社会工作；其他团体、社会和个人服务	Education;Health & Social Work;Other Community, Social & Personal Services	535	831	880	946	1025
小计	Subtotal	3655	5428	5777	6102	6490
加：税减产品补贴	Plus: Taxes Less Subsidies on Products	319	491	509	591	634
加：统计误差	Plus: Statistical Discrepancy	5				6
按2000年价格计算	At Constant Prices of 2000	4723	6325	6578	6693	6957
农业	Agriculture, Hunting,Forestry and Fishing	163	202	217	216	221
采掘业	Mining and Quarrying	230	297	314	340	339
制造业	Manufacturing	609	707	714	734	756
电、煤气和水供应业	Electricity, Gas and Water Supply	127	148	152	154	153
建筑业	Construction	291	392	414	349	390
批发零售、机动车及日用品修理、饭店及旅馆业	Wholesale and Retail Trade,Repair of Motor Vehicles and Household Goods, Restaurants and Hotels	549	767	803	811	847
运输、仓储和邮电业	Transport, Storage and Communication	298	474	498	516	538
金融中介、租赁及房地产与商务服务业	Finance Intermediation,Renting and Real Estate and Business Services	1173	1627	1712	1785	1864
公共管理与国防；社会基本保障	Public Administration & Defence;Compulsory Social Security	193	244	246	252	254
教育；卫生和社会工作；其他团体、社会和个人服务	Education;Health & Social Work;Other Community, Social & Personal Services	702	886	913	946	984
小计	Subtotal	4327	5745	5980	6102	6345
加：税减产品补贴	Plus: Taxes Less Subsidies on Products	416	583	599	591	612
加：统计误差	Plus: Statistical Discrepancy	-21				-1

4-13续表28 continued

单位：亿本币 (100 million local currency units)

国家和地区	Country or Area	1990	1998	1999	2000	2001
新 西 兰	**New Zealand**					
按当年价格计算	In Current Prices	731	1020	1071	1138	1222
农业	Agriculture, Hunting,Forestry and Fishing	48	66			
采掘业	Mining and Quarrying	12	12			
制造业	Manufacturing	127	158			
电、煤气和水供应业	Electricity, Gas and Water Supply	21	26			
建筑业	Construction	29	42			
批发零售、机动车及日用品修理、饭店及旅馆业	Wholesale and Retail Trade,Repair of Motor Vehicles and Household Goods, Restaurants and Hotels	114	150			
运输、仓储和邮电业	Transport, Storage and Communication	58	75			
金融中介、租赁及房地产与商务服务业	Finance Intermediation,Renting and Real Estate and Business Services	179	274			
公共管理与国防；社会基本保障	Public Administration & Defence;Compulsory Social Security	42	46			
教育；卫生和社会工作；其他团体、社会和个人服务	Education;Health & Social Work;Other Community, Social & Personal Services	76	128			
小计	Subtotal	706	978			
减：间接计算的银行中介服务费	Less: Financial Intermediation Services Indirectly Measured	29	33			
加：税减产品补贴	Plus: Taxes Less Subsidies on Products	54	75			
按1995年价格计算	At Constant Prices of 1995	796	977	1026	1053	1090
农业	Agriculture, Hunting,Forestry and Fishing	57	67	72	73	75
采掘业	Mining and Quarrying	11	14	13	14	13
制造业	Manufacturing	136	155	162	165	167
电、煤气和水供应业	Electricity, Gas and Water Supply	21	23	22	23	21
建筑业	Construction	34	40	46	41	42
批发零售、机动车及日用品修理、饭店及旅馆业	Wholesale and Retail Trade,Repair of Motor Vehicles and Household Goods, Restaurants and Hotels	122	148	160	165	171
运输、仓储和邮电业	Transport, Storage and Communication	49	86	95	104	110
金融中介、租赁及房地产与商务服务业	Finance Intermediation,Renting and Real Estate and Business Services	205	248	253	260	269
公共管理与国防；社会基本保障	Public Administration & Defence;Compulsory Social Security	43	42	42	42	44
教育；卫生和社会工作；其他团体、社会和个人服务	Education;Health & Social Work;Other Community, Social & Personal Services	84	118	122	127	136
小计	Subtotal	760	939	984	1010	1046

注：①要素价格。②万亿本币。③"饭店、旅馆业"包括在"教育、卫生和社会工作、其他团体、社会和个人服务业"中。④生产者价格。⑤包括雇人的私人住户。⑥包括采掘业。⑦包括"公共管理与国防；社会基本保障"。⑧包括"采掘业"、"电、煤气和水供应业"。⑨包括税减产品补贴。⑩"饭店、旅馆业"和"雇人的私人住户"包括在"教育；卫生和社会工作；其他团体、社会和个人服务业"中。⑪包括农业和采掘业。⑫包括"雇人的私人住户"、"煤气和水供应业"。⑬包括运输、仓储和邮电业。⑭包括间接计算的银行中介服务费。⑮"饭店、旅馆业"包括在"教育；卫生和社会工作；其他团体、社会和个人服务业"中。⑯包括"公共管理与国防；社会基本保障"、"教育；卫生和社会工作；其他团体、社会和个人服务业"。

Note: ① GDP in factor values. ② Thousand billion local currency units. ③ "Restaurants, hotels and business services" is included in "education; health and social work,other community, social and personal services". ④ GDP in producer's price values. ⑤ Including "private households with employed persons". ⑥ Including mining and quarrying. ⑦ Including "Public administration and defence; compulsory social security". ⑧ Including "mining and quarrying" and "electricity, gas and water supply". ⑨ Including less subsidies on products subsidies. ⑩ "Restaurants and hotels" and "private households with employed persons" are included in "education;health and social work; other community, social and personal services".⑪Including "agriculture, hunting, forestry and fishing" and "mining and quarrying".⑫ "Private households with employed persons"and "gas and water supply" are included in "education;health and social work;other community, social and personal services".⑬Including "transport,storage and communication".⑭Including "Financial intermeiation services indirectly" ⑮"Restaurants and hotels" is included in "education;health and social work,other community, social and personal services".⑯Including "public administration and defence; compulsory social security" and "education; health and social work,other community, social and personal services" .

4-14 支出法国内生产总值

Gross Domestic Product by Expenditure Approach

资料来源：世界银行世界发展指标数据库。
Source: World Bank World Development Indicator Database.
单位：亿本币 (100 million local currency units)

国家和地区	Country or Area	1990	1999	2000	2001	2002
中　　国	**China**					
按当年价格计算	In Current Prices					
居民消费	Household Final Consumption Expenditure	9113	39334	42896	45898	48535
政府消费	General Government Final Consumption Expenditure	2252	10388	11705	13029	13830
资本形成总额	Gross Capital Formation	6444	30702	32500	37461	42355
# 存货增加	#Changes in Inventories	1712	1226	-124	648	187
货物和服务净出口	Net Exports of Goods and Services	510	2249	2240	2205	2794
国内生产总值	Gross Domestic Product	18320	82673	89341	98593	107514
中国香港	**Hong Kong, China**					
按当年价格计算	In Current Prices					
居民消费	Household Final Consumption Expenditure	3328	7545	7602	7651	7284
政府消费	General Government Final Consumption Expenditure	431	1200	1201	1289	1312
资本形成总额	Gross Capital Formation	1619	3147	3618	3291	2950
货物和服务出口	Exports of Goods and Services	7792	16145	18745	17886	19001
减:货物和服务进口	Less: Imports of Goods and Services	7294	15576	18283	17417	17949
国内生产总值	Gross Domestic Product	5876	12461	12883	12700	12598
按2000年价格计算	At Constant Prices of 2000					
居民消费	Household Final Consumption Expenditure	4847	7029	7444	7750	7658
政府消费	General Government Final Consumption Expenditure	846	1178	1201	1274	1305
资本形成总额	Gross Capital Formation	2095	2926	3618	3518	3441
货物和服务出口	Exports of Goods and Services	7931	16243	18903	18409	20116
减:货物和服务进口	Less: Imports of Goods and Services	7442	15685	18283	18007	19284
国内生产总值	Gross Domestic Product	8277	11691	12883	12944	13237
中国澳门	**Macao, China**					
按当年价格计算	In Current Prices					
居民消费	Household Final Consumption Expenditure	96	204	204	206	212
政府消费	General Government Final Consumption Expenditure	23	68	59	60	62
资本形成总额	Gross Capital Formation	65	88	60	52	58
货物和服务出口	Exports of Goods and Services	254	392	467	487	545
减:货物和服务进口	Less: Imports of Goods and Services	176	261	292	307	334
国内生产总值	Gross Domestic Product	262	490	497	499	543
按1996年价格计算	At Constant Prices of 1996					
居民消费	Household Final Consumption Expenditure	142	206	208	214	225
政府消费	General Government Final Consumption Expenditure	38	64	58	58	59
资本形成总额	Gross Capital Formation	89	99	71	64	68
货物和服务出口	Exports of Goods and Services	348	405	482	518	595
减:货物和服务进口	Less: Imports of Goods and Services	203	264	284	308	347
国内生产总值	Gross Domestic Product	415	510	534	546	601
孟加拉国	**Bangladesh**					
按当年价格计算	In Current Prices					
居民消费	Household Final Consumption Expenditure	8321	17071	18385	19649	20993
政府消费	General Government Final Consumption Expenditure	421	1008	1084	1143	1366
资本形成总额	Gross Capital Formation	1711	4876	5459	5854	6324
货物和服务出口	Exports of Goods and Services	614	2899	3314	3900	3900
减:货物和服务进口	Less: Imports of Goods and Services	1358	4099	4559	5451	5204
国内生产总值	Gross Domestic Product	10033	21970	23709	25355	27320

4-14续表1 continued

单位：亿本币 (100 million local currency units)

国家和地区	Country or Area	1990	1999	2000	2001	2002
孟加拉国(续)	**Bangladesh (continued)**					
按1996年价格计算	At Constant Prices of 1996					
居民消费	Household Final Consumption Expenditure	11685	14383	14974	15684	16450
政府消费	General Government Final Consumption Expenditure	552	861	869	908	1082
资本形成总额	Gross Capital Formation	2172	4549	4880	5162	5583
货物和服务出口	Exports of Goods and Services	916	2466	2821	3242	3167
减:货物和服务进口	Less: Imports of Goods and Services	1836	3265	3600	4003	3554
国内生产总值	Gross Domestic Product	12824	19343	20493	21574	22526
印　度	**India**					
按当年价格计算	In Current Prices					
居民消费	Household Final Consumption Expenditure	38714	127156	136002	149405	159113
政府消费	General Government Final Consumption Expenditure	6603	25111	26424	28431	30883
资本形成总额	Gross Capital Formation	13685	45826	47362	50906	56382
货物和服务出口	Exports of Goods and Services	4064	22770	29019	30758	37587
减:货物和服务进口	Less: Imports of Goods and Services	4870	26570	30609	32180	38527
国内生产总值	Gross Domestic Product	56867	193683	208950	228214	246956
按1993年价格计算	At Constant Prices of 1993					
居民消费	Household Final Consumption Expenditure	52564	79406	81744	86330	89609
政府消费	General Government Final Consumption Expenditure	8960	15843	15919	16404	16907
资本形成总额	Gross Capital Formation	17908	30101	32940	33452	36614
货物和服务出口	Exports of Goods and Services	6586	17858	22037	23596	28742
减:货物和服务进口	Less: Imports of Goods and Services	5952	19298	20544	21358	23088
国内生产总值	Gross Domestic Product	77130	126628	131620	138401	144760
印度尼西亚	**Indonesia**					
按当年价格计算	In Current Prices					
居民消费	Household Final Consumption Expenditure	1198020	8131833	8508187	9757308	11377620
政府消费	General Government Final Consumption Expenditure	186490	726313	907797	1134161	1322188
资本形成总额	Gross Capital Formation	646690	1250109	2036458	2528967	2297196
货物和服务出口	Exports of Goods and Services	534093	3905601	5429924	6124822	5699419
减:货物和服务进口	Less: Imports of Goods and Services	500457	3016540	4233179	5051277	4596311
国内生产总值	Gross Domestic Product	2108663	10997320	12649190	14493980	16100120
按1993年价格计算	At Constant Prices of 1993					
居民消费	Household Final Consumption Expenditure	1550940	2720702	2763772	2885102	3021393
政府消费	General Government Final Consumption Expenditure	266888	270143	287678	313516	353623
资本形成总额	Gross Capital Formation	806524	669508	755949	803358	703169
货物和服务出口	Exports of Goods and Services	615651	918636	1161936	1183770	1169071
减:货物和服务进口	Less: Imports of Goods and Services	598184	785464	989166	1068836	979851
国内生产总值	Gross Domestic Product	2632619	3793525	3980169	4116910	4267405
伊　朗	**Iran**					
按当年价格计算	In Current Prices					
居民消费	Household Final Consumption Expenditure	226665	2640440	2639364	3385451	4325030
政府消费	General Government Final Consumption Expenditure	40542	562960	837950	876170	1133820
资本形成总额	Gross Capital Formation	104896	644900	1593918	1942668	3002980
货物和服务出口	Exports of Goods and Services	80580	943493	1446729	1864511	2664277
减:货物和服务进口	Less: Imports of Goods and Services	86225	750785	776165	1426483	2520789
国内生产总值	Gross Domestic Product	366446	4154990	5820503	6636661	8605318

4−14续表2 continued

单位：亿本币 (100 million local currency units)

国家和地区	Country or Area	1990	1999	2000	2001	2002
伊　朗(续)	**Iran (continued)**					
按1982年价格计算	At Constant Prices of 1982					
居民消费	Household Final Consumption Expenditure	77941	104780	108014	115238	120998
政府消费	General Government Final Consumption Expenditure	13370	23380	22003	21343	22709
资本形成总额	Gross Capital Formation	22006	30070	31954	36427	44805
货物和服务出口	Exports of Goods and Services	22525	22449	26535	29101	29829
减:货物和服务进口	Less: Imports of Goods and Services	12741	5440	5532	5759	6687
国内生产总值	Gross Domestic Product	123105	174610	184957	193851	206857
以 色 列	**Israel**					
按当年价格计算	In Current Prices					
居民消费	Household Final Consumption Expenditure	647	2426	2638	2760	2916
政府消费	General Government Final Consumption Expenditure	317	1217	1300	1390	1531
资本形成总额	Gross Capital Formation	266	986	980	954	387
货物和服务出口	Exports of Goods and Services	367	1556	1891	1681	1328
减:货物和服务进口	Less: Imports of Goods and Services	480	1891	2127	2044	2249
国内生产总值	Gross Domestic Product	1058	4295	4681	4740	4913
按2000年价格计算	At Constant Prices of 2000					
居民消费	Household Final Consumption Expenditure		2452	2638	2721	2725
政府消费	General Government Final Consumption Expenditure		1272	1300	1344	1421
资本形成总额	Gross Capital Formation		1008	980	931	816
货物和服务出口	Exports of Goods and Services		1525	1891	1673	1623
减:货物和服务进口	Less: Imports of Goods and Services		1895	2127	2030	1984
国内生产总值	Gross Domestic Product	2756	4353	4681	4639	4602
日　　本	**Japan**					
按当年价格计算	In Current Prices					
居民消费	Household Final Consumption Expenditure	2342801	2865829	2858078	2862401	2862497
政府消费	General Government Final Consumption Expenditure	588703	828948	859968	880977	893603
资本形成总额	Gross Capital Formation	1447486	1317459	1342567	1299434	
货物和服务出口	Exports of Goods and Services	458631	511435	552559	525670	558148
减:货物和服务进口	Less: Imports of Goods and Services	416899	432511	479404	493928	493301
国内生产总值	Gross Domestic Product	4420723	5091159	5133768	5074555	5007286
按1995年价格计算	At Constant Prices of 1995					
居民消费	Household Final Consumption Expenditure	2473934	2865548	2893888	2942473	2985480
政府消费	General Government Final Consumption Expenditure	637325	827488	866668	888769	908879
资本形成总额	Gross Capital Formation	1457549	1397197	1449619	1437779	
货物和服务出口	Exports of Goods and Services	388181	531202	596813	560310	606154
减:货物和服务进口	Less: Imports of Goods and Services	325095	420895	460772	461018	470499
国内生产总值	Gross Domestic Product	4632218	5200177	5345987	5368006	5385380
哈萨克斯坦	**Kazakhstan**					
按当年价格计算	In Current Prices					
居民消费	Household Final Consumption Expenditure		14601	15954	18756	22059
政府消费	General Government Final Consumption Expenditure		2327	3140	4360	4350
资本形成总额	Gross Capital Formation		3585	4716	8736	10305
货物和服务出口	Exports of Goods and Services		8562	14811	15115	17817
减:货物和服务进口	Less: Imports of Goods and Services		8089	12582	15651	17480
国内生产总值	Gross Domestic Product	1	20165	25999	32506	37763

4–14续表3 continued

单位：亿本币 (100 million local currency units)

国家和地区	Country or Area	1990	1999	2000	2001	2002
哈萨克斯坦(续)	**Kazakhstan (continued)**					
按1995年价格计算	At Constant Prices of 1995					
居民消费	Household Final Consumption Expenditure	14068	7037	7122	7675	8612
政府消费	General Government Final Consumption Expenditure	1785	967	1112	1326	1269
资本形成总额	Gross Capital Formation	14578	1875	2075	2962	3293
货物和服务出口	Exports of Goods and Services	5635	3702	4765	4713	5778
减:货物和服务进口	Less: Imports of Goods and Services	14215	3675	4634	4749	4954
国内生产总值	Gross Domestic Product	16517	10443	11467	13015	14290
韩　国	**Korea, Rep.**					
按当年价格计算	In Current Prices					
居民消费	Household Final Consumption Expenditure	935049	2711366	2991218	3262099	3588345
政府消费	General Government Final Consumption Expenditure	187017	500894	524798	571797	629679
资本形成总额	Gross Capital Formation	674254	1287712	1471691	1482112	1553240
货物和服务出口	Exports of Goods and Services	520203	2043776	2337917	2330073	2386337
减:货物和服务进口	Less: Imports of Goods and Services	541006	1712777	2178447	2204417	2300563
国内生产总值	Gross Domestic Product	1787968	4827442	5219593	5515576	5963811
按1995年价格计算	At Constant Prices of 1995					
居民消费	Household Final Consumption Expenditure	1446553	2241519	2419305	2533707	2705611
政府消费	General Government Final Consumption Expenditure	298613	403284	403828	408900	420831
资本形成总额	Gross Capital Formation	937631	1126053	1252188	1221992	1275080
货物和服务出口	Exports of Goods and Services	572245	2034435	2451326	2467333	2834180
减:货物和服务进口	Less: Imports of Goods and Services	602757	1414430	1697157	1645944	1915129
国内生产总值	Gross Domestic Product	2634305	4377095	4785328	4933802	5246894
马来西亚	**Malaysia**					
按当年价格计算	In Current Prices					
居民消费	Household Final Consumption Expenditure	617	1251	1454	1506	1595
政府消费	General Government Final Consumption Expenditure	164	330	357	421	500
资本形成总额	Gross Capital Formation	385	673	931	801	882
货物和服务出口	Exports of Goods and Services	888	3649	4270	3893	4114
减:货物和服务进口	Less: Imports of Goods and Services	862	2895	3585	3278	3484
国内生产总值	Gross Domestic Product	1191	3008	3426	3343	3607
按1987年价格计算	At Constant Prices of 1987					
居民消费	Household Final Consumption Expenditure	554	844	954	976	1019
政府消费	General Government Final Consumption Expenditure	142	235	239	279	313
资本形成总额	Gross Capital Formation	352	528	676	613	667
货物和服务出口	Exports of Goods and Services	768	2121	2462	2277	2358
减:货物和服务进口	Less: Imports of Goods and Services	755	1793	2231	2039	2165
国内生产总值	Gross Domestic Product	1060	1934	2099	2105	2191
蒙　古	**Mongolia**					
按当年价格计算	In Current Prices					
居民消费	Household Final Consumption Expenditure	66	6183	6924	7666	8257
政府消费	General Government Final Consumption Expenditure	32	1676	2091	2226	2389
资本形成总额	Gross Capital Formation	37	2635	3136	3449	3809
货物和服务出口	Exports of Goods and Services	23	5661	6835	7382	8324
减:货物和服务进口	Less: Imports of Goods and Services	52	6901	8548	9208	10085
国内生产总值	Gross Domestic Product	98	9253	10446	11515	12424

4-14续表4 continued

单位：亿本币 (100 million local currency units)

国家和地区	Country or Area	1990	1999	2000	2001	2002
蒙　　古(续)	**Mongolia (continued)**					
按1998年价格计算	At Constant Prices of 1998					
居民消费	Household Final Consumption Expenditure		5452	5192	5432	5700
政府消费	General Government Final Consumption Expenditure		1477	1568	1577	1650
资本形成总额	Gross Capital Formation		2262	2543	2659	2691
货物和服务出口	Exports of Goods and Services		4751	5361	5477	5702
减:货物和服务进口	Less: Imports of Goods and Services		5506	6134	6496	6748
国内生产总值	Gross Domestic Product	8559	8437	8530	8649	8995
缅　　甸	**Myanmar**					
按当年价格计算	In Current Prices					
居民消费	Household Final Consumption Expenditure	1350				
政府消费	General Government Final Consumption Expenditure					
资本形成总额	Gross Capital Formation	203	2943	3177	5150	
货物和服务出口	Exports of Goods and Services	40	92			
减:货物和服务进口	Less: Imports of Goods and Services	73				
国内生产总值	Gross Domestic Product	1519	21902	25526	34333	
按1985年价格计算	At Constant Prices of 1985					
居民消费	Household Final Consumption Expenditure	422				
政府消费	General Government Final Consumption Expenditure					
资本形成总额	Gross Capital Formation	82	284	315		
货物和服务出口	Exports of Goods and Services	40	92	132	118	
减:货物和服务进口	Less: Imports of Goods and Services	42	68	62		
国内生产总值	Gross Domestic Product	503	882	1003	1100	
巴基斯坦	**Pakistan**					
按当年价格计算	In Current Prices					
居民消费	Household Final Consumption Expenditure	6314	22240	23424	25868	26990
政府消费	General Government Final Consumption Expenditure	1296	3044	3516	3504	4089
资本形成总额	Gross Capital Formation	1621	4574	5040	5318	5341
货物和服务出口	Exports of Goods and Services	1330	4511	5144	6154	6778
减:货物和服务进口	Less: Imports of Goods and Services	2000	4985	5652	6612	6912
国内生产总值	Gross Domestic Product	8559	29384	31472	34231	36287
按1981年价格计算	At Constant Prices of 1981					
居民消费	Household Final Consumption Expenditure	3343	5139	5158	5234	5309
政府消费	General Government Final Consumption Expenditure	659	656	705	667	758
资本形成总额	Gross Capital Formation	888	1030	1083	1117	1083
货物和服务出口	Exports of Goods and Services	657	882	1024	1145	1263
减:货物和服务进口	Less: Imports of Goods and Services	806	1015	992	1007	1053
国内生产总值	Gross Domestic Product	4741	6692	6977	7155	7359
菲 律 宾	**Philippines**					
按当年价格计算	In Current Prices					
居民消费	Household Final Consumption Expenditure	7671	21621	23355	25650	27509
政府消费	General Government Final Consumption Expenditure	1088	3892	4389	4448	4887
资本形成总额	Gross Capital Formation	2602	5483	7101	7585	7762
货物和服务出口	Exports of Goods and Services	2964	15322	18586	17852	19685
减:货物和服务进口	Less: Imports of Goods and Services	3585	15274	17947	18994	19891
国内生产总值	Gross Domestic Product	10772	29769	33547	36737	40227

4-14续表5 continued

单位：亿本币 (100 million local currency units)

国家和地区	Country or Area	1990	1999	2000	2001	2002
菲 律 宾(续)	**Philippines (countinued)**					
按1985年价格计算	At Constant Prices of 1985					
居民消费	Household Final Consumption Expenditure	5318	7266	7521	7790	8108
政府消费	General Government Final Consumption Expenditure	570	750	796	754	772
资本形成总额	Gross Capital Formation	1764	1929	2148	2440	2355
货物和服务出口	Exports of Goods and Services	2197	3808	4457	4303	4458
减:货物和服务进口	Less: Imports of Goods and Services	2691	4707	4908	5080	5322
国内生产总值	Gross Domestic Product	7207	9182	9730	10017	10461
新 加 坡	**Singapore**					
按当年价格计算	In Current Prices					
居民消费	Household Final Consumption Expenditure	308	566	648	664	669
政府消费	General Government Final Consumption Expenditure	68	140	173	194	201
资本形成总额	Gross Capital Formation	243	447	509	369	321
货物和服务出口	Exports of Goods and Services					
减:货物和服务进口	Less: Imports of Goods and Services					
国内生产总值	Gross Domestic Product	669	1379	1577	1521	1557
按1995年价格计算	At Constant Prices of 1995					
居民消费	Household Final Consumption Expenditure	354	568	647	662	668
政府消费	General Government Final Consumption Expenditure	74	151	177	192	200
资本形成总额	Gross Capital Formation	262	462	538	408	364
货物和服务出口	Exports of Goods and Services					
减:货物和服务进口	Less: Imports of Goods and Services					
国内生产总值	Gross Domestic Product	773	1473	1611	1573	1609
斯里兰卡	**Sri Lanka**					
按当年价格计算	In Current Prices					
居民消费	Household Final Consumption Expenditure	2461	7903	9077	10410	12183
政府消费	General Government Final Consumption Expenditure	314	999	1322	1444	1393
资本形成总额	Gross Capital Formation	726	3018	3511	3097	3336
货物和服务出口	Exports of Goods and Services	940	3927	4907	5254	5731
减:货物和服务进口	Less: Imports of Goods and Services	1223	4787	6240	6132	6794
国内生产总值	Gross Domestic Product	3218	11060	12576	14074	15848
按1996年价格计算	At Constant Prices of 1996					
居民消费	Household Final Consumption Expenditure	4221	6429	6908	7066	7608
政府消费	General Government Final Consumption Expenditure	447	1424	1339	1200	1279
资本形成总额	Gross Capital Formation	1294	2367	2602	2147	2214
货物和服务出口	Exports of Goods and Services	1724	3150	3717	3521	3716
减:货物和服务进口	Less: Imports of Goods and Services	2133	4444	5106	4619	5135
国内生产总值	Gross Domestic Product	5690	8925	9461	9314	9683
泰　　国	**Thailand**					
按当年价格计算	In Current Prices					
居民消费	Household Final Consumption Expenditure	12350	25951	27536	29252	30821
政府消费	General Government Final Consumption Expenditure	2054	5330	5578	5825	6082
资本形成总额	Gross Capital Formation	9030	9506	11231	12368	13051
货物和服务出口	Exports of Goods and Services	7453	27033	32873	33861	35260
减:货物和服务进口	Less: Imports of Goods and Services	9095	21203	28623	30516	31339
国内生产总值	Gross Domestic Product	21835	46371	49233	51338	54519

4—14续表6 continued

单位：亿本币 (100 million local currency units)

国家和地区	Country or Area	1990	1999	2000	2001	2002
泰　　国(续)	**Thailand(countinued)**					
按1988年价格计算	At Constant Prices of 1988					
居民消费	Household Final Consumption Expenditure	11109	15428	16199	16836	17669
政府消费	General Government Final Consumption Expenditure	1719	2710	2769	2845	2917
资本形成总额	Gross Capital Formation	7805	5597	6224	6385	6811
货物和服务出口	Exports of Goods and Services	7096	16573	19471	18680	20935
减：货物和服务进口	Less: Imports of Goods and Services	8070	11782	14999	14172	16100
国内生产总值	Gross Domestic Product	19454	28720	30087	30729	32390
土　耳　其①	**Turkey ①**					
按当年价格计算	In Current Prices					
居民消费	Household Final Consumption Expenditure	270	55928	89098	128513	196638
政府消费	General Government Final Consumption Expenditure	43	11748	17539	25405	35576
资本形成总额	Gross Capital Formation	96	18079	30533	29934	44988
货物和服务出口	Exports of Goods and Services	52	17972	29959	60151	82201
减：货物和服务进口	Less: Imports of Goods and Services	69	20801	39285	55862	82934
国内生产总值	Gross Domestic Product	393	77415	124584	178412	276469
按1987年价格计算	At Constant Prices of 1987					
居民消费	Household Final Consumption Expenditure	58	76	81	73	85
政府消费	General Government Final Consumption Expenditure	6	10	10	9	10
资本形成总额	Gross Capital Formation	23	30	36	21	22
货物和服务出口	Exports of Goods and Services	14	33	39	42	44
减：货物和服务进口	Less: Imports of Goods and Services	18	38	47	36	43
国内生产总值	Gross Domestic Product	84	111	119	110	118
越　　南	**Viet Nam**					
按当年价格计算	In Current Prices					
居民消费	Household Final Consumption Expenditure	355590	2745530	2935070	3121440	3480600
政府消费	General Government Final Consumption Expenditure	51770	271370	283460	304630	333900
资本形成总额	Gross Capital Formation	52720	1105030	1307710	1500330	1719950
货物和服务出口	Exports of Goods and Services	151200	1998360	2430490	2628640	2975460
减：货物和服务进口	Less: Imports of Goods and Services	189960	2112540	2539270	2740850	3190170
国内生产总值	Gross Domestic Product	419550	3999420	4416460	4812950	5360980
按1994年价格计算	At Constant Prices of 1994					
居民消费	Household Final Consumption Expenditure		1769760	1824200	1904570	2041130
政府消费	General Government Final Consumption Expenditure		173740	182450	194500	204960
资本形成总额	Gross Capital Formation	150618	758300	834960	924870	1022560
货物和服务出口	Exports of Goods and Services	226324				
减：货物和服务进口	Less: Imports of Goods and Services	304946				
国内生产总值	Gross Domestic Product	1318442	2562720	2736660	2925350	3131350
埃　　及	**Egypt**					
按当年价格计算	In Current Prices					
居民消费	Household Final Consumption Expenditure	690	2348	2661	2812	3072
政府消费	General Government Final Consumption Expenditure	109	307	330	365	399
资本形成总额	Gross Capital Formation	277	620	621	613	656
货物和服务出口	Exports of Goods and Services	193	463	551	629	626
减：货物和服务进口	Less: Imports of Goods and Services	314	717	776	801	878
国内生产总值	Gross Domestic Product	961	3021	3387	3618	3875

4-14续表7 continued

单位：亿本币 (100 million local currency units)

国家和地区	Country or Area	1990	1999	2000	2001	2002
埃　及(续)	**Egypt (continued)**					
按1992年价格计算	At Constant Prices of 1992					
居民消费	Household Final Consumption Expenditure	941	1364	1443	1492	1528
政府消费	General Government Final Consumption Expenditure	148	178	179	186	197
资本形成总额	Gross Capital Formation	330	448	427	456	455
货物和服务出口	Exports of Goods and Services	346	488	507	523	469
减:货物和服务进口	Less: Imports of Goods and Services	459	591	571	565	504
国内生产总值	Gross Domestic Product	1318	1917	2015	2085	2148
尼日利亚	**Nigeria**					
按当年价格计算	In Current Prices					
居民消费	Household Final Consumption Expenditure	1448	23257	18737	21577	29101
政府消费	General Government Final Consumption Expenditure	393	4308	9749	14239	14267
资本形成总额	Gross Capital Formation	384	7508	7572	9521	12232
货物和服务出口	Exports of Goods and Services	1132	11848	22796	21081	19782
减:货物和服务进口	Less: Imports of Goods and Services	751	13208	16062	18951	22882
国内生产总值	Gross Domestic Product	2606	33713	42792	47467	52500
按1987年价格计算	At Constant Prices of 1987					
居民消费	Household Final Consumption Expenditure	856				
政府消费	General Government Final Consumption Expenditure	233				
资本形成总额	Gross Capital Formation	223				
货物和服务出口	Exports of Goods and Services	397	540	555	546	450
减:货物和服务进口	Less: Imports of Goods and Services	321	489	536	597	648
国内生产总值	Gross Domestic Product	1388	1731	1804	1856	1839
南　非	**South Africa**					
按当年价格计算	In Current Prices					
居民消费	Household Final Consumption Expenditure	1662	5043	5567	6086	6824
政府消费	General Government Final Consumption Expenditure	570	1491	1663	1853	2114
资本形成总额	Gross Capital Formation	499	1273	1383	1484	1739
货物和服务出口	Exports of Goods and Services	707	2059	2540	3013	3730
减:货物和服务进口	Less: Imports of Goods and Services	540	1849	2295	2660	3356
国内生产总值	Gross Domestic Product	2898	8007	8881	9829	10987
按1995年价格计算	At Constant Prices of 1995					
居民消费	Household Final Consumption Expenditure	3149	3806	3938	4060	4191
政府消费	General Government Final Consumption Expenditure	1006	1043	1075	1111	1151
资本形成总额	Gross Capital Formation	834	993	1019	1021	1113
货物和服务出口	Exports of Goods and Services	1018	1508	1634	1675	1652
减:货物和服务进口	Less: Imports of Goods and Services	767	1304	1397	1400	1444
国内生产总值	Gross Domestic Product	5251	6033	6244	6420	6611
加 拿 大	**Canada**					
按当年价格计算	In Current Prices					
居民消费	Household Final Consumption Expenditure	3764	5471	5799	6058	
政府消费	General Government Final Consumption Expenditure	1510	1847	1953	2037	
资本形成总额	Gross Capital Formation	1422	2003	2180	2105	
货物和服务出口	Exports of Goods and Services	1744	4202	4827	4713	
减:货物和服务进口	Less: Imports of Goods and Services	1740	3872	4280	4156	
国内生产总值	Gross Domestic Product	6700	9654	10494	10756	11210

4—14续表8 continued

单位：亿本币 (100 million local currency units)

国家和地区	Country or Area	1990	1999	2000	2001	2002
加 拿 大(续)	**Canada (continued)**					
按1995年价格计算	At Constant Prices of 1995					
居民消费	Household Final Consumption Expenditure	4212	5157	5352	5489	
政府消费	General Government Final Consumption Expenditure	1684	1768	1809	1868	
资本形成总额	Gross Capital Formation	1461	1966	2123	2021	
货物和服务出口	Exports of Goods and Services	2034	4138	4469	4297	
减:货物和服务进口	Less: Imports of Goods and Services	2095	3753	4061	3827	
国内生产总值	Gross Domestic Product	7334	9282	9705	9846	10167
墨 西 哥	**Mexico**					
按当年价格计算	In Current Prices					
居民消费	Household Final Consumption Expenditure	5141	30841	36837	40568	43046
政府消费	General Government Final Consumption Expenditure	619	5065	6097	6860	7235
资本形成总额	Gross Capital Formation	1710	10773	13044	12176	12467
货物和服务出口	Exports of Goods and Services	1374	14143	17041	15985	16735
减:货物和服务进口	Less: Imports of Goods and Services	1456	14886	18106	17304	17954
国内生产总值	Gross Domestic Product	7389	45937	54914	58286	61528
按1993年价格计算	At Constant Prices of 1993					
居民消费	Household Final Consumption Expenditure	8123	10228	11070	11373	11510
政府消费	General Government Final Consumption Expenditure	1260	1538	1570	1550	1531
资本形成总额	Gross Capital Formation	2135	3404	3789	3590	3608
货物和服务出口	Exports of Goods and Services	1606	4846	5641	5438	5516
减:货物和服务进口	Less: Imports of Goods and Services	1716	4976	6045	5954	6048
国内生产总值	Gross Domestic Product	11408	15039	16023	15972	16117
美 国	**United States**					
按当年价格计算	In Current Prices					
居民消费	Household Final Consumption Expenditure	38315	62465	66837	69870	73037
政府消费	General Government Final Consumption Expenditure	9788	13252	14207	15124	16158
资本形成总额	Gross Capital Formation	10119	18907	20228	18689	18869
货物和服务出口	Exports of Goods and Services	5572	9896	11014	10344	10152
减:货物和服务进口	Less: Imports of Goods and Services	6286	12392	14666	13830	14385
国内生产总值	Gross Domestic Product	57508	92128	97621	100197	103831
按1995年价格计算	At Constant Prices of 1995					
居民消费	Household Final Consumption Expenditure	43805	58392	60931	62432	64381
政府消费	General Government Final Consumption Expenditure	11297	12008	12361	12839	13460
资本形成总额	Gross Capital Formation	10775	19003	20056	18180	18497
货物和服务出口	Exports of Goods and Services	5832	10499	11520	10902	10732
减:货物和服务进口	Less: Imports of Goods and Services	6438	13816	15641	15193	15783
国内生产总值	Gross Domestic Product	65205	86291	89551	89778	91964
阿 根 廷	**Argentina**					
按当年价格计算	In Current Prices					
居民消费	Household Final Consumption Expenditure	532	1985	2008	1890	1904
政府消费	General Government Final Consumption Expenditure	22	389	392	380	382
资本形成总额	Gross Capital Formation	96	511	460	381	374
货物和服务出口	Exports of Goods and Services	71	278	309	310	866
减:货物和服务进口	Less: Imports of Goods and Services	32	327	327	274	400
国内生产总值	Gross Domestic Product	689	2835	2842	2687	3126

4–14续表9 continued

单位：亿本币 (100 million local currency units)

国家和地区	Country or Area	1990	1999	2000	2001	2002
阿 根 廷(续)	**Argentina (continued)**					
按1993年价格计算	At Constant Prices of 1993					
居民消费	Household Final Consumption Expenditure		1932	1935	1841	1566
政府消费	General Government Final Consumption Expenditure		362	364	356	338
资本形成总额	Gross Capital Formation	230	531	495	417	265
货物和服务出口	Exports of Goods and Services	165	304	313	321	331
减:货物和服务进口	Less: Imports of Goods and Services	64	345	345	297	148
国内生产总值	Gross Domestic Product	1771	2784	2762	2640	2352
巴 西	**Brazil**					
按当年价格计算	In Current Prices					
居民消费	Household Final Consumption Expenditure		5937	6707	7271	7703
政府消费	General Government Final Consumption Expenditure		1858	2100	2307	2547
资本形成总额	Gross Capital Formation		1963	2373	2541	2686
货物和服务出口	Exports of Goods and Services		1001	1174	1585	2083
减:货物和服务进口	Less: Imports of Goods and Services		1152	1341	1704	1804
国内生产总值	Gross Domestic Product		9609	11013	12001	13215
按1995年价格计算	At Constant Prices of 1995					
居民消费	Household Final Consumption Expenditure	2643	3952	4474	4490	4210
政府消费	General Government Final Consumption Expenditure	1629	1570	1590	1606	1621
资本形成总额	Gross Capital Formation	1117	1174	1174	1174	1395
货物和服务出口	Exports of Goods and Services	363	633	700	778	839
减:货物和服务进口	Less: Imports of Goods and Services	301	642	717	725	633
国内生产总值	Gross Domestic Product	5538	6917	7221	7323	7432
委内瑞拉	**Venezuela**					
按当年价格计算	In Current Prices					
居民消费	Household Final Consumption Expenditure	14150	432369	522951	611079	707917
政府消费	General Government Final Consumption Expenditure	1920	47003	59589	78467	69000
资本形成总额	Gross Capital Formation	2330	113277	141940	180096	187286
货物和服务出口	Exports of Goods and Services	8990	135460	234570	203202	316046
减:货物和服务进口	Less: Imports of Goods and Services	4600	102339	134543	159596	185010
国内生产总值	Gross Domestic Product	22790	625770	824507	913248	1095238
按1984年价格计算	At Constant Prices of 1984					
居民消费	Household Final Consumption Expenditure	2796	3034	3147	3294	3099
政府消费	General Government Final Consumption Expenditure	529	560	588	626	610
资本形成总额	Gross Capital Formation	461	923	1009	1147	635
货物和服务出口	Exports of Goods and Services	1547	2230	2353	2331	2150
减:货物和服务进口	Less: Imports of Goods and Services	550	1088	1256	1394	1022
国内生产总值	Gross Domestic Product	4783	5659	5842	6005	5472
白俄罗斯	**Belarus**					
按当年价格计算	In Current Prices					
居民消费	Household Final Consumption Expenditure		17746	51981	98960	156650
政府消费	General Government Final Consumption Expenditure		5902	17791	37013	53980
资本形成总额	Gross Capital Formation		7174	23199	40805	56094
货物和服务出口	Exports of Goods and Services		17915	63216	114627	177424
减:货物和服务进口	Less: Imports of Goods and Services		18650	66127	120723	188565
国内生产总值	Gross Domestic Product		30261	91338	171732	255180

4－14续表10 continued

单位：亿本币 (100 million local currency units)

国家和地区	Country or Area	1990	1999	2000	2001	2002
白俄罗斯(续)	**Belarus(continued)**					
按1990年价格计算③	At Constant Prices of 1990 ③					
居民消费	Household Final Consumption Expenditure	205	189	204	239	
政府消费	General Government Final Consumption Expenditure	103	78	82	85	
资本形成总额	Gross Capital Formation	115	58	67	68	
货物和服务出口	Exports of Goods and Services	199	110	124	138	152
减:货物和服务进口	Less: Imports of Goods and Services	189	71	81	89	98
国内生产总值	Gross Domestic Product	433	363	384	402	421
保加利亚	**Bulgaria**					
按当年价格计算	In Current Prices					
居民消费	Household Final Consumption Expenditure		170	185	206	224
政府消费	General Government Final Consumption Expenditure		39	48	52	58
资本形成总额	Gross Capital Formation		43	49	61	64
货物和服务出口	Exports of Goods and Services		106	149	165	172
减:货物和服务进口	Less: Imports of Goods and Services		120	163	188	193
国内生产总值	Gross Domestic Product		238	268	297	323
按2002年价格计算	At Constant Prices of 2002					
居民消费	Household Final Consumption Expenditure	277	195	203	214	224
政府消费	General Government Final Consumption Expenditure	113	49	55	56	58
资本形成总额	Gross Capital Formation					64
货物和服务出口	Exports of Goods and Services	148	126	147	162	172
减:货物和服务进口	Less: Imports of Goods and Services	209	135	161	184	193
国内生产总值	Gross Domestic Product	353	281	296	309	323
捷　　克	**Czech Republic**					
按当年价格计算	In Current Prices					
居民消费	Household Final Consumption Expenditure	3087	10066	10596	11403	11839
政府消费	General Government Final Consumption Expenditure	1435	3733	3883	4360	4871
资本形成总额	Gross Capital Formation	1575	5341	5887	6423	6405
货物和服务出口	Exports of Goods and Services	2831	11526	13859	15393	14830
减:货物和服务进口	Less: Imports of Goods and Services	2666	11769	14522	15980	15356
国内生产总值	Gross Domestic Product	6262	19023	19848	21752	22756
按1995年价格计算	At Constant Prices of 1995					
居民消费	Household Final Consumption Expenditure	7160	7656	7835	8130	8451
政府消费	General Government Final Consumption Expenditure	3383	2662	2636	2777	2935
资本形成总额	Gross Capital Formation	4092	4674	5112	5478	5549
货物和服务出口	Exports of Goods and Services	5240	10213	11955	13374	13744
减:货物和服务进口	Less: Imports of Goods and Services	5381	11101	12984	14747	15379
国内生产总值	Gross Domestic Product	14494	14210	14673	15126	15422
法　　国②	**France ②**					
按当年价格计算	In Current Prices					
居民消费	Household Final Consumption Expenditure	5586	7423	7732	8075	8333
政府消费	General Government Final Consumption Expenditure	2247	3157	3299	3428	3630
资本形成总额	Gross Capital Formation	2358	2663	2964	2943	2932
货物和服务出口	Exports of Goods and Services	2144	3516	4054	4121	4116
减:货物和服务进口	Less: Imports of Goods and Services	2243	3208	3878	3887	3802
国内生产总值	Gross Domestic Product	10093	13551	14201	14756	15208

4-14续表11 continued

单位：亿本币 (100 million local currency units)

国家和地区	Country or Area	1990	1999	2000	2001	2002
法　　国②(续)	**France ② (continued)**					
按1995年价格计算	At Constant Prices of 1995					
居民消费	Household Final Consumption Expenditure	6327	7106	7291	7492	7582
政府消费	General Government Final Consumption Expenditure	2515	2987	3071	3162	3292
资本形成总额	Gross Capital Formation	2426	2656	2892	2854	2778
货物和服务出口	Exports of Goods and Services	2056	3476	3913	3977	4037
减:货物和服务进口	Less: Imports of Goods and Services	2117	3213	3682	3730	3752
国内生产总值	Gross Domestic Product	11210	12995	13488	13771	13937
德　　国②	**Germany ②**					
按当年价格计算	In Current Prices					
居民消费	Household Final Consumption Expenditure	7848	11565	11909	12322	12419
政府消费	General Government Final Consumption Expenditure	2719	3788	3872	3935	4028
资本形成总额	Gross Capital Formation	3288	4270	4440	4069	3805
货物和服务出口	Exports of Goods and Services	3465	5870	6854	7269	7483
减:货物和服务进口	Less: Imports of Goods and Services	3473	5707	6776	6883	6652
国内生产总值	Gross Domestic Product	13807	19786	20300	20712	21082
按1995年价格计算	At Constant Prices of 1995					
居民消费	Household Final Consumption Expenditure	9233	10992	11148	11316	11243
政府消费	General Government Final Consumption Expenditure	3204	3750	3796	3826	3885
资本形成总额	Gross Capital Formation	3787	4256	4402	4044	3774
货物和服务出口	Exports of Goods and Services	3662	5825	6621	6954	7138
减:货物和服务进口	Less: Imports of Goods and Services	3521	5674	6271	6331	6198
国内生产总值	Gross Domestic Product	16278	19148	19695	19808	19843
意 大 利②	**Italy ②**					
按当年价格计算	In Current Prices					
居民消费	Household Final Consumption Expenditure	3924	6679	7062	7327	7578
政府消费	General Government Final Consumption Expenditure	1379	1995	2133	2297	2359
资本形成总额	Gross Capital Formation	1516	2178	2356	2400	2507
货物和服务出口	Exports of Goods and Services	1347	2830	3300	3460	3391
减:货物和服务进口	Less: Imports of Goods and Services	1344	2603	3186	3282	3252
国内生产总值	Gross Domestic Product	6822	11080	11665	12201	12583
按1995年价格计算	At Constant Prices of 1995					
居民消费	Household Final Consumption Expenditure	5196	6000	6165	6229	6257
政府消费	General Government Final Consumption Expenditure	1667	1694	1722	1783	1814
资本形成总额	Gross Capital Formation	1880	2066	2096	2148	2203
货物和服务出口	Exports of Goods and Services	1750	2766	3090	3125	3094
减:货物和服务进口	Less: Imports of Goods and Services	1826	2673	2911	2940	2984
国内生产总值	Gross Domestic Product	8666	9853	10162	10345	10384
荷　　兰②	**Netherlands ②**					
按当年价格计算	In Current Prices					
居民消费	Household Final Consumption Expenditure	1205	1876	2011	2129	2221
政府消费	General Government Final Consumption Expenditure	571	855	912	995	1077
资本形成总额	Gross Capital Formation	572	847	899	940	905
货物和服务出口	Exports of Goods and Services	1314	2254	2710	2802	2742
减:货物和服务进口	Less: Imports of Goods and Services	1230	2091	2506	2574	2504
国内生产总值	Gross Domestic Product	2432	3741	4026	4292	4441

4–14续表12 continued

单位：亿本币 (100 million local currency units)

国家和地区	Country or Area	1990	1999	2000	2001	2002
荷　兰②(续)	**Netherlands ② (continued)**					
按1995年价格计算	At Constant Prices of 1995					
居民消费	Household Final Consumption Expenditure	1372	1744	1806	1828	1845
政府消费	General Government Final Consumption Expenditure	655	792	807	832	863
资本形成总额	Gross Capital Formation	622	786	802	801	749
货物和服务出口	Exports of Goods and Services	1273	2230	2473	2516	2479
减:货物和服务进口	Less: Imports of Goods and Services	1198	2043	2260	2303	2254
国内生产总值	Gross Domestic Product	2720	3509	3626	3671	3680
波　兰	**Poland**					
按当年价格计算	In Current Prices					
居民消费	Household Final Consumption Expenditure	269	3905	4473	4792	5040
政府消费	General Government Final Consumption Expenditure	108	1015	1338	1404	1460
资本形成总额	Gross Capital Formation	144	1623	1786	1577	1473
货物和服务出口	Exports of Goods and Services	161	1608	2015	2106	2162
减:货物和服务进口	Less: Imports of Goods and Services	121	1999	2489	2386	2423
国内生产总值	Gross Domestic Product	560	6151	7134	7508	7711
按2002年价格计算	At Constant Prices of 2002					
居民消费	Household Final Consumption Expenditure	2952	4657	4783	4879	5040
政府消费	General Government Final Consumption Expenditure	969	1414	1434	1444	1460
资本形成总额	Gross Capital Formation	941	1740	1808	1580	1473
货物和服务出口	Exports of Goods and Services	769	1679	2069	2133	2162
减:货物和服务进口	Less: Imports of Goods and Services	575	2207	2552	2416	2423
国内生产总值	Gross Domestic Product	5258	7240	7529	7605	7711
罗马尼亚	**Romania**					
按当年价格计算	In Current Prices					
居民消费	Household Final Consumption Expenditure	5652	4533079	6345904	9165192	11498280
政府消费	General Government Final Consumption Expenditure	1143	310535	579425	776873	1005054
资本形成总额	Gross Capital Formation	2595	877405	1564911	2635279	3494629
货物和服务出口	Exports of Goods and Services	1435	1529027	2641866	3889289	5360514
减:货物和服务进口	Less: Imports of Goods and Services	2246	1792745	3094375	4794205	6235915
国内生产总值	Gross Domestic Product	8579	5457302	8037731	11672430	15122570
按1998年价格计算	At Constant Prices of 1998					
居民消费	Household Final Consumption Expenditure	3209724	3075025	3078135	3416079	3519304
政府消费	General Government Final Consumption Expenditure	215701	214756	258558	257777	263105
资本形成总额	Gross Capital Formation	1101303	586196	702872	826524	886511
货物和服务出口	Exports of Goods and Services	596312	934042	1152949	1281135	1498014
减:货物和服务进口	Less: Imports of Goods and Services	951800	1128222	1433587	1679565	1882985
国内生产总值	Gross Domestic Product	4476625	3693126	3715285	3912195	4080420
俄罗斯联邦	**Russian Federation**					
按当年价格计算	In Current Prices					
居民消费	Household Final Consumption Expenditure	3	25825	33743	44210	55503
政府消费	General Government Final Consumption Expenditure	1	7032	11025	14758	18368
资本形成总额	Gross Capital Formation	2	7153	13657	19890	22377
货物和服务出口	Exports of Goods and Services	1	20846	32189	32804	37711
减:货物和服务进口	Less: Imports of Goods and Services	1	12624	17558	21268	26027
国内生产总值	Gross Domestic Product	6	48232	73056	90394	108634

4-14续表13 continued

单位：亿本币 (100 million local currency units)

国家和地区	Country or Area	1990	1999	2000	2001	2002
俄罗斯联邦(续)	**Russian Federation(continued)**					
按1997年价格计算	At Constant Prices of 1997					
居民消费	Household Final Consumption Expenditure	13944	5139	5242	5153	5276
政府消费	General Government Final Consumption Expenditure	6974	12056	12909	14149	15346
资本形成总额	Gross Capital Formation	23369	2635	4616	5378	5469
货物和服务出口	Exports of Goods and Services	8768	6564	7188	7447	8206
减:货物和服务进口	Less: Imports of Goods and Services	12764	3618	4790	5652	6732
国内生产总值	Gross Domestic Product	38578	23603	25964	27262	28434
西 班 牙②	**Spain ②**					
按当年价格计算	In Current Prices					
居民消费	Household Final Consumption Expenditure	1881	3352	3595	3807	4020
政府消费	General Government Final Consumption Expenditure	521	986	1072	1140	1220
资本形成总额	Gross Capital Formation	831	1387	1565	1676	1805
货物和服务出口	Exports of Goods and Services	509	1555	1836	1950	1977
减:货物和服务进口	Less: Imports of Goods and Services	617	1628	1975	2056	2082
国内生产总值	Gross Domestic Product	3124	5652	6093	6516	6939
按1995年价格计算	At Constant Prices of 1995					
居民消费	Household Final Consumption Expenditure	2469	3015	3135	3213	3274
政府消费	General Government Final Consumption Expenditure	682	890	934	963	1000
资本形成总额	Gross Capital Formation	1016	1257	1322	1362	1389
货物和服务出口	Exports of Goods and Services	618	1468	1615	1670	1694
减:货物和服务进口	Less: Imports of Goods and Services	722	1558	1722	1783	1822
国内生产总值	Gross Domestic Product	4062	5072	5284	5426	5535
乌 克 兰	**Ukraine**					
按当年价格计算	In Current Prices					
居民消费	Household Final Consumption Expenditure		746	924	1163	1238
政府消费	General Government Final Consumption Expenditure		259	356	401	451
资本形成总额	Gross Capital Formation		228	344	445	421
货物和服务出口	Exports of Goods and Services		701	1062	1132	1244
减:货物和服务进口	Less: Imports of Goods and Services		629	986	1099	1145
国内生产总值	Gross Domestic Product		1304	1701	2042	2209
按1990年价格计算③	At Constant Prices of 1990 ③					
居民消费	Household Final Consumption Expenditure	95	20	21	23	23
政府消费	General Government Final Consumption Expenditure	28	46	48	53	55
资本形成总额	Gross Capital Formation	46	7	8	10	8
货物和服务出口	Exports of Goods and Services	46	22	27	27	30
减:货物和服务进口	Less: Imports of Goods and Services	48	15	19	19	20
国内生产总值	Gross Domestic Product	167	69	73	79	83
英 国	**United Kingdom**					
按当年价格计算	In Current Prices					
居民消费	Household Final Consumption Expenditure	3490	1666	1778	1915	2089
政府消费	General Government Final Consumption Expenditure	1103	5916	6266	6581	6889
资本形成总额	Gross Capital Formation	1124	1598	1645	1661	1640
货物和服务出口	Exports of Goods and Services	1339	2366	2651	2677	2692
减:货物和服务进口	Less: Imports of Goods and Services	1483	2522	2836	2899	2881
国内生产总值	Gross Domestic Product	5573	9025	9504	9931	10433

4-14续表14 continued

单位：亿本币 (100 million local currency units)

国家和地区	Country or Area	1990	1999	2000	2001	2002
英　国(续)	**United Kingdom(continued)**					
按1995年价格计算	At Constant Prices of 1995					
居民消费	Household Final Consumption Expenditure	4276	5375	5653	5883	6110
政府消费	General Government Final Consumption Expenditure	1332	1494	1525	1564	1623
资本形成总额	Gross Capital Formation	1171	1556	1580	1542	1482
货物和服务出口	Exports of Goods and Services	1572	2589	2851	2877	2848
减:货物和服务进口	Less: Imports of Goods and Services	1765	2967	3314	3391	3442
国内生产总值	Gross Domestic Product	6592	8047	8295	8470	8623
澳大利亚	**Australia**					
按当年价格计算	In Current Prices					
居民消费	Household Final Consumption Expenditure	2337	3749	4039	4283	4559
政府消费	General Government Final Consumption Expenditure	747	1145	1210	1278	1360
资本形成总额	Gross Capital Formation	889	1535	1436	1590	1817
货物和服务出口	Exports of Goods and Services	663	1260	1535	1524	1474
减:货物和服务进口	Less: Imports of Goods and Services	669	1403	1526	1540	1670
国内生产总值	Gross Domestic Product	3979	6286	6693	7130	7528
按1995年价格计算	At Constant Prices of 1995					
居民消费	Household Final Consumption Expenditure	2600	3543	3648	3787	3937
政府消费	General Government Final Consumption Expenditure	826	1065	1088	1124	1164
资本形成总额	Gross Capital Formation	881	1610	1412	1553	1780
货物和服务出口	Exports of Goods and Services	672	1267	1359	1333	1324
减:货物和服务进口	Less: Imports of Goods and Services	709	1438	1419	1452	1653
国内生产总值	Gross Domestic Product	4287	5970	6075	6314	6487
新 西 兰	**New Zealand**					
按当年价格计算	In Current Prices					
居民消费	Household Final Consumption Expenditure	446	657	684	717	753
政府消费	General Government Final Consumption Expenditure	141	203	205	218	235
资本形成总额	Gross Capital Formation	143	227	231	251	256
货物和服务出口	Exports of Goods and Services	198	335	413	436	419
减:货物和服务进口	Less: Imports of Goods and Services	196	344	392	398	399
国内生产总值	Gross Domestic Product	731	1071	1138	1222	1262
按1995年价格计算	At Constant Prices of 1995					
居民消费	Household Final Consumption Expenditure	483	620	630	648	672
政府消费	General Government Final Consumption Expenditure	151	190	186	193	202
资本形成总额	Gross Capital Formation	159	232	227	239	253
货物和服务出口	Exports of Goods and Services	202	326	346	353	377
减:货物和服务进口	Less: Imports of Goods and Services	194	328	327	334	366
国内生产总值	Gross Domestic Product	796	1026	1053	1090	1137

注：①万亿本币。②货币单位为欧元。③万本币。

Note: ① Trillion local currency units. ② The monetary unit is the euro. ③ Ten thousand local currency units.

4-15 收入法国内生产总值

Gross Domestic Product by Income Approach

资料来源：OECD《OECD成员国国民核算统计年鉴》1991—2002。
Source: OECD *Naitonal Accounts of OECD Countries 1991-2002.*
单位：亿本币 (100 million local currency units)

国家和地区	Country or Area	年份 Year	劳动者报酬 Compensation of Employees	经营盈余和混合收入 Gross Operating Surplus and Gross Mixed Income	税减产品和进口补贴 Taxes Less Subsidies on Production and Imports	统计误差 Statistical Discrepancy	国内生产总值 Gross Domestic Product
日　　本①	Japan ①	2000	278	192	38	5	513
		2001	277	185	39	6	507
韩　　国①	Korea, Rep. ①	2000	230	222	70		522
		2001	251	222	79		552
		2002	268	240	88		596
土 耳 其①	Turkey ①	2000	36368	71457	16759		124583
		2001	50562	102806	25044		178412
		2002	73815	167315	34874		276003
加 拿 大	Canada	2000	5451	3884	1278	-13	10601
		2001	5699	3912	1292	11	10914
		2002	5973	4015	1382	5	11375
墨 西 哥	Mexico	2000	17181	32385	5348		54914
		2001	18926	33651	5709		58286
美　　国	United States	2000	57393	35069	6544	-1285	97621
		2001	58810	35962	6597	-1173	100197
		2002	59839	38216	6943	-1167	103831
捷　　克	Czech Republic	2000	9216	8677	1955		19848
		2001	9918				21752
		2002	10549				22756
法　　国	France	2000	7381	4811	2009		14201
		2001	7746	4992	2019		14756
		2002	8023	5103	2082		15208
德　　国	Germany	2000	11000	7132	2168		20300
		2001	11219	7338	2180		20737
		2002	11310	7577	2218		21104
意 大 利	Italy	2000	4741	5304	1621		11665
		2001	4991	5578	1632		12201
		2002	5190	5685	1709		12583
荷　　兰	Netherlands	2000	2057	1515	451		4023
		2001	2203	1584	504		4291
		2002	2319	1621	507		4446
波　　兰	Poland	2000	3039	3090	1005		7134
		2001	3332	3135	1040		7508
		2002	3362	3237	1112		7711
西 班 牙	Spain	2000	3061	2414	622		6097
		2001	3270	2613	649		6533
		2002	3465	2798	699		6962
英　　国	United Kingdom	2000	5326	2906	1282		9513
		2001	5641	3001	1299		9940
		2002	5875	3202	1364	-1	10439
澳大利亚	Australia	2000	3217	2653	823		6693
		2001	3385	2856	883	6	7130
新 西 兰	New Zealand	2000	476	518	144		1138
		2001	513	558	151		1222

注：①万亿本币。
Note: ① Trillion local currency units.

4-16 按行业分类的资本形成总额
Gross Capital Formation by Kind of Activity

资料来源：联合国《国民经济核算年鉴》2001 年。
Source:UN *National Account Statistics 2001.*

单位：亿本币 (100 million local currency units)

国家和地区	Country or Area	年份 Year	资本形成总额 Gross Capital Formation	农业 Agriculture	采掘业 Mining and Quarrying	制造业 Manufacturing	电、煤气和水供应业 Electricity, Gas and Water Supply	建筑业 Construction
中国澳门	Macao, China	2000	25			3	4	-
印　　度	India	1999		3025		14381	3527	19989
以 色 列①	Isarel ①	2001	877	17		166	38	20
韩　　国①	Korea, Rep. ①	2001	1487170		1606	429473	99109	19090
巴基斯坦①	Pakistan ①	1997	4050	282	154	840	502	151
南　　非	South Africa	2001	1484	60	151	391	54	18
加 拿 大	Canada	1997	1785	36	195	233	87	23
墨 西 哥	Mexico	1999	10777		1	6195		4586
美　　国	United States	1996	12943	376	261	1612	523	151
捷　　克	Czech Republic	2000	5887	179	58	1663	515	180
法　　国①	France ①	2000	2849	98	6	321	89	41
德　　国①	Germany ①	2001	4308	64	11	679	158	52
意 大 利	Italy	2001	2403	100		516	68	68
荷　　兰	Netherlands	2001	967	33	12	92	207	21
波　　兰①	Poland ①	2000	1704	96	20	278	94	211
西 班 牙①	Spain ①	1998	1207	33	7	199	35	33
英　　国	United Kingdom	1999	1559	11	36	173	59	19
新 西 兰①	New Zealand ①	1996	209	11	2	27	10	5

4-16续表 continued

单位：亿本币 (100 million local currency units)

国家和地区	Country or Area	年份 Year	批发零售、旅馆和饭店业 Wholesale and Retail Trade, Restaurants and Hotels	运输、仓储和邮电业 Transport, Storage and Communication	金融保险、房地产和商务服务业 Finance, Insurance, Real Estate and Business Services	公共管理和国防；社会基本保障 Public Administration & Defense; Compulsory Social Security	教育、卫生和社会工作；其他团体、社会和个人服务业 Education; Health & Social Work; Other Community Social Community, Social & Personal Services	雇人的私人住户 Private Households with Employed Persons
中国澳门	Macao, China	2000	6		3	9		
印　　度	India	1999	1860	4148	5000	3082	1678	
以 色 列①	Isarel ①	2001	45	129	285	52	125	
韩　　国①	Korea, Rep. ①	2001		160512		169637		
巴基斯坦①	Pakistan ①	1997	56	618	559	259 ②		
南　　非	South Africa	2001	189	213	346	181	19	
加 拿 大	Canada	1997	141	165	549	47 ②		
墨 西 哥	Mexico	1999				11		
美　　国	United States	1996	1431	1188	4583	682 ②		
捷　　克	Czech Republic	2000	495	1144	925	215	514	
法　　国①	France ①	2000	193	306	1271	242	282	
德　　国①	Germany ①	2000	244	360	2046	216	479	
意 大 利	Italy	2001	235	287	732	224	157	
荷　　兰	Netherlands	2001	71	128	421	113	55	
波　　兰①	Poland ①	2000	236	188	375	42	164	
西 班 牙	Spain	1998	144	119	416	144	78	
英　　国	United Kingdom	1999	175	244	617	59	137	29
新 西 兰①	New Zealand ①	1996	17	21	84	12	18	

注：①为固定资本形成，不包括库存增加。②包括"教育；卫生和社会工作；其他团体、社会和个人服务业"。
Note: ① Data refer to gross fixed capital formation which does not include "changes in inventories". ② Including"education; health and social work;other community,social and personal services".

主要统计指标解释

增加值和国内生产总值 按生产者价格计算的各行业增加值＝总产出－按购买者价格计算的中间消耗的价值。全部国内生产者的总增加值(加上国内生产者在增加值中没有反映的进口关税和增值税，减去估算的银行服务费用)，同按支出法和收入法计算的国内生产总值相等。

国内生产总值可定义为国内经济总消费总和，或国内经济最终收入总额。原则上讲，这三种方式应产生相同的结果，但在统计实践中，还是有一定差异。

国民总收入(GNI) 为国内生产总值减产品税和补贴，减雇员报酬和支付给国外的财产收入，加来自国外的相应项目；按市场价格计算的国民总收入是各部门所有初级收入的集合。1993年前称为国民生产总值 (Gross National Product)。

按购买力平价法计算的人均国民总收入 使用购买力平价而不是汇率作为转换因子，将各国国民总收入换算成国际元的计算结果。国民总收入中的国际元是在美国具有同美元相同购买力的计账单位。

三次产业 根据《国际标准产业分类》(ISIC) 第三版划分。

第一产业，是指《国际标准产业分类》第三版1－5类，包括农、林、牧、渔业。

第二产业，是指《国际标准产业分类》第三版10−45类，包括采掘业，制造业，电、煤气和水供应业，建筑业。

第三产业，是指《国际标准产业分类》第三版50－99类，除第一、二产业以外的其他产业。

按要素价格计算的总增加值 原为按要素价格计算的国内生产总值，是农业、工业和服务业增加值之和。如果这些部门的增加值是按购买价格计算的，按要素价格计算的总增加值等于国内生产总值减去产品税净值。

存货增加 指企业为满足生产或销售、业务发展方面临时或不可预知的波动而保有的库存商品。

固定资产形成总额 包括土地改善（防卫、沟渠、排水等）；购买工场、机器和设备；修建公路、铁路等类，包括学校、办公室、医院、私人居民住房和商业或工业建筑。

资本形成总额 由固定资产与存货净变动水平支出构成。

最终消费 是居民消费支出、政府消费支出之和。它包括资源利用与供给之间的误差。

总储蓄 指国内生产总值与最终消费之差。

政府消费 指当期政府所有购买商品和服务的支出(包括雇员报酬)，包括大部分国家防卫和安全支出，不包括形成政府资本的军事支出。

居民消费 是居民购买的所有商品和服务的市场价值，包括耐用商品（如汽车、洗衣机和家庭计算机）。它不包括购买住房支出，但包括自有住房的虚拟租金，还包括支付给政府的获得许可权的费用。居民消费包括非盈利机构为居民提供的支出。

对GDP增长的贡献 “贡献”一词把增长率与GDP构成联系在一起。对GDP增长的贡献，即在GDP其他组成部分不变的情况下，因为该部分变化导致GDP产生多少变化(指增长率)。

劳动者报酬 包括国家常住和非常住雇员的报酬，不包括临时在国外工作的常住雇员的报酬。具体包括：(1)工资；(2)雇主的社会保障缴款；(3)雇主的个人养老金、保险金及类似的缴款。

经营盈余 在SNA生产账户中为平衡项目，即扣除给雇员报酬、固定资本折旧、净间接税后的增加值剩余部分。

固定资本折旧 包括日用和磨损的折扣。包括可预见的无形磨损、固定资产在正常情况下可能发生的事故性毁坏（不能修复的）和目前更新成本。

进口补贴 是商品通过国界或经济体边界或服务被转移到居民或机构时支付给生产者的有关商品和服务的补贴。

Explanatory Notes on Main Statistical Indicators

Value Added and Gross Domestic Product: The value added of industries at producer's prices is equal to the gross output of the industries at producer's prices less the value of their intermediate consumption at purchaser's prices. Value added for the total of all domestic producers plus import duties and value added of any domestic producer, and less financial intermediation services indirectly (which are deducted in a single line) is equal to the gross domestic product.

Gross domestic product may the defined alternatively as the sum of final expenditures in the domestic economy or as the sum of incomes received in the domestic economy. In principle, all three methods should yield the same result but in statistical practice there are likely to be small discrepancies. Such statistical discrepancies are shown where they exist.

Gross National Income (GNI): GNI is GDP less net taxes on products and imports, less compensation of employees less property income payable to the rest of the world plus the corresponding items receivable from the rest of the world; an alternative approach to measuring GNI at market prices is as the aggregate value of the balances of gross primary incomes for all sectors. It is defined as the GNP(Gross National Product) in 1993 new SNA.

GNI Per Capita in International Dollars: It is GNI per capita converted to international dollar using purchasing power parity (PPP) rates. An international dollar has the same purchasing power over GNI as a US Dollar has in the United States..

Three Industries: The origin is determined by the International Standard Industrial Classification (ISIC), revision 3.

Primary industry: It corresponds to ISIC divisions 1-5 and includes forestry, hunting, and fishing, as well as cultivation of crops and livestock production.

Secondary industry: It corresponds to ISIC divisions 10-45 and includes manufacturing (ISIC divisions 15-37). It comprises value added in mining, manufacturing (also reported as a separate subgroup), construction, electricity, water, and gas.

Tertiary industry: It corresponds to ISIC divisions 50-99. It includes value added in wholesale and retail trade (including hotels and restaurants), transport, and government, financial, professional, and personal services such as education, health care, and real estate services. It also includes imputed bank service charges, import duties, and any statistical discrepancies noted by national compilers as well as discrepancies arising from rescaling.

Gross Value Added at Factor Cost: Gross value added at factor cost (formerly GDP at factor cost) is derived as the sum of the value added in the agriculture, industry and services sectors. If the value added of these sectors is calculated at purchaser price, gross value added at factor cost is derived by subtracting net product taxes from GDP.

Changes in Inventories: Inventories are stocks of goods held by firms to meet temporary or unexpected fluctuations in production or sales, and "work in progress."

Gross Fixed Capital Formation: Gross fixed capital formation includes land improvements (fences, ditches, drains, and so on); plant, machinery, and equipment purchases; and the construction of roads, railways, and the like, including schools, offices, hospitals, private residential dwellings, and commercial and industrial buildings.

Gross Capital Formation: Gross capital formation consists of outlays on additions to the fixed assets of the economy plus net changes in the level of inventories.

Final Consumption Expenditure: Final consumption expenditure is the sum of household final consumption expenditure and general government final consumption expenditure. This estimate includes any statistical discrepancy in the use of resources relative to the supply of resources.

Gross Domestic Savings: Gross domestic savings are calculated as GDP less final consumption expenditure.

General Government Final Consumption Expenditure: General government final consumption expenditure includes all government current expenditures for purchases of goods and services (including compensation of employees). It also includes most expenditure on national defense and security, but excludes government military expenditures that are part of government capital formation.

Household Final Consumption Expenditure: Household final consumption expenditure is the market value of all goods and services, including durable products (such as cars, washing machines, and home computers), purchased by households. It excludes purchases of dwellings but includes imputed rent for owner-occupied dwellings. It also includes payments and fees to governments to obtain permits and licenses. Here, household consumption expenditure includes the expenditures of nonprofit institutions serving households.

Contribution to the Growth of GDP: The term "contribution" combines information about growth rates and percentage shares of GDP components. This form of presentation, sometimes refers to" as percentage points of GDP", shows by how much GDP would have changed if other GDP components were unchanged.

Compensation of Employees: It includes payments to resident employees and non-resident employees working in the country but excludes payments to resident employees temporarily working abroad. Each component includes (a) wages and salaries,(b)employers contributions to social security schemes and (c)employers contributions to privates pension, insurance and similar schemes"

Operating Surplus: It is the balancing item in the SNA production account. For an individual establishment it is defined as the excess of value added over the sum of compensation of employees, consumption of fixed capital, and net indirect taxes.

Consumption of Fixed Capital: It includes allowances for normal wear and tear, foreseen obsolescence and probable (normally expected) accidental damage to fixed capital not made good by repair, all current replacement cost.

Import Subsidies: It consists of subsidies on goods and services that become payable to resident producers when the goods cross the frontier of the economic territory or when the services are delivered to resident institutional units.

五、人　口

Population

5-1 年中人口数

Mid-year Population Estimates

资料来源：世界银行数据库。
Source: World Bank Database.
单位：万人 (10 000 persons)

国家和地区	Country or Area	年中人口数 Mid-year Population Estimates				人口增长率（%） Population Growth Rates(%)	
		1990	2000	2001	2002	年均人口增长率（1991–2002年） Average Annual Population Growth Rates (1991-2002)	2002年增长率 Growth Rate in 2002
世　界	**World**	**525284**	**605138**	**612707**	**619869**	**1.4**	**1.2**
低收入国家	**Low Income**	**196798**	**240650**	**245075**	**249460**	**2.0**	**1.8**
中等收入国家	**Middle Income**	**239715**	**269098**	**271614**	**273792**	**1.1**	**0.8**
高收入国家	**High Income**	**88770**	**95390**	**96018**	**96617**	**0.7**	**0.6**
中　国①	China ①	114333	126743	127627	128453	1.0	0.6
中国香港	Hong Kong,China	571	667	673	679	1.5	0.9
中国澳门	Macao,China	37	43	43	44	1.4	1.2
阿富汗	Afghanistan	1769	2655	2726	2800	3.9	2.7
阿尔巴尼亚	Albania	328	311	313	315	-0.3	0.6
阿尔及利亚	Algeria	2502	3039	3084	3132	1.9	1.6
安哥拉	Angola	934	1239	1275	1312	2.9	2.9
安提瓜和巴布达	Antigua and Barbuda	6	7	7	7	0.6	1.5
阿根廷	Argentina	3229	3585	3617	3648	1.0	0.9
亚美尼亚	Armenia	355	311	309	307	-1.2	-0.6
澳大利亚	Australia	1707	1918	1941	1966	1.2	1.3
奥地利	Austria	773	801	803	805	0.3	0.2
阿塞拜疆	Azerbaijan	716	805	811	817	1.1	0.8
巴哈马	Bahamas	26	31	31	31	1.7	1.3
巴　林	Bahrain	50	67	68	70	2.8	2.0
孟加拉国	Bangladesh	11003	13105	13335	13568	1.8	1.8
巴巴多斯	Barbados	26	27	27	27	0.3	0.4
白俄罗斯	Belarus	1019	1001	997	993	-0.2	-0.5
比利时	Belgium	997	1025	1029	1033	0.3	0.4
伯利兹	Belize	19	24	25	25	2.5	2.4
贝　宁	Benin	471	622	639	655	2.8	2.6
不　丹	Bhutan	60	81	83	85	3.0	2.8
玻利维亚	Bolivia	657	843	862	881	2.5	2.2
波　黑	Bosnia and Hercegovinia	445	398	406	411	-0.7	1.4
博茨瓦纳	Botswana	128	168	170	171	2.5	1.0
巴　西	Brazil	14796	17010	17239	17449	1.4	1.2
文　莱	Brunei Darussalam	26	34	34	35	2.6	2.0
保加利亚	Bulgaria	872	817	802	797	-0.7	-0.7
布基纳法索	Burkina Faso	888	1127	1155	1183	2.4	2.4
布隆迪	Burundi	546	681	694	707	2.2	1.9
柬埔寨	Cambodia	915	1202	1227	1249	2.6	1.8
喀麦隆	Cameroon	1166	1512	1545	1577	2.5	2.1
加拿大	Canada	2779	3077	3108	3136	1.0	0.9
佛得角	Cape Verde	34	44	45	46	2.5	2.7
中　非	Central African Rep.	294	372	377	382	2.2	1.5
乍　得	Chad	582	786	810	834	3.0	3.0
智　利	Chile	1310	1521	1540	1559	1.5	1.2
哥伦比亚	Colombia	3497	4230	4303	4373	1.9	1.6
科摩罗	Comoros	43	56	57	59	2.6	2.4
刚果(金)	Congo, Dem. Rep.	3737	4857	5005	5158	2.7	3.1
刚果(布)	Congo	249	345	355	366	3.2	2.9
哥斯达黎加	Costa Rica	305	381	387	394	2.2	1.8
科特迪瓦	Cote D'Ivoire	1180	1583	1618	1651	2.8	2.1
克罗地亚	Croatia	477	445	446	447	-0.6	0.1
古　巴	Cuba	1063	1119	1123	1126	0.5	0.3
塞浦路斯	Cyprus	68	76	76	77	1.0	0.5
捷　克	Czech Republic	1036	1027	1022	1021	-0.1	-0.1
丹　麦	Denmark	514	534	536	537	0.4	0.3

注：①年底总人口数。
Note: ① Year-end Total Population.

5-1续表1 continued

单位：万人 (10 000 persons)

国家和地区	Country or Area	年中人口数 Mid-year Population Estimates 1990	2000	2001	2002	人口增长率（%）Population Growth Rates(%) 年均人口增长率（1991-2002年）Average Annual Population Growth Rates (1991-2002)	2002年增长率 Growth Rate in 2002
吉布提	Djibouti	49	67	68	69	2.9	1.9
多米尼加	Dominican Republic	7	7	7	7	0.0	0.0
厄瓜多尔	Ecuador	1026	1242	1262	1282	1.9	1.6
埃及	Egypt	5244	6398	6518	6637	2.0	1.8
萨尔瓦多	El Salvador	511	621	631	642	1.9	1.7
赤道几内亚	Equatorial Guinea	35	46	47	48	2.7	2.6
厄里特尼亚	Eritrea	314	410	420	430	2.7	2.3
爱沙尼亚	Estonia	157	137	136	136	-1.2	-0.4
埃塞俄比亚	Ethiopia	5118	6430	6578	6722	2.3	2.2
斐济	Fiji	74	81	82	82	0.9	0.7
芬兰	Finland	499	517	519	520	0.3	0.2
法国	France	5674	5889	5919	5949	0.4	0.5
法属波立尼西亚	French Polynesia	20	24	24	24	1.7	1.3
加蓬	Gabon	95	126	129	132	2.7	2.2
冈比亚	Gambia	93	131	135	139	3.4	2.7
格鲁吉亚	Georgia	546	526	522	518	-0.4	-0.9
德国	Germany	7943	8221	8233	8250	0.3	0.2
加纳	Ghana	1528	1959	1993	2027	2.4	1.7
希腊	Greece	1016	1056	1059	1063	0.4	0.4
格林纳达	Grenada	9	10	10	10	0.7	2.0
关岛	Guam	13	16	16	16	1.4	1.3
危地马拉	Guatemala	875	1139	1168	1199	2.7	2.6
几内亚	Guinea	576	742	758	774	2.5	2.2
几内亚比绍	Guinea-Bissau	102	137	141	145	3.0	2.9
圭亚那	Guyana	73	76	76	77	0.4	0.5
海地	Haiti	647	796	813	829	2.1	1.9
洪都拉斯	Honduras	487	646	663	680	2.8	2.6
匈牙利	Hungary	1037	1002	1019	1016	-0.2	-0.3
冰岛	Iceland	26	28	28	28	0.9	0.7
印度	India	84952	101592	103247	104864	1.8	1.6
印度尼西亚	Indonesia	17823	20627	20898	21172	1.4	1.3
伊朗	Iran	5440	6366	6453	6554	1.6	1.6
伊拉克	Iraq	1808	2322	2368	2417	2.5	2.1
爱尔兰	Ireland	351	381	387	392	0.9	1.4
以色列	Israel	466	629	644	657	2.9	2.0
意大利	Italy	5672	5769	5771	5769	0.1	0.0
牙买加	Jamaica	239	258	260	262	0.8	0.8
日本	Japan	12354	12687	12704	12715	0.2	0.1
约旦	Jordan	317	489	503	517	4.2	2.8
哈萨克斯坦	Kazakhstan	1635	1506	1491	1488	-0.8	-0.2
肯尼亚	Kenya	2335	3009	3074	3135	2.5	2.0
吉里巴斯	Kiribati	7	9	9	10	2.3	2.2
朝鲜	Korea, Dem. People's Rep.	1996	2227	2237	2249	1.0	0.5
韩国	Korea, Rep.	4287	4701	4734	4764	0.9	0.6
科威特	Kuwait	213	219	228	233	0.8	2.3
吉尔吉斯	Kyrgyzstan	442	492	496	500	1.0	1.0
老挝	Laos	413	528	540	553	2.5	2.4

5-1续表2 continued

单位：万人 (10 000 persons)

国家和地区	Country or Area	年中人口数 Mid-year Population Estimates				人口增长率（%） Population Growth Rates(%)	
		1990	2000	2001	2002	年均人口增长率（1991-2002年） Average Annual Population Growth Rates (1991-2002)	2002年增长率 Growth Rate in 2002
拉脱维亚	Latvia	267	237	236	234	-1.1	-0.9
黎巴嫩	Lebanon	364	433	439	444	1.7	1.3
莱索托	Lesotho	157	174	176	178	1.0	1.0
利比里亚	Liberia	244	313	321	330	2.6	2.5
利比亚	Libya	431	524	534	545	2.0	2.0
立陶宛	Lithuania	370	351	348	347	-0.5	-0.4
卢森堡	Luxumburg	38	44	44	44	1.3	0.9
马其顿	Macedonia	190	203	204	204	0.6	0.1
马达加斯加	Madagascar	1163	1552	1598	1644	2.9	2.9
马拉维	Malawi	851	1031	1053	1074	2.0	2.1
马来西亚	Malaysia	1820	2327	2380	2431	2.4	2.1
马尔代夫	Maldives	21	27	28	29	2.5	2.5
马里	Mali	846	1084	1110	1137	2.5	2.4
马耳他	Malta	36	39	40	40	0.8	0.5
毛里塔尼亚	Mauritania	203	265	272	279	2.7	2.5
毛里求斯	Mauritius	106	119	120	121	1.1	1.0
墨西哥	Mexico	8323	9797	9938	10082	1.6	1.5
密克罗尼西亚	Micronesia, Fed.States	10	12	12	12	2.0	1.7
摩尔多瓦	Moldova	436	428	427	426	-0.2	-0.4
蒙古	Mongolia	211	240	242	245	1.3	1.2
摩洛哥	Morocco	2404	2871	2917	2964	1.8	1.6
莫桑比克	Mozambique	1415	1769	1807	1844	2.2	2.0
缅甸	Myanmar	4051	4755	4818	4879	1.6	1.3
纳米比亚	Namibia	141	189	194	199	2.9	2.1
尼泊尔	Nepal	1814	2304	2359	2413	2.4	2.3
荷兰	Netherlands	1495	1592	1604	1614	0.6	0.7
荷属安的列斯	Netherlands Antilles	19	22	22	22	1.2	0.9
新喀里多尼亚	New Caledeonia	17	21	22	22	2.3	1.4
新西兰	New Zealand	345	386	388	394	1.1	1.5
尼加拉瓜	Nicaragua	382	507	521	534	2.8	2.6
尼日尔	Niger	765	1074	1109	1143	3.4	3.1
尼日利亚	Nigeria	9620	12691	12988	13279	2.7	2.2
挪威	Norway	424	449	451	454	0.6	0.6
阿曼	Oman	163	241	248	254	3.8	2.4
巴基斯坦	Pakistan	10798	13808	14145	14490	2.5	2.4
巴拿马	Panama	240	285	290	294	1.7	1.5
巴布亚新几内亚	Papua New Guinea	398	513	525	538	2.5	2.4
巴拉圭	Paraguay	415	527	539	551	2.4	2.2
秘鲁	Peru	2157	2594	2635	2675	1.8	1.5
菲律宾	Philippines	6104	7663	7832	7994	2.3	2.1
波兰	Poland	3812	3865	3864	3863	0.1	0.0
葡萄牙	Portugal	990	1013	1016	1018	0.2	0.2
波多黎各	Puerto Rico	354	382	384	387	0.8	0.8
卡塔尔	Qatar	49	59	60	61	1.9	2.0
罗马尼亚	Romania	2321	2244	2241	2230	-0.3	-0.5
俄罗斯联邦	Russian Federation	14829	14556	14475	14407	-0.2	-0.5
卢旺达	Rwanda	694	771	793	816	1.4	2.9
萨摩亚	Samoa	16	17	17	18	0.8	1.1

5-1续表3 continued

单位：万人 (10 000 persons)

国家和地区	Country or Area	年中人口数 Mid-year Population Estimates				人口增长率（%） Population Growth Rates(%)	
		1990	2000	2001	2002	年均人口增长率（1991-2002年） Average Annual Population Growth Rates (1991-2002)	2002年增长率 Growth Rate in 2002
圣多美和普林西比	Sao Tome and Principe	12	15	15	15	2.5	2.0
沙特阿拉伯	Saudi Arabia	1580	2072	2129	2189	2.8	2.8
塞内加尔	Senegal	733	953	977	1001	2.6	2.4
塞舌尔	Seychelles	7	8	8	8	1.5	2.4
塞拉利昂	Sierra Leone	400	503	513	524	2.3	2.0
新加坡	Singapore	305	402	413	416	2.6	0.8
斯洛伐克	Slovak	528	539	538	538	0.2	0.0
斯洛文尼亚	Slovenia	200	199	198	196	-0.1	-0.7
所罗门群岛	Solomon Islands	32	42	43	44	2.8	2.8
索马里	Somalia	716	872	902	932	2.2	3.3
南非	South Africa	3520	4400	4481	4535	2.1	1.2
西班牙	Spain	3884	4050	4073	4092	0.4	0.4
斯里兰卡	Sri Lanka	1627	1847	1873	1897	1.3	1.3
圣基茨和尼维斯	St. Kitts and Nevis	4	4	5	5	0.8	2.2
圣卢西亚	St. Lucia	13	16	16	16	1.5	1.3
圣文森特和格林纳丁斯	St. Vincent and Grens	11	12	12	12	0.7	0.9
苏丹	Sudan	2493	3144	3209	3279	2.3	2.2
苏里南	Suriname	40	43	43	43	0.6	0.9
斯威士兰	Swaziland	77	105	107	109	2.9	1.9
瑞典	Sweden	856	887	889	892	0.3	0.3
瑞士	Switzerland	671	718	723	729	0.7	0.8
叙利亚	Syrian Arab Republic	1212	1619	1659	1699	2.9	2.4
塔吉克斯坦	Tajikistan	530	619	623	627	1.4	0.6
坦桑尼亚	Tanzania	2547	3370	3445	3518	2.7	2.1
泰国	Thailand	5560	6073	6118	6161	0.9	0.7
多哥	Togo	346	456	466	476	2.7	2.1
汤加	Tonga	10	10	10	10	0.4	0.0
特立尼达和多巴哥	Trinidad And Tobago	122	129	130	130	0.6	0.6
突尼斯	Tunisia	815	956	967	978	1.5	1.1
土耳其	Turkey	5615	6742	6853	6963	1.8	1.6
土库曼斯坦	Turkmenistan	367	464	472	479	2.3	1.6
乌干达	Uganda	1736	2325	2393	2460	2.9	2.8
乌克兰	Ukraine	5189	4950	4909	4872	-0.5	-0.8
阿联酋	United Arab Emirates	184	281	300	322	4.7	7.1
英国	United Kingdom	5756	5888	5905	5923	0.2	0.3
美国	United States	24944	28222	28532	28837	1.2	1.1
乌拉圭	Uruguay	311	332	334	336	0.7	0.6
乌兹别克斯坦	Uzbekistan	2051	2465	2497	2527	1.8	1.2
瓦努阿图	Vanuatu	15	20	20	21	2.9	2.5
委内瑞拉	Venezuela	1950	2417	2463	2509	2.1	1.9
越南	Viet Nam	6620	7852	7949	8042	1.6	1.2
美属维尔京群岛	Virgin Islands(US)	10	11	11	11	0.5	0.9
约旦河西岸和加沙地带	West Bank and Gaza	197	297	310	323	4.2	4.4
也门	Yemen	1188	1751	1805	1860	3.8	3.1
赞比亚	Zambia	778	989	1007	1024	2.3	1.7
津巴布韦	Zimbabwe	1024	1265	1285	1300	2.0	1.2

5-2 人口性别和年龄构成(2002 年)

Gender and Age Composition of Population(2002)

资料来源：世界银行数据库。
Source: World Bank Database.
单位：万人 (10 000 persons)

国家和地区	Country or Area	年龄构成 Age Composition						负担系数② (%) Age Dependency Ratio ② (%)
		0-14 岁 Age 0-14		15-64 岁 Age 15-64		65 岁以上 Age 65+		
			女 Female		女 Female		女 Female	
世　　界	**World**	**180695**	**88237**	**394628**	**194927**	**43748**	**24424**	**56.9**
中　　国①	China ①	30984	14927	87786	42361	9205	4672	45.8
中国香港	HongKong, China	109	53	488	249	77	41	38.2
中国澳门	Macao, China	10	5	31	17	3	2	40.6
孟加拉国	Bangladesh	4911	2406	8197	4123	450	207	65.4
印　　度	India	34279	16594	65099	31299	5271	2767	60.8
印度尼西亚	Indonesia	6316	3098	13837	6948	1009	548	52.9
伊　　朗	Iran	2002	982	4187	2094	308	160	55.2
以 色 列	Israel	179	87	410	205	63	37	59.2
日　　本	Japan	1818	886	8581	4271	2295	1332	47.9
哈萨克斯坦	Kazakhstan	381	187	1007	515	117	75	49.4
朝　　鲜	Korea, Dem. People's Rep.	584	286	1523	753	143	82	47.8
韩　　国	Korea, Rep.	997	471	3411	1682	344	209	39.3
马来西亚	Malaysia	806	393	1507	745	104	57	60.4
蒙　　古	Mongolia	80	39	156	79	10	6	57.4
缅　　甸	Myanmar	1573	778	3073	1554	221	120	58.4
巴基斯坦	Pakistan	5885	2891	8119	3862	482	240	78.4
菲 律 宾	Philippines	2903	1419	4748	2358	311	172	67.7
新 加 坡	Singapore	88	43	298	144	31	17	40.0
斯里兰卡	Sri Lanka	484	246	1282	645	124	64	47.4
泰　　国	Thailand	1429	695	4325	2208	396	219	42.2
土 耳 其	Turkey	1969	978	4570	2285	407	224	52.0
越　　南	Viet Nam	2521	1229	5073	2571	424	255	58.0
埃　　及	Egypt	2260	1099	4084	1997	282	157	62.2
尼日利亚	Nigeria	5788	2877	7106	3625	347	198	86.3
南　　非	South Africa	1428	703	2819	1437	200	123	57.7
加 拿 大	Canada	577	281	2153	1071	400	228	45.4
墨 西 哥	Mexico	3318	1640	6248	3260	514	279	61.3
美　　国	United States	6057	2958	19080	9614	3586	2089	50.5
阿 根 廷	Argentina	1034	509	2389	1205	370	219	58.8
巴　　西	Brazil	4866	2392	11630	5909	923	525	49.8
委内瑞拉	Venezuela	827	405	1566	778	113	63	60.0
白俄罗斯	Belarus	172	84	681	351	137	91	45.4
保加利亚	Bulgaria	119	58	554	279	131	76	45.1
捷　　克	Czech Republic	162	79	720	359	141	87	42.1
法　　国	France	1108	542	3871	1945	957	565	53.4
德　　国	Germany	1240	604	5601	2742	1387	840	46.9
意 大 利	Italy	812	394	3870	1933	1078	637	48.8
荷　　兰	Netherlands	296	144	1090	538	222	129	47.5
波　　兰	Poland	703	342	2680	1347	477	296	44.0
罗马尼亚	Romania	384	187	1541	775	305	178	44.7
俄罗斯联邦	Russian Federation	2434	1195	10122	5229	1855	1255	42.4
西 班 牙	Spain	613	297	2781	1387	694	406	47.0
乌 克 兰	Ukraine	804	393	3351	1739	718	475	45.4
英　　国	United Kingdom	1084	528	3869	1924	948	547	52.5
澳大利亚	Australia	395	192	1321	654	243	135	48.3
新 西 兰	New Zealand	87	43	261	133	46	26	51.1

注：①世界银行统计数据。②指 0-14 岁和 65 岁及以上人口与 15-64 岁人口之比，用百分数表示。
Note: ① Data from World Bank. ② Dependency ratio is the ratio of dependents-people younger than 15 and older than 64-to the working-age population-those between ages 15-64.

5-3 人口出生率、死亡率和自然增长率
Birth Rate, Death Rate and Natural Growth Rate

资料来源：世界银行数据库。
Source: World Bank Database.
单位：‰ (‰)

国家和地区	Country or Area	人口出生率 Birth Rate		人口死亡率 Death Rate		人口自然增长率 Natural Growth Rate	
		1990	2002	1990	2002	1990	2002
世　界	**World**	**25.5**	**20.7**	**9.2**	**9.2**	**16.2**	**11.5**
中　国	China	21.1	12.9	6.7	6.4	14.4	6.5
中国香港	Hong Kong, China	12.3	7.1	5.0	5.0	7.3	2.1
中国澳门	Macao, China	19.2	9.4	5.0	5.0	14.3	4.4
孟加拉国	Bangladesh	32.7	28.2	12.4	8.2	20.3	20.0
印　度	India	30.2	24.0	9.7	8.5	20.5	15.5
印度尼西亚	Indonesia	25.4	20.2	8.5	7.3	16.9	12.9
伊　朗	Iran	30.8	17.8	7.2	5.9	23.6	11.9
以色列	Israel	22.2	20.2	6.8	6.0	15.4	14.2
日　本	Japan	10.0	9.3	6.7	8.1	3.3	1.2
哈萨克斯坦	Kazakhstan	21.7	14.6	7.7	11.8	14.0	2.8
朝　鲜	Korea, Dem. People's Rep.	20.7	16.7	6.5	11.2	14.2	5.5
韩　国	Korea, Rep.	16.3	12.2	6.3	6.5	10.0	5.7
马来西亚	Malaysia	28.9	21.8	4.9	4.5	24.1	17.3
蒙　古	Mongolia	30.9	22.7	8.2	6.1	22.8	16.6
缅　甸	Myanmar	30.5	23.2	12.6	11.5	17.9	11.7
巴基斯坦	Pakistan	41.4	32.5	12.6	7.7	28.8	24.8
菲律宾	Philippines	32.4	25.6	6.7	5.6	25.8	20.0
新加坡	Singapore	18.4	11.4	4.8	4.5	13.6	6.9
斯里兰卡	Sri Lanka	20.8	18.0	6.0	5.7	14.8	12.3
泰　国	Thailand	20.9	15.1	6.0	7.8	14.9	7.3
土耳其	Turkey	24.8	21.6	7.4	6.6	17.4	15.0
越　南	Viet Nam	28.8	18.5	7.3	6.2	21.5	12.3
埃　及	Egypt	31.1	24.2	9.5	6.1	21.7	18.1
尼日利亚	Nigeria	43.8	39.1	14.6	17.4	29.2	21.7
南　非	South Africa	31.9	25.0	9.2	19.6	22.7	5.4
加拿大	Canada	15.0	10.7	7.3	7.1	7.7	3.6
墨西哥	Mexico	28.0	19.9	5.4	4.2	22.6	15.7
美　国	United States	16.7	13.9	8.6	8.5	8.1	5.4
阿根廷	Argentina	21.0	18.7	8.3	7.6	12.6	11.1
巴　西	Brazil	23.6	19.1	7.5	7.1	16.1	12.0
委内瑞拉	Venezuela	28.6	23.2	4.8	4.6	23.7	18.6
白俄罗斯	Belarus	13.9	9.4	10.7	14.3	3.2	-4.9
保加利亚	Bulgaria	12.1	8.8	12.4	14.4	-0.3	-5.6
捷　克	Czech Republic	12.7	9.1	12.5	11.1	0.2	-2.0
法　国	France	13.4	12.5	9.3	9.6	4.1	2.9
德　国	Germany	11.4	8.7	11.5	10.4	-0.1	-1.7
意大利	Italy	10.0	8.8	9.4	10.9	0.6	-2.1
荷　兰	Netherlands	13.2	12.2	8.6	8.9	4.6	3.3
波　兰	Poland	14.3	9.3	10.2	9.4	4.1	-0.1
罗马尼亚	Romania	13.7	10.4	10.6	13.0	3.1	-2.6
俄罗斯联邦	Russian Federation	13.4	9.8	11.2	15.4	2.2	-5.6
西班牙	Spain	10.3	10.1	8.5	9.4	1.8	0.7
乌克兰	Ukraine	12.7	8.7	12.1	15.3	0.6	-6.6
英　国	United Kingdom	13.9	10.8	11.1	10.4	2.8	0.4
澳大利亚	Australia	15.4	12.7	7.0	6.8	8.4	5.9
新西兰	New Zealand	17.4	13.8	8.1	7.2	9.3	6.6

5-4 生殖健康

Reproductive Health

资料来源：世界银行《世界发展指标》2004年。

Source: World Bank *World Development Indicators 2004*.

国家和地区	Country or Area	总和生育率 Total Fertility Rate	少女生育率① (‰) Adolescent Fertility Rate ① (‰)	避孕普及率② (‰) Contraceptive Prevalence Rate ② (‰)	产妇死亡率③ (1/100000) Maternal Mortality Ratio ③ (1/100000)
		2002	2002	1990-2002	1985-2002
世　界	**World**	**2.6**	**63**		
中　国④	China ④	1.9	15	83	53
中国香港	Hong Kong, China	1.0	6		
孟加拉国	Bangladesh	3.0	129	54	380
印　度	India	2.9	98	52	540
印度尼西亚	Indonesia	2.3	52	57	380
伊　朗	Iran	2.0	25	73	37
以色列	Israel	2.7	19		5
日　本	Japan	1.3	3		8
哈萨克斯坦	Kazakhstan	1.8	35	66	50
朝　鲜	Korea, Dem. People's Rep.	2.1	2		110
韩　国	Korea, Rep.	1.5	4		20
马来西亚	Malaysia	2.8	23		30
蒙　古	Mongolia	2.4	45	60	160
缅　甸	Myanmar	2.8	29		230
巴基斯坦	Pakistan	4.5	62	28	530
菲律宾	Philippines	3.2	33	47	170
新加坡	Singapore	1.4	8		6
斯里兰卡	Sri Lanka	2.1	20		92
泰　国	Thailand	1.8	72	72	36
土耳其	Turkey	2.2	55	64	130
越　南	Viet Nam	1.9	28	79	95
埃　及	Egypt	3.0	46	56	84
尼日利亚	Nigeria	5.1	111	15	
南　非	South Africa	2.8	43	62	150
加拿大	Canada	1.5	20		
墨西哥	Mexico	2.4	62	65	79
美　国	United States	2.1	47	64	8
阿根廷	Argentina	2.4	60		41
巴　西	Brazil	2.1	68	77	160
委内瑞拉	Venezuela	2.7	90		60
白俄罗斯	Belarus	1.3	21		14
保加利亚	Bulgaria	1.3	49		15
捷　克	Czech Republic	1.2	23	69	9
法　国	France	1.9	10	71	10
德　国	Germany	1.4	14		8
意大利	Italy	1.3	8		7
荷　兰	Netherlands	1.7	5	75	7
波　兰	Poland	1.3	15		4
罗马尼亚	Romania	1.3	41	48	41
俄罗斯联邦	Russian Federation	1.3	46	34	37
西班牙	Spain	1.3	9		0
乌克兰	Ukraine	1.2	31	72	18
英　国	United Kingdom	1.7	27		7
澳大利亚	Australia	1.8	18		
新西兰	New Zealand	1.9	30		15

注：①指每千名15—19岁妇女中生育的妇女人数。②指15—49岁，本人或其性伙伴采取了避孕措施的妇女人数。③指每十万个活婴中，怀孕期间和生产时死亡的妇女人数。④世界银行统计数据。

Note: ① Adolescent fertility rate is the number of births per 10000 women ages 15-19.

② Contraceptive prevalence rate is the percentage of women who are practicing,or whose sexual partners are practicing,any form of contraception.It is usually measured for married women ages 15-49 only.

③ Maternal mortality ratio is the number of women who die during pregnancy and childbirth,per 100000 live births.

④ Data from World Bank.

5-5 婴儿死亡率和平均预期寿命
Infant Mortality Rate and Life Expectancy at Birth

资料来源：世界银行数据库。
Source: World Bank Database.

国家和地区	Country or Area	婴儿死亡率(‰) Infant Mortality Rate (‰)		平均预期寿命（岁）Life Expectancy at Birth(years)	
		1990	2001	1990	2001
世　界	**World**	**63.9**	**55.0**	**65.3**	**66.7**
中　国	China	32.9	28.4 ①	68.6	71.4 ①
中国香港	Hong Kong,China	6.2	2.7 ②	77.6	80.0 ②
中国澳门	Macao,China	9.6	4.0 ②	76.9	79.2 ②
孟加拉国	Bangladesh	96.0	48.0	54.8	62.1
印　度	India	84.0	65.0	59.1	63.4
印度尼西亚	Indonesia	60.0	32.0	61.7	66.7
伊　朗	Iran	54.0	34.0	64.7	69.3
以色列	Israel	10.0	6.0	76.1	78.7
日　本	Japan	5.0	3.0	78.8	81.6
哈萨克斯坦	Kazakhstan	41.0	76.0	68.3	61.7
朝　鲜	Korea, Dem. People's Rep.	26.0	42.0	65.5	62.4
韩　国	Korea, Rep.	8.0	5.0	70.3	73.9
马来西亚	Malaysia	16.0	8.0	70.5	72.8
蒙　古	Mongolia	77.0	58.0	62.7	65.5
缅　甸	Myanmar	91.0	77.0	54.7	57.2
巴基斯坦	Pakistan	96.0	76.0	59.1	63.8
菲律宾	Philippines	45.0	28.0	65.6	69.8
新加坡	Singapore	7.0	3.0	74.3	..
斯里兰卡	Sri Lanka	22.0	16.0	70.2	73.8
泰　国	Thailand	34.0	24.0	68.5	69.2
土耳其	Turkey	64.0	35.0	66.1	69.9
越　南	Viet Nam	38.0	20.0	64.8	69.7
埃　及	Egypt	76.0	33.0	62.8	68.9
尼日利亚	Nigeria	115.0	100.0	49.1	45.3
南　非	South Africa	45.0	52.0	61.9	46.5
加拿大	Canada	7.0	5.0	77.2	79.2
墨西哥	Mexico	37.0	24.0	70.8	73.6
美　国	United States	9.0	7.0	75.2	77.3
阿根廷	Argentina	25.0	16.0	71.6	74.3
巴　西	Brazil	50.0	33.0	65.6	68.6
委内瑞拉	Venezuela	23.0	19.0	71.2	73.7
白俄罗斯	Belarus	18.0	17.0	70.8	68.2
保加利亚	Bulgaria	14.0	14.0	71.4	71.8
捷　克	Czech Republic	10.0	4.0	71.7	75.0
法　国	France	8.0	4.0	76.7	79.2
德　国	Germany	7.0	4.0	75.1	78.1
意大利	Italy	9.0	4.0	77.1	78.4
荷　兰	Netherlands	7.0	5.0	76.9	78.3
波　兰	Poland	16.0	8.0	70.9	73.8
罗马尼亚	Romania	27.0	19.0	69.7	70.0
俄罗斯联邦	Russian Federation	21.0	18.0	68.9	65.8
西班牙	Spain	8.0	5.0	76.7	78.3
乌克兰	Ukraine	18.0	16.0	70.1	68.2
英　国	United Kingdom	8.0	5.0	75.6	77.5
澳大利亚	Australia	8.0	6.0	77.0	79.2
新西兰	New Zealand	10.0	6.0	75.3	78.4

注：①2000年数据。②2001年数据。
Note: ① Data of 2000. ② Data of 2001.

5-6 结婚率与离婚率

Marriage Rate and Divorce Rate

资料来源：联合国《人口统计年鉴》1999年。
Source: UN *Demographic Yearbook 1999.*
单位：‰

(‰)

国家和地区	Country or Area	结婚率 Marriage Rate				离婚率 Divorce Rate			
		1990	1997	1998	1999	1990	1997	1998	1999
中　国	China	8.4	7.4	7.1	7.0	1.4	1.9	1.9	1.9
中国香港	Hong Kong, China	8.2	5.8	4.7		1.0	1.6	2.0	2.0
中国澳门	Macao, China	5.4	4.0	3.4	3.1		0.7	0.6	0.7
孟加拉国	Bangladesh		9.5						
伊　朗	Iran	8.3	8.4			0.7	0.7		
以色列	Israel	6.8	6.5			1.4	1.6		
日　本	Japan	5.8	6.2	6.2		1.3	1.8	1.9	
哈萨克斯坦	Kazakhstan	9.9	6.5	6.4	5.7	2.6	2.3	2.4	
韩　国	Korea, Rep.	9.3	7.9	6.6		1.0	1.8	2.1	
蒙　古	Mongolia		6.1	5.8			0.4	0.4	
新加坡	Singapore	9.0	6.9	6.0	6.6	1.2	1.3	1.4	1.3
斯里兰卡	Sri Lanka	8.9							
泰　国	Thailand	7.5							
土耳其	Turkey	8.2	8.3	7.6		0.5	0.5	0.5	
埃　及	Egypt		8.2				1.2		
南　非	South Africa			3.5					
加拿大	Canada	7.1	5.1			2.9	2.3		
墨西哥	Mexico	7.5	7.5	7.5	7.4	0.5	0.4	0.5	
美　国	United States	9.8	8.9	8.3		4.7	4.3	4.2	
阿根廷	Argentina	5.7							
巴　西	Brazil	5.4				0.5			
委内瑞拉	Venezuela	5.5	3.8	3.7		1.1			
白俄罗斯	Belarus	9.7	6.8	7.0	7.2	3.4	4.6	4.6	4.7
保加利亚	Bulgaria	6.7	4.2	4.3	4.2	1.3	1.1	1.3	
捷　克	Czech Republic		5.6	5.3	5.2		3.2	3.1	2.3
法　国	France	5.1	4.9	4.8	4.8	1.9	2.0		
德　国	Germany	6.5	5.2	5.1	5.2		2.3		
意大利	Italy	5.4	4.7			0.5			
荷　兰	Netherlands	6.4	5.4	5.5	5.6	1.9	2.2	2.1	2.0
波　兰	Poland	7.2	5.3	5.4	5.7	1.1	1.1	1.2	1.1
罗马尼亚	Romania	8.3	6.5	6.5		1.4	1.5	1.8	
俄罗斯联邦	Russian Federation	8.9	6.3	5.8	6.3	3.8	3.8	3.4	3.7
西班牙	Spain	5.6	5.0				0.9		
乌克兰	Ukraine	9.3	6.8	6.2		3.7	3.7	3.6	
英　国	United Kingdom	6.5	5.3	5.1		2.9			
南斯拉夫	Yugoslavia	6.2	5.3	5.0		1.0	0.8		
澳大利亚	Australia	6.9	5.8	5.9	6.0	2.5			
新西兰	New Zealand	6.9	5.3	5.3		2.7	2.6	2.7	

5-7 城市人口比重

Urban Population as Percentage of Total Population

资料来源：世界银行数据库。

Source: World Bank Database.

单位：%

(%)

国家和地区	Country or Area	1990	1999	2000	2001	2002
世　　界	**World**	**43.1**	**46.4**	**46.8**	**47.2**	**47.6**
中　　国	China	27.4	34.9	35.8	36.7	37.6
中国香港	Hong Kong, China	99.9	100.0	100.0	100.0	100.0
中国澳门	Macao, China	98.7	98.8	98.8	98.9	98.9
孟加拉国	Bangladesh	19.8	24.4	25.0	25.6	26.1
印　　度	India	25.5	27.4	27.7	27.9	28.1
印度尼西亚	Indonesia	30.6	39.9	41.0	42.0	43.0
伊　　朗	Iran	56.3	63.2	64.0	64.7	65.4
以 色 列	Israel	90.3	91.5	91.6	91.8	91.9
日　　本	Japan	77.4	78.6	78.8	78.9	79.1
哈萨克斯坦	Kazakhstan	57.0	56.0	55.8	55.9	55.9
朝　　鲜	Korea, Dem. People's Rep.	58.4	60.0	60.2	60.5	60.8
韩　　国	Korea, Rep.	73.8	81.1	81.9	82.4	83.0
马来西亚	Malaysia	49.8	56.7	57.4	58.1	58.7
蒙　　古	Mongolia	57.0	56.6	56.6	56.7	56.7
缅　　甸	Myanmar	24.6	27.3	27.7	28.2	28.7
巴基斯坦	Pakistan	30.6	32.8	33.1	33.4	33.8
菲 律 宾	Philippines	48.8	57.6	58.6	59.3	60.1
新 加 坡	Singapore	100.0	100.0	100.0	100.0	100.0
斯里兰卡	Sri Lanka	21.3	22.6	22.8	23.1	23.4
泰　　国	Thailand	18.7	19.7	19.8	20.0	20.2
土 耳 其	Turkey	61.2	65.3	65.8	66.2	66.6
越　　南	Viet Nam	20.3	23.7	24.1	24.5	24.9
埃　　及	Egypt	43.6	42.8	42.7	42.7	42.8
尼日利亚	Nigeria	35.0	43.1	44.1	44.9	45.7
南　　非	South Africa	48.8	56.0	56.9	57.6	58.4
加 拿 大	Canada	76.6	78.5	78.7	78.9	79.1
墨 西 哥	Mexico	72.5	74.2	74.4	74.6	74.8
美　　国	United States	75.2	77.0	77.2	77.4	77.7
阿 根 廷	Argentina	86.5	88.1	88.2	88.3	88.5
巴　　西	Brazil	74.8	80.5	81.2	81.7	82.2
委内瑞拉	Venezuela	84.0	86.6	86.9	87.2	87.4
白俄罗斯	Belarus	66.3	69.3	69.4	69.6	69.7
保加利亚	Bulgaria	66.5	67.5	67.5	67.5	67.5
捷　　克	Czech Republic	74.8	74.5	74.5	74.6	74.6
法　　国	France	74.0	75.2	75.4	75.5	75.7
德　　国	Germany	85.3	87.3	87.5	87.7	87.9
意 大 利	Italy	66.7	66.9	66.9	67.1	67.3
荷　　兰	Netherlands	88.7	89.4	89.5	89.6	89.7
波　　兰	Poland	60.7	62.2	62.3	62.6	62.8
罗马尼亚	Romania	53.6	55.0	55.1	55.3	55.5
俄罗斯联邦	Russian Federation	73.3	72.9	72.9	72.9	72.9
西 班 牙	Spain	75.4	77.4	77.6	77.8	78.1
乌 克 兰	Ukraine	66.9	67.8	67.9	68.0	68.1
英　　国	United Kingdom	89.1	89.4	89.5	89.5	89.6
澳大利亚	Australia	85.1	90.1	90.7	91.1	91.5
新 西 兰	New Zealand	84.7	85.7	85.8	85.9	86.0

5-8 农业人口比重

Agriculture Population as Percentage of Total Population

资料来源：联合国粮农组织数据库。
Source: FAO Database.
单位：%　　(%)

国家和地区	Country or Area	1990	1998	1999	2000	2001
世界总计	**World**	**46.4**	**42.8**	**42.4**	**42.0**	**41.6**
亚　洲	**Asia**	**58.9**	**53.4**	**52.9**	**52.4**	**51.8**
中　国①	China ①	71.9	67.1	66.6	66.0	65.4
孟加拉国	Bangladesh	65.2	56.7	55.7	54.7	53.7
印　度	India	58.2	54.1	53.7	53.2	52.7
印度尼西亚	Indonesia	50.9	44.8	44.1	43.4	42.8
伊　朗	Iran	32.2	27.0	26.5	26.0	25.5
以色列	Israel	4.1	2.8	2.7	2.6	2.5
日　本	Japan	7.0	4.1	3.9	3.6	3.4
哈萨克斯坦	Kazakhstan		20.1	19.6	19.2	18.8
朝　鲜	Korea, Dem. People's Rep.	38.0	30.9	30.1	29.4	28.7
韩　国	Korea, Rep.	16.1	9.3	8.8	8.2	7.7
马来西亚	Malaysia	26.0	18.4	17.7	17.0	16.3
蒙　古	Mongolia	32.0	25.0	24.3	23.6	22.9
缅　甸	Myanmar	73.3	70.5	70.2	69.9	69.6
巴基斯坦	Pakistan	55.7	51.4	50.9	50.4	49.9
菲律宾	Philippines	45.6	40.0	39.3	38.7	38.1
新加坡	Singapore	0.4	0.2	0.1	0.1	0.1
斯里兰卡	Sri Lanka	49.2	46.6	46.3	46.0	45.7
泰　国	Thailand	56.9	49.8	49.0	48.2	47.4
土耳其	Turkey	37.3	31.4	30.8	30.2	29.5
越　南	Viet Nam	71.2	67.7	67.3	66.9	66.5
非　洲	**Africa**	**60.9**	**56.2**	**55.7**	**55.2**	**54.7**
埃　及	Egypt	44.1	37.6	36.9	36.2	35.4
尼日利亚	Nigeria	43.0	34.2	33.3	32.4	31.5
南　非	South Africa	19.6	14.7	14.2	13.7	13.3
北美洲	**North America**	**13.0**	**10.9**	**10.7**	**10.5**	**10.3**
加拿大	Canada	3.7	2.6	2.6	2.5	2.4
墨西哥	Mexico	30.3	24.1	23.5	22.9	22.3
美　国	United States	3.0	2.3	2.2	2.1	2.1
南美洲	**South America**	**23.6**	**18.7**	**18.2**	**17.7**	**17.2**
阿根廷	Argentina	12.6	10.4	10.1	9.9	9.7
巴　西	Brazil	23.0	17.0	16.5	15.9	15.4
委内瑞拉	Venezuela	14.0	9.9	9.5	9.2	8.8
欧　洲	**Europe**	**10.2**	**8.8**	**8.5**	**8.2**	**7.9**
白俄罗斯	Belarus		13.8	13.2	12.7	12.2
保加利亚	Bulgaria	14.3	8.1	7.6	7.1	6.7
捷　克	Czech Republic		8.5	8.2	7.9	7.7
法　国	France	5.5	3.5	3.4	3.2	3.0
德　国	Germany	4.0	2.6	2.5	2.4	2.3
意大利	Italy	8.6	5.6	5.3	5.1	4.8
荷　兰	Netherlands	4.6	3.5	3.4	3.3	3.2
波　兰	Poland	24.2	19.4	19.0	18.5	18.0
罗马尼亚	Romania	22.1	14.6	13.9	13.2	12.6
俄罗斯联邦	Russian Federation		10.8	10.5	10.2	10.0
西班牙	Spain	11.8	7.7	7.3	7.0	6.6
英　国	United Kingdom	2.2	1.8	1.8	1.7	1.7
乌克兰	Ukraine		16.4	15.9	15.4	14.9
大洋洲	**Oceania**	**21.4**	**20.9**	**20.9**	**20.8**	**20.8**
澳大利亚	Australia	5.5	4.7	4.6	4.5	4.4
新西兰	New Zealand	10.1	8.9	8.8	8.7	8.6

注：①联合国粮农组织数据。
Note: ① Data from FAO.

主要统计指标解释

人口数 指某一时点（通常为年中和年末）、某地域范围内的具有同一特征的人的集合。

本年鉴中国家和地区人口数据有人口普查数、根据抽样调查得出的估算数（针对缺少人口普查的地区）、人口普查中期、后期估算和从人口登记中得出的数据。

（粗）出生率 指在一定时期（通常为一年）内所出生的人数与年中人数之比，一般用千分率表示。为估计数。

（粗）死亡率 指在一定时期（通常为一年）内死亡人数与年中人数之比，一般用千分率表示。为估计数。

总和生育率 是一个妇女活到育龄期结束，并按普遍的特定年龄生育率生育孩子的话，她可能生育的孩子数量。

结婚率 指在一定时期（通常为一年）内平均每千人口中的结婚对数，一般用千分率表示。

离婚率 指在一定时期（通常为一年）内平均每千人口中的离婚对数，一般用千分率表示。

平均预期寿命 表示一批人出生后平均一生可能存活的年数。

Explanatory Notes on Main Statistical Indicators

Total Population, that is, at a certain point of time(end-year or mid-year),those pertaining to the size, geographical distribution and demographic characteristics of the population. Data for countries or areas include population census figures, estimates based on results of sample surveys(in the absence of a census), postcensal or intercensal estimates and those derived from continuous population registers.

Crude Birth Rate refers to the ratio of the number of births to the mid-year population during a certain period of time(usually a year)which is often expressed in ‰.

Crude Death Rate refers to the ratio of the number of deaths to the mid-year population during a certain period of time(usually a year)which is often expressed in ‰.

Total Fertility Rate is the number of children that would be born to a woman if she were to live to the end of her childbearing years and bear children in accordance with current age-specific fertility rates.

Marriage Rate are the number of legal(recognized)marriages performed and registered per 1000 mid-year population which is often expressed in ‰.

Divorce Rate are the number of legal(recognized)divorce performed and registered per 1000 mid-year population which is often expressed in ‰.

Life Expectancy at Birth Average number of years of life remaining to persons surviving to exact age, if subject to mortality conditions of the period indicated.

六、就业和工资

Employment and Wages

6-1 经济活动人口

Economically Active Population

资料来源：联合国粮农组织数据库。
Source: FAO Database.
单位：万人

(10 000 persons)

国家和地区	Country or Area	1990	1999	2000	2001	2002
世界总计	**World**	**249624**	**290171**	**294677**	**299166**	**303659**
亚洲	**Asia**	**152515**	**181657**	**184540**	**187470**	**190398**
中　国①	China ①	68564	75980	76711	77378	78022
孟加拉国	Bangladesh	5327	6751	6918	7105	7293
印　度	India	35834	43323	44162	45096	46025
印度尼西亚	Indonesia	7991	9965	10195	10410	10628
伊　朗	Iran	1674	2251	2319	2402	2488
以色列	Israel	178	251	259	266	273
日　本	Japan	6413	6798	6838	6833	6828
哈萨克斯坦	Kazakhstan		767	762	763	766
朝　鲜	Korea, Dem. People's Rep.	1028	1135	1142	1151	1160
韩　国	Korea, Rep.	1963	2355	2398	2429	2459
马来西亚	Malaysia	726	959	987	1014	1041
蒙　古	Mongolia	102	125	128	131	134
缅　甸	Myanmar	2091	2510	2556	2603	2650
巴基斯坦	Pakistan	3958	5077	5228	5395	5564
菲律宾	Philippines	2403	3062	3139	3224	3311
新加坡	Singapore	154	197	202	206	209
斯里兰卡	Sri Lanka	705	830	844	855	867
泰　国	Thailand	3111	3577	3628	3668	3708
土耳其	Turkey	2426	3063	3137	3209	3281
越　南	Viet Nam	3358	4022	4088	4165	4243
非洲	**Africa**	**26140**	**33378**	**34234**	**35113**	**36003**
埃　及	Egypt	1870	2418	2488	2560	2634
尼日利亚	Nigeria	3398	4426	4549	4684	4819
南　非	South Africa	1430	1789	1821	1843	1861
北美洲	North America	**19901**	**22987**	**23349**	**23682**	**24015**
加拿大	Canada	1465	1641	1659	1673	1686
墨西哥	Mexico	3067	3904	4005	4104	4205
美　国	United States	12919	14387	14558	14706	14854
南美洲	South America	**12086**	**14755**	**15066**	**15353**	**15642**
阿根廷	Argentina	1220	1470	1500	1534	1568
巴　西	Brazil	6545	7780	7920	8030	8141
委内瑞拉	Venezuela	727	965	994	1023	1052
欧洲	Europe	**23333**	**35882**	**35951**	**35989**	**36019**
白俄罗斯	Belarus		532	530	531	533
保加利亚	Bulgaria	444	420	418	415	412
捷　克	Czech Republic		574	576	575	573
法　国	France	2470	2662	2684	2690	2698
德　国	Germany	3986	4038	4031	4030	4028
意大利	Italy	2443	2537	2544	2538	2532
荷　兰	Netherlands	690	732	736	737	738
波　兰	Poland	1873	1990	1999	2007	2014
罗马尼亚	Romania	1065	1070	1073	1074	1074
俄罗斯联邦	Russian Federation		7818	7805	7809	7810
西班牙	Spain	1595	1790	1813	1821	1828
英　国	United Kingdom	2818	2924	2936	2949	2961
乌克兰	Ukraine		2550	2533	2529	2524
大洋洲	Oceania	**1295**	**1514**	**1537**	**1559**	**1582**
澳大利亚	Australia	840	964	977	988	998
新西兰	New Zealand	162	186	188	190	192

注：①粮农组织数据。
Note: ① Data from FAO.

6-2 就业人数

Employment

资料来源：国际劳工组织《劳工统计年鉴》2003。
Source: International Labour Office *Yearbook of Labour Statistics 2003.*

单位：万人　　　　(10 000 persons)

国家和地区	Country or Area	1990	1999	2000	2001	2002
中　国	China	64749.0	71394.0	72085.0	73025.0	73740.0
中国香港	Hong Kong, China	271.2	311.2	320.7	324.9	323.2
中国澳门①	Macao,China ①	16.3	19.6	19.5	20.3	20.1
孟加拉国	Bangladesh	5015.9 ②		5176.4		
印　度③	India ③	2635.3	2811.3	2796.0	2779.0	
印度尼西亚	Indonesia	7585.1 ③	8881.7	8982.4	9080.7	9164.7
以色列	Israel	149.2|	213.7	222.1	226.5	228.4
日　本	Japan	6249.0	6462.0	6446.0	6412.0	6330.0
韩　国	Korea Rep.	1808.5|	2028.1|	2106.1	2106.8	2216.9
马来西亚④	Malaysia ④	668.5	883.8	932.2	945.1	
蒙　古	Mongolia		81.4	80.9	83.2	87.1
缅　甸	Myanmar	1522.1				
巴基斯坦②	Pakistan ②	2979.7|	3729.6	3684.7		
菲律宾	Philippines	2253.2	2776.2	2777.5	3008.5	
新加坡	Singapore	153.7|	188.6	209.5	204.7	201.7
斯里兰卡②	Sri Lanka ②	596.4|	615.9	630.8	621.2	666.3
泰　国⑤	Thailand ⑤	3084.2	3208.7	3300.1	3348.4	
土耳其	Turkey	1994.6 ⑥	2141.3 ⑥|	2057.9	2036.7	
越　南	Viet Nam	3028.6				
埃　及④	Egypt ④	1436.1|	1675.0	1720.3		
加拿大	Canada	1316.5	1453.1	1491.0	1507.7	1541.2
墨西哥⑥	Mexico ⑥		3895.3	3950.2	3938.6	4030.2
美　国⑦	United States ⑦	11879.3|	13348.8	13520.8	13507.3	13648.5
阿根廷②	Argentina ②	437.3|	828.5	826.2	814.3	801.6
巴　西②	Brazil ②	6210.0|	7167.6		7545.8	
委内瑞拉	Venezuela	640.4	871.7	882.2	940.5	969.9
白俄罗斯	Belarus	515.1	444.2	444.1	441.7	438.1
保加利亚	Bulgaria	409.7	308.8	298.0	296.8	
捷　克	Czech Republic		476.4	473.2	472.8	476.5
法　国	France		2267.2	2326.2	2375.9	2394.2
德　国	Germany		3640.2	3660.4	3681.6	3653.6
意大利	Italy	2145.4|	2086.4	2122.5	2163.4	2192.2
荷　兰④	Netherlands ④	635.6|	760.1	773.1	786.5	
波　兰	Poland		1474.7	1452.6	1420.7	1378.2
罗马尼亚	Romania		1077.6	1076.4	1069.7	923.4
俄罗斯联邦⑧	Russian Federation ⑧		6040.8			
西班牙⑦	Spain ⑦	1257.9	1381.7|	1537.0	1594.6	1625.8
乌克兰⑨	Ukraine ⑨		2004.8	2042.0	2023.8	2040.1
英　国⑦	United Kingdom ⑦	2693.5	2744.2	2799.3	2822.5	2841.5
澳大利亚	Australia	783.7|	874.7	900.9	912.4	931.1
新西兰	New Zealand	148.1|	175.0	177.9	182.3	187.7

注：①14岁及以上。②10岁及以上。③指在10人及10人以上公共企业和私营非农企业就业人数。④15至64岁。⑤13岁及以上。⑥12岁及以上。⑦16岁及以上。⑧15岁至72岁。⑨15岁至70岁。

Note: ① Persons aged 14 years and over. ② Persons aged 10 years and over. ③ Public sector and establishments of non-agricultural private sector with 10 or more persons employed. ④ Persons aged 15 to 64 years. ⑤ Persons aged 13 years and over. ⑥ Persons aged 12 years and over. ⑦ Persons aged 16 years and over. ⑧ Persons aged 15 to 72. ⑨ Persons aged 15 to 70.

6-3 按三次产业分的就业构成

Composition of Employment by Type of Industry

资料来源：世界银行数据库。
Source: World Bank Database.
单位：% (%)

国家和地区	Country or Area	第一产业(%) Primary Industry(%)		第二产业(%) Secondary Industry(%)		第三产业(%) Tertiary Industry(%)	
		2000	2001	2000	2001	2000	2001
中　　国	China	50.0	50.0	22.5	22.3	27.5	27.7
中国香港	Hong Kong,China	0.3	0.2	20.3	19.5	79.4	80.3
中国澳门	Macao,China	0.2	0.1	28.2	30.6	71.5	69.0
孟加拉国	Bangladesh	62.1		10.3		23.5	
印度尼西亚	Indonesia	45.3	43.8	17.3	17.0	37.3	37.5
以 色 列	Israel	2.2	19.3	24.0	23.4	73.0	56.0
日　　本	Japan	5.1	4.9	31.2	30.5	63.1	63.9
哈萨克斯坦	Kazakhstan	22.2 ①	22.0 ②	18.4 ①	18.3 ②	59.4 ①	59.8 ②
韩　　国	Korea, Rep.	10.9	10.3	28.0	27.4	61.0	62.3
马来西亚	Malaysia	18.4		32.2		49.5	
蒙　　古	Mongolia	48.9		14.1		14.6	
缅　　甸	Myanmar	62.7 ①		12.2 ①		15.6 ①	
巴基斯坦	Pakistan	48.4		18.0		33.5	
菲 律 宾	Philippines	37.4	37.4	16.0	15.6	46.5	47.0
新 加 坡	Singapore	0.2	0.3	34.2	25.4	65.4	74.2
斯里兰卡	Sri Lanka	41.6 ①		22.5 ①		33.4 ①	
泰　　国	Thailand	48.8	46.6	19.0	19.5	32.2	33.9
土 耳 其	Turkey	34.5	32.6	24.5	24.3	40.9	43.1
埃　　及	Egypt	29.6		21.3		49.1	
南　　非	South Africa	10.9 ②		25.1 ②		60.9 ②	
加 拿 大	Canada	3.3	2.9	22.6	22.7	74.1	74.4
墨 西 哥	Mexico	17.5	17.6	26.9	26.0	55.2	56.0
美　　国	United States	2.6	2.4	22.9	22.4	74.5	75.2
阿 根 廷	Argentina	0.7	0.4	22.7	22.9	76.2	76.3
巴　　西	Brazil	24.2 ②	20.6	19.3 ②	20.0	56.5 ②	59.2
委内瑞拉	Venezuela	10.6	9.6	22.8	22.1	66.5	68.2
保加利亚	Bulgaria	26.2	26.3	28.3	27.6	45.5	46.0
捷　　克	Czech Republic	5.1	4.8	40.0	40.4	54.8	54.8
法　　国	France	1.6	1.6	24.5	24.4	73.9	74.1
德　　国	Germany	2.7	2.6	33.4	32.5	63.8	64.7
意 大 利	Italy	5.4	5.3	32.4	32.1	62.1	62.5
荷　　兰	Netherlands	3.3	2.9	21.3	21.2	72.9	73.4
波　　兰	Poland	18.8	19.1	30.9	30.5	50.4	50.4
罗马尼亚	Romania	42.8	42.3	26.2	26.2	31.0	31.5
俄罗斯联邦	Russian Federation	11.5 ①	11.8 ②	29.4 ①	29.4 ②	59.1 ①	53.8 ②
西 班 牙	Spain	6.6	6.4	31.3	31.6	62.0	61.9
乌 克 兰	Ukraine	20.5	19.7	31.4	30.8	42.4	43.9
英　　国	United Kingdom	1.5	1.4	25.4	24.9	72.7	73.4
澳大利亚	Australia	4.9	4.9	22.0	20.9	73.1	74.1
新 西 兰	New Zealand	8.7	9.1	23.2	22.8	67.6	67.9

注：①1998年数据。②1999年数据。
Note: ① Data of 1998. ② Data of 1999.

6-4 按行业分类的就业人口

Employment by Economic Activity

资料来源：国际劳工组织《劳工统计年鉴》2003。
Source: International Labour Office *Yearbook of Labour Statistics 2003.*

单位：万人 (10 000 persons)

国家和地区	Country or Area	1990	1999	2000	2001	2002
中　国	**China**					
农、林、牧、渔业	Farming, Forestry, Animal Husbandry and Fishery	34117.0	33493.0	33355.0	32974.0	32487.0
采掘业	Mining and Quarrying	882.0	667.0	597.0	561.0	558.0
制造业	Manufacturing	8624.0	8109.0	8043.0	8083.0	8307.0
电力、煤气及水的生产和供应业	Production and Supply of Electricity, Gas and Water	192.0	285.0	284.0	288.0	290.0
建筑业	Construction	2424.0	3412.0	3552.0	3669.0	3893.0
地质勘查、水利管理业	Geological Prospecting and Water Conservancy	197.0	111.0	110.0	105.0	98.0
交通运输、仓储和邮电通信业	Transport, Storage Post & Communications Services	1566.0	2022.0	2029.0	2037.0	2084.0
批发零售贸易和餐饮业	Wholesale and Retail Trade & Catering Services	2839.0	4751.0	4686.0	4737.0	4969.0
金融保险业	Financing and Insurance	218.0	328.0	327.0	336.0	340.0
房地产业	Real Estate	44.0	96.0	100.0	107.0	118.0
社会服务业	Social Services	594.0	923.0	921.0	976.0	1094.0
卫生体育和社会福利业	Health Care,Sports & Social Welfare	536.0	482.0	488.0	493.0	493.0
教育、文化艺术和广播电影电视业	Education Culture and Arts,Radios,Film and Television	1457.0	1568.0	1565.0	1568.0	1565.0
科学研究和综合技术服务业	Scientific Research and Polytechnic Services	173.0	173.0	174.0	165.0	163.0
国家机关、政党机关和社会团体	Government Agencies,Party Agencies and Social Organisations	1079.0	1102.0	1104.0	1101.0	1075.0
其　他	Other	1798.0	4969.0	5643.0	5852.0	6245.0
合　计	Total	64749.0	71394.0	72085.0	73025.0	73740.0
中国香港	**Hong Kong, China**					
按第二版ISIC分类	ISIC - Rev. 2					
农业、狩猎业、林业和渔业	Agriculture, Hunting, Forestry and Fishing	2.3	0.9	0.9	0.7	1.0
采掘业	Mining and Quarrying	0.1	-	-	-	-
制造业	Manufacturing	75.1	35.4	33.4	32.6	29.0
电、煤气和水	Electricity, Gas and Water	1.9	1.7	1.7	1.6	1.6
建筑业	Construction	22.6	28.7	30.2	29.1	28.7
批发、零售业、旅馆和饭店业	Wholesale and Retail Trade and Restaurants and Hotels	70.3	93.5	98.2	98.1	98.4
运输、仓储和通讯	Transport, Storage and Communication	26.8	33.9	35.7	35.3	34.6
金融保险、房地产和商务服务	Financing, Insurance, Real Estate and Business Services	20.9	43.8	45.3	47.8	47.5
社会和个人服务	Community, Social and Personal Services	51.2	73.3	75.5	79.9	82.6
行业不明确	Activities not Adequately Defined	-	-	-	-	-
合　计	Total	271.2	311.2	320.7	325.2	323.2
印度尼西亚①	**Indonesia ①**					
按第二版ISIC分类	ISIC - Rev. 2					
农业、狩猎业、林业和渔业	Agriculture, Hunting, Forestry and Fishing	4237.8	3837.8	4067.7	3974.4	4063.3
采掘业	Mining and Quarrying	52.8	72.6			63.2
制造业	Manufacturing	769.3	1151.6	1164.2	1206.6	1211.0
电、煤气和水	Electricity, Gas and Water	13.5	18.8			17.8
建筑业	Construction	206.0	341.5	349.7	383.8	427.4
批发、零售业、旅馆和饭店业	Wholesale and Retail Trade and Restaurants and Hotels	1106.7	1752.9	1848.9	1746.9	1779.5
运输、仓储和通讯	Transport, Storage and Communication	231.3	420.7	455.4	444.8	467.3
金融保险、房地产和商务服务	Financing, Insurance, Real Estate and Business Severces	47.8	63.4	88.3	112.8	99.2
社会和个人服务	Community, Social and Personal Services	907.0	1222.4	957.4	1100.3	1036.0
行业不明确	Activities not Adequately Defined	12.8	-	52.3 ②	109.1 ②	-
合　计	Total	7585.1	8881.7	8983.8	9080.7	9164.7

注：①1990年为10岁及以上。②包括采掘业、电、煤气和水。
Note: ① Persons aged 10 years and over in 1990. ② Including mining and quarrying,electricity,gas and water.

6-4 续表 1 continued

单位：万人 (10 000 persons)

国家和地区	Country or Area	1990	1999	2000	2001	2002
以 色 列①	**Israel ①**					
按第二版 ISIC 分类	ISIC - Rev. 2					
农业、狩猎业、林业和渔业	Agricultur, Hunting, Forestry and Fishing	6.2				
采掘业	Mining and Quarrying	0.5				
制造业	Manufacturing	31.7				
电、煤气和水	Electricity, Gas and Water	1.7				
建筑业	Construction	7.6				
批发、零售业、旅馆和饭店业	Wholesale and Retail Trade and Restaurants and Hotels	21.6				
运输、仓储和通讯	Transport, Storage and Communication	9.3				
金融保险、房地产和商务服务	Financing, Insurance, Real Estate and Business Services	14.8				
社会和个人服务	Community, Social and Personal Services	54.9				
行业不明确	Activities not Adequately Defined	0.9				
合 计	Total	149.2				
按第三版 ISIC 分类	ISIC - Rev. 3					
农业、狩猎业和林业；渔业	Agriculture, Hunting and Forestry; Fishing		5.0	4.8	4.5	4.5
采掘业和制造业	Mining and Quarrying and Manufacturing		39.0	39.7	39.3	37.8
电、煤气和水供应	Electricity, Gas and Water		1.9	1.9	1.9	1.9
建筑业	Construction		12.0	11.6	11.7	11.9
批发、零售贸易；机动车及个人、家庭用品修理业	Wholesale and Retail Trade; Repair of Motor Vehicles, Motorcycles and Personal and Household Goods		28.2	29.6	29.9	31.2
旅馆和饭店业	Hotels and Restaurants		9.0	10.2	9.6	9.3
运输、仓储和通讯	Transport, Storage and Communications		13.6	14.5	15.0	14.7
金融中介	Financial Intermediation		7.4	7.3	7.5	7.6
房地产、租赁及商业活动	Real Estate, Renting and Business Activities		22.5	25.9	27.8	27.5
公共管理和国防；社会基本保障	Public Administration and Defence; Compulsory Social Security		11.6	12.0	12.9	13.4
教育	Education		26.8	27.2	28.0	28.7
卫生和社会工作	Health and Social Work		21.2	21.4	22.5	23.4
其他社区、社会和个人服务活动	Other Community, Social and Personal Service Activities		9.9	10.6	10.7	11.0
雇人的私人住户	Private Households with Employed Persons		4.0	3.5	3.5	3.5
域外组织和机构	Extra-Territorial Organizations and Bodies		0.2	0.1	0.2	0.2
行业不明确者	Not Classifiable by Economic Activity		1.5	1.9	1.6	1.9
合 计	Total		213.7	222.1	226.5	228.4
日 本	**Japan**					
按第二版 ISIC 分类	ISIC - Rev. 2					
农业、狩猎业、林业和渔业	Agricultur, Hunting, Forestry and Fishing	451.0	335.0	326.0	313.0	
采矿和采石业	Mining and Quarrying	6.0	6.0	5.0	5.0	
制造业	Manufacturing	1505.0	1345.0	1321.0	1284.0	
电、煤气和水	Electricity, Gas and Water	30.0	38.0	34.0	34.0	
建筑业	Construction	588.0	657.0	653.0	632.0	
批发、零售业、旅馆和饭店业②	Wholesale and Retail Trade and Restaurants and Hotels ②	1415.0	1483.0	1474.0	1473.0	
运输、仓储和通讯	Transport, Storage and Communication	375.0	406.0	414.0	407.0	
金融保险、房地产和商务服务	Financing, Insurance, Real Estate and Business Services	516.0	599.0	616.0	629.0	
社会和个人服务③	Community, Social and Personal Services ③	1332.0	1552.0	1564.0	1591.0	

注：①包括东耶路撒冷地区。②不包括饭店业。③包括饭店业。
Note: ① Including workers from the Judea,Samaria and Gaza areas. ② Excluding hotels. ③ Including hotels.

6–4 续表 2 continued

单位：万人 (10 000 persons)

国家和地区	Country or Area	1990	1999	2000	2001	2002
日　本(续)	**Japan (continued)**					
行业不明确	Activities not Adequately Defined	30.0	41.0	39.0	44.0	
合　计	Total	6249.0	6462.0	6446.0	6412.0	
韩　　国	**Korea, Rep.**					
按第二版 ISIC 分类	ISIC - Rev. 2					
农业、狩猎业、林业和渔业	Agriculturing, Hunting, Forestry and Fishing	323.7				
采掘业	Mining and Quarrying	7.9				
制造业	Manufacturing	491.1				
电、煤气和水	Electricity, Gas and Water	7.0				
建筑业	Construction	134.6				
批发、零售业、旅馆和饭店业	Wholesale and Retail Trade and Restaurants and Hotels	39.5				
运输、仓储和通讯	Transport, Storage and Communication	92.3				
金融保险、房地产和商务服务	Financing, Insurance, Real Estate and Business Services	94.5				
社会和个人服务	Community, Social and Personal Services	263.8				
行业不明确	Activities not Adequately Defined					
合　计	Total	1808.5				
按第三版 ISIC 分类	ISIC - Rev. 3					
农业、狩猎业和林业	Agriculturing, Hunting and Forestry		226.4	220.3		
渔业	Fishing		8.5	8.5		
采掘业	Mining and Quarrying		2.0	1.8		
制造业	Manufacturing		400.6	424.3		
电、煤气和水供应	Electricity, Gas and Water		6.1	6.3		
建筑业	Construction		147.6	158.1		
批发、零售贸易；机动车及个人、家庭用品修理业	Wholesale and Retail Trade; Repair of Motor Vehicles, Motorcycles and Personal and Household Goods		390.4	380.5		
旅馆和饭店业	Hotels and Restaurants		182.0	192.4		
运输、仓储和通讯	Transport, Storage and Communication		120.2	126.5		
金融中介	Financial Intermediation		72.3	72.9		
房地产、租赁及商务活动	Real Estate, Renting and Business Activities		120.2	135.6		
公共管理和国防；社会基本保障	Public Administration and Defence; Compulsory Social Security		87.0	75.3		
教育	Education		112.2	116.3		
卫生和社会工作	Health and Social Work		38.0	41.2		
其他社区、社会和私人服务活动	Other Community, Social and Personal Services Activities		92.6	124.6		
雇人的私人住户	Private Households with Employed Persons		20.1	19.4		
域外组织和机构	Extra-Territorial Organizations and Bodies		1.8	2.0		
行业不明确者	Not Classifiable by Economic Activity					
合　计	Total		2028.1	2106.1		
马来西亚①	**Malaysia ①**					
按第二版 ISIC 分类	ISIC - Rev. 2					
农业、狩猎业、林业和渔业	Agriculturing, Hunting, Forestry and Fishing	173.8	162.4	171.2		
采掘业	Mining and Quarrying	3.7	3.8	2.7		
制造业	Manufacturing	133.3	199.1	212.6		
电、煤气和水	Electricity, Gas and Water	4.7	5.0	4.8		
建筑业	Construction	42.4	72.3	79.9		

注：①15至64岁。
Note: ① Persons aged 15 to 64 years.

6–4 续表 3 continued

单位：万人 (10 000 persons)

国家和地区	Country or Area	1990	1999	2000	2001	2002
马来西亚(续)	**Mylaysia (continued)**					
批发、零售业、旅馆和饭店业	Wholesale and Retail Trade and Restaurants and Hotels	121.8	166.1	179.0		
运输、仓储和通讯	Transport, Storage and Communication	30.2	42.0	42.3		
金融保险、房地产和商务服务	Financing, Insurance, Real Estate and Bussiness Services	25.8	46.6	46.2		
社会和个人服务	Community, Social and Personal Services	132.9	186.5	193.5		
行业不明确	Activities not Adequately Defined		-	-		
合计	Total	668.5	883.8	932.2	953.5	952.1
缅甸	**Myanmar**					
按第二版 ISIC 分类	ISIC - Rev. 2					
农业、狩猎业、林业和渔业	Agriculture, Hunting, Forestry and Fishing	1061.4	1150.7 ④			
采掘业	Mining and Quarrying	7.8	12.1 ④			
制造业	Manufacturing	113.7	166.6 ④			
电、煤气和水	Electricity, Gas and Water	1.7	4.8 ④			
建筑业	Construction	17.4	40.0 ④			
批发、零售业、旅馆和饭店业	Wholesale and Retail Trade and Restaurants and Hotels	140.9	178.1 ④			
运输、仓储和通讯	Transport, Storage and Communication	38.5	49.5 ④			
金融保险、房地产和商务服务	Financing, Insurance, Real Estate and Bussiness Services	45.5	59.7 ④			
社会和个人服务①	Community, Social and Personal Services ①	95.6	174.4 ④			
行业不明确	Activities not Adequately Defined					
合计	Total	1522.1	1835.9 ④			
巴基斯坦②	**Pakistan ②**					
按第二版 ISIC 分类	ISIC - Rev. 2					
农业、狩猎业、林业和渔业	Agriculture, Hunting, Forestry and Fishing	1524.1	1762.3	1784.1		
采掘业	Mining and Quarrying	4.4	7.2	2.5		
制造业	Manufacturing	378.4	371.4	423.0		
电、煤气和水	Electricity, Gas and Water	17.6	26.0	25.9		
建筑业	Construction	190.0	233.6	213.0		
批发、零售业、旅馆和饭店业	Wholesale and Retail Trade and Restaurants and Hotels	355.2	517.3	497.6		
运输、仓储和通讯	Transport, Storage and Communication	145.8	204.5	185.3		
金融保险、房地产和商务服务	Financing, Insurance, Real Estate and Bussiness Services	21.2	32.4	30.1		
社会和个人服务	Community, Social and Personal Services	339.4	573.2	523.1		
行业不明确	Activities not Adequately Defined	3.6	1.7	-		
合计	Total	2979.7	3729.6	3684.7		
菲律宾	**Philippines**					
按第二版 ISIC 分类	ISIC - Rev. 2					
农业、狩猎业、林业和渔业	Agriculture, Hunting, Forestry and Fishing	1018.5	1050.3	1040.1		
采掘业	Mining and Quarrying	13.3	8.8	10.6		
制造业	Manufacturing	218.8	279.6	279.2		
电、煤气和水	Electricity, Gas and Water	9.1	14.1	11.6		
建筑业	Construction	97.4	147.6	143.0		
批发、零售业、旅馆和饭店业③	Wholesale and Retail Trade and Restaurants and Hotels ③	314.5	446.6	458.7		
运输、仓储和通讯	Transport, Storage and Communication	113.7	196.8	202.4		
金融保险、房地产和商务服务	Financing, Insurance, Real Estate and Bussiness Services	44.4	71.2	67.8		
社会和个人服务③	Community, Social and Personal Services ③	422.0	560.3	563.6		
行业不明确	Activities not Adequately Defined	1.5	0.9	0.4		
合计	Total	2253.2	2776.2	2777.5		

注：①包括行业不明确者。②10 岁及以上。③旅馆、饭店业包括在社会和个人服务业内。④1998 年数据。
Note: ① Including activities not adequately defined. ② Persons aged 10 years and over. ③ Restaurants and Hotels includes in community, social and personal service. ④ Data refer to 1998.

6-4 续表 4 continued

单位：万人 (10 000 persons)

国家和地区	Country or Area	1990	1999	2000	2001	2002
菲律宾（续）	**Philippines(continued)**					
按第三版 ISIC 分类	ISIC - Rev. 3					
农业、狩猎业和林业	Agriculturing, Hunting and Forestry				1010.2	
渔业	Fishing				115.1	
采掘业	Mining and Quarrying				10.3	
制造业	Manufacturing				289.2	
电、煤气和水供应	Electricity, Gas and Water				11.6	
建筑业	Construction				157.1	
批发、零售贸易；机动车及个人、家庭用品修理业	Wholesale and Retail Trade; Repair of Motor Vehicles, Motorcycles and Personal and Household Goods				552.6	
旅馆和饭店业	Hotels and Restaurants				70.0	
运输、仓储和通讯	Transport, Storage and Communication				217.1	
金融中介	Financial Intermediation				31.4	
房地产、租赁及商务活动	Real Estate, Renting and Business Activities				53.4	
公共管理和国防；社会基本保障	Public Administration and Defence; Compulsory Social Security				138.5	
教育	Education				95.5	
卫生和社会工作	Health and Social Work				33.9	
社区、社会和个人服务活动	Other Community, Social and Personal Services Activities				89.0	
个体经营单位	Private Households with Employed Persons				133.4	
域外组织和机构	Extra-Territorial Organizations and Bodies				0.3	
行业不明确者	Not Classifiable by Economic Activity					
合计	Total				3008.5	
新加坡	**Singapore**					
按第三版 ISIC 分类	ISIC - Rev. 3					
农业、狩猎业和林业；渔业	Agriculture, Hunting and Forestry; Fishing		0.6	0.5	0.6	0.6
采掘业	Mining and Quarrying		0.1	0.1	0.1	0.1
制造业	Manufacturing		39.6	43.5	38.4	36.8
电、煤气和水供应	Electricity, Gas and Water Supply		0.9	0.7	1.0	0.9
建筑业	Construction		13.1	27.4	12.5	11.9
批发、零售贸易；机动车及个人、家庭用品修理业	Wholesale and Retail Trade; Repair of Motor Vehicles, Motorcycles and Personal and Household Goods		27.9	28.7	30.4	30.4
饭店和餐饮业	Hotels and Restaurants		12.1	11.5	12.8	12.5
运输、仓储和通讯	Transport, Storage and Communications		20.4	19.7	22.8	21.9
金融中介	Financial Intermediation		10.5	9.6	10.9	10.8
房地产、租赁及商务活动	Real Estate, Renting and Business Activities		19.7	22.6	24.3	23.7
公共管理和国防；社会基本保障	Public Administration and Defence; Compulsory Social Security		12.2	10.6	13.4	13.5
教育；卫生和社会工作	Education; Health and Social Work		14.2	12.7	16.0	16.6
其他社区、社会和个人服务活动；雇人的私人住户	Community, Social and Personal Services; Private Households with Employed Persons		17.2	21.7	21.2	21.7
域外组织和机构；行业不明确者	Extra-Territorial Organizations and Bodies		0.2	0.2	0.2	0.2
合计	Total	153.7	188.6	209.5	204.7	201.7

6-4续表5 continued

单位：万人 (10 000 persons)

国家和地区	Country or Area	1990	1999	2000	2001	2002
斯里兰卡①	**Sri Lanka ①**					
按第二版ISIC分类	ISIC - Rev. 2					
农业、狩猎业、林业和渔业	Agriculture, Hunting, Forestry and Fishing	285.1	247.2 ⑤			
采掘业	Mining and Quarry	16.1	7.8 ⑤			
制造业	Manufacturing	86.9	91.5 ⑤			
电、煤气和水	Electricity, Gas and Water	1.3	3.5 ⑤			
建筑业	Construction	18.3	30.9 ⑤			
批发、零售业、旅馆和饭店业	Wholesale and Retail Trade and Restaurants and Hotels	51.1	59.4 ⑤			
运输、仓储和通讯	Transport, Storage and Communication	24.7	26.8 ⑤			
金融保险、房地产和商务服务	Financing, Insurance, Real Estate and Business Services	5.0	11.7 ⑤			
社会和个人服务	Community, Social and Personal Services	98.0	100.7 ⑤			
行业不明确	Activites not Adequately Defined	9.9	15.0 ⑤			
合计	Total	596.4	594.6 ⑤			
泰国②	**Thailand ②**					
按第二版ISIC分类	ISIC - Rev. 2					
农业、狩猎业、林业和渔业	Agriculture, Hunting, Forestry and Fishing	1972.6	1556.4	1609.6	1540.9	
采掘业	Mining and Quarry	5.4	5.2	3.9	4.0	
制造业	Manufacturing	313.3	439.5	478.5	475.0	
电、煤气和水	Electricity, Gas and Water	10.9	15.8	17.3	10.1	
建筑业	Construction	102.6	128.6	128.0	140.9	
批发、零售业、旅馆和饭店业③	Wholesale and Retail Trade and Restaurants and Hotels ③	297.6	473.6	480.2	659.6	
运输、仓储和通讯	Transport, Storage and Communication	73.3	98.9	95.1	97.7	
金融保险、房地产和商务服务③	Financing, Insurance, Real Estate and Business Services ③					
社会和个人服务③	Community, Social and Personal Services ③	306.5	489.2	486.5	418.3	
行业不明确	Activites not Adequately Defined	2.2	1.5	1.0	1.9	
合计	Total	3084.2	3208.7	3300.1	3348.4	
土耳其④	**Turkey ④**					
按第二版ISIC分类	ISIC - Rev. 2					
农业、狩猎业、林业和渔业	Agriculture, Hunting, Forestry and Fishing	935.6	887.2			
采掘业	Mining and Quarry	21.4	11.1			
制造业	Manufacturing	295.8	338.6			
电、煤气和水	Electricity, Gas and Water	1.3	8.3			
建筑业	Construction	93.7	129.4			
批发、零售业、旅馆和饭店业	Wholesale and Retail Trade and Restaurants and Hotels	227.8	307.4			
运输、仓储和通讯	Transport, Storage and Communication	85.1	89.3			
金融保险、房地产和商务服务	Financing, Insurance, Real Estate and Business Services	43.6	56.6			
社会和个人服务	Community, Social and Personal Services	290.4	313.6			
行业不明确	Activites not Adequately Defined					
合计	Total	1994.6	2141.3			
按第三版ISIC分类	ISIC - Rev. 3					
农业、狩猎业和林业	Agricuturing, Hunting and Forestry			708.0	718.4	572.7
渔业	Fishing			2.3	3.3	1.8
采掘业	Mining and Quarrying			7.8	9.3	11.4
制造业	Manufacturing			357.0	354.8	367.5
电、煤气和水供应	Electricity, Gas and Water Supply			9.0	9.3	9.9
建筑业	Construction			131.3	107.3	93.1
批发、零售贸易；机动车及个人、家庭用品修理业	Wholesale and Retail Trade; Repai of Motor Vehicles, Motorcycles and Personal and Household Goods			298.9	288.3	309.3

注：①10岁及以上，不包括北部省和东部省。②13岁及以上。③金融保险、不动产业包括在批发、零售业中；饭店和旅馆业包括在社会和个人服务业中。④2000年之前为12岁及以上。⑤1998年数据。

Note: ① Persons aged 10 years and over,excl.northern and eastern provinces. ② Persons aged 13 years and over. ③ Financing,insurance and real estate includes in wholesale and retail trade; restaurants and hotels includes in community,social and personal services. ④ Prior to 2000: Persons aged 12 years and over. ⑤ Data refer to 1998.

6-4 续表 6 continued

单位：万人 (10 000 persons)

国家和地区	Country or Area	1990	1999	2000	2001	2002
土耳其（续）	**Turkey(continued)**					
旅馆和饭店业	Hotels and Restaurants			75.9	78.2	80.5
运输、仓储和通讯	Transport, Storage and Communication			103.9	100.8	97.3
金融中介	Financial Intermediation			27.2	25.3	22.9
房地产、租赁及商务活动	Real Estate, Renting and Business Activities			41.9	42.9	45.0
公共管理和国防；社会基本保障	Public Administration and Defence; Compulsory Social Security			113.3	111.8	109.6
教育	Education			72.4	76.7	80.9
卫生和社会工作	Health and Social Work			46.4	45.0	49.0
其他社区、社会和个人服务活动	Other Community, Social and Personal Services Activities			48.6	50.3	60.5
雇人的私人住户	Private Households with Employed Persons			13.6	14.6	17.1
域外组织和机构	Extra-Territorial Organizations and Bodies			0.4	0.4	0.1
行业不明确者	Not Classifiable by Economic Activity					
合计	Total			2057.9	2036.7	2028.6
埃及①	**Egypt ①**					
按第二版 ISIC 分类	ISIC - Rev. 2					
农业、狩猎业、林业和渔业	Agriculture, Hunting, Forestry and Fishing	559.9				
采掘业	Mining and Quarry	4.4				
制造业	Manufacturing	186.8				
电、煤气和水	Electricity, Gas and Water	10.3				
建筑业	Construction	95.5				
批发、零售业、旅馆和饭店业	Wholesale and Retail Trade and Restaurants and Hotels	138.1				
运输、仓储和通讯	Transport, Storage and Communication	91.3				
金融保险、房地产和商务服务	Financing, Insurance, Real Estate and Business Services	28.0				
社会和个人服务	Community, Social and Personal Services	318.3				
行业不明确	Activites not Adequately Defined	3.7				
合计	Total	1436.1				
按第三版 ISIC 分类	ISIC - Rev. 3					
农业、狩猎业和林业	Agricuturing, Hunting and Forestry		468.4	500.1		
渔业	Fishing		12.3	9.7		
采掘业	Mining and Quarrying		4.8	4.7		
制造业	Manufacturing		220.8	204.8		
电、煤气和水供应	Electricity, Gas and Water Supply		20.7	20.9		
建筑业	Construction		132.0	135.9		
批发、零售贸易；机动车及个人、家庭用品修理业	Wholesale and Retail Trade; Repai of Motor Vehicles, Motorcycles and Personal and Household Goods		202.0	200.7		
旅馆和饭店业	Hotels and Restaurants		30.0	26.9		
运输、仓储和通讯	Transport, Storage and Communication		106.0	112.6		
金融中介	Financial Intermediation		18.5	18.6		
房地产、租赁及商务活动	Real Estate, Renting and Business Activities		27.3	31.3		
公共管理和国防；社会基本保障	Public Administration and Defence; Compulsory Social Security		163.2	182.5		
教育	Education		176.5	179.0		
卫生和社会工作	Health and Social Work		53.1	53.2		
其他社区、社会和个人服务活动	Other Community, Social and Personal Services Activities		35.7	34.3		
雇人的私人住户	Private Households with Employed Persons		3.8	4.9		
域外组织和机构	Extra-Territorial Organizations and Bodies					
行业不明确者	Not Classifiable by Economic Activity		0.1	0.2		
合计	Total		1675.0	1720.3		

注：①1997 年之前为 12 至 64 岁。

Note: ① Prior to 1997: Persons aged 12 to 64 years.

6−4续表7 continued

单位：万人 (10 000 persons)

国家和地区	Country or Area	1990	1999	2000	2001	2002
阿根廷①	**Argentina ①**					
按第三版ISIC分类	ISIC - Rev. 3					
农业、狩猎业和林业	Agricuturing, Hunting and Forestry		5.7	5.0	6.1	7.1
渔业	Fishing		0.5	0.6	0.7	0.8
采掘业	Mining and Quarrying		1.5	1.6	2.0	2.1
制造业	Manufacturing		119.9	115.5	113.2	105.6
电、煤气和水供应	Electricity, Gas and Water Supply		5.1	4.8	5.2	4.3
建筑业	Construction		69.0	65.4	58.3	49.7
批发、零售贸易；机动车及个人、家庭用品修理业	Wholesale and Retail Trade; Repai of Motor Vehicles, Motorcycles and Personal and Household Goods		164.0	168.3	165.8	154.4
旅馆和饭店业	Hotels and Restaurants		23.6	25.5	27.5	23.4
运输、仓储和通讯	Transport, Storage and Communication		68.8	67.4	65.6	60.2
金融中介	Financial Intermediation		20.1	20.7	19.8	18.6
房地产、租赁及商务活动	Real Estate, Renting and Business Activities		63.5	60.0	57.0	55.6
公共管理和国防；社会基本保障	Public Administration and Defence; Compulsory Social Security		64.3	63.4	66.0	78.0
教育	Education		60.7	62.6	64.6	72.3
卫生和社会工作	Health and Social Work		48.7	47.5	44.3	49.6
其他社区、社会和个人服务活动	Other Community, Social and Personal Services Activities		48.3	48.5	51.5	58.1
雇人的私人住户	Private Households with Employed Persons		63.9	65.5	63.9	59.2
域外组织和机构	Extra-Territorial Organizations and Bodies		0.2	0.3	0.1	0.3
行业不明确者	Not Classifiable by Economic Activity		2.7	3.7	2.8	2.4
合计	Total	437.3	828.5	826.2	814.3	801.6
巴西①	**Brazil ①**					
按第二版ISIC分类	ISIC - Rev. 2					
农业、狩猎业、林业和渔业	Agriculture, Hunting, Forestry and Fishing	1418.1|	1737.2		1553.4	
采掘业②	Mining and Quarry ②	86.0|	78.3		84.4	
制造业	Manufacturing	941.0|	827.9		930.0	
电、煤气和水	Electricity, Gas and Water					
建筑业	Construction	382.3|	474.3		492.2	
批发、零售业、旅馆和饭店业③	Wholesale and Retail Trade and Restaurants and Hotels ③	797.6|	961.8		1078.5	
运输、仓储和通讯③	Transport, Storage and Communication ③	244.0|	281.5		316.8	
金融保险、不动产和产业服务	Financing, Insurance, Real Estate and Business Services	171.6|	134.4		134.1	
社会和个人服务③	Community, Social and Personal Services ③	2169.4|	2672.1		2956.4	
行业不明确	Activites not Adequately Defined					
合计	Total	6210.0|	7167.6		7545.8	
加拿大④	**Canada ④**					
按第三版ISIC分类	ISIC - Rev. 3					
农业、狩猎业和林业	Agriculture, Hunting, Forestry	49.8	48.8	45.7	40.3	40.2
渔业	Fishing	4.1	3.3	3.5	3.2	3.1
采掘业	Mining and Quarrying	20.0	15.6	16.3	18.7	16.9
制造业	Manufacturing	202.1	221.7	228.0	227.5	232.6
电、煤气和水供应	Electricity, Gas and Water Supply	12.2	11.6	11.6	12.3	13.2
建筑业	Construction	82.1	76.9	80.9	84.0	87.6
批发、零售贸易；机动车及个人、家庭用品修理业	Wholesale and Retail Trade; Repair of Motor Vehicles, Motorcycles and Personal and Household Goods	238.3	251.4	257.8	265.0	269.2

注：①10岁及以上。②包括电、煤气和水业。③旅馆和饭店业、仓储业包括在社会和个人服务业中。④不包括全职军人。

Note: ① Persons aged 10 years and over. ② Including electricity,gas and water. ③ Hotels,restaurants and storage includes in community, social and personal Services. ④ Excluding full-time members of the armed forces.

6-4续表8 continued

单位：万人 (10 000 persons)

国家和地区	Country or Area	1990	1999	2000	2001	2002
加拿大①（续）	**Canada ① (continued)**					
旅馆和饭店业	Hotels and Restaurants	80.1	92.5	96.1	97.6	100.4
运输、仓储和通讯	Transport, Storage and Communications	97.5	110.4	114.5	116.2	111.8
金融中介	Financial Intermediation	58.3	61.9	61.5	63.6	65.3
房地产、租赁及商务活动	Real Estate, Renting and Business	118.7	165.3	174.4	177.7	181.9
公共管理和国防；社会基本保障	Public Administration and Defence; Compulsory Social Security	81.7	77.2	75.9	76.4	77.6
教育	Education	83.4	98.3	97.5	96.6	101.6
卫生和社会工作	Health and Social Work	126.2	144.4	152.6	154.2	160.7
其他社区、社会和个人服务活动	Other Community, Social and Personal Service Activities	52.3	63.8	66.5	67.8	71.6
雇人的私人住户	Private Households with Employed Persons	9.6	9.8	8.0	6.5	7.3
域外组织和机构	Extra-Territorial Organizations and Bodies	0.2	0.2	0.3	0.2	0.2
合计	Total	1316.5	1453.1	1491.0	1507.7	1541.2
墨西哥②	**Mexico ②**					
按第三版ISIC分类	ISIC - Rev. 3					
农业、狩猎业和林业	Agricuturing, Hunting and Forestry		804.9	690.2	692.1	
渔业	Fishing		16.0	15.9	15.4	
采掘业	Mining and Quarrying		13.3	15.6	12.7	
制造业	Manufacturing		734.5	754.7	737.3	
电、煤气和水供应	Electricity, Gas and Water		19.3	18.9	19.5	
建筑业	Construction		215.8	252.8	239.7	
批发、零售贸易；机动车及个人、家庭用品修理业	Wholesale and Retail Trade; Repai of Motor Vehicles, Motorcycles and Personal and Household Goods		658.2	852.5	883.9	
旅馆和饭店	Hotels and Restaurants		180.8	184.5	198.2	
运输、仓储和通讯	Transport, Storage and Communication		173.9	173.1	177.7	
金融中介	Financial Intermediation		30.3	29.3	28.0	
房地产、租赁及商务活动	Real Estate, Renting and Business Activities		115.7	117.8	122.4	
公共管理和国防；社会基本保障	Public Administration and Defence; Compulsory Social Security		172.8	173.9	168.2	
教育	Education		172.3	187.8	197.2	
卫生和社会工作	Health and Social Work		102.5	106.3	103.9	
其他社区、社会和个人服务活动	Other Community, Social and Personal Services Activities		309.5	132.3	122.6	
雇人的私人住户	Private Households with Employed Persons		170.7	177.1	167.3	
域外组织和机构	Extra-Territorial Organizations and Bodies		15.1	16.0	14.2	
行业不明确者	Not Classifiable By Economic Activity		1.5	0.2	0.1	
合计	Total		3906.9	3998.4	3900.4	
美国③	**United States ③**					
按第二版ISIC分类	ISIC - Rev. 2					
农业、狩猎业、林业和渔业	Agriculture, Hunting, Forestry and Fishing	339.4ǀ	341.6	345.7	327.7	347.9
采掘业	Mining and Quarrying	72.4ǀ	56.5	52.1	56.7	51.6
制造业	Manufacturing	2134.6ǀ	2007.0	1994.0	1897.0	1814.7
电、煤气和水	Electricity, Gas and Water	158.2ǀ	146.8	144.7	140.8	146.8
建筑业	Construction	776.4ǀ	898.7	943.3	958.1	966.9
批发、零售业、旅馆和饭店业④	Wholesale and Retail Trade and Restaurants and Hotels ④	2462.2ǀ	2757.2	2783.2	2767.2	2809.6
运输、仓储和通讯	Transport, Storage and Communication	658.6ǀ	808.6	829.4	833.0	821.2
金融保险、房地产和商务服务	Financing, Insurance, Real Estate and Business Services	1342.2ǀ	1605.4	1651.5	1666.9	1667.9
社会和个人服务④	Community, Social and Personal Services ④	3935.2ǀ	4727.1	4777.0	4859.9	5021.8

注：①不包括全职军人。②12岁及以上。③16岁及以上。④旅馆业包括在社会和个人服务业内。

Note: ① Excluding full-time members of the armed forces. ② Persons aged 12 years and over. ③ Persons aged 16 years and over. ④ Hotels includes in community, social and personal services.

6-4 续表 9 continued

单位：万人 (10 000 persons)

国家和地区	Country or Area	1990	1999	2000	2001	2002
美国①(续)	**United States ① (continued)**					
行业不明确	Activities not Adequately Defined					
合计	Total	11879.3	13348.8	13520.8	13507.3	13648.5
委内瑞拉	**Venezuela**					
按第二版 ISIC 分类	ISIC - Rev. 2					
农业、狩猎业、林业和渔业	Agriculture, Hunting, Forestry and Fishing	86.0	88.7	90.0	89.2	94.9
采掘业	Mining and Quarry	6.7	5.8	5.5	5.0	4.7
制造业	Manufacturing	99.3	118.8	114.7	120.7	115.0
电、煤气和水	Electricity, Gas and Water	6.4	5.8	6.0	5.8	5.1
建筑业	Construction	49.3	67.9	70.8	77.4	77.6
批发、零售业、旅馆和饭店业	Wholesale and Retail Trade and Restaurants and Hotels	134.9	226.2	229.3	245.5	258.5
运输、仓储和通讯	Transport, Storage and Communication	39.0	60.4	61.2	65.4	70.4
金融保险、房地产和商务服务	Financing, Insurance, Real Estate and Business Services	35.8	46.8	45.6	48.2	48.2
社会和个人服务	Community, Social and Personal Services	182.4	250.2	258.4	282.1	293.3
行业不明确	Activities not Adequately Defined	0.6	0.9	1.0	1.1	2.2
合计	Total	640.4	871.7	882.2	940.5	969.9
保加利亚	**Bulgaria**					
按第二版 ISIC 分类	ISIC - Rev. 2					
农业、狩猎业、林业和渔业	Agriculture, Hunting, Forestry and Fishing	75.8				
采掘业	Mining and Quarry	11.4				
制造业	Manufacturing	134.7				
电、煤气和水	Electricity, Gas and Water	3.8				
建筑业	Construction	31.2				
批发、零售业、旅馆和饭店业	Wholesale and Retail Trade and Restaurants and Hotels	39.3				
运输、仓储和通讯	Transport, Storage and Communication	28.6				
金融保险、房地产和商务服务	Financing, Insurance, Real Estate and Business Services	6.0				
社会和个人服务	Community, Social and Personal Services	79.0				
合计	Total	409.7				
按第三版 ISIC 分类	ISIC - Rev. 3					
农业、狩猎业和林业；渔业	Agriculture, Hunting and Forestry£»Fishing		79.6	78.2	76.7	
采掘业	Mining and Quarrying		4.9	4.1	3.7	
制造业	Manufacturing		65.2	61.6	61.0	
电、煤气和水供应	Electricity, Gas and Water		5.9	6.0	6.0	
建筑业	Construction		13.2	12.8	12.5	
批发、零售贸易；机动车及个人、家庭用品修理业	Wholesale and Retail Trade; Repair of Motor Vehicles, Motorcycles and Personal and Household Goods		35.5	35.2	36.0	
旅馆和饭店业	Hotels and Restaurants		8.0	8.5	8.6	
运输、仓储和通讯	Transport, Storage and Communication		23.3	22.0	22.4	
金融中介	Financial Intermediation		3.5	3.3	3.6	
房地产、租赁及商务活动	Real Estate, Renting and Business Activities		11.4	12.1	13.3	
公共管理和国防；社会基本保障	Public Administration and Defence; Compulsory Social Security		9.0	9.2	9.8	
教育	Education		23.1	21.8	20.5	
卫生和社会工作	Health and Social Work		16.4	14.8	14.5	
其他社区、社会和个人服务活动	Other Community, Social and Personal Services Activities		10.0	8.6	8.3	
合计	Total		308.8	298.0	296.8	

注：①16 岁及以上。

Note: ① Persons aged 16 years and over.

6-4续表 10 continued

单位：万人 (10 000 persons)

国家和地区	Country or Area	1990	1999	2000	2001	2002
捷　克	**Czech Republic**					
按第三版 ISIC 分类	ISIC - Rev. 3					
农业、狩猎业和林业；渔业	Agriculturing, Hunting and Forestry;Fishing		24.7	24.1	22.5	22.8
采掘业	Mining and Quarrying		7.7	7.0	6.7	6.1
制造业	Manufacturing		130.8	128.2	131.0	131.8
电、煤气和水供应	Electricity, Gas and Water		8.4	7.7	8.7	8.4
建筑业	Construction		44.3	43.9	42.8	42.5
批发、零售贸易；机动车及个人、家庭用品修理业	Wholesale and Retail Trade; Repair of MotorVehicles, Motorcycles and Personal and Household Goods		64.1	61.3	60.5	62.0
旅馆和饭店业	Hotels and Restaurants		15.7	15.6	15.9	17.1
运输、仓储和通讯	Transport, Storage and Communication		37.1	37.3	36.3	36.8
金融中介	Financial Intermediation		9.9	10.0	10.1	9.5
房地产、租赁及商务活动	Real Estate, Renting and Business Activities		25.7	26.6	25.6	26.9
公共管理和国防；社会基本保障	Public Administration and Defence; Compulsory Social Security		33.6	34.3	33.9	32.6
教育	Education		28.7	29.9	30.0	30.9
卫生和社会工作	Health and Social Work		27.7	29.1	30.4	30.4
其他社区、社会和个人服务活动	Other Community, Social and Personal Services Activities		17.6	17.6	17.8	17.9
雇人的私人住户	Private Households with Employed Persons		0.2	0.2	0.1	0.3
域外组织和机构	Extra-Territorial Organizations and Bodies		0.2	0.2	0.1	0.1
行业不明确者	Not Classifiable by Economic Activity		0.1	0.2	0.3	0.4
合计	Total		476.4	473.2	472.8	476.5
法　国①	**France ①**					
按第二版 ISIC 分类	ISIC - Rev. 2					
农业、狩猎业、林业和渔业	Agriculture, Hunting, Forestry and Fishing	124.8				
采矿和采石业	Mining and Quarry	8.3				
制造业	Manufacturing	470.6				
电、煤气和水	Electricity, Gas and Water	20.5				
建筑业	Construction	163.4				
批发、零售业、旅馆和饭店业	Wholesale and Retail Trade and Restaurants and Hotels	375.0				
运输、仓储和通讯	Transport, Storage and Communication	140.4				
金融保险、不动产和产业服务	Financing, Insurance, Real Estate and Business Services	228.4				
社会和个人服务	Community, Social and Personal Services	708.2				
行业不明确	Activities not Adequately Defined					
合计	Total	2239.6				

注：①包括职业军人。
Note: ① Includes the professional soldier.

6-4 续表 11 continued

单位：万人

(10 000 persons)

国家和地区	Country or Area	1990	1999	2000	2001	2002
德国	**Germany**					
按第三版 ISIC 分类	ISIC - Rev. 3					
农业、狩猎业和林业	Agriculturing, Hunting and Forestry		102.0	98.2	93.7	91.7
渔业	Fishing		0.6	0.6	0.5	0.6
采掘业	Mining and Quarrying		16.1	15.2	13.9	13.6
制造业	Manufacturing		853.2	854.2	860.9	848.3
电、煤气和水供应	Electricity, Gas and Water		31.1	29.0	28.2	28.7
建筑业	Construction		314.6	311.8	290.4	275.0
批发、零售贸易；机动车及个人、家庭用品修理业	Wholesale and Retail Trade; Repair of Motor Vehicles, Motorcycles and Personal and Household Goods		520.8	519.0	524.8	508.5
旅馆和饭店业	Hotels and Restaurants		118.8	121.9	122.8	124.0
运输、仓储和通讯	Transport, Storage and Communication		195.3	200.8	205.5	203.0
金融中介	Financial Intermediation		129.1	133.3	134.6	134.3
房地产、租赁及商务活动	Real Estate, Renting and Business Activities		273.8	292.3	300.5	312.0
公共管理和国防；社会基本保障	Public Administration and Defence; Compulsory Social Security		317.8	310.3	306.5	298.6
教育	Education		194.8	192.8	199.6	202.1
卫生和社会工作	Health and Social Work		366.5	369.6	379.7	392.6
其他社区、社会和个人服务活动	Other Community, Social and Personal Services Activities		187.9	194.4	202.8	203.8
雇人的私人住户	Private Households with Employed Persons		14.1	13.7	14.2	13.7
域外组织和机构	Extra-Territorial Organizations and Bodies		3.7	3.3	3.0	3.1
合计	Total		3640.2	3660.4	3681.6	3653.6
意大利①	**Italy ①**					
按第二版 ISIC 分类	ISIC - Rev. 2					
农业、狩猎业、林业和渔业	Agriculture, Hunting, Forestry and Fishing	189.5				
采掘业②	Mining and Quarrying ②	22.9				
制造业	Manufacturing	475.7				
电、煤气和水	Electricity, Gas and Water					
建筑业	Construction	185.9				
批发、零售业、旅馆和饭店业	Wholesale and Retail Trade and Restaurants and Hotels	453.7				
运输、仓储和通讯	Transport, Storage and Communication	114.6				
金融保险、房地产和商务服务	Financing, Insurance, Real Estate and Business Services	89.5				
社会和个人服务	Community, Social and Personal Services	613.6				
行业不明确	Activities not Adequately Defined					
合计	Total	2145.4				
按第三版 ISIC 分类	ISIC - Rev. 3					
农业、狩猎业和林业	Agriculturing, Hunting and Forestry		108.9	107.1	108.4	105.7
渔业	Fishing		4.5	4.9	4.2	3.9
采掘业	Mining and Quarrying		7.0	6.4	6.4	6.3
制造业	Manufacturing		492.8	491.8	490.7	496.2
电、煤气和水供应	Electricity, Gas and Water		17.6	16.7	16.2	15.9
建筑业	Construction		157.5	161.8	170.7	174.8
批发、零售贸易；机动车及个人、家庭用品修理业	Wholesale and Retail Trade; Repair of Motor Vehicles, Motorcycles and Personal and Household Goods		330.8	337.7	341.6	345.6
旅馆和饭店业	Hotels and Restaurants		73.9	81.4	88.0	90.7
运输、仓储和通讯	Transport, Storage and Communication		113.3	119.0	118.0	116.7
金融中介	Financial Intermediation		67.1	66.2	65.9	66.3

注：①包括军人。②包括电、煤气和水业。
Note: ① Including conscripts. ② Including electricity, gas and water.

6-4续表 12 continued

单位：万人 (10 000 persons)

国家和地区	Country or Area	1990	1999	2000	2001	2002
意大利①(续)	**Italy ① (continued)**					
房地产、租赁及商务活动	Real Estate, Renting and Business Activities		133.6	147.8	155.0	167.5
公共管理和国防;社会基本保障	Public Administration and Defence; Compulsory Social Security		194.3	194.2	198.7	198.2
教育	Education		144.5	146.7	152.0	153.1
卫生和社会工作	Health and Social Work		128.9	128.8	132.1	132.9
其他社区、社会和个人服务活动	Other Community, Social and Personal Services Activities		89.8	90.5	93.9	97.0
雇人的私人住户	Private Households with Employed Persons		20.1	19.6	19.3	19.8
域外组织和机构	Extra-Territorial Organizations and Bodies		1.7	2.0	2.0	1.6
合计	Total		2086.4	2122.5	2163.4	2192.2
荷兰②	**Netherlands ②**					
按第二版 ISIC 分类	ISIC - Rev. 2					
农业、狩猎业、林业和渔业	Agriculture, Hunting, Forestry and Fishing	28.9				
采掘业	Mining and Quarry	1.1				
制造业	Manufacturing	118.5				
电、煤气和水	Electricity, Gas and Water	4.1				
建筑业	Construction	40.9				
批发、零售业、旅馆和饭店业	Wholesale and Retail Trade and Restaurants and Hotels	110.4				
运输、仓储和通讯	Transport, Storage and Communication	38.2				
金融保险、房地产和商务服务	Financing, Insurance, Real Estate and Business Services	64.6				
社会和个人服务	Community, Social and Personal Services	222.9				
行业不明确	Activities not Adequately Defined	5.8				
合计	Total	635.6				
按第三版 ISIC 分类	ISIC - Rev. 3					
农业、狩猎业和林业	Agriculturing, Hunting and Forestry		22.7	24.4	22.1	
渔业	Fishing		0.3	0.4	0.3	
采掘业	Mining and Quarrying		0.9	1.2	0.9	
制造业	Manufacturing		111.1	112.1	111.5	
电、煤气和水供应	Electricity, Gas and Water		3.7	3.5	3.4	
建筑业	Construction		47.1	46.6	50.8	
批发、零售贸易;机动车及个人、家庭用品修理业	Wholesale and Retail Trade; Repair of Motor Vehicles, Motorcycles and Personal and Household Goods		123.8	129.1	125.4	
旅馆和饭店业	Hotels and Restaurants		28.1	28.9	29.1	
运输、仓储和通讯	Transport, Storage and Communication		46.5	47.3	48.6	
金融中介	Financial Intermediation		28.8	27.6	30.7	
房地产、租赁及商务活动	Real Estate, Renting and Business Activities		89.1	94.5	94.4	
公共管理和国防；社会基本保障	Public Administration and Defence; Compulsory Social Security		51.7	48.8	54.1	
教育	Education		48.1	45.8	47.9	
卫生和社会工作	Health and Social Work		104.8	107.1	113.4	
其他社区、社会和个人服务活动	Other Community, Social and Personal Services Activities		30.9	35.6	34.7	
雇人的私人住户	Private Households with Employed Persons		1.7	0.5	0.3	
域外组织和机构	Extra-Territorial Organisation and Bodies		0.2	0.2	0.2	
行业不明确	Not Classifiable by Economic Activity		20.5	19.7	18.6	
合计	Total		760.1	773.1	786.5	
波兰	**Poland**					
按第三版 ISIC 分类	ISIC - Rev. 3					
农业、林业、狩猎业	Agriculturing, Hunting and Forestry		265.7	271.5	271.1	265.2
渔业	Fishing		1.0	1.1	0.9	1.2

注：①包括军人。②15至64岁。

Note: ① Including conscripts. ② Persons aged 15 to 64 years.

6-4 续表 13 continued

单位：万人 (10 000 persons)

国家和地区	Country or Area	1990	1999	2000	2001	2002
波兰（续）	**Poland (continued)**					
采掘业	Mining and Quarrying		31.5	29.3	27.4	25.8
制造业	Manufacturing		304.9	290.1	283.0	257.5
电、煤气、水供应	Electricity, Gas and Water		24.6	26.3	26.9	26.3
建筑业	Construction		101.2	102.4	95.8	85.1
批发零售贸易；机动车及个人、家用批发、零售品修理业	Wholesale and Retail Trade; Repair of Motor Vehicles, Motorcycles and Personal and Household Goods		209.5	204.3	200.7	195.5
旅馆和饭店业	Hotels and Restaurants		22.2	24.1	25.3	25.2
运输、仓储和通讯	Transport, Storage and Communication		89.5	89.3	85.2	83.2
金融中介	Financial Intermediation		38.7	38.0	34.0	31.4
房地产业、租赁业及商务活动	Real Estate, Renting and Business Activities		50.6	53.1	62.7	67.5
公共管理和国防；社会基本保障	Public Administration and Defence; Compulsory Social Security		77.2	76.4	74.9	80.1
教育	Education		102.9	101.3	95.5	93.3
卫生和社会工作	Health and Social Work		102.8	93.8	90.3	94.0
其他社区、社会和个人服务活动	Other Community, Social and Personal Services Activities		52.7	50.7	45.9	45.5
雇人的私人住户	Private Households with Employed Persons		0.5	0.8	1.1	1.1
域外组织和机构	Extra-Territorial Organizations and Bodies		-	-	-	-
行业不明确	Not Classifiable by Economic Activity		-	-	-	-
合计	Total		1475.7	1452.6	1420.7	1378.2
罗马尼亚	**Romania**					
按第三版 ISIC 分类	ISIC - Rev. 3					
农业、狩猎业和林业	Agricuturing, Hunting and Forestry		449.2	459.9	452.3	335.7
渔业	Fishing		0.8	0.8	0.4	0.5
采掘业	Mining and Quarrying		18.6	16.3	15.0	14.4
制造业	Manufacturing		216.5	205.4	202.5	197.2
电、煤气和水供应	Electricity, Gas and Water		22.4	19.6	19.9	19.5
建筑业	Construction		39.7	40.3	43.0	41.3
批发、零售贸易；机动车及个人、家用批发、零售品修理业	Wholesale and Retail Trade; Repair of Motor Vehicles, Motorcycles and Personal and Household Goods		92.6	92.8	95.2	85.9
旅馆和饭店业	Hotels and Restaurants		12.4	12.3	13.1	11.2
运输、仓储和通讯	Transport, Storage and Communication		50.0	51.1	51.9	45.8
金融中介	Financial Intermediation		8.7	9.3	7.6	7.6
房地产、租赁及商务活动	Real Estate, Renting and Business Activities		14.1	13.2	12.4	13.5
公共管理和国防；社会基本保障	Public Administration and Defence; Compulsory Social Security		53.3	56.3	58.1	54.9
教育	Education		42.3	41.5	40.9	41.1
卫生和社会工作	Health and Social Work		34.1	34.6	35.1	35.0
其他社区、社会和个人服务活动	Other Community, Social and Personal Services Activities		23.0	23.0	22.3	20.0
合计	Total		1077.6	1076.4	1069.7	923.4
俄罗斯联邦①	**Russian Federation ①**					
按第三版 ISIC 分类	ISIC - Rev. 3					
农业、狩猎业和林业	Agricuturing, Hunting and Forestry		698.7			
渔业	Fishing		15.8			
采掘业	Mining and Quarrying		121.0			
制造业	Manufacturing		1151.4			
电、煤气和水供应	Electricity, Gas and Water		157.7			

注：①15 至 72 岁。
Note: ① Persons aged 15 to 72 years.

6-4 续表 14 continued

单位：万人 (10 000 persons)

国家和地区	Country or Area	1990	1999	2000	2001	2002
俄罗斯联邦①(续)	**Russian Federation ① (continued)**					
建筑业	Construction		344.5			
批发、零售贸易；机动车及个人、家庭用品修理业	Wholesale and Retail Trade; Repair of Motor Vehicles, Motorcycles and Personal and Household Goods		720.8			
旅馆和饭店	Hotels and Restaurants		83.8			
运输、仓储和通讯	Transport, Storage and Communication		548.7			
金融媒介	Financial Intermediation		80.4			
房地产、租赁及商务活动	Real Estate, Renting and Business Activities		179.0			
公共管理和国防；社会基本保障	Public Administration and Defence; Compulsory Social Security		458.9			
教育	Education		588.3			
卫生和社会工作	Health and Social Work		433.3			
社区、社会和个人服务活动	Other Community, Social and Personal Services Activities		458.5			
合计	Total		6040.8			
西班牙②	**Spain ②**					
按第二版 ISIC 分类	ISIC - Rev. 2					
农业、狩猎业、林业和渔业	Agriculture, Hunting, Forestry and Fishing	148.6				
采掘业	Mining and Quarry	7.8				
制造业	Manufacturing	280.7				
电、煤气和水	Electricity, Gas and Water	9.4				
建筑业	Construction	122.0				
批发、零售业、旅馆和饭店业	Wholesale and Retail Trade and Restaurants and Hotels	254.0				
运输、仓储和通讯	Transport, Storage and Communication	72.7				
金融保险、房地产和商务服务	Financing, Insurance, Real Estate and Business Services	67.8				
社会和个人服务	Community, Social and Personal Services	295.0				
行业不明确	Activites not Adequately Defined					
合计	Total	1257.9				
按第三版 ISIC 分类	ISIC - Rev. 3					
农业、狩猎业和林业	Agricuturing, Hunting and Forestry		95.9	94.7	95.5	90.7
渔业	Fishing		5.6	6.5	6.5	5.6
采掘业	Mining and Quarrying		6.3	6.6	6.3	6.3
制造业	Manufacturing		263.5	290.9	300.6	299.9
电、煤气和水供应	Electricity, Gas and Water		8.6	9.9	9.9	9.2
建筑业	Construction		146.4	171.6	185.0	191.3
批发、零售贸易；机动车及个人、家庭用品修理业	Wholesale and Retail Trade; Repair of Motor Vehicles, Motorcycles and Personal and Household Goods		226.6	250.2	255.6	255.2
饭店和餐馆	Hotels and Restaurants		84.9	96.7	97.1	101.9
运输、仓储和通讯	Transport, Storage and Communication		80.6	92.3	96.5	99.4
金融媒介	Financial Intermediation		36.3	41.1	39.2	40.1
房地产、租赁及商务活动	Real Estate, Renting and Business Activities		93.1	112.1	123.8	129.3
公共管理和国防；社会基本保障	Public Administration and Defence; Compulsory Social Security		88.8	97.6	100.8	104.6
教育	Education		80.2	83.7	88.9	94.3
卫生和社会工作	Health and Social Work		74.4	83.0	85.3	91.3
其他社区、社会和个人服务活动	Other Community, Social and Personal Services Activities		51.6	59.4	61.6	65.0
雇人的私人住户	Private Households with Employed Persons		39.0	40.5	41.8	41.7
域外组织和机构	Extra-Territorial Organizations and Bodies		0.2	0.2	0.3	0.2
合计	Total		1381.7	1537.0	1594.6	1625.8

注：①15至72岁。②16岁及以上。

Note: ① Persons aged 15 to 72 years. ② Persons aged 16 years and over.

6-4 续表 15 continued

单位：万人 (10 000 persons)

国家和地区	Country or Area	1990	1999	2000	2001	2002
乌克兰①	**Ukraine ①**					
按第二版 ISIC 分类	ISIC - Rev. 2					
农业、狩猎业、林业和渔业	Agriculture, Hunting, Forestry and Fishing	502.3	411.8	418.7	399.3	
采掘业	Mining and Quarry		95.3	85.2	81.5	
制造业	Manufacturing		381.2	383.8	374.0	
电、煤气和水	Electricity, Gas and Water		41.8	66.0	67.9	
建筑业	Construction	242.2	120.0	106.5	99.2	
批发、零售业、旅馆和饭店业	Wholesale and Retail Trade and Restaurants and Hotels	186.7	219.6	257.3	277.8	
运输、仓储和通讯	Transport, Storage and Communication	192.3	157.8	149.3	142.8	
金融保险、房地产和商务服务	Financing, Insurance, Real Estate and Business Services	12.9	68.4	73.4	76.7	
社会和个人服务	Community, Social and Personal Services		392.4	386.2	390.7	
行业不明确	Activites not Adequately Defined		116.6	116.7	114.0	
合计	Total	2540.1	2004.8	2042.0	2023.8	2040.1
英国②	**United Kingdom ②**					
按第三版 ISIC 分类	ISIC - Rev. 3					
农业、狩猎业和林业	Agricuturing, Hunting and Forestry	55.4	40.9	41.1	37.5	37.3
渔业	Fishing	1.9	1.6	1.4	1.6	2.0
采掘业	Mining and Quarrying	23.3	10.1	10.1	11.5	11.0
制造业	Manufacturing	299.1	488.6	474.0	461.9	443.3
电、煤气和水供应	Electricity, Gas and Water	33.3	18.8	20.0	20.3	21.7
建筑业	Construction	214.1	192.9	199.6	205.7	207.4
批发、零售贸易;机动车及个人、家庭用品修理业	Wholesale and Retail Trade; Repair of Motor Vehicles, Motorcycles and Personal and Household Goods	419.9	426.3	429.9	425.4	426.1
饭店和餐馆	Hotels and Restaurants	118.5	116.5	114.9	118.5	129.4
运输、仓储和通讯	Transport, Storage and Communication	170.3	181.3	190.5	200.6	201.6
金融中介	Financial Intermediation	116.8	117.2	120.0	123.0	129.8
房地产、租赁及商务活动	Real Estate, Renting and Business Activities	215.6	299.3	307.2	321.1	325.8
公共管理和国防；社会基本保障	Public Administration and Defence; Compulsory Social Security	162.5	163.7	171.7	187.2	189.3
教育	Education	182.9	218.2	221.1	224.9	232.2
卫生和社会工作	Health and Social Work	220.8	301.5	300.2	312.3	313.7
其他社区、社会和个人服务活动	Other Community, Social and Personal Services Activities	116.4	144.0	154.4	149.3	151.0
雇人的私人住户	Private Households with Employed Persons	20.6	13.8	13.4	11.6	11.9
域外组织和机构	Extra-Territorial Organizations and Bodies	3.2	1.8	2.5	2.0	1.8
行业不明确	Not Classifiable by Economic Activity	18.9	7.9	7.3	8.2	6.2
合计	Total	2693.5	2744.2	2779.3	2822.5	2841.5
澳大利亚	**Australia**					
按第三版 ISIC 分类	ISIC - Rev. 3					
农业、狩猎业和林业	Agricuturing, Hunting and Forestry	42.4	41.8	42.1	41.5	38.7
渔业	Fishing	1.4	1.4	1.8	1.9	1.7
采掘业	Mining and Quarrying	8.9	7.0	6.8	6.8	7.1
制造业	Manufacturing	117.9	107.5	114.1	110.9	112.0
电、煤气和水供应	Electricity, Gas and Water	10.6	6.4	6.5	6.7	6.7
建筑业	Construction	59.3	66.3	70.1	67.8	71.1
批发、零售贸易;机动车及个人、家庭用品修理业	Wholesale and Retail Trade; Repair of Motor Vehicles, Motorcycles and Personal and Household Goods	162.6	184.1	177.9	179.2	185.7
饭店和餐馆	Hotels and Restaurants	31.8	41.9	45.7	46.2	46.1

注：①15 至 70 岁。②16 岁及以上。

Note: ① Persons aged 15-70 years. ② Persons aged 16 years and over.

6–4 续表 16 continued

单位：万人 (10 000 persons)

国家和地区	Country or Area	1990	1999	2000	2001	2002
澳大利亚（续）	**Australia (continued)**					
运输、仓储和通讯	Transport, Storage and Communication	53.2	57.0	59.2	60.1	57.4
金融中介	Financial Intermediation	36.7	31.5	33.6	34.8	34.6
房地产、租赁及商务活动	Real Estate, Renting and Business Activities	62.5	98.3	106.8	108.5	110.4
公共管理和国防；社会基本保障	Public Administration and Defence; Compulsory Social Security	44.3	45.1	45.7	48.0	52.3
教育	Education	52.8	61.4	61.2	63.4	65.5
卫生和社会工作	Health and Social Work	66.2	81.6	84.9	89.8	93.3
其他社区、社会和个人服务活动	Other Community, Social and Personal Services Activities	31.9	42.5	43.8	46.0	47.7
雇人的私人住户	Private Households with Employed Persons	1.2	1.0	0.7	0.6	0.6
域外组织和机构	Extra-Territorial Organizations and Bodies	0.1	0.1	0.2	0.2	0.1
合计	Total	783.7	874.7	900.9	912.4	931.1
新西兰	**New Zealand**					
按第二版ISIC分类	ISIC - Rev. 2					
农业、狩猎业、林业和渔业	Agriculture, Hunting, Forestry and Fishing	15.7				
采掘业	Mining and Quarrying	0.6				
制造业	Manufacturing	25.3				
电、煤气和水	Electricity, Gas and Water	1.4				
建筑业	Construction	9.2				
批发、零售业、旅馆和饭店业	Wholesale and Retail Trade and Restaurants and Hotels	31.2				
运输、仓储和通讯	Transport, Storage and Communication	9.3				
金融保险、房地产和商务服务	Financing, Insurance, Real Estate and Business Services	14.6				
社会和个人服务	Community, Social and Personal Services	40.4				
行业不明确	Activities not Adequately Defined	0.6				
合计	Total	148.1				
按第三版ISIC分类	ISIC - Rev. 3					
农业、狩猎业和林业	Agriculturing, Hunting and Forestry		16.1	15.1	16.2	
渔业	Fishing		0.4	0.4	0.4	
采掘业	Mining and Quarrying		0.4	0.4	0.4	
制造业	Manufacturing		27.8	28.1	28.9	
电、煤气和水供应	Electricity, Gas and Water		0.9	0.9	1.0	
建筑业	Construction		11.0	11.8	11.2	
批发、零售贸易；机动车及个人、家庭用品修理业	Wholesale and Retail Trade; Repair of Motor Vehicles,Motorcycles and Personal and Household Goods		28.5	29.6	29.9	
饭店和餐馆	Hotels and Restaurants		8.7	9.3	9.5	
运输、仓储和通讯	Transport, Storage and Communication		11.0	11.1	11.2	
金融中介	Financial Intermediation		5.4	5.5	5.2	
房地产、租赁及商务活动	Real Estate, Renting and Business Activities		17.5	17.4	18.0	
公共管理和国防；社会基本保障	Public Administration and Defence; Compulsory Social Security		9.9	9.1	9.3	
教育	Education		12.5	13.0	13.7	
卫生和社会工作	Health and Social Work		14.1	14.2	15.8	
其他社区、社会和个人服务活动	Other Community, Social and Personal Services Activities		9.7	10.2	10.4	
雇人的私人住户	Private Households with Employed Persons		0.8	0.9	0.7	
域外组织和机构	Extra-Territorial Organizations and Bodies		0.1	0.1	0.1	
行业不明确	Not Classifiable by Economic Activity		0.4	0.8	0.4	
合计	Total		175.0	177.9	182.3	

6-5 失业人数

Unemployment

资料来源：国际劳工组织《劳工统计年鉴》2003。
Source: International Labour Office *Yearbook of Labour Statistics 2003.*

单位：万人 (10 000 persons)

国家和地区	Country or Area	1990	1999	2000	2001	2002
中　国①	China ①	383.0	575.0	595.0	681.0	770.0
中国香港	Hong Kong, China	3.7|	20.8	16.7	17.5	25.6
中国澳门③	Macao, China ③	-	1.3	1.4	1.4	1.3
孟加拉国	Bangladesh	99.7 ②		175.0		
印　度③④	India ③④	3463.2	4037.1	4134.4	4199.6	4117.1
印度尼西亚②	Indonesia ②	195.2	603.0	581.3	800.5	913.2
以色列	Israel	15.8|	20.9	21.4	23.4	26.2
日　本	Japan	134.0	317.0	320.0	340.0	359.0
哈萨克斯坦	Kazakhstan		26.4			
韩　国	Korea, Rep.	45.4	135.3|	91.3	84.5	70.8
马来西亚⑤	Malaysia ⑤	31.5	31.4	29.4	35.7	38.1
蒙　古⑫	Mongolia⑫		4.0	3.9	4.0	3.1
缅　甸⑥⑫	Myanmar ⑥⑫	55.5	42.5	38.2	39.8	43.4
巴基斯坦②	Pakistan ②	96.3|	233.4	312.7		
菲律宾	Philippines	199.3	293.1	313.3	326.9	
新加坡	Singapore	2.6|	9.0	9.8	7.3	11.1
斯里兰卡②	Sri Lanka ②	100.5	61.3	54.6	51.8	63.3
泰　国⑦	Thailand ⑦	71.0	98.6	81.3	89.6	
土耳其	Turkey	161.5 ⑧	177.4 ⑧|	145.3	190.1	241.2
埃　及⑤	Egypt ⑤	134.6|	148.1	169.8		
南　非⑫	South Africa⑫	11.1				
加拿大	Canada	116.4	119.0	109.0	117.0	127.8
墨西哥⑧	Mexico ⑧		69.5	65.9	68.7	78.4
美　国⑨	United States ⑨	704.7|	588.0	565.5	674.2	837.8
阿根廷②	Argentina ②	33.2|	136.0	146.1	171.0	195.6
巴　西②	Brazil ②	236.8|	763.9		778.5	
委内瑞拉	Venezuela	74.3	152.6	142.4	143.9	182.3
白俄罗斯⑫	Belarus⑫		9.5	9.6	10.3	13.1
保加利亚	Bulgaria		48.7	55.9	66.1	59.9
捷　克	Czech Republic		45.4	45.5	41.8	37.4
法　国	France		301.4	259.0	228.5	234.1
德　国	Germany		350.3	312.7	315.0	348.6
意大利	Italy	262.1|	266.9	249.5	226.7	216.3
荷　兰⑤	Netherlands ⑤	51.6|	27.7	26.2	22.0	
波　兰	Poland		235.0	270.3	311.5	321.7
罗马尼亚	Romania		79.0	82.1	75.0	84.5
俄罗斯联邦⑩	Russian Federation ⑩		932.3			
西班牙⑨	Spain ⑨	244.1	272.2	248.7	186.9	208.3
乌克兰⑪	Ukraine⑪		269.9	270.8	251.7	230.1
英　国⑨	United Kingdom ⑨	197.4	175.2	161.9	141.3	151.9
澳大利亚	Australia	58.5|	66.1	61.6	66.7	63.1
新西兰	New Zealand	12.5	12.8	11.3	10.2	10.2

注：①城镇登记失业人数。②10岁及以上。③14岁及以上。④申请工作者。⑤15至64岁。⑥18岁及以上。⑦13岁及以上。⑧12岁及以上。⑨16岁及以上。⑩15至72岁。⑪15至70岁。⑫登记失业人数。

Note: ① Registered unemployment persons in urban areas. ② Persons aged 10 years and over. ③ Persons aged 14 years and over. ④ Work applicants. ⑤ Persons aged 15 to 64 years. ⑥ Persons aged 18 years and over. ⑦ Persons aged 13 years and over. ⑧ Persons aged 12 years and over. ⑨ Persons aged 16 years and over. ⑩ Persons aged 15 to 72 years.⑪Persons aged 15 to 70 years.⑫Registered unemployment persons.

6-6 失业率
Unemployment Rate

资料来源：国际劳工组织《劳工统计年鉴》2003。
Source: International Labour Office *Yearbook of Labour Statistics 2003*.

单位：% (%)

国家和地区	Country or Area	1990	1999	2000	2001	2002
中　国①	China ①	2.5	3.1	3.1	3.6	4.0
中国香港	Hong Kong, China	1.3	6.2	4.9	5.1	7.3
中国澳门②	Macao,China ②	3.2	6.3	6.8	6.4	6.3
阿塞拜疆	Azerbaijan		1.2	1.2	1.3	1.3
孟加拉国	Bangladesh	1.9		3.3		
塞浦路斯③	Cyprus ③	1.8 ②	3.6	3.4	2.9	3.1
格鲁吉亚	Georgia		13.8	10.8	11.0	12.3
印度尼西亚	Indonesia		6.4	6.1	8.1	9.1
以色列	Israel	9.6|	8.9	8.8	9.4	10.3
日　本	Japan	2.1	4.7	4.7	5.0	
哈萨克斯坦③	Kazakhstan ③		3.9	3.7	2.9	2.6
韩　国	Korea, Rep.	2.4|	6.3|	4.2	3.8	3.1
马来西亚⑤	Malaysia ⑤	5.1	3.4	3.1	3.6	3.8
蒙　古③	Mongolia ③		4.7	4.6	4.6	3.4
巴基斯坦④	Pakistan ④	3.1	5.9	7.8		
菲律宾	Philippines	8.1	9.6	10.1	9.8	
新加坡	Singapore	1.7	4.6	4.4	3.4	5.2
斯里兰卡④	Sri Lanka ④	14.4	9.1	8.0	7.7	8.7
叙利亚	Syrian Arab Republic				11.2	11.7
泰　国⑥	Thailand ⑥	2.2	3.0	2.4	2.6	
土耳其	Turkey	7.5| ⑦	7.7| ⑦	6.6	8.5	10.6
阿联酋	United Arab Emirates			2.3		
约旦河西岸和加沙地带	West Bank and Gaza		11.8	14.2	25.5	31.3
阿尔及利亚⑳	Algeria⑳	19.8		29.8	27.3	
埃　及⑤	Egypt ⑤	8.6|	8.1	9.0		
摩洛哥⑲	Morocco⑲	15.8	22.0	21.5	19.5	18.3
阿根廷④⑲	Argentina ④⑲	7.3|	14.1	15.0	17.4	19.6
巴巴多斯	Barbados	15.0	10.5	9.4	9.9	
玻利维亚④⑲	Bolivia ④⑲	7.3|	7.2	7.4		
巴　西④	Brazil ④	3.7|	9.6		9.4	
加拿大	Canada	8.1	7.6	6.8	7.2	7.7
哥伦比亚⑦	Colombia ⑦	10.2|	20.1	20.5|	14.7	15.7
哥斯达黎加⑦	Costa Rica ⑦	4.6	6.0	5.2	6.1	
智　利	Chile	5.7|	8.9	8.3	7.9	7.8
厄瓜多尔④	Ecuador ④	6.1	14.0	9.0	11.0	9.3
洪都拉斯④	Honduras ④	4.8	3.7		4.2	
萨尔瓦多④	Salvador ④	10.0⑲	7.0	7.0	7.0	6.2
牙买加②	Jamaica ②	15.7				
墨西哥⑦	Mexico ⑦		1.7	1.6	1.7	1.9
荷属安的列斯	Netherlands Antilles	17.0		14.0		
尼加拉瓜④	Nicaragua ④	11.1	10.9	9.8	11.3	12.2
巴拿马	Panama		11.8			
秘　鲁②⑲	Peru ②⑲		8.0	7.4	7.9	
波多黎各⑧	Puerto Rico ⑧	14.1	11.8	10.1	11.4	12.3
苏里南②	Suriname ②	15.8	14.0			
特立尼达和多巴哥	Trinidad and Tobago	20.0	13.1	12.2	10.8	

6-6续表 continued

单位：% (%)

国家和地区	Country or Area	1990	1999	2000	2001	2002
美　　国⑧	United States ⑧	5.6|	4.2	4.0	4.8	5.8
乌 拉 圭②⑲	Uruguay ②⑲	8.5	11.3	13.6	15.3	
委内瑞拉	Venezuela	10.4	14.9	13.9	13.2	15.8
美属维尔京群岛③⑨	US Virgin Islands ③⑨	2.8				
阿尔巴尼亚	Albania	9.5	18.4	16.8	16.4	15.8
奥 地 利	Austria	3.2 ③	3.8	3.6	3.6	4.0
白俄罗斯③	Belarus ③		2.1	2.1	2.3	3.0
比 利 时	Belgium	7.2	8.6	7.0	6.6	7.5
保加利亚	Bulgaria		14.1	16.3	19.4	17.6
克罗地亚	Croatia		13.5	16.1	15.8	14.8
捷　　克	Czech Republic		8.7	8.8	8.1	7.3
丹　　麦⑩	Denmark ⑩			4.6	4.8	4.7
爱沙尼亚⑫	Estonia⑫	0.6⑪|	12.2	13.6	12.6	10.3
芬　　兰⑫	Finland⑫	3.1	10.1	9.7	9.1	9.1
法　　国	France	8.9|	11.7	10.0	8.8	8.9
德　　国	Germany		8.8	7.9	7.9	8.7
希　　腊	Greece	7 ②	11.7	11.1	10.2	9.6
匈 牙 利⑫	Hungary⑫		7.0	6.4	5.7	5.8
冰　　岛⑬	Iceland⑬		2.0	2.3	2.3	3.3
爱 尔 兰	Ireland	12.9	5.7	4.3	3.7	
意 大 利	Italy	11.0 ② |	11.4	10.5	9.5	9.0
拉脱维亚	Latvia		14.3	14.4|	13.1	12.0
立 陶 宛	Lithuania		14.1 ② |	16.4	17.4	13.8
卢 森 堡③⑭	Luxemburg ③⑭	1.3|	2.9	2.7	2.7	3.0
马 其 顿⑮	Macedonia⑮	23.6|			30.5	31.9
马 尔 他③⑯	Malta ③⑯	3.9		6.5	6.5	6.8
摩尔多瓦③	Moldova ③		2.1	2.1	2.0	
荷　　兰⑤	Netherlands ⑤	7.5|	3.5	3.3	2.7	
挪　　威⑬	Norway⑬	5.2	3.2	3.4	3.6	3.9
波　　兰	Poland		13.9	16.1	18.2	19.9
葡 萄 牙	Portugal	4.7 ④ |	4.4	4.0	4.1	5.1
罗马尼亚	Romania		6.8	7.1	6.6	8.4
俄罗斯联邦⑰	Russian Federation⑰		13.4			
圣马力诺③	San Marino ③	5.5 ② |	3.0	2.8	2.6	3.6
斯洛伐克	Slovakia		16.2	18.6	19.2	18.5
斯洛文尼亚	Slovenia		7.4	7.2	5.9	5.9
西 班 牙⑧	Spain ⑧	16.3	15.9|	13.9	10.5	11.4
瑞　　士	Switzerland		3.1	2.7	2.5	2.9
瑞　　典⑭	Sweden⑭	1.6|	5.6	4.7	4.0	4.0
乌 克 兰⑱	Ukraine⑱		11.9	11.7	11.1	10.2
英　　国⑧	United Kingdom ⑧	6.8	6.0	5.5	4.8	5.1
澳大利亚	Australia	6.9|	7.0	6.4	6.8	6.3
斐　　济	Fiji	6.4				
关　　岛⑧	Guam ⑧	2.8				
新 西 兰	New Zealand	7.8	6.8	6.0	5.3	5.2

注：①城镇登记失业率。②14岁及以上。③登记失业率。④10岁及以上。⑤15岁至64岁。⑥13岁及以上。⑦12岁及以上。⑧16岁及以上。⑨16至65岁。⑩15至66岁。⑪15至69岁。⑫15至74岁。⑬16至74岁。⑭16至64岁。⑮申请失业率。⑯16至61岁。⑰15至72岁。⑱15至70岁。⑲城镇失业率。⑳16至60岁。

Note: ① Registered unemployment rate in urban areas. ② Persons aged 14 years and over. ③ Registered unemployment rate. ④ Persons aged 10 years and over. ⑤ Persons aged 15 to 64 years. ⑥ Persons aged 13 years and over. ⑦ Persons aged 12 years and over. ⑧ Persons aged 16 years and over. ⑨ Persons aged 16 to 65 years. ⑩ Persons aged 15 to 66 years.⑪Persons aged 15 to 69 years.⑫Persons aged 15 to 74 years.⑬Persons aged 16 to 74 years.⑭Persons aged 16 to 64 years.⑮Work applicants rate.⑯Persons aged 16 to 61 years.⑰Persons aged 15 to 72 years.⑱Persons aged 15 to 70 years.⑲Unemployment rate in urban areas.⑳Persons aged 16 to 60 years.

6-7 非农部门雇员工资及工时数

Wages and Hours of Work in Non-Agriculture

资料来源：国际劳工组织《劳工统计年鉴》2003。
Source: International Labour Office *Yearbook of Labour Statistics 2003.*

国家和地区	Country or Area	非农部门雇员平均月工资（本币） Wages Per month in Non-Agriculture (local currency unit)		非农部门雇员平均每周工时数 Hours of Work per Week in Non-Agriculture	
		1990	2002	1990	2002
中　国	China	2140.0 ①②	12422.0 ①②		
中国香港	Hong Kong, China	5865.3 ③	401.3 ③④	45.6	46.9
中国澳门	Macao,China	2585.0	4672.0	47.9	47.9
以色列	Israel	2299.0	7109.0	35.9	37.2
日　本	Japan	370169.0	305800.0⑬	46.1	42.4⑬
哈萨克斯坦	Kazakhstan	259.0	11729.0 ⑤		
韩　国	Korea, Rep.	642310.0	1948000.0	48.2	46.2
缅　甸	Myanmar			7.3 ④⑦	8.0 ④
菲律宾	Philippines	4539.0	7700.0 ⑧	47.6	44.3
新加坡	Singapore	1527.8	3158.0 ②	46.5 ②	46.0 ②
斯里兰卡	Sri Lanka	9.23 ⑩	29.8 ⑩		
泰　国	Thailand	3737.0 ③	5562.9 ③⑬	49.1	42.4 ②
土耳其	Turkey	28585.0 ⑥		48.8	51.5 ②
埃　及	Egypt	55.0 ⑥	143.0 ⑥⑤	55.0	52.0 ⑨
加拿大	Canada		17.1 ⑩②		31.9 ②
墨西哥	Mexico	812.1 ⑦	3479.6⑬	42.7 ⑦	43.4⑬
美　国	United States	10.0 ⑩	14.3 ⑩⑬	34.5	34.2⑬
巴　西	Brazil	27610.0	849.3⑬		41.8 ②⑬
白俄罗斯	Belarus	265.0	189232.0 ②		
保加利亚	Bulgaria	352.3	275.0		
捷　克	Czech Republic	3241.0	16060.0		
德　国	Germany			39.7	
意大利	Italy	100.0 ⑩⑪	114.9 ⑩⑪⑬		41.3⑬
荷　兰	Netherlands	20.6 ⑩	34.6 ⑩⑧	40.1	38.4 ⑧
波　兰	Poland	1036000.0	2185.2		39.7
罗马尼亚	Romania	3273.0	2875155.0⑬		38.3 ②⑬
俄罗斯联邦	Russian Federation		1113.0 ⑨		32.9 ⑤
西班牙	Spain	876.0 ⑩	9.8 ⑩	36.7	35.3
乌克兰	Ukraine	247.8	343.8⑬		134.0⑫⑬
英　国	United Kingdom	6.36 ⑩	11.7 ⑩②	40.5	39.9 ⑤
澳大利亚	Australia	13.5 ⑥	21.4 ⑩	34.8	34.6
新西兰	New Zealand	14.1 ⑩	18.8 ⑩	38.8 ②	38⑬

注：①以年计。②全部行业。③工资率。④以日计。⑤1999年数据。⑥以周计。⑦1991年数据。⑧2000年数据。⑨1998年数据。⑩以小时计。⑪工资率指数，1990年=100。⑫以月计。⑬2001年数据。

Note: ① Per year. ② Total economic activity. ③ Wage Rate. ④ Per day. ⑤ Data of 1999. ⑥ Per week. ⑦ Data of 1991. ⑧ Data of 2000. ⑨ Data of 1998. ⑩ Per hour. ⑪ Wage Rate,1990=100. ⑫ Per month. ⑬ Data of 2001.

6-8 制造业雇员工资及工时数

Wages and Hours of Work in Manufacturing

资料来源：国际劳工组织《劳工统计年鉴》2003。
Source: International Labour Office *Yearbook of Labour Statistics 2003.*

国家和地区	Country or Area	制造业雇员平均月工资（本币）Wages Per month in Manufacturing (Local Currency Unit)		制造业雇员平均每周工时数 Hours of Work per Week in Manufacturing	
		1990	2002	1990	2002
中　国	China	2073.0 ①	11001.0 ①		
中国香港	HongKong, China	179.5 ②⑯	326.1 ②⑯	44.2	45.6
中国澳门	Macao,China	2058.0	3970.0		48.1
孟加拉国	Bangladesh	55.9 ②		31.0	45.0⑬
印　度	India	988.4	1548.5⑭	46.4	46.3⑮
以色列	Israel	2669.0	9051.0⑱	38.9	42.2
日　本	Japan	352020.0	297500.0⑱	40.8	37.6⑱
哈萨克斯坦	Kazakhstan	277.0l	13434.0⑭	148.2 ③	
韩　国	Korea, Rep.	590876.0	1857000.0	49.8	48.3⑱
马来西亚	Malaysia	885.0	1531.0⑱		
巴基斯坦	Pakistan	1735.0	2981.0⑬		
菲律宾	Philippines	4108.0 ④	7300.0⑬	44.9	43.6
新加坡	Singapore	1395.0	3154.0	48.5	48.9
泰　国	Thailand	3357.0⑯	6064.6 ⑥⑯⑱	48.3	50.1⑭
土耳其	Turkey	30582.0 ②	389307400.0⑬	48.8	53.2
埃　及④	Egypt ④	54.0 ⑦	121.0 ⑦⑭	56.0	56.0⑭
南　非	South Africa	1660.0	4695.0⑱	45.4	
阿根廷	Argentina	1.0 ⑤	4.3 ⑤⑱	44.3	42.6
加拿大	Canada	14.2 ⑤	19.1 ⑤	38.2⑫	39.1⑫
墨西哥	Mexico	947.8⑰	3363.5⑱	44.2⑰	43.9⑱
美　国	United States	10.8 ⑤⑧	14.8 ⑤⑧⑱	40.8	40.7⑱
巴　西	Brazil	26076.0l	844.6 ③⑱		43.2⑱
保加利亚	Bulgaria	336.0	244.0		33.0⑱
捷　克	Czech Republic		12327.0		40.7
法　国	France	45.5 ⑤	1563.0	38.7	37.4
德　国	Germany		15.4 ⑤		37.6
荷　兰	Netherlands	21.5 ⑤	34.4 ⑤⑬		38.6⑬
波　兰	Poland		1938.9⑱		41.0
罗马尼亚	Romania	3146.0	2535223.0⑬		40.3⑱
俄罗斯联邦	Russian Federation		1026.0⑮		33.3⑭
西班牙	Spain	902.0 ⑤ l	1499.0 ⑤⑬		36.0
乌克兰	Ukraine	263000.0 ⑨	395.3 ⑩⑱		134.0 ③⑱
英　国	United Kingdom	6.1 ⑤⑪	11.1 ⑤⑪	42.3	41.4⑬
澳大利亚	Australia	12.9 ⑤	20.5 ⑤	38.1	38.6
新西兰	New Zealand	13.3 ⑤	16.9 ⑤⑭	41.1	41.2⑱

注：①以年计。②以日计。③以月计。④10人及以上企业。⑤以小时计。⑥不包括公共企业。⑦以周计。⑧指私营部门的生产工人。⑨卢布。⑩格里夫尼亚。⑪不包括北爱尔兰。⑫指计时付酬工人。⑬2000年数据。⑭1999年数据。⑮1998年数据。⑯工资率。⑰1991年数据。⑱2001年数据。

Note: ① Average wage of staff and workers by manufacturing. ② Per day. ③ Per month. ④ Establishments with 10 or more persons employed. ⑤ Per hour. ⑥ Exceluding public entreprises. ⑦ Per week. ⑧ Private sector; production workers. ⑨ Roubles. ⑩ Hrivna.⑪Exceluding Northern Ireland.⑫Employees paid by hour.⑬Data refer to 2000.⑭Data refer to 1999.⑮Data refer to 1998.⑯Wage Rate.⑰Data refer to 1991.⑱Data refer to 2001.

6-9 劳动生产率
Productivity

资料来源：世界银行数据库。
Source: World Bank Database.

国家和地区	Country or Area	全员劳动生产率①（美元／人） Gross Productivity ① (USD/person)				
		1990	1999	2000	2001	2002
世　界	**World**	**8738**	**10598**	**10713**	**10447**	**10669**
中　国②	China ②	528	1320	1428	1540	1646
中国香港	HongKong, China	25982	46161	46900	45774	44991
孟加拉国	Bangladesh	593	684	681	664	657
印　度	India	879	1013	1015	1039	1085
印度尼西亚	Indonesia	1462	1434	1504	1385	1660
伊　朗	Iran	7637	5174	5161	5604	5134
以色列	Israel	28582	39398	42115	40075	35882
日　本	Japan	47610	65694	69794	61266	58716
哈萨克斯坦	Kazakhstan	3499	2269	2484	3022	3351
韩　国	Korea, Rep.	12867	17184	19209	17574	19399
马来西亚	Malaysia	6173	8488	9372	8840	9235
蒙　古	Mongolia		766	807	858	897
巴基斯坦	Pakistan	1040	1168	1175	1095	1069
菲律宾	Philippines	1805	2425	2350	2166	2280
新加坡	Singapore	23686	41274	45825	41547	42443
斯里兰卡	Sri Lanka	1229	1978	2015	1906	1970
泰　国	Thailand	2692	3365	3332	3110	3387
土耳其	Turkey	6197	5834	6164	4399	5448
越　南	Viet Nam	193	721	771	795	839
埃　及	Egypt	2355	3759	4075	3915	3469
尼日利亚	Nigeria	740	744	836	827	823
南　非	South Africa	8238	7718	7329	6400	5756
加拿大	Canada	39058	39720	42711	41608	42470
墨西哥	Mexico	8566	12199	14392	15106	15073
美　国	United States	45762	64494	67296	68296	69997
阿根廷	Argentina	11585	19295	18928	17499	6493
巴　西	Brazil	7056	6774	7564	6309	5536
委内瑞拉	Venezuela	6682	10760	12272	12408	9017
白俄罗斯	Belarus	3283	2301	2419	2352	2711
保加利亚	Bulgaria	4673	3102	3030	3331	3823
捷　克	Czech Republic	6395	9572	8912	9977	12173
法　国	France	49233	54487	48967	49179	53057
德　国	Germany	41930	51535	45719	45203	48257
意大利	Italy	45244	46006	41771	42481	46162
荷　兰	Netherlands	42649	54203	50109	51649	56007
波　兰	Poland	3148	7845	8258	9214	9486
罗马尼亚	Romania	3597	3324	3449	3736	4268
俄罗斯联邦	Russian Federation	6696	2521	3341	3993	4467
西班牙	Spain	32224	34127	31367	32358	36029
乌克兰	Ukraine	3128	1252	1245	1520	1665
英　国	United Kingdom	34619	49713	48777	48393	52910
澳大利亚	Australia	36576	41977	39635	37244	40859
新西兰	New Zealand	26251	29609	26764	26429	29661

注：①为GDP除以劳动力总数。②世界银行统计数据。
Note: ① GDP divided by total labor force. ② Data from World Bank.

6-10 罢工和停工（2002 年）
Strikes and Lockouts (2002)

资料来源：国际劳工组织《劳工统计年鉴》2003。
Source:International Labour Office *Yearbook of Labour Statistics 2003.*

国家和地区	Country or Area	罢工次数（次） Strikes and Lockouts (Number)	罢工人数（人） Workers Involved (Persons)	罢工工日数（天） Days not Worked (days)
中国香港①②	HongKong, China ①②	0	0 ⑩	0
孟加拉国⑭	Bangladesh⑭	4	1698	2284
韩　国⑲	Korea, Rep.⑲	235	88548 ⑩	1083079
印　度⑦⑫	India ⑦⑫	554	1061025	26457437
以色列⑫	Israel⑫	47	426560	1488120
日　本⑧⑲	Japan ⑧⑲	90	12172⑫	29101
马来西亚④	Malaysia ④	4	509 ⑩	1638
缅　甸	Myanmar	11	4550	4550
巴基斯坦⑲	Pakistan⑲	4	711	7078
菲律宾③	Philippines ③	36	18240 ⑩	358152
斯里兰卡⑰	Sri Lanka⑰	104 ⑦	27717	70350
泰　国⑲	Thailand⑲	5	526	6067
土耳其④⑲	Turkey ④⑲	35	9911	286015
埃　及⑲	Egypt⑲	1	2 ⑩	2
南　非⑮	South Africa⑮	560	323093 ⑩	3833095
加拿大⑤⑲	Canada ⑤⑲	379	223761 ⑩	2231145
墨西哥④⑲	Mexico ④⑲	35	23234 ⑩	414449
美　国⑥	United States ⑥	19	45900	659600
阿根廷⑭	Argentina⑭	613	6760850	12392241
巴　西④⑯	Brazil ④⑯	508	1319826	5934657
法　国⑲	France⑲	2131	11884	691914 ②
德　国②⑪	Germany ②⑪		428283 ⑩	310149
意大利	Italy	616	5442000	4861000⑬
荷　兰⑲	Netherlands⑲	16	37400	45100
波　兰	Poland	1	13	118
罗马尼亚④	Romania ④	13	35195	34223
俄罗斯联邦③⑲	Russian Federation ③⑲	291	13000	47100
西班牙	Spain	688	4534274 ⑩	4945091
乌克兰⑲	Ukraine⑲	31⑲	6776	36813
英　国①⑦	United Kingdom ①⑦	146	942900	1323300
澳大利亚⑫	Australia⑫	766	159700	259000
新西兰⑱	New Zealand⑱	46 ⑨	23309	34398

注：①也包括10人以下或持续时间小于1天、但累计超过100个工作日的停工。②不包括公共部门。③不包括持续时间少于1天或1个轮班的停工。④仅指罢工。⑤指至少持续半天时间，误工10个工作日以上的罢工。⑥不包括涉及人数少于1000人，持续时间少于1天或1个轮班的停工。⑦不包括政治性罢工。⑧不包括持续时间少于半天的罢工。⑨包括局部罢工和关闭工厂停工。⑩不包括间接涉及的工人。⑪也包括持续时间小于1天、但累计超过100个工作日的停工。⑫不包括少于10个工作日的停工。⑬每个工作日按7小时计算。⑭2000年数据。⑮1998年数据。⑯1999年数据。⑰也包括停工少于1天、但累计超过50个工作日的停工，不包括涉及人数少于5人的停工。⑱不包括少于5个工作日的停工。⑲2001年数据。

Note: ① Including stoppages involving fewer than 10 workers or lasting less than one day if 100 or more workdays not worked. ② Excluding public sector. ③ Excluding work stoppages lasting less than a full day or shift. ④ Strikes only. ⑤ Strikes lasting at least half a day with more than 10 days lost. ⑥ Excluding work stoppages involving fewer than 1000 workers and lasting less than a full day or shift. ⑦ Excluding political strikes. ⑧ Excluding work stoppages in which less than 10 workdays not worked. ⑨ Including partial strikes and lockouts. ⑩ Excluding workers indirectly involved.⑪Lasting less than one day if 100 or more workdays not worked.⑫Excluding work stoppages in which less than 10 workdays not worked.⑬Computed on the basis of a seven-hour working day.⑭Data refer to 2000.⑮Data refer to 1998.⑯Data refer to 1999.⑰Including stoppages lasting less than one day if 50 or more workdays not worked,excluding stoppages involving fewer than 5 workers.⑱Excluding stoppages in which less than 5 workdays not worked.⑲Data refer to 2001.

主要统计指标解释

经济活动人口　指在特定参考期内，所有为产品和服务生产提供了劳动力的人员，无论其性别如何。根据1993年版的国民帐户体系（SNA），生产包括：个人或集体提供或准备提供给除生产者自己之外的单位的所有产品和服务，包括在生产这些产品或服务过程中消耗掉的产品或服务的生产；生产者所有留给自己最终使用的产品生产；由自有住房使用者提供的住房服务的生产以及通过雇佣家庭有酬雇工而提供的家庭和个人服务的生产。

对于经济活动人口有用的量度有两种。一种是针对一个较长参考期（如一年）的经常活动人口，另一种是针对一个较短参考期（如一天或一周）的当前活动人口，或劳动力。

除非特别注明，本书中的经济活动人口、就业人口和失业人口均为15岁及以上人口。

就业人员　为一定年龄以上，在参考期内（一周或一天）属于下列类型的所有人：

(1) 有酬的从业人员，包括两类：① 正在工作的人，指在参考期内做某些工作以得到现金或实物形式的薪金的人员；②有工作岗位但目前不工作的人，指现在有工作，却在短期内暂时未上班，但同时也未辞职的人。

(2) 自营就业者，也包括两类：①正在工作，指在短期时间内以利润或家庭收入为目的，做某些工作得到现金或实物的人；②拥有企业而不工作的人，指自己拥有企业（如商业企业，农场，服务性的企业），在一定时期内暂不工作的人。

失业　适龄劳动人口中的失业者分为：

(1)没有工作，即没有得到有报酬的工作，又没有自营就业的人；

(2)目前有工作能力，即在调查期内可从事有酬工作和自营就业的人；

(3)正在寻找工作，在最近特定时期已采取具体步骤寻求有酬工作或自营就业的人。

失业率　反映了失业的严重程度。失业率是参考期内（一般是特定的一天或一周）特定分组的失业人数和同一时间该组就业、失业人数之和相比得出的。对其他来源的失业人员比例的解释应考虑到其代表性。

非农业部门　涉及以下主要经济活动部门：矿业，制造业，电、煤气和水供应，建筑业，批发零售、仓储，饭店，交通、通信，金融、保险、房地产、产业服务，社区、社会和个人服务业。在某些情况下，仅用一些代表性的部门表示。

工资　为每隔一段固定时间以现金或以实物形式支付给雇员的报酬，包括对雇员工作时间、完成的工作量和带薪休假（如定期休假，法定假日）支付的劳动报酬。工资应扣除雇主为其雇员支付的社会保险和养老基金缴款，扣除雇员因此而得到的收益，还应扣除解雇和辞职时加发的工资。

工资率　包括基础工资、生活补贴和其他有保证的津贴和经常性的补助，但不包括加班费、奖金和赏金、家庭补助和其他由雇主支付的社会保障费用。优惠性实物报酬、正常工资率以外的补充报酬也都不包括在内。

收入　同雇员的总报酬相联系，即雇主付给的扣除各项费用(税收、雇员社会保险和养老基金的捐助，人寿保险费，工会费和其他义务费用)以前的总数。

罢工　是由于受一组或多组工人的影响，为了坚持或抵制某些要求，表达不满以及对其他工人的要求和不满表示支持而采取的暂时停止工作的行为。

停工　是一个或多个雇主为了坚持或抵制某些要求，表达不满以及对其他雇主的要求和不满表示支持而采取的暂时关闭一处或多处工作场所，或阻碍雇员正常工作的行为。

Explanatory Notes on Main Statistical Indicators

The Economically Active Population comprises all persons of either sex who furnish the supply of labor for the production of goods and services during a specified time-reference period. According to the 1993 version of the system of National Accounts production includes all individual or collective goods or services that are supplied to units other than their producers, or intended to be so supplied, including the production of goods or services used up in the process of producing such goods or services; the production of all goods that are retained by their producers for their own final use; the production of housing services by owner-occupiers and of domestic and personal services produced by employing paid domestic staff.

Two useful measures of the economically active population are the usually active population measured in relation to a long reference period such as a year, and the currently active population, or, equivalently, the labor force measured in relation to a short reference period such as one day or one week.

Unless otherwise specified, in this yearbook, economically active population, employment population and unemployment population are all above 15 years old.

Employed comprise all persons above a specific age who during a specified brief period, either one week or one day, were in the following categories:

(1)Paid employment: ① At work. Persons who, during the reference period performed some work for wage or salary, in cash or in kind; ② With a job but not at work.. Persons who, having already worked in their present job, were temporarily not at work during the reference period and had a formal attachment to their job.

(2)Self-employment: ① At work. Person who during the reference period performed some work for profit or family gain, in cash or in kind; ② With an enterprise but not at work. Persons with an enterprise, which may be a business enterprise,a farm or a service undertaking ,who were temporarily not at work during the reference period for any specific reason.

Unemployment comprise all persons above a specified age who during the reference period were:(1) Without work were not in paid employment or self-employment;(2)Currently available for work were available for paid employment or self-employment during the reference period;(3)Seeking work had taken specific steps in a specified reference period to seek paid employment or self-employment.

Unemployment Rate is calculated by relating the number of persons in the given group who are unemployed during the reference period(usually a particular day or a given week) to the total of employed and unemployed persons in the group at the same date. The percentages for series from other sources should be interpreted with due regard to the representative.

Non-agriculture industries The indicator comprise mainly economically active industries as follows: mining and quarrying, manufacturing, electricity, gas and water, construction, wholesale and retail trade and restaurants and hotels, transport, storage and communication, financing, insurance, real estate and business services, community, social and personal services. In some cases, these industries are shown in only some parts of the industries i.e. representatives industries.

Wages The concept of earnings, as applied in wages statistics, relates to remuneration in cash and in kind paid to employees, as a rule at regular intervals, for time worked or work done together with remuneration for time not worked, such as for annual vacation, other paid leave or holiday. Earnings exclude employers' contribution in respect of their employees paid to social security and pension schemes and also the benefits received by employees under these schemes. Earnings also exclude severance and termination pay.

Wage rates should include basic wages, cost-of-living allowances and other guaranteed and regularly paid allowances, but exclude overtime payments, bonuses and gratuities, family allowances and other social security payments made by employers. Ex gratia payments in kind, supplementary to normal wage rates, are also excluded.

Remuneration Statistics of earnings should relate to employees' gross remuneration, i.e., the total before any deductions are made by the employer in respect of taxes, contribution of employees to social security and pension schemes, life insurance premiums, union dues and other obligations of employees

Strike A strike is a temporary work stoppage effected by one or more groups of workers with a view to enforcing demands or expressing grievance, or supporting other workers in their demands or grievances.

Lockout A lockout is a total or partial temporary closure of one or more places of employment, or the hindering of the normal work activities of employees, by one or more employers with a view to enforcing or resisting demands or expressing grievances, or supporting other employers in their demands or grievances.

七、财政和金融

Government Finance and Banking

7-1 中央政府财政收入及预算盈余／赤字占国内生产总值比重
Central Government Revenue and Budgetary Surplus/Deficit as Percentage of GDP

资料来源：世界银行数据库。
Source: World Bank Database.
单位：%

(%)

国家和地区	Country or Area	中央政府经常收入占国内生产总值的比重① Current revenue, excluding grants (% of GDP) ①			中央政府预算盈余／赤字占国内生产总值的比重② Overall budget balance, including grants (% of GDP) ②		
		1990	2000	2001	1990	2000	2001
世界总计	**World**	**22.3**			**-2.8**		
高收入国家	**High income**	**23.5**			**-2.8**		
中等收入国家	**Middle income**	**16.8**			**-2.6**		
低收入国家	**Low income**	**14.4**	**9.5**	**16.0**	**-4.5**	**-3.4**	**-3.3**
中国	China	5.4	7.8	8.8	-1.9 ④	-2.9 ③④	
孟加拉国	Bangladesh		9.3 ③			-2.8 ③	
印度	India	12.6	12.8	13.0	-7.6	-5.2	-4.7
印度尼西亚	Indonesia	18.8		21.2	0.4		-1.2
伊朗	Iran	18.1	21.0		-1.8	-0.6	
以色列	Israel	39.4	41.6	41.2	-5.3	0.9	-3.6
日本	Japan	14.0			-1.5		
哈萨克斯坦	Kazakhstan		11.3	11.4		-0.6	-0.4
韩国	Korea, Rep.	17.5			-0.7		
马来西亚	Malaysia	26.4			-2.0		
蒙古	Mongolia		28.5	30.7		-6.1	-4.0
缅甸	Myanmar	10.5	5.3		-5.1	-3.4	
巴基斯坦	Pakistan	19.1	16.9	15.6	-5.4	-5.5	-4.7
菲律宾	Philippines	16.2	15.2	15.3	-3.5	-4.0	-4.0
新加坡	Singapore	26.7	26.5	24.9	10.8	10.2	5.2
斯里兰卡	Sri Lanka	21.0	16.8	16.4	-7.8	-9.5	-9.8
泰国	Thailand	18.5	15.9	17.5	4.6	-3.0	-2.8
土耳其	Turkey	13.7	28.1	29.1	-3.0	-11.4	-19.6
越南	Vietnam		19.9	20.1		-2.8	-2.9
埃及	Egypt	23.0			-5.7		
南非	South Africa	26.3	26.7	27.7	-4.1	-2.2	-1.0
加拿大	Canada	21.5	21.8	21.1	-4.8	1.3	1.3
墨西哥	Mexico	15.3	14.8		-2.5	-1.3	
美国	United States	18.9	21.6	20.8	-3.8	2.4	1.3
阿根廷	Argentina	10.4	14.2	13.8	-0.4	-2.3	-3.3
巴西	Brazil	22.8			-5.8		
委内瑞拉	Venezuela	23.7	20.5	21.2		-1.7	-4.3
白俄罗斯	Belarus		28.7	28.5		0.1	-1.4
保加利亚	Bulgaria	47.1	33.7	33.0	-8.3	0.6	1.9
捷克	Czech Republic		32.7	33.5		-3.0	-1.9
法国	France	39.7			-2.1		
德国	Germany	25.9			-1.5		
意大利	Italy	38.2	41.3 ③		-10.2	-1.6 ③	
荷兰	Netherlands	45.3			-4.3		
波兰	Poland		29.8	29.6		0.3	-4.3
罗马尼亚	Romania	34.4	29.5	26.7	0.9	-4.0	-3.0
俄罗斯联邦	Russian Federation		24.6	26.8		3.9	3.4
西班牙	Spain						
乌克兰	Ukraine		26.8	26.6		-0.6	-0.9
英国	United Kingdom	36.0	36.0 ③		0.6		
澳大利亚	Australia	24.9	23.9 ③		2.0	-1.4 ③	
新西兰	New Zealand	42.1	30.1	29.7	4.0	-0.3	0.3

注：①不包括捐赠。②包括捐赠。③1999年数据。④世界银行数据。
Note: ① Excluding grants. ② Including grants. ③ Data refer to 1999. ④ Data from World Bank.

7-2 中央政府财政收入
Revenue of Central Government

国外资料来源：国际货币基金组织《政府财政统计年鉴》2003年。
Source: IMF *Government Finance Statistics Yearbook 2003.*

		印 度 India 2002 (亿卢比) (100 million Rupee)	印度尼西亚 Indonesia 2001 (亿卢比) (100 million Rupiah)	韩 国 Korea, Rep. 2001 (亿韩圆) (100 million Won)	巴基斯坦 Pakistan 2003 (亿卢比) (100 million Rupee)
总收入	**Total Revenue**	**30882**	**3006160**	**1418640**	**7590**
税收收入	Tax Revenue	23580	1906140	957930	5258
收入、利润和资本所得税	Tax on Inc.,Profits, Cap.Gains	9114	944620	356380	1444
个人	Individuals	4252	191460	186630	218
公司和其它企业	Corporations and Other Enterprises	4862	704630	169750	1171
工资税	Taxes on Payroll and Workforce				
财产税	Taxes on Property	17	81910	29200	6
货物和服务税	Taxes on Goods and Services	9899	782540	438180	2443
货物和服务一般税	General Taxes on Goods and Services	35	558630	258350	1978
货物税	Excises	9154	173940	166370	465
国际贸易税	Taxes on International Trade,Transac.	4519	95680	59230	696
其他税	Other Taxes	31	1390	74940	669
社会缴款	Social Contributions	96		211020	
社会保障缴款	Social Security Contributions			175380	
其它社会缴款	Other Social Contributions	96		35640	
捐赠	Grants	86	520		575
来自外国政府	From Foreign Government	86			575
来自国际组织	From International Organization				
来自其它政府机构	From Other General Government Units				
其它收入	Other Revenue	7120	1099500	249690	1758

7-2续表 1 continued

		泰 国 Thailand 2002 (亿铢) (100 million Baht)	土 耳 其① Turkey 2001 (亿里拉) (100 million Lira)	埃 及① Egypt 2002 (亿埃镑) (100 million Pound)	南 非 South Africa 2002 (亿兰特) (100 million Rand)
总收入	**Total Revenue**	**9501**	**513247000**	**778**	**3073**
税收收入	Tax Revenue	7897	431265000	517	2838
收入、利润和资本所得税	Tax on Inc.,Profits, Cap.Gains	2793	182176000	193	1646
个人	Individuals	1032	128491000	47	949
公司和其它企业	Corporations and Other Enterprises	1761	41788000	146	696
工资税	Taxes on Payroll and Workforce			23	34
财产税	Taxes on Property	3	18428000	-	51
货物和服务税	Taxes on Goods and Services	4086	206414000	206	1002
货物和服务一般税	General Taxes on Goods and Services	1697	124747000	206	702
货物税	Excises	2170	76903000		289
国际贸易税	Taxes on International Trade,Transac.	975	4755000	93	85
其他税	Other Taxes	40	19492000	2	20
社会缴款	Social Contributions	302			68
社会保障缴款	Social Security Contributions	302			68
其它社会缴款	Other Social Contributions				
捐赠	Grants	31		37	13
来自外国政府	From Foreign Government	31		37	4
来自国际组织	From International Organization			-	
来自其它政府机构	From Other General Government Units				9
其它收入	Other Revenue	1272	81981000	223	155

7-2 续表 2 continued

		加拿大 Canada 2002 (亿加元) (100 million Dollar)	墨西哥 Mexico 2000 (亿比索) (100 million Peso)	美国 United States 2003 (亿美元) (100 million US Dollar)	阿根廷 Argentina 2001 (亿比索) (100 million Peso)
总收入	**Total Revenue**	**2300**	**8106**	**18592**	**370**
税收收入	Tax Revenue	1589	6408	10244	251
收入、利润和资本所得税	Tax on Inc.,Profits, Cap.Gains	1139	2765	9153	67
个人	Individuals	876		7900	20
公司和其它企业	Corporations and Other Enterprises	220		1253	46
工资税	Taxes on Payroll and Workforce				
财产税	Taxes on Property			220	34
货物和服务税	Taxes on Goods and Services	418	5036	671	133
货物和服务一般税	General Taxes on Goods and Services	315	1896		88
货物税	Excises	95	862		46
国际贸易税	Taxes on International Trade,Transac.	32	329	200	16
其他税	Other Taxes		59		-
社会缴款	Social Contributions	546	849	7110	85
社会保障缴款	Social Security Contributions	506	849		85
其它社会缴款	Other Social Contributions	40			
捐赠	Grants	5			
来自外国政府	From Foreign Government				
来自国际组织	From International Organization				
来自其它政府机构	From Other General Government Units	5			
其它收入	Other Revenue	160	849	1238	35

7-2 续表 3 continued

		巴西 Brazil 1998 (亿雷亚尔) (100 million Reai)	法国 France 2002 (亿欧元) (100 million Euro)	德国 Germany 2002 (亿欧元) (100 million Euro)	意大利 Italy 2000 (亿欧元) (100 million Euro)
总收入	**Total Revenue**	**2216**	**6733**	**6405**	**4445**
税收收入	Tax Revenue	1111	3511	2408	2785
收入、利润和资本所得税	Tax on Inc.,Profits, Cap.Gains	461	1618	1030	1536
个人	Individuals	30	1218	946	1272
公司和其它企业	Corporations and Other Enterprises	118	400	64	264
工资税	Taxes on Payroll and Workforce	99	119		
财产税	Taxes on Property	2	147		11
货物和服务税	Taxes on Goods and Services	483	1626	1378	1036
货物和服务一般税	General Taxes on Goods and Services	187	1073	654	705
货物税	Excises	164	372	638	259
国际贸易税	Taxes on International Trade,Transac.	66	-		
其他税	Other Taxes		1		202
社会缴款	Social Contributions	775	2781	3719	1475
社会保障缴款	Social Security Contributions	775	2503	3672	145
其它社会缴款	Other Social Contributions	-	279	48	30
捐赠	Grants	1	35	75	5
来自外国政府	From Foreign Government	-			
来自国际组织	From International Organization		17	9	2
来自其它政府机构	From Other General Government Units	-	18	66	3
其它收入	Other Revenue	386	406	203	181

7-2续表4 continued

		荷　兰 Netherlands 2002 (亿欧元) (100 million Euro)	波　兰 Poland 2002 (亿兹罗提) (100 million Zloty)	罗马尼亚 Romania 2001 (亿列伊) (100 million Lei)	俄罗斯联邦 Russian Federation 2002 (亿卢布) (100 million Ruble)
总收入	**Total Revenue**	**1815**	**2312**	**3125340**	**34370**
税收收入	Tax Revenue	1046	1360	1372000	14770
收入、利润和资本所得税	Tax on Inc.,Profits, Cap.Gains	473	395	320550	1750
个人	Individuals	319	244	92350	
公司和其它企业	Corporations and Other Enterprises	154	151	224470	1750
工资税	Taxes on Payroll and Workforce	5	14		
财产税	Taxes on Property	54	-		50
货物和服务税	Taxes on Goods and Services	503	903	937960	9710
货物和服务一般税	General Taxes on Goods and Services	350	581	517930	7530
货物税	Excises	116	316	403120	2160
国际贸易税	Taxes on International Trade,Transac.	11	38	95620	3260
其他税	Other Taxes		10	17870	
社会缴款	Social Contributions	640	751	1289180	12750
社会保障缴款	Social Security Contributions	619	751	1289180	12750
其它社会缴款	Other Social Contributions	21			
捐赠	Grants	4	6	13450	10
来自外国政府	From Foreign Government			13450	
来自国际组织	From International Organization	3	6		
来自其它政府机构	From Other General Government Units	1	-		10
其它收入	Other Revenue	124	195	450710	6840

7-2续表5 continued

		西班牙 Spain 2000 (亿欧元) (100 million Euro)	乌克兰 Ukraine 2002 (亿格里夫尼亚) (100 million Hryvnia)	英　国 United Kingdom 2002 (亿英镑) (100 million Pound)	澳大利亚 Australia 2002 (亿澳元) (100 million Dollar)
总收入	**Total Revenue**	**1967**	**693**	**3790**	**1956**
税收收入	Tax Revenue	1000	316	2900	1772
收入、利润和资本所得税	Tax on Inc.,Profits, Cap.Gains	511	83	1429	1190
个人	Individuals	334		1102	873
公司和其它企业	Corporations and Other Enterprises	177	83	327	318
工资税	Taxes on Payroll and Workforce				38
财产税	Taxes on Property	3		206	-
货物和服务税	Taxes on Goods and Services	479	206	1236	491
货物和服务一般税	General Taxes on Goods and Services	305	136	694	282
货物税	Excises	148	39	373	203
国际贸易税	Taxes on International Trade,Transac.	-	29		52
其他税	Other Taxes	6		28	
社会缴款	Social Contributions	799	241	746	
社会保障缴款	Social Security Contributions	749	241	698	
其它社会缴款	Other Social Contributions	49		48	
捐赠	Grants	78	33	31	2
来自外国政府	From Foreign Government		3		
来自国际组织	From International Organization	19		31	
来自其它政府机构	From Other General Government Units	59	30		2
其它收入	Other Revenue	90	103	113	182

注：①指中央政府预算。

Note: ① Data refer to Budgetary Central Government.

7-3 中央政府财政支出

Expense of Central Government

国外资料来源：国际货币基金组织《政府财政统计年鉴》2003 年。

Source: *IMF Government Finance Statistics Yearbook 2003.*

		印　度 India 2002（亿卢比） (100 million Rupee)	印度尼西亚 Indonesia 1999（亿卢比） (100 million Rupiah)	韩　国 Korea,Rep. 2001（亿韩圆） (100 million Won)	巴基斯坦 Pakistan 2003（亿卢比） (100 million Rupee)
总支出	**Total Expense**	**41400**	**1795770**	**1154620**	**8205**
雇员报酬	Compensation of Employees		191240	123930	347
工资和薪金	Wages and Salaries		191240	123930	347
社会缴款	Social Contributions				
商品和服务的使用	Use of Goods and Services	5542	204530	13830	1795
固定资本消耗	Consumption of Fixed Capital				
利息	Interest	11374	429100	71980	2574
补贴	Subsidies		638840	5340	579
捐赠	Grants	12019	219360	468900	2911
对外国政府	To Foreign Governments			4850	
对国际组织	To International Organizations			250	
对其它政府机构	To Other General Government Units	12019	219360	463800	2911
通货	Current	9627	134780	362620	2911
资产	Capital	2392	84580	101180	
社会福利	Social Benefits		108360	170350	
其它支出	Other Expense	264	4350	175810	
不含利息的财产支出	Property Expense Other Than Interest				
其它支出	Miscellaneous Other Expense	264	4350	175810	
通货	Current			121990	
资产	Capital	264	4350	53830	

7-3 续表 1 continued

		泰　国 Thailand 2002（亿铢） (100 million Baht)	土 耳 其① Turkey 2001（亿里拉） (100 million Lira)	埃　及① Egypt 2002（亿埃镑） (100 million Pound)	南　非 South Africa 2002（亿兰特） (100 million Rand)
总支出	**Total Expense**	**11618**	**800254000**	**855**	**3099**
雇员报酬	Compensation of Employees	3134	124678000	282	477
工资和薪金	Wages and Salaries	3122	124678000	244	
社会缴款	Social Contributions	12		38	
商品和服务的使用	Use of Goods and Services	2484	49058000	86	383
固定资本消耗	Consumption of Fixed Capital				
利息	Interest	682	441897000	229	469
补贴	Subsidies	363	6734000	59	58
捐赠	Grants	894	128747000		1510
对外国政府	To Foreign Governments	36	3991000		56
对国际组织	To International Organizations				
对其它政府机构	To Other General Government Units	858	124757000		1444
通货	Current	387	124757000		1390
资产	Capital	472			54
社会福利	Social Benefits	628	33892000	95	87
其它支出	Other Expense	3431	15248000	102	114
不含利息的财产支出	Property Expense Other Than Interest				
其它支出	Miscellaneous Other Expense	3431	15248000	102	114
通货	Current	243		102	11
资产	Capital	3188	15248000		104

7–3 续表 2 continued

		加拿大 Canada 2002（亿加元）(100 million Dollar)	墨西哥 Mexico 2000（亿比索）(100 million Peso)	美国 United States 2002（亿美元）(100 million US Dollar)	阿根廷 Argentina 2001（亿比索）(100 Million Peso)
总支出	**Total Expense**	**2121**	**8488**	**20693**	**457**
雇员报酬	Compensation of Employees	245	1451	1762	65
工资和薪金	Wages and Salaries	197	1451		65
社会缴款	Social Contributions	48			
商品和服务的使用	Use of Goods and Services	175	668	2952	19
固定资本消耗	Consumption of Fixed Capital				
利息	Interest	242	1132	1954	102
补贴	Subsidies	38		493	2
捐赠	Grants	398		3533	41
对外国政府	To Foreign Governments	30		203	1
对国际组织	To International Organizations				
对其它政府机构	To Other General Government Units	369		3331	40
通货	Current	369		2958	21
资产	Capital			373	19
社会福利	Social Benefits	1023		9806	226
其它支出	Other Expense			161	2
不含利息的财产支出	Property Expense Other Than Interest				
其它支出	Miscellaneous Other Expense			161	2
通货	Current				
资产	Capital			161	2

7–3 续表 3 continued

		巴西 Brazil 1998（亿雷亚尔）(100 million Reai)	法国 France 2002（亿欧元）(100 million Euro)	德国 Germany 2002（亿欧元）(100 million Euro)	意大利 Italy 2000（亿欧元）(100 million Euro)
总支出	**Total Expense**	**2396**	**7210**	**6812**	**4624**
雇员报酬	Compensation of Employees	314	1627	372	723
工资和薪金	Wages and Salaries	296	1110		486
社会缴款	Social Contributions	18	517		237
商品和服务的使用	Use of Goods and Services	228	527	272	226
固定资本消耗	Consumption of Fixed Capital		102	72	60
利息	Interest	350	415	398	738
补贴	Subsidies	145	112	118	76
捐赠	Grants	437	671	497	702
对外国政府	To Foreign Governments	3		24	
对国际组织	To International Organizations		52	121	12
对其它政府机构	To Other General Government Units	434	619	351	690
通货	Current	434	544	284	596
资产	Capital		75	67	94
社会福利	Social Benefits	928	3508	4870	1936
其它支出	Other Expense		247	212	163
不含利息的财产支出	Property Expense Other Than Interest				
其它支出	Miscellaneous Other Expense		247	212	163
通货	Current		147	86	86
资产	Capital		100	126	77

7-3 续表 4 continued

		荷兰 Netherlands 2002（亿欧元）(100 million Euro)	波兰 Poland 2002（亿兹罗提）(100 million Zloty)	罗马尼亚 Romania 2001（亿列伊）(100 million Lei)	俄罗斯联邦 Russian Federation 2002（亿卢布）(100 million Ruble)
总支出	**Total Expense**	**1859**	**2690**	**3315370**	**24410**
雇员报酬	Compensation of Employees	159	297	509790	4130
工资和薪金	Wages and Salaries	118	223	408680	3480
社会缴款	Social Contributions	41	73	101110	650
商品和服务的使用	Use of Goods and Services	139	212	656020	4650
固定资本消耗	Consumption of Fixed Capital	38			
利息	Interest	112	245	357630	2230
补贴	Subsidies	42	70	127430	420
捐赠	Grants	548	462	137260	3180
对外国政府	To Foreign Governments			5910	
对国际组织	To International Organizations	57	3		
对其它政府机构	To Other General Government Units	491	459	131350	3180
通货	Current	470	440	131350	3180
资产	Capital	21	19		
社会福利	Social Benefits	799	1319	1344340	9630
其它支出	Other Expense	21	84	182890	170
不含利息的财产支出	Property Expense Other Than Interest	-			
其它支出	Miscellaneous Other Expense	21	84	182890	170
通货	Current	15	68		70
资产	Capital	6	16	182890	100

7-3 续表 5 continued

		西班牙 Spain 2000（亿欧元）(100 million Euro)	乌克兰 Ukraine 2002(亿格里夫尼亚) (100 million Hryvnia)	英国 United Kingdom 2002（亿英镑）(100 million Pound)	澳大利亚 Australia 2002（亿澳元）(100 million Dollar)
总支出	**Total Expense**	**1984**	**652**	**3940**	**1990**
雇员报酬	Compensation of Employees	318	112	270	193
工资和薪金	Wages and Salaries	222	92	223	170
社会缴款	Social Contributions	96	20	47	22
商品和服务的使用	Use of Goods and Services	111	88	979	190
固定资本消耗	Consumption of Fixed Capital	50		47	24
利息	Interest	170	28	214	105
补贴	Subsidies	42	28	50	49
捐赠	Grants	344	89	799	529
对外国政府	To Foreign Governments		1		
对国际组织	To International Organizations	5		26	
对其它政府机构	To Other General Government Units	339	88	773	529
通货	Current	315	87	773	498
资产	Capital	24	2		32
社会福利	Social Benefits	859	301	1258	789
其它支出	Other Expense	90	9	322	110
不含利息的财产支出	Property Expense Other Than Interest				
其它支出	Miscellaneous Other Expense	90	9	322	110
通货	Current	50			99
资产	Capital	40	9		11

7–4 社会保障和福利

Social Security and Welfare

资料来源：世界银行《世界发展指标》2004 年。

Source:World Bank *World Development Indicators 2004.*

国家和地区	Country or Area	社会保障和福利支出占国内生产总值比重(%) Social Security and Welfare as Percentage of GDP(%)			社会保障税占中央政府经常性收入比重(%) Social Security Taxes as Percentage of total Current Revenue(%)	
		1970-1975	1980-1985	1994-2000	1990	2001
世界总计	**World**				**3.8**	**5.1 ①**
高收入国家	**High Income**				**17.1**	**19.5 ①**
中等收入国家	**Middle Income**				**4.0**	**9.7 ②**
印度尼西亚	Indonesia			1.1		2.0
伊　　朗	Iran	1.5	2.6	3.9	8.1	8.6 ②
以 色 列	Israel	11.5	11.0	12.5	9.0	14.9
韩　　国	Korea, Rep.				4.6	
马来西亚	Malaysia	0.7	1.0	1.4	0.8	
蒙　　古	Mongolia			7.2		17.3
巴基斯坦	Pakistan	0.3	0.9	0.2		
新 加 坡	Singapore	0.3	0.4	0.7		
斯里兰卡	Sri Lanka	6.1	3.0	2.9		
泰　　国	Thailand	0.7	0.6	1.1	0.1	3.0
土 耳 其	Turkey	0.3	0.2	2.7		
埃　　及	Egypt	4.7	5.2	0.1	15.5	
南　　非	South Africa		1.7	1.1	1.8	1.8
加 拿 大	Canada	7.4	8.2	9.2	16.0	21.2
墨 西 哥	Mexico	3.6	2.2	3.3	12.5	10.5 ②
美　　国	United States	7.5	6.8	5.4	34.6	33.1
阿 根 廷	Argentina		5.8	8.2	43.6	22.8
巴　　西	Brazil		5.9	12.7	30.8	
委内瑞拉	Venezuela	1.3	1.2	3.0	3.7	3.5
白俄罗斯	Belarus			11.0		38.1
保加利亚	Bulgaria			13.6	22.6	23.6
捷　　克	Czech Republic			13.9		44.4
法　　国	France	14.5	16.5		43.9	
德　　国	Germany	12.7	13.1	16.9	53.4	
意 大 利	Italy	11.7	14.4		29.0	30.2 ①
荷　　兰	Netherlands				35.5	
波　　兰	Poland			17.4		31.3
罗马尼亚	Romania	6.1	6.9	10.6	22.9	41.4
俄罗斯联邦	Russian Federation			7.5		25.5
西 班 牙	Spain	10.3	12.8	13.0	38.3	
乌 克 兰	Ukraine			12.3		36.2
英　　国	United Kingdom				17.1	17.0 ①
澳大利亚	Australia	4.7	7.2	8.4		

注：①1999 年数据。②2000 年数据。

Note: ① Data refer to 1999. ② Data refer to 2000.

7-5 公共养老金支出
Public Expenditure on Pensions

资料来源：世界银行《世界发展指标》2004年。
Source:World Bank *World Development Indicators 2004*.

国家和地区	Country or Area	年 份 Year	公共养老金支出占国内生产总值比重(%) Public Expenditure on Pensions as percentage of GDP(%)	年 份 Year	人均养老金支出占人均收入比重(%) Average Public Expenditure on Pensions as percentage of per Capita Income(%)
中 国①	China ①	1996	2.7		
伊 朗	Iran	1994	1.5		
以色列	Israel	1996	5.9	1992	48.1
日 本	Japan	1997	6.9	1989	33.9
韩 国	Korea, Rep.	1997	1.3		
马来西亚	Malaysia	1999	6.5		
巴基斯坦	Pakistan	1993	0.9		
菲律宾	Philippines	1993	1.0		
新加坡	Singapore	1996	1.4		
斯里兰卡	Sri Lanka	1996	2.4		
土耳其	Turkey	1997	4.5	1993	56.0
越 南	Viet Nam	1998	1.6		
埃 及	Egypt	1994	2.5	1994	45.0
尼日利亚	Nigeria	1991	0.1	1991	40.5
加拿大	Canada	1997	5.4	1994	54.3
墨西哥	Mexico	2000	0.3		
美 国	United States	1997	7.5	1989	33.0
阿根廷	Argentina	1994	6.2		
巴 西	Brazil	1997	9.8		
委内瑞拉	Venezuela	2001	2.7		
白俄罗斯	Belarus	1997	7.7	1995	31.2
保加利亚	Bulgaria	1996	7.3	1995	39.3
捷 克	Czech Republic	1999	9.8	1996	37.0
法 国	France	1997	13.4		
德 国	Germany	1997	12.1	1995	62.8
意大利	Italy	1997	17.6		
荷 兰	Netherlands	1997	11.1	1989	48.5
波 兰	Poland	1997	15.5	1995	61.2
罗马尼亚	Romania	1996	5.1	1994	34.1
俄罗斯联邦	Russian Federation	1996	5.7	1995	18.3
西班牙	Spain	1997	10.9	1995	54.1
乌克兰	Ukraine	1996	8.6	1995	30.9
英 国	United Kingdom	1997	10.3		
澳大利亚	Australia	1997	5.9	1989	37.3
新西兰	New Zealand	1997	6.5		

注：①数据来源于世界银行。
Note: ① Data from World Bank.

7-6 货币供应量
Money Supply

资料来源：世界银行数据库。
Source:World Bank Database.

单位：亿本币 (100 million local currency units)

国家和地区	Country or Area	1990	2000	2001	2002
中　　国	**China**				
广义货币	Quasi-Money and Money	15293	124610	158302	185007
货币	Money	6951	53147	72665	70882
准货币	Quasi-Money	8343	81463	85637	114125
中国香港	**Hong Kong, China**				
广义货币	Quasi-Money and Money		30012	29928	30093
货币	Money		1846	2109	2404
准货币	Quasi-Money		28166	27820	27689
孟加拉国	**Bangladesh**				
广义货币	Quasi-Money and Money	2346	8228	9436	10690
货币	Money	657	2190	2424	2547
准货币	Quasi-Money	1689	6039	7012	8143
印　　度	**India**				
广义货币	Quasi-Money and Money	24302	116934	133680	156086
货币	Money	8536	34959	38460	43249
准货币	Quasi-Money	15767	81975	95220	112837
印度尼西亚	**Indonesia**				
广义货币	Quasi-Money and Money	846295	7488453	8450257	8833183
货币	Money	238190	1609231	1751099	1880081
准货币	Quasi-Money	608105	5879222	6699158	6953102
伊　　朗	**Iran**				
广义货币	Quasi-Money and Money	203920	2110536	2693560	3434930
货币	Money	97293	1021698	1256670	1624709
准货币	Quasi-Money	106627	1088838	1436890	1810221
以 色 列	**Israel**				
广义货币	Quasi-Money and Money	743	4389	4804	5136
货币	Money	70	310	378	384
准货币	Quasi-Money	673	4078	4426	4753
日　　本	**Japan**				
广义货币	Quasi-Money and Money	4950080	6296200	6433130	6652030
货币	Money	1196280	2478580	2817850	3479790
准货币	Quasi-Money	3753800	3817620	3615280	3172240
韩　　国	**Korea, Rep.**				
广义货币	Quasi-Money and Money	687075	4130489	4675772	5189044
货币	Money	159052	469970	535055	631505
准货币	Quasi-Money	528023	3660519	4140717	4557539
马来西亚	**Malaysia**				
广义货币	Quasi-Money and Money	767	3484	3570	3682
货币	Money	254	807	839	919
准货币	Quasi-Money	513	2677	2731	2762
蒙　　古	**Mongolia**				
广义货币	Quasi-Money and Money		2588	3310	4701
货币	Money		1308	1561	1877
准货币	Quasi-Money		1281	1749	2824

7-6续表 1 continued

单位：亿本币 (100 million local currency units)

国家和地区	Country or Area	1990	2000	2001	2002
缅　甸	**Myanmar**				
广义货币	Quasi-Money and Money	424	8005	11517	15508
货币	Money	306	4650	7012	10095
准货币	Quasi-Money	118	3356	4506	5413
巴基斯坦	**Pakistan**				
广义货币	Quasi-Money and Money	3350	14767	16501	19280
货币	Money	2546	8760	9649	11184
准货币	Quasi-Money	804	6007	6852	8096
菲律宾	**Philippines**				
广义货币	Quasi-Money and Money	3689	20652	21391	23616
货币	Money	929	3905	3922	4785
准货币	Quasi-Money	2760	16747	17468	18831
新加坡	**Singapore**				
广义货币	Quasi-Money and Money	618	1709	1809	1803
货币	Money	153	333	361	358
准货币	Quasi-Money	466	1376	1448	1445
斯里兰卡	**Sri Lanka**				
广义货币	Quasi-Money and Money	909	4834	5491	6225
货币	Money	396	1185	1222	1394
准货币	Quasi-Money	513	3649	4269	
泰　国	**Thailand**				
广义货币	Quasi-Money and Money	15291	51901	53132	53895
货币	Money	1954	6843	6506	6749
准货币	Quasi-Money	13337	45058	46626	47146
土耳其	**Turkey**				
广义货币	Quasi-Money and Money	938027	576326700	1072961000	1384939000
货币	Money	302367	74069140	108395600	148143300
准货币	Quasi-Money	635660	502257600	964565100	1236795000
越　南	**Vietnam**				
广义货币	Quasi-Money and Money		1969944	2508457	2841443
货币	Money		909890	1124083	1253292
准货币	Quasi-Money		1060054	1384374	1588151
埃　及	**Egypt**				
广义货币	Quasi-Money and Money	825	2610	2955	3328
货币	Money	262	622	671	758
准货币	Quasi-Money	563	1988	2284	2570
尼日利亚	**Nigeria**				
广义货币	Quasi-Money and Money	576	10361	13159	15995
货币	Money	345	6497	8167	9463
准货币	Quasi-Money	230	3864	4992	6532
南　非	**South Africa**				
广义货币	Quasi-Money and Money	1559	4988	5819	6665
货币	Money	504	2662	3124	3498
准货币	Quasi-Money	1056	2326	2696	3167
加拿大	**Canada**				
广义货币	Quasi-Money and Money	3274	6742	7184	7585
货币	Money	971	2252	2538	2685
准货币	Quasi-Money	2303	4490	4646	4900
墨西哥	**Mexico**				
广义货币	Quasi-Money and Money	1602	11319	12919	13512
货币	Money	474	4507	5277	6187
准货币	Quasi-Money	1128	6812	7642	7325

7-6续表2 continued

单位：亿本币 (100 million local currency units)

国家和地区	Country or Area	1990	2000	2001	2002
美　国	**United States**				
广义货币	Quasi-Money and Money	37674	61089	69678	72689
货币	Money	9251	14364	15994	16462
准货币	Quasi-Money	28424	46725	53683	56226
阿根廷	**Argentina**				
广义货币	Quasi-Money and Money	79	905	729	873
货币	Money	31	198	158	283
准货币	Quasi-Money	48	707	571	590
巴　西	**Brazil**				
广义货币	Quasi-Money and Money		3142	3521	4331
货币	Money		741	836	1072
准货币	Quasi-Money		2401	2685	3259
委内瑞拉	**Venezuela**				
广义货币	Quasi-Money and Money	6848	143741	165687	191806
货币	Money	2145	80372	92870	109735
准货币	Quasi-Money	4703	63368	72817	82072
白俄罗斯	**Belarus**				
广义货币	Quasi-Money and Money		16137	25636	39357
货币	Money		5084	8896	13657
准货币	Quasi-Money		11053	16740	25700
保加利亚	**Bulgaria**				
广义货币	Quasi-Money and Money		95	121	136
货币	Money		40	49	55
准货币	Quasi-Money		55	72	80
捷　克	**Czech Republic**				
广义货币	Quasi-Money and Money		14456	16073	17183
货币	Money		4990	5835	8270
准货币	Quasi-Money		9466	10237	8912
波　兰	**Poland**				
广义货币	Quasi-Money and Money	191	2945	3388	3294
货币	Money	94	826	942	1129
准货币	Quasi-Money	96	2119	2446	2165
罗马尼亚	**Romania**				
广义货币	Quasi-Money and Money	5185	1850601	2705119	3737143
货币	Money	2382	443204	616029	839065
准货币	Quasi-Money	2803	1407397	2089090	2898078
俄罗斯联邦	**Russian Federation**				
广义货币	Quasi-Money and Money		15596	21222	28424
货币	Money		8789	11921	14980
准货币	Quasi-Money		6807	9301	13444
乌克兰	**Ukraine**				
广义货币	Quasi-Money and Money		316	452	643
货币	Money		208	298	403
准货币	Quasi-Money		108	154	240
澳大利亚	**Australia**				
广义货币	Quasi-Money and Money	2188	4474	5066	
货币	Money	467	1377	1670	
准货币	Quasi-Money	1721	3096	3395	
新西兰	**New Zealand**				
广义货币	Quasi-Money and Money	563	979	1045	1126
货币	Money	95	156	178	187
准货币	Quasi-Money	468	823	868	939

7-7 年平均存款利率和贷款利率

Deposit Rates & Lending Rates

(Period Averages in Percent per Annum)

资料来源：世界银行数据库。
Source:World Bank Database.
单位：%　　(%)

国家和地区	Country or Area	存款利率 Deposit Rates			贷款利率 Lending Rates		
		1990	2001	2002	1990	2001	2002
中　国①	China ①	8.6	2.3	2.0	9.4	5.9	5.3
中国香港	Hong Kong China	6.7	2.4	0.3	10.0	5.1	5.0
孟加拉国	Bangladesh	12.0	8.5	8.2	16.0	15.8	16.0
印　度	India				16.5	12.1	11.9
印度尼西亚	Indonesia	17.5	15.5	15.5	20.8	18.5	18.9
日　本	Japan	3.6	0.1	0.0	7.0	2.0	1.9
韩　国	Korea	10.0	5.8	4.9	10.0	7.7	6.8
马来西亚	Malaysia	5.9	3.4	3.2	7.2	6.7	6.4
蒙　古	Mongolia		14.3	13.2		30.2	28.4
缅　甸	Myanmar	5.9	9.5	9.5	8.0	15.0	15.0
菲律宾	Philippines	19.5	8.7	4.6	24.1	12.4	9.1
新加坡	Singapore	4.7	1.5	0.9	7.4	5.7	5.4
斯里兰卡	Sri Lanka	19.4	11.0	9.2	13.0	19.4	13.2
泰　国	Thailand	12.3	2.5	2.0	14.4	7.3	6.9
越　南	Viet Nam		5.3	6.4		9.4	9.1
埃　及	Egypt	12.0	9.5	9.3	19.0	13.3	13.8
尼日利亚	Nigeria	19.8	15.3	16.7	25.3	23.4	24.8
南　非	South Africa	18.9	9.4	10.8	21.0	13.8	15.8
加拿大	Canada	9.9	2.3	0.8	14.1	5.8	4.2
墨西哥	Mexico	30.4	6.2	3.8		12.8	8.2
美　国	United States	8.2	3.7	1.7	10.0	6.9	4.7
阿根廷	Argentina		16.2	39.2		27.7	51.7
巴　西	Brazil		17.9	19.1		57.6	62.9
委内瑞拉	Venezuela	27.8	15.5	29.0	35.5	22.5	36.6
白俄罗斯	Belarus		34.2	26.9		47.0	36.9
保加利亚	Bulgaria		2.9	2.8		11.1	9.3
捷　克	Czech Republic		3.0	2.2		7.1	6.2
法　国	France	4.5	3.0	3.0	10.6	7.0	6.6
德　国	Germany	7.1	3.6	2.7	11.6	10.0	9.7
意大利	Italy	6.8	2.0	1.4	14.1	6.5	5.8
荷　兰	Netherlands	3.3	3.1	2.8	11.8	5.0	4.0
波　兰	Poland	41.7	11.8	6.2		18.4	12.1
俄罗斯联邦	Russian Federation		4.9	5.0		17.9	15.7
西班牙	Spain	10.7	3.1	2.5	16.0	5.2	4.3
英　国	United Kingdom	12.5			14.8	5.1	4.0
澳大利亚	Australia	13.7	3.3	3.0	18.2	8.1	8.0
新西兰	New Zealand	11.7	5.3	5.3	16.0	9.9	9.8

注：①数据来源于世界银行。
Note: ① Data from World Bank.

7-8 国库券利率和政府债券收益率
Treasury Bill Rates & Government Bond Yields

资料来源:《国际金融统计年鉴》2003。
Source:IMF *International Finance Statistics Yearbook 2003.*
单位：%　　(%)

国家和地区	Country or Area	国库券利率 Treasury Bill Rates			政府债券收益率 Government Bond Yields		
		1990	2001	2002	1990	2001	2002
中国香港	Hong Kong,China		1.69	1.35			
日　本	Japan				7.36	1.33	1.25
韩　国	Korea				15.03	6.66	6.47
马来西亚	Malaysia	6.12	2.79	2.73			
巴基斯坦	Pakistan		10.71	6.08	8.05		
菲律宾	Philippines	23.67	9.73	5.49		13.40	8.60
新加坡	Singapore	1.60	1.69	0.81			
斯里兰卡	Sri Lanka	14.08	17.57		12.20		
泰　国	Thailand				10.60	5.82	5.07
土耳其	Turkey	43.46	64.61	58.34			
越　南	Viet Nam		5.49	5.92			
埃　及	Egypt		7.20	5.50			
尼日利亚	Nigeria		17.50	19.03			
南　非	South Africa	17.80	9.68	11.06	16.15	11.41	11.50
加拿大	Canada	12.81	3.77	2.59	10.85	5.78	5.66
墨西哥	Mexico	34.76	11.31	7.09			
美　国	United States	7.51	3.45	1.61	8.55	5.02	4.61
巴　西	Brazil		20.06	19.43			
委内瑞拉	Venezuela				20.06	22.12	38.51
保加利亚	Bulgaria		4.57			6.70	6.75
法　国	France	10.18	4.26		9.94	5.05	4.93
德　国	Germany	8.13	3.66	2.97	8.88	4.70	4.61
意大利	Italy	12.38	4.05	3.26	11.51	5.19	5.03
波　兰	Poland						
罗马尼亚	Romania		42.18	27.03			
俄罗斯联邦	Russian Federation		12.45	12.72			
西班牙	Spain	14.17	3.92	3.34	14.68	4.87	4.62
英　国	United Kingdom	14.09	4.77	3.86	11.08	4.78	4.83
澳大利亚	Australia	14.15	4.80		13.18	5.64	5.82
新西兰	New Zealand	13.78	5.56	5.52	12.46	6.12	6.28

7-9 货币汇率（年末中间价）

Exchange Rates(Mid-Point Prices in the Year-end)

资料来源：联合国数据库，国际货币基金组织《国际金融统计月报》2004 年 4 月。
Source:United Nations Database,IMF *International Financial Statistics April 2004.*

单位：1 美元合本币数　　　　(local currency unit per US dollar)

国家和地区	Country or Area	1990	2001	2002	2003
中　　国	China	4.78	8.28	8.28	8.28
中国香港	Hong Kong,China		7.80	7.80	7.76
孟加拉国	Bangladesh	35.79	57.00	57.90	58.78
印　　度	India	18.07	48.18	48.03	45.61
印度尼西亚	Indonesia	1901.00	10400.00	8940.00	8465.00
伊　　朗	Iran	65.30	1750.95	7951.98	8272.11
以 色 列	Israel	2.05	4.42	4.74	4.38
日　　本	Japan	134.40	131.80	119.90	107.10
马来西亚	Malaysia	2.70	3.80	3.80	3.80
缅　　甸	Myanmar	6.08	6.68	6.57	6.09
韩　　国	Korea Rep.	716.40	1313.50	1186.20	1192.60
巴基斯坦	Pakistan	21.90	60.86	58.53	57.22
菲 律 宾	Philippines	28.00	51.40	53.10	55.57
新 加 坡	Singapore	1.74	1.85	1.74	1.70
斯里兰卡	Sri Lanka	40.24	93.16	96.73	96.74
泰　　国	Thailand	25.29	44.22	43.15	39.59
土 耳 其	Turkey	2930.10	1450130.00	1643700.00	1396640.00
埃　　及	Egypt	2.00	4.49	4.50	6.15
尼日利亚	Nigeria	9.00	112.95	126.40	136.50
南　　非	South Africa	2.56	12.13	8.64	6.64
加 拿 大	Canada	1.16	1.59	1.58	1.29
墨 西 哥	Mexico	2.95	9.14	10.31	11.24
阿 根 廷	Argentina	0.56	1.00	3.32	2.91
巴　　西	Brazil	64.39	2.32	3.53	2.89
委内瑞拉	Venezuela	50.38	763.00	1401.25	1598.00
捷　　克	Czech Republic	28.00	36.26	30.14	25.65
法　　国①	France ①	5.13	1.13	0.95	0.79
德　　国①	Germany ①	1.49	1.13	0.95	0.79
意 大 利①	Italy ①	1130.20	1.13	0.95	0.79
荷　　兰①	Netherlands ①	1.69	1.13	0.95	0.79
波　　兰	Poland	0.95	3.99	3.84	3.74
罗马尼亚	Romania	34.71	31597.00	33500.00	32595.00
俄罗斯联邦	Russian Federation		30.14	31.78	29.45
西 班 牙①	Spain ①	96.91	1.13	0.95	0.79
英　　国	United Kingdom	0.52	0.69	0.62	0.55
澳大利亚	Australia	1.29	1.96	1.77	1.33
新 西 兰	New Zealand	1.70	2.41	1.90	1.53

注：①1999 年 1 月 1 日欧元启动，此后为 1 美元兑欧元汇率。
Note: ① The Euro was launched on Jan.1,1999,so the data for 1999 and after refer to the Euro per US dollars.

7-10 道琼斯世界股票指数①

Dow Jones World Stock Index by Country and Industry ①

资料来源:《美国统计摘要》2003年。
Source:*United States Statistical Abstract 2003.*

国家和地区	Country or Area	1995年	2001年	2002年	国家和地区	Country or Area	1995年	2001年	2002年
世界总计	**World**	**132.4**	**175.7**	**171.7**	**亚太地区**	**Asia/Pacific Area**	**118.5**	**73.2**	**66.5**
美　洲	**Americas**	**145.3**	**259.5**	**199.8**	澳大利亚	Australia	132.9	154.1	149.4
美　国	United States	147.5	266.7	204.5	中国香港	Hongkong,China	201.9	195.2	156.3
加拿大	Canada	112.9	180.1	157.5	印度尼西亚	Indonesia	174.7	25.4	33.1
墨西哥	Mexico	79.0	157.4	133.5	日　本	Japan	111.3	62.3	56.5
欧　洲	**Europe**	**131.0**	**189.2**	**152.6**	马来西亚	Malaysia	224.3	91.6	86.1
奥地利	Austria	103.5	86.2	104.4	新西兰	New Zealand	178.8	102.7	119.8
比利时	Belgium	144.0	170.5	154.3	新加坡	Singapore	187.8	108.4	97.7
丹　麦	Denmark	113.0	187.3	160.1	泰　国	Thailand	196.6	28.4	33.5
芬　兰	Finland	267.1	955.0	671.5	**(按行业分)**	**By Industry**			
法　国	France	117.9	193.4	153.8	基本原材料	Basic materials	128.1	109.8	107.6
德　国	Germany	133.9	165.8	112.1	循环消费	Consumer,cyclical	131.7	171.4	136.9
爱尔兰	Ireland	155.6	301.0	236.7	非循环消费	Consumer,noncyclical	125.5	173.2	166.0
意大利	Italy	80.3	137.8	123.6	能　源	Energy	132.7	206.4	187.3
荷　兰	Netherlands	176.0	257.2	199.5	金　融	Financial	134.9	175.5	147.7
挪　威	Norway	129.8	125.0	110.8	医疗保健	Health care	133.3	281.7	224.6
西班牙	Spain	111.2	167.3	142.6	工　业	Industrial	124.0	138.5	106.6
瑞　典	Sweden	157.0	236.1	163.3	技　术	Technology	188.1	377.3	229.6
瑞　士	Switzerland	225.7	293.9	259.1	电　讯	Telecommunications	146.8	208.6	147.9
英　国	United Kingdom	122.5	166.7	137.9	公用事业	Utilities	118.8	123.3	101.9

注:①指数截止到12月31日。美国的股票指数以1982年6月30日为100;其它国家以1991年12月31日=100。每股以美元计价。
Notes: ① Index figures shown are as of December 31.Indexes based on June 30,1982=100 for United States;December 31,1991=100 for other countries.Based on share prices denominated in U.S.dollars.

7-11 上市公司数和上市公司总市值占国内生产总值比重

Listed Domestic Companies and Market Capitalization of Listed Companies as Percentage of GDP

资料来源：世界银行数据库。
Source:World Bank Database.

国家和地区	Country or Area	上市公司数（个） Listed Domestic Companies(number)			上市公司总市值占国内生产总值的比重(%) Market Capitalization of Listed Companies as percentage of GDP(%)		
		1990年	2001年	2002年	1990年	2001年	2002年
世界总计	**World**	**25424**	**40614**	**47576**	**48.0**	**90.7**	**74.6**
高收入国家	**High Income**	**17747**	**23357**	**26947**	**51.6**	**104.0**	**83.4**
中等收入国家	**Middle Income**	**4231**	**9701**	**13307**		**35.1**	**35.3**
低收入国家	**low Income**	**3446**	**7556**	**7322**	**9.8**	**18.9**	**22.6**
中　　国①	China ①		1154	1235		44.6	36.6
中国香港	Hong Kong, China	284	857	968	110.6	310.8	286.7
孟加拉国	Bangladesh	134	230	239	1.1	2.4	2.5
印　　度	India	2435	5795	5650	12.2	23.0	25.7
印度尼西亚	Indonesia	125	316	331	7.1	16.3	17.3
伊　　朗	Iran		316			8.5	
以 色 列	Israel	216	647	615	6.3	51.1	43.8
日　　本	Japan	2071	2471	3058	95.6	53.9	53.2
韩　　国	Korea, Rep.	669	1390	1518	43.9	54.3	52.2
马来西亚	Malaysia	282	804	865	110.4	135.3	130.7
巴基斯坦	Pakistan	487	747	712	7.1	8.4	17.3
菲 律 宾	Philippines	153	230	235	13.4	29.6	50.0
新 加 坡	Singapore	150	386	434	92.9	138.3	117.2
斯里兰卡	Sri Lanka	175	238	238	11.4	8.4	10.1
泰　　国	Thailand	214	382	466	28.0	31.4	36.3
土 耳 其	Turkey	110	310	288	12.7	32.8	18.5
埃　　及	Egypt	573	1109	1148	4.1	24.6	29.0
尼日利亚	Nigeria	131	194	195	4.8	10.9	13.2
南　　非	South Africa	3231	7010	6839	10.8	19.6	22.7
加 拿 大	Canada	1144	1299	3756	42.1	100.9	80.5
墨 西 哥	Mexico	199	167	166	12.4	20.4	16.2
美　　国	United States	6599	6355	5685	53.2	137.8	106.4
巴　　西	Brazil	581	428	399	3.6	36.5	27.4
阿 根 廷	Argentina	179	113	83	2.3	71.5	100.9
委内瑞拉	Venezuela	76	62	59	17.2	4.9	4.2
保加利亚	Bulgaria		399	354		3.7	4.7
捷　　克	Czech Republic		94	78		16.0	22.9
法　　国	France	578	791	772	25.8	88.9	67.6
德　　国	Germany	413	988	715	21.2	57.8	34.6
意 大 利	Italy	220	288	295	13.5	48.3	40.3
荷　　兰	Netherlands	260	180	180	40.8	119.3	96.1
波　　兰	Poland		230	216		14.1	15.2
罗马尼亚	Romania		60	4870		2.8	10.0
俄罗斯联邦	Russian Federation		236	196		24.6	35.8
西 班 牙	Spain	427	1458	2986	21.8	80.3	70.7
乌 克 兰	Ukraine		286	184		4.0	7.5
英　　国	United Kingdom	1701	1923	1701	85.8	155.1	119.0
澳大利亚	Australia	1089	1334	1355	35.1	101.5	93.1
新 西 兰	New Zealand	171	145	149	20.3	34.6	37.1

注：①数据来源于世界银行。
Note: ① Data from World Bank.

7-12 股票交易额占国内生产总值的比重及股票交易周转率
Stocks Traded Value as Percentage of GDP and Turnover Ratio of Stocks Traded

资料来源：世界银行数据库。
Source:World Bank Database.

国家和地区	Country or Area	股票交易额占国内生产总值的比重（%） Stocks Traded Value as percentage of GDP(%)			股票交易周转率（%） Stocks Traded Turnover Ratio(%)		
		1990年	2001年	2002年	1990年	2001年	2002年
世界总计	**World**	**28.5**	**137.8**	**122.8**	**57.1**	**123.0**	**131.9**
高收入国家	**High Income**	**31.4**	**165.0**	**145.2**	**59.4**	**137.9**	**146.4**
中等收入国家	**Middle Income**		**17.3**	**16.0**		**44.1**	**49.2**
低收入国家	**Low Income**	**4.7**	**33.5**	**27.5**	**53.8**	**139.6**	**159.1**
中　　国①	China ①		38.2	26.3		81.3	85.7
孟加拉国	Bangladesh		1.6	1.4	1.5	64.8	64.7
中国香港	Hong Kong, China	45.9	120.6	130.4	43.1	34.8	43.5
印　　度	India	6.9	2.0	38.6	65.9	191.4	225.8
印度尼西亚	Indonesia	3.5	176.5	7.5	75.8	39.3	42.0
伊　　朗	Iran		1.0			12.7	11.3
以 色 列	Israel	10.5	26.4	53.3	95.8	44.7	51.7
日　　本	Japan	52.5	43.7	39.4	43.8	67.9	71.0
韩　　国	Korea, Rep.	30.1	164.8	166.2	61.3	380.3	303.3
马来西亚	Malaysia	24.7	23.6	29.1	24.6	17.5	17.5
巴基斯坦	Pakistan	0.6	21.3	44.1	8.7	226.8	251.9
新 加 坡	Singapore	55.0	74.7	64.5		46.9	39.3
斯里兰卡	Sri Lanka	0.5	1.0	1.9	5.8	13.2	11.5
泰　　国	Thailand	26.8	30.9	37.5	92.6	109.3	98.3
土 耳 其	Turkey	3.9	53.7	38.5	42.5	161.5	163.4
埃　　及	Egypt	0.3	4.0	2.8		14.2	16.1
南　　非	South Africa	5.6	3.8	35.4	54.0	180.3	210.6
尼日利亚	Nigeria	0.0	1.2	1.1	0.9	10.2	10.7
加 拿 大	Canada	12.4	66.5	56.8	26.7	60.3	68.2
墨 西 哥	Mexico	4.6	6.4	4.4	44.1	31.6	31.6
美　　国	United States	30.5	289.8	244.4	53.4	201.3	202.5
阿 根 廷	Argentina	0.6	1.6	1.3	33.6	2.3	2.2
巴　　西	Brazil	1.2	12.8	10.7	23.6	34.5	35.0
委内瑞拉	Venezuela	4.6	0.3	0.1	43.0	5.5	6.4
保加利亚	Bulgaria		0.5	1.1		12.9	13.9
捷　　克	Czech Republic		5.9	8.8		34.1	36.6
法　　国	France	9.6	81.6	65.3		84.6	88.0
德　　国	Germany	30.0	76.6	62.1	139.3	124.7	140.5
意 大 利	Italy	3.9	50.6	45.6	26.8	87.9	109.1
荷　　兰	Netherlands	13.7	269.1	110.6	29.0	191.8	123.7
波　　兰	Poland		4.1	3.1		26.1	28.7
罗马尼亚	Romania		0.6	0.9		15.7	23.0
俄罗斯联邦	Russian Federation		7.4	10.4		39.1	30.1
西 班 牙	Spain	8.0	143.8	155.3		177.2	211.1
乌 克 兰	Ukraine		0.6	0.3		13.9	14.8
英　　国	United Kingdom	28.2	130.9	173.7	33.4	78.4	135.4
澳大利亚	Australia	12.9	65.3	72.0	31.6	67.0	77.2
新 西 兰	New Zealand	4.4	16.4	12.8	17.3	47.7	38.3

注：①数据来源于世界银行。
Notes: ① Data from World Bank.

主要统计指标解释

中央政府是全国范围内代表中央政府行使领土管辖权的所有单位。

收入指由于交易导致的净值增加。政府部门有以下四个收入来源：（1）税收和其他由政府强制实施的转让；（2）来自所有权资产的财产收入；（3）商品和服务的销售收入；（4）来自其他部门的自愿转让。

捐赠从其他政府和国际组织得到的无报酬的、无须偿还的非强制性的收入。

支出指由于交易导致的净值减少。政府承担以下两方面的经济责任：(1)以非市场方式把部分商品和服务提供给公众；（2）通过转移支付手段重新分配收入和财富。

赤字／盈余＝财政总收入＋捐赠－（财政支出＋借款）－偿还款

货币供应量货币(Money)指流通中现金和除中央政府以外的常住机构活期存款构成；准货币(Quasi－Money)指除中央政府以外的外汇现汇与期汇存款和外汇现汇储蓄与期汇存款之和，即由常住居民的现汇、储蓄、与外汇存款构成。货币(Money)通称为M_1，而货币和准货币之和通称为广义货币，相当于M_2。

上市公司总市值所有上市股价×总股数。

上市公司数是指年末国内公司在股票交易所上市公司的数量。不包括投资公司、共存基金或其它集体投资工具。

股票交易额是指在一定时期内股票交易总额。

股票交易周转率是指一定时期内股票交易总额除以该时期上市公司平均市值。

Explanatory Notes on Main Statistical Indicators

Central Government includes all units representing the territorial jurisdiction of the central authority throughout a country.

Revenue is an increase in net worth resulting from a transaction. For general government units, there are four main sources of revenue: taxes and other compulsory transfers imposed by government units, property income derived from the ownership of assets, sales of goods and services, and voluntary transfers received from other units.

Grants are defined as unrequited, nonrepayable, noncompulsory receipts from other governments or international organizations.

Expenditure is a decrease in net worth resulting from a transaction. Governments have two broad economic responsibilities: to assume responsibility for the provision of selected goods and services to the community on a nonmarket basis and to redistribute income and wealth by means of transfer payments.

Deficit or Surplus represents the total of revenue and grants minus the total of expenditure and lending minus repayments.

Money Supply equals the sum of currency outside deposit money banks and demand deposits other than those of the central government. Quasi-Money equals the sum of time & foreign currency outside banks and time, savings & foreige currency deposit,comprising time,savings, and foreign currency deposits of resident sectors other than central government.The data of Money is commonly called M_1,while the sum of Money and Quasi-Money gives a broader measure of money which is commonly called M_2.

Market Capitalization is the share price times the number of shares outstanding.

Listed Domestic Companies are the domestically incorporated companies listed on the country's stock exchanges at the end of the year.This indicator does not include investment companies,mutual funds,or other collective investment vehicles.

Stocks Traded refers to the total value of shares traded during the period.

Turnover Ratio is the total value of shares traded during the period divided by the average market capitalization for the period.

八、价格指数

Price Indices

8-1 国内生产总值缩减指数

Gross Domestic Product Deflator

资料来源：世界银行数据库。
Source:World Bank Database.

单位：% (%)

国家和地区	Country or Area	基期 Base Year	1990	1999	2000	2001	2002
中　国①	China ①	1990	100	182	184	186	186
中国香港	Hong Kong, China	2000	71	107	100	98	95
孟加拉国	Bangladesh	1996	78	114	116	118	121
印　度	India	1993	74	153	159	165	171
印度尼西亚	Indonesia	1993	80	290	318	352	377
伊　朗	Iran	1982	298	2380	3147	3424	4160
以色列	Israel	2000	38	99	100	102	107
日　本	Japan	1995	95	98	96	95	93
韩　国	Korea, Rep.	1995	68	110	109	112	114
马来西亚	Malaysia	1987	112	155	163	159	165
蒙　古	Mongolia	1998	1	110	122	133	138
缅　甸	Myanmar	1985	302	2484	2546	3121	
巴基斯坦	Pakistan	1981	181	439	451	478	493
菲律宾	Philippines	1985	149	324	345	367	385
新加坡	Singapore	1995	87	94	98	97	97
斯里兰卡	Sri Lanka	1996	57	124	133	151	164
泰　国	Thailand	1988	112	161	164	167	168
土耳其	Turkey	1987	470	69967	104879	162361	233426
越　南	Viet Nam	1994	32	156	161	165	171
埃　及	Egypt	1992	73	158	168	174	180
尼日利亚	Nigeria	1987	188	1947	2372	2557	2854
南　非	South Africa	1995	55	133	142	153	166
加拿大	Canada	1995	91	104	108	109	110
墨西哥	Mexico	1993	65	305	343	365	382
美　国	United States	1995	88	107	109	112	113
阿根廷	Argentina	1993	39	102	103	102	133
巴　西	Brazil	1995	-	139	152	164	178
委内瑞拉	Venezuela	1984	476	11058	14114	15208	20016
白俄罗斯	Belarus	1990	100	83400000	238000000	427000000	606000000
保加利亚	Bulgaria	2002	0	85	90	96	100
捷　克	Czech Republic	1995	43	134	135	144	148
法　国	France	1995	90	104	105	107	109
德　国	Germany	1995	85	103	103	105	106
意大利	Italy	1995	79	112	115	118	121
荷　兰	Netherlands	1995	89	107	111	117	121
波　兰	Poland	2002	11	85	95	99	100
罗马尼亚	Romania	1998	-	148	216	298	371
俄罗斯联邦	Russian Federation	2000	-	204	281	332	382
乌克兰	Ukraine	1990	100	19000000	23400000	25800000	26600000
英　国	United Kingdom	1995	85	112	115	117	121
澳大利亚	Australia	1995	93	105	110	113	116
新西兰	New Zealand	1995	92	104	108	112	111

注：①数据来源于世界银行。
Note: ① Data from World Bank.

8-2 生产者价格和批发价格指数
Producers'or Wholesale Price Indices

资料来源：联合国《统计月报》在线数据。
Sources: United Nations *Monthly Bulletin of Statistics* online data.
1990 年 =100 (1990=100)

国家和地区	Country or Area	1995	1999	2000	2001	2002
中　　国①	**China ①**					
全部工业品	Total Industrial Products	115	98	103	99	98
生产资料	Means of Production	114	98	105	99	98
生活资料	Consumer Goods	117	96	98	99	98
中国香港	**Hong Kong,China**					
工业产品	Industrial Products		107	107	106	99
孟加拉国	**Bangladesh**					
按生产地组成分	by Origin of Supply					
国内供应	Domestic Supply	121	144	141	141	144
农业产品	Agricultural Products	119	146	142	141	145
工业产品	Industrial Products	125	128	138	140	
按生产阶段分	by Stage of Processing					
原材料	Raw Materials	117	134	131	132	136
成　品	Finished Goods	130	126			
印　　度	**India**					
按生产地组成分	by Origin of Supply					
国内供应	Domestic Supply	165	203	210	220	225
农业产品	Agricultural Products	173	237	249	240	254
工业产品②	Industrial Products ②	162	188	188	192	208
按生产阶段分	by Stage of Processing					
原材料	Raw Materials	170	219	223	224	216
印度尼西亚	**Indonesia**					
按生产地组成分	by Origin of Supply					
国内供应③	Domestic Supply ③	135	355	404	462	474
国内生产	Domestic Production	157	326	406	469	512
农业产品	Agricultural Products	186	533	604	746	807
工业产品②	Industrial Products ②	146	325	344	383	420
进口产品③	Imported Goods ③	120	325	349	393	389
出口产品	Exported Goods	112	346			
以 色 列	**Israel**					
按生产地组成分	by Origin of Supply					
工业产品	Industrial Products	166	214	218	219	
伊　　朗	**Iran**					
按生产地组成分	by Origin of Supply					
国内供应	Domestic Supply	483	860	1013	1111	1202
国内生产	Domestic Production	423	868	1015		
农业产品	Agricultural Products	409	822	943	1021	1150
工业产品	Industrial Products	415	663	882	820	853
进口产品	Imported Goods	477	910	1067	1587	
出口产品	Exported Goods	356	600			
按生产阶段分	by Stage of Processing					
原材料	Raw Materials	410	691	832	934	985

8-2续表1 continued

1990年=100 (1990=100)

国家和地区	Country or Area	1995	1999	2000	2001	2002
日本	**Japan**					
按生产地组成分	by Origin of Supply					
国内供应	Domestic Supply	94	91	91	91	90
国内生产	Domestic Production	96	92	93	92	91
农业产品	Agricultural Products	90	88	86	86	85
工业产品	Industrial Products	96	92	93	92	91
进口产品	Imported Goods	104	93	102	98	96
出口产品	Exported Goods	108	93			
按生产阶段分	by Stage of Processing					
原材料	Raw Materials	80	78	89	92	92
半成品	Intermediate Goods	93	90	91	91	90
成品	Finished Goods	96	93			
按最终用途分	By End-Use					
生产用原料	Producers' Goods	92	89			
消费品	Consumers' Goods	97	95	94	94	93
投资用品	Captital Goods	95	90	88	87	86
韩国	**Korea, Republic of**					
按生产地组成分	by Origin of Supply					
国内供应	Domestic Supply	117	138	140	140	139
农业产品	Agricultural Products	134	157	151	157	160
工业产品	Industrial Products		134	137	134	132
按生产阶段分	by Stage of Processing					
原材料	Raw Materials	118	96	118	120	122
半成品	Intermediate Goods	116	111	116	116	111
成品	Finished Goods	118	142			
按最终用途分	By End-Use					
生产用原料	Producers' Goods	116	141			
消费品	Consumers' Goods	121	147	147	149	147
投资用品	Captital Goods	112	132	128	127	122
巴基斯坦	**Pakistan**					
按生产地组成分	by Origin of Supply					
国内供应	Domestic Supply		229	238	250	
农业产品	Agricultural Products	184	237	241	249	
工业产品	Industrial Products	165	201	204	211	
按生产阶段分	by Stage of Processing					
原材料	Raw Materials	179	245	236	247	
新加坡	**Singapore**					
按生产地组成分	by Origin of Supply					
国内供应	Domestic Supply	87	80	88	87	86
国内生产②	Domestic Production ②	81	67	72	70	72
进口商品	Imported Goods	91	85	92	92	92
出口商品	Exported Goods	81	73			
斯里兰卡	**Sri lanka**					
按生产地组成分	by Origin of Supply					
国内供应	Domestic Supply	146	198	212		
国内生产	Domestic Production	151	194	212		
进口商品	Imported Goods	134	161	189		
出口商品	Exported Goods	148	237			
按最终用途分	By End-Use					
消费品	Consumers' Goods	138	203	201		

8-2续表 2 continued

1990年=100 (1990=100)

国家和地区	Country or Area	1995	1999	2000	2001	2002
泰国	**Thailand**					
按生产地组成分	by Origin of Supply					
国内供应	Domestic Supply	119	138	157	145	147
农业产品	Agricultural Products	133	147	145	152	167
工业产品②	Industrial Products ②	117	136	141	144	145
出口商品	Exported Goods	131	139			
按生产阶段分	by Stage of Processing					
原材料	Raw Materials	134	138	139	149	155
半成品	Intermediate Goods	118	144	142	144	144
成品	Finished Goods	121	156			
按最终用途分	By End-Use					
消费品	Consumers' Goods	123	148	151	159	166
土耳其	**Turkey**					
按生产地组成分	by Origin of Supply					
国内供应	Domestic Supply	1638	13776	20861	33718	50613
农业产品	Agricultural Products	1638	15117	20860	29678	46418
工业产品	Industrial Products	1611	12991	20282	33807	50141
埃及	**Egypt**					
按生产地组成分	by Origin of Supply					
国内供应	Domestic Supply	163	188	185	181	
按生产阶段分	by Stage of Processing					
原材料	Raw Materials	113	132	129	126	
半成品	Intermediate Goods	151	163	162	159	
成品	Finished Goods	154	180			
按最终用途分	By End-Use					
投资用品	Captital Goods	153	159	158	157	
南非	**South Africa**					
按生产地组成分	by Origin of Supply					
国内供应	Domestic Supply	152	190	209	226	258
国内生产	Domestic Production	157	197	212	229	260
农业产品	Agricultural Products	166	194	202	228	283
工业产品②	Industrial Products ②	156	195	210	226	256
进口商品	Imported Goods	134	164	189	208	240
加拿大	**Canada**					
按生产阶段分	by Stage of Processing					
原材料	Raw Materials	117	111	136	134	
墨西哥④	**Mexico ④**					
按生产地组成分	by Origin of Supply					
国内供应	Domestic Supply	214	438	474	500	520
农业产品	Agricultural Products	206	434	514	496	491
出口商品	Exported Goods	213	372			
按生产阶段分	by Stage of Processing					
原材料	Raw Materials	211	555	400	447	462
按最终用途分	By End-Use					
消费品	Consumers' Goods	222	455	503	536	
投资用品	Captital Goods	207	418	457	479	494

8-2 续表 3 continued

1990 年 =100 (1990=100)

国家和地区	Country or Area	1995	1999	2000	2001	2002
美国	**United States**					
按生产地组成分	by Origin of Supply					
国内供应	Domestic Supply	107	108	114	115	113
农业产品	Agricultural Products	96	88	89	93	88
工业产品	Industrial Products	109	109	116	117	114
按生产阶段分	by Stage of Processing					
原材料	Raw Materials	94	90	110	110	99
半成品	Intermediate Goods	109	108	113	113	112
成品	Finished Goods	107	112			
按最终用途分	By End-Use					
消费品	Consumers' Goods	106	111	202	120	118
投资用品	Captital Goods	111	112	113	114	113
阿根廷	**Argentina**					
按生产地组成分	by Origin of Supply					
国内供应	Domestic Supply	241	232	241	235	417
国内生产	Domestic Production	243	236	246	241	413
农业产品	Agricultural Products	245	189	184	180	427
工业产品②	Industrial Products ②	247	241	244	233	336
进口商品②	Imported Goods ②	211	177	177	172	444
巴西⑤	**Brazil ⑤**					
按生产地组成分	by Origin of Supply					
国内供应	Domestic Supply	159	220	261	293	339
农业产品	Agricultural Products	163	252	306	358	435
工业产品	Industrial Products	155	203	237	262	301
按生产阶段分	by Stage of Processing					
原材料	Raw Materials	150	212	251	284	333
按最终用途分	By End-Use					
生产用原料	Producers' Goods	153	209			
消费品	Consumers' Goods	169	243	288	314	375
投资用品	Captital Goods	155	198	220	239	266
委内瑞拉	**Venezuela**					
按生产地组成分	by Origin of Supply					
国内供应	Domestic Supply	573	2145	2427	2801	
国内生产	Domestic Production	597	2313	2703	3109	
农业产品	Agricultural Products	500	2265	3682	5186	
工业产品	Industrial Products	579	2136	2438	2722	
进口商品	Imported Goods	514	1727	1894	2043	
法 国	**France**					
按生产地组成分	by Origin of Supply					
农业产品	Agricultural Products	89	86	88	91	
德国⑥	**Germany ⑥**					
按生产地组成分	by Origin of Supply					
国内供应	Domestic Supply	104	102	106	110	110
农业产品	Agricultural Products		84	89	92	88
进口商品	Imported Goods	97	97	108	109	
出口商品	Exported Goods	103	104			

8-2 续表 4 continued

1990年=100 (1990=100)

国家和地区	Country or Area	1995	1999	2000	2001	2002
意大利	**Italy**					
按生产地组成分	by Origin of Supply					
国内供应	Domestic Supply	130	134	142	145	145
农业产品	Agricultural Products	122				
工业产品	Industrial Products	130				
按最终用途分	By End-Use					
生产用原料	Producers' Goods	122				
消费品	Consumers' Goods	129	137	139	143	145
投资用品	Capital Goods	130	141	142	144	145
荷　兰	**Netherlands**					
按生产地组成分	by Origin of Supply					
国内供应	Domestic Supply					
工业产品	Industrial Products	100	102	110	113	113
进口商品	Imported Goods	98	106	132	128	126
出口商品	Exported Goods	100	100			
按生产阶段分	by Stage of Processing					
原材料	Raw Materials	100	97	115	115	113
半成品	Intermediate Goods	100	103	114	118	116
按最终用途分	By End-Use					
生产用原料	Producers' Goods	100	102			
消费品	Consumers' Goods	100	110	121	114	122
投资用品	Capital Goods	100	113	114	115	118
西班牙	**Spain**					
按生产地组成分	by Origin of Supply					
国内供应	Domestic Supply	118	121	128	130	131
按最终用途分	By End-Use					
生产用原料	Producers' Goods	117	115			
消费品	Consumers' Goods	121	129	131	135	138
投资用品	Capital Goods	113	120	121	123	125
英　国	**United Kingdom**					
按生产地组成分	by Origin of Supply					
国内供应	Domestic Supply		128	130	130	131
农业产品	Agricultural Products	130	76	75	80	75
工业产品②	Industrial Products ②	120	122	123	124	124
按生产阶段分	by Stage of Processing					
原材料	Raw Materials	103	90	97	96	93
成品	Finished Products	125	132			
澳大利亚	**Australia**					
按生产地组成分	by Origin of Supply					
国内供应⑦	Domestic Supply ⑦		103	107	109	110
工业产品②	Industrial Products ②	110	114	118	122	
出口商品	Exported Goods	101	97			
按生产阶段分	by Stage of Processing					
原材料	Raw Materials	106	106	114	117	115
新西兰⑧	**New Zealand ⑧**					
按生产地组成分	by Origin of Supply					
农业产品	Agricultural Products	101	99	110	137	136
工业产品	Industrial Products	102	102	109	114	115

注:①中国指工业品出厂价格指数，并以上年为100。②仅包括制造业。③不包括电、气和水。④墨西哥城。⑤1994年为100。⑥1991年为100。⑦1998年为100。⑧1997年为100。

Notes: ① The Data of China refer to ex-factory price indices of industrial products,preceding year=100. ② Including manufacturing industry only. ③ Excluding electricity,gas and water. ④ Data refer to Mexico city. ⑤ 1994=100. ⑥ 1991=100. ⑦ 1998=100. ⑧ 1997=100.

8-3 居民消费价格指数
Consumer Price Indices

资料来源：联合国《统计月报》在线数据。
Sources: United Nations *Monthly Bulletin of Statistics* online data.

1990 年 =100 (1990=100)

国家和地区	Country or Area	1990	2000	2001	2002	2003
中　　国①	**China ①**					
总指数	Total Index		100	101	99	101
食　品	Food		97	100	99	103
中国香港	**Hong Kong,China**					
总指数	Total Index		169	166	161	
食　品	Food		158	156	153	
孟加拉国②	**Bangladesh ②**					
总指数	Total Index		140	142	147	
食　品	Food			143	147	
印　　度③	**India ③**					
总指数	Total Index	100	237	246	257	267
食　品	Food	100	237	242	248	257
印度尼西亚	**Indonesia**					
总指数	Total Index	100	348	387	434	462
食　品	Food	100	426	462	512	516
伊　　朗	**Iran**					
总指数	Total Index	100	882	981	1122	1307
食　品	Food	100	958	1021	1186	1398
以 色 列	**Israel**					
总指数	Total Index	100	249	251	266	250
食　品	Food	100	223	229	235	
日　　本	**Japan**					
总指数	Total Index	100	109	108	107	107
食　品	Food	100	107	106	105	105
马来西亚	**Malaysia**					
总指数	Total Index	100	142	144	146	143
食　品	Food	100	161	163	164	166
缅　甸(仰光)④	**Myanmar(Yangon) ④**					
总指数	Total Index	100	152	184	289	
食　品	Food	100	148	253	299	
韩　　国	**Korea Rep.**					
总指数	Total Index	100	164	171	176	182
食　品	Food	100	170	176	183	191
巴基斯坦	**Pakistan**					
总指数	Total Index	100	241	249	259	267
食　品	Food	100	246	250	260	267
菲 律 宾	**Philippines**					
总指数	Total Index	100	227	241	248	
食　品	Food	100	205	213	218	
新 加 坡	**Singapore**					
总指数	Total Index	100	119	120	120	120
食　品	Food	100	116	117	117	118
斯里兰卡(科伦坡)	**Sri Lanka(Colombo)**					
总指数	Total Index	100	252	288	315	335
食　品	Food	100	258	297	329	348

8-3 续表 1 continued

1990年=100 (1990=100)

国家和地区	Country or Area	1990	2000	2001	2002	2003
泰　国(曼谷)	**Thailand(Bangkok)**					
总指数	Total Index	100	155	158	159	162
食　品	Food	100	164	166	167	173
土 耳 其②	**Turkey ②**					
总指数	Total Index	455	2970	4586	6649	9622
食　品	Food	510	2587	3887	5805	7502
越　南	**Viet Nam**					
总指数	Total Index		419	418	434	
食　品	Food		450	443		
埃　及	**Egypt**					
总指数	Total Index	100	224	229	236	
食　品	Food	100	209	211	220	
南　非	**South Africa**					
总指数	Total Index	100	236	249	272	288
食　品	Food	100	276	291	337	364
加 拿 大	**Canada**					
总指数	Total Index	100	122	125	128	131
食　品	Food	100	117	122	126	128
墨 西 哥	**Mexico**					
总指数	Total Index	100	539	573	602	629
食　品	Food	100	503	531	552	580
美　国	**United States**					
总指数	Total Index	100	132	136	138	141
食　品	Food	100	128	131	133	136
阿 根 廷	**Argentina**					
(布宜诺斯艾利斯)	**(Buenos Aires)**					
总指数	Total Index		402	398	501	568
食　品	Food		369	362	487	580
巴　西②	**Brazil ②**					
总指数	Total Index		238	254	276	
食　品	Food		189	202	221	
白俄罗斯⑤	**Belarus ⑤**					
总指数	Total Index		11094570	17877800	25490200	32718600
食　品	Food		13945720	21869300	30381100	37310300
保加利亚⑥	**Bulgaria ⑥**					
总指数	Total Index		3447	3701	3916	4008
食　品	Food		3023	3214	3215	3186
捷　克②	**Czech Repulic ②**					
总指数	Total Index		350	367	373	371
食　品	Food		120	125	125	124

8-3 续表 2 continued

1990 年 =100 (1990=100)

国家和地区	Country or Area	1990	2000	2001	2002	2003
法　国	**France**					
总指数	Total Index	100	119	121	123	125
食　品	Food	100	114	119	123	125
德　国⑦	**Germany ⑦**					
总指数	Total Index		123	126	127	128
食　品	Food		101	112	112	112
意 大 利	**Italy**					
总指数	Total Index	100	144	148	152	156
食　品	Food	100	135	141	146	150
荷　兰	**Netherlands**					
总指数	Total Index	100	127	133	137	140
食　品⑧	Food ⑧	100	106	113	117	118
波　兰⑨	**Poland ⑨**					
总指数	Total Index		118	125	127	128
食　品	Food		112	118	117	115
罗马尼亚⑦	**Romania ⑦**					
总指数	Total Index		41361	55617	68152	78562
食　品	Food		34188	46391	54880	62927
西 班 牙	**Spain**					
总指数	Total Index	100	146	152	156	107
食　品	Food	100	121	126	132	109
英　国	**United Kingdom**					
总指数	Total Index	100	135	138	140	144
食　品	Food	100	120	124	125	127
俄罗斯联邦⑦	**Russian Federation ⑦**					
总指数	Total Index		934450	1135160		
食　品	Food		952100	1148070		
澳大利亚	**Australia**					
总指数	Total Index	100	124	130	134	138
食　品	Food	100	130	138	143	148
新 西 兰	**New Zealand**					
总指数	Total Index	100	119	122	125	128
食　品	Food	100	114	120	124	124

注:①上年为 100。②1994 年为 100。③指产业工人。④1997 年为 100。⑤1992 年为 100。⑥1995 年为 100。⑦1991 年为 100。⑧1996 年为 100。⑨1998 年为 100。

Notes: ① Preceding year=100. ② 1994=100. ③ Industrial workers. ④ 1997=100. ⑤ 1992=100. ⑥ 1995= 100. ⑦ 1991=100. ⑧ 1996=100. ⑨ 1998=100.

8-4 世界初级品和基本金属出口价格指数
Export Price Indices of Primary Commodities and Non-ferrous Base Metals

资料来源：联合国《统计月报》2002年4月。
Sources: United Nations *Monthly Bulletin of Statistics* April 2002.
1980年=100 (1980=100)

地区／项目	Territory/ Item	1995	1999	2000	2001
初级品	**Primary Commodities**				
世界	**World Total**	**71**	**63**	**81**	**73**
发达国家	**Developed Countries**	**94**	**76**	**80**	**79**
发展中国家	**Developing Countries**	**61**	**57**	**82**	**70**
食品	**Food**				
世界	**World Total**	**90**	**74**	**69**	**69**
发达国家	**Developed Countries**	**96**	**80**	**75**	**77**
发展中国家	**Developing Countries**	**77**	**60**	**55**	**52**
肉类	**Meat**	**98**	**97**	**89**	**94**
牛肉	Beef	92	66	60	63
羊肉	Mutton	94	108	96	103
猪肉	Pork	111	127	119	129
家禽肉	Poultry	104	172	152	164
咸肉	Bacon	94	89	94	96
奶产品	**Dairy products**	**105**	**87**	**79**	**77**
牛奶	Milk	85	64	58	56
黄油	Butter	110	100	90	86
奶酪	Cheese	132	111	100	99
蛋	**Eggs**	**80**	**63**	**57**	**56**
谷物	**Cereals**	**84**	**65**	**63**	**65**
小麦	Wheat	94	64	67	72
稻谷	Rice	84	93	74	62
大麦	Barley	47	58	59	61
玉米	Maize	80	58	54	59
燕麦	Oats	71	54	54	56
蔬菜	**Vegetables**	**100**	**63**	**59**	**60**
土豆	Potatoes	74	50	41	46
木薯	Cassava	85	36	36	36
干菜豆	Beans	100	100	109	109
干豌豆	Peas	141	115	107	102
西红柿	Tomatoes	111	55	43	45
洋葱	Onions	100	36	34	33
饮品	**Beverage Crops**	**76**	**56**	**46**	**36**
咖啡	Coffee	83	53	44	30
可可	Cocoa	55	47	35	40
茶	Tea	67	88	84	70
水果	**Fruits**	**147**	**126**	**105**	**140**
柑橘类	Citrus fruits	143	132	93	134
柑橘	Oranges	149	147	97	155
柠檬	Lemons	147	118	99	100
葡萄柚	Grapefruit	90	54	53	51

8-4 续表 1 continued

1980 年 =100 (1980=100)

地区 / 项目	Territary/ Item	1995	1999	2000	2001
食品(续)	**Food (continued)**				
水果(续)	**Fruits (continued)**				
其它水果	other fruits	151	119	116	146
香蕉	Bananas	111	111	122	162
苹果	Apples	190	128	111	129
动物饲料	**Animal Feed**	**83**	**64**	**73**	**70**
油粕	Oilseed cake	81	68	80	77
鱼饲料	Fishmeal	90	48	43	43
胡椒	**Pepper**	**143**	**289**	**249**	**120**
鱼	**Fishmeal**	**111**	**118**	**116**	**110**
糖	**Sugar**	**48**	**23**	**28**	**30**
葡萄酒	**Wine**	**173**	**156**	**138**	**134**
非食用农产品	**Agriculture Non-food**				
世界	**Total**	**106**	**73**	**72**	**66**
发达国家	**Developed Countries**	**105**	**75**	**77**	**70**
发展中国家	**Developing Countries**	**109**	**70**	**66**	**60**
油料、油及脂肪	**Oilseeds,oils and fats**	**95**	**74**	**66**	**62**
花生	Groundnuts	92	57	58	59
大豆	Soya beans	86	67	70	65
亚麻籽	linseeds	80	54	42	39
椰子仁干	Copra	97	102	68	45
豆油	Soya bean oil	107	72	57	59
棉籽油	Cottonseed oil	126	113	99	83
花生油	Ground nut oil	116	93	84	80
橄榄油	Olive oil	89	98	94	90
棕榈油	Palm oil	107	74	53	49
椰子油	Coconut oil	96	105	64	46
油棕油	Palm kernel oil	99	102	65	45
亚麻籽油	Linseed oil	139	111	81	74
葵花籽油	Sunflower oil	110	81	62	77
动物油脂	Animal fats	82	76	67	74
林产品	**Forest products**	**109**	**72**	**74**	**67**
木材	Lumber	103	73	69	67
木材制纸浆	Wood pulp	112	71	88	70
原木	Logs	115	71	62	64
纺织原料	**Textiles fibres**	**95**	**59**	**58**	**48**
羊毛	Wool	80	51	47	37
棉花	Cottonseed oil	103	61	62	51
黄麻	Jute	105	76	72	94
亚麻	Flax	113	105	99	93
西沙尔麻	Sisal	91	106	94	101
烟草	**Tobacco**	**132**	**141**	**141**	**141**
兽皮	**Hides and Skins**	**178**	**138**	**149**	**153**
天然橡胶	**Natural Rubber**	**112**	**44**	**48**	**41**

8-4 续表 2 continued

1980 年 =100 (1980=100)

地区 / 项目	Territory/ Item	1995	1999	2000	2001
矿产品	**Minerals**				
世界	**World Total**	**58**	**57**	**87**	**76**
发达国家	**Developed Countries**	**79**	**69**	**92**	**92**
发展中国家	**Developing Countries**	**55**	**55**	**86**	**74**
铁矿石	**Iron ore**	**140**	**133**	**115**	**111**
铬矿	**Chrome ore**	**131**	**222**	**222**	**222**
锰矿	**Manganese ore**	**125**	**117**	**114**	**122**
燃料	**Fuels**	**56**	**55**	**86**	**75**
煤	Coal	110	86	74	83
原油	Crude Petroleum	54	54	86	72
天然气	Natural gas	75	53	114	132
原肥	**Crude Fertilizers**	**73**	**85**	**85**	**81**
基本金属	**Non-ferrous Base Metals**				
世界	**World Total**	**114**	**77**	**88**	**75**
发达国家	**Developed Countries**	**118**	**81**	**93**	**80**
发展中国家	**Developing Countries**	**104**	**67**	**77**	**65**
铜	Copper	135	75	86	75
镍	Nickel	156	116	153	95
铝	Aluminum	104	77	88	82
铅	Lead	69	55	50	51
锌	Zinc	156	164	166	125
锡	Tin	37	29	29	23
除原油以外的初级品	**Primary Commodities excluding Crude Petroleum**				
世界	**World Total**	**96**	**75**	**75**	**75**
发达国家	**Developed Countries**	**99**	**78**	**79**	**80**
发展中国家	**Developing Countries**	**90**	**67**	**65**	**62**
除原油以外的矿产品	**Minerals excluding Crude Petroleum**				
世界	**World Total**	**100**	**83**	**100**	**110**
发达国家	**Developed Countries**	**100**	**80**	**97**	**108**
发展中国家	**Developing Countries**	**103**	**94**	**111**	**116**

主要统计指标解释

国内生产总值缩减指数 衡量在一定时期内整体经济中价格年度变化情况的指标

生产者价格指数和批发价格指数 生产者价格指生产者从购买者那里可得到的某一单位货物和服务的价值，具体为总产出减去可扣减税，由购买者支付的税。它包括生产者单独要求购买者支付的运费。生产者或批发价格指数是用来衡量在第一阶段最重要的商业交易中各种项目价格变化的指标，这里可能有两种选择，但生产者价格指数受到重视，其理由是这个概念对于衡量用的权数和范围与国民经济核算和工业生产核算更为接近。在原则上，生产者价格指数应当包括服务业，但在实际计算时仅包括国内农业和工业部门。农业部门采用"出农场价格"，工业部门采用出厂价格。批发价格指数包括生产和流通各阶段的全部农业和工业产品的价格的混合，包括进口和进口税。该指标的优点在于能反映更广泛经济活动的变化情况，采用拉氏公式计算。

消费者价格指数 是反映报告经济体作为消费目的而获取，使用和支付的货物和服务 的价格总体水平随时间变化的指标。消费者价格指数作为一个系列，用来衡量报告经济体人口获取、使用和支付固定数量和特征的一揽子货物和服务消费品价格随时间变化的比例。每个总指数是通过将大量要素加总指数加权平均而得到，每个要素加总指数是基于某一地区或其居民从某一指定出处或其他消费源获取指定货物和服务的价格的抽样调查数而进行的估算。

世界初级品和基本金属出口价格指数 是单个商品价格指数加权平均数。单个商品价格指数基于重要商品各主要出口国家(地区)、该商品具有代表性等级商品价格指数的加权平均数，权数由1980年初级品的出口额决定，各指数以美元计价。这个指数使用各种不同类别的价格计算，出口离岸价格、进口到岸价格、批发价格、商品交换价格、生产者价格和拍卖价格。

Explanatory Notes on Main Statistical Indicators

Gross Domestic Product Deflator Measures the average annual rate of price change in the economy as whole for the periods shown.

Producers' or Wholesale Price Indices The Amount receivable by the producer from the purchaser for a unit of a good or service produced as output minus any value-added tax, or similar deductible tax, invoiced to the purchaser. It includes any transport charges invoiced separately by the producer. Indices shown for producer or wholesale prices are designed to monitor changes in prices of items at the first import commercial transaction, where a choice is available, preference is given to the PPI because the concept, weighing pattern, and coverage are likely to be more consistent with national accounts and industrial production statistics. In principle, the PPI should include service industries, but in practice it is limited to the domestic agriculture and industrial sectors. the prices should be farm-gate prices for the agriculture and industrial goods at various stages of production and distribution, inclusive of imports and import duties, Preference is given to indices that provide broad coverage of the economy, and the indices are computed using the Laspeyres formula.

Consumer Price Indices Measures changes over time in the general level of prices of goods and services that a reference population acquires, uses or pays for consumption. A consumer prices index is estimated as a series of summary measures of the period-to-period proportional change in the prices of a fixed set of consumer goods and services of constant quantity and characteristics, acquired, used or paid for by the reference population. Each summary measure is constructed as a weighted average of a large number of elementary aggregate indices. Each of the elementary aggregate indices is estimated using a sample of prices for a defined set of goods and services obtained in, or by residents of, a specific region from a given set of outlets or other sources of consumption goods and services.

Export Price Indices for primary commodities and non-ferrous base metals are weighted averages of prices indices of individual commodities, each of which is based on specific prices quotations for representative grades of that commodity in countries that are major traders of the commodity. The weights are determined by the patterns of primary commodities exports in the base year 1980.All indexes are calculated in terms of United States dollars. The indexes are calculated using various categories of prices such as export prices FOB, import prices CIF, wholesale prices, commodity exchange prices, producer's prices and auction prices.

九、住户收支和贫困

Household Income and Expenditure and Poverty

9-1 住户最终消费支出及增长率

Household Final Consumption Expenditure and Its Growth Rate

资料来源：世界银行数据库。
Source: World Bank Database.

国家和地区	Country or Area	住户最终消费支出（亿美元） Household Final Consumption Expenditure (current USD)		人均住户最终消费支出（1995 年价格，美元） Household Final Consumption Expenditure per Capita (constant 1995 USD)		1991-2002 年均住户最终消费支出增长率 (%) Average Annual Growth Rate of Household Final Consumption Expenditure of 1991-2002 (%)	1991-2002 年均人均住户最终消费支出增长率 (%) Average Annual Growth Rate of Household Final Consumption Expenditure per Capita of 1991-2002 (%)
		1990	2002	1990	2002		
世　界	**World**	**128632.4**	**200406.2**	**2979.7**	**3466.4**	**3.8**	**1.3**
高收入国家	**High Income**	**104740.1**	**163296.5**	**14569.5**	**18035.8**	**3.8**	**1.8**
中等收入国家	**Middle Income**	**18798.8**	**29642.8**	**913.1**	**1181.9**	**3.9**	**2.2**
低收入国家	**Low Income**	**5136.3**	**7573.3**	**258.3**	**332.2**	**3.3**	**2.1**
中　国①	China ①	1742.5	5863.8	174.6	422.5	10.6	7.6
中国香港	Hong Kong, China	427.2	934.0	10878.6	14447.9	6.7	2.4
中国澳门	Macao, China	12.0	26.4	4579.0	6155.7	6.8	2.5
孟加拉国	Bangladesh	249.9	365.5	246.1	281.0	3.2	1.1
印　度	India	2157.6	3287.1	221.7	306.2	3.6	2.7
印度尼西亚	Indonesia	650.1	1221.9	457.0	749.5	5.4	4.2
伊　朗	Iran	744.8	544.0	773.2	996.3	-2.6	2.1
以色列	Israel	321.1	615.5	7802.4	10570.3	5.6	2.6
日　本	Japan	16180.4	22829.1	21290.6	24962.9	2.9	1.3
哈萨克斯坦	Kazakhstan		143.9	1728.6	1163.0		-3.2
韩　国	Korea, Rep.	1321.1	2868.2	4375.1	7363.5	6.7	4.4
马来西亚	Malaysia	228.1	419.7	1579.1	2178.1	5.2	2.7
蒙　古	Mongolia		7.4	322.4			
巴基斯坦	Pakistan	295.1	439.4	322.5	381.7	3.4	1.4
菲律宾	Philippines	315.7	533.1	767.8	893.8	4.5	1.3
新加坡	Singapore	170.2	373.6	8187.9	11320.2	6.8	2.7
斯里兰卡	Sri Lanka	61.4	127.4	451.6	698.0	6.3	3.7
泰　国	Thailand	482.7	717.4	1113.7	1598.2	3.4	3.1
土耳其	Turkey	1033.2	1306.3	1856.4	2202.0	2.0	1.4
越　南	Viet Nam	54.9	227.8	198.6 ②	271.1	12.6	2.6 ④
埃　及	Egypt	309.3	712.4	712.5	914.2	7.2	2.1
尼日利亚	Nigeria	158.2	241.3	243.5	194.3	3.6	
南　非	South Africa	642.5	647.4	2466.5	2548.5	0.1	0.3
加拿大	Canada	3225.6	3911.6 ③	11041.9	12866.2 ③	1.8 ⑤	1.4 ⑤
墨西哥	Mexico	1827.9	4457.9	2191.7	2563.6	7.7	1.3
美　国	United States	38315.0	73037.0	17561.3	22325.9	5.5	2.0
阿根廷	Argentina	1090.4	621.6	5203.5 ⑥	4576.8	-4.6	-1.6 ⑦
巴　西	Brazil	2739.5	2637.1	1946.4	2629.6	-0.3	2.5
委内瑞拉	Venezuela	301.7	609.8	2441.4	2103.5	6.0	-1.2
白俄罗斯	Belarus	82.2	87.8	1265.2	1504.9 ③	0.5	1.6 ⑤
保加利亚	Bulgaria	124.0	107.4	1458.9	1293.9	-1.2	-1.0
捷　克	Czech Republic	171.9	361.7	2602.8	3118.2	6.4	1.5
法　国	France	6729.6	7842.1	14654.7	16749.8	1.3	1.1
德　国	Germany	9500.5	11687.7	15863.8	18600.1	1.7	1.3
意大利	Italy	6341.9	7131.9	10888.9	12892.4	1.0	1.4
荷　兰	Netherlands	1458.7	2090.7	12593.1	15682.7	3.0	1.8
波　兰	Poland	282.8	1235.3	1441.9	2429.1	13.1	4.4
罗马尼亚	Romania	252.3	347.8	1116.7	1274.2	2.7	1.1
俄罗斯联邦	Russian Federation	2525.6	1773.6	1508.2	1708.5	-2.9	1.0
西班牙	Spain	3069.5	3783.2	8483.0	10677.2	1.8	1.9
乌克兰	Ukraine	465.0	232.5	941.0	580.2	-5.6	-3.9
英　国	United Kingdom	6197.8	10343.0	11724.2	16278.5	4.4	2.8
澳大利亚	Australia	1824.5	2479.5	11296.0	14840.5	2.6	2.3
新西兰	New Zealand	266.3	349.5	9185.3	11201.3	2.3	1.7

注：①世界银行统计数据。②1994 年数据。③2001 年数据。④1995-2002 年均增长率。⑤1991-2001 年均增长率。⑥1993 年数据。⑦1994-2002 年均增长率。

Note: ① Data from World Bank. ② Data refer to 1994. ③ Data refer to 2001. ④ Average growth rate of 1995-2002. ⑤ Average growth rate of 1991-2001. ⑥ Data refer to 1993. ⑦ Average growth rate of 1994-2002.

9-2 个人收入分配
Personal Income Distribution

资料来源：世界银行数据库。
Source: World Bank Database.

国家和地区	Country or Area	年份 Year	基尼系数 GINI Index	各组占全部收入或消费的比重(%) As Percentage of Total Income or Consumption(%)				
				最低的20% Lowest 20%	第二个20% Second 20%	第三个20% Third 20%	第四个20% Fourth 20%	最高的20% Highest 20%
中　国①	China ①	2001	0.45	4.7	9.0	14.2	22.1	50.0
中国香港	Hong Kong, China	1996	0.43	5.3	9.4	13.9	20.7	50.7
孟加拉国	Bangladesh	2000	0.32	9.0	12.5	15.9	21.2	41.4
印　度	India	2000	0.33	8.9	12.3	16.0	21.2	41.6
印度尼西亚	Indonesia	2002	0.34	8.4	11.9	15.4	21.0	43.3
伊　朗	Iran	1998	0.43	5.1	9.4	14.1	21.5	49.9
以色列	Israel	1997	0.36	6.9	11.4	16.3	22.9	44.3
日　本	Japan	1993	0.25	10.6	14.2	17.6	22.0	35.7
哈萨克斯坦	Kazakhstan	2001	0.31	8.2	12.5	16.8	22.9	39.6
韩　国	Korea, Rep.	1998	0.32	7.9	13.6	18.0	23.1	37.5
马来西亚	Malaysia	1997	0.49	4.4	8.1	12.9	20.3	54.3
蒙　古	Mongolia	1998	0.44	5.6	10.0	13.8	19.4	51.2
巴基斯坦	Pakistan	1999	0.33	8.8	12.5	15.9	20.6	42.3
菲律宾	Philippines	2000	0.46	5.4	8.8	13.1	20.5	52.3
新加坡	Singapore	1998	0.42	5.0	9.4	14.6	22.0	49.0
斯里兰卡	Sri Lanka	1995	0.34	8.0	11.8	15.8	21.5	42.8
泰　国	Thailand	2000	0.43	6.1	9.5	13.5	20.9	50.0
土耳其	Turkey	2000	0.40	6.1	10.6	14.9	21.8	46.7
越　南	Viet Nam	1998	0.36	8.0	11.4	15.2	20.9	44.5
埃　及	Egypt	1999	0.34	8.6	12.1	15.4	20.4	43.6
尼日利亚	Nigeria	1997	0.51	4.4	8.2	12.5	19.3	55.7
南　非	South Africa	1995	0.59	2.0	4.3	8.3	18.9	66.5
加拿大	Canada	1998	0.33	7.0	12.7	17.0	22.9	40.4
墨西哥	Mexico	2000	0.55	3.1	7.2	11.7	19.0	59.1
美　国	United States	2000	0.41	5.4	10.7	15.7	22.4	45.8
阿根廷	Argentina	2001	0.52	3.1	7.2	12.3	21.0	56.4
巴　西	Brazil	2001	0.58	2.4	5.9	10.4	18.1	63.2
委内瑞拉	Venezuela	1998	0.49	3.0	8.4	13.7	21.6	53.4
白俄罗斯	Belarus	2000	0.30	8.4	13.0	17.0	22.5	39.1
保加利亚	Bulgaria	2001	0.32	6.7	13.1	17.9	23.4	38.9
捷　克	Czech Republic	1996	0.25	10.3	14.5	17.7	21.7	35.9
法　国	France	1995	0.33	7.2	12.6	17.2	22.8	40.2
德　国	Germany	2000	0.28	8.5	13.7	17.8	23.1	36.9
意大利	Italy	2000	0.36	6.5	12.0	16.8	22.8	42.0
荷　兰	Netherlands	1994	0.33	7.3	12.7	17.2	22.8	40.1
波　兰	Poland	1999	0.32	7.3	11.8	16.2	22.2	42.5
罗马尼亚	Romania	2000	0.30	8.2	13.1	17.4	22.9	38.5
俄罗斯联邦	Russian Federation	2000	0.46	4.9	9.5	14.1	20.3	51.3
西班牙	Spain	1990	0.33	7.5	12.6	17.0	22.6	40.3
乌克兰	Ukraine	1999	0.29	8.8	13.3	17.4	22.7	37.8
英　国	United Kingdom	1995	0.36	6.1	11.4	16.0	22.5	44.0
澳大利亚	Australia	1994	0.35	5.9	12.0	17.2	23.6	41.3
新西兰	New Zealand	1997	0.36	6.4	11.4	15.8	22.6	43.8

注：①世界银行统计数据。
Note: ① Data from World Bank.

9-3 贫困线和贫困人口比重

Poverty Line and Population below Poverty Lines

资料来源：世界银行《世界发展指标》2004 年。

Source: World Bank *World Development Indicator 2004.*

单位：% (%)

国家和地区	Country or Area	低于国家贫困线人口所占比重① Population below the Poverty Line ①				国际贫困线② International Poverty Line ②				
		调查年份 Survey Year	全国 National	乡村 Rural	城市 Urban	调查年份 Survey Year	日均1国际元以下人口所占比重 Population below $1(PPP) a Day	日均1国际元以下人口贫困度 Poverty Gap at $1(PPP) a Day	日均2国际元以下人口所占比重 Population below $2(PPP) a Day	日均2国际元以下人口贫困度 Poverty Gap at $2(PPP) a Day
中　　国③	China ③	1998	4.6	4.6	<2.0	2001	16.6	3.9	46.7	18.4
孟加拉国	Bangladesh	2000	49.8	53.0	36.6	2000	36.0	8.1	82.8	36.3
印　　度	India	1999-2000	28.6	30.2	24.7	1999-2000	34.7	8.2	79.9	35.3
印度尼西亚	Indonesia	1999	27.1			2002	7.5	0.9	52.4	15.7
哈萨克斯坦	Kazakhstan	1996	34.6	39.0	30.0	2001	<2.0	<0.5	8.5	1.4
韩　　国	Korea, Rep.					1998	<2.0	<0.5	<2.0	<0.5
马来西亚	Malaysia	1989	15.5			1997	<2.0	<0.5	9.3	2.0
蒙　　古	Mongolia	1995	36.3	33.1	38.5	1995	13.9	3.1	50.0	17.5
巴基斯坦	Pakistan	1998-1999	32.6	35.9	24.2	1998	13.4	2.4	65.6	22.0
菲 律 宾	Philippines	1997	36.8	50.7	21.5	2000	14.6	2.7	46.4	17.2
斯里兰卡	Sri Lanka	1995-1996	25.0	27.0	15.0	1995-1996	6.6	1.0	45.4	13.5
泰　　国	Thailand	1992	13.1	15.5	10.2	2000	<2.0	<0.5	32.5	9.0
土 耳 其	Turkey					2000	<2.0	<0.5	10.3	2.5
越　　南	Viet Nam	1993	50.9	57.2	25.9	1998	17.7	3.3	63.7	22.9
埃　　及	Egypt	1999-2000	16.7			2000	3.1	<0.5	43.9	11.3
尼日利亚	Nigeria	1992-1993	34.1	36.4	30.4	1997	70.2	34.9	90.8	59.0
南　　非	South Africa					1995	7.1	1.1	23.8	8.6
墨 西 哥	Mexico	1988	10.1			2000	9.9	3.7	26.3	10.9
阿 根 廷	Argentina	1998			29.9	2001	3.3	0.5	14.3	4.7
巴　　西	Brazil	1990	17.4	32.6	13.1	2001	8.2	2.1	22.4	8.8
委内瑞拉	Venezuela	1989	31.3			1998	15.0	6.9	32.0	15.2
白俄罗斯	Belarus	2000	41.9			2000	<2.0	<0.5	<2.0	0.1
保加利亚	Bulgaria	2001	12.8			2001	4.7	1.4	16.2	5.7
捷　　克	Czech Republic					1996	<2.0	<0.5	<2.0	<0.5
波　　兰	Poland	1993	23.8			1999	<2.0	<0.5	<2.0	<0.5
罗马尼亚	Romania	1994	21.5	27.9	20.4	2000	2.1	0.6	20.5	5.2
俄罗斯联邦	Russian Federation	1994	30.9			2000	6.1	1.2	23.8	8.0
乌 克 兰	Ukraine	1995	31.7			1999	2.9	0.6	45.7	16.3

注：①即贫困率。乡村和城市贫困率分别为乡村和城市贫困线以下人口占乡村和城市人口比重。②为世界银行划分标准，即人均日消费支出不足 1 国际元和 2 国际元。国际元为按购买力平价法计算，1985 年价格。贫困度指贫困线以下人口人均消费距贫困线的差距（即假定贫困线以上人口为零短缺时贫困人口的平均短缺程度）。③世界银行统计数据。

Note: ① Rural poverty rate is the percentage of the rural population living below the national rural povertay line. Urban poverty rate is the percentage of the urban population living below the national urban poverty line. ② Polulation below $1 a day and $2 a day are the percentages of the population living on less than $1.08 a day and $2.15 a day (equivalent to $1 and $2 in 1985 prices, adjusted for purchasing power parity). Poverty gap is the mean shortfall below the poverty line (counting the nonpoor as having zero shortfall), expressed as a percentage of the poverty line. This measure reflects the depth of poverty as well as its incidence. ③ Data from World Bank.

9-4 贫困人口社会指标
Social Indicators of Poverty

资料来源：世界银行《世界发展指标》2004 年。
Source: World Bank *World Development Indicators 2004*.

国家和地区	Country or Area	调查年份 Survey year	5 岁以内儿童营养不良发生率(%) Prevalence of Child Malnutrition (Weight for age % of children under five)		5 岁以内儿童死亡率(‰) Under -five mortality rate (‰)		1-2 岁以内儿童麻疹免疫接种率(%) Child immunization rate(Measles % of children ages 12-23 months)		15-49 岁妇女避孕普及率(%) Contraceptive Prevalence (% of woman ages 15-49)		熟练医护人员护理下的分娩(%) Births attended by skilled health staff (% of total)	
			最贫穷的20% Poorest Quintile	最富裕的20% Richest Quintile	最贫穷的20% Poorest Quintile	最富裕的20% Richest Quintile	最贫穷的20% Poorest Quintile	最富裕的20% Richest Quintile	最贫穷的20% Poorest Quintile	最富裕的20% Richest Quintile	最贫穷的20% Poorest Quintile	最富裕的20% Richest Quintile
孟加拉国	Bangladesh	2000	60	29	140	72	59	86	37	50	4	42
印　度	India	1999	61	26	141	46	28	81	29	55	16	84
印度尼西亚	Indonesia	1997			109	29	59	85	46	57	21	89
哈萨克斯坦	Kazakhstan	1999	5	6	82	45	74	76	49	55	99	99
巴基斯坦	Pakistan	1990	54	26	125	74	28	75	1	23	5	55
菲律宾	Philippines	1998			80	29	68	92	20	29	21	92
土耳其	Turkey	1998	17	3	85	33	64	89	24	48	53	98
越　南	Viet Nam	1997			63	23	64	88	47	56	49	99
埃　及	Egypt	2000	7	2	98	34	95	99	43	61	31	94
尼日利亚	Nigeria	1990	40	22	240	120	35	70	1	12	12	70
南　非	South Africa	1998			87	22	74	85	34	70	68	98
巴　西	Brazil	1996	12	3	99	33	78	90	56	77	72	99

9-5 住户收入及构成
Household Income and Its Structure

资料来源：日本《世界统计》2003年。
Source: Japan *World Statistics 2003*.

国家和地区	Country or Area	年份 Years	月平均收入（本币）Average Monthly Earning (LCU)	平均家庭成员数 Average Family Members	收入构成（%） Structure of Income (%)				
					工资和薪金收入 Wages and Salaries	经营收入 Operating Income	财产收益 Property Income	转移收入 Transfer Income	其他收入 Others Income
中　国①	China ①	1986	75.8	3.8	81.2	2.4	0.6	9.8	5.9
孟加拉国	Bangladesh	1983~84		6.9	66.5		9.3		24.3
以色列	Israel	1986~87	594.0	3.5	57.5	12.6	14.5	10.9	4.6
日　本	Japan	1990	521757.0	3.7	94.0	1.0	0.3	3.8	0.8
韩　国	Korea, Rep.	1990	943272.0	4.0	85.8	2.6	2.7	3.0	5.9
巴基斯坦	Pakistan	1986~87	2062.0	6.5	21.9	54.7	12.6	1.7	9.2
菲律宾	Philippines	1988~89	8478.0	5.3	44.8	38.8	3.7	12.7	-
新加坡	Singapore	1987~88	501.7	4.4	77.4	15.9			6.7
斯里兰卡	Sri Lanka	1985~86	386.0	5.2	52.0		4.8	6.0	37.2
泰　国	Thailand	1988~89	4106.0	4.0	34.4	31.6	0.9	7.0	26.1
土耳其	Turkey	1987	64109.0	5.0	24.1	51.5	13.7	9.8	1.0
埃　及	Egypt	1980		5.0	54.5	8.0	36.0		1.5
尼日利亚	Nigeria	1985~86	53.0	4.9	30.2	46.3	8.2	0.9	14.5
加拿大	Canada	1986	1093.0	2.7	71.7	7.1	5.5	11.4	4.3
墨西哥	Mexico	1983~84	193553.0	5.1	49.0	21.0	3.1	5.6	21.3
美　国	United States	1989	2708.0	2.5	70.8	7.6	8.9	12.6	0.2
阿根廷	Argentina	1985~86	111.3	3.6	53.9	31.5	1.5	12.7	0.4
巴　西	Brazil	1987~88	9517.0	3.7	63.1	12.6	2.0	13.9	8.3
匈牙利	Hungary	1989	6495.0	2.8	59.4	4.4		28.4	7.8
原联邦德国	Former Federal Germany	1983	1419.0	2.4	58.1	9.1	9.7	21.7	1.4
荷　兰	Netherlands	1988	42100.0	2.5	61.9	7.5	3.3	26.4	0.9
波　兰	Poland	1990	554900.0	3.1	57.0	18.4		25.4	1.2
西班牙	Spain	1989	43949.0	3.5	52.4	13.6	12.6	20.6	0.9
英　国	United Kingdom	1989	1316.7	2.5	62.3	10.7	10.1	16.5	0.4
原苏联	Former Soviet Union	1989	150.0		73.3	6.5		12.4	7.8
澳大利亚	Australia	1988~89	994.2	2.8	72.3	9.2		10.1	8.5
新西兰	New Zealand	1989~90	1214.0	2.7	66.0	8.0	6.0	16.0	4.0

注：①为日本《世界统计》统计数据。
Note: ① Data from Japan *World Statistics*.

9-6 住户最终消费支出构成

Composition of Household Final Consumption Expenditure

资料来源：韩国《韩国社会指标》2002年。
Source: Republic of Korea *Social Indicators in Korea 2002.*
单位：%

(%)

国家和地区	Country or Area	年份 Year	食品、饮料和烟草 Food, Beverages and Tobacco	服装和鞋类 Clothing and Footware	住房、水、电力、气和其他燃料 Housing, Water, Electricity, Gas & Other Fuels	家具、家用设备及住房日常维护支出 Furnishings, Households Equipment & Routine Maintenance of the House	医疗保健 Health	交通和通讯 Transport and Communications	教育、休闲与文化 Recreation, Culture & Education	饭店和旅馆 Restaurants & Hotels	其他 Others
韩国	Korea, Rep.	2001	16.9	3.8	17.6	4.4	8.0	16.6	12.7	7.1	12.8
日本	Japan	2000	17.3	6.0	25.4	4.6	3.5	12.7	11.9	7.4	11.1
加拿大	Canada	2001	13.8	5.4	23.5	6.6	4.4	17.2	12.0	7.8	9.4
墨西哥	Mexico	2000	26.3	3.6	13.2	8.4	4.2	19.5	6.1	8.1	10.6
美国	Unitd States	2000	9.3	5.3	16.8	5.1	16.4	13.3	11.4	6.3	16.1
法国	France	2001	17.9	4.8	23.5	6.2	3.5	17.4	9.5	7.5	9.6
德国	Germany	2000	15.6	6.4	24.5	7.2	4.0	16.9	10.4	5.0	9.9
意大利	Italy	2001	16.9	9.5	19.6	9.2	2.9	15.2	8.6	9.7	8.3
荷兰	Netherlands	1999	14.8	6.2	20.8	7.4	4.0	15.6	11.7	5.9	13.6
西班牙	Spain	2000	18.5	6.5	14.1	6.0	3.4	15.4	10.4	19.0	6.7
英国	United Kingdom	2001	14.1	5.8	18.0	6.1	1.6	16.9	13.8	11.6	12.1
澳大利亚	Australia	2000	14.7	3.8	20.8	5.3	4.6	14.7	14.5	7.6	13.8
新西兰	New Zealand	2000	16.3	4.7	19.7	10.8	3.1	14.8	11.5	8.2	10.9

9-7 电视机、有线电视用户及个人计算机普及率
Television Sets, Cable Television Subscribers and Personal Computers per 1000 People

资料来源：世界银行数据库。
Source: World Bank Database.
单位：台／千人

(unit/per 1000 people)

国家和地区	Country or Area	电视机 Television Sets		有线电视用户（个） Cable Television Subscribers		个人计算机 Personal Computers	
		1990	2002	1990	2002	1990	2002
世　界	**World**	**185.7**	**275.5 ②**		**65.5 ②**	**25.1**	**100.8**
高收入国家	**High Income**	**552.1**	**735.0 ②**	**114.4**	**191.0**	**111.3**	**466.9**
中等收入国家	**Middle Income**	**173.6**	**326.3**		**57.6**	**2.5**	**45.3**
低收入国家	**Low Income**	**34.0**	**90.9 ②**		**23.7 ②**		**7.5**
中　国①	China ①	155.8	350.3	9.6	75.0	0.4	27.6
中国香港	Hong Kong, China	281.9	504.1 ②	6.2 ③	90.6	47.3	422.0
中国澳门	Macao, China	285.7	290.2		12.6		203.3
孟加拉国	Bangladesh	7.4	59.0		27.0		3.4
印　度	India	31.9	82.8 ②	8.1 ④	38.9 ②	0.3	7.2
印度尼西亚	Indonesia	61.3	153.0 ②	0.1 ⑤	0.3 ②	1.1	11.9
伊　朗	Iran	66.4	172.9				75.0
以色列	Israel	258.5	330.4 ②	134.2 ⑥	184.0	63.3	242.6
日　本	Japan	610.8	784.7	54.7	183.1	59.9	382.2
哈萨克斯坦	Kazakhstan	216.0	338.0 ②		6.6		
韩　国	Korea, Rep.	207.4	363.3 ②	101.1 ④	132.0 ②	37.2	555.8
马来西亚	Malaysia	148.6	209.6		3.3 ⑦	8.4	146.8
蒙　古	Mongolia	66.3	79.2	2.9 ⑨	18.5		28.4
缅　甸	Myanmar	2.8	7.6				5.1
巴基斯坦	Pakistan	25.8	150.2 ②	0.1 ⑨	0.2⑪	1.3	4.2 ②
菲律宾	Philippines	49.4	182.4	3.8 ④	37.0	3.5	27.7
新加坡	Singapore	336.4	302.6	7.6 ③	84.5	66.3	622.0
斯里兰卡	Sri Lanka	36.4	117.4 ②		0.3 ②	0.2	13.2
泰　国	Thailand	108.2	300.4 ②	1.6 ⑥	12.9	4.2	39.8
土耳其	Turkey	230.0	423.1	0.3 ⑩	14.2	5.3	44.6
越　南	Vietnam	39.3	197.4				9.8
埃　及	Egypt	116.5	228.8				16.6
尼日利亚	Nigeria	36.4	102.6 ②		0.5 ②		7.1
南　非	South Africa	104.3	177.2			7.0	72.5
加拿大	Canada	627.9	690.6 ②	261.9	252.9 ②	107.1	487.0
墨西哥	Mexico	149.5	282.0 ②	7.4	24.3	8.2	82.0
美　国	United States	776.0	937.5 ②	219.5	255.0	216.8	658.9
阿根廷	Argentina	249.0	325.8 ②	106.3 ④	162.9 ②	7.2	82.0
巴　西	Brazil	212.8	349.2 ②	2.6 ③	13.8 ②	3.1	74.8
委内瑞拉	Venezuela	164.1	186.1 ②	4.6 ⑨	36.3	10.3	60.9
白俄罗斯	Belarus	269.9	361.8 ②		77.2		
保加利亚	Bulgaria	250.3	453.0⑪	16.7 ⑦	93.5		51.9
捷　克	Czech Republic	330.0	538.0 ②	25.2 ⑥	94.4 ②	11.6	177.4
法　国	France	539.1	631.9 ②	9.1	57.5	70.5	347.1
德　国	Germany	525.3	660.6	111.4	249.9	89.9	431.3
意大利	Italy	419.7	493.9⑪	0.3 ⑦	1.4 ②	36.4	230.7
荷　兰	Netherlands	481.6	648.3	291.8	401.4	93.6	466.6
波　兰	Poland	265.0	421.9 ②	5.2 ⑩	91.4	7.9	105.6
罗马尼亚	Romania	193.9	697.4	35.2 ③	152.2	2.2	69.2
俄罗斯联邦	Russian Federation	365.1	537.7⑪	45.1 ③	43.6	3.4	88.7
西班牙	Spain	388.6	564.0 ②	2.8	19.9	27.6	196.0
乌克兰	Ukraine	327.0	455.8⑪	15.7 ⑧	38.6	1.9	19.0
英　国	United Kingdom	432.6	950.5 ②	2.6	57.2	107.7	405.7
澳大利亚	Australia	521.5	730.8 ②	17.3 ⑦	76.3	149.8	565.1
新西兰	New Zealand	442.8	557.5 ②	0.3 ③	7.1 ②		413.8

注：①世界银行统计数据。②2001年数据。③1994年数据。④1993年数据。⑤1998年数据。⑥1992年数据。⑦1996年数据。⑧1997年数据。⑨1995年数据。⑩1991年数据。⑪2000年数据。

Note: ① Data from World Bank. ② Data refer to2001. ③ Data refer to 1994. ④ Data refer to 1993. ⑤ Data refer to 1998. ⑥ Data refer to 1992. ⑦ Data refer to 1996. ⑧ Data refer to 1997. ⑨ Data refer to 1995. ⑩ Data refer to 1991.⑪Data refer to 2000.

9-8 人均每天食物热值、蛋白质和脂肪含量

Calories, Proteins and Fat Per Capita Per Day

资料来源：联合国粮农组织数据库，《食物平衡表》1994-1996年。
Source: FAO Database, *Food Balance Sheet 1994/1996*.

国家和地区	Country or Area	食物热值(大卡) Calories Per Capita Per Day			蛋白质含量(克) Proteins Per Capita Per Day (G)			脂肪含量(克) Fat Per Capita Per Day(G)		
		1989-1991	1994-1996	2001	1989-1991	1994-1996	2001	1989-1991	1994-1996	2001
世　界	**World**	**2709 ②**	**2748 ③**	**2807**	**71.6 ②**	**73.7 ③**	**76.0**	**68.2 ②**	**70.8 ③**	**76.3**
发达国家	**Developed Countries**	**3319 ②**	**3186 ③**	**3285**	**102.9 ②**	**97.8 ③**	**99.4**	**121.9 ②**	**115.2 ③**	**121.1**
发展中国家	**Developing Countries**	**2517 ②**	**2619 ③**	**2675**	**61.7 ②**	**66.6 ③**	**69.6**	**51.2 ②**	**57.6 ③**	**64.0**
中　国①	China ①	2652	2766	2963	53.9	63.9	85.9	31.5	50.5	84.4
中国香港	Hong Kong, China	3240	3261	3102 ④	88.1	92.9	96.0 ④	104.5	139.7	130.8 ④
孟加拉国	Bangladesh	2063	2063	2187	42.3	44.3	46.8	14.1	18.6	27.0
印　度	India	2337	2394	2487	50.8	56.8	58.4	32.7	39.7	51.6
印度尼西亚	Indonesia	2615	2880	2904	46.4	58.3	63.4	35.0	50.9	60.5
伊　朗	Iran	2712	2885	2931	68.9	71.7	79.4	62.9	63.3	59.4
以色列	Israel	3244	3254	3512	101.0	104.8	114.9	104.9	123.5	124.5
日　本	Japan	2899	2898	2746	86.8	94.6	90.3	68.9	79.7	82.5
哈萨克斯坦	Kazakhstan			2477			79.6			72.1
韩　国	Korea, Rep.	3238	3302	3055	82.6	82.0	88.4	41.5	64.7	75.8
马来西亚	Malaysia	2751	2848	2927	58.0	64.2	76.3	77.4	94.3	81.4
蒙　古	Mongolia	2211	2011	1974	81.3	74.3	70.4	85.5	79.2	74.4
缅　甸	Myanmar	2572	2711	2822	59.8	63.8	74.1	35.3	41.3	49.7
巴基斯坦	Pakistan	2392	2393	2457	52.6	58.4	62.5	43.6	58.5	69.0
菲律宾	Philippines	2376	2366	2372	51.0	55.8	55.8	35.7	40.4	47.2
斯里兰卡	Sri Lanka	2220	2262	2274	45.1	46.2	52.5	47.3	44.8	44.9
泰　国	Thailand	2245	2330	2486	48.5	50.5	55.5	31.4	43.5	49.0
土耳其	Turkey	3555	3562	3343	96.8	101.7	95.2	80.9	94.4	89.0
越　南	Viet Nam	2202	2449	2533	47.1	50.4	61.0	19.9	27.3	39.9
埃　及	Egypt	3156	3277	3385	73.0	83.6	96.5	65.5	58.8	62.2
尼日利亚	Nigeria	2310	2553	2747	42.9	51.3	61.8	51.9	55.2	62.9
南　非	South Africa	2880	2881	2921	74.5	74.1	75.1	68.1	71.6	79.0
加拿大	Canada	3014	3104	3176	91.7	95.4	102.0	119.7	128.6	128.6
墨西哥	Mexico	3081	3137	3160	83.4	79.6	90.6	79.3	80.8	85.4
美　国	United States	3462	3624	3766	98.2	107.0	114.5	128.4	139.2	152.7
阿根廷	Argentina	2965	3118	3171	106.7	94.3	101.6	116.0	103.2	114.0
巴　西	Brazil	2774	2878	3003	62.2	66.4	79.6	65.1	80.9	87.9
委内瑞拉	Venezuela	2395	2398	2376	70.3	58.7	63.2	77.5	69.0	63.9
白俄罗斯	Belarus			2925			88.6			94.8
保加利亚	Bulgaria	3440	2827	2626	104.2	104.5	81.1	107.2	114.6	93.6
捷　克	Czech Republic	3519	3084	3097	99.0	102.0	90.9	122.7	130.7	117.2
法　国	France	3548	3550	3629	112.3	116.9	118.4	148.2	163.6	168.3
德　国	Germany	3396	3296	3567	95.1	99.1	98.2	136.0	142.6	156.7
意大利	Italy	3575	3476	3680	106.3	110.0	112.9	128.6	150.0	156.5
荷　兰	Netherlands	3262	3193	3282	93.3	94.9	109.5	130.2	138.0	141.1
波　兰	Poland	3365	3309	3397	111.1	101.9	98.8	116.8	114.1	116.6
罗马尼亚	Romania	2949	2927	3407	97.5	89.1	104.6	94.2	91.1	91.3
俄罗斯联邦	Russian Federation	3248	2814	3014	102.9	104.6	88.6	94.3	100.2	81.0
西班牙	Spain	3281	3291	3422	95.3	104.3	112.8	112.5	138.4	154.0
乌克兰	Ukraine			3008			82.4			75.7
英　国	United Kingdom	3206	3210	3368	88.1	92.2	100.7	135.0	135.3	141.5
澳大利亚	Australia	3036	2975	3126	100.3	104.0	106.3	107.3	113.9	136.0
新西兰	New Zealand	3222	3411	3235	98.1	96.1	102.3	128.2	131.4	117.2

注：①联合国粮农组织统计数据。②1990年数据。③1995年数据。④2000年数据。
Note: ① Data from FAO. ② Data refer to 1990. ③ Data refer to 1995. ④ Data refer to 2000.

9-9 人均食物供应量(2001 年)

Food Supply per Capita (2001)

资料来源：联合国粮农组织数据库。
Source: FAO Database.
单位：千克 (kg)

国家和地区	Country or Area	谷物 Cereals - Excluding Beer	薯类 Starchy Roots	糖料作物 Sugarcrops	杂豆 Pulses	坚果 Treenuts	油料 Oilcrops	植物油 Vegetable Oils	蔬菜 Vegetables
世　界	**World**	**154.7**	**64.7**	**5.9**	**5.7**	**1.3**	**8.6**	**10.7**	**111.6**
发达国家	**Developed Countries**	**130.1**	**76.2**	**0.0**	**3.0**	**2.6**	**4.2**	**18.0**	**114.5**
发展中国家	**Developing Countries**	**161.5**	**61.6**	**7.6**	**6.5**	**1.0**	**9.8**	**8.8**	**110.8**
中　国①	China ①	174.6	73.6	0.1	1.5	0.9	12.4	7.4	239.4
孟加拉国	Bangladesh	180.9	21.3	3.4	4.9	0.3	0.4	6.4	11.8
印　度	India	162.3	23.3	13.1	10.5	0.7	7.1	9.5	71.5
印度尼西亚	Indonesia	201.5	67.8		1.2	0.4	46.2	10.5	32.4
伊　朗	Iran	195.3	40.4		4.4	4.9	0.8	8.5	137.0
以色列	Israel	148.7	40.8		6.4	6.9	8.5	22.1	221.1
日　本	Japan	115.4	34.3		2.0	1.7	9.5	13.6	110.5
哈萨克斯坦	Kazakhstan	143.8	77.7		0.1	0.1	0.5	8.2	103.7
韩　国	Korea, Rep.	157.2	15.4		1.8	2.3	10.9	12.2	229.5
马来西亚	Malaysia	151.0	23.5	3.6	2.7	1.3	17.2	13.3	37.4
蒙　古	Mongolia	108.9	23.3		0.4	0.0		3.8	24.4
缅　甸	Myanmar	209.5	8.4	1.2	15.3	1.0	10.2	8.6	66.4
巴基斯坦	Pakistan	152.6	12.5	54.9	5.5	0.8	0.7	11.4	33.0
菲律宾	Philippines	139.2	32.3	2.0	2.0	0.3	4.7	5.0	62.1
斯里兰卡	Sri Lanka	138.7	16.1	29.6	8.4	0.2	61.9	3.4	32.8
泰　国	Thailand	127.3	18.5	75.5	3.8	0.6	18.0	5.8	37.2
土耳其	Turkey	216.9	64.0		12.2	5.8	4.1	18.3	228.9
越　南	Viet Nam	184.9	35.0	14.5	2.8	1.4		2.3	86.7
埃　及	Egypt	236.0	23.8	51.3	9.1	0.6	7.5	6.5	176.7
尼日利亚	Nigeria	143.9	240.5		9.9	2.2	7.9	13.9	61.1
南　非	South Africa	187.8	29.7		2.8	0.3	2.2	14.5	44.2
加拿大	Canada	102.8	46.8		8.7	3.1	6.5	17.1	120.8
墨西哥	Mexico	177.6	17.0	0.5	12.2	1.5	2.7	8.6	58.5
美　国	United States	116.9	66.7		3.9	2.3	6.7	26.7	124.5
阿根廷	Argentina	141.3	64.3		1.2	0.5	1.6	14.7	72.8
巴　西	Brazil	108.1	60.7	5.8	16.6	0.4	14.7	13.3	37.2
委内瑞拉	Venezuela	117.4	36.2	0.7	5.4	0.3	0.4	12.0	47.1
白俄罗斯	Belarus	135.3	172.6		0.0	1.6	0.3	8.5	98.6
保加利亚	Bulgaria	116.3	31.6		3.2	0.6	2.4	13.7	138.4
捷　克	Czech Republic	112.6	81.3		1.5	1.5	3.6	17.5	75.1
法　国	France	117.1	66.9		2.0	4.1	2.7	17.7	129.9
德　国	Germany	101.7	77.8		1.6	5.0	3.7	22.8	92.7
意大利	Italy	162.1	39.7		5.5	6.1	3.3	27.5	177.9
荷　兰	Netherlands	77.0	86.8	0.3	1.9	5.9	3.6	14.7	89.7
波　兰	Poland	155.5	132.2		2.0	0.6	1.9	14.1	119.2
罗马尼亚	Romania	213.7	89.7		1.7	1.0	1.2	12.3	155.8
俄罗斯联邦	Russian Federation	151.7	122.3		1.0	0.6	1.1	10.1	91.3
西班牙	Spain	101.3	82.9		5.7	7.3	6.0	28.1	154.2
乌克兰	Ukraine	164.0	140.2		3.1	1.1	0.4	9.5	107.0
英　国	United Kingdom	102.5	110.9		6.7	1.9	4.3	18.2	89.5
澳大利亚	Australia	82.6	55.2		2.9	4.3	4.5	19.9	97.2
新西兰	New Zealand	88.2	84.4		5.5	1.8	4.8	9.3	142.0

9-9 续表 continued

单位：千克 (kg)

国家和地区	Country or Area	水果(不包括葡萄酒) Fruit-Excluding Wine	调味剂 Spices	含酒精饮品 Alcoholic Beverages	肉类 Meat	动物脂肪 Animal Fats	奶类(不包括黄油) Milk Excluding Butter	禽蛋 Eggs	鱼和海鲜 Fish, Seafood
世　　界	**World**	**61.4**	**0.8**	**32.6**	**38.3**	**3.3**	**78.4**	**8.2**	**15.8**
发达国家	**Developed Countries**	**83.3**	**0.5**	**84.0**	**77.5**	**8.4**	**197.4**	**12.7**	**23.3**
发展中国家	**Developing Countries**	**55.4**	**0.9**	**18.5**	**27.5**	**1.9**	**45.7**	**7.0**	**13.7**
中　　国①	China ①	45.6	0.2	26.2	51.0	2.3	11.0	16.7	24.8
孟加拉国	Bangladesh	10.0	1.2	0.0	3.1	0.2	13.5	1.0	10.7
印　　度	India	40.7	2.0	1.6	5.2	2.3	65.5	1.5	4.4
印度尼西亚	Indonesia	34.2	0.9	0.8	8.2	0.4	7.0	3.0	19.2
伊　　朗	Iran	147.6	0.1	0.0	23.6	2.3	55.5	6.2	4.3
以 色 列	Israel	139.1	0.3	16.1	71.7	5.8	210.6	10.2	20.6
日　　本	Japan	53.4	1.1	56.1	42.4	1.7	65.8	19.4	63.8
哈萨克斯坦	Kazakhstan	12.5	0.0	16.1	43.6	2.0	220.3	6.2	2.2
韩　　国	Korea, Rep.	70.2	0.7	67.7	42.3	2.7	28.6	10.4	51.0
马来西亚	Malaysia	48.5	3.4	5.2	49.4	1.2	52.5	11.9	56.8
蒙　　古	Mongolia	9.1	0.0	8.9	84.3	2.6	126.2	0.7	0.5
缅　　甸	Myanmar	26.8	0.8	0.7	9.8	0.6	14.4	1.7	14.9
巴基斯坦	Pakistan	34.8	1.5	0.2	12.3	4.7	160.1	2.0	2.3
菲 律 宾	Philippines	94.9	0.4	15.2	27.5	2.4	19.2	6.1	29.1
斯里兰卡	Sri Lanka	40.7	3.6	0.8	6.4	0.2	38.5	2.4	20.9
泰　　国	Thailand	87.7	1.0	32.5	25.1	0.7	21.9	9.6	28.3
土 耳 其	Turkey	101.4	0.6	12.6	19.4	1.7	114.4	6.6	7.6
越　　南	Viet Nam	48.0	1.0	7.8	24.7	1.0	3.8	2.3	16.4
埃　　及	Egypt	92.7	0.9	1.0	25.1	2.4	51.0	2.3	15.3
尼日利亚	Nigeria	69.5	1.2	68.9	9.0	0.3	6.9	3.3	10.3
南　　非	South Africa	36.0	0.2	56.8	37.5	0.7	54.1	6.1	7.9
加 拿 大	Canada	124.6	0.7	102.4	99.8	17.4	204.6	12.0	24.3
墨 西 哥	Mexico	122.1	1.0	52.0	57.5	3.3	115.9	16.2	8.7
美　　国	United States	113.4	0.7	101.4	121.5	6.0	256.6	14.7	21.2
阿 根 廷	Argentina	109.6	0.2	66.8	93.7	4.0	217.5	6.9	8.9
巴　　西	Brazil	123.0	0.1	45.2	73.7	2.6	112.0	7.1	6.0
委内瑞拉	Venezuela	100.3	0.1	81.3	52.0	2.6	81.4	6.3	15.7
白俄罗斯	Belarus	23.4	0.1	36.7	58.7	7.4	216.5	12.6	6.4
保加利亚	Bulgaria	50.8	0.2	86.8	67.0	3.8	164.7	11.2	4.5
捷　　克	Czech Republic	66.9	0.6	168.5	75.9	9.5	201.7	15.8	12.7
法　　国	France	97.3	0.2	95.7	102.4	19.0	272.3	15.6	31.1
德　　国	Germany	119.6	0.5	144.0	83.1	21.8	240.8	12.5	14.5
意 大 利	Italy	139.9	0.1	83.4	91.2	10.8	247.1	12.0	24.7
荷　　兰	Netherlands	129.3	0.8	91.8	91.4	10.0	342.7	17.1	20.5
波　　兰	Poland	54.9	0.2	79.6	70.5	14.0	176.8	11.0	13.1
罗马尼亚	Romania	54.8	1.7	80.5	48.4	3.6	192.7	11.0	2.4
俄罗斯联邦	Russian Federation	39.8	0.1	57.3	45.5	6.8	147.8	13.3	18.5
西 班 牙	Spain	122.6	0.4	107.9	118.1	4.7	164.7	12.0	44.7
乌 克 兰	Ukraine	27.9	0.1	32.0	30.0	5.5	157.0	10.1	13.3
英　　国	United Kingdom	91.4	0.6	116.6	77.8	6.9	227.2	10.5	21.6
澳大利亚	Australia	94.1	0.2	113.7	110.1	6.4	271.0	7.8	21.4
新 西 兰	New Zealand	119.3	0.5	97.0	103.9	10.4	218.2	9.8	29.1

注：①联合国粮农组织数据。

Note: ① Data from FAO.

主要统计指标解释

住户最终消费支出(或称个人消费) 是指由家庭购买的包括耐用消费品(比如小汽车、洗衣机和家用电脑)在内的各种产品和服务的市场价值。它不包括购买的住房，但包括自有住房的虚拟房租。

基尼系数 反映个人或家庭收入分配（或消费）与完全平均收入分配之间差异程度的指标，介于“0”和“1”之间。“0”表示收入分配绝对平均，即每个家庭或每个人都得到同样份额的收入；“1”表示收入分配极端不平等，一个家庭或个人拥有全社会的收入。

人均日食物热值、蛋白质含量、脂肪含量和人均食物供应量 前者为热值、蛋白质含量及脂肪含量形式表示报告期内(三年平均数)可供人类消费的人均食品供应量的估计数。热值以大卡(即千卡或卡路里)为单位，在千焦耳（1卡路里=4.19千焦耳）获得广泛的接受和理解之前，热值的传统单位(大卡)仍被暂时保留。人均供应量是由可供人类消费的总供应量（即“食用”）推算而来，即用在报告期内实际分享供应食物的总人口数去除食用总量，这里的人口数指某一国家当前地理区域内的实际现有人口数。换而言之，在报告期内，生活在国外的本国居民未包括在内，但生活在本国的外国人包括在内。关于暂时在国内和不在国内的情况，人口总数有必要进行调整，比如暂时迁移、外国游客以及由特殊计划支持的难民（如果不能将此计划所提供的总量考虑为进口的话）。几乎在所有的场合，所采用的人口数均为联合国人口司出版的年中人口估计数。因此，人均供应量仅表示平均可供总人口消费的供应量，而不必然表示实际个人消费的数量。尽管它被看作是人均消费量的近似值，重要的是，切记个人消费之间的差距是相当大的。

Explanatory Notes on Main Statistical Indicators

Household Final Consumption Expenditure (Private Consumption) is the market value of all goods and services, including durable products (such as cars, washing machines, and home computers), purchased by households.

Gini Index measures the extent to which the distribution of income (or, in some cases, consumption expenditure) among individuals or households within an economy deviates from a perfectly equal distribution. Thus a Gini index of zero represents perfect equality, while an index of 1 implies perfect inequality.

Calories, Proteins, Fat Per Capita Per Day and Food Supply Per Capita The former three are the estimates of per capita food supplies available for human consumption during the reference period in terms of caloric value, protein and fat content. Calorie supplies are reported in kilocalories. The traditional unit of calories is being retained for the time being until the proposed kilojoule gains wider acceptance and understanding (1 calorie = 4.19 kilojoules). Per capita supplies in terms of product weight are derived from the total supplies available for human consumption (i.e. "Food") by dividing the quantities of food by the total population actually partaking of the food supplies during the reference period, i.e. the present in-area (de facto) population within the present geographical boundaries of the country. In other words, nationals living abroad during the reference period are excluded, but foreigners are made wherever possible for part-time presence or absence, such as temporary migrants, tourists and refugees supported by special schemes (if it has not been possible to allow for the amount provided by such schemes under imports). In almost all cases, the population figures used are the mid-year estimates published by the United Nations Population Division.

十、农 业

Agriculture

10-1 农业生产指数(2003年)

Agricultural Production Indices(2003)

资料来源：联合国粮农组织数据库。
Source: FAO Database.

1999-2001年=100 (1999-2001=100)

国家和地区	Country or Area	农业 Agriculture	种植业 Crops	畜牧业 Livestock	食品 Food	非食品 Non Food
世　界	**World**	**105.1**	**103.9**	**106.5**	**105.3**	**100.6**
发达国家	**Developed Countries**	**99.1**	**96.7**	**101.7**	**99.5**	**88.9**
发展中国家	**Developing Countries**	**108.3**	**107.1**	**110.6**	**108.5**	**104.5**
亚　洲	**Asia**	**108.0**	**106.2**	**111.2**	**108.3**	**104.2**
中　国①	China ①	113.6	108.1	120.9		
孟加拉国	Bangladesh	104.1	104.4	102.2	104.0	105.5
印　度	India	103.2	101.1	109.2	103.1	105.5
印度尼西亚	Indonesia	108.5	107.1	118.4	108.3	111.3
伊　朗	Iran	110.2	114.0	102.8	110.7	92.3
以色列	Israel	105.3	97.0	111.2	105.5	95.8
日　本	Japan	96.3	93.6	99.5	96.2	100.5
哈萨克斯坦	Kazakhstan	106.8	112.7	106.5	106.0	126.4
朝　鲜	Korea, Dem. People's Rep.	107.6	108.9	113.8	107.9	102.8
韩　国	Korea, Rep.	93.8	92.5	101.8	94.1	75.8
马来西亚	Malaysia	113.8	114.3	113.4	115.1	95.0
蒙　古	Mongolia	99.1	121.6	98.2	99.5	92.3
缅　甸	Myanmar	120.6	121.4	119.3	120.9	110.8
巴基斯坦	Pakistan	103.8	98.4	108.7	105.4	91.9
菲律宾	Philippines	111.8	107.7	121.6	112.1	98.6
新加坡	Singapore	75.6	100.0	82.2	75.6	
斯里兰卡	Sri Lanka	102.4	101.5	104.4	102.6	101.6
泰　国	Thailand	106.7	105.6	110.2	106.4	108.7
土耳其	Turkey	99.6	102.5	91.2	99.5	100.5
越　南	Viet Nam	117.7	116.0	125.7	118.4	107.5
非　洲	**Africa**	**104.8**	**104.6**	**105.3**	**104.9**	**102.2**
埃　及	Egypt	101.3	100.1	105.5	101.6	94.8
尼日利亚	Nigeria	104.7	104.6	106.4	104.8	97.6
南　非	South Africa	102.0	95.9	109.3	102.5	86.4
北美洲	**North America**	**101.1**	**100.0**	**102.0**	**101.2**	**98.2**
加拿大	Canada	97.5	98.8	98.4	97.5	97.6
墨西哥	Mexico	104.8	105.2	106.0	105.4	78.8
美　国	United States	100.7	98.8	101.9	100.9	96.9
南美洲	**South America**	**111.6**	**115.0**	**110.3**	**112.1**	**103.3**
阿根廷	Argentina	102.7	110.1	97.4	103.2	79.5
巴　西	Brazil	118.1	120.6	117.5	118.6	109.8
委内瑞拉	Venezuela	96.8	97.5	96.6	96.9	91.0
欧　洲	**Europe**	**82.6**	**78.8**	**85.1**	**82.6**	**80.5**
白俄罗斯	Belarus	109.2	118.1	98.8	109.4	91.4
保加利亚	Bulgaria	100.3	92.2	96.1	98.4	151.0
捷　克	Czech Republic	90.3	76.9	102.6	90.2	99.6
法　国	France	94.4	88.7	100.1	94.3	107.2
德　国	Germany	93.3	87.1	100.8	93.4	59.8
意大利	Italy	91.1	87.6	98.6	91.2	83.8
荷　兰	Netherlands	94.1	94.7	93.6	94.1	95.1
波　兰	Poland	97.2	84.9	101.9	97.3	56.6
罗马尼亚	Romania	105.3	103.5	107.3	105.5	83.1
俄罗斯联邦	Russian Federation	108.7	108.4	109.2	108.7	100.6
西班牙	Spain	107.0	108.6	106.9	107.3	90.2
乌克兰	Ukraine	93.4	88.4	103.1	93.4	98.4
英　国	United Kingdom	97.6	97.9	99.4	97.7	87.5
大洋洲	**Oceania**	**99.0**	**93.8**	**103.6**	**102.5**	**65.4**
澳大利亚	Australia	94.5	92.8	98.1	98.8	59.7
新西兰	New Zealand	111.8	97.0	113.5	113.1	92.4

注：①2000年为基期的总产值指数。
Note: ① Indices of gross output,2000=100.

10-2 人均农业生产指数(2003年)

Per Capital Agricultural Production Indices(2003)

资料来源：联合国粮农组织数据库。
Source: FAO Database.
1999-2001年=100 (1999-2001=100)

国家和地区	Country or Area	农业 Agriculture	种植业 Crops	畜牧业 Livestock	食品 Food	非食品 Non Food
世　界	**World**	**101.2**	**100.1**	**102.6**	**101.4**	**96.9**
发达国家	**Developed Countries**	**98.2**	**95.8**	**100.8**	**98.5**	**88.1**
发展中国家	**Developing Countries**	**103.6**	**102.4**	**105.8**	**103.8**	**100.0**
亚　洲	**Asia**	**104.0**	**102.2**	**107.0**	**104.2**	**100.2**
中　国①	China ①	109.0	105.5	112.6	109.1	106.8
孟加拉国	Bangladesh	97.9	98.1	96.0	97.8	99.2
印　度	India	98.5	96.5	104.3	98.4	100.6
印度尼西亚	Indonesia	104.4	103.1	114.0	104.2	107.1
伊　朗	Iran	106.2	109.9	99.1	106.7	89.0
以色列	Israel	99.0	91.1	104.6	99.2	89.9
日　本	Japan	95.8	93.1	99.0	95.7	100.0
哈萨克斯坦	Kazakhstan	108.4	114.3	108.0	107.5	128.0
朝　鲜	Korea, Dem.People's Rep.	105.8	107.0	111.8	106.0	101.0
韩　国	Korea, Rep.	92.1	90.9	100.0	92.4	74.4
马来西亚	Malaysia	107.2	107.6	106.8	108.4	89.2
蒙　古	Mongolia	95.5	117.2	94.6	95.8	89.0
缅　甸	Myanmar	115.9	116.7	114.7	116.2	106.5
巴基斯坦	Pakistan	96.4	91.3	101.0	97.9	85.3
菲律宾	Philippines	105.8	101.9	115.2	106.1	93.3
新加坡	Singapore	71.0	94.3	77.2	71.0	
斯里兰卡	Sri Lanka	99.9	99.0	101.9	100.1	99.1
泰　国	Thailand	103.4	102.4	106.9	103.2	105.4
土耳其	Turkey	95.3	98.1	87.4	95.2	96.2
越　南	Viet Nam	113.1	111.5	120.7	113.8	103.4
非　洲	**Africa**	**98.0**	**97.8**	**98.5**	**98.2**	**95.6**
埃　及	Egypt	95.5	94.3	99.5	95.7	89.5
尼日利亚	Nigeria	96.8	96.7	98.4	97.0	90.2
南　非	South Africa	99.7	93.7	106.8	100.1	84.3
北美洲	**North America**	**97.5**	**96.5**	**98.4**	**97.7**	**94.8**
加拿大	Canada	95.2	96.4	96.1	95.2	95.2
墨西哥	Mexico	100.2	100.6	101.4	100.8	75.3
美　国	United States	97.6	95.8	98.8	97.8	94.0
南美洲	**South America**	**107.0**	**110.3**	**105.8**	**107.5**	**99.1**
阿根廷	Argentina	99.0	106.2	93.9	99.6	76.6
巴　西	Brazil	113.7	116.1	113.2	114.2	105.7
委内瑞拉	Venezuela	91.5	92.1	91.3	91.6	86.0
欧　洲	**Europe**	**107.5**	**102.5**	**110.7**	**107.5**	**104.7**
白俄罗斯	Belarus	110.8	119.7	100.2	110.9	92.6
保加利亚	Bulgaria	102.8	94.6	98.6	101.0	154.7
捷　克	Czech Republic	90.6	77.2	102.9	90.5	99.9
法　国	France	93.0	87.4	98.7	93.0	105.7
德　国	Germany	93.1	86.9	100.5	93.2	59.6
意大利	Italy	91.3	87.7	98.8	91.4	83.9
荷　兰	Netherlands	92.6	93.2	92.1	92.6	93.6
波　兰	Poland	97.4	85.1	102.1	97.5	66.7
罗马尼亚	Romania	106.0	104.2	108.0	106.2	83.6
俄罗斯联邦	Russian Federation	110.4	110.1	111.0	110.4	102.2
西班牙	Spain	106.2	107.8	106.0	106.5	89.5
乌克兰	Ukraine	95.6	90.5	105.6	95.6	100.8
英　国	United Kingdom	96.7	97.0	98.4	96.8	86.6
大洋洲	**Oceania**	**95.3**	**90.3**	**99.8**	**98.7**	**62.9**
澳大利亚	Australia	91.7	90.1	95.3	95.9	57.9
新西兰	New Zealand	109.2	94.7	110.8	110.4	90.2

注：① FAO统计数据。
Note: ① Data from FAO.

10–3 主要农作物收获面积（2003年）
Total Harvest Areas of Farm Crops(2003)

资料来源：联合国粮农组织数据库。
Source:FAO Database.
单位：万公顷 (10 000 hectares)

国家和地区	Country or Area	谷物总计 Cereals, Total	稻谷 Rice, Paddy	小麦 Wheat	玉米 Maize	大豆 Soybeans
世　界	**World**	**67433.8**	**15352.2**	**20876.5**	**14268.5**	**8369.5**
发达国家	**Developed Countries**	**23274.3**	**376.0**	**10949.4**	**4873.1**	**3174.0**
发展中国家	**Developing Countries**	**44159.5**	**14976.2**	**9927.1**	**9395.4**	**5195.6**
亚　洲	**Asia**	**31410.7**	**13566.6**	**9480.7**	**4269.6**	**1772.3**
中　国①	China ①	7784.0	2739.8	2204.0	2352.0	950.0
孟加拉国	Bangladesh	1197.1	1110.0	77.8	0.5	
印　度	India	9848.7	4400.0	2488.6	700.0	645.0
印度尼西亚	Indonesia	1483.2	1147.7		335.5	52.7
伊　朗	Iran	873.0	56.0	650.0	21.0	8.3
以色列	Israel	8.7		7.5	0.5	
日　本	Japan	198.6	166.5	21.2	-	15.2
哈萨克斯坦	Kazakhstan	1347.1	8.0	1126.2	10.0	1.7
朝　鲜	Korea, Dem.People's Rep.	130.2	59.3	5.8	49.5	31.5
韩　国	Korea, Rep.	112.2	101.3	0.3	1.7	8.1
马来西亚	Malaysia	69.9	67.5		2.4	-
蒙　古	Mongolia	22.3		22.0		
缅　甸	Myanmar	730.5	665.0	9.0	30.0	12.5
巴基斯坦	Pakistan	1205.7	221.0	806.9	87.5	0.8
菲律宾	Philippines	657.9	409.4		248.5	0.1
斯里兰卡	Sri Lanka	94.6	91.1		2.7	0.3
泰　国	Thailand	1228.0	1100.0	0.1	115.0	22.0
土耳其	Turkey	1380.7	7.0	940.0	57.5	1.5
越　南	Viet Nam	835.9	744.9		91.0	16.7
非　洲	**Africa**	**10139.7**	**1022.8**	**967.6**	**2711.4**	**111.9**
埃　及	Egypt	265.3	61.5	100.0	83.0	0.6
尼日利亚	Nigeria	2301.7	490.0	6.7	470.0	68.0
南　非	South Africa	446.2	0.1	90.0	335.0	10.8
北美洲	**North America**	**8990.9**	**187.2**	**3248.4**	**3984.4**	**3039.5**
加拿大	Canada	1828.4		1046.7	122.6	104.7
墨西哥	Mexico	1080.2	5.1	62.7	778.1	6.4
美　国	United States	5779.2	121.3	2138.3	2878.9	2926.8
南美洲	**South America**	**3727.4**	**512.9**	**1055.4**	**1811.1**	**3331.1**
阿根廷	Argentina	1064.7	13.3	700.0	232.3	1242.0
巴　西	Brazil	1973.2	315.0	248.8	1293.5	1846.9
委内瑞拉	Venezuela	85.6	13.5	-	44.9	0.1
欧　洲	**Europe**	**11313.9**	**58.1**	**4874.5**	**1484.1**	**112.7**
白俄罗斯	Belarus	194.5		35.1	0.4	
保加利亚	Bulgaria	163.8	0.5	84.1	48.5	0.1
捷　克	Czech Republic	155.6		64.8	8.5	0.8
法　国	France	895.4	1.9	490.5	166.7	8.0
德　国	Germany	686.7		296.7	47.3	0.1
意大利	Italy	414.5	22.0	226.7	115.9	15.2
荷　兰	Netherlands	22.7		13.5	2.5	
波　兰	Poland	816.3		230.8	35.6	
罗马尼亚	Romania	510.8	0.2	141.1	311.9	12.2
俄罗斯联邦	Russian Federation	3664.5	14.2	1996.0	64.8	39.9
西班牙	Spain	658.8	11.8	221.8	47.2	-
乌克兰	Ukraine	1120.3	2.4	262.5	195.3	10.0
英　国	United Kingdom	306.0		183.7	-	
大洋洲	**Oceania**	**1851.2**	**4.6**	**1249.9**	**7.9**	**2.1**
澳大利亚	Australia	1836.0	3.8	1245.6	6.0	2.1
新西兰	New Zealand	13.9		4.3	1.5	-

10—3续表1 continued

单位：万公顷 (10 000 hectares)

国家和地区	Country or Area	根茎类作物 Roots and Tubers	花生 Groundnuts in Shell	油菜籽 Rapeseed	芝麻 Sesame Seed	纤维植物 Fibre Crops Primary
世　界	**World**	**5254.5**	**2646.3**	**2294.3**	**656.6**	**3557.2**
发达国家	**Developed Countries**	**969.0**	**69.3**	**1063.5**	**3.1**	**872.6**
发展中国家	**Developing Countries**	**4285.5**	**2576.9**	**1230.9**	**653.5**	**2684.6**
亚　洲	**Asia**	**1769.5**	**1498.9**	**1221.2**	**449.4**	**2251.6**
中　国①	China ①	1014.0	512.5	720.0	75.1	484.5
孟加拉国	Bangladesh	28.2	2.7	29.7	8.0	49.4
印　度	India	170.7	800.0	441.9	194.0	938.6
印度尼西亚	Indonesia	156.7	68.3			20.4
伊　朗	Iran	18.0	0.1		4.0	17.6
以色列	Israel	1.2	0.4		-	1.2
日　本	Japan	16.6	1.0	-	-	-
哈萨克斯坦	Kazakhstan	16.7	-	0.3		19.7
朝　鲜	Korea, Dem.People's Rep.	21.5				3.8
韩　国	Korea, Rep.	3.9	0.5	0.1	4.4	-
马来西亚	Malaysia	5.0	0.2			-
蒙　古	Mongolia	1.0				
缅　甸	Myanmar	5.0	57.5		120.0	32.0
巴基斯坦	Pakistan	14.6	10.0	29.0	12.0	300.3
菲律宾	Philippines	34.9	2.7			11.7
斯里兰卡	Sri Lanka	4.0	1.1		0.8	-
泰　国	Thailand	106.9	8.7		6.5	11.0
土耳其	Turkey	20.0	3.0	0.1	5.0	71.1
越　南	Viet Nam	62.5	24.0		3.4	4.6
非　洲	**Africa**	**2148.1**	**1047.3**	**4.5**	**184.6**	**543.0**
埃　及	Egypt	9.3	6.4		2.9	29.9
尼日利亚	Nigeria	788.5	280.0		16.6	61.1
南　非	South Africa	7.1	9.6			3.9
北美洲	**North America**	**134.4**	**65.7**	**513.2**	**12.3**	**506.8**
加拿大	Canada	18.0		468.9		2.9
墨西哥	Mexico	7.6	6.2	1.1	4.4	9.9
美　国	United States	54.4	53.1	43.3	-	488.0
南美洲	**South America**	**353.7**	**30.7**	**4.6**	**10.2**	**152.5**
阿根廷	Argentina	12.2	15.6	0.8		15.0
巴　西	Brazil	188.8	8.5	3.3	2.6	93.4
委内瑞拉	Venezuela	7.6	-		4.3	1.2
欧　洲	**Europe**	**820.3**	**1.2**	**450.1**	**0.0**	**82.6**
白俄罗斯	Belarus	52.4		8.0		7.0
保加利亚	Bulgaria	5.1	1.1	0.7	-	0.6
捷　克	Czech Republic	4.3		25.1		0.7
法　国	France	15.6		108.0		8.7
德　国	Germany	28.4		126.8		-
意大利	Italy	7.5	-	0.4	-	0.3
荷　兰	Netherlands	15.7		0.1		0.5
波　兰	Poland	76.6		42.6		0.5
罗马尼亚	Romania	28.2		1.3		0.1
俄罗斯联邦	Russian Federation	317.2		19.7		11.7
西班牙	Spain	10.4	-	0.6		11.8
乌克兰	Ukraine	160.0		4.4		2.6
英　国	United Kingdom	14.5		54.2		1.8
大洋洲	**Oceania**	**28.3**	**2.6**	**100.7**		**20.7**
澳大利亚	Australia	4.2	2.2	100.5		20.1
新西兰	New Zealand	1.3		0.2		0.6

10-3 续表 2 continued

单位：万公顷 (10 000 hectares)

国家和地区	Country or Area	籽棉 Seed Cotton	麻及麻类纤维 Jute & Jute-like Fibres	甘蔗 Sugar Cane	甜菜 Sugar Beets	茶叶 Tea	水果（不包括瓜类） Fruit excl Melons
世　界	**World**	**3216.8**	**168.5**	**2042.0**	**586.5**	**241.0**	**5022.1**
发达国家	**Developed Countries**	**830.4**	**2.6**	**117.6**	**475.8**	**8.1**	**1229.3**
发展中国家	**Developing Countries**	**2386.4**	**165.9**	**1924.4**	**110.7**	**232.9**	**3792.9**
亚　洲	**Asia**	**2025.7**	**160.8**	**954.8**	**109.5**	**211.0**	**2243.9**
中　国①	China ①	450.0	5.8	132.8	40.0	89.8	879.0
孟加拉国	Bangladesh	5.4	43.8	16.6		5.4	18.6
印　度	India	839.0	99.6	460.8		44.3	388.7
印度尼西亚	Indonesia	2.2	0.6	35.0		11.6	106.3
伊　朗	Iran	17.6	-	4.1	20.0	3.1	114.6
以色列	Israel	1.2			-		6.2
日　本	Japan		-	2.3	6.8	4.5	21.9
哈萨克斯坦	Kazakhstan	19.7			2.0		6.9
朝　鲜	Korea, Dem.People's Rep.	1.9					16.9
韩　国	Korea, Rep.	-				0.1	17.4
马来西亚	Malaysia			1.7		0.3	9.0
蒙　古	Mongolia						-
缅　甸	Myanmar	27.0	5.0	16.5		7.2	33.5
巴基斯坦	Pakistan	300.0	0.3	108.6	1.0		63.6
菲律宾	Philippines	0.2		38.5			101.3
斯里兰卡	Sri Lanka	-		1.7		21.1	10.9
泰　国	Thailand	3.3	3.7	97.0		1.9	81.6
土耳其	Turkey	71.1			31.4	7.7	106.4
越　南	Viet Nam	2.9	0.5	30.6		9.9	51.1
非　洲	**Africa**	**506.2**	**2.3**	**140.3**	**12.3**	**24.3**	**935.4**
埃　及	Egypt	29.0	0.1	13.2	5.8		44.1
尼日利亚	Nigeria	61.0	0.1	3.5			158.1
南　非	South Africa	3.2	0.1	32.5		0.7	29.8
北美洲	**North America**	**495.3**	**1.4**	**238.9**	**55.8**	**0.1**	**369.8**
加拿大	Canada				1.2		7.1
墨西哥	Mexico	6.4		63.9	-		116.3
美　国	United States	488.0		40.4	54.5		127.0
南美洲	**South America**	**124.7**	**1.8**	**658.1**	**3.7**	**4.8**	**495.3**
阿根廷	Argentina	14.6		29.5		4.0	47.5
巴　西	Brazil	71.5	0.8	534.3		0.4	239.3
委内瑞拉	Venezuela	1.0		13.4	0.1		21.2
欧　洲	**Europe**	**44.9**	**2.3**	**0.1**	**405.2**	**0.2**	**927.7**
白俄罗斯	Belarus				7.1		9.3
保加利亚	Bulgaria	0.6			0.2		17.6
捷　克	Czech Republic				7.7		7.3
法　国	France				40.2		102.5
德　国	Germany				44.5		36.5
意大利	Italy	-			21.5		136.4
荷　兰	Netherlands				11.0		2.5
波　兰	Poland				28.6		37.9
罗马尼亚	Romania	-			3.8		42.1
俄罗斯联邦	Russian Federation		2.3		85.0	0.2	85.9
西班牙	Spain	9.2	-	0.1	10.0		182.9
乌克兰	Ukraine				66.8		47.1
英　国	United Kingdom				16.2		2.1
大洋洲	**Oceania**	**20.1**		**49.8**		**0.7**	**49.9**
澳大利亚	Australia	20.1		42.3			26.0
新西兰	New Zealand						5.4

注：①FAO 统计数据。

Note: ① Data from FAO.

10-4 主要农产品产量(2003 年)

Total Production of Major Farm Crops(2003)

资料来源：联合国粮农组织数据库。
Source:FAO Database.
单位：万吨 (10 000 tons)

国家和地区	Country or Area	谷物总计 Cereals, Total	稻谷 Rice, Paddy	小麦 Wheat	玉米 Maize	大豆 Soybeans
世　界	**World**	**207530.9**	**58912.6**	**55634.9**	**63804.3**	**18923.4**
发达国家	**Developed Countries**	**84476.8**	**2309.9**	**29222.5**	**34758.1**	**7027.7**
发展中国家	**Developing Countries**	**123054.1**	**56602.7**	**26412.4**	**29046.2**	**11895.7**
亚　洲	**Asia**	**99530.7**	**53482.1**	**24387.9**	**16466.8**	**2559.1**
中　国①	China ①	37746.3	16641.7	8610.0	11417.5	1650.0
孟加拉国	Bangladesh	3968.3	3806.0	155.0	1.0	
印　度	India	23204.8	13201.3	6512.9	1480.0	680.0
印度尼西亚	Indonesia	6298.9	5207.9		1091.0	67.2
伊　朗	Iran	2111.0	330.0	1290.0	180.0	11.5
以色列	Israel	25.7		17.0	6.0	
日　本	Japan	1082.3	974.0	85.5	-	23.2
哈萨克斯坦	Kazakhstan	1476.3	20.0	1151.9	43.8	2.5
朝　鲜	Korea, Dem.People's Rep.	436.3	228.4	14.5	172.5	36.0
韩　国	Korea, Rep.	646.0	606.8	1.0	7.0	11.5
马来西亚	Malaysia	221.7	214.5		7.2	-
蒙　古	Mongolia	18.4		18.0		
缅　甸	Myanmar	2566.4	2464.0	10.0	75.0	13.0
巴基斯坦	Pakistan	2775.3	675.1	1921.0	127.5	1.0
菲律宾	Philippines	1850.9	1403.1		447.8	0.1
斯里兰卡	Sri Lanka	310.7	307.1		3.0	0.3
泰　国	Thailand	3173.2	2700.0	0.1	450.0	26.8
土耳其	Turkey	3079.8	37.2	1900.0	280.0	6.5
越　南	Viet Nam	3745.2	3451.9		293.4	22.5
非　洲	**Africa**	**12750.3**	**1908.0**	**1963.2**	**4352.2**	**99.1**
埃　及	Egypt	1923.1	580.0	615.0	640.0	1.7
尼日利亚	Nigeria	2445.7	495.2	7.3	515.0	48.4
南　非	South Africa	1174.0	0.3	160.0	971.4	14.8
北美洲	**North America**	**43550.7**	**1146.2**	**9015.1**	**28956.8**	**6818.7**
加拿大	Canada	5016.8		2355.2	958.7	226.8
墨西哥	Mexico	3056.6	19.2	300.0	1965.2	7.6
美　国	United States	34864.4	903.4	6359.0	25690.5	6579.5
南美洲	**South America**	**12274.5**	**2013.3**	**2323.8**	**7064.8**	**9265.7**
阿根廷	Argentina	3415.1	71.8	1453.0	1504.0	3481.9
巴　西	Brazil	6638.8	1019.9	590.0	4780.9	5153.2
委内瑞拉	Venezuela	280.5	70.1	-	150.5	0.4
欧　洲	**Europe**	**35526.7**	**321.7**	**15422.9**	**6915.2**	**176.8**
白俄罗斯	Belarus	511.6		110.0	2.0	
保加利亚	Bulgaria	412.3	1.8	200.4	140.0	0.3
捷　克	Czech Republic	577.5		263.8	47.6	1.2
法　国	France	5492.5	10.5	3058.2	1189.8	14.7
德　国	Germany	3954.3		1929.6	341.5	0.1
意大利	Italy	1811.3	136.0	624.3	897.8	42.4
荷　兰	Netherlands	186.1		122.8	19.6	
波　兰	Poland	2339.1		785.8	188.4	
罗马尼亚	Romania	1296.1	0.2	247.9	957.7	22.5
俄罗斯联邦	Russian Federation	6546.4	45.0	3406.2	211.3	39.3
西班牙	Spain	2141.1	85.5	629.0	430.1	-
乌克兰	Ukraine	1962.2	8.4	360.0	690.0	11.0
英　国	United Kingdom	2151.1		1428.8	-	
大洋洲	**Oceania**	**3898.1**	**41.3**	**2522.1**	**48.6**	**4.0**
澳大利亚	Australia	3804.5	39.1	2490.0	31.6	4.0
新西兰	New Zealand	89.9		32.1	15.8	-

单位：万吨 (10 000 tons)

国家和地区	Country or Area	根茎类作物 Roots and Tubers	花生 Groundnuts in Shell	油菜籽 Rapeseed	芝麻 Sesame Seed	纤维植物 Fibre Crops Primary
世　界	**World**	**67866.5**	**3565.8**	**3614.6**	**294.2**	**2474.7**
发达国家	**Developed Countries**	**17279.1**	**209.4**	**2028.4**	**2.0**	**653.7**
发展中国家	**Developing Countries**	**50587.5**	**3356.5**	**1586.2**	**292.2**	**1821.0**
亚　洲	**Asia**	**28939.7**	**2400.1**	**1572.6**	**217.9**	**1620.1**
中　国①	China ①	17252.0	1344.7	1141.0	82.6	620.2
孟加拉国	Bangladesh	371.8	3.4	21.8	4.9	81.7
印　度	India	3116.1	750.0	384.2	62.0	407.6
印度尼西亚	Indonesia	2167.3	137.7			10.6
伊　朗	Iran	355.0	0.3		3.0	12.0
以色列	Israel	41.2	2.3		-	2.0
日　本	Japan	460.6	2.2	0.1	-	-
哈萨克斯坦	Kazakhstan	232.0	-	0.2		12.0
朝　鲜	Korea, Dem.People's Rep.	237.3				2.5
韩　国	Korea, Rep.	98.3	1.1	0.1	2.4	-
马来西亚	Malaysia	45.5	0.6			-
蒙　古	Mongolia	6.8				
缅　甸	Myanmar	52.8	73.0		39.0	10.6
巴基斯坦	Pakistan	240.5	10.6	25.0	6.2	169.2
菲律宾	Philippines	218.8	2.9			8.0
斯里兰卡	Sri Lanka	34.3	0.7		0.5	-
泰　国	Thailand	1865.2	13.2		4.0	12.4
土耳其	Turkey	530.0	8.5	0.1	2.2	94.7
越　南	Viet Nam	718.3	40.0		1.3	11.0
非　洲	**Africa**	**17531.6**	**896.9**	**4.7**	**61.1**	**201.4**
埃　及	Egypt	226.4	20.7		3.5	25.9
尼日利亚	Nigeria	6662.9	270.0		7.5	14.1
南　非	South Africa	158.6	10.0			2.4
北美洲	**North America**	**3270.0**	**207.8**	**737.0**	**6.8**	**414.4**
加拿大	Canada	532.4		666.9		3.5
墨西哥	Mexico	189.0	7.5	1.4	2.3	9.2
美　国	United States	2154.6	188.0	68.6	-	396.8
南美洲	**South America**	**4666.5**	**56.0**	**7.9**	**8.2**	**133.0**
阿根廷	Argentina	263.5	31.6	1.0		6.8
巴　西	Brazil	2603.1	17.7	5.6	1.6	101.4
委内瑞拉	Venezuela	97.3	0.1		2.9	0.8
欧　洲	**Europe**	**13094.0**	**1.0**	**1129.7**	**0.2**	**76.7**
白俄罗斯	Belarus	860.0		6.0		2.6
保加利亚	Bulgaria	53.0	0.8	0.8	-	0.2
捷　克	Czech Republic	84.1		38.8		1.8
法　国	France	623.5		334.1		8.6
德　国	Germany	981.3		363.8		-
意大利	Italy	162.5	-	0.7	0.2	0.2
荷　兰	Netherlands	639.9		0.2		2.5
波　兰	Poland	1373.2		75.4		1.0
罗马尼亚	Romania	394.7		0.8		0.2
俄罗斯联邦	Russian Federation	3674.7		19.2		9.2
西班牙	Spain	280.7	-	1.1		12.2
乌克兰	Ukraine	1850.0		3.5		1.3
英　国	United Kingdom	591.8		177.1		2.8
大洋洲	**Oceania**	**364.8**	**4.1**	**162.6**		**29.1**
澳大利亚	Australia	127.6	3.7	162.2		28.7
新西兰	New Zealand	51.6		0.4		0.3

10-4 续表 2 continued

单位：万吨 (10 000 tons)

国家和地区	Country or Area	籽棉 Seed Cotton	麻及麻类纤维 Jute & Jute-like Fibres	甘蔗 Sugar Cane	甜菜 Sugar Beets	茶叶 Tea	水果（不包括瓜类） Fruit excl Melons
世　界	**World**	**5609.7**	**323.2**	**133325.3**	**23348.7**	**320.7**	**48025.0**
发达国家	**Developed Countries**	**1714.5**	**6.9**	**8938.4**	**19904.9**	**13.1**	**12282.0**
发展中国家	**Developing Countries**	**3895.2**	**316.3**	**124386.8**	**3443.8**	**307.6**	**35743.0**
亚　洲	**Asia**	**3585.4**	**312.9**	**59118.7**	**3177.1**	**263.7**	**20831.7**
中　国①	China ①	1560.0	18.0	9237.0	619.0	80.0	7220.3
孟加拉国	Bangladesh	4.5	80.1	683.8		6.0	146.7
印　度	India	630.0	197.6	28963.0		88.5	4591.1
印度尼西亚	Indonesia	3.1	0.8	2560.0		15.9	901.3
伊　朗	Iran	33.0	-	365.0	530.0	5.2	1271.2
以色列	Israel	5.8			-		117.5
日　本	Japan		-	140.0	416.1	9.2	378.2
哈萨克斯坦	Kazakhstan	38.7			42.4		19.0
朝　鲜	Korea, Dem.People's Rep.	3.6					140.2
韩　国	Korea, Rep.	-				0.1	274.9
马来西亚	Malaysia			160.0		0.5	115.5
蒙　古	Mongolia						-
缅　甸	Myanmar	16.8	5.0	750.0		2.4	157.0
巴基斯坦	Pakistan	507.1	0.2	5205.6	38.6		545.9
菲律宾	Philippines	0.2		2583.5			1180.4
斯里兰卡	Sri Lanka	-		95.6		30.3	85.5
泰　国	Thailand	4.6	6.2	6440.8		0.6	752.1
土耳其	Turkey	248.9			1309.0	13.1	1120.0
越　南	Viet Nam	3.5	1.3	1652.5		8.5	509.6
非　洲	**Africa**	**479.5**	**2.1**	**7963.5**	**632.9**	**47.6**	**6260.8**
埃　及	Egypt	80.0	0.2	1200.0	290.0		740.8
尼日利亚	Nigeria	40.0	0.1	54.8			913.4
南　非	South Africa	5.0	0.1	2060.1		1.3	497.5
北美洲	**North America**	**1023.7**	**1.3**	**14699.3**	**2844.5**	**0.1**	**5949.9**
加拿大	Canada				68.0		66.2
墨西哥	Mexico	18.6		4512.7	-		1471.6
美　国	United States	1004.1		3130.1	2776.4		2912.5
南美洲	**South America**	**291.4**	**2.1**	**47561.0**	**211.9**	**8.3**	**6805.6**
阿根廷	Argentina	20.5		1925.0		6.4	708.4
巴　西	Brazil	219.8	1.1	38623.2		0.9	3406.4
委内瑞拉	Venezuela	1.3		682.5	1.4		277.8
欧　洲	**Europe**	**160.4**	**4.8**	**7.1**	**16482.3**	**0.1**	**7546.5**
白俄罗斯	Belarus				190.0		43.8
保加利亚	Bulgaria	1.0			2.0		66.8
捷　克	Czech Republic				349.5		44.8
法　国	France				2923.8		973.0
德　国	Germany				2640.0		445.5
意大利	Italy	-			830.0		1572.8
荷　兰	Netherlands				640.0		61.2
波　兰	Poland				1090.0		329.0
罗马尼亚	Romania	-			76.4		313.4
俄罗斯联邦	Russian Federation		4.8		1938.4	0.1	365.3
西班牙	Spain	29.4	-	6.7	641.4		1707.1
乌克兰	Ukraine				1334.0		162.4
英　国	United Kingdom				929.6		24.7
大洋洲	**Oceania**	**69.3**		**3975.7**		**0.9**	**630.4**
澳大利亚	Australia	69.3		3601.2			339.0
新西兰	New Zealand						98.2

注：①FAO 数据。

Note: ① Data from FAO.

10–5 主要林产品产量(2003 年)

Output of Major Forest Products(2003)

资料来源：联合国粮农组织数据库。
Source: FAO Database.

单位：吨 (tons)

国家和地区	Country or Area	栗子 Chestnuts	榛子 Hazelnuts	天然树脂 Natural Gums	天然橡胶 Natural Rubber	桐籽 Tung Nuts	核桃 Walnuts
世　界	**World**	**1036178**	**697680**	**23550**	**7437129**	**492900**	**1446498**
发达国家	**Developed Countries**	**155633**	**182690**			**-**	**665626**
发展中国家	**Developing Countries**	**880545**	**514990**	**23550**	**7437129**	**492900**	**780872**
亚　洲	**Asia**	**869505**	**551845**		**6822776**	**405000**	**740203**
中　国①	China ①	715000	12000		550000	405000	360000
孟加拉国	Bangladesh				5200		
印　度	India				694000		31000
印度尼西亚	Indonesia				1792000		
伊　朗	Iran		12500				160000
日　本	Japan	25100					
朝　鲜	Korea, Dem.People's Rep.	9000					
韩　国	Korea, Rep.	72405					1052
马来西亚	Malaysia				589366		
缅　甸	Myanmar				36000		
巴基斯坦	Pakistan						20000
菲律宾	Philippines				88000		
斯里兰卡	Sri Lanka				92000		
泰　国	Thailand				2615100		
土耳其	Turkey	48000	490000				125000
越　南	Viet Nam				313900		
非　洲	**Africa**	**140**	**140**		**421092**	**4500**	**28500**
尼日利亚	Nigeria				112000		
北美洲	**North America**		**31750**	**23000**	**72323**	**-**	**313830**
墨西哥	Mexico			23000	22500		19000
美　国	United States		31750			-	294830
南美洲	**South America**	**36000**		**550**	**116938**	**83400**	**26670**
阿根廷	Argentina					35000	9000
巴　西	Brazil	-		50	96000	400	2000
欧　洲	**Europe**	**130533**	**113945**				**337210**
白俄罗斯	Belarus		1800				12000
保加利亚	Bulgaria	300	-				6000
捷　克	Czech Republic						4100
法　国	France	9710	4354				23708
德　国	Germany		-				16900
匈牙利	Hungary	1000	200				8000
意大利	Italy	50000	86828				15000
波　兰	Poland						1600
罗马尼亚	Romania	1000					50819
俄罗斯联邦	Russian Federation	17000	2500				12000
西班牙	Spain	9510	14343				22462
乌克兰	Ukraine	500	20				58000
大洋洲	**Oceania**				**4000**		**85**
澳大利亚	Australia						85

注：①FAO 数据。
Note: ① Data from FAO.

10-6 牲畜饲养量(2003年)
Number of Livestock(2003)

资料来源：联合国粮农组织数据库。
Source:FAO Database.
单位：万头（只） (10 000 heads)

国家和地区	Country or Area	牛 Cattle	水牛 Buffaloes	马 Horses	驴 Asses	骡子 Mules
世　界	**World**	**137111.7**	**17066.1**	**5547.0**	**4032.8**	**1280.6**
发达国家	**Developed Countries**	**32009.1**	**64.9**	**1478.6**	**135.9**	**29.5**
发展中国家	**Developing Countries**	**105102.6**	**17001.2**	**4068.4**	**3896.8**	**1251.1**
亚　洲	**Asia**	**48031.2**	**16559.8**	**1489.0**	**1802.0**	**507.5**
中　国	China	13467.2		790.0	820.7	395.7
孟加拉国	Bangladesh	2450.0	85.0			
印　度	India	22610.0	9690.0	80.0	75.0	30.0
印度尼西亚	Indonesia	1139.6	245.5	45.3		
伊　朗	Iran	900.0	55.0	15.0	160.0	17.5
以色列	Israel	39.0		0.4	0.5	0.2
日　本	Japan	452.3		2.0		
哈萨克斯坦	Kazakhstan	456.0	0.9	101.9	3.0	
朝　鲜	Korea, Dem.People's Rep.	57.6		4.8		
韩　国	Korea, Rep.	193.5		1.4	-	-
马来西亚	Malaysia	75.0	14.0	0.5		
蒙　古	Mongolia	205.4		220.0	0.1	
缅　甸	Myanmar	1172.8	260.0	12.0		0.8
巴基斯坦	Pakistan	2330.0	2480.0	30.0	410.0	20.0
菲律宾	Philippines	255.7	318.0	23.0		
新加坡	Singapore	-	-			
斯里兰卡	Sri Lanka	113.9	63.5	0.2		
泰　国	Thailand	504.8	180.0	0.9	-	-
土耳其	Turkey	1040.0	16.4	27.1	46.2	9.7
越　南	Viet Nam	439.4	283.5	11.1		
非　洲	**Africa**	**23088.1**	**356.0**	**349.7**	**1366.7**	**94.2**
埃　及	Egypt	381.0	356.0	5.3	307.0	0.1
尼日利亚	Nigeria	1516.4		20.5	100.0	
南　非	South Africa	1360.0		27.0	15.0	1.4
北美洲	**North America**	**16124.5**	**0.6**	**1418.3**	**377.9**	**376.9**
加拿大	Canada	1345.4		38.5		0.4
墨西哥	Mexico	3080.0		626.0	326.0	328.0
美　国	United States	9610.0		530.0	5.2	2.8
南美洲	**South America**	**32279.1**	**120.1**	**1574.3**	**409.4**	**277.4**
阿根廷	Argentina	5086.9		365.5	9.8	18.5
巴　西	Brazil	18951.3	120.1	590.1	125.0	135.1
委内瑞拉	Venezuela	1607.1		50.0	44.0	7.2
欧　洲	**Europe**	**13830.1**	**29.7**	**678.3**	**75.9**	**24.7**
白俄罗斯	Belarus	400.5		20.2	0.9	
保加利亚	Bulgaria	69.1	0.7	15.1	19.7	1.5
捷　克	Czech Republic	147.4		2.0		
法　国	France	1951.7		34.5	1.5	1.5
德　国	Germany	1373.2		52.0		
意大利	Italy	643.0	23.0	29.0	2.3	1.0
荷　兰	Netherlands	378.0		12.2		
波　兰	Poland	548.9		55.0		
罗马尼亚	Romania	289.7	-	87.9	2.8	
俄罗斯联邦	Russian Federation	2652.4	1.6	156.5	2.0	-
西班牙	Spain	647.8		23.8	14.0	11.0
乌克兰	Ukraine	910.8		70.0	1.2	
英　国	United Kingdom	1045.9		18.4		
大洋洲	**Oceania**	**3758.6**	**0.0**	**37.4**	**0.9**	
澳大利亚	Australia	2721.5		22.0	0.2	
新西兰	New Zealand	965.6		7.7		

10–6续表 continued

单位：万头（只） (10 000 heads)

国家和地区	Country or Area	山羊 Goats	绵羊 Sheep	猪 Pigs	骆驼 Camels
世　界	**World**	**76793.0**	**102404.0**	**95601.7**	**1907.4**
发达国家	**Developed Countries**	**3204.0**	**34971.5**	**28765.7**	**27.8**
发展中国家	**Developing Countries**	**73589.0**	**67432.5**	**66836.0**	**1879.6**
亚　洲	**Asia**	**48890.5**	**41618.8**	**57547.4**	**382.6**
中　国	China	18320.7	15733.0	46601.7	26.5
孟加拉国	Bangladesh	3450.0	126.0		
印　度	India	12450.0	5900.0	1850.0	90.0
印度尼西亚	Indonesia	1327.6	813.3	634.5	
伊　朗	Iran	2600.0	5390.0	-	14.6
以色列	Israel	6.3	39.5	19.0	0.5
日　本	Japan	3.4	1.1	972.5	
哈萨克斯坦	Kazakhstan	135.3	992.0	123.0	10.8
朝　鲜	Korea, Dem.People's Rep.	271.7	17.1	317.8	
韩　国	Korea, Rep.	43.5	0.1	891.2	
马来西亚	Malaysia	24.5	11.0	170.0	
蒙　古	Mongolia	885.8	1179.7	1.5	27.5
缅　甸	Myanmar	172.2	48.2	484.0	
巴基斯坦	Pakistan	5280.0	2460.0		80.0
菲律宾	Philippines	630.0	3.0	1236.4	
新加坡	Singapore	-		25.0	
斯里兰卡	Sri Lanka	49.0	1.2	6.7	
泰　国	Thailand	17.8	4.2	705.9	
土耳其	Turkey	700.0	2700.0	0.3	0.1
越　南	Viet Nam	78.0		2488.5	
非　洲	**Africa**	**22346.6**	**24357.2**	**2174.4**	**1523.6**
埃　及	Egypt	347.0	467.2	3.0	12.0
尼日利亚	Nigeria	2700.0	2250.0	635.6	1.8
南　非	South Africa	685.0	2910.0	162.0	
北美洲	**North America**	**1409.8**	**1773.6**	**9872.2**	
加拿大	Canada	3.0	97.6	1466.7	
墨西哥	Mexico	950.0	656.0	1810.0	
美　国	United States	120.0	630.0	5951.3	
南美洲	**South America**	**2206.8**	**6996.6**	**5765.7**	
阿根廷	Argentina	420.0	1245.0	430.0	
巴　西	Brazil	908.7	1418.2	3260.5	
委内瑞拉	Venezuela	270.0	82.0	291.6	
欧　洲	**Europe**	**1851.1**	**13911.1**	**19657.2**	**1.2**
白俄罗斯	Belarus	7.8	7.3	332.9	
保加利亚	Bulgaria	90.0	172.8	100.0	
捷　克	Czech Republic	1.3	10.3	336.3	
法　国	France	121.4	920.4	1505.8	
德　国	Germany	16.5	265.8	2625.1	
意大利	Italy	133.0	1095.0	911.1	
荷　兰	Netherlands	26.5	130.0	1115.4	
波　兰	Poland		33.8	1860.5	
罗马尼亚	Romania	67.8	744.7	514.5	
俄罗斯联邦	Russian Federation	232.2	1372.8	1733.7	1.2
西班牙	Spain	304.7	2381.3	2351.7	
乌克兰	Ukraine	103.4	95.0	920.3	
英　国	United Kingdom		3572.9	505.0	
大洋洲	**Oceania**	**88.3**	**13746.6**	**584.7**	
澳大利亚	Australia	42.0	9820.0	296.0	
新西兰	New Zealand	15.5	3925.0	38.0	

10−7 畜产品产量(2003 年)

Output of Livestock Products (2003)

资料来源：联合国粮农组织数据库。
Source:FAO Ddatabase.
单位：万吨 (10 000 tons)

国家和地区	Country or Area	肉类总产量 Meat, Total	牛肉 Beef and Buffalo Meat	羊肉 Sheep and Goat Meat	猪肉 Pigmeat	禽肉 Poultry Meat
世 界	**World**	**25352.8**	**6210.4**	**1222.4**	**9850.7**	**7582.3**
发达国家	**Developed Countries**	**10832.8**	**2970.2**	**320.9**	**3910.4**	**3474.3**
发展中国家	**Developing Countries**	**14520.0**	**3240.2**	**901.5**	**5940.2**	**4108.1**
亚 洲	**Asia**	**10381.6**	**1529.9**	**717.0**	**5443.3**	**2535.8**
中 国	China	6932.9	630.5	357.2	4518.6	
孟加拉国	Bangladesh	44.1	18.4	13.3		11.5
印 度	India	603.8	296.1	70.7	63.0	160.0
印度尼西亚	Indonesia	194.6	39.7	10.0	47.3	97.5
伊 朗	Iran	160.3	30.2	45.5	-	83.0
以 色 列	Israel	52.0	5.5	0.6	1.5	44.4
日 本	Japan	299.1	50.5	-	125.9	121.8
哈萨克斯坦	Kazakhstan	67.0	29.7	10.1	18.5	3.6
朝 鲜	Korea, Dem.People's Rep.	21.8	2.2	1.2	14.7	3.6
韩 国	Korea, Rep.	177.1	18.5	0.3	115.3	42.5
马来西亚	Malaysia	107.4	2.4	0.1	23.3	81.6
蒙 古	Mongolia	29.2	8.4	16.0	0.1	-
缅 甸	Myanmar	56.0	13.4	1.1	13.2	28.3
巴基斯坦	Pakistan	189.2	95.4	54.7		37.5
菲 律 宾	Philippines	234.8	25.7	3.3	138.5	65.9
新 加 坡	Singapore	9.6	-	-	2.0	7.5
斯里兰卡	Sri Lanka	11.4	3.3	0.2	0.2	7.8
泰 国	Thailand	220.7	27.3	0.1	64.2	129.1
土 耳 其	Turkey	134.8	38.6	33.3	-	62.7
越 南	Viet Nam	248.7	20.7	0.6	180.0	45.6
非 洲	**Africa**	**1159.6**	**437.6**	**191.9**	**76.9**	**330.0**
埃 及	Egypt	144.5	55.7	10.8	0.3	65.2
尼日利亚	Nigeria	104.2	28.0	24.1	20.0	20.1
南 非	South Africa	168.6	59.0	14.0	11.3	82.5
北 美 洲	**North America**	**4982.7**	**1513.2**	**21.1**	**1238.3**	**2176.3**
加 拿 大	Canada	424.8	117.1	1.5	195.2	109.1
墨 西 哥	Mexico	490.8	149.6	8.2	104.3	220.4
美 国	United States	3874.8	1190.6	9.0	906.4	1746.8
南 美 洲	**South America**	**2955.7**	**1281.9**	**32.4**	**440.4**	**1179.5**
阿 根 廷	Argentina	416.3	280.0	6.1	21.6	97.5
巴 西	Brazil	1868.4	752.6	10.9	305.9	796.7
委内瑞拉	Venezuela	120.5	43.3	0.7	12.2	64.3
欧 洲	**Europe**	**5301.4**	**1172.3**	**143.9**	**2596.2**	**1272.8**
白俄罗斯	Belarus	61.1	21.0	0.3	29.7	9.8
保加利亚	Bulgaria	48.6	6.0	6.0	25.0	11.0
捷 克	Czech Republic	76.9	10.4	0.1	40.9	21.6
法 国	France	651.6	165.0	14.2	234.0	208.7
德 国	Germany	659.7	122.0	4.4	423.8	96.8
意 大 利	Italy	422.4	112.7	6.2	158.7	115.6
荷 兰	Netherlands	242.3	46.4	2.0	142.0	51.8
波 兰	Poland	311.8	27.5	0.1	205.0	76.6
罗马尼亚	Romania	114.8	18.5	6.8	53.3	34.4
俄罗斯联邦	Russian Federation	493.7	200.0	13.8	167.9	103.4
西 班 牙	Spain	544.2	70.0	25.0	332.2	104.2
乌 克 兰	Ukraine	164.9	70.5	1.6	60.0	30.0
英 国	United Kingdom	329.2	69.6	30.0	71.4	157.3
大 洋 洲	**Oceania**	**571.7**	**275.4**	**116.0**	**55.5**	**88.0**
澳大利亚	Australia	385.0	207.3	61.1	42.0	72.5
新 西 兰	New Zealand	143.0	66.0	54.8	4.8	13.7

10-7续表 continued

单位：万吨　　　　(10 000 tons)

国家和地区	Country or Area	蛋类 Eggs Primary	鸡蛋 Hen Eggs	奶类总产量 Milk,Total	牛奶 Cow Milk	羊毛 Wool, Greasy	蜂蜜 Honey	蜂蜡 Beeswax
世　界	**World**	**6046.9**	**5582.8**	**60088.9**	**50685.2**	**215.1**	**131.1**	**5.8**
发达国家	**Developed Countries**	**1884.6**	**1874.6**	**35147.2**	**34580.9**	**120.8**	**48.1**	**0.6**
发展中国家	**Developing Countries**	**4162.3**	**3708.1**	**24941.7**	**16104.3**	**94.3**	**83.0**	**5.3**
亚　洲	**Asia**	**3748.5**	**3300.8**	**18531.3**	**10468.5**	**71.9**	**50.4**	**2.7**
中　国	China	2606.7		1848.6	1746.3	33.8	28.9	
孟加拉国	Bangladesh	16.1	13.5	215.7	79.7	0.1		
印　度	India	220.0	220.0	8696.0	3650.0	5.1	5.2	2.0
印度尼西亚	Indonesia	96.9	79.0	88.1	57.8	2.4		
伊　朗	Iran	58.5	58.5	594.0	500.0	7.5	2.9	
以色列	Israel	8.9	8.9	133.6	130.0	0.1	0.3	
日　本	Japan	250.0	250.0	836.0	836.0	-	0.3	
哈萨克斯坦	Kazakhstan	12.8	12.6	427.9	422.7	2.6	0.1	
朝　鲜	Korea, Dem.People's Rep.	13.5	13.5	9.4	9.4			
韩　国	Korea, Rep.	56.0	53.5	236.3	235.9		2.6	0.4
马来西亚	Malaysia	48.9	47.7	4.6	3.8	-		
蒙　古	Mongolia	-	-	24.4	17.6	1.9	-	
缅　甸	Myanmar	11.3	10.2	66.0	53.3	-	-	
巴基斯坦	Pakistan	36.1	35.4	2781.1	862.0	4.0	0.1	-
菲律宾	Philippines	57.5	50.0	1.1	1.1			
新加坡	Singapore	1.7	1.6					
斯里兰卡	Sri Lanka	5.4	5.4	29.8	22.5			
泰　国	Thailand	80.4	50.0	62.0	62.0		0.4	
土耳其	Turkey	54.3	54.3	816.0	710.0	3.8	7.5	0.4
越　南	Viet Nam	23.5	23.5	15.8	12.7		1.3	
非　洲	**Africa**	**207.9**	**207.2**	**2874.4**	**2111.8**	**21.1**	**14.3**	**1.4**
埃　及	Egypt	20.0	20.0	408.5	190.0	0.8	0.9	-
尼日利亚	Nigeria	46.0	46.0	43.2	43.2			
南　非	South Africa	36.6	36.6	275.0	275.0	5.7	0.1	
北美洲	**North America**	**789.3**	**789.2**	**9928.2**	**9910.8**	**2.3**	**18.7**	**0.5**
加拿大	Canada	39.4	39.4	788.0	788.0	0.2	3.4	
墨西哥	Mexico	188.2	188.2	999.0	984.2	0.4	5.6	0.3
美　国	United States	512.3	512.3	7725.2	7725.2	1.7	8.2	0.2
南美洲	**South America**	**295.8**	**289.7**	**4653.1**	**4631.2**	**15.7**	**13.4**	**0.8**
阿根廷	Argentina	34.0	34.0	790.0	790.0	5.6	8.5	0.5
巴　西	Brazil	161.0	155.0	2345.3	2331.5	1.3	2.4	0.2
委内瑞拉	Venezuela	14.7	14.7	123.8	123.8		-	-
欧　洲	**Europe**	**985.4**	**976.1**	**21595.5**	**21056.5**	**26.6**	**30.7**	**0.4**
白俄罗斯	Belarus	15.6	15.4	468.8	468.8	-	0.3	
保加利亚	Bulgaria	9.2	9.0	139.0	118.9	0.7	0.5	-
捷　克	Czech Republic	16.7	16.7	265.7	264.6	-	0.6	-
法　国	France	91.9	91.9	2542.3	2461.4	2.2	1.5	-
德　国	Germany	84.3	84.3	2838.0	2835.0	1.5	2.2	
意大利	Italy	67.2	67.2	1204.2	1100.0	1.1	1.0	-
荷　兰	Netherlands	65.3	65.3	1084.2	1084.2	0.3	-	
波　兰	Poland	50.2	50.2	1180.5	1180.4	0.1	1.0	
罗马尼亚	Romania	34.5	31.4	512.4	485.2	1.7	1.7	
俄罗斯联邦	Russian Federation	205.2	204.0	3310.1	3280.0	4.2	5.0	
西班牙	Spain	68.6	68.5	691.7	608.5	3.2	3.6	0.2
乌克兰	Ukraine	65.6	64.1	1366.0	1340.0	0.3	5.2	
英　国	United Kingdom	72.2	70.4	1505.6	1505.6	6.0	0.7	
大洋洲	**Oceania**	**20.0**	**19.7**	**2506.5**	**2506.5**	**77.5**	**3.6**	**0.1**
澳大利亚	Australia	13.8	13.8	1064.2	1064.2	54.5	2.3	-
新西兰	New Zealand	4.9	4.6	1435.4	1435.4	23.0	1.2	-

10-8 渔类捕获量（2001年）
Fishery Catch (2001)

资料来源：联合国粮农组织数据库。
Source:FAO Database.
单位：万吨 (10 000 tons)

国家和地区	Country or Area	渔类总计 Total Fish Catch	海洋类 Total Marine Fish	淡水类 Freshwater Aquatic Products
世　界	**World**	**12994.3**	**7000.4**	**5993.9**
发达国家	**Developed Countries**	**3172.9**	**2319.2**	**853.7**
发展中国家	**Developing Countries**	**9803.7**	**4663.5**	**5140.1**
亚　洲	**Asia**	**7876.3**	**3081.8**	**4794.6**
中　国①	China ①	4406.3	1096.2	3310.1
孟加拉国	Bangladesh	168.7	15.8	152.9
印　度	India	596.5	230.2	366.4
印度尼西亚	Indonesia	506.8	339.0	167.8
伊　朗	Iran	39.9	25.3	14.6
以色列	Israel	2.5	0.8	1.7
日　本	Japan	552.1	351.3	200.9
哈萨克斯坦	Kazakhstan	3.1	0.001	3.1
朝　鲜	Korea, Dem. People's Rep.	26.4	15.5	10.9
韩　国	Korea, Rep.	228.2	144.0	84.2
马来西亚	Malaysia	139.3	104.3	35.0
缅　甸	Myanmar	128.8	90.0	38.8
巴基斯坦	Pakistan	62.3	38.7	23.7
菲律宾	Philippines	238.0	167.3	70.7
新加坡	Singapore	0.9	0.3	0.6
斯里兰卡	Sri Lanka	28.8	24.8	4.0
泰　国	Thailand	360.6	220.1	140.5
土耳其	Turkey	59.5	51.1	8.4
越　南	Viet Nam	201.0	100.0	100.9
非　洲	**Africa**	**729.2**	**463.7**	**265.5**
埃　及	Egypt	77.2	25.1	52.1
尼日利亚	Nigeria	47.7	27.0	20.7
南　非	South Africa	76.0	74.3	1.7
北美洲	**North America**	**885.5**	**560.1**	**325.4**
加拿大	Canada	120.2	54.7	65.5
墨西哥	Mexico	147.5	105.9	41.5
美　国	United States	540.5	351.9	188.6
南美洲	**South America**	**1581.7**	**1366.6**	**215.1**
阿根廷	Argentina	92.5	55.2	37.3
巴　西	Brazil	98.0	50.6	47.4
委内瑞拉	Venezuela	43.5	31.8	11.7
欧　洲	**Europe**	**1787.5**	**1423.3**	**364.2**
白俄罗斯	Belarus	0.6		0.6
保加利亚	Bulgaria	0.8	0.2	0.7
捷　克	Czech Republic	2.5		2.5
法　国	France	85.8	51.5	34.4
德　国	Germany	26.5	17.4	9.0
意大利	Italy	52.9	19.6	33.2
荷　兰	Netherlands	57.0	50.0	7.0
波　兰	Poland	26.1	18.8	7.3
罗马尼亚	Romania	1.8	0.2	1.6
俄罗斯联邦	Russian Federation	371.8	308.5	63.3
西班牙	Spain	139.7	96.1	43.7
乌克兰	Ukraine	38.2	30.0	8.3
英　国	United Kingdom	91.9	59.5	32.4
大洋洲	**Oceania**	**116.3**	**87.2**	**29.1**
澳大利亚	Australia	23.6	11.4	12.2
新西兰	New Zealand	63.7	50.7	13.0

注：① FAO统计数据。
Note: ① Data from FAO.

10-9 农业机械拥有量(2001 年)

Ownership of Agricultural Machinery (2001)

资料来源：联合国粮农组织数据库。
Source:FAO Database.
单位：万部　　(10 000 units)

国家和地区	Country or Area	农用拖拉机 Agriculture Tractors	收割－脱粒机 Harvesters-Threshers	挤奶机 Milking Machines
世　界	**World**	**2685.4**	**412.2**	
发达国家	**Developed Countries**	**1944.4**	**295.3**	
发展中国家	**Developing Countries**	**741.0**	**116.9**	
亚　洲	**Asia**	**761.8**	**207.3**	
中　国	China	83.0		
孟加拉国	Bangladesh	0.6		
印　度	India	152.5	0.4	
印度尼西亚	Indonesia	7.0	33.0	-
伊　朗	Iran	23.7	0.6	
以色列	Israel	2.5	-	0.2
日　本	Japan	202.8	104.2	16.0
哈萨克斯坦	Kazakhstan	4.9	2.0	0.1
朝　鲜	Korea, Dem.People's Rep.	7.0		
韩　国	Korea, Rep.	20.1	8.8	
马来西亚	Malaysia	4.3		
蒙　古	Mongolia	0.5	0.1	
缅　甸	Myanmar	1.0	2.2	
巴基斯坦	Pakistan	32.1	0.2	
菲律宾	Philippines	1.2	0.1	
斯里兰卡	Sri Lanka	0.8	-	
泰　国	Thailand	22.0	7.0	0.1
土耳其	Turkey	94.8	1.2	9.7
越　南	Viet Nam	16.3	23.2	
非　洲	**Africa**	**52.9**	**3.8**	
埃　及	Egypt	9.0	0.2	
尼日利亚	Nigeria	3.0		
南　非	South Africa	7.2	1.1	
北美洲	**North America**	**598.1**	**81.3**	
加拿大	Canada	73.3	11.6	
墨西哥	Mexico	32.5	2.3	
美　国	United States	480.0	66.2	
南美洲	**South America**	**131.9**	**12.8**	
阿根廷	Argentina	30.0	5.0	0.8
巴　西	Brazil	80.6	5.4	
委内瑞拉	Venezuela	4.9	0.6	
欧　洲	**Europe**	**1100.6**	**100.9**	
白俄罗斯	Belarus	6.7	1.6	
保加利亚	Bulgaria	2.5	0.6	0.4
捷　克	Czech Republic	9.5	1.3	0.7
法　国	France	126.4	9.1	20.0
德　国	Germany	103.1	13.5	25.0
意大利	Italy	165.0	5.1	15.0
荷　兰	Netherlands	15.0	0.6	3.8
波　兰	Poland	130.9	9.7	29.4
罗马尼亚	Romania	16.4	2.7	
俄罗斯联邦	Russian Federation	78.5	20.0	
西班牙	Spain	88.5	5.2	13.2
乌克兰	Ukraine	31.8	6.5	3.3
英　国	United Kingdom	50.0	4.7	15.7
大洋洲	**Oceania**	**40.2**	**6.0**	
澳大利亚	Australia	31.5	5.7	20.0
新西兰	New Zealand	7.6	0.3	2.0

10-10 化肥施用量(2001年)
Consumption of Chemical Fertilizers (2001)

资料来源：联合国粮农组织数据库。
Source:FAO Database.
单位：万吨 (10 000 tons)

国家和地区	Country or Area	化肥总计 Total Fertilizers	氮肥 Nitrogenous Fertilizers	磷肥 Phosphate Fertilizers	钾肥 Potash Fertilizers
世　界	**World**	**13810.5**	**8239.0**	**3305.7**	**2265.7**
发达国家	**Developed Countries**	**5090.2**	**2917.6**	**1126.7**	**1045.9**
发展中国家	**Developing Countries**	**8720.2**	**5321.5**	**2178.9**	**1219.8**
亚　洲	**Asia**	**7354.6**	**4710.2**	**1779.6**	**864.9**
中　国	China	4253.8	2164.1	705.7	399.6
孟加拉国	Bangladesh	145.0	105.4	24.9	14.6
印　度	India	1734.4	1131.0	436.5	166.9
印度尼西亚	Indonesia	263.8	195.3	28.5	40.0
伊　朗	Iran	132.6	86.4	31.4	14.8
以色列	Israel	8.9	4.5	1.1	3.3
日　本	Japan	135.4	48.4	51.1	35.9
哈萨克斯坦	Kazakhstan	5.0	4.2	0.6	0.3
朝　鲜	Korea, Dem.People's Rep.	28.1	18.6	5.4	4.1
韩　国	Korea, Rep.	71.7	37.5	15.3	18.9
马来西亚	Malaysia	113.1	33.2	15.9	64.0
蒙　古	Mongolia	0.3	0.3	-	-
缅　甸	Myanmar	9.6	7.4	1.6	0.6
巴基斯坦	Pakistan	294.4	229.2	64.2	1.1
菲律宾	Philippines	78.1	50.7	14.9	12.5
新加坡	Singapore	0.2	0.1	0.1	0.1
斯里兰卡	Sri Lanka	24.4	15.8	3.1	5.4
泰　国	Thailand	168.4	97.7	42.2	28.5
土耳其	Turkey	167.1	113.3	47.0	6.8
越　南	Viet Nam	190.7	106.3	50.6	33.7
非　洲	**Africa**	**394.6**	**248.9**	**96.5**	**49.2**
埃　及	Egypt	130.8	109.9	15.6	5.3
尼日利亚	Nigeria	22.1	14.7	4.0	3.4
南　非	South Africa	76.3	39.3	23.6	13.4
北美洲	**North America**	**2493.3**	**1442.7**	**524.9**	**525.7**
加拿大	Canada	245.8	158.9	55.9	30.9
墨西哥	Mexico	186.5	137.4	32.1	17.0
美　国	United States	1961.4	1089.5	420.0	451.9
南美洲	**South America**	**997.9**	**336.8**	**342.1**	**319.0**
阿根廷	Argentina	86.2	49.7	33.5	3.1
巴　西	Brazil	683.8	164.0	248.2	271.6
委内瑞拉	Venezuela	30.0	18.1	5.5	6.4
欧　洲	**Europe**	**2238.7**	**1367.1**	**403.1**	**468.5**
白俄罗斯	Belarus	76.0	29.0	5.0	42.0
保加利亚	Bulgaria	20.0	17.2	2.6	0.2
捷　克	Czech Republic	39.5	31.1	5.3	3.1
法　国	France	417.8	239.7	75.9	102.2
德　国	Germany	261.3	179.2	31.5	50.6
意大利	Italy	140.6	77.3	37.0	26.3
荷　兰	Netherlands	41.6	29.6	5.4	6.6
波　兰	Poland	157.4	86.2	32.0	39.3
罗马尼亚	Romania	36.9	26.8	8.6	1.4
俄罗斯联邦	Russian Federation	160.3	109.1	31.3	19.9
西班牙	Spain	219.6	111.1	60.4	48.1
乌克兰	Ukraine	47.4	38.0	6.1	3.3
英　国	United Kingdom	187.0	119.7	27.9	39.4
大洋洲	**Oceania**	**331.3**	**133.3**	**159.6**	**38.5**
澳大利亚	Australia	238.3	105.0	110.8	22.5
新西兰	New Zealand	90.1	26.9	48.0	15.2

10-11　农业集约化经营程度（2001 年）
Intensivism Management in Agriculture (2001)

资料来源：联合国粮农组织数据库。
Source:FAO Database.

国家和地区	Country or Area	农业经济活动人口（万人） Population of Agriculture Economic Activity (10 000)	平均每个农业经济活动人口耕地面积（公顷／人） Cultivated Areas per Agriculture Economic Activity Population (Hectares)	平均每千公顷耕地上拖拉机使用量（台／千公顷） Tractors Used per Thousand Hectares Cultivated Areas (Numbers)	平均每千公顷耕地上收割机使用量（台／千公顷） Harvest Machines Used per Thousand Hectares Cultivated Areas (Numbers)	平均每千公顷耕地上化肥施用量（吨／千公顷） Consumption of chemical Fertilizers per thousand hectares cultivated Areas (Tons)
世　界	**World**	**132580.8**	**1.1**	**19.2**	**2.9**	**98.5**
亚　洲	**Asia**	**104514.2**	**0.5**	**15.0**	**4.1**	**144.6**
中　国①	China ①	51110.3	0.3	7.7	1.4	246.1
孟加拉国	Bangladesh	3887.0	0.2	0.7		179.3
印　度	India	26687.5	0.6	9.4	-	107.2
印度尼西亚	Indonesia	4964.2	0.4	3.4	16.1	128.7
伊　朗	Iran	626.9	2.3	16.6	0.4	92.9
日　本	Japan	260.8	1.7	456.2	234.4	304.6
韩　国	Korea, Rep.	227.1	0.7	118.6	51.8	422.5
马来西亚	Malaysia	182.1	1.0	24.1		628.2
蒙　古	Mongolia	30.8	3.9	4.2	1.0	2.7
缅　甸	Myanmar	1819.7	0.5	1.0	2.2	9.6
巴基斯坦	Pakistan	2516.3	0.9	14.9	0.1	137.0
菲律宾	Philippines	1255.1	0.5	2.0	0.1	138.3
斯里兰卡	Sri Lanka	386.6	0.2	8.9	-	272.4
泰　国	Thailand	2041.8	0.7	14.7	4.6	112.3
土耳其	Turkey	1460.8	1.6	39.8	0.5	70.2
越　南	Viet Nam	2787.5	0.2	25.1	35.7	293.3
非　洲	**Africa**	**20046.4**	**0.9**	**2.9**	**0.2**	**21.6**
埃　及	Egypt	841.5	0.3	31.3	0.8	457.8
尼日利亚	Nigeria	1517.5	1.9	1.1		7.8
南　非	South Africa	170.2	8.7	4.9	0.8	51.7
北美洲	**North America**	**2038.0**	**12.6**	**23.2**	**3.2**	**96.8**
加拿大	Canada	38.1	120.1	16.0	2.5	53.7
墨西哥	Mexico	853.3	2.9	13.1	0.9	75.2
美　国	United States	296.4	59.1	27.4	3.8	111.9
南美洲	**South America**	**2667.0**	**4.2**	**11.7**	**1.1**	**88.5**
阿根廷	Argentina	146.2	23.1	8.9	1.5	25.6
巴　西	Brazil	1294.2	4.5	13.7	0.9	116.2
委内瑞拉	Venezuela	79.7	3.3	18.9	2.2	115.5
欧　洲	**Europe**	**3012.1**	**9.6**	**38.2**	**3.5**	**77.7**
保加利亚	Bulgaria	27.5	16.1	5.7	1.2	45.2
捷　克	Czech Republic	45.7	6.7	30.8	4.2	123.3
法　国	France	85.8	21.5	68.5	4.9	226.5
德　国	Germany	96.7	12.2	87.3	11.4	221.2
意大利	Italy	128.5	6.4	201.9	6.2	172.0
波　兰	Poland	424.6	3.3	93.6	6.9	112.7
俄罗斯联邦	Russian Federation	797.8	15.5	6.3	1.6	12.9
罗马尼亚	Romania	154.8	6.1	17.5	2.9	39.3
英　国	United Kingdom	51.5	11.0	88.5	8.3	330.9
大洋洲	**Oceania**	**303.1**	**17.3**	**7.7**	**1.1**	**63.3**
澳大利亚	Australia	44.5	113.0	6.3	1.1	47.4
新西兰	New Zealand	16.9	8.9	50.7	2.1	600.7

注：①FAO 统计数据。
Note: ① Data from FAO.

主要统计指标解释

联合国粮农组织农业生产指数　表明每年的农业生产总量与基期（1999–2001年）相比的相对水平。它们是根据不同农产品扣除种子和饲料用量后的价格加权数量之和计算得出的，其中各种种子和饲料也采用同样的加权汇总办法。因此，最后形成的总量代表的是用于各种用途（种子和饲料除外）的可支配产量。

国家、地区和世界水平的指数用拉氏公式计算。各年份每种商品的生产量均以1999–2001年的国际平均商品价格作为权数进行加总，然后将某年得到的加总量除以基期（1999–2001年）三年的加总量的简单平均数，从而求得指数。由于各个国家有关产量、范围、权数、参考时间等数据概念不同，所用的计算方法也不同，因此FAO的指数可能与各国计算的不完全一致。

谷物　谷物面积和产量数据仅指收获用做干粒粮食的作物，因此，收获后用作干草或未成熟时收割用作食物、饲料或青贮饲料或作牧草用的农作物除外。面积数据是指收获面积。有些国家仅报告播种或耕作面积，但是在正常年份，这些国家的播种或耕作面积和实际的收获面积没有什么大的差别，或者是因为全部播种面积实际都得以收获，或者是因为面积调查在收获季节前后进行。

块根和块茎总计　包括其他的块根作物，如箭叶黄体芋和竹芋。主要用作饲料的根用作物，如芜菁、甜菜和洋大头菜不包括在内。

油菜籽　瑞典的产量包括18%的水分含量，一些国家的数字，如印度和巴基斯坦也包括芥菜籽。

甘蔗和甜菜　甘蔗和甜菜的面积和产量数据一般包括所有的收获作物，已确定用于饲料而种植的作物除外。多数作物用于离心糖和非离心糖的生产，然而在一些国家里大量的甘蔗也被用作种子、饲料、新鲜消费、酒精生产和其他用途；一部分甜菜被用作饲料和生产酒精。

除瓜类外的水果总计　数据是指新鲜水果的总产量，无论它们最终是被当作食物或饲料直接消费，还是被加工成干果、果汁、果酱、酒精等各种产品。

许多国家没有水果，尤其是热带水果的统计数据，并且它们的数据常常缺乏一致性。一般来说，产量数据指主要用于销售的种植园作物和果园作物，一般不收集主要用于家庭消费的分散种植的果树的产量数据。一般国家统计机构不考虑来自野生植物的产量，特别是在某些国家有一定重要性的浆果。因此，各种水果和浆果的数据是相当不全面的，尤其是在除欧洲、北美、澳大利亚和新西兰以外的地区。表中所示的总数虽然仅指所列出的有限几个国家，仍可认为它们可靠地表明了对国际贸易的影响。无论如何，可以依据这些总数来了解这些作物的年度规模变化。

产量数据包括表中分别列出的水果和浆果的公布数据，也包括所有其他种类水果和浆果的数据。枣、大蕉和全部的葡萄也包括在水果总量数据中，但油橄榄除外。总量数据比那些单个商品公布的数据更全面，因为它们勿需分类说明便把对大多数无报告数字国家的估计量和有报告总数的国家的数据包括在同一个数字里。

茶　产量数字是指成品茶，然而，在印度尼西亚，所给产量的大约1/3是以新鲜茶叶的重量给出的。缅甸每年生产的约45000吨茶叶未被包括在内，因为大多数的这种作物被当作蔬菜消费掉。

烟叶　产量数字是指能够确定的农场销售重量，因此，对所得到的按干重表示的数据已按照约90比100的比例转换成农场销售重量。

黄麻纤维和同类纤维　黄麻纤维从黄麻和长蒴黄麻中得到，同类纤维包括许多黄麻纤维的替代品，主要是洋麻纤维和玫瑰茄纤维（木槿属）以及刚果黄麻纤维。

家畜数量　有关家畜数量的数据包括所有的家养动物，不管年龄、饲养地点和饲养目的。对没有报告数据的国家和报告数据不完整的国家作了估计。然而，在某些国家，有关鸡、鸭和火鸡的数据似乎不能代表这些家禽的总数。其他一些国家只对全部家禽给出一个数字，这些国家的数据列在“鸡”这一项下。

肉　数据仅指在一国境内屠宰的动物，而不管原产地；类似地，有关马肉、禽肉和总的肉类产量的数据，指在该国家屠宰的动物，而不管这些动物的原产地。

肉产品的国内产量概念各不相同。此处产量数据仅指原产于国内的动物，也就是说，它们包括出口活畜的肉当量，排除进口活畜的肉当量。

牛奶　关于牛奶产量的数据是指全部鲜奶的总产量，不包括被幼畜吸吮的奶，但包括用来饲喂家畜的奶。然而，奥地利、捷克共和国、意大利、斯洛伐克报告的产量中包括被幼畜吸吮的奶。澳大利亚的牛奶产量数据指结束于6月30日的一个年度的数据，新西兰的是指结束于5月31日的一个年度的数据，一些其他的次要生产国也以不同于日历年度的时间段报告数据。

蛋　有些国家没有有关蛋产量的统计数据，只得以母鸡或所有家禽的数量和报告的或推测的产蛋率来估计这些数据。大多数有统计数字的国家按重量或产蛋总数来记录产量。在可能的地方，有关数量的数据已经运用官方的转换比率转换成重量数据。数据一般指农业和非农业方面的总产量，包括用于孵化的蛋。

蜂蜜　所提供的数据是不完整的，尤其是非洲和亚洲国家。

羊毛　羊毛产量统计数字一般以带脂羊毛给出，它包含了30–65%的杂质。为了便于数字比较，数据也按脱脂羊毛表示。

拖拉机　数据一般指的是农业中应用的所有轮胎式和履带式拖拉机，园艺用拖拉机除外。

收割–脱粒机　数据指的是收割和打谷可一次操作完成的自动机械。

挤奶机　数据指的是由几部分组成的机械的数量，每个都由一个提桶，一个振动器和若干四奶头吸杯等组成。

Explanatory Notes on Main Statistical Indicators

FAO Indices of Agricultural Production The FAO indices of agricultural production show the relative level of the aggregate volume of agricultural production for each year in comparison with the base period 1999-2001. They are based on the sum of price-weighted quantities of different agricultural commodities produced after deductions of quantities used as seed and feed weighted in a similar manner. The resulting aggregate represents, therefore, disposable production for any use except as seed and feed.

All the indices at the country, regional and world levels are calculated by the Laspeyres formula. Production quantities of each commodity are weighted by 1999-2001 average international commodity prices and summed for each year. To obtain the index, the aggregate for a given year is divided by the average aggregate for the base period 1999-2001.

The FAO indices may differ from those produced by the countries themselves because of differences in concepts of production, coverage, weights, time reference of data and methods of calculation.

Cereals Area and production data on cereals relate to crops harvested for dry grain only. Cereal crops harvested for hay or harvested green for food, feed or silage or used for grazing are therefore excluded. Area data relate to harvested area. Some countries report sown or cultivated area only; however, in these countries the sown or cultivated area does not differ significantly in normal years from the area actually harvested, either because practically the whole area sown is harvested or because the area surveys are conducted around the harvest period.

Roots and Tubers, Total This includes other root crops such as yautia and arrowroot. Root crops grown principally for feed such as turnips, mangels and swedes are not included.

Rapeseed Sweden's production is given with an 18 percent water content. Figures for a few countries, such as India and Pakistan, also include mustard seed.

Sugar Cane and Sugar Beets Area and production data on sugar cane and sugar beets generally cover all crops harvested, except the crops grown explicitly for feed. Most of the crop is used for the production of centrifugal and non-centrifugal sugar;however, in several countries important quantities of sugar cane are used also for seed, feed, fresh consumption, the manufacture of alcohol and other uses; some sugar-beet production is used for feed and alcohol.

Fruit excl. Melons, Total Data refer to total production of fresh fruit, whether finally used for direct consumption for food or feed, or processed into different products: dry fruit, juice, jam, alcohol, etc.

Statistics on fruit, especially tropical fruit, are unavailable in many countries, and where reported they often lack uniformity. Generally, production data relate to plantation crops or orchard crops grown mainly for sale. Data on production from scattered trees used mainly for home consumption are not usually collected. Production from wild plants, particularly berries, which is of some importance in certain countries, is generally disregarded by national statistical services. Therefore, the data for the various fruits and berries are rather incomplete, particularly for regions other than Europe, North America, Australia and New Zealand. The totals shown - although relating to the limited number of countries listed - are nevertheless believed to give a reliable indication of these crops insofar as they influence international trade. The totals, in any case, provide an indication of annual changes in the size of the crops.

Production data include data published on individual fruits and berries shown separately, as well as data on all other kinds of fruits and berries. Dates, plantains and total grapes are also included in the total fruit figures, while olives are excluded. Total figures are more complete than those published for the single commodities because they include estimates for most of the non-reporting countries as well as data for countries reporting total production of fruits in a single figure without specification by kind.

Tea Production figures relate to made tea. For Indonesia, however, about one-third of the production shown is given in green-leaf weight. Myanmar each year produces about 45000 tonnes of tea leaves which are not included since most of the crop is consumed fresh as a vegetable.

Tobacco The production figures refer to farm sales weight as far as this could be determined. Data available on a dry weight basis have therefore been converted into farm sales weight at about 90 parts to 100.

Jute and Allied Flbres Jute Fibres are obtained from Corchorus capsularis and Corchorus olitorius. Allied fibres include a number of jute substitutes, the main ones being kenaf or mesta and roselle (Hibiscus spp.) and Congo jute or paka (Urena lobata).

Livestock Numbers The data on livestock numbers are intended to cover all domestic animals irrespective of their age and the place or purpose of their breeding. Estimates have been made for non-reporting countries as well as for countries reporting incomplete data. However, in certain countries, data for chickens, ducks and turkeys do not yet seem to represent the total number of these birds. Certain other countries give a single figure for all poultry; data for these countries are shown under Chickens.

Meat Data relate to animals slaughtered within national boundaries, irrespective of their origin. Similarly, the data on production of horse meat, poultry meat and total meat refer to animals slaughtered in the country concerned, regardless of the origin of the animal.

The concept of indigenous production of meat is different. Here, the production figures relate to indigenous animals, i.e. they include the meat equivalent of exported live animals and exclude the meat equivalent of imported live animals.

Cow Milk Data on cow milk production relate to total production of whole fresh milk, excluding the milk sucked by young animals but including amounts fed to livestock. However, Austria, the Czech Republic, Italy and Slovakia report production including milk sucked by young animals. Milk production data shown for Australia refer to years ending 30 June; and for New Zealand, to years ending 31 May. Also, a few other minor producing countries report data for periods other than the calendar year.

Eggs Some countries have no statistics on egg production, and estimates had to be derived from such related data as chicken or total poultry numbers and reported or assumed rates of egg laying.

Most of the countries that have statistics on egg production report either the total weight of eggs or the numbers of eggs produced; data on numbers have been converted into weight, using official conversion factors wherever possible. Data generally refer to total production, including eggs for hatching, in both agricultural and nonagricultural sectors.

Honey The data presented are incomplete, particularly with regard to African and Asian countries.

Wool Wool production statistics are generally given for greasy wool, which contains from 30 to 65 percent impurities. In order to make figures comparable, data are given also on a degreased (scoured) basis.

Tractors Data generally refer to total wheel and crawler tractors (excluding garden tractors) used in agriculture.

Harvester-Threshers Data refer to self-propelled machines that reap and thresh in one operation.

Milking Machines Data refer to the number of installations consisting of several units, each composed of a pail, a pulsator and four- teat cups and liners.

十一、工业、能源和建筑业

Industry, Energy and Construction

11-1 按行业分的工业生产指数

World Industrial Production Indices by Branches of Industry

资料来源：联合国《统计月报》。
Source: UN *Monthly Bulletin of Statistics*.
单位：%　　(%)

		权数 (%) Weight (%)	1998	1999	2000	2001
世界	**World**					
工业	Industry	100.0	110.0	113.2	121.0	118.5
采掘业	Minging	7.4	105.1	103.0	106.7	107.4
煤炭	Coal	0.7	99.1	100.4	100.8	103.1
石油、天然气	Crude Petroleum and Natrual Gas	5.0	104.0	100.8	105.0	105.5
金属矿	Metals Ores	0.7	115.4	115.4	121.1	124.1
制造业	Manufacturing	82.6	110.7	114.4	123.0	119.8
食品、饮料、烟草	Food, Beverages Tobacco	10.3	103.5	104.9	106.9	106.8
纺织	Texitiles	2.4	96.6	94.9	95.2	90.3
服装、皮革、制鞋	Wearing Apparel,Leather and Footwear	2.7	91.6	88.0	85.6	81.0
木制品	Wood and Wood Products	1.9	101.8	103.4	104.1	98.8
造纸、出版、印刷及录音介质	Paper, Printing, Publishing and Recorded Media	7.1	105.0	99.1	108.3	106.6
化学、石油、塑料、橡胶制品	Chemicals,Petroleum,Plastic and Rubber Products	14.0	110.0	113.5	116.9	116.6
非金属矿制品	Non-Metallic Mineral Products	3.4	102.0	104.5	108.0	105.2
基本金属	Basic Metals	4.7	103.1	103.9	109.9	106.8
金属及机械制造	Fabricated Metal Products and Machinery	11.7	106.5	106.7	113.2	110.1
办公机械、计算机、收音机、电视及其他电子设备	Office, Computing,Radio, TV and Other Electrical Equipment	12.7	139.2	158.8	192.9	183.2
运输设备	Transport Equipment	8.0	113.8	119.2	124.5	123.3
电、煤气、水	Electricity, Gas and Water	10.0	107.4	110.8	114.8	115.7
发达国家	**Developed Countries**					
工业	Industry	100.0	110.2	113.0	120.5	117.1
采掘业	Minging	4.6	102.3	99.9	102.1	102.1
煤炭	Coal	0.6	94.6	93.5	91.5	91.6
石油、天然气	Crude Petroleum and Natrual Gas	2.7	102.7	99.3	102.8	103.2
金属矿	Metals Ores	0.4	104.9	99.4	100.2	97.8
制造业	Manufacturing	84.9	111.2	114.4	122.6	118.6
食品、饮料、烟草	Food, Beverages Tobacco	9.5	102.7	103.9	105.8	105.3
纺织	Texitiles	1.8	96.0	92.4	90.8	84.9
服装、皮革、制鞋	Wearing Apparel,Leather and Footwear	2.4	89.3	84.9	80.1	75.2
木制品	Wood and Wood Products	2.0	103.3	105.7	106.4	100.6
造纸、出版、印刷及录音介质	Paper, Printing, Publishing and Recorded Media	8.1	104.9	98.0	107.3	103.9
化学、石油、塑料、橡胶制品	Chemicals,Petroleum,Plastic and Rubber Products	13.7	108.6	111.7	114.7	114.5
非金属矿制品	Non-Metallic Mineral Products	3.2	101.1	103.3	106.6	102.8
基本金属	Basic Metals	4.7	101.8	101.3	107.5	103.5
金属及机械制造	Fabricated Metal Products and Machinery, N.E.C.	12.7	108.0	107.4	112.6	108.9
办公机械、计算机，收音机电视及其他电子设备	Office, Computing,Radio, TV and Other Electrical Equipment	14.0	140.2	158.2	190.8	180.5
运输设备	Transport Equipment	8.7	114.4	119.1	122.9	120.9
电、煤气、水	Electricity, Gas and Water	10.5	105.4	108.2	111.6	111.6

11-1 续表 continued

单位：%　　(%)

		权数（%） Weight (%)	1998	1999	2000	2001
发展中国家	**Developing Countries**					
工业	Industry	100.0	109.0	114.0	123.0	123.8
采掘业	Minging	18.3	107.9	106.0	111.3	112.8
煤炭	Coal	1.2	107.6	113.2	118.0	124.7
石油、天然气	Crude Petroleum and Natrual Gas	14.3	104.9	101.9	106.7	107.2
金属矿	Metals Ores	1.7	126.0	131.5	142.2	150.7
制造业	Manufacturing	73.7	108.4	114.8	125.0	125.2
食品、饮料、烟草	Food, Beverages Tobacco	13.3	105.6	107.9	110.3	111.3
纺织	Texitiles	4.8	97.7	98.6	102.1	98.4
服装、皮革、制鞋	Wearing Apparel,Leather and Footwear	3.6	97.8	96.5	100.4	96.8
木制品	Wood and Wood Products	1.5	93.8	90.2	91.3	88.4
造纸、出版、印刷及录音介质	Paper, Printing, Publishing and Recorded Media	3.2	105.7	110.5	118.5	133.5
化学、石油、塑料、橡胶制品	Chemicals,Petroleum,Plastic and Rubber Products	15.0	115.0	119.9	124.7	124.4
非金属矿制品	Non-Metallic Mineral Products	4.2	104.7	108.3	112.3	112.4
基本金属	Basic Metals	4.7	108.1	114.1	119.5	119.9
金属及机械制造	Fabricated Metal Products and Machinery, N.E.C.	7.9	97.2	102.1	117.5	117.6
办公机械、计算机、收音机、电视及其他电子设备	Office, Computing,Radio, TV and Other Electrical Equipment	7.3	131.3	163.5	208.9	204.2
运输设备	Transport Equipment	5.2	110.0	119.6	134.9	138.8
电、煤气、水	Electricity, Gas and Water	8.0	117.7	124.4	131.5	136.8

11-2 按国家和地区分的工业生产指数

Indices of Industrial Production by Country or Area

资料来源：联合国《统计月报》2003年9月。
Source: UN Monthly *Bulletin of Statistics September 2003.*
1995年=100 (1995=100)

国家和地区	Country or Area	1998	1999	2000	2001	2002
世界	**World**	**109.9**	**113.6**	**121.2**	**118.3**	**120.3**
中国①	China ①	136.4	148.0	162.5	176.6	194.3
中国香港	Hong Kong,China	90.2	84.7	85.1	82.4	76.4
孟加拉国②	Bangladesh ②	112.5	121.4	131.5	140.9	146.0
印度③	India ③	117.8	125.6	131.9	135.4	143.2
日本	Japan	99.0	99.9	105.5	98.7	97.5
马来西亚	Malaysia	114.0	124.3	148.1	142.0	147.8
韩国	Korea, Rep.	106.2	131.9	154.1	155.0	167.6
蒙古	Mongolia	104.7	106.6	110.2	121.9	122.7
巴基斯坦②	Pakistan ②	107.4	108.0	115.2	122.9	
新加坡④	Singapore ④	107.7	122.6	141.4	125.1	135.6
土耳其	Turkey	118.3	112.3	118.4	107.9	117.7
南非	South Africa	102.8	101.8	104.5	106.7	111.1
加拿大	Canada	109.9	115.4	121.9	118.0	120.1
墨西哥⑤	Mexico ⑤	128.0	133.3	141.5	136.4	136.3
美国	United States	118.4	123.5	129.2	124.7	123.9
阿根廷④	Argentina ④	115.8	103.7	101.8	90.4	87.5
巴西	Brazil	103.4	102.9	109.7	111.5	114.1
法国	France	110.1	112.3	116.3	117.6	116.4
德国	Germany	108.7	110.4	117.2	117.8	116.2
意大利	Italy	104.3	104.4	107.7	106.8	105.3
捷克	Czech Republic	108.2	104.7	105.7	117.6	123.2
罗马尼亚	Romania	81.9	77.7	83.2	90.3	95.7
英国	United Kingdom	103.3	104.1	105.9	103.6	99.9
澳大利亚②	Australia ②	108.5	109.9	112.3	116.5	119.0
新西兰	New Zealand	103.6	100.8	104.2	106.7	107.2

注：①工业增加值指数。②7月1日开始的12个月的平均数。③4月1日开始的12个月的平均数。④制造业生产指数。⑤包括建筑业。
Note: ① Indice of industrial value added. ② Average of 12 monthly ending 30 June of the year stated. ③ Average of 12 monthly ending 1 April of the year stated. ④ Manufaturing production indices. ⑤ Including construction.

11-3 制造业主要指标
Main Indicators of Manufacturing

资料来源：联合国工发组织《国际工业统计年鉴》2003年。
Source: United Nations Industrial Development Organization *International Yearbook of Industrial Statistics 2003.*

国家和地区	Country or Area	年份 Year	机构数（个） Number of Establishments (number)	雇员数（人） Number of Employees (person)	雇员工资和薪金（亿本币） Wages and Salaries Paid to Employees (100 million local currency units)	产值（亿本币） Output in Producers Prices (100 million local currency units)
中国香港	Hong Kong, China	2000	18958	197500	330	2258
中国澳门	Macao, China	2000	1212	41387	22	155
孟加拉国	Bangladesh	1999	28968	1892100	410	5658
印度	India	1999	123820	7903700	4422	86646
印度尼西亚	Indonesia	2000	22174	4350500	340414	6288080
伊朗	Iran	1996	14263	832300	71569	686172
以色列	Israel	1999	8799	333600	409	1708
日本	Japan	2000	341361	9089000	302240	3004100
韩国	Korea, Rep.	1999	91156	24323	389997	4797330
蒙古	Mongolia	2000	2313	38221	249	2237
菲律宾	Philippines	1999	15678	1145200	1071	16433
新加坡	Singapore	2000	4077	346967	126	1642
斯里兰卡	Sri Lanka	1999	12132	453543	260	3272
泰国	Thailand	2000	20550	2299200	2545	38102
尼日利亚	Nigeria	1996	3814	490867	141	4167
加拿大	Canada	1999	29822	1910000	761	5591
墨西哥	Mexico	1999		1454700	954	13593
美国	United States	1999	488277 ①	17343000 ②	5430 ②	35730 ②
阿根廷	Argentina	1999		823304	118	896
巴西	Brazil	1999	129185	4807500	488	4388
委内瑞拉	Venezuela	1998	11113	449253	10161	227938
保加利亚	Bulgaria	2000	24836	562331	15	158
捷克	Czech Republic	1999	136194	1255000	1790	15891
法国	France	1998	21792	2733000	4827	34399
德国	Germany	1999	38205	6402500	2200	10926
意大利	Italy	1998	563893	4034200	768	7038
荷兰	Netherlands	1999			547	3906
波兰	Poland	1999	367500	2609000	517	3748
罗马尼亚	Romania	2000	42582	1559700	368291	3437042 ③
俄罗斯联邦	Russian Federation	2000	130788	10656000	2863	25251
西班牙	Spain	1999	160721	2320400	426	3255
乌克兰	Ukraine	1999	90170	3096000	70	741
英国	United Kingdom	1999	170196		774	4254
南斯拉夫	Yugoslavia	2000	28575	625900	193	2812
澳大利亚	Australia	1997	55373	945386	326	2083

11−3 续表 continued

国家和地区	Country or Area	年份 Year	生产者价格增加值（亿本币） Value Added in Producers' Prices (100 million local currency units)	固定资本形成（亿本币） Fixed Capital Formation (100 million local currency units)	制造业生产指数（1990年=100） Index of Industrial Production (1990=100)		
					1998	1999	2000
中国香港	Hong Kong,China	2000	698	59			
中国澳门	Macao,China	2000	37	3			
孟加拉国	Bangladesh	1999	2042	161	181	187	
印度	India	1999	18613	4763	160	171	181
印度尼西亚	Indonesia	2000	2253740	2453760	142	145	150
伊朗	Iran	1996	281400		180		
以色列	Israel	1999	644	138	158	161	177
日本	Japan	2000	1102050	110850 ③	94	94	100
韩国	Korea, Rep.	1999	2009350	482180	159	199	
蒙古	Mongolia	2000	666	2589	30	29	27
菲律宾	Philippines	1998	6706	865			
新加坡	Singapore	2000	547	113	159	181	209
斯里兰卡	Sri Lanka	1999	1488	119	131	126	136
泰国	Thailand	2000	7633	1673	146	164	169
尼日利亚	Nigeria	1996	1714	233			
加拿大	Canada	1999	2186		126	136	143
墨西哥	Mexico	1999	5028	710	139	144	
美国	United States	1999	17040 ②	1276 ②	140	147	
阿根廷	Argentina	1999	278		149	136	134
巴西	Brazil	1999	1981		113	111	117
委内瑞拉	Venezuela	1998	115264	47027			
保加利亚	Bulgaria	2000	35	10			
捷克	Czech Republic	1999	4234	1362	68	66	
法国	France	1998	9839	1346	111	114	
德国	Germany	1999	3548	504			
意大利	Italy	1998	1918	348	111	110	114
荷兰	Netherlands	1999	1134	173	115	118	
波兰	Poland	1999	1129	284	178	188	
罗马尼亚	Romania	2000	1034263 ③	457699 ③	52	49	53
俄罗斯联邦	Russian Federation	2000			34	39	44
西班牙	Spain	1999	917	160	117	120	124
乌克兰	Ukraine	1999		7			
英国	United Kingdom	1999	1491	205	105	105	
南斯拉夫	Yugoslavia	2000	1114	79	48	37	41
澳大利亚	Australia	1997			111	115	

注：①1992年数据。②1995年数据。③1999年数据。
Note: ① Data refer to 1992. ② Data refer to 1995. ③ Data refer to 1999.

11-4 制造业增加值及构成
Composition of Value Added in Manufacturing

资料来源：世界银行《世界发展指标》2003。
Source: World Bank *World Development Indicators 2003.*
单位：% (%)

国家和地区	Country or Area	制造业增加值(亿美元) Value added in manufacturing (100 millions USD)		食品、饮料和烟草 Food, Beverage and Tobacco		纺织和服装 Textiles and Clothing	
		1990	2000	1990	2000	1990	2000
中　国①	China ①	1165.73	3728.36	15	16	15	11
中国香港	Hong Kong,China	126.25	89.53	8	8	36	32
孟加拉国	Bangladesh	38.39	69.22	24	22	38	33
印　度	India	488.08	656.14	12	13	15	11
印度尼西亚	Indonesia	209.47	398.18	27	20	15	20
以色列	Israel			14	19	9	15
日　本	Japan	8102.32	10293.36	9	11	5	3
韩　国	Korea, Rep.	728.37	1443.76	11	8	12	8
马来西亚	Malaysia	106.65	296.72	13	8	6	4
蒙　古	Mongolia		0.58	33	23 ②	37	63 ②
巴基斯坦	Pakistan	61.84	86.37	24	16	27	33
菲律宾	Philippines	110.08	168.78	39	38	11	9
新加坡	Singapore	99.37	248.96	4	3	3	1
斯里兰卡	Sri Lanka	10.77	24.59	51	39	24	30
泰　国	Thailand	232.17	386.5	24	26	30	17
土耳其	Turkey	268.82	269.94	16	13	15	18
埃　及	Egypt	72.96	179.69	19	12	15	39
南　非	South Africa	240.4	214.52	14	14	8	7
加拿大	Canada	912.43	1049.87	15	13	6	3
墨西哥	Mexico	499.92	1071.66	22	25	5	4
美　国	United States	10406	15666	12	9 ③	5	3 ③
阿根廷	Argentina	378.68	468.77	20	30 ③	10	7 ③
巴　西	Brazil	900.52	799.84	14	17 ②	12	7 ②
委内瑞拉	Venezuela	98.09	234.3	17	21	5	10
法　国	France	2281.05	2140.34	13	13	6	12
意大利	Italy	2479.3	2045.42	8	10	13	12
荷　兰	Netherlands		607.07	21	23	3	2
波　兰	Poland		285.14	21	26	9	6
罗马尼亚	Romania			19		18	
西班牙	Spain		1031.28	18	14	8	7
英　国	United Kingdom	2067.27	2348.57	13	12 ③	5	5 ③
澳大利亚	Australia	388.68	453.76	18		6	
新西兰	New Zealand	75.74		28	22	8	13

11–4 续表 continued

单位：%　　(%)

国家和地区	Country or Area	机器和运输设备 Machinery and Transport Equipment		化工 Chemicals		其他 Other Manufacturing	
		1990	2000	1990	2000	1990	2000
中国①	China ①	24	29	13	12	34	32
中国香港	Hong Kong,China	21	29	2	3	33	37
孟加拉国	Bangladesh	7	16	17	10	15	19
印度	India	25	22	14	25	34	29
印度尼西亚	Indonesia	12	17	9	11	37	32
以色列	Israel	32	18	9	7	37	41
日本	Japan	40	39	10	10	37	41
韩国	Korea, Rep.	32	45	9	9	36	30
马来西亚	Malaysia	31	47	11	7	39	33
蒙古	Mongolia	1		1	1 ②	27	12 ②
巴基斯坦	Pakistan	9	6	15	6	25	38
菲律宾	Philippines	13	9	12	11	26	33
新加坡	Singapore	53	62	10	15	29	20
斯里兰卡	Sri Lanka	4	6	4	7	17	19
泰国	Thailand	19	10	2	8	26	40
土耳其	Turkey	16	17	10	11	43	41
埃及	Egypt	9	6	14	14 ③	43	43
南非	South Africa	18	20	9	9	50	50
加拿大	Canada	26	36	10	8	44	39
墨西哥	Mexico	24	28	18	15	32	28
美国	United States	31	46 ③	12	10 ③	40	32 ③
阿根廷	Argentina	13	15 ③	12	12 ③	46	36 ③
巴西	Brazil	27	27 ②			48	49 ②
委内瑞拉	Venezuela	5	21	9	9	64	39
法国	France	31	22	9	7	41	46
意大利	Italy	34	26	7	8	37	44
荷兰	Netherlands	25	25	16	14	35	35
波兰	Poland	26	23	7	6	37	38
罗马尼亚	Romania	14		4		45	
西班牙	Spain	25	23	10	10	39	47
英国	United Kingdom	32	29 ③	11	11 ③	38	43 ③
澳大利亚	Australia	20		7		49	
新西兰	New Zealand	13	14	7	4	44	47

注：①世界银行统计数据。②1995年数据。③1999年数据。
Note: ① Data from World Bank. ② Data of 1995. ③ Data of 1999.

11－5　能源平衡表

Production, Trade and Consumption of Commercial Energy

资料来源：联合国《能源统计年鉴》2000年。
Source: UN *Energy Statistics Yearbook 2000.*
单位：标准煤万吨　　(10 000 TCE)

国家和地区	Country or Area	年份 Year	一次能源生产量 Primary Energy Production 总 计 Total	固 体 Solids	液 体 Liquids	气 体 Gas	电 能 Electricity	库存变化 Changes in Stocks	进 口 Imports	出 口 Exports
世界总计	**World**	**1997**	**1281313**	**340200**	**510545**	**304678**	**125888**	**3609**	**477465**	**470566**
		1998	**1288974**	**330064**	**517597**	**312938**	**128375**	**7197**	**483613**	**484283**
		1999	**1270028**	**312141**	**509277**	**315963**	**132647**	**-12935**	**487704**	**485227**
		2000	**1295815**	**310393**	**526664**	**323584**	**135175**	**-10533**	**516434**	**513710**
亚　洲	**Asia**	**1997**	**443661**	**147274**	**209446**	**61017**	**25924**	**3230**	**161523**	**174806**
		1998	**448453**	**138607**	**218941**	**63399**	**27505**	**1676**	**156696**	**184775**
		1999	**432094**	**123227**	**214931**	**66326**	**27611**	**-6577**	**160543**	**184444**
		2000	**446375**	**122311**	**223590**	**72006**	**28469**	**-3821**	**172124**	**196317**
中　国①	China ①	1997	127281	97961	22970	3404	2947	1408	9382	7046
		1998	119109	89196	23007	3822	3083	-1175	8093	6479
		1999	104633	74568	22864	4138	3063	-2268	9115	5711
		2000	102331	71214	23293	4466	3358	-1368	14419	8152
孟加拉国	Bangladesh	1997	935		7	920	9	-1	468	
		1998	1014		5	998	11	36	434	
		1999	1105		5	1089	10	11	439	
		2000	1171		5	1155	12	-19	485	
印　度	India	1997	34478	25307	5368	2497	1306	67	8930	126
		1998	35590	25449	5263	3399	1478	141	9806	175
		1999	35067	25316	5260	2987	1504	-1131	9579	174
		2000	36781	26886	5212	3125	1559	-367	9126	226
印度尼西亚	Indonesia	1997	29174	5461	14839	8455	420	-378	3012	15644
		1998	28434	6032	13597	8311	494	953	2609	16425
		1999	27337	7070	12932	6828	506	-2459	2680	17813
		2000	27970	7682	12577	7216	494	-2706	3171	16388
伊　朗	Iran	1997	32947	102	26160	6599	85	1484	466	16824
		1998	33268	117	26408	6657	86	1648	476	16832
		1999	33711	134	25960	7557	61	421	491	17845
		2000	35073	139	26874	8015	45	421	760	18871
以色列	Israel	1997	36	33	1	2	-	34	2821	337
		1998	35	32	1	2	-	119	3071	398
		1999	35	33	1	1	-	-102	2878	349
		2000	33	31	1	1	-	-35	3129	453
日　本	Japan	1997	14343	355	100	319	13569	513	57882	1340
		1998	14779	305	94	322	14059	-658	55375	1071
		1999	14108	326	86	319	13378	-452	56421	876
		2000	14273	260	86	343	13584	127	58278	733
哈萨克斯坦	Kazakhstan	1997	9409	4573	3713	1044	80		910	4500
		1998	9238	4401	3739	1022	76		913	4555
		1999	9376	3678	4344	1279	75	-97	749	5072
		2000	11339	4549	5100	1598	93	-44	935	6639
马来西亚	Malaysia	1997	10359	10	4970	5313	66	100	1864	5511
		1998	10368	35	5164	5109	60	81	1935	5888
		1999	10395	28	4742	5533	93	-137	1822	5681
		2000	11007	38	4463	6420	86	-143	2395	5853
蒙　古	Mongolia	1997	241	241					64	10
		1998	233	233					62	-
		1999	223	223					66	
		2000	221	221					68	-
缅　甸	Myanmar	1997	310	4	57	227	22	2	135	
		1998	442	4	56	370	12	2	176	151
		1999	703	8	63	619	12	7	225	413
		2000	930	25	60	822	23	-9	199	632
朝　鲜	Korea, Dem. People's Rep.	1997	8245	7987			258		811	37
		1998	7833	7588			245		774	35
		1999	7193	6948			245		786	36
		2000	6593	6331			262		785	37

11-5 续表 1 continued

单位：标准煤万吨 (10 000 TCE)

国家和地区	Country or Area	年份 Year	国际运输燃料 Bunkers 空运 Air	海运 Sea	平衡差额 Balance	人均消费量(千克) Consumption per Capita (kilograms per capita)	能源消费量 Consumption 总计 Total	固体 Solids	液体 Liquids	气体 Gas	电能 Electricity
世界总计	**World**	**1997**	**12643**	**17676**	**60999**	**197**	**1193285**	**342347**	**418626**	**306424**	**125888**
		1998	**12806**	**18432**	**57260**	**194**	**1192608**	**333255**	**421665**	**309313**	**128375**
		1999	**13443**	**19259**	**57768**	**192**	**1194971**	**319421**	**425159**	**317744**	**132647**
		2000	**13873**	**21281**	**60095**	**192**	**1213823**	**321954**	**430548**	**326145**	**135175**
亚洲	**Asia**	**1997**	**2724**	**5579**	**31825**	**109**	**387020**	**162693**	**134710**	**63693**	**25924**
		1998	**2624**	**6158**	**29519**	**106**	**380396**	**155097**	**132704**	**65089**	**27505**
		1999	**2495**	**6435**	**30359**	**103**	**375481**	**143252**	**135751**	**68867**	**27611**
		2000	**2714**	**7105**	**30667**	**104**	**385517**	**143647**	**131273**	**72128**	**28469**
中国①	China ①	1997		134	6488	98	121586	93963	21273	3404	2947
		1998		324	6453	92	115120	86504	21711	3822	3083
		1999		340	6339	82	103625	72839	23586	4138	3063
		2000		443	7320	80	102203	68804	25575	4466	3358
孟加拉国	Bangladesh	1997		1	89	11	1317	46	342	920	9
		1998		1	32	11	1380	12	359	998	11
		1999	21		67	11	1445	7	339	1089	10
		2000	18	5	80	11	1573	47	360	1155	12
印度	India	1997	97		2744	42	40374	26451	10121	2497	1306
		1998	97		3064	43	41919	26628	10414	3399	1478
		1999	97		2899	43	42607	28155	9961	2987	1504
		2000	100		489	45	45458	29089	11686	3125	1559
印度尼西亚	Indonesia	1997	92	45	4814	59	11969	1296	6293	3960	420
		1998	103	49	3970	47	9543	1255	6077	1718	494
		1999	66	45	4046	51	10505	1610	6533	1855	506
		2000	118	53	4620	60	12667	1979	7332	2863	494
伊朗	Iran	1997	1	62	913	232	14128	137	7255	6652	85
		1998	1	99	968	230	14196	154	7048	6907	86
		1999	1	116	1231	233	14589	171	6516	7841	61
		2000	1	104	-60	259	16497	216	7780	8456	45
以色列	Israel	1997	1	26	178	391	2281	897	1382	2	-
		1998	1	22	197	397	2370	961	1407	2	-
		1999	1	21	135	410	2510	952	1556	1	-
		2000	1	27	148	425	2569	1057	1511	1	-
日本	Japan	1997	898	741	2963	522	65771	13226	29887	9088	13569
		1998	906	807	2091	522	65937	12964	29456	9458	14059
		1999	881	765	2186	523	66273	13479	29555	9862	13378
		2000	937	730	2465	533	67561	14629	29061	10288	13584
哈萨克斯坦	Kazakhstan	1997	45		307	347	5466	3108	1161	1117	80
		1998	47		278	350	5271	3035	1043	1118	76
		1999	34		285	324	4832	2875	790	1091	75
		2000	51		220	363	5407	3035	814	1465	93
马来西亚	Malaysia	1997		22	473	282	6117	275	2965	2811	66
		1998		64	515	260	5755	265	2884	2547	60
		1999		56	115	286	6503	218	2894	3298	93
		2000		25	270	318	7397	376	3014	3922	86
蒙古	Mongolia	1997				125	295	241	54		
		1998				123	295	237	58		
		1999				123	289	232	58		
		2000				121	289	225	63		
缅甸	Myanmar	1997	2	1	19	9	420	5	167	227	22
		1998	2	-	20	10	441	5	206	219	12
		1999	2	-	25	10	483	8	256	207	12
		2000	2	-	29	10	474	25	237	190	23
朝鲜	Korea, Dem. People's Rep.	1997			-6	414	9025	8186	581		258
		1998			-3	391	8574	7777	552		245
		1999			4	359	7939	7138	556		245
		2000			-31	331	7372	6515	595		262

11−5 续表 2 continued

单位：标准煤万吨 (10 000 TCE)

国家和地区	Country or Area	年份 Year	一次能源生产量 Primary Energy Production 总计 Total	固体 Solids	液体 Liquids	气体 Gas	电能 Electricity	库存变化 Changes in Stocks	进口 Imports	出口 Exports
韩 国	Korea, Rep.	1997	3224	290			2934	333	25676	3767
		1998	3692	280			3411	178	23904	4838
		1999	4178	270			3909	220	25700	4851
		2000	4389	267			4123	517	27486	4945
巴基斯坦	Pakistan	1997	3090	240	425	2055	269		2114	67
		1998	3077	213	413	2166	285		2251	32
		1999	3231	234	404	2306	287		2286	62
		2000	3377	214	413	2498	252		2432	51
菲律宾	Philippines	1997	1043	73	6	1	963	6	3243	84
		1998	1232	68	6	1	1157	-	3130	24
		1999	1485	80	7	1	1398	54	3077	76
		2000	1624	92	8	1	1524	17	3238	139
新加坡	Singapore	1997						65	12428	5914
		1998						-	12214	6005
		1999						-	12027	5766
		2000							11505	5044
斯里兰卡	Sri Lanka	1997	42				42	4	432	11
		1998	48				48	2	437	3
		1999	51				51	5	464	3
		2000	39				39	15	548	
泰 国	Thailand	1997	4195	1470	723	1913	89	33	5888	809
		1998	4067	1267	752	1984	64	-11	5181	708
		1999	4150	1148	817	2141	44	-98	5544	807
		2000	4412	1113	1041	2185	74	-1	5643	754
土耳其	Turkey	1997	2899	1872	493	33	500	-61	6338	140
		1998	3134	2070	461	74	530	-19	6504	239
		1999	3000	2051	420	92	437	-5	6606	270
		2000	2817	1952	395	80	390	-57	7608	86
越 南	Viet Nam	1997	2998	1139	1559	79	221	150	877	1904
		1998	3271	1167	1772	117	215	243	1011	2088
		1999	3533	963	2175	146	249	55	1068	2453
		2000	3930	1161	2328	181	261	162	1281	2529
非 洲	**Africa**	**1997**	**93059**	**22722**	**54556**	**14437**	**1344**	**1182**	**9723**	**57656**
		1998	**93042**	**22994**	**53789**	**14816**	**1443**	**2250**	**10112**	**56674**
		1999	**93753**	**22973**	**53153**	**16183**	**1444**	**692**	**11006**	**59124**
		2000	**98237**	**23032**	**55745**	**17977**	**1483**	**18**	**11639**	**63489**
埃 及	Egypt	1997	8486		6355	1983	147	911	335	1919
		1998	7963		6168	1645	150	1171	419	1371
		1999	8437		6022	2272	188	993	1381	2010
		2000	8632		5626	2797	209	100	1578	2234
尼日利亚	Nigeria	1997	16693	14	15870	740	69	-4	9	14388
		1998	15577	6	14709	794	69	-38	286	13575
		1999	15515	6	14505	935	69	-11	394	13329
		2000	17264	6	15511	1676	71	14	941	15522
南 非	South Africa	1997	24010	22100	1153	219	538	245	3602	7747
		1998	24230	22405	1071	184	570	1222	3392	6689
		1999	24356	22438	1141	241	535	168	3159	7548
		2000	24519	22529	1217	222	552	26	2923	7836
北美洲	**North America**	**1997**	**326150**	**86497**	**100454**	**100000**	**39199**	**-1061**	**104805**	**54215**
		1998	**328994**	**87605**	**98768**	**102847**	**39773**	**2566**	**110421**	**55614**
		1999	**324368**	**85725**	**95158**	**100941**	**42544**	**-4054**	**113325**	**53837**
		2000	**322413**	**83809**	**96691**	**99119**	**42795**	**-7785**	**120556**	**56479**

11-5 续表 3 continued

单位：标准煤万吨 (10 000 TCE)

国家和地区	Country or Area	年份 Year	国际运输燃料 Bunkers 空运 Air	海运 Sea	平衡差额 Balance	人均消费量(千克) Consumption per Capita (kilograms per capita)	能源消费量 Consumption 总计 Total	固体 Solids	液体 Liquids	气体 Gas	电能 Electricity
韩国	Korea, Rep.	1997	109	855	2797	458	21040	4966	11061	2080	2934
		1998	74	890	2862	404	18754	5137	8259	1947	3411
		1999	68	962	3053	442	20725	5372	9071	2374	3909
		2000	81	895	3272	469	22165	6129	9273	2641	4123
巴基斯坦	Pakistan	1997	19	3	102	39	5013	323	2265	2155	269
		1998	20	2	101	39	5173	308	2413	2166	285
		1999	17	2	111	40	5324	324	2408	2306	287
		2000	18	2	106	41	5632	309	2573	2498	252
菲律宾	Philippines	1997	90	18	350	51	3737	370	2403	1	963
		1998	64	31	197	54	4045	374	2513	1	1157
		1999	73	35	166	56	4159	447	2313	1	1398
		2000	77	30	292	56	4308	597	2186	1	1524
新加坡	Singapore	1997	160	2435	1985	493	1870		1664	206	
		1998	170	2536	1557	496	1946		1721	226	
		1999	176	2515	1561	508	2009		1825	184	
		2000	183	2600	1944	420	1735		1547	188	
斯里兰卡	Sri Lanka	1997	15	39	15	21	390	-	348		42
		1998	13	37	20	22	411	-	363		48
		1999	14	33	19	23	441	-	390		51
		2000	15	23	28	26	507	-	468		39
泰国	Thailand	1997			560	143	8681	1717	4962	1913	89
		1998			616	130	7935	1440	4446	1987	64
		1999			734	134	8251	1475	4587	2145	44
		2000			825	136	8477	1481	4463	2458	74
土耳其	Turkey	1997	64	23	530	137	8540	3017	3699	1324	500
		1998	71	23	626	137	8699	3220	3529	1420	530
		1999	71	41	509	136	8720	2978	3628	1677	437
		2000	75	58	585	148	9679	3461	3825	2003	390
越南	Viet Nam	1997				24	1820	617	903	79	221
		1998				26	1951	616	1003	117	215
		1999			-24	28	2117	630	1092	146	249
		2000			-24	33	2544	798	1305	181	261
非洲	**Africa**	**1997**	**408**	**1074**	**3463**	**49**	**38999**	**16575**	**13201**	**7879**	**1344**
		1998	**336**	**1053**	**2805**	**50**	**40035**	**16328**	**14442**	**7822**	**1443**
		1999	**383**	**1211**	**1870**	**50**	**41480**	**16791**	**15150**	**8095**	**1444**
		2000	**511**	**1103**	**3887**	**48**	**40869**	**16733**	**14834**	**7819**	**1483**
埃及	Egypt	1997	44	430	344	86	5173	108	2934	1983	147
		1998	48	318	305	84	5168	106	3266	1645	150
		1999	74	387	688	90	5666	87	3164	2227	188
		2000	80	394	1160	98	6241	100	3136	2797	209
尼日利亚	Nigeria	1997	74	49	57	20	2138	15	1315	740	69
		1998	41	69	114	20	2102	7	1233	794	69
		1999	50	109	193	20	2239	6	1328	835	69
		2000	27	68	46	22	2528	7	1502	948	71
南非	South Africa	1997		349	1145	384	18127	15481	1889	219	538
		1998		408	973	380	18330	15174	2402	184	570
		1999		454	104	390	19240	15736	2728	241	535
		2000		378	199	378	19003	15625	2604	222	552
北美洲	**North America**	**1997**	**2998**	**3946**	**12363**	**775**	**358493**	**80977**	**138304**	**100013**	**39199**
		1998	**3079**	**3971**	**11517**	**775**	**362668**	**82178**	**140477**	**100239**	**39773**
		1999	**3289**	**4429**	**10263**	**780**	**369928**	**82110**	**142661**	**102614**	**42544**
		2000	**3194**	**5455**	**10688**	**773**	**374939**	**83144**	**145295**	**103706**	**42795**

11-5 续表 4 continued

单位：标准煤万吨 (10 000 TCE)

国家和地区	Country or Area	年份 Year	一次能源生产量 Primary Energy Production 总计 Total	固体 Solids	液体 Liquids	气体 Gas	电能 Electricity	库存变化 Changes in Stocks	进口 Imports	出口 Exports
加拿大	Canada	1997	53773	5872	17615	22898	7388	254	7762	24391
		1998	52110	5564	16345	23449	6751	286	8136	25824
		1999	51394	5334	15969	23115	6976	-501	8363	25960
		2000	50722	5040	16730	21832	7120	-1414	9313	27531
墨西哥	Mexico	1997	32589	460	26256	4486	1386	48	2175	13490
		1998	33491	500	26805	4844	1344	-68	2572	13690
		1999	32599	502	25998	4649	1450	-24	2682	12630
		2000	34059	506	26816	5300	1438	218	3421	13805
美国	United States	1997	237058	80166	55341	71525	30027	-1360	84141	11358
		1998	240486	81542	54273	73403	31268	2293	88244	10806
		1999	237063	79890	51777	71729	33668	-3466	90735	9727
		2000	234223	78264	51712	70516	33731	-6672	95912	9786
南美洲	**South America**	**1997**	**69252**	**4027**	**48672**	**10045**	**6508**	**-48**	**11671**	**35328**
		1998	**70697**	**4343**	**49246**	**10474**	**6635**	**166**	**12088**	**35624**
		1999	**70890**	**4170**	**49216**	**10888**	**6616**	**-606**	**10900**	**34678**
		2000	**73928**	**4837**	**49641**	**12405**	**7045**	**34**	**10878**	**35199**
阿根廷	Argentina	1997	11070	21	6337	4073	640	42	597	3071
		1998	11183	24	6255	4302	602	58	717	3159
		1999	11734	28	6096	5084	526	-50	483	3045
		2000	11874	22	5890	5377	585	-105	475	3267
巴西	Brazil	1997	10990	358	6264	818	3549	30	6984	261
		1998	12159	350	7245	858	3705	75	6806	566
		1999	13077	359	8158	808	3752	-81	6096	652
		2000	14364	426	9067	898	3973	122	5917	1032
委内瑞拉	Venezuela	1997	31675	514	27018	3439	704	-82	67	23391
		1998	31294	745	26264	3565	720	-31	163	22814
		1999	29507	698	24834	3231	745	-102	12	21106
		2000	31190	788	25331	4298	773	55	10	21379
欧洲	**Europe**	**1997**	**317953**	**58951**	**92517**	**114375**	**52110**	**22**	**185067**	**131071**
		1998	**314539**	**54251**	**91569**	**116525**	**52193**	**485**	**189636**	**132441**
		1999	**316011**	**53481**	**92401**	**116566**	**53563**	**-1795**	**186305**	**133437**
		2000	**319089**	**52431**	**95405**	**116752**	**54501**	**900**	**196213**	**141063**
保加利亚	Bulgaria	1997	1344	639	4	5	696	-3	1801	218
		1998	1388	710	5	4	670	9	1681	185
		1999	1234	600	6	3	625	-51	1537	236
		2000	1350	626	6	2	716	-19	1595	298
捷克	Czech Republic	1997	4338	3798	23	26	490	82	2682	1007
		1998	4110	3544	26	27	514	32	2698	998
		1999	3691	3113	26	28	524	-139	2536	913
		2000	3984	3392	25	27	541	-156	2500	829
法国②	France ②	1997	17292	643	760	338	15552	101	21083	2527
		1998	16777	541	680	300	15255	-172	22732	2732
		1999	17089	508	683	274	15623	165	22066	2451
		2000	17531	311	675	206	16338	519	23153	2829
德国	Germany	1997	19502	10020	401	2450	6632	216	32179	2585
		1998	18305	9145	419	2408	6334	-101	32727	2590
		1999	18517	8866	392	2577	6682	-308	31640	2939
		2000	18170	8458	452	2439	6820	-633	31867	3457
意大利③	Italy ③	1997	4412	3	850	2505	1054	-142	21822	2836
		1998	4384	6	804	2471	1103	-54	22877	3041
		1999	4216	4	715	2315	1183	-139	23080	2631
		2000	4033	4	656	2162	1211	651	24557	2796

11−5 续表 5 continued

单位：标准煤万吨 (10 000 TCE)

国家和地区	Country or Area	年份 Year	国际运输燃料 Bunkers 空运 Air	海运 Sea	平衡差额 Balance	人均消费量(千克) Consumption per Capita (kilograms per capita)	能源消费量 Consumption 总计 Total	固体 Solids	液体 Liquids	气体 Gas	电能 Electricity
加拿大	Canada	1997	139	78	624	1202	36049	3716	12632	12314	7388
		1998	133	166	-1048	1153	34884	3843	12588	11701	6751
		1999	144	158	-975	1147	34970	3698	12994	11302	6976
		2000	144	154	-709	1116	34329	4033	13044	10133	7120
墨西哥	Mexico	1997	324	114	2768	191	18020	694	11362	4578	1386
		1998	357	112	2748	201	19224	708	12178	4995	1344
		1999	372	119	3359	192	18824	673	12042	4659	1450
		2000	346	191	2887	207	20035	761	12255	5580	1438
美国	United States	1997	2414	3400	7984	1110	297404	76498	108857	82022	30027
		1998	2471	3333	8648	1113	301180	77562	109966	82384	31268
		1999	2654	3790	6652	1131	308441	77673	111903	85196	33668
		2000	2595	4752	7239	1103	312436	78273	113918	86514	33731
南美洲	**South America**	**1997**	**281**	**529**	**4153**	**125**	**40681**	**3130**	**21081**	**9962**	**6508**
		1998	**296**	**485**	**4309**	**126**	**41904**	**3117**	**21704**	**10448**	**6635**
		1999	**262**	**650**	**5070**	**124**	**41735**	**3015**	**21521**	**10583**	**6616**
		2000	**259**	**736**	**5157**	**127**	**43421**	**3032**	**20926**	**12417**	**7045**
阿根廷	Argentina	1997		101	806	214	7649	105	2695	4210	640
		1998		79	818	216	7787	107	2791	4287	602
		1999		105	829	227	8287	81	2990	4690	526
		2000		72	654	228	8460	62	2973	4840	585
巴西	Brazil	1997	123	245	1315	100	16000	1796	9837	818	3549
		1998	138	243	1386	102	16557	1759	10234	858	3705
		1999	107	378	1664	100	16453	1816	10024	861	3752
		2000	111	426	1761	100	16831	1931	9743	185	3973
委内瑞拉	Venezuela	1997	39	87	1370	305	6937	16	2778	3439	704
		1998	36	72	1387	309	7179	143	2751	3565	720
		1999	37	71	1716	282	6690	16	2698	3231	745
		2000	40	88	1896	320	7743	28	2644	4298	773
欧洲	**Europe**	**1997**	**5777**	**6344**	**8933**	**410**	**350873**	**71797**	**105522**	**121444**	**52110**
		1998	**5985**	**6582**	**8777**	**409**	**349905**	**68966**	**106502**	**122244**	**52193**
		1999	**6516**	**6341**	**9759**	**407**	**348058**	**66517**	**104046**	**123932**	**53563**
		2000	**6744**	**6681**	**9322**	**411**	**350592**	**67650**	**102231**	**126210**	**54510**
保加利亚	Bulgaria	1997	4	1	128	336	2797	1012	501	587	696
		1998	3	10	132	331	2730	1027	537	497	670
		1999	7	1	106	301	2472	899	521	426	625
		2000	12	9	113	319	2533	905	447	465	716
捷克	Czech Republic	1997	18		184	556	5730	3143	879	1217	490
		1998	17		185	542	5578	2916	928	1220	514
		1999	16		190	510	5247	2590	906	1227	524
		2000	23		183	546	5605	3016	858	1191	541
法国②	France ②	1997	607	428	1559	565	33155	2108	10389	5106	15552
		1998	647	414	1475	584	34414	2528	10910	5722	15255
		1999	737	418	1367	575	34017	2241	10670	5482	15523
		2000	737	433	1625	586	34540	2157	10472	5573	16338
德国	Germany	1997	866	309	898	571	46807	12329	16643	11204	6632
		1998	891	293	1193	563	46166	11978	16390	11464	6334
		1999	957	298	1248	549	45022	11345	15643	11353	6682
		2000	1003	314	961	548	44934	11538	15241	11337	6820
意大利③	Italy ③	1997	389	342	-485	405	23295	1604	13100	7538	1054
		1998	413	376	76	406	23409	1604	12587	8115	1103
		1999	470	347	78	415	23910	1687	12177	8863	1183
		2000	501	389	129	418	24124	1816	11900	9197	1211

11-5续表 6 continued

单位：标准煤万吨 (10 000 TCE)

国家和地区	Country or Area	年份 Year	一次能源生产量 Primary Energy Production 总计 Total	固体 Solids	液体 Liquids	气体 Gas	电能 Electricity	库存变化 Changes in Stocks	进口 Imports	出口 Exports
荷兰	Netherlands	1997	10126		428	9601	97	158	14962	11964
		1998	9672		391	9130	151	-63	15362	12170
		1999	9101		373	8576	152	-232	15323	11794
		2000	8797		352	8287	158	341	17348	12775
波兰	Poland	1997	13664	13067	41	509	47	616	4187	2915
		1998	11884	11264	51	516	54	-42	4309	2831
		1999	11365	10758	62	492	53	-48	4159	2481
		2000	10828	10158	93	525	51	-87	4233	2531
罗马尼亚	Romania	1997	4164	890	967	1890	416	156	2562	400
		1998	3831	692	939	1770	430	-62	2183	451
		1999	3709	600	914	1777	418	-101	1461	297
		2000	3760	733	901	1741	385	-23	1565	371
俄罗斯联邦	Russian Federation	1997	135696	13771	43423	72525	5978	-1836	3220	53824
		1998	137073	13011	43071	75108	5883	355	3120	54657
		1999	139006	14013	43333	75138	6522	-358	2334	54568
		2000	141229	14232	45970	74123	6904	776	4188	55770
西班牙	Spain	1997	3992	1331	96	55	2511	-208	12081	682
		1998	4079	1249	125	54	2652	283	13291	903
		1999	3866	1181	93	56	2536	204	14142	641
		2000	4044	1138	84	59	2764	177	14683	739
乌克兰	Ukraine	1997	11742	5659	591	2414	3078		11170	587
		1998	11618	5674	557	2392	2995		10116	510
		1999	11663	5886	543	2409	2825		10456	793
		2000	11897	5956	542	2381	3018		9916	992
英国	United Kingdom	1997	39299	4183	18745	12624	3747	380	10322	14788
		1998	40065	3565	19348	13311	3841	205	10553	15341
		1999	40746	3191	20054	13771	3730	87	10746	16544
		2000	39791	2634	18573	15312	3272	-483	12683	17387
大洋洲	**Oceania**	**1997**	**31237**	**20729**	**4902**	**4803**	**804**	**284**	**4676**	**17489**
		1998	**33249**	**22263**	**5283**	**4877**	**826**	**53**	**4660**	**19155**
		1999	**32912**	**22566**	**1418**	**5059**	**868**	**-595**	**5626**	**19706**
		2000	**35773**	**23974**	**5592**	**5325**	**883**	**122**	**5024**	**21163**
澳大利亚	Australia	1997	28666	20459	3938	4057	212	302	3321	16554
		1998	30822	22000	4405	4219	199	61	3237	18252
		1999	30344	22269	3568	4297	210	-654	4143	18803
		2000	33192	23687	4770	4524	212	133	3590	20270
新西兰	New Zealand	1997	1973	270	398	735	571	-18	733	357
		1998	1836	264	321	647	604	-9	808	334
		1999	1971	297	288	751	635	59	872	334
		2000	1981	287	260	790	644	-11	823	324

11—5续表7 continued

单位：标准煤万吨 (10 000 TCE)

国家和地区	Country or Area	年份 Year	国际运输燃料 Bunkers 空运 Air	海运 Sea	平衡差额 Balance	人均消费量(千克) Consumption per Capita (kilograms per capita)	能源消费量 Consumption 总计 Total	固体 Solids	液体 Liquids	气体 Gas	电能 Electricity
荷兰	Netherlands	1997	419	1765	-904	749	11687	1271	4727	5592	97
		1998	456	1778	-1067	749	11759	1268	4808	5532	151
		1999	473	1838	-1020	732	11570	1107	4837	5475	152
		2000	467	1938	-1253	749	11877	1116	5045	5558	158
波兰	Poland	1997	37	22	130	366	14131	10186	2403	1495	47
		1998	37	38	122	342	13207	9198	2446	1510	54
		1999	37	78	46	335	12930	8799	2608	1470	53
		2000	53	42	192	319	12331	8253	2447	1580	51
罗马尼亚	Romania	1997	18		322	259	5830	1306	1578	2530	416
		1998	15		255	238	5355	1059	1488	2378	430
		1999	19		279	208	4676	880	1198	2180	418
		2000	18		226	211	4732	982	1194	2171	385
俄罗斯联邦	Russian Federation	1997	1259		3252	560	82417	13762	13854	48824	5978
		1998	1182		2419	557	81580	12949	14020	48728	5883
		1999	1222		2999	568	82908	13260	13810	49316	6522
		2000	1285		2881	582	84705	13504	14257	50039	6904
西班牙	Spain	1997	332	833	1061	340	13374	2571	6469	1824	2511
		1998	350	877	925	356	14032	2466	7034	1880	2652
		1999	362	856	956	380	14989	2934	7374	2145	2536
		2000	389	874	925	396	15624	3046	7364	2451	2764
乌克兰	Ukraine	1997	94		147	433	22084	6221	2256	10529	3078
		1998	98		149	419	20978	6244	2295	9443	2995
		1999	97		395	416	20834	6123	1642	10244	2825
		2000	97		89	416	20635	6266	1467	9884	3018
英国	United Kingdom	1997	727	423	729	552	32573	5711	10663	12453	3747
		1998	805	441	706	559	33119	5479	10773	13027	3841
		1999	876	334	1331	543	32320	5117	10667	12806	3730
		2000	928	298	1518	552	32825	5272	10581	13700	3272
大洋洲	**Oceania**	**1997**	**455**	**204**	**262**	**596**	**17220**	**7175**	**5807**	**3434**	**804**
		1998	**485**	**184**	**333**	**599**	**17700**	**7568**	**5835**	**3471**	**826**
		1999	**498**	**194**	**446**	**611**	**18288**	**7736**	**6030**	**3653**	**868**
		2000	**451**	**201**	**375**	**610**	**18486**	**7749**	**5989**	**3865**	**883**
澳大利亚	Australia	1997	300	115	279	779	14437	6949	4589	2688	212
		1998	332	101	328	800	14986	7367	4606	2813	199
		1999	334	116	415	817	15473	7551	4821	2891	210
		2000	295	130	379	813	15576	7575	4726	3063	212
新西兰	New Zealand	1997	81	50	-19	600	2256	207	742	735	571
		1998	80	44	5	577	2189	182	757	647	604
		1999	92	41	28	601	2290	167	738	751	635
		2000	83	33	-7	622	2383	157	792	790	644

注：①为联合国统计数据。②包括摩纳哥。③包括圣马力诺。
Note: ① Data from United Nations. ② Including Monaco. ③ Including San Marino.

11-6 能源利用效率

Energy Efficiency

资料来源：世界银行数据库。
Source: World Bank Database.

国家和地区	Country or Area	单位能源生产的GDP（国际元／千克标准油）GDP per Unit of Energy Use (PPP$ per kg of oil equivalent)				
		1990	1998	1999	2000	2001
世　　界	**World**	**3.5**	**4.0**	**4.1**	**4.1**	**4.2**
中　　国①	China ①	2.0	3.5	3.7	3.9	4.2
中国香港	Hong Kong, China	9.7	8.6	8.2	10.4	9.9
孟加拉国	Bangladesh	9.1	9.7	10.0	10.1	9.7
印　　度	India	3.6	4.1	4.3	4.3	4.4
印度尼西亚	Indonesia	3.9	4.0	3.7	3.8	3.7
伊　　朗	Iran	3.3	2.9	2.9	2.8	3.0
以 色 列	Israel	5.7	5.6	5.8	5.6	
日　　本	Japan	6.0	5.7	5.7	5.8	5.8
哈萨克斯坦	Kazakhstan		1.4	1.5	1.6	1.7
韩　　国	Korea,Rep.	3.9	3.3	3.3	3.4	3.5
马来西亚	Malaysia	4.1	3.7	4.0	3.7	3.6
巴基斯坦	Pakistan	3.7	3.7	3.7	3.8	3.8
菲 律 宾	Philippines	7.4	6.6	6.5	6.5	6.8
新 加 坡	Singapore	3.1	3.4	3.5	3.5	2.9
斯里兰卡	Sri Lanka	6.4	7.5	7.3	7.2	7.3
泰　　国	Thailand	5.3	4.9	4.9	4.9	4.8
土 耳 其	Turkey	5.1	5.2	5.0	5.0	4.9
越　　南	Viet Nam	2.8	3.8	3.9	3.9	4.0
埃　　及	Egypt	4.3	4.5	4.5	4.5	4.5
尼日利亚	Nigeria	1.1	1.1	1.1	1.1	1.1
南　　非	South Africa	3.4	3.2	3.3	3.4	3.5
加 拿 大	Canada	2.9	3.0	3.1	3.2	3.2
墨 西 哥	Mexico	4.7	5.0	5.1	5.4	5.3
美　　国	United States	3.4	3.8	3.8	3.9	4.0
阿 根 廷	Argentina	5.8	7.2	6.7	6.7	6.8
巴　　西	Brazil	6.6	6.1	6.0	6.2	6.2
委内瑞拉	Venezuela	2.4	2.3	2.2	2.2	2.4
白俄罗斯	Belarus		1.6	1.7	1.8	1.9
保加利亚	Bulgaria	1.9	2.2	2.4	2.5	2.5
捷　　克	Czech Republic	2.7	3.0	3.3	3.2	3.2
法　　国	France	5.0	5.1	5.2	5.4	5.3
德　　国	Germany	4.7	5.4	5.6	5.7	5.6
意 大 利	Italy	7.4	7.6	7.6	7.7	7.8
荷　　兰	Netherlands	4.5	5.0	5.2	5.3	5.2
波　　兰	Poland	2.5	3.3	3.6	3.9	3.9
罗马尼亚	Romania	2.3	2.9	3.2	3.2	3.4
俄罗斯联邦	Russian Federation		1.4	1.5	1.6	1.6
西 班 牙	Spain	6.2	6.0	6.0	5.9	6.0
乌 克 兰	Ukraine		1.2	1.2	1.3	1.4
英　　国	United Kingdom	5.0	5.5	5.6	5.8	5.8
澳大利亚	Australia	3.7	4.2	4.2	4.2	4.2
新 西 兰	New Zealand	3.9	4.0	4.0	3.9	4.0

注：①世界银行统计数据。
Note: ① Data from World Bank.

11-7 电力装机容量

Net Installed Capacity of Electricity Generating Plants

资料来源：联合国《能源统计年鉴》2000 年。

Source: UN *Energy Statistics Yearbook 2000.*

单位：万千瓦 (10 000 kilowatts)

国家和地区	Country or Area	年份 Year	总装机容量 Self-producers and Public Utilities 总计 Total	热电 Thermal	水电 Hydro	核电 Nuclear	地热 Geothermal	发电厂自用装机容量 Self-producers 总计 Total	热电 Thermal	水电 Hydro	核电 Nuclear	地热 Geothermal
世界总计	**World**	**1990**	**276179**	**177906**	**64418**	**33030**	**825**	**20750**	**18256**	**2088**	**96**	**311**
		1997	**321033**	**210499**	**72723**	**36171**	**1640**	**25936**	**23133**	**2278**	**70**	**455**
		1998	**326045**	**214210**	**73706**	**36252**	**1877**	**26893**	**23997**	**2293**	**72**	**530**
		1999	**330070**	**217174**	**74295**	**36564**	**2037**	**27137**	**24224**	**2289**	**74**	**550**
		2000	**337281**	**222204**	**75600**	**36876**	**2601**	**30365**	**25558**	**2662**	**1337**	**807**
亚洲	**Asia**	**1990**	**61265**	**43589**	**12927**	**4611**	**139**	**5155**	**4879**	**256**	**17**	**4**
		1997	**93889**	**68553**	**18252**	**6567**	**518**	**7460**	**7146**	**287**	**17**	**11**
		1998	**96941**	**70909**	**18639**	**6848**	**545**	**8145**	**7818**	**300**	**17**	**11**
		1999	**98936**	**72489**	**18799**	**7084**	**564**	**8317**	**7989**	**300**	**17**	**12**
		2000	**101381**	**74624**	**19095**	**7087**	**575**	**8768**	**8433**	**307**	**17**	**12**
孟加拉国	Bangladesh	1990	252	229	23			17	17			
		1997	331	308	23			40	40			
		1998	349	326	23			40	40			
		1999	349	326	23			40	40			
		2000	349	326	23			40	40			
印度	India	1990	7470	5435	1876	157	3	861	861	-		
		1997	10227	7709	2193	223	103	1317	1308	2		
		1998	10739	8157	2250	223	109	1409	1400	2		
		1999	11254	8476	2388	268	123	1466	1457	2		
		2000	11450	8685	2392	250	123	1494	1485	2		
印度尼西亚	Indonesia	1990	1292	963	315		14	380	275	105		
		1997	2134	1740	364		31	430	311	120		
		1998	2487	2016	434		36	449	316	134		
		1999	2516	2043	437		36	457	321	136		
		2000	2541	2065	439		36	464	327	138		
伊朗	Iran	1990	1795	1600	195			315	315			
		1997	2495	2745	200			619	619			
		1998	6063	2863	200			619	619			
		1999	3063	2863	200			619	619			
		2000	3063	2863	200			619	619			
以色列	Israel	1990	414	414	1		1	8	8	1		
		1997	781	780	1		1	8	8	1		
		1998	787	786	1		1	8	8	1		
		1999	859	858	1		1	8	8	1		
		2000	914	913	1		1	8	8	1		
日本	Japan	1990	19476	12502	3783	3165	27	1969	1811	138	17	4
		1997	24245	15220	4446	4525	54	2585	2428	136	17	4
		1998	24573	15350	4533	4637	54	2656	2500	136	17	4
		1999	24706	15490	4506	4657	54	2716	2560	136	17	4
		2000	24836	15600	4506	4677	54	2757	2600	136	17	4
哈萨克斯坦	Kazakhstan	1997	1986	1676	214	7		258	248	10		
		1998	1896	1676	214	7		258	248	10		
		1999	1896	1676	214	7		258	248	10		
		2000	1896	1676	214	7		258	248	10		
马来西亚	Malaysia	1990	504	358	146			54	48	6		
		1997	1291	1095	196			63	57	6		
		1998	1360	1150	210			438	434	4		
		1999	1274	1064	209			452	451	1		
		2000	1382	1171	212			512	509	4		
蒙古	Mongolia	1990	90	90				13	13			
		1997	90	90				13	13			
		1998	90	90				13	13			
		1999	90	90				13	13			
		2000	90	90				13	13			
缅甸	Myanmar	1990	199	110	84	26		29	29			
		1997	140	108	34			37	37	-		
		1998	140	106	34			37	37	-		
		1999	155	118	36			37	37	-		
		2000	155	118	37			38	37	-		
朝鲜	Korea, Dem. People's Rep.	1990	950	450	500							
		1997	950	450	500							
		1998	950	450	500							
		1999	950	450	500							
		2000	950	450	500							

11−7 续表 1 continued

单位:万千瓦 (10 000 kilowatts)

国家和地区	Country or Area	年份 Year	总装机容量 Self-producers and Public Utilities					发电厂自用装机容量 Self-producers				
			总计 Total	热电 Thermal	水电 Hydro	核电 Nuclear	地热 Geother-mal	总计 Total	热电 Thermal	水电 Hydro	核电 Nuclear	地热 Geother-mal
韩国	Korea, Rep.	1990	2308	1312	234	762		205	205			
		1997	4533	3190	312	1032		429	429			
		1998	4798	3284	313	1202		458	458			
		1999	5159	3472	315	1372		461	461			
		2000	5368	3681	315	1372		523	523			
巴基斯坦	Pakistan	1990	935	631	290	14		132	132			
		1997	1482	986	483	14						
		1998	1566	1070	483	14						
		1999	1566	1070	483	14						
		2000	1740	1244	483	14						
菲律宾	Philippines	1990	702	398	215		89	56	55	2		
		1997	1115	503	292		320	55	53	2		
		1998	1160	524	302		335	55	54	2		
		1999	1190	539	312		340	55	54	2		
		2000	1225	554	322		350	55	54	2		
新加坡	Singapore	1990	340	340								
		1997	564	564								
		1998	567	567								
		1999	567	567								
		2000	567	567								
斯里兰卡	Sri Lanka	1990	129	27	102							
		1997	185	71	114			15	15			
		1998	175	61	114			9	9			
		1999	178	63	114		-	9	9			
		2000	211	96	115		-	27	27			
泰国	Thailand	1990	972	745	227			100	100			
		1997	2036	1744	292		-	255	255			
		1998	2150	1858	292		-	308	308			
		1999	2355	2063	292		-	333	333			
		2000	2765	2471	294		-	505	308			
土耳其	Turkey	1990	1632	954	677		2	119	118	1		
		1997	2190	1177	1010		2	178	176	1		
		1998	2336	1302	1031		3	231	229	1		
		1999	2514	1456	1055		3	231	230	1		
		2000	2727	1605	1118		5	300	296	4		-
越南	Viet Nam	1990	213	140	68		5					
		1997	453	157	289		7					
		1998	498	202	289		7					
		1999	500	203	290		7					
		2000	503	204	292		8					
非洲	**Africa**	**1990**	**7420**	**5348**	**1880**	**184**	**8**	**438**	**358**	**80**	**-**	**1**
		1997	**9646**	**7282**	**2174**	**184**	**5**	**414**	**335**	**78**	**-**	**1**
		1998	**9839**	**7470**	**2180**	**184**	**5**	**423**	**344**	**78**	**-**	**1**
		1999	**9944**	**7571**	**2184**	**184**	**6**	**425**	**346**	**78**	**-**	**1**
		2000	**10065**	**7663**	**2212**	**184**	**6**	**445**	**366**	**78**		**1**
埃及	Egytp	1990	1145	871	275			28	28			
		1997	1586	1678	1397	281		30	30			
		1998	1662	1750	1472	278		30	30			
		1999	1678	1761	1486	275		30	30			
		2000	1750	1767	1492	275		32	32			
尼日利亚	Nigeria	1990	457	327	130			4		4		
		1997	588	588	350	238		4		4		
		1998	588	588	350	238		4		4		
		1999	588	588	350	238		4		4		
		2000	588	588	350	238		4		4		
南非	South Africa	1990	2673	2430	59	184		110	109	1		
		1997	3760	3465	111	184		111	110	1		
		1998	3827	3533	111	184		111	110	1		
		1999	3895	3599	111	184		111	110	1		
		2000	3962	3666	111	184		111	110	1		
北美洲	**North America**	**1990**	**88351**	**60191**	**16244**	**11386**	**530**	**5443**	**4576**	**585**	**2**	**280**
		1997	**97228**	**67018**	**17859**	**11746**	**605**	**8691**	**7594**	**766**	**0**	**332**
		1998	**97357**	**67253**	**18004**	**11483**	**617**	**8742**	**7637**	**768**	**2**	**335**
		1999	**97725**	**67544**	**18028**	**11521**	**633**	**8767**	**7657**	**768**	**4**	**339**
		2000	**98697**	**68169**	**17896**	**11660**	**972**	**10726**	**7821**	**1070**	**1267**	**568**

11—7 续表 2 continued

单位:万千瓦 (10 000 kilowatts)

国家和地区	Country or Area	年份 Year	总装机容量 Self-producers and Public Utilities 总计 Total	热电 Thermal	水电 Hydro	核电 Nuclear	地热 Geothermal	发电厂自用装机容量 Self-producers 总计 Total	热电 Thermal	水电 Hydro	核电 Nuclear	地热 Geothermal
加拿大	Canada	1990	10414	3120	5938	1354	2	613	184	429		
		1997	11398	3164	6590	1640	5	677	265	412		
		1998	11504	3164	6696	1640	5	677	265	412		
		1999	11595	3233	6712	1640	11	677	265	412		
		2000	11752	3373	6730	1640	11	770	358	412		
墨西哥	Mexico	1990	2848	1923	788	68	70	318	311	7		
		1997	4616	3403	1001	135	76	319	311	7		
		1998	4617	3403	1002	135	77	319	311	7		
		1999	4633	3417	1002	137	78	333	325	7		
		2000	4567	3383	969	137	78	406	397	7		
美国	United States	1990	73333	53691	9236	9964	441	4287	3858	148	2	280
		1997	79166	58754	9943	9972	497	7402	6738	335	0	329
		1998	79003	58849	9943	9709	502	7422	6754	335	2	331
		1999	79168	58976	9943	9745	504	7436	6766	335	4	332
		2000	79928	59393	9813	9883	839	9230	6766	637	1267	560
南美洲	**South America**	**1990**	**11666**	**3268**	**8230**	**168**		**969**	**828**	**140**		
		1997	**14436**	**4141**	**10127**	**168**	**-**	**944**	**791**	**153**	**0**	**0**
		1998	**15125**	**4588**	**10368**	**168**	**1**	**961**	**808**	**153**	**0**	**0**
		1999	**15625**	**4780**	**10677**	**168**	**1**	**921**	**769**	**152**	**0**	**0**
		2000	**16168**	**4931**	**10937**	**299**	**1**	**931**	**781**	**151**	**0**	**0**
阿根廷	Argentina	1990	1721	957	662	102		180	178	2		
		1997	2151	1129	919	102	-	164	162	2		
		1998	2306	1267	936	102	1	175	173	2		
		1999	2374	1309	962	102	1	175	173	2		
		2000	2374	1309	962	102	1	175	173	2		
巴西	Brazil	1990	5305	684	4556	66		329	267	62		
		1997	6297	743	5489	66		382	292	90		
		1998	6588	846	5676	66		390	300	90		
		1999	6783	819	5899	66		336	245	91		
		2000	7312	1040	6076	197		344	254	90		
委内瑞拉	Venezuela	1990	1852	852	1000			120	120			
		1997	2128	978	1150			125	125			
		1998	2128	978	1150			125	125			
		1999	2162	982	1180			128	128			
		2000	2129	935	1194			128	128			
欧洲	**Europe**	**1990**	**68608**	**38179**	**17415**	**12894**	**120**	**5907**	**4849**	**954**	**77**	**27**
		1997	**100472**	**59483**	**23004**	**17506**	**479**	**8201**	**7050**	**989**	**54**	**109**
		1998	**101417**	**59964**	**23208**	**17569**	**676**	**8396**	**7173**	**988**	**54**	**181**
		1999	**102438**	**60756**	**23283**	**17607**	**792**	**8477**	**7246**	**980**	**54**	**196**
		2000	**105534**	**62762**	**24132**	**17647**	**994**	**9115**	**7815**	**1021**	**54**	**225**
保加利亚	Bulgaria	1990	1113	640	197	276		104	104			
		1997	1209	715	140	354		75	75	-		
		1998	1209	715	140	354		75	75	-		
		1999	1209	715	140	354		75	75	-		
		2000	1103	567	188	348		55	55	-		
捷克	Czech Republic	1995	1385	1070	140	176		164	161	3		
		1997	1385	1070	140	176		164	161	3		
		1998	1385	1070	140	176		164	161	3		
		1999	1446	1130	140	176		164	161	3		
		2000	1522	1130	215	176		231	216	15		
法国 ②	France ②	1990	10341	2267	2475	5575	24	823	651	172		
		1997	11254	2417	2509	6288	41	840	648	193		
		1998	11394	2556	2510	6288	41	840	648	193		
		1999	11501	2622	2512	6318	50	841	648	193		
		2000	11657	2749	2536	6318	54	979	775	204		
德国	Germany	1990	9975	6950	710	2315		1375	1300	60	15	
		1997	11634	8337	888	2284	126	1629	1471	53	15	90
		1998	11704	8337	888	2284	196	1698	1471	53	15	160
		1999	11712	8337	888	2281	206	1709	1471	53	15	170
		2000	11928	8550	888	2284	206	1709	1471	53	15	170
意大利 ③	Italy ③	1990	5655	3728	1877		50	742	569	173		
		1997	6950	4902	1988		60	985	801	184		
		1998	7048	4968	2006		75	985	801	184		
		1999	7096	4970	2044		82	985	801	184		
		2000	8506	6204	2219		83	985	801	184		

11-7 续表 3 continued

单位:万千瓦 (10 000 kilowatts)

国家和地区	Country or Area	年份 Year	总装机容量 Self-producers and Public Utilities					发电厂自用装机容量 Self-producers				
			总计 Total	热电 Thermal	水电 Hydro	核电 Nuclear	地热 Geothermal	总计 Total	热电 Thermal	水电 Hydro	核电 Nuclear	地热 Geothermal
荷兰	Netherlands	1990	1744	1685	4	51	5	224	224			
		1997	1907	1832	4	45	26	221	218			3
		1998	2015	1931	4	45	36	278	275			3
		1999	2061	1972	4	45	40	279	275			4
		2000	2101	2007	4	45	45	281	275			6
波兰	Poland	1990	3070	2885	185			317	317			
		1997	2947	2742	205		-	224	223	-		
		1998	2947	2742	205		-	224	223	-		
		1999	3073	2855	218		-	224	223	-		
		2000	3056	2837	218		-	188	188	-		
罗马尼亚	Romania	1990	2248	1681	567		-	183	179	3		-
		1997	2284	1606	607	71	0	125	122	3		
		1998	2256	1577	608	71	0	131	128	3		
		1999	2256	1577	608	71	0	131	128	3		
		2000	2190	1508	612	71	0	89	86	3		
俄罗斯联邦	Russian Federation	1995	21086	14584	4376	2124	1	1292	1280	12		
		1997	21096	14594	4376	2124	1	1292	1280	12		
		1998	21096	14594	4376	2124	1	1292	1280	12		
		1999	21096	14594	4376	2124	1	1292	1280	12		
		2000	21299	14667	4435	2173	2	1647	1617	30		
西班牙	Spain	1990	4341	2021	1623	697		132	75	57		
		1997	4868	2419	1676	725	48	341	313	28		
		1998	5008	2524	1668	730	86	436	413	23		
		1999	5093	2565	1690	735	103	437	414	24		
		2000	5290	2550	1799	751	191	438	413	25		
乌克兰	Ukraine	1995	5424	3672	471	1282		423	422	1		
		1997	5387	3635	471	1282		426	425	1		
		1998	5387	3635	471	1282		426	425	1		
		1999	5387	3635	471	1282		426	425	1		
		2000	5387	3635	471	1282		426	425	1		
英国	United Kingdom	1990	7301	5748	172	1135	1	369	299	8	62	
		1997	7295	5524	423	1333	15	465	399	14	39	14
		1998	7342	5566	426	1334	15	501	434	14	39	14
		1999	7586	5808	427	1334	17	575	506	15	39	15
		2000	7953	6196	427	1288	42	698	603	16	39	41
大洋洲	**Oceania**	**1990**	**4500**	**3248**	**1226**		**26**	**189**	**187**	**2**		
		1997	**5362**	**4022**	**1308**	**0**	**32**	**226**	**217**	**7**		
		1998	**5366**	**4026**	**1308**	**0**	**32**	**226**	**217**	**7**		
		1999	**5402**	**4035**	**1325**	**0**	**42**	**231**	**217**	**11**		
		2000	**5436**	**4055**	**1328**	**0**	**53**	**379**	**343**	**36**		
澳大利亚	Australia	1990	3601	2874	727			158	157	1		
		1997	4410	3649	761		-	158	157	1		
		1998	4410	3649	761		-	158	157	1		
		1999	4415	3649	765		1	162	157	5		
		2000	4419	3651	767		1	320	291	29		
新西兰	New Zealand	1990	750	259	465		26					
		1997	796	259	505		32	40	38			2
		1998	796	259	505		32	40	38			2
		1999	821	263	518		41	40	38			2
		2000	851	281	519		51	31	30			1

注:①为联合国统计数据。②包括摩纳哥。③包括圣马力诺。
Note: ① Data from United Nations. ② Including Monaco. ③ Including San Marino.

11-8 主要工业产品产量

Output of Major Industrial Products

资料来源：联合国《统计月报》和《工业产品统计年鉴》2001 年；联合国粮农组织数据库。
Source: UN *Monthly Bulletin of Statistics & Industrial Commodity Statistics Yearbook 2001*;FAO Database.

国家和地区	Country or Area	钢（万吨） Steel (10 000 tons)		国家和地区	Country or Area	煤炭（万吨）① Coal (10 000 tons) ①	
		1990	2002			1990	2002
世界总计	**World**	**77294**	**79244 ④**	**世界总计**	**World**	**470651**	**444745 ④**
中国	China	6635	18237	中国	China	107988	138000
印度	India	1303	1685	印度	India	2168	35808
日本	Japan	11033	10747	印度尼西亚②	Indonesia ②	733	10306
韩国	Korea, Rep.	2312		日本②	Japan ②	826	320 ④
南非	South Africa	863	910	韩国②	Korea, Rep. ②	1954	334
加拿大	Canada	2168	1601	马来西亚②	Malaysia ②		54 ④
墨西哥	Mexico	822	1445	巴基斯坦②	Pakistan ②	275	311 ④
美国	United States	8972	10096	菲律宾②	Philippines ②	124	164
阿根廷	Argentina	362	284	摩洛哥②	Morocco ②		28
巴西	Brazil	2058	2951	南非②	South Africa ②	17478	22246
委内瑞拉	Venezuela	318	416	加拿大	Canada	6833	7046 ④
保加利亚	Bulgaria	218	235 ⑥	墨西哥②	Mexico ②		612
俄罗斯联邦	Russian Federation		6491	美国②	United States ②	93625	101725 ④
奥地利	Austria	455	620	阿根廷②	Argentina ②	26	34 ⑤
捷克	Czech Republic		652	巴西	Brazil	460	428 ⑤
比利时	Belgium	1146	1074	委内瑞拉②	Venezuela ②	218	659 ⑤
丹麦	Denmark	61	62 ④	奥地利③	Austria ③		126⑮
芬兰	Finland	286	395	保加利亚②	Bulgaria ②	3167	2696⑮
法国	France	1920	2040	捷克	Czech Republic		6336
德国	Germany		4338	哈萨克斯坦	Kazakhstan		7322
匈牙利	Hungary	281	211	法国	France	1280	347⑮
意大利	Italy	2545	2593	德国	Germany		20778
荷兰	Netherlands	541	614	匈牙利③	Hungary ③	1758	1332 ④
波兰	Poland	1362	838	波兰	Poland	21526	16232
罗马尼亚	Romania	622	550	罗马尼亚	Romania	3734	3050
西班牙	Spain	1271	1634	西班牙②	Spain ②	3581	1330⑮
瑞典	Sweden	445	574	土耳其	Turkey	4660	5198
土耳其	Turkey	941	1609	俄罗斯联邦	Russian Federation		25567
英国	United Kingdom	4616	1082	英国②	United Kingdom ②	8930	3212 ④
澳大利亚	Australia	668	750	澳大利亚②	Australia ②		26087

11−8 续表 1 continued

国家和地区	Country or Area	原油（万吨） Crude Petroleum (10 000 tons)		国家和地区	Country or Area	发电量（亿千瓦小时）⑦ Electricity (100 million kwh) ⑦	
		1990	2002			1990	2002
世 界 总 计	**World**	**301120**	**344057 ④**	**世 界 总 计**	**World**	**117088**	**164014 ④**
中　　国	China	13831	16700	中　　国	China	6212	16540
印　　度	India	3331	3270	印　　度⑧	India ⑧	2643	5297
印度尼西亚	Indonesia	7152	6719	日　　本	Japan	8573	9329 ④
伊　　朗	Iran	15708	18137 ④	韩　　国⑧	Korea,Rep. ⑧	1077	3060
伊 拉 克	Iraq	10050	11490 ④	缅　　甸⑧	Myanmar ⑧	25	50⑮
日　　本	Japan	53	61	巴基斯坦⑧	Pakistan ⑧	381	677 ④
哈萨克斯坦	Kazakhstan		4717	菲 律 宾	Philippines	263	482
科 威 特	Kuwait	5954	10124 ④	泰　　国	Thailand	441	614
马来西亚	Malaysia	3002	3345	南　　非	South Africa	1654	2177
沙特阿拉伯	Saudi Arabia	32038	39379 ④	加 拿 大	Canada	4820	5641 ④
阿 联 酋	United Arab Emirates	10196	9894 ④	墨 西 哥	Mexico	1224	1785
阿尔及利亚	Algeria	3702	3851 ④	美　　国	United States	30117	37785 ④
埃　　及	Egypt	4403	3354 ④	阿 根 廷	Argentina	470	845 ④
利 比 亚	Liberia	6716	6524 ④	巴　　西	Brazil	2228	3323 ⑤
尼日利亚	Nigeria	8634	13056 ④	奥 地 利	Austria	504	618 ④
加 拿 大	Canada	7622	9856⑮	比 利 时	Belgium	706	825
墨 西 哥	Mexico	13247	16518	保加利亚	Bulgaria	421	426
美　　国	United States	37103	29492 ④	捷　　克	Czech Republic		763
阿 根 廷	Argentina	2478	3876 ④	芬　　兰	Finland	544	676 ④
巴　　西	Brazil	3161	6571 ④	法　　国	France	4201	5070⑮
哥伦比亚	Colombia		2880	德　　国	Germany		5653 ④
委内瑞拉	Venezuela	11201	14132 ④	匈 牙 利	Hungary	283	340 ④
法　　国	France	302	150 ④	意 大 利	Italy	2169	2789 ④
德　　国	Germany		416	荷　　兰	Netherlands	719	963
匈 牙 利	Hungary	198	104	波　　兰	Poland	1363	1409
意 大 利	Italy	464	518	罗马尼亚	Romania	641	547
荷　　兰	Netherlands	353	230	西 班 牙	Spain	1518	2067⑮
挪　　威	Norway	7967	16309 ④	瑞　　典	Sweden	1464	1431
罗马尼亚	Romania	793	584	土 耳 其	Turkey	575	1289
土 耳 其	Turkey	290	244	俄罗斯联邦	Russian Federation		8889
俄罗斯联邦	Russian Federation		37918	英　　国	United Kingdom	3190	3506
英　　国	United Kingdom	8801	11594	澳大利亚	Australia	1551	1885⑮
澳大利亚	Australia	2749	3178	新 西 兰	New Zealand	302	363

11−8 续表 2 continued

国家和地区	Country or Area	水泥产量（万吨） Cement(10 000 tons) 1990	2002
世界总计	**World**	**114125**	**179720④**
中国	China	20971	72500
中国香港	Hong Kong, China	180	90
孟加拉国⑨	Bangladesh⑨	34	174
印度	India	4572	10814
印度尼西亚	Indonesia	1478	3120
以色列	Israel	287	690④
日本	Japan	8444	7201
韩国	Korea, Rep.	3391	5682
马来西亚	Malaysia	588	1433
缅甸	Myanmar	42	47
巴基斯坦⑨	Pakistan⑨	749	994
菲律宾	Philippines	636	1138④
新加坡	Singapore	185	
斯里兰卡	Sri Lanka	58	212④
泰国	Thailand	1804	3224
土耳其	Turkey	2464	3258
埃及	Egypt	1411	2681
南非	South Africa	656	871④
加拿大	Canada	1108	1306
墨西哥	Mexico	2450	3335
美国	United States	7094	11425
阿根廷	Argentina	361	394
巴西	Brazil	749	4219
保加利亚	Bulgaria	472	220
法国	France	2651	2000
德国	Germany		2800
匈牙利	Hungary	394	382
意大利	Italy	4055	4205
荷兰	Netherlands	371	320⑮
波兰	Poland	1252	1093
罗马尼亚	Romania	947	576
西班牙	Spain	2809	4234
俄罗斯联邦	Russian Federation		3967
英国	United Kingdom	1474	1132
澳大利亚⑨	Australia⑨	707	772

国家和地区	Country or Area	化肥产量（万吨） Chemical Fertilizer (10 000 tons) 1990	2002
世界总计	**World**	**12475**	**14705**
中国	China	1880	3791
孟加拉国	Bangladesh	19	16
印度	India	302	1446
印度尼西亚	Indonesia	118	308
伊朗	Iran	10	92
以色列	Israel	92	227
日本	Japan	185	104
哈萨克斯坦	Kazakhstan		9
马来西亚	Malaysia	4	58
缅甸	Myanmar	6	2
朝鲜	Korea,Dem.People's Rep.	68	4
韩国	Korea, Rep.	118	75
巴基斯坦	Pakistan	64	228
菲律宾	Philippines	7	39
斯里兰卡	Sri Lanka	1	1
越南	Viet Nam	4	28
埃及	Egypt	51	174
尼日利亚	Nigeria	1	9⑤
南非	South Africa	92	58
加拿大	Canada	982	1189
墨西哥	Mexico	94	48
美国	United States	2338	1846
阿根廷	Argentina	3	52
巴西	Brazil	197	261
捷克	Czech Republic		30
法国⑩	France⑩	492	113
德国⑩	Germany⑩	956	448
意大利⑩	Italy⑩	188	45
荷兰⑩	Netherlands⑩	195	114
波兰	Poland	213	162
罗马尼亚	Romania	239	87
俄罗斯联邦	Russian Federation		1291
西班牙⑩	Spain⑩	215	160
英国	United Kingdom	180	113
澳大利亚	Australia	104	101

11-8 续表 3 continued

国家和地区	Country or Area	棉布产量（万平方米）Woven Cotton Fabrics (10 000 m²)		国家和地区	Country or Area	汽车产量（万辆）Motor Vehicles (10 000 vehicles)	
		1990	2002			1990	2002
中国⑪	China⑪	1082000	1725400	**世界总计**	**World**	**4835**	**5072⑮**
印度	India	1517700	1973280	中国	China	51	325
缅甸⑪	Myanmar⑪	4700	1920	印度	India	36	75
日本	Japan	176500	54000	日本	Japan	1349	1019
韩国	Korea, Rep.	62000	25440⑮	韩国	Korea, Rep.	132	294
巴基斯坦	Pakistan	29500	56760	加拿大	Canada	193	235
埃及	Egypt	60300		墨西哥	Mexico	82	172
南非	South Africa	17500	21600	美国	United States	978	1145 ④
美国	United States	373200		阿根廷	Argentina	10	18
捷克	Czech Republic		21480	巴西	Brazil	91	181
波兰⑪	Poland⑪	47400	17520 ⑤	捷克	Czech Republic	24	265⑱
土耳其⑪	Turkey⑪	71500	55200	法国	France	377	363 ④
匈牙利	Hungary	20600	3000	德国	Germany	498	1374
罗马尼亚	Romania	53600	600	意大利	Italy	212	142
俄罗斯联邦	Russian Federation		232560	荷兰	Netherlands	15	24 ④
奥地利	Austria	10800⑪	5880	波兰	Poland	33	31
比利时⑫	Belgium⑫		4	罗马尼亚	Romania		6
法国⑫	France⑫	8	9 ④	西班牙	Spain	205	286
德国⑫	Germany⑫		13	瑞典	Sweden	41	
意大利	Italy	178000	21 ④⑫	俄罗斯联邦	Russian Federation		115
英国⑪	United Kingdom⑪	19800		英国	United Kingdom	157	182
澳大利亚	Australia	3800		澳大利亚	Australia	38	32 ④

11−8 续表 4 continued

国家和地区	Country or Area	天然气(万亿焦耳) Natural Gas£¨terajoule)	
		1990	2002
世界总计	**World**	**74772000**	**98549000⑱**
中国⑭	China⑭	153	327
印度	India	389000	1110816
印度尼西亚	Indonesia	2345000	3097464 ④
哈萨克斯坦	Kazakhstan		355548
马来西亚	Malaysia	502000	1809744 ④
沙特阿拉伯	Saudi Arabia	1195000	1264080⑮
泰国	Thailand	226000	765228 ④
加拿大	Canada	4114000	7061364⑮
墨西哥	Mexico	955000	2024100
美国	United States	18255000	21110832 ④
阿根廷	Argentina	793000	1852116 ④
玻利维亚	Bolivia	101000	239256
巴西	Brazil	151000	678708
奥地利	Austria	45000	71400⑮
丹麦	Denmark	122000	181764
法国	France	77000	67008⑮
德国	Germany		733764
匈牙利	Hungary	16000	118560
爱尔兰	Ireland	88000	38352 ④
意大利	Italy	653000	554280
荷兰	Netherlands	2541000	2234472
挪威	Norway		2330712 ④
波兰	Poland	100000	164856
罗马尼亚	Romania	959000	456048
俄罗斯联邦	Russian Federation		23208132
乌克兰	Ukraine		634152
英国	United Kingdom	1904000	4336968
澳大利亚	Australia	797000	1162092
新西兰	New Zealand	180000	245580

国家和地区	Country or Area	新闻纸（万吨） Newsprint(10 000 tons)	
		1990	2002
世界总计	**World**	**3020**	**3770⑱**
中国⑬	China⑬	48	140
孟加拉国	Bangladesh	5	4
印度	India	31	60
印度尼西亚	Indonesia	16	48 ④
日本	Japan	348	360
韩国	Korea, Rep.	52	165
土耳其	Turkey	15	4
南非	South Africa	36	33⑮
加拿大	Canada	907	846
墨西哥	Mexico	40	14
美国	United States	600	525
阿根廷	Argentina	21	18
巴西	Brazil	25	25
智利	Chile	17	23
奥地利	Austria	33	38 ④
芬兰	Finland	143	106
法国	France	42	98
德国	Germany		208
意大利	Italy	23	18
挪威	Norway		79
波兰	Poland	3	21
罗马尼亚	Romania	7	4
俄罗斯联邦	Russian Federation		170⑮
西班牙	Spain	17	32
瑞典	Sweden	227	184
乌克兰	Ukraine		3
英国	United Kingdom	70	104
澳大利亚	Australia	37	41
新西兰	New Zealand	30	35

11-8 续表 5 continued

国家和地区	Country or Area	家用冰箱（万台） Refrigerators for Household Use(10 000 units) 1990	2001
世界总计	**World**	**5245**	**7366**
中国	China	463	1351
印度	India	122	247
印度尼西亚	Indonesia	20	24⑤
日本	Japan	505	388
韩国	Korea, Rep.	283	513
马来西亚	Malaysia	21	19
泰国	Thailand	86	163⑯
土耳其	Turkey	99	225
阿尔及利亚	Algeria	39	6
埃及	Egypt	25	
南非	South Africa	35	66
墨西哥	Mexico	40	207
美国	United States	702	1178
阿根廷	Argentina	27	33⑮
巴西	Brazil	244	337
白俄罗斯	Belarus		81⑮
保加利亚	Bulgaria	8	15
丹麦⑰	Denmark⑰	28	123
法国	France	17	56⑮
匈牙利	Hungary	44	106
意大利	Italy	420	694
波兰	Poland	60	59
罗马尼亚	Romania	39	29
西班牙	Spain	129	215⑮
瑞典	Sweden	58	54
俄罗斯联邦	Russian Federation		154
英国	United Kingdom	131	91⑤
乌克兰	Ukraine		51
澳大利亚	Australia	33	43⑤

国家和地区	Country or Area	家用电视机(万台) Television Sets (10 000 units) 1990	2001
世界总计	**World**	**12731**	**11821**
中国	China	2685	4094
中国香港	Hong Kong, China	118	
孟加拉国	Bangladesh	14	13
印度	India	132	198
印度尼西亚	Indonesia	67	
伊朗	Iran	60	86⑮
日本	Japan	1513	286
韩国	Korea, Rep.	324	932
马来西亚	Malaysia	1620	950
巴基斯坦	Pakistan	20	10
泰国	Thailand	235	
土耳其	Turkey	199	803
埃及	Egypt	33	3⑮
南非	South Africa	37	26
突尼斯	Tunisia	12	10⑮
墨西哥	Mexico	63	
美国	United States	1398	826
阿根廷	Argentina	31	156⑮
巴西	Brazil	320	546
白俄罗斯	Belarus		53⑮
保加利亚	Bulgaria	22	
捷克	Czech Republic		114⑮
法国	France	284	
德国	Germany		153⑮
意大利	Italy	231	121
波兰	Poland	75	750
罗马尼亚	Romania	40	102
俄罗斯联邦	Russian Federation	1054	112
西班牙	Spain	247	

11—8 续表 6 continued

国家和地区	Country or Area	家用洗衣机（万台）Washing machines for household use(10 000 units) 1990	2001	国家和地区	Country or Area	电话（万台）Telephones (10 000 units) 1990	2001
世界总计	**World**	**4262**	**5954**	**世界总计**	**World**	**7616**	**19529**
中国	China	663	1341	中国	China	880	10303
印度尼西亚	Indonesia	2	5⑤	印度	India	162	1207
日本	Japan	558	406	印度尼西亚	Indonesia	13	392⑤
哈萨克斯坦	Kazakhstan		1	日本	Japan	1572	1305⑮
韩国	Korea, Rep.	216	353	韩国	Korea, Rep.	1144	536
土耳其	Turkey	74	104	土耳其	Turkey	60	56
埃及	Egypt	18	25⑤	阿尔及利亚	Algeria	7	6
南非	South Africa	11	3	墨西哥	Mexico	120	164
墨西哥	Mexico	56	164	阿根廷	Argentina		34⑮
美国	United States	643	798	巴西	Brazil	134	531
巴西	Brazil	55	226	白俄罗斯	Belarus		8⑮
白俄罗斯	Belarus		9⑮	保加利亚	Bulgaria	92	2
意大利	Italy	437	851	德国	Germany		1348
波兰	Poland	48	76	波兰	Poland	159	36⑮
罗马尼亚	Romania	21	2	罗马尼亚	Romania	24	54
俄罗斯联邦	Russian Federation		104	俄罗斯联邦	Russian Federation		111
斯洛文尼亚	Slovenia		49⑮	斯洛文尼亚	Slovenia		31⑮
瑞典	Sweden	11	12	西班牙	Spain	242	179
乌克兰	Ukraine		17	乌克兰	Ukraine		11
澳大利亚	Australia	34	35⑤	英国	United Kingdom		2323⑮

注：①煤炭产量包括硬煤和褐煤产量。②仅指硬煤产量。③仅指褐煤产量。④2001年数据。⑤1999年数据。⑥1997年数据。⑦包括电力企业和自备电厂的发电量。⑧不包括电力企业和自备电厂的发电量。⑨当年6月30日为止的一年。⑩包括氮肥、磷肥和钾肥。⑪万米。⑫万吨。⑬联合国统计数据。⑭亿立方米。⑮2000年数据。⑯1998年数据。⑰销售量。

Note: ① Coal production and lignite production. ② Coal production only. ③ Lignite production only. ④ Data of 2001. ⑤ Data of 1999. ⑥ Data of 1997. ⑦ Total gross generation of electricity,including generation by industrial establishments generating primarily for own use. ⑧ Excluding generation by industrial establishments generation primarily for own use. ⑨ Averages of twelve months ending 30 June of year stated. ⑩ Including nitrogen fertilizers,phosphate and potash fertilizer.⑪10000 metres.⑫10000 metric tons.⑬Data from UN.⑭100 million cu.m.⑮Data of 2000.⑯Data of 1998.⑰Sales.

11-9 竣工住宅
Construction of New Buildings

资料来源：联合国数据库。
Source: UN Database.

国家和地区	Country or Area	单位 (unit)		1998	1999	2000	2001	2002
中国	China	万平方米	10000sq.m	38083	45757	49668	57901	63712
中国香港①②	Hong Kong,China ①②	万平方米	10000sq.m	88	130	106	96	142
以色列③	Israel ③	万平方米	10000sq.m	719		644	571	652
日本④⑤	Japan ④⑤	万平方米	10000sq.m	12048	12540	12708	11693	8618
韩国⑤⑥	Korea, Rep. ⑤⑥	万平方米	10000sq.m	3115	1981	4128	4786	5732
新加坡④	Singapore ④	万平方米	10000sq.m		173	172	116	
南非①④	South Africa ①④	套	Number		58308	47304	38196	
美国⑦	United States ⑦	套	Number	1620000	1668000	1596000	1608000	
丹麦④	Denmark ④	万平方米	10000sq.m	252	246	218	216	209
芬兰④	Finland ④	万平方米	10000sq.m	1054	1051	1222	1164	1068
法国⑤⑥⑧	France ⑤⑥⑧	套	Number					3442
德国⑤⑥	Germany ⑤⑥	万平方米	10000sq.m		4771	3953	3384	3169
荷兰⑤⑦	Netherlands ⑤⑦	套	Number	85872	83400			
罗马尼亚	Romania	套	Number			2724		
西班牙④⑤	Spain ④⑤	套	Number	275592	321180	366780	365664	
瑞典④	Sweden ④	套	Number	11496	11712	12996	19404	
土耳其④	Turkey ④	万平方米	10000sq.m	2621		2904	3055	1980
俄罗斯联邦④	Russian Federation ④	万平方米	10000sq.m			3030	3030	3372
乌克兰	Ukraine	万平方米	10000sq.m	586	616	556	594	607
英国④⑨	United Kingdom ④⑨	套	Number	179724	182136	178632	175452	
南斯拉夫④⑤	Yugoslavia ④⑤	套	Number		2952	6180		
澳大利亚④	Australia ④	套	Number	136836	100200	110088	125172	
新西兰⑥	New Zealand ⑥	万平方米	10000sq.m	325	430	349	366	480

注：①私人建筑。②使用面积。③包括管辖的犹太人居住区。④完工数。⑤包括修复和改建。⑥批准开工数。⑦开工数。⑧不包括不含厨房的一居室。⑨不包括北爱尔兰。

Note: ① Private construction. ② Usable floor space. ③ Buildings constructed in Jewish localities in the adm,inistered territories are included. ④ Construction completed. ⑤ Including restoration and conversion. ⑥ Construction authorized. ⑦ Construction started. ⑧ Excluding single rooms without kitchens. ⑨ Excluding Northern Ireland.

11-10 住宅及其设备

Dwellings and Dwelling Facilities

资料来源：日本《世界统计》2004 年。
Source: Japan *World statistics 2004*.

国家和地区	Country or Area	年份 Year	住宅 Dwellings			住宅设备普及率(%) Dwelling Facilities(%)			
			住宅总计（万套） Total Dwellings (10 000 numbers)	平均每千人拥有住宅数（套） Dwellings per 1000 persons (numbers)	平均每户居室数（间） Rooms per Dwelling	自来水 Running Water	浴盆和淋浴 Bath	抽水马桶 Flush Toilet	集中供暖 Central Heating
亚洲	**Asia**								
日本	Japan	1993	4077.3	326.6	4.9		93.5	75.6	3.9
		1998	4392.2	347.5	4.8		95.4	83.0	
塞浦路斯	Cyprus	1999	28.2	42.3	5.9	98.4	91.6	92.0	24.5
		2000	28.7	42.8	5.8	98.4	91.8	92.2	25.4
北美洲	**North America**								
美国	United States	1991	10459.2	429.4					
		1999	11229.2	428.0		99.2	99.4	99.4	88.1
欧洲	**Europe**								
爱尔兰	Ireland	1999	125.1	334.0	5.2	97.0	94.0	96.0	59.0
		2000	129.3	341.0	5.2	97.0	94.0	96.0	59.0
英国	United Kingdom	1999	2504.0						
		2000	2521.7						
意大利	Italy	1991			4.2	99.1	95.9	98.8	26.4
		1996			4.0				
爱沙尼亚	Estonia	1999	62.3	432.0	3.8	84.0	67.0	74.0	68.0
		2000	62.2	434.0	3.8	84.0	67.0	74.0	68.0
澳大利亚	Australia	1999	323.0	404.0	4.1	99.8	97.0	98.3	73.5
		2000	326.1	405.0	4.3	99.9	97.5	98.7	73.5
荷兰	Netherlands	1999	659.0	418.0	3.9				
		2000	665.1	416.1	3.8				
瑞士	Switzerland	1999	354.2	515.4	4.2				
		2000	357.5	520.1	4.2				
瑞典	Sweden	1999	428.3	483.0	3.8	100.0	100.0	100.0	100.0
		2000	429.4	483.4	4.0	100.0	100.0	100.0	100.0
斯洛文尼亚	Slovenia	1999	70.6	355.0	4.2	97.6	87.9	90.8	65.1
		2000	71.2	358.0	4.0	97.6	88.0	90.8	65.4
丹麦	Denmark	1999	248.9	468.4			97.8	93.3	98.1
		2000	250.9	470.6			93.6	97.9	98.3
德国	Germany	1991	3417.4	426.0	4.5				
		1996	3649.2	445.0	4.3				
挪威	Norway	1999	192.1	427.0	4.8				
		2000	194.0	429.3	5.0				
匈牙利	Hungary	1999	406.1	404.0	4.1	84.8	79.2	76.2	
		2000	407.7	406.7	4.1				
芬兰	Finland	1996	239.1	466.6		96.6	93.6	98.0	91.1
		1999	247.8	490.0	3.9				
法国	France	1991	2675.6	472.4		99.7	92.4		77.4
		1996	2822.1	483.5		99.9	97.0	97.3	81.8
保加利亚	Bulgaria	1999	344.7	421.0	2.6	83.6		57.9	17.2
		2000	345.5	424.0	2.6	83.6		57.9	17.2
比利时	Belgium	1991	374.8	375.6					
		1996	397.4	391.3					
波兰	Poland	1996	1154.7	299.0	4.5	90.6	78.6	78.6	69.2
		1999	1176.3	304.0	4.1	92.5	80.8	80.6	71.4
罗马尼亚	Romania	1999	788.5	351.1	4.1				
		2000	790.7	352.4	4.3				
卢森堡	Luxembourg	1996			4.5				
		1999			4.8				
俄罗斯联邦	Russian Federation	1999	276.1 ①	19.1 ②	2.6	73.0	63.0		72.0
		2000	277.9 ①	19.3 ②	2.6	73.0	64.0		73.0

注：①单位是百万平方米。②单位是平方米。
Note: ① Unit:million sq.m. ② Unit:sq.m.

主要统计指标解释

工业生产指数 按国际标准产业分类的大类，包括矿业，制造业，电力、煤气、水，不包括建筑业，工业生产指数体现按美元不变价计算的增加值的变化趋势，采用拉氏公式计算，基期为1995年。

机构数 这里所用的“机构”的概念大部分情况下指的是“经济活动单位”，即能够单独核算的、在一个地点经营的、主要从事一种经济活动的单位。

从业人员数 指所有在企业中工作的人，包括企业主本人、合伙人、不领工资的家庭成员和所有雇员，但不包括家务劳动者。

雇员工资和薪金 指在统计期间内支付给雇员的各种形式的报酬，包括工资、奖金、由企业直接支付的津贴、实物工资等，不包括企业为雇员支付的社会保险缴款。

产值 指企业的工业活动所产出的价值。

增加值 在国民核算中为平衡项，等于总产出减去中间消耗。

固定资本形成 指期间内所购买或自建的固定资产减去相应的卖出的固定资产的价值。

一次能源生产量 固体能源指硬煤、褐煤、泥炭和油岩；液体能源指原油和液化天然气；气体能源指天然气；电能指水电、核电、地热发电、潮汐发电和太阳能发电。

库存变化、进口和出口 包括所有的一次能源和商业能源。

国际运输燃料 指供给国际运输的飞机或轮船的燃料，空运燃料包括航空汽油和喷气发动机燃料，海运燃料，包括硬煤、柴油等。

能源消费量 固体能源消费量指一次形式的固体燃料消费、二次形式的燃料的净进口和库存变化；液体能源消费量指各种形式的液体能源的消费；气体能源消费量指天然气的消费、煤气的净进口和库存变化。电能消费指一次形式的电能的消费和电能的净进口。

消费量＝产量＋进口－出口－国际运输燃料－库存变化

平衡差额 在“能源平衡表”中的“平衡差额”一项是为了使能源的生产和消费总量平衡，它一般是由于排除非能源用石油和无法取得的库存数据引起的。

Explanatory Notes on Main Statistical Indicators

Industrial Production Indices are classified according to tabulation categories, division and combination of division of the revised version of the international Standard Industrial Classification of All Economic Activities (ISIC) for mining, manufacturing and electricity, gas and water, excluding construction. The indices indicate trends in value added in constant US dollars. Each series is compiled by use of the Laspeyres. The weight base year is 1995.

Establishment is ideally a unit that engages, under a single ownership or control, in one, or predominantly one, kind of activity at a single location.

Number of Employees is defined as the total number of persons who worked in or for the establishment during the reference year. However, home workers are excluded.

Wages and Salaries include all payments in cash or in kind made to employees during the reference year in relation to work done for the establishment. Payments including: direct wages and salaries; bonuses and gratuities; housing allowances and family allowances paid directly by the employer; and payments in kind.

Output The measure of output normally used in the tables is the census concept that covers only activities of an industrial nature.

Value Added The measure of value added normally used in the tables is the census concept, which is defined as the value of census output less the value of census input.

Gross Fixed Capital Formation Estimates refer to the value of purchases and own account construction of fixed assets during the reference year less the value of corresponding sales.

Primary Energy Production Including in the production of commercial primary energy for solids are hard coal, lignite, peat and oil shale; liquids are comprised of crude petroleum and natural gas liquids; gas comprises natural gas and natural gas liquids; electricity is comprised of primary electricity generation from hydro, nuclear, geothermal, wind, tide wave and solar sources.

Changes in Stocks, Imports and Exports refer to all primary and secondary forms of commercial energy.

Bunkers Airs bunkers refer to bunkers of aviation gasoline and jet fuel. Sea bunkers refer to bunkers of hard coal, gas-diesel oil and residual fuel oil.

Energy Consumption Including in the consumption of commercial energy for solids are consumption of primary forms of solid fuels, net imports and changes in stocks of secondary fuels; liquids are comprised of consumption of energy petroleum products including feed stocks, natural gasolene, condensate, refinery gas and input of crude petroleum to thermal power plants; gases including the consumption of natural gas, net imports and changes in stocks of gasworks and coke-oven gas; and Electricity is comprised of production of primary electricity and net imports of electricity.

Consumption=Production +Imports-Exports-Bunkers-Changes in stocks

Balance An unallocated has been created in order to balance out the difference between the results of the above formula for consumption and the total consumption. This inequality occurs primarily because of the exclusion of non-energy petroleum products as well as inadequate or unavailable stock data.

十二、运输和通讯

Transportation and Communication

12-1 公路货物周转量
Freight Ton-km of Road

资料来源：世界银行数据库。
Sources: World Bank Database.
单位：亿吨公里 (100 million ton-km)

国家和地区	Country or Area	1990	1997	1998	1999	2000	2001
中　　国	China	3358.1	5271.5	5483.4	5724.3	6129.4	6330.4
印　　度	India		7.9	8.7	9.6		
日　　本	Japan	2744.4	3062.6	3006.7	3071.5	3131.2	
哈萨克斯坦	Kazakhstan	447.8	64.8	46.4	45.1	46.0	55.0
韩　　国	Korea, Rep.	318.4	745.0				
蒙　　古	Mongolia	18.7	1.3	1.2	1.2	1.3	1.3
巴基斯坦	Pakistan	3.5	841.7	902.7	968.0	1113.2	
斯里兰卡	Sri Lanka	0.2 ①	0.3 ②				
土 耳 其	Turkey		1397.9	1522.1	1509.7	1615.5	1514.2
埃　　及	Egypt	314.0	315.0 ②				
加 拿 大	Canada	547.0	722.4	766.9		847.5	
墨 西 哥	Mexico	1088.8	1540.8	1790.9	1979.6		
美　　国	United States	10731.0	15344.3				
白俄罗斯	Belarus	221.3 ①	90.7	97.5	92.3	89.8	
保加利亚	Bulgaria	138.2	4.8	3.1	1.7		
捷　　克	Czech Republic	227.0 ③	406.4	339.1	369.6	390.4	402.6
法　　国	France	1905.0	2372.0	2454.0			
德　　国	Germany	1828.0	2031.2	2104.0	2269.8		
意 大 利	Italy	1779.0	2072.0	2198.0			
荷　　兰	Netherlands	318.0	216.0	292.0	327.0		
波　　兰	Poland	498.0	955.0	695.4	704.5	728.4	744.0
罗马尼亚	Romania	138.0	217.5	157.9	134.6	142.9	
俄罗斯联邦	Russian Federation	3.0 ①	1.4	1.2	1.3	1.4	
西 班 牙	Spain	789.0	788.0	1030.0	981.5		
乌 克 兰	Ukraine	796.7	205.3	182.7	182.1	168.1	
英　　国	United Kingdom	1330.0	1571.0	1595.0	1507.0		
澳大利亚	Australia	914.0				89.8	

注：①1991年数据。②1996年数据。③1994年数据。
Note: ① Data refer to 1991. ② Data refer to 1996. ③ Data refer to 1994.

12–2 铁路运输（2000年）

Railway Traffic (2000)

资料来源：世界银行数据库。
Sources: World Bank Database.

国家和地区	Country or Area	铁路总长度（公里）Rail lines total (km)	电气化铁路长度（公里）Rail lines Electric (km)	运输密度（运输单位／公里）Traffic density (traffic units per km)	员工生产率（运输单位／人）Employee productivity (traffic units per employee)	客运与货运收费之比 Ratio of passenger tariffs to freight tariffs
中国	China	68700	14864	30262 ①	1155 ①	1.19 ①②
孟加拉国	Bangladesh	2768 ②		1704 ②	126 ②	0.24 ②
印度	India	62759	14261	11725	467	0.31 ②
印度尼西亚	Indonesia	5324 ③	131 ③	3974 ③	610 ③	0.95 ③
伊朗	Iran	6688	148	3185	758	0.02 ④
以色列	Israel	925		2112	1628	
日本	Japan	20165	12080	13048	1528	2.17 ④
哈萨克斯坦	Kazakhstan	13545	3725	9981	1069	
韩国	Korea, Rep.	3123	668	12456	1323	1.43 ③
马来西亚	Malaysia	1622	152	1368	370	0.87 ⑤
蒙古	Mongolia	1810		2963	394	
巴基斯坦	Pakistan	7791	293	2838	232	0.28 ⑥
菲律宾	Philippines	491 ②		505 ③	112 ③	0.09 ③
斯里兰卡	Sri Lanka	1447 ②		2271 ②	189 ②	0.11 ②
泰国	Thailand	4044		3342	660	0.75
土耳其	Turkey	8671	1752	1798	330	1.20
越南	Vietnam	3142		1624	154	0.88
埃及	Egypt	5024	59	14308	753	0.20 ②
尼日利亚	Nigeria	3557		287	65 ⑥	0.10 ⑥
南非	South Africa	22657	10430	5018	2933	0.67 ④
加拿大	Canada	39400 ⑤		7479 ⑤	7600	6.63 ⑤
墨西哥	Mexico	17697 ②	250 ②	2660 ②	3925 ③	
美国	United States	160000	484	13800	13476 ⑥	9.28
阿根廷	Argentina	28291 ②	179 ②	318 ②	1209	1.28 ②
巴西	Brazil	25652 ②	1220 ②	1805 ②	3970	
委内瑞拉	Venezuela	336		161	180	0.21 ⑦
白俄罗斯	Belarus	5512	874	7857 ⑤	630	0.35 ④
保加利亚	Bulgaria	4290 ⑥	2708 ⑥	1846 ⑥	216 ⑥	0.89 ⑥
捷克	Czech Republic	9365	2843	2615	284	0.42 ④
法国	France	32515	14104	3854	715	1.54 ③
德国	Germany	36652	19079	4128	681	2.77 ⑦
意大利	Italy	16499	10937	4102	618	1.42
荷兰	Netherlands	2802	2061	6631	752	2.56 ②
波兰	Poland	22560	11826	3537	415 ⑥	0.79 ⑥
罗马尼亚	Romania	11364	3929	2467	267	1.24
俄罗斯联邦	Russian Federation	86075	40962	15854	1054	0.97 ③
西班牙	Spain	13866	7523	2295	842	1.30 ④
乌克兰	Ukraine	22302	9170	9535 ⑤	598	
英国	United Kingdom	17067	5225	3500	2678	
南斯拉夫	Yugoslavia	4058	1103	522 ②	94	
新西兰	New Zealand	3913 ②	519 ②	938 ②	1120	1.46 ⑤

注：①世界银行统计数据。②1999年数据。③1998年数据。④1995年数据。⑤1997年数据。⑥2001年数据。⑦1996年数据。
Note: ① Data from World Bank. ② Data refer to 1999. ③ Data refer to 1998. ④ Data refer to 1995. ⑤ Data refer to 1997. ⑥ Data refer to 2001. ⑦ Data refer to 1996.

12-3 国际海运装货量和卸货量

International Maritime Freight Loaded and Unloaded

资料来源：联合国数据库。
Sources: United Nations Database.
单位：万吨 (10 000tons)

国家和地区	Country or Area	国际海运装货量 International Maritime Freight Loaded			国际海运卸货量 International Maritime Freight Unloaded		
		1990	2001	2002	1990	2001	2002
中国①	China ①		159600 ②	144000 ②			
中国香港	Hong Kong, China	2692	6774 ③	5454 ③	6272	11053	8870
中国澳门	Macao, China		727 ③	847 ③		1463	1850
孟加拉国	Bangladesh		89	89	78	1363	1478
印度尼西亚	Indonesia		24 ④				
伊朗	Iran		2870			4753	
以色列	Israel	952	1328 ⑤	1386 ⑤	1182	1871	3194
日本	Japan	10117	14009	15361	85393	77783	78468
韩国	Korea, Rep.		17720	18124		43334	47708
马来西亚	Malaysia	2245	7009 ⑥	8165 ⑥	3516	6818	7446
缅甸	Myanmar	70	320⑪		73	546⑪	
巴基斯坦	Pakistan	569	809		2366	3115	
菲律宾	Philippines	1693			3799		
新加坡	Singapore	9787	31349	31349	12746		
斯里兰卡	Sri Lanka	503	929 ④		805		
泰国	Thailand	2720			4296		
土耳其	Turkey	7601	1818		6612	1644	
埃及	Egypt	1036	1501 ④⑦		2155		
南非	South Africa		13338	13338		2333	2333
墨西哥	Mexico	15881	10711		5383		
美国	United States	44646	33143 ⑧	32364 ⑧	59429	82996	81358
阿根廷	Argentina	4420	6937		704	1654 ⑩	1148 ⑩
法国	France	7417	6847 ⑨	8755 ⑨	21245	19974	21431
德国	Germany		9032			15368	15056
意大利	Italy	5020			27203		
荷兰	Netherlands	11021	9775		33751	32650	
波兰	Poland	3688	3152	3313	1500	1469	1505
罗马尼亚	Romania	1457	1379		4040	1512	
俄罗斯联邦	Russian Federation		898	1016		66	104
西班牙	Spain	4840	9526	9787	14624	23737	25136
乌克兰	Ukraine		4931			740	
英国	United Kingdom	14926			20411		
澳大利亚	Australia		48750	49744		5632	5938
新西兰	New Zealand	1464	2359	2501	998	1464	1591

注：①数据来源于联合国数据库。②包括装货量和卸货量。③包括转载。④1999年数字。⑤不包括石油。⑥包括沿岸运输、转载。数据仅指马来西亚半岛。⑦包括船储。⑧包括北美五大湖区国际运输。⑨包括沿岸运输。⑩不包括再出口，不包括包装物的重量。⑪2000年数字。

Note: ① The data from United Nations Database. ② Including both goods loaded and unloaded. ③ Including transshipments. ④ Data refer to 1999. ⑤ Excluding petroleum. ⑥ Including coastwise traffic. Including transshipments. Data refer to Peninsular Malaysia only. ⑦ Including ships stores. ⑧ Including Great Lakes international traffic. ⑨ Including coastwise traffic. ⑩ Excluding re-exports, Excluding packing. ⑪Data refer to 2000.

12-4 空运货物周转量和旅客周转量

Freight and Passengers Carried by Air

资料来源：世界银行数据库，联合国数据库。
Sources: World Bank Database; UN Database.

国家和地区	Country or Area	空运货物周转量(亿吨公里) Air Transport, Freight (100 million ton-km)			空运旅客周转量（亿人公里） Air Transport,Passengers Carried (100 million passenger kilometres)		
		1990	2001	2002	1990	2001	2002
世界	**World**	**562.60**	**1107.04**	**1166.26**			
高收入国家	**High income**	**467.02**	**915.68**	**966.34**			
中等收入国家	**Middle income**	**72.58**	**166.08**	**176.61**			
低收入国家	**Low income**	**23.00**	**25.28**	**23.30**			
中国	China	8.18	43.72	51.55	230	1091	1269
中国香港	Hong Kong, China		50.66	57.15			
中国澳门	Macao, China		0.23	0.27			
孟加拉国	Bangladesh	0.70	1.70	1.72		44	46
印度	India	6.63	5.19	5.50	165	245	275
印度尼西亚	Indonesia	4.59	4.24	4.06	139	223	221
伊朗	Iran	1.14	0.77	0.82		100	26
以色列	Israel	8.32	8.58	10.58			
日本	Japan	50.69	76.14	81.02	614	1443	1001
哈萨克斯坦	Kazakhstan		0.12	0.15			
韩国	Korea, Rep..	24.59	68.27	79.13	187	722	487
马来西亚	Malaysia	5.74	17.75	19.24	119	357	369
蒙古	Mongolia		0.07	0.08			
缅甸	Myanmar	0.01	0.01	0.02			
巴基斯坦	Pakistan	4.21	3.71	3.47	94	117	107
菲律宾	Philippines	3.16	2.64	2.67	104	31 ①②	
新加坡	Singapore	16.53	57.74	67.72	316	843	907
斯里兰卡	Sri Lanka	0.93	2.18	2.03	34	80	76
泰国	Thailand	6.61	16.69	18.24	198	530	580
土耳其	Turkey	1.01	3.50	3.81			
越南	Vietnam		1.35	1.51		67	73
埃及	Egypt	1.44	2.39	2.48	60	89	82
尼日利亚	Nigeria	0.24	0.03	0.09			
南非	South Africa	1.79	7.56	7.83			
加拿大	Canada	13.85	16.05	15.78	461	668	690
墨西哥	Mexico	1.43	2.96	3.11	184	276 ③	259 ③
美国	United States	147.91	279.20	290.70	6255	10434	10139
阿根廷	Argentina	2.14	1.24	0.76	84	83 ④	97 ④
巴西	Brazil	10.82	14.67	15.40	278	293 ①⑤	
委内瑞拉	Venezuela	1.13	0.30	0.33			
白俄罗斯	Belarus		0.02	0.01			
保加利亚	Bulgaria	0.08	0.02	0.02		8	
捷克	Czech Republic	0.15	0.26	0.27	20	43	46
法国	France	39.96	48.25	49.97	434	944 ⑥	968 ⑥
德国	Germany	39.94	70.26	71.96	421	910	936
意大利	Italy	11.71	15.21	13.94	228		
荷兰	Netherlands	21.29	41.16	42.04	284	694	703
波兰	Polan	0.49	0.69	0.67	18	59	61
罗马尼亚	Romania	0.13	0.10	0.09		22	19
俄罗斯联邦	Russian Federation		8.98	10.39		738	368
西班牙	Spain	7.60	8.79	8.07		371	540
乌克兰	Ukraine		0.12	0.12	817	17	19
英国	United Kingdom	38.25	45.49	49.41		1905	1879
澳大利亚	Australia	12.22	16.78	14.97	277		
新西兰	New Zealand	3.25	7.63	6.88	106		

注：①1999年数据。②仅指PAL航空公司。③仅指Aeronaves de Mexico and Mexicana。④仅指Aerolineas Argentinas航空公司。⑤包括Varig, Transbrasil和Vasp航空公司。⑥仅指Air France航空公司。
Note: ① Data refer to 1999. ② PAL only. ③ Aeronaves de Mexico and Mexicana only. ④ Aerolineas Argentinas only. ⑤ Including Varig, Transbrasil and Vasp. ⑥ Air France only.

12-5 机动车使用量

Vehicles in Use

资料来源：国际公路协会《世界公路统计》2002 年。
Source:International Road Federation *World Road Statistics 2002*.

国家和地区	Country or Area	年份 Year	汽车总计（万辆） Total (10 000)	乘用车（万辆） Passenger Cars (10 000)	大轿车（万辆） Buses & Coaches (10 000)	卡车和货车（万辆） Lorries & Vans (10 000)	公路牵引车（万辆） Road Tractors (10 000)
中国	China	2000	1608.9	853.7		716.3	
中国香港	Hong kong, China	1999	52.5	39.0	1.9	11.6	1.5
印度	India	1998	812.0	505.6	53.5	252.9	231.0
印度尼西亚	Indonesia	1998	499.3	277.3	62.8	159.3	
伊朗	Iran	1998			5.2	17.8	
以色列	Israel	2000	175.0	142.2	1.8	31.0	0.4
日本	Japan	2000	7265.3	6243.8	23.5	1997.9	13.4
哈萨克斯坦	Kazakhstan	2000	127.9	100.0	4.6	23.3	
韩国	Korea, Rep.	2000	1204.0	808.4	142.8	252.9	2.0
马来西亚	Malaysia	2000	492.7	421.3	4.9	66.5	31.6
蒙古	Mongolia	2000	7.5	4.4	0.6	2.5	0.8
缅甸	Myanmar	1996	6.9	2.7		4.2	
巴基斯坦	Pakistan	1999	114.3	66.9	16.2	31.2	52.0
菲律宾	Philippines	2000	243.8	76.8	142.2	24.8	2.7
新加坡	Singapore	1999	52.4	38.3	1.2	13.0	
斯里兰卡	Sri Lanka	1999	69.6	21.9	6.3	32.4	12.4
泰国	Thailand	1996	623.4	166.1	172.1	285.3	
土耳其	Turkey	1999	547.9	407.3	33.4	107.2	
埃及	Egypt	1996	178.7	135.4	3.8	39.7	6.1
尼日利亚	Nigeria	1996	270.1	88.5	90.3	91.3	
南非	South Africa	1999	603.6	396.6	16.5	190.5	17.9
加拿大	Canada	1998	1758.1	1388.7	6.8	362.6	
墨西哥	Mexico	2000	1548.7	1044.3	11.2	793.2	
美国	United States	1999	21477.5	13243.2	72.9	8161.4	153.4
阿根廷	Argentina	1998	654.4	504.8	4.3	145.3	
巴西	Brazil	2000	2897.5	2324.2	42.7	530.6	
委内瑞拉	Venezuela	1996	195.4	152.0		43.4	
白俄罗斯	Belarus	2000	145.7	144.8	0.8		1.9
保加利亚	Bulgaria	2000	222.2	190.8	4.2	27.1	2.1
捷克	Czech Republic	2000	373.3	343.9	1.8	27.6	2.3
法国	France	2000	3381.3	2806.0	8.0	567.3	21.7
德国	Germany	1999	4487.4	4232.4	8.5	246.6	191.6
意大利	Italy	1999	3514.3	3141.7	8.7	363.9	10.5
荷兰	Netherlands	1999	674.6	605.1	1.1	68.4	5.1
波兰	Poland	2000	1185.7	999.1	8.2	178.3	9.7
罗马尼亚	Romania	2000	359.0	312.9	4.8	41.3	3.5
俄罗斯联邦	Russian Federation	2000	2539.4	2035.3	64.0	440.1	
西班牙	Spain	1998	1954.5	1610.0	5.2	339.3	
乌克兰	Ukraine	2000		525.0			
英国	United Kingdom	1999	2315.9	2278.5	8.4	29.0	
南斯拉夫	Yugoslavia	1999	173.4	159.3	1.1	13.0	32.6
澳大利亚	Australia	1998	1173.8	956.1	6.4	211.3	6.2
新西兰	New Zealand	2000	267.5	222.2	1.4	44.0	2.6

12–5 续表 continued

国家和地区	Country or Area	年份 Year	摩托车和机动脚踏两用车（万辆） Motorcycles & Mopeds (10 000)	每千人拥有汽车数量（辆／千人） Total Vehicles per 1000 Inhabitants	每千人拥有乘用车（辆／千人） Passenger Cars per 1000 Inhabitants	每公里道路汽车数量（辆／公里） Total Vehicles per km of Road
中国	China	2000	3771.8	12.7	6.7	11.5
中国香港	Hong kong, China	1999	3.3	76.7	57.0	278.5
印度	India	1998	2834.2	8.1	5.1	
印度尼西亚	Indonesia	1998	1265.2			
伊朗	Iran	1998				
以色列	Israel	2000	7.7	274.8	233.3	107.5
日本	Japan	2000	1397.4	572.4	413.2	
哈萨克斯坦	Kazakhstan	2000	11.3	86.0	67.0	15.7
韩国	Korea, Rep.	2000		255.1	171.0	
马来西亚	Malaysia	2000	535.7			
蒙古	Mongolia	2000	2.4	30.9	18.3	1.5
缅甸	Myanmar	1996		1.4	0.6	2.4
巴基斯坦	Pakistan	1999	198.7	8.5	5.0	4.5
菲律宾	Philippines	2000	123.6	32.0	10.0	12.0
新加坡	Singapore	1999	13.3			
斯里兰卡	Sri Lanka	1999	79.5	36.54	11.5	7.2
泰国	Thailand	1996	1023.9	103.0	27.4	96.5
土耳其	Turkey	1999	97.6	85.0	63.3	14.2
埃及	Egypt	1996	41.8	29.7	22.5	27.9
尼日利亚	Nigeria	1996	44.2	26.2	8.6	13.9
南非	South Africa	1999	15.8			
加拿大	Canada	1998	33.4	580.0	458.0	19.5
墨西哥	Mexico	2000		158.9	107.1	
美国	United States	1999	411.1	779.4	480.6	34.1
阿根廷	Argentina	1998		181.1	139.7	37.1
巴西	Brazil	2000	473.2			
委内瑞拉	Venezuela	1996		89.1	69.3	23.2
白俄罗斯	Belarus	2000	52.4		145.0	
保加利亚	Bulgaria	2000	51.9	273.0	234.0	60.0
捷克	Czech Republic	2000	74.8	364.0	335.0	67.0
法国	France	2000		575.0	477.0	38.0
德国	Germany	1999			516.0	
意大利	Italy	1999	722.5	605.9	541.7	73.6
荷兰	Netherlands	1999	38.8	428.0	384.0	57.9
波兰	Poland	2000	80.3	306.7	258.5	31.9
罗马尼亚	Romania	2000	31.6	160.0	139.0	18.1
俄罗斯联邦	Russian Federation	2000		176.1	132.4	48.0
西班牙	Spain	1998	359.3		408.0	
乌克兰	Ukraine	2000	225.2		104.0	
英国	United Kingdom	1999	16.8			62.3
南斯拉夫	Yugoslavia	1999	3.6	163.0	15.0	39.0
澳大利亚	Australia	1998	32.9			
新西兰	New Zealand	2000	7.9	696.0	578.0	

12-6 汽车燃料消费
Consumption of Motor Fuels

资料来源：国际公路协会《世界公路统计》2002 年。
Source:International Road Federation *World Road Statistics 2002.*

国家和地区	Country or Area	年份 Year	汽油 Petrol			
			总消费量 (万吨) Total Consumption (10000 tons)	用于公路汽车消费的比例 (%) Percentage of Consumption Used in Road Vehicles (%)	普通级别每升最低价格(1/100 特别提款权) Minimum Price per Litre Ordinary Grade (1/100 SDR)	汽油税率(%) Percentage of Taxation Content of Consumption (%)
中国香港	Hong kong, China	1999	37.3	100.0	98	61.2
伊朗	Iran	1996	904.2			
以色列	Israel	2000	198.5	100.0	78	63.6
日本	Japan	1997	4073.9	99.7	53	60.9
韩国	Korea, Rep.	1998	720.9	94.5	61	59.4
蒙古	Mongolia	2000	20.2		25	32.3
巴基斯坦	Pakistan	1999	134.8		41	
菲律宾	Philippines	1998	869.0		18	
中国台湾	Taiwan,China	1998	1366.1	58.2	16	
泰国	Thailand	1996	386.0			
土耳其	Turkey	1999	460.7	99.0	71	71.0
喀麦隆	Cameroon	1996	426.0			
佛得角	Cape Verde	1996	744.0			
乍得	Chad	1996	527.0			
尼日利亚	Nigeria	1996	366.0		40	
南非	South Africa	1999	1086.1	100.0	32	42.6
加拿大	Canada	2000	3833.6			
墨西哥	Mexico	1996	2070.0			
美国	United States	1997	3499.0	96.7	23	32.0
阿根廷	Argentina	1999	520.9		59	52.7
巴西	Brazil	1999	7973.0			
哥伦比亚	Colombia	1999	670.5			
厄瓜多尔	Ecuador	1999	1061.8	97.0	17	10.5
白俄罗斯	Belarus	2000	95.8	96.8		
法国	France	2000	1381.3	98.0	81	73.0
德国	Germany	1999	2910.0 ①		50	67.0
意大利	Italy	1999	1810.0	100.0	83	64.0
哈萨克斯坦	Kazakhstan	2000	244.1	92.1	29	20.0
荷兰	Netherlands	1999	414.0	96.0	90	55.0
波兰	Romania	1999	105.4		41	
俄罗斯联邦	Russian Federation	1999	1493.6	62.9		
瑞典	Sweden	2000	537.3		77	67.0
乌克兰	Ukraine	2000	294.1	46.9		
英国	United Kingdom	1999	2158.0	99.0	60	82.0
南斯拉夫	Yugoslavia	1998	80.6	98.0		
澳大利亚	Australia	1996	1730.0			
新西兰	New Zealand	1996	209.0	95.0		

12–6续表 continued

国家和地区	Country or Area	年份 Year	柴油 Diesel 总消费量（万吨） Total Consumption (10000 tons)	用于公路汽车消费的比例（%） Percentage of Consumption Used in Road Vehicles (%)	每升最低价格（1/100 特别提款权） Minimum Price per Litter (1/100 SDR)	柴油税率 （%） Percentage of Taxation Content of Consumption (%)
中国香港	Hong kong, China	1999	810.4	10.1	95	33.4
伊朗	Iran	1996	1700.0			
以色列	Israel	2000	219.0	94.6	42	20.7
日本	Japan	1997	3691.5	95.0	43	45.2
韩国	Korea, Rep.	1998	1600.9	53.9	28	35.3
蒙古	Mongolia	2000	46.7		21	18.1
巴基斯坦	Pakistan	1999			14	
菲律宾	Philippines	1998	1583.2	1.6	14	
中国台湾	Taiwan, China	1998	357.0	26.0	11	
泰国	Thailand	1996	905.0			
土耳其	Turkey	1999	1008.0	64.0	53	63.0
喀麦隆	Cameroon	1996	267.0			
佛得角	Cape Verde	1996	3660.0			
乍得	Chad	1996	2490.0			
尼日利亚	Nigeria	1996	217.0		40	
南非	South Africa	1999	599.3	75.0	25	46.0
加拿大	Canada	2000	2337.6			
墨西哥	Mexico	1996	1090.0			
美国	United States	1997	9651.4		23	36.0
阿根廷	Argentina	1999	1166.3		31	0.12
巴西	Brazil	2000	2665.2	80.1		
哥伦比亚	Colombia	1999	310.9			
厄瓜多尔	Ecuador	1999	1381.8	88.0	15	10.5
白俄罗斯	Belarus	2000	167.3	40.8		
法国	France	2000	2730.7	98.0	59	50.0
德国	Germany	1999	2680.0 ①		37	63.0
意大利	Italy	1999	1800.0	100.0	70	54.0
哈萨克斯坦	Kazakhstan	2000	256.1	40.5		20.0
荷兰	Netherlands	1999	672.6	98.0	65	64.0
波兰	Romania	1999	114.3		28	
俄罗斯联邦	Russian Federation	1999	2177.0	38.3		
瑞典	Sweden	2000	351.3		68	55.0
乌克兰	Ukraine	2000	488.3	42.7		
英国	United Kingdom	1999	1656.0	92.0	62	83.0
南斯拉夫	Yugoslavia	1998	120.6	68.0		55.0
澳大利亚	Australia	1996	977.0			
新西兰	New Zealand	1996	155.0	57.0		

注：①1996年数据。
Note: ① Data refer to 1996.

12–7 商船吨位

Merchandise Shipping Fleet

资料来源：联合国《统计年鉴》2000 年。
Source: United Nation *Statistaical Yearbook 2000.*

单位：万吨 (10 000 tons)

国家和地区	Country or Area	1990	1997	1998	1999	2000	2001
世界总计	**World**	**42363**	**52220**	**53189**	**54361**	**55805**	**57455**
中国①	China ①	1390	1634	1650	1632	1650	1665
中国香港	Hong Kong, China	657	577	617	797	1024	1371
孟加拉国	Bangladesh	46	42	41	38	37	39
印度	India	648	693	678	692	666	669
印度尼西亚	Indonesia	218	320	325	324	338	361
伊朗	Iran	474	355	335	355	423	394
以色列	Israel	53	79	75	73	61	61
日本	Japan	2708	1852	1778	1706	1526	1457
马来西亚	Malaysia	172	484	521	525	533	521
缅甸	Myanmar	83	57	49	54	45	38
朝鲜	Korea, Dem People's Rep.	44	67	63	66	65	70
韩国	Korea, Rep.	778	743	569	574	620	640
巴基斯坦	Pakistan	35	44	40	31	26	25
菲律宾	Philippines	852	885	851	765	700	603
新加坡	Singapore	793	1888	2037	2178	2149	2102
斯里兰卡	Sri Lanka	35	22	19	20	15	15
泰国	Thailand	62	216	200	196	195	177
土耳其	Turkey	372	657	625	633	583	590
越南	Viet Nam	47	77	78	87	100	107
埃及	Egypt	126	129	137	137	135	135
利比里亚	Liberia	5470	6006	6049	5411	5145	5178
尼日利亚	Nigeria	50	45	45	43	44	40
南非	South Africa	35	38	38	38	38	38
加拿大	Canada	274	253	250	250	266	273
墨西哥	Mexico	132	115	109	92	88	91
巴拿马	Panama	3930	9113	9822	10525	11438	12235
美国	United States	1974	1179	1185	1203	1111	1091
阿根廷	Argentina	189	58	50	48	46	42
巴西	Brazil	602	437	417	393	381	369
委内瑞拉	Venezuela	94	71	67	66	67	87
保加利亚	Bulgaria	136	113	109	104	99	96
捷克	Czech Republic		2				
法国	France	372	457	474	477	468	450
德国	Germany		695	808	651	655	630
意大利	Italy	799	619	682	805	905	966
荷兰	Netherlands	333	388	426	481	517	561
挪威	Norway	2343	2284	2314	2345	2260	2259
波兰	Poland	337	188	142	132	112	62
罗马尼亚	Romania	401	235	209	122	77	64
俄罗斯联邦	Russian Federation		1228	1109	1065	1049	1025
西班牙	Spain	381	169	184	190	203	215
英国	United Kingdom	489	349	409	433	553	603
南斯拉夫	Yugoslavia		0.2	0.5	0.4	0.4	
澳大利亚	Australia	251	261	219	208	191	189
新西兰	New Zealand	25	37	34	27	18	18

注：①联合国统计数据。
Note: ① Data from UN.

12-8 公路线路长度
Length of Road

资料来源：世界银行数据库。
Source: World Bank Database.

国家和地区	Country or Area	公路网长度合计(公里) Total Road Network(km)			有路面公路所占比重(%) Paved(%)		
		1999	2000	2001	1999	2000	2001
世界	**World**	**27696450**	**10321010**	**5616296**	**44.0**		
高收入国家	**High income**	**13401520**	**3172760**	**817681**	**93.0**		
中等收入国家	**Middle income**	**8419709**	**6597154**	**4225729**	**52.3**		
低收入国家	**Low income**	**5875225**	**551092**	**572886**	**16.0**		
中国①	China ①	1351691	1402698	1698012	91.0		
中国香港	Hong Kong, China	1831			100.0		
中国澳门	Macao, China	269	271	333	100.0	100.0	
孟加拉国	Bangladesh	207486			9.5		
印度	India	3319644			45.7		
印度尼西亚	Indonesia	342700			46.3		
以色列	Israel	16121	16281	16521	100.0	100.0	100.0
日本	Japan	1161894	1166340		76.1	76.6	
哈萨克斯坦	Kazakhstan	109445	81331	82638	89.7	94.7	93.9
韩国	Korea, Rep.	86990			74.5		
马来西亚	Malaysia	65877			75.8		
蒙古	Mongolia	49250	49250	49250	3.5	3.5	3.5
巴基斯坦	Pakistan	254410	239368	257683	43.0	56.0	59.0
菲律宾	Philippines	200032	201994		20.0	21.0	
新加坡	Singapore	3066			100.0		
斯里兰卡	Sri Lanka	96695	11485	11547	95.0	95.0	95.0
泰国	Thailand	64600	57403		97.5	98.5	
土耳其	Turkey	385960	356719	354373	34.0	35.3	35.5
越南	Viet Nam	93300			25.1		
埃及	Egypt	64000			78.1		
尼日利亚	Nigeria	194394			30.9		
南非	South Africa	362099	362099		20.3	20.3	
加拿大	Canada	901903					
墨西哥	Mexico	329532			32.8		
美国	United States	6304193			58.8		
阿根廷	Argentina	215471			29.4		
巴西	Brazil	1726854	1724929		5.6	5.5	
委内瑞拉	Venezuela	96155			33.6		
白俄罗斯	Belarus	65994	74385	75302	94.8	89.0	89.0
保加利亚	Bulgaria	37284	37286		92.0	94.0	
捷克	Czech Republic	127693	127708	127728	100.0	100.0	100.0
法国	France	893500	894000		100.0	100.0	
德国	Germany	230735					
意大利	Italy	479688			100.0		
荷兰	Netherlands	116500			90.0		
波兰	Poland	381046	364656	364697	65.6	68.3	68.3
罗马尼亚	Romania	193423	198603		53.0	49.5	
俄罗斯联邦	Russian Federation	525337	532393	537289	67.4		
西班牙	Spain	663795			99.0		
乌克兰	Ukraine	168675	169491	169630	96.6	96.7	96.7
英国	United Kingdom	371913			100.0		
澳大利亚	Australia	811603					
新西兰	New Zealand	92075	92053	92207	61.9	62.8	63.1

注：①世界银行统计数据。
Note: ① Data from World Bank.

12-9 公路交通事故

Road Accidents

资料来源：国际公路协会《世界公路统计》2002年。
Source: International Road Federation *Word Road Statistics 2002.*

国家和地区	Country or Area	年份 Year	事故发生数量 Total Number of		
			事故发生数 Accidents (Number)	事故中受伤数 Injuries (Number)	事故中死亡人数 Deaths (Number)
中　　国①	China ①	1999	412860	286280	83529
中国香港	Hong kong, China	1999	14714	19422	217
孟加拉国	Bangladesh	1999	6205	5777	3598
印　　度	India	1998	298052	296719	62721
伊　　朗	Iran	1999	16858	26930	2313
以 色 列	Israel	2000	19925	40278	461
日　　本	Japan	1999	850363	1050397	9006
韩　　国	Korea, Rep.	2000	290481	426984	10236
马来西亚	Malaysia	2000	50194	44165	6029
蒙　　古	Mongolia	2000	5991	3548	338
巴基斯坦	Pakistan	1997	12336	11186	5127
菲 律 宾	Philippines	2000	14196	3902	859
斯里兰卡	Sri Lanka	1999		17174	2121
土 耳 其	Turkey	1999	66763	113656	4606
南　　非	South Africa	1998	80622	120604	9068
尼日利亚	Nigeria	1996	16793	21654	6364
加 拿 大	Canada	1999	151099	222275	2969
美　　国	United States	1999	2054000	3236000	41611
巴　　西	Brazil	1998	120442	31492	5305
委内瑞拉	Venezuela	1996	28198	2439	2900
白俄罗斯	Belarus	2000	6410	6494	1594
保加利亚	Bulgaria	2000	6886	8030	1012
捷　　克	Czech Republic	2000	25445	32439	1486
法　　国	France	2000	121200	162117	7543
德　　国	Germany	1999	395689	521127	7772
意 大 利	Italy	1999	219032	316698	6633
荷　　兰	Netherlands	1999		12388	1090
波　　兰	Poland	2000	57391	71638	6294
罗马尼亚	Romania	2000	7555	6315	2499
俄罗斯联邦	Russian Federation	2000	157596	179401	29594
西 班 牙	Spain	1999	97811	148632	5738
乌 克 兰	Ukraine	2000	33339	36636	5185
英　　国	United Kingdom	1999	235000	317000	3423
澳大利亚	Australia	2000			1824
新 西 兰	New Zealand	2000	7830	10962	462

12-9续表 continued

国家和地区	Country or Area	年份 Year	事故发生情况 Accidents 每百万公里车程事故发生数（件） Injury Accidents (per 100 million vehicle-km)	每百万公里车程受伤人数（人） Persons Injured (per 100 million vehicle-km)	每百万公里车程死亡人数（人） Persons Killed (per 100 million vehicle-km)	伤亡发生的环境 Percentage of Injury Accidents 在建地段 In Built-up Areas (%)	夜间 At Night (%)
中　　国①	China ①	1999					
中国香港	Hong kong, China	1999	133.00	176.00	2.00	60.9	30.6
孟加拉国	Bangladesh	1999					
印　　度	India	1998					
伊　　朗	Iran	1999					
以 色 列	Israel	2000	54.60	110.00	1.30	74.5	34.9
日　　本	Japan	1999				73.3	30.6
韩　　国	Korea, Rep.	2000					
马来西亚	Malaysia	2000					
蒙　　古	Mongolia	2000	81.30	89.70	22.30	50.3	34.0
巴基斯坦	Pakistan	1997					
菲 律 宾	Philippines	2000					
斯里兰卡	Sri Lanka	1999					
土 耳 其	Turkey	1999	133.88	227.92	9.24	67.0	
南　　非	South Africa	1998		99.64	6.97	80.3	37.0
尼日利亚	Nigeria	1996					
加 拿 大	Canada	1999		120.90	1.60	71.0	
美　　国	United States	1999	47.00	74.00	0.95		
巴　　西	Brazil	1998					
委内瑞拉	Venezuela	1996					
白俄罗斯	Belarus	2000					
保加利亚	Bulgaria	2000				72.5	22.0
捷　　克	Czech Republic	2000				64.6	
法　　国	France	2000	23.17	31.00	1.44	67.0	33.0
德　　国	Germany	1999	61.83	81.43	1.27	63.7	23.2
意 大 利	Italy	1999					
荷　　兰	Netherlands	1999		9.40	0.90	55.9	
波　　兰	Poland	2000				72.0	27.4
罗马尼亚	Romania	2000	18.9	15.8	6.3	88.2	25.2
俄罗斯联邦	Russian Federation	2000					
西 班 牙	Spain	1999	48.00	73.00	2.80		
乌 克 兰	Ukraine	2000				75.9	46.6
英　　国	United Kingdom	1999					
澳大利亚	Australia	2000					
新 西 兰	New Zealand	2000	21.00	29.50	1.20	58.0	28.0

注：①世界公路协会统计数据。
Note: ① Data from IRF.

12-10 公路税收收入

Annual Receipts from Road User Taxation

资料来源：国际公路协会《世界公路统计》2002年。
Source: International Road Federation *Word Road Statistics 2002*.

单位：万特别提款权 (10 000 SDRs)

国家和地区	Country or Area	年份 Year	公路使用税总计 Total Road User Taxation	购置税 Taxes on Acquisition	所有权税 Taxes on Ownership	使用税 Taxes on Use
中国香港	Hong kong, China	1999		22400	22900	38400
印度	India	1996	21000	5000	3000	14000
日本	Japan	1998	4877700	409800	1769300	2701700
韩国	Korea, Rep.	1998				
蒙古	Mongolia	2000	140		140	2
缅甸	Netherlands	1999	600800	161800	192500	276000
新加坡	Singapore	1996	140000	95000	40000	
斯里兰卡	Sri Lanka	1996	29000	7000	3000	20000
墨西哥	Mexico	1997	619700	3600	48100	488000
美国	United States	1997	6682300	124000	1692400	4350800
法国	France	2000	4200000	500000	570000	2800000
德国	Germany	1999			515600	
意大利	Italy	1999	3812200	530600	389700	593300
荷兰	New Zealand	2000			6360	18850
罗马尼亚	Romania	2000	19050			100
俄罗斯联邦	Russian Federation	1996	53900	15	92	1600
西班牙	Spain	1997	1021200	305300	98600	617500
乌克兰	Ukraine	2000	19700		5820	6350
英国	United Kingdom	1999	3010400	441000	398600	1831700
南斯拉夫	Yugoslavia	1996	38400			14900
澳大利亚	Australia	1996	1350000		310500	1012500

12-10续表 continued

单位:万特别提款权 (10 000 SDRs)

国家和地区	Country or Area	年份 Year	公路使用税总计 Total Road User Taxation		公路税收占GDP比重(%) Total Road User Taxation as % of GDP (%)	公路税收占政府财政收入比重(%) Total Road User Taxation as % of Total Government Revenue (%)
			通行税 Tolls	其他特殊税 Other Special Taxes		
中国香港	Hong kong, China	1999		2230		
印　　度	India	1996				
日　　本	Japan	1998			153	910
韩　　国	Korea, Rep.	1998	74300			
蒙　　古	Mongolia	2000			14	
缅　　甸	Netherlands	1999			220	220
新加坡	Singapore	1996		6000	160	460
斯里兰卡	Sri Lanka	1996		700	210	1120
墨西哥	Mexico	1997	29200	50800	54	
美　　国	United States	1997			111	348
法　　国	France	2000	380000		420	1810
德　　国	Germany	1999				
意大利	Italy	1999	44800	2179000		
荷　　兰	New Zealand	2000		14110		
罗马尼亚	Romania	2000	40			
俄罗斯联邦	Russian Federation	1996	46600	5610	20	130
西班牙	Spain	1997			270	1500
乌克兰	Ukraine	2000		7490	76	
英　　国	United Kingdom	1999		339200	420	1060
南斯拉夫	Yugoslavia	1996	20900	2470	240	500
澳大利亚	Australia	1996	13500	13500		

12-11 公路支出

Road Expenditure

资料来源：国际公路协会《世界公路统计》2002 年。
Source: International Road Federation *Word Road Statistics 2002.*
单位：万特别提款权 (10 000 SDRs)

国家和地区	Country or Area	年份 Year	支出总计 Grand Total of All Expenses	公路支出构成－按行政管理级别分 Road Expenditure-Administration Levels		
				中央政府 Central Gov't	地区政府 Regional Gov't	地方政府 Local Gov't
中　　国①	China ①	2000		1631400	2008800	15267200
中国香港	Hong kong, China	1999				
印　　度	India	1998		1990	6770	
日　　本	Japan	1996	6433200	1990700	2620000	4442500
蒙　　古	Mongolia	2000	492			
巴基斯坦	Pakistan	1996	39000	13000	24000	2000
菲 律 宾	Philippines	1998	26300			
新 加 坡	Singapore	1999	11100			
斯里兰卡	Sri Lanka	1999	7170			
土 耳 其	Turkey	1999	87100			
加 拿 大	Canada	2000		15000		
美　　国	United States	1997	7516400	97300	4558100	2861000
阿 根 廷	Argentina	1998		40900	75900	
巴　　西	Brazil	1996	59000	49000		
白俄罗斯	Belarus	2000	18560			
捷　　克	Czech Republic	2000	159500	159500		
法　　国	France	2000	1090000			
德　　国	Germany	1996	1501400	414400	234300	763000
意 大 利	Italy	1996	913200	446400	120400	346400
荷　　兰	Netherlands	1999	97000	91200	15800	
波　　兰	Poland	2000	128400	61400	21300	45700
罗马尼亚	Romania	2000				
西 班 牙	Spain	1999	389700	161600	92300	38900
乌 克 兰	Ukraine	2000	19960	5700		9080
英　　国	United Kingdom	1999	477800	175500		302400
澳大利亚	Australia	1999		81500		
新 西 兰	New Zealand	2000		35700		

12-11 续表 continued

单位:万特别提款权 (10 000 SDRs)

国家和地区	Country or Area	年份 Year	公路支出构成-按支出性质分 Road Expenditure-By Nature 管理、调查及其它 Administration, Research and Other	维护 Maintenance	新建 New Construction
中国①	China ①	2000	121362400	140269800	
中国香港	Hong kong, China	1999	600	9030	27900
印度	India	1998			
日本	Japan	1996	401100	1186000	5111000
蒙古	Mongolia	2000	321	70	101
巴基斯坦	Pakistan	1996	2000	9000	29000
菲律宾	Philippines	1998		6420	19900
新加坡	Singapore	1999		3140	7970
斯里兰卡	Sri Lanka	1999	14	312	6850
土耳其	Turkey	1999	25000	9220	53100
加拿大	Canada	2000			
美国	United States	1997	598600	1950100	3625100
阿根廷	Argentina	1998			
巴西	Brazil	1996	46000	5000	9000
白俄罗斯	Belarus	2000			1710
捷克	Czech Republic	2000		80100	79300
法国	France	2000			
德国	Germany	1996	89600		954000
意大利	Italy	1996	248000	415000	797000
荷兰	Netherlands	1999		52300	37500
波兰	Poland	2000	9000	80900	38500
罗马尼亚	Romania	2000	12		
西班牙	Spain	1999		82000	210900
乌克兰	Ukraine	2000	530	14780	4880
英国	United Kingdom	1999			
澳大利亚	Australia	1999			
新西兰	New Zealand	2000			

注：①世界公路协会统计数据。
Note: ① Data from IRF.

12-12 电话主线和移动电话普及率

Telephone Mainlines and Mobile Phones

资料来源：世界银行数据库。
Sources: World Bank Database.

国家和地区	Country or Area	电话主线（条／千人） Telephone Mainlines (per 1 000 people)			移动电话(部／千人) Mobile Phones (per 1 000 people)		
		1990	2001	2002	1990	2001	2002
世界	**World**	**99.7**	**170.3**	**175.9**		**92.8**	**109.7**
高收入国家	**High Income**	**457.4**	**590.8**	**585.4**	**5.9**	**598.8**	**697.6**
中等收入国家	**Middle Income**	**43.2**	**152.1**	**166.7**		**109.2**	**149.1**
低收入国家	**Low Income**	**6.8**	**25.8**	**27.8**		**6.3**	**12.6**
中国	China		25.9 ①	33.6 ①		112.0	161.0
中国香港	Hong Kong, China	450.2	579.6	564.7	24.4	859.0	942.5
中国澳门	Macao, China	255.2	404.1	398.8	6.1	445.3	625.3
孟加拉国	Bangladesh	2.0	4.3	5.1		4.0	8.1
印度	India	6.0	37.5	39.8		6.3	12.2
印度尼西亚	Indonesia	5.9	34.5	36.5	0.1	31.2	55.2
伊朗	Iran	40.4	168.7	186.6		32.3	33.5
以色列	Israel	343.2	466.0	467.2	3.2	906.6	954.5
日本	Japan	441.1	576.0	558.3	7.0	587.8	636.5
哈萨克斯坦	Kazakhstan	80.0	120.5	130.4		36.2	64.3
韩国	Korea, Rep.	306.0	485.7	488.6	1.8	620.8	679.5
马来西亚	Malaysia	89.3	197.1	190.4	4.9	312.9	376.8
蒙古	Mongolia	32.0	51.8	52.7		81.2	88.9
缅甸	Myanmar	1.7	6.1	7.0		0.5	1.0
巴基斯坦	Pakistan	7.5	22.8	25.0	0.02	5.7	8.5
菲律宾	Philippines	10.0	42.4	41.7		155.4	191.3
新加坡	Singapore	345.9	471.4	462.9	17.0	724.1	795.6
斯里兰卡	Sri Lanka	7.4	44.3	46.6	0.1	35.6	49.2
泰国	Thailand	24.3	98.8	105.0	1.2	123.3	260.4
土耳其	Turkey	121.5	285.2	281.2	0.6	295.3	347.5
越南	Vietnam	1.5	37.6	48.4		15.4	23.4
埃及	Egypt	30.1	103.6	110.4	0.1	43.3	66.8
尼日利亚	Nigeria	3.0	4.6	5.8		3.4	13.4
南非	South Africa	93.4	110.5	106.6	0.2	242.1	303.9
加拿大	Canada	564.9	653.7	635.5	21.6	349.1	377.2
墨西哥	Mexico	64.8	137.2	146.7	0.8	216.8	254.5
美国	United States	547.3	670.6	645.8	21.2	450.8	488.1
阿根廷	Argentina	93.1	223.8	218.8	0.4	192.6	177.6
巴西	Brazil	65.0	217.8	223.2		167.3	200.6
委内瑞拉	Venezuela	76.3	109.4	112.7	0.4	261.8	256.4
白俄罗斯	Belarus	154.5	287.6	299.4		13.9	46.7
保加利亚	Bulgaria	242.0	359.4	367.7		191.2	333.0
捷克	Czech Republic	157.6	377.6	362.3		679.5	848.8
法国	France	495.2	573.5	568.9	5.0	605.3	647.0
德国	Germany	440.8	634.2	650.9	3.8	682.3	727.5
意大利	Italy	387.6	471.5	480.7	4.6	883.3	938.7
荷兰	Netherlands	464.2	621.1	617.7	5.3	767.0	744.7
波兰	Poland	86.4	295.1			259.0	362.6
罗马尼亚	Romania	101.9	183.8	194.4		171.7	235.7
俄罗斯联邦	Russian Federation	140.0	226.8	242.2		52.8	120.1
西班牙	Spain	316.0	433.6	506.2	1.4	733.5	824.2
乌克兰	Ukraine	135.6	212.1	216.1		44.2	83.8
英国	United Kingdom	440.7	593.6	590.6	19.4	770.4	840.7
澳大利亚	Australia	456.3	540.8	538.6	10.8	574.2	639.8
新西兰	New Zealand	433.6	477.1	448.1	16.0	598.8	621.7

注：①电话普及率(部／百人)。
Note: ① Popularization Rate of Telephone(set/100 people).

12-13　国际互联网用户
Internet Users

资料来源：世界银行数据库。
Sources: World Bank Database.
单位：个／千人　　(unit/per 1000 people)

国家和地区	Country or Area	1990	1995	2000	2001	2002
世界	**World**	**1.80**	**9.59**	**84.70**	**106.03**	**130.69**
高收入国家	**High Income**	**2.66**	**24.75**	**249.90**	**310.82**	**363.50**
中等收入国家	**Middle Income**		**1.88**	**38.70**	**53.26**	**80.10**
低收入国家	**Low Income**		**0.06**	**3.74**	**5.77**	**10.21**
中国①	China ①		0.05	17.37	25.67	46.01
中国香港	Hong Kong, China		32.49	278.35	386.82	430.11
中国澳门	Macao, China		2.82	136.36	231.28	260.42
孟加拉国	Bangladesh			0.77	1.42	1.53
印度	India		0.27	5.43	6.82	15.91
印度尼西亚	Indonesia		0.26	9.70	19.12	37.72
伊朗	Iran		0.04	9.82	15.56	48.46
以色列	Israel	1.06	8.90	202.56	276.58	301.40
日本	Japan	0.20	15.93	299.40	384.16	448.86
哈萨克斯坦	Kazakhstan		0.11	6.16	9.32	15.66
韩国	Korea, Rep.	0.23	8.21	414.05	521.05	551.89
马来西亚	Malaysia		1.49	213.88	265.19	319.69
蒙古	Mongolia		0.09	12.64	16.66	20.58
缅甸	Myanmar			0.15	0.21	0.51
巴基斯坦	Pakistan			2.16	3.51	10.28
菲律宾	Philippines		0.29	20.13	25.57	44.04
新加坡	Singapore		28.36	323.57	411.50	504.36
斯里兰卡	Sri Lanka		0.06	6.58	8.01	10.56
泰国	Thailand		0.96	37.95	57.73	77.56
土耳其	Turkey		0.81	30.63	60.35	72.84
越南	Vietnam			2.51	12.45	18.46
埃及	Egypt		0.34	7.09	9.30	28.23
尼日利亚	Nigeria			0.70	0.98	3.50
南非	South Africa		7.09	54.94	64.85	68.20
加拿大	Canada	3.69	42.76	421.26	450.01	512.83
墨西哥	Mexico		1.00	27.43	36.22	98.48
美国	United States	8.04	94.50	440.62	501.49	551.38
阿根廷	Argentina		0.88	72.52	100.76	112.02
巴西	Brazil		1.09	29.45	46.56	82.24
委内瑞拉	Venezuela		1.25	33.93	46.62	50.56
白俄罗斯	Belarus		0.03	18.72	43.24	81.58
保加利亚	Bulgaria		1.19	52.77	74.63	80.76
捷克	Czech Republic		14.51	97.34	146.71	256.31
法国	France	0.53	16.42	143.65	263.77	313.83
德国	Germany	1.38	18.33	301.48	373.60	411.94
意大利	Italy	0.17	5.23	230.37	268.88	352.44
荷兰	Netherlands	3.34	64.54	437.85	490.52	506.33
波兰	Poland		6.48	72.46	98.37	230.00
罗马尼亚	Romania		0.75	35.67	44.66	83.02
俄罗斯联邦	Russian Federation		1.49	19.74	29.30	40.93
西班牙	Spain	0.13	3.83	136.73	182.74	156.30
乌克兰	Ukraine		0.43	6.94	11.93	17.95
英国	United Kingdom	0.87	18.77	264.36	329.59	423.10
澳大利亚	Australia	5.86	27.68	344.52	371.38	481.74
新西兰	New Zealand		49.58	401.29	461.17	484.37

注：①世界银行统计数据。
Note: ① Data from World Bank.

主要统计指标解释

航空货物周转量　指承载的每个航班的货物、快递和邮包重量之和乘以飞机从起飞到降落的飞行距离。该指标按航空承运商登记国统计。

航空旅客　指承载的国内或国际旅客人数。该指标按航空承运商登记国统计。

移动电话　指手提式电话用户。利用蜂窝技术，这些用户被接入公共交换电话网的自动公共移动电话服务系统。

电话主线　是指将客户的设备接入公共交换电话网的电话线。

公路货物周转量　指利用公路交通工具进行货物运输。用重量乘以里程，以亿吨公里来衡量。

互联网用户　指进入国际互联网的使用者。

特别提款权(SDRs)　国际货币基金组织创设的一种储备资产和记帐单位，用来补充其会员国已有的储备资产。它赋予每个持有者无条件无限制地获取其他储备资产，特别是外汇的权利。国际货币基金组织不可以赋予自己SDRs，只可通过各种金融交易和操作接受成员国的SDRs。SDRs在金融交易和操作的应用相当广泛，包括换取其它成员国的资金、结算金融义务、作为捐赠或贷款延期等，而且现货交易和期货交易也可用此结算。特别提款权每天的实际值是由基金组织根据“一篮子”货币按照给定的权数来决定的。

Explanatory Notes on Main Statistical Indicators

Air Freight is the sum of the metric tons of freight, express, and diplomatic bags carried on each flight stage (the operation of an aircraft from takeoff to its next landing) multiplied by the stage distance of air carriers registered in the country.

Air Transport, Passengers Carried Air passengers carried include both domestic and international aircraft passengers of air carriers registered in the country.

Mobile Phones Mobile phones refers to users of portable telephones subscribing to an automatic public mobile telephone service using cellular technology that provides access to the public switched telephone network.

Telephone Mainlines Telephone mainlines are telephone lines connecting a customer's equipment to the public switched telephone network.

Roads, Goods Transported Goods transported by road are the volume of goods transported by road vehicles, measured in 100 millions of metric tons times kilometers traveled.

Internet Users are people with access to the worldwide network.

Special Drawing Rights (SDRs) International reserve assets created by the International Monetary Fund and allocated to its members to supplement existing reserve assets. They represent each holder's assured and unconditional right to obtain other reserve assets, especially foreign exchange. IMF cannot allocate SDRs to itself but receives them from members through various financial transactions and operations. The SDR can be used for a wide range of transactions and operations, including the acquisition of other members' currencies, the settlement of financial obligations, the making of donations, and the extension of loans. Forward as well as spot transactions may be conducted in SDRs. The SDR is the unit of account for the Fund. The value of the SDR is determined daily by IMF on the basis of a basket of currencies with each currency assigned a weight in the determination of that value.

十三、对外贸易和旅游

External Trade and Tourism

13-1 世界货物进出口总额

World Imports and Exports

资料来源：世界贸易组织数据库。
Sources: World Trade Organization Database.

单位：亿美元 (USD 100 million)

年份 Year	世界总计 World	北美洲 North America	拉丁美洲 Latin America	西欧 Western Europe	中东欧① Central and Eastern Europe ①	非洲 Africa	中东 Middle East	亚洲 Asia
出口 Exports								
1980	20340	2933	1097	8163	1574	1215	2122	3236
1990	34490	5213	1467	16385	1054	1060	1384	7924
1991	35150	5490	1452	16205	929	997	1216	8859
1992	37660	5827	1513	17204	1001	970	1334	9808
1993	37770	6100	1611	16157	1072	931	1253	10648
1994	43260	6780	1874	18434	1559	968	1359	12282
1995	51620	7770	2285	22493	1975	1119	1504	14469
1996	53910	8268	2556	23308	2149	1251	1734	14646
1997	55770	9032	2842	23144	2237	1272	1809	15436
1998	54960	8965	2813	24039	2161	1052	1445	14484
1999	57080	9313	3000	24120	2155	1167	1862	15463
2000	64460	10578	3605	25090	2720	1469	2672	18330
2001	61960	9907	3477	25153	2861	1377	2462	16726
2002	64770	9456	3475	26757	3138	1410	2489	18051
2003	74820	9961	3772	31407	4003	1725	2899	21055
进口 Imports								
1980	20750	3199	1234	9271	1540	975	1016	3516
1990	35500	6409	1295	17033	1137	996	1012	7615
1991	36330	6337	1470	17142	975	949	1150	8303
1992	38820	6838	1746	17937	1000	1007	1289	9001
1993	38740	7431	1913	16217	1096	988	1247	9851
1994	44260	8449	2237	18327	1539	1066	1171	11475
1995	52790	9399	2525	22298	1971	1269	1296	14031
1996	55350	9978	2754	22945	2307	1254	1386	14730
1997	57250	11006	3278	22865	2470	1327	1459	14845
1998	56640	11511	3461	24133	2412	1330	1410	12382
1999	59020	12804	3324	24536	2126	1283	1400	13546
2000	67050	15049	3879	26155	2419	1297	1594	16653
2001	64660	14073	3802	25592	2689	1344	1681	15481
2002	67150	14285	3539	26781	2983	1401	1733	16426
2003	77650	15522	3661	31728	3784	1646	1884	19425

注：①包括波罗的海国家和独联体。
Note: ① Including Baltic Countries and Commonwealth of Independent States.

13-2 货物出口总额

Merchandise Exports

资料来源：世界贸易组织数据库。
Sources: World Trade Organization Database.

单位：亿美元 (USD 100 million)

国家和地区	Country or Area	1990	2000	2001	2002	2003
世界	**World**	**34490**	**64460**	**61960**	**64770**	**74820**
发达国家	**Developed Countries**	**24966**	**41232**	**39866**	**41174**	**46956**
发展中国家	**Developing Countries**	**7934**	**18719**	**17527**	**18626**	**21779**
中国	China	621	2492	2661	3256	4382
中国香港	Hong Kong, China	824	2027	1911	2019	2240
孟加拉国	Bangladesh	17	64	61	61	68
印度	India	180	424	433	493	547
印度尼西亚	Indonesia	257	621	564	572	607
伊朗	Iran	193	283	237	282	334
以色列	Israel	121	314	290	293	316
日本	Japan	2876	4792	4035	4167	4719
哈萨克斯坦	Kazakhstan		91	86	97	129
朝鲜	Korea, Dem.People's Rep.	19	7	8	10	9
韩国	Korea, Rep.	650	1723	1504	1625	1943
马来西亚	Malaysia	295	982	880	933	1007
蒙古	Mongolia	7	5	4	5	5
缅甸	Myanmar	3	16	24	30	28
巴基斯坦	Pakistan	56	90	92	99	119
菲律宾	Philippines	81	398	327	365	371
新加坡	Singapore	527	1378	1218	1252	1441
斯里兰卡	Sri Lanka	19	54	48	47	51
泰国	Thailand	231	691	651	688	803
土耳其	Turkey	130	278	313	361	466
越南	Viet Nam	24	144	151	165	197
埃及	Egypt	35	47	41	47	58
尼日利亚	Nigeria	136	210	173	151	203
南非	South Africa	235	300	293	297	365
美国	United States	3936	7811	7308	6931	7240
加拿大	Canada	1276	2766	2599	2524	2721
墨西哥	Mexico	407	1664	1585	1607	1653
阿根廷	Argentina	124	263	265	257	293
巴西	Brazil	314	551	582	604	731
委内瑞拉	Venezuela	175	318	274	245	237
保加利亚	Bulgaria	50	48	51	57	74
捷克	Czech Republic		290	334	385	487
法国	France	2166	3276	3234	3317	3847
德国	Germany	4211	5518	5717	6158	7484
意大利	Italy	1703	2405	2445	2544	2902
荷兰	Netherlands	1318	2331	2309	2441	2934
波兰	Poland	143	317	361	410	523
罗马尼亚	Romania	50	104	114	139	176
俄罗斯联邦	Russian Federation		1056	1031	1071	1352
西班牙	Spain	556	1153	1167	1257	1519
乌克兰	Ukraine		146	163	180	231
英国	United Kingdom	1852	2854	2727	2802	3039
澳大利亚	Australia	398	639	634	650	704
新西兰	New Zealand	94	133	137	144	165

13-3 货物进口总额

Merchandise Imports

资料来源：世界贸易组织数据库。
Sources: World Trade Organization Database.

单位：亿美元 (USD 100 million)

国家和地区	Country or Area	1990	2000	2001	2002	2003
世界	**World**	**35500**	**67050**	**64660**	**67150**	**77650**
发达国家	**Developed Countries**	**26311**	**45853**	**43928**	**45316**	**52151**
发展中国家	**Developing Countries**	**7515**	**16982**	**16337**	**17014**	**19631**
中国	China	534	2251	2436	2952	4128
中国香港	Hong Kong, China	847	2140	2020	2080	2326
孟加拉国	Bangladesh	36	84	84	79	97
印度	India	236	515	504	565	697
印度尼西亚	Indonesia	218	335	310	313	324
伊朗	Iran	203	143	179	222	276
以色列	Israel	168	377	354	355	364
日本	Japan	2354	3795	3491	3372	3830
哈萨克斯坦	Kazakhstan		50	64	66	83
朝鲜	Korea, Dem.People's Rep.	29	17	18	19	20
韩国	Korea, Rep.	698	1605	1411	1521	1788
马来西亚	Malaysia	293	820	739	799	811
蒙古	Mongolia	9	6	6	7	8
缅甸	Myanmar	3	24	29	23	25
巴基斯坦	Pakistan	74	109	102	112	130
菲律宾	Philippines	130	370	349	372	393
新加坡	Singapore	608	1345	1160	1164	1279
斯里兰卡	Sri Lanka	27	72	60	61	65
泰国	Thailand	330	619	621	647	757
土耳其	Turkey	223	545	414	516	677
越南	Viet Nam	28	156	160	190	240
埃及	Egypt	124	140	128	126	133
尼日利亚	Nigeria	56	87	116	75	109
南非	South Africa	184	297	282	293	381
美国	United States	5170	12593	11792	12002	13056
加拿大	Canada	1232	2448	2273	2275	2456
墨西哥	Mexico	435	1827	1762	1766	1790
阿根廷	Argentina	41	253	203	90	138
巴西	Brazil	225	586	584	496	507
委内瑞拉	Venezuela	73	162	180	118	93
保加利亚	Bulgaria	51	65	73	79	107
白俄罗斯	Belarus		86	83	91	115
捷克	Czech Republic		322	365	408	513
法国	France	2344	3389	3286	3293	3884
德国	Germany	3557	4972	4861	4903	6017
意大利	Italy	1820	2388	2362	2470	2890
荷兰	Netherlands	1261	2183	2086	2193	2611
波兰	Poland	116	489	503	551	669
罗马尼亚	Romania	76	131	156	179	240
俄罗斯联邦	Russian Fed.		447	536	602	745
西班牙	Spain	877	1561	1547	1651	2001
乌克兰	Ukraine		140	158	170	230
英国	United Kingdom	2230	3438	3330	3463	3883
澳大利亚	Australia	420	715	639	727	886
新西兰	New Zealand	95	139	133	150	186

13-4 出口和进口单位价格指数

Indices of Export Unit Value and Import Unit Value

资料来源：国际货币基金组织数据库。
Source:International Monetary Fund Database.

1995年=100 (1995=100)

国家和地区	Country or Area	出口单位价格指数 Export Unit Values/Export Prices			进口单位价格指数 Import Unit Values/Import Prices		
		2000	2001	2002	2000	2001	2002
世　界	**World**	**83.2**	**80.1**	**80.0**	**85.5**	**82.4**	**81.8**
工业国家	**Industrial Countries**	**81.6**	**79.6**	**80.2**	**85.3**	**82.0**	**88.3**
发展中国家	**Developing Countries**	**88.0**	**81.7**	**79.1**	**86.4**	**83.4**	**80.9**
中国香港	Hong Kong, China	91.0	88.9	86.5	90.0	87.1	83.7
印　度	India	93.0	87.7	85.5	100.1	96.5	103.8
印度尼西亚	Indonesia	97.0	87.2	92.7			82.0
以色列	Israel	97.3	93.9	93.8	89.7	88.4	86.9
日　本	Japan	80.9	73.9	70.9	93.0	84.5	74.9
韩　国	Korea, Rep.	61.8	53.7	51.4	85.6	77.9	80.7
巴基斯坦	Pakistan	85.0	79.8	76.4	101.5	95.4	48.0
新加坡	Singapore	83.4	77.2	75.5	87.0	84.0	77.8
菲律宾	Philippines	71.6	59.3	54.3	57.6	46.0	87.2
斯里兰卡	Sri Lanka	101.4	97.6	94.0			
泰　国	Thailand	85.9	84.7	78.6	100.2	108.7	102.5
加拿大	Canada	100.6	96.5	96.2	98.0	93.9	96.5
美　国	United States	96.2	95.4	94.5	99.4	95.9	93.5
阿根廷	Argentina	90.4	87.4	84.0	86.4	83.8	81.1
巴　西	Brazil	97.2	92.2	88.2	104.9	104.6	91.2
法　国	France	63.0	61.0	61.8	67.1	63.8	63.5
德　国	Germany	67.3	66.6	68.3	72.4	70.3	70.3
意大利	Italy	86.3	87.3	90.2	86.4	85.7	80.7
荷　兰	Netherlands	76.9	77.3	76.3	78.3	78.1	79.9
波　兰	Poland	79.6	81.1	85.0	85.9	85.5	83.5
西班牙	Spain	75.8	75.6	79.7	79.1	76.4	
英　国	United Kingdom	89.2	85.0	88.4	86.5	82.0	82.9
澳大利亚	Australia	86.0	84.4		85.5	80.6	
新西兰	New Zealand	81.2	81.8	80.6	82.4	77.4	96.2

13-5 出口和进口数量指数

Indices of Export Quantum and Import Quantum

资料来源：国际货币基金组织数据库。
Source:International Monetary Fund Database.

1995年=100 (1995=100)

国家和地区	Country or Area	出口数量指数 Export Quantum/Export Prices			进口数量指数 Import Quantum/Import Prices		
		2001	2002	2003	2001	2002	2003
中国香港	Hong Kong, China	124.9	135.5	154.6	120.4	129.9	146.4
印度尼西亚	Indonesia	148.5	122.3				
以色列	Israel	163.6	165.3	170.1	130.7	131.7	129.7
日本	Japan	111.6	121.0		121.3	123.2	
韩国	Korea, Rep.	218.4	247.5		132.6	148.8	
巴基斯坦	Pakistan	139.1	148.9		119.8	131.4	
菲律宾	Philippines	158.0	187.0		136.3	138.6	
新加坡	Singapore	133.4	140.1	157.0	111.0		
斯里兰卡	Sri Lanka	129.5	130.6		124.2	137.6	
泰国	Thailand	134.8	153.1	166.8	79.2	87.8	95.9
土耳其	Turkey	191.5	221.7	270.3	153.7	185.7	247.4
南非	South Africa	133.1	131.3		115.6	119.3	
阿根廷	Argentina	145.0	146.1		158.0	150.5	
巴西	Brazil	135.8	147.2	159.9	159.5	166.8	175.9
加拿大	Canada	150.3	144.6		120.1	55.1	
美国	United States	131.0	125.6	129.0	104.9	102.3	105.3
法国	France	179.3	188.0	186.3	184.4	191.0	190.5
意大利	Italy	119.2	118.4		133.2	134.9	
荷兰	Netherlands	139.3	141.6		138.5	129.6	
波兰	Poland	195.0	211.1		213.6	229.2	
英国	United Kingdom	140.0	137.7	136.7	160.5	167.0	168.6
澳大利亚	Australia	149.9			150.2		
新西兰	New Zealand	123.3	130.1	133.6	123.3	134.6	149.9

13-6 货物和服务进出口占国内生产总值比重

Export and Import of Goods and Services as Percentage of GDP

资料来源：世界银行数据库。
Source: World Bank Database.
单位：% (%)

国家和地区	Country or Area	出口 Exprots			进口 Imports		
		1990	2000	2002	1990	2000	2002
世　界	**World**	**19.1**	**25.1**	**23.9**	**19.2**	**24.9**	**23.3**
高收入国家	**High Income**	**18.9**	**24.0**	**22.2**	**19.2**	**24.2**	**22.2**
中等收入国家	**Middle Income**	**20.5**	**30.3**	**31.7**	**19.4**	**27.8**	**28.3**
低收入国家	**Low Income**	**16.9**	**26.6**	**25.0**	**19.4**	**25.5**	**25.4**
中　国①	China ①	17.5	25.9	28.9	14.3	23.2	25.9
中国香港	Hong Kong, China	132.6	145.5	150.8	124.1	141.9	142.5
孟加拉国	Bangladesh	6.1	14.0	14.3	13.5	19.2	19.0
印　度	India	7.1	13.9	15.2	8.6	14.6	15.6
印度尼西亚	Indonesia	25.3	42.9	35.4	23.7	33.5	28.5
伊　朗	Iran	22.0	24.9	31.0	23.5	13.3	29.3
以色列	Israel	34.7	40.4	37.2	45.4	45.4	45.8
日　本	Japan	10.4	10.8	11.1	9.4	9.3	9.9
哈萨克斯坦	Kazakhstan		57.0	47.2		48.4	46.3
韩　国	Korea, Rep.	29.1	44.8	40.0	30.3	41.7	38.6
马来西亚	Malaysia	74.5	124.6	114.1	72.4	104.6	96.6
蒙　古	Mongolia	24.0	65.4	67.0	52.9	81.8	81.2
缅　甸	Myanmar	2.6			4.8		
巴基斯坦	Pakistan	15.5	16.3	18.7	23.4	18.0	19.0
菲律宾	Philippines	27.5	55.4	48.9	33.3	53.5	49.4
新加坡	Singapore	184.0	178.8	173.6 ②	177.1	160.8	151.8 ②
斯里兰卡	Sri Lanka	29.2	39.0	36.2	38.0	49.6	42.9
泰　国	Thailand	34.1	66.8	64.7	41.7	58.1	57.5
埃　及	Egypt	20.0	16.3	16.2	32.7	22.9	22.7
尼日利亚	Nigeria	43.4	53.3	37.7	28.8	37.5	43.6
南　非	South Africa	24.4	28.6	34.0	18.6	25.8	30.5
阿根廷	Argentina	10.4	10.9	27.7	4.6	11.5	12.8
巴　西	Brazil	8.2	10.7	15.8	7.0	12.2	13.6
委内瑞拉	Venezuela	39.4	28.4	28.9	20.2	16.3	16.9
加拿大	Canada	26.0	46.0		26.0	40.8	
墨西哥	Mexico	18.6	31.0	27.2	19.7	33.0	29.2
美　国	United States	9.7	11.3	9.8	10.9	15.0	13.9
白俄罗斯	Belarus	46.0	69.2	69.5	43.6	72.4	73.9
保加利亚	Bulgaria	33.1	55.7	53.1	36.7	61.1	59.7
捷　克	Czech Republic	45.2	69.8	65.2	42.6	73.2	67.5
法　国	France	21.2	28.5	27.1	22.2	27.3	25.0
德　国	Germany	25.1	33.8	35.5	25.2	33.4	31.6
意大利	Italy	19.7	28.3	26.9	19.7	27.3	25.8
荷　兰	Netherlands	54.0	67.3	61.7	50.6	62.3	56.4
波　兰	Poland	28.6	28.3	28.0	21.5	34.9	31.4
罗马尼亚	Romania	16.7	32.9	35.4	26.2	38.5	41.2
俄罗斯联邦	Russian Federation	18.2	44.1	34.7	17.9	24.0	24.0
乌克兰	Ukraine	27.6	62.4	56.3	28.7	57.9	51.8
英　国	United Kingdom	24.0	27.9	25.8	26.6	29.8	27.6
澳大利亚	Australia	16.7	22.9	19.6	16.8	22.8	22.2
新西兰	New Zealand	27.0	36.3	33.2	26.8	34.5	31.6

注：①世界银行数据。②2001年数据。
Note: ① Data from World Bank. ② Refer to 2001.

13-7 出口货物构成（2002年）
Exports by Commodity Groups(2002)

资料来源：世界银行数据库。
Sources: World Bank Database.

单位：% (%)

国家和地区	Country or Area	农业原材料 Agricultural Raw Materials	食品 Food	燃料 Fuel	矿物和金属 Ores and Metals	制成品 Manufactures
世界	**World**	**1.8**	**7.2**	**7.2**	**2.5**	**78.0**
高收入国家	**High Income**	**1.7**	**6.8**	**3.9**	**2.3**	**81.9**
中等收入国家	**Middle Income**		**8.3**	**23.7**	**3.3**	**60.3**
低收入国家	**Low Income**		**15.6**	**16.0**	**5.4**	**58.2**
中国①	China ①	0.8	5.0	2.6	1.6	89.8
中国香港	Hong Kong, China	0.4	2.1	0.8	1.7	94.6
印度	India		12.3	5.1	4.0	75.2
印度尼西亚	Indonesia		11.5	24.4	5.3	54.4
伊朗	Iran	0.4	3.7	86.2	0.8	8.7
以色列	Israel	1.0	4.2	0.4	1.3	92.9
日本	Japan	0.5	0.5	0.4	1.4	93.0
哈萨克斯坦②	Kazakhstan ②	1.3	6.8	53.9	18.1	19.8
韩国	Korea, Rep.	0.9	1.5	4.0	1.4	92.1
马来西亚	Malaysia		7.6	8.7	0.9	79.5
巴基斯坦	Pakistan	1.5	10.8	1.9	0.2	85.5
菲律宾	Philippines	0.5	5.2	1.1	1.3	50.1
新加坡	Singapore	0.4	2.3	7.7	1.1	84.8
斯里兰卡	Sri Lanka	1.7	21.0	0.0	1.9	74.2
泰国③	Thailand ③	3.1	15.4	2.5	1.1	74.5
土耳其	Turkey	0.8	10.1	1.9	2.0	83.9
埃及	Egypt	0.1	8.9	33.6	4.6	35.4
尼日利亚②	Nigeria ②	0.01	0.1	99.6	0.01	0.2
南非	South Africa	3.1	10.6	12.3	11.3	62.6
加拿大	Canada	5.5	7.5	12.7	4.5	63.3
墨西哥	Mexico	0.6	5.0	8.9	1.2	84.3
美国	United States	2.4	8.2	1.8	2.0	81.5
阿根廷	Argentina		45.9	17.1	3.9	30.6
巴西③	Brazil ③	4.1	27.6	3.6	8.3	54.3
委内瑞拉	Venezuela		1.6	81.5	3.8	12.8
白俄罗斯	Belarus	3.7	7.7	20.1	1.3	63.7
保加利亚②	Bulgaria ②	2.7	9.8	11.7	12.7	56.8
捷克	Czech Republic	1.6	3.4	4.0	1.4	89.0
法国	France	1.0	11.2	2.5	1.8	81.4
德国	Germany	0.9	4.2	1.4	2.2	85.9
意大利	Italy	0.7	6.7	1.8	1.3	88.0
荷兰	Netherlands	3.9	18.8	0.7	2.3	74.0
波兰	Poland	1.4	7.5	4.9	4.0	82.1
罗马尼亚	Romania	3.3	3.1	7.9	4.2	81.0
俄罗斯联邦	Russian Federation	3.6	2.2	55.5	7.7	21.6
西班牙	Spain		15.1	2.6	2.0	77.6
英国	United Kingdom	0.5	5.3	7.7	2.1	79.0
澳大利亚	Australia	5.4	21.8	21.7	15.9	28.8
新西兰	New Zealand	13.3	48.8	1.9	4.1	28.0

注：①世界银行数据。②2000年数据。③2001年数据。
Note: ① Data from World Bank. ② Data refer to 2000. ③ Data refer to 2001.

13–8 进口货物构成 （2002 年）
Imports by Commodity Groups (2002)

资料来源：世界银行数据库。
Sources: World Bank Database.
单位：% (%)

国家和地区	Country or Area	农业原材料 Agricultural Raw Materials	食品 Food	燃料 Fuel	矿物和金属 Ores and Metals	制成品 Manufactures
世界	**World**	**1.9**	**7.8**	**9.7**	**2.8**	**75.0**
高收入国家	**High Income**	**1.8**	**7.5**	**9.5**	**2.8**	**75.4**
中等收入国家	**Middle Income**	**2.1**	**8.6**	**8.6**	**2.9**	**75.3**
低收入国家	**Low Income**	**4.0**	**10.5**	**24.4**	**3.2**	**57.3**
中国①	China ①	4.0	3.3	6.5	5.1	80.4
中国香港	Hong Kong, China	1.1	4.1	2.0	1.7	91.0
印度	India	3.1	5.8	33.4	4.5	51.9
印度尼西亚	Indonesia	5.8	11.1	21.3	3.1	58.7
伊朗	Iran	1.9	10.7	2.9	2.0	82.0
以色列	Israel	1.0	6.0	9.3	1.7	81.7
日本	Japan	2.6	13.3	19.4	4.8	58.1
哈萨克斯坦②	Kazakhstan ②	0.9	9.2	11.5	3.1	75.1
韩国	Korea, Rep.	3.0	6.0	21.3	5.6	63.9
马来西亚	Malaysia	1.2	5.3	4.7	2.9	83.5
巴基斯坦	Pakistan	4.8	11.9	27.3	2.5	53.1
菲律宾	Philippines	1.0	7.5	9.2	2.0	56.1
新加坡	Singapore	0.4	3.6	13.1	1.6	80.1
斯里兰卡	Sri Lanka	1.2	14.2	14.0	2.0	68.4
泰国②	Thailand ②	2.8	5.0	12.2	3.2	76.1
土耳其	Turkey	4.2	3.8	14.5	4.9	67.9
埃及	Egypt	4.4	27.7	4.0	2.7	51.2
尼日利亚②	Nigeria ②	0.9	20.2	0.5	2.4	75.9
南非	South Africa	1.5	5.0	12.5	1.7	70.4
加拿大	Canada	1.3	6.0	4.9	2.1	83.6
墨西哥	Mexico	1.4	6.1	2.7	2.1	87.0
美国	United States	1.4	4.6	10.1	1.8	77.9
阿根廷	Argentina	2.4	4.6	4.9	3.5	83.9
巴西	Brazil	1.5	6.8	15.3	2.9	73.5
委内瑞拉	Venezuela	1.4	12.6	2.5	1.6	81.8
白俄罗斯	Belarus	2.3	10.8	25.8	3.6	50.6
保加利亚②	Bulgaria ②	1.3	5.2	25.9	5.7	58.9
捷克	Czech Republic	2.0	4.2	13.5	2.9	77.3
法国	France	1.7	8.7	9.2	2.5	77.9
德国	Germany	1.6	7.3	8.1	3.3	71.4
意大利	Italy	3.4	9.1	9.2	3.8	70.4
荷兰	Netherlands	2.1	11.9	8.9	2.7	74.3
波兰	Poland	1.9	6.0	9.2	2.6	80.2
罗马尼亚	Romania	1.3	6.4	11.2	2.6	78.2
俄罗斯联邦	Russian Federation	1.4	22.8	2.5	2.4	70.2
西班牙	Spain	1.7	10.3	10.9	2.9	73.6
英国	United Kingdom	1.5	8.3	4.1	2.3	79.1
澳大利亚	Australia	1.1	4.9	7.5	1.2	84.3
新西兰	New Zealand	1.0	8.5	9.2	1.9	78.9

注：①世界银行数据。②2001 年数据。
Note: ① Data from World Bank. ② Data refer to 2001.

13-9 农产品进出口额
Imports and Exports of Agriculture Products

资料来源：联合国粮农组织数据库。
Source:FAO Database.
单位：亿美元　　(USD 100 million)

国家和地区	Country or Area	进口额 Imports			出口额 Exports		
		1990	2001	2002	1990	2001	2002
世　界	**World**	**3531.5**	**4387.2**	**4640.6**	**3262.3**	**4133.7**	**4411.4**
发达国家	**Developed Countries**	**2666.5**	**3046.7**	**3277.0**	**2366.2**	**2908.5**	**3102.5**
中　国①	China ①	97.9	163.9	161.1	102.1	129.9	144.7
中国香港	Hong Kong, China	68.2	82.7	79.3	36.1	37.8	35.2
孟加拉国	Bangladesh	7.7	13.8	13.9	1.6	0.9	1.0
印　度	India	10.8	39.3	40.2	30.7	52.3	55.2
印度尼西亚	Indonesia	15.9	40.9	42.0	28.0	43.7	62.1
伊　朗	Iran, Islamic Rep.	26.8	31.3	20.9	4.6	11.0	11.1
以色列	Israel	12.0	18.7	19.0	12.9	10.4	10.2
日　本	Japan	286.6	345.7	336.3	11.7	24.8	16.4
哈萨克斯坦	Kazakhstan		5.0	5.6		5.3	7.1
朝　鲜	Korea, Dem.People's Rep.	2.5	3.9	3.3	0.6	0.2	0.2
韩　国	Korea, Rep.	64.6	82.7	89.6	11.5	16.0	16.8
马来西亚	Malaysia	21.4	40.3	50.0	43.6	55.2	73.7
蒙　古	Mongolia	0.7	1.1	1.3	1.6	1.2	0.8
缅　甸	Myanmar	1.2	3.0	2.9	1.9	4.6	4.7
巴基斯坦	Pakistan	14.0	15.2	15.6	9.9	10.2	9.9
菲律宾	Philippines	13.6	24.3	26.4	12.3	14.4	15.1
新加坡	Singapore	35.2	39.6	38.8	25.5	27.0	26.9
斯里兰卡	Sri Lanka	4.9	7.2	8.1	7.5	9.5	9.7
泰　国	Thailand	16.0	29.2	29.8	53.9	74.2	81.7
土耳其	Turkey	22.6	24.2	30.7	31.2	40.9	34.8
越　南	Viet Nam	2.4	11.1	13.4	7.4	20.2	19.0
埃　及	Egypt	30.8	35.6	36.9	4.3	6.1	7.7
尼日利亚	Nigeria	5.6	17.3	20.1	2.3	4.0	4.1
南　非	South Africa	9.9	13.0	14.5	19.2	22.5	24.1
加拿大	Canada	71.0	120.4	127.1	91.8	172.7	164.7
墨西哥	Mexico	49.9	107.6	116.2	29.4	76.4	80.4
美　国	United States	270.9	449.4	450.7	452.1	567.1	555.9
阿根廷	Argentina	2.3	12.1	5.0	69.8	110.1	110.5
巴　西	Brazil	22.7	32.1	32.6	87.6	160.6	167.3
委内瑞拉	Venezuela	8.0	19.0	15.5	3.1	3.1	2.9
白俄罗斯	Belarus		8.8	9.5		6.0	6.5
保加利亚	Bulgaria	6.5	4.8	5.5	18.2	5.9	6.7
捷　克	Czech Republic		19.4	22.2		13.1	13.8
法　国	France	226.1	232.2	252.6	334.3	313.3	345.2
德　国	Germany	386.5	321.6	370.0	203.7	235.8	265.6
意大利	Italy	236.5	209.2	221.9	111.3	156.9	174.5
荷　兰	Netherlands	179.6	170.0	194.7	309.3	278.3	325.2
波　兰	Poland	9.9	31.7	34.7	16.3	28.1	30.1
罗马尼亚	Romania	13.7	12.2	11.9	0.9	4.5	4.6
俄罗斯联邦	Russian Federation		87.1	93.9		11.2	18.4
西班牙	Spain	80.4	112.3	129.5	78.3	145.0	164.5
乌克兰	Ukraine		10.7	11.3		19.0	24.4
英　国	United Kingdom	229.5	268.4	291.5	127.7	133.5	146.6
澳大利亚	Australia	17.2	28.7	32.3	117.5	157.8	154.2
新西兰	New Zealand	6.7	11.3	13.0	47.8	65.9	67.4

注：①数据来源于粮农组织数据库。
Note: ① Data from FAO Database.

13−10 主要国家(地区)出口去向构成(2002 年)
Exports by Destination(2002)

资料来源：联合国贸易和发展会议数据库。
Source:UNCTAD Database.

单位：%　　　　(%)

国家和地区	Country or Area	世界 World	发达国家 Developed Countries						东欧国家 Countries in Eastern Europe
				欧洲 Europe	欧盟 European Union	美国和加拿大 United States and Canada	日本 Japan	其他 other	
中　　国①	China ①	100	62.0	15.6	15.2	30.4	13.8	2.1	1.9
中国香港	Hong Kong, China	100	36.6	14.1	13.3	17.1	3.8	1.6	0.7
孟加拉国	Bangladesh	100	74.6	43.8	43.1	29.3	1.1	0.4	0.4
印　　度	India	100	54.2	23.7	22.8	24.6	3.8	2.1	2.1
印度尼西亚	Indonesia	100	52.6	14.0	13.7	15.4	19.2	4.0	1.1
伊　　朗	Iran	100	37.4	20.0	19.6	0.7	16.4	0.2	0.4
以 色 列	Israel	100	70.7	26.5	24.9	40.8	2.4	1.1	2.4
日　　本	Japan	100	49.0	15.3	14.7	31.1		2.6	0.7
哈萨克斯坦	Kazakhstan	100	36.7	32.7	28.5	3.2	0.8	0.1	25.5
朝　　鲜	Korea, Dem.People's Rep.	100	29.0	7.8	7.7	0.0	20.3	1.0	3.9
韩　　国	Korea, Rep.	100	47.7	13.4	12.7	23.3	8.8	2.2	1.5
马来西亚	Malaysia	100	48.5	12.7	12.5	22.2	11.0	2.6	0.6
蒙　　古	Mongolia	100	39.8	4.4	4.4	33.8	1.5	-	9.7
缅　　甸	Myanmar	100	32.4	14.1	13.8	14.3	3.7	0.4	0.3
巴基斯坦	Pakistan	100	57.7	27.8	27.3	26.9	1.5	1.4	0.8
菲 律 宾	Philippines	100	63.6	17.0	16.8	29.7	15.6	1.3	1.1
新 加 坡	Singapore	100	39.0	13.2	12.5	15.6	7.1	3.1	0.7
斯里兰卡	Sri Lanka	100	75.1	29.0	28.1	40.3	3.2	2.6	2.6
泰　　国	Thailand	100	54.5	15.8	14.8	20.8	14.5	3.4	0.7
土 耳 其	Turkey	100	69.0	55.3	53.9	10.4	0.4	2.9	8.5
越　　南	Vietnam	100	65.0	25.7	24.8	16.6	14.7	7.9	2.4
埃　　及	Egypt	100	64.7	41.2	40.5	19.4	0.9	3.2	1.2
尼日利亚	Nigeria	100	65.5	27.5	25.9	34.2	3.7	0.2	0.1
南　　非	South Africa	100	69.5	42.6	41.7	14.3	8.7	3.9	0.7
加 拿 大	Canada	100	94.7	4.6	4.2	87.7	2.0	0.4	0.2
墨 西 哥	Mexico	100	93.6	3.9	3.6	88.4	1.0	0.2	0.1
美　　国	United States	100	56.0	22.2	20.8	23.2	7.4	3.2	0.8
阿 根 廷	Argentina	100	32.9	19.1	18.8	11.7	1.4	0.7	1.1
巴　　西	Brazil	100	55.4	24.3	23.3	26.6	3.8	0.7	2.7
委内瑞拉	Venezuela	100	65.9	8.3	8.0	57.2	0.5	-	0.1
白俄罗斯	Belarus	100	12.0	10.1	10.0	1.8	0.1	-	77.4
保加利亚	Bulgaria	100	64.5	58.2	56.1	5.2	0.2	0.9	15.2
捷　　克	Czech Republic	100	75.3	70.6	68.9	3.8	0.5	0.4	20.4
法　　国	France	100	76.0	64.8	61.1	8.7	1.6	0.9	4.5
德　　国	Germany	100	74.1	59.6	54.6	11.5	1.9	1.1	11.5
意 大 利	Italy	100	71.5	57.5	53.1	10.7	1.7	1.5	10.0
荷　　兰	Netherlands	100	86.2	79.6	77.1	4.9	0.9	0.8	4.5
波　　兰	Poland	100	73.6	69.6	67.5	3.5	0.2	0.3	20.3
罗马尼亚	Romania	100	77.4	70.1	68.1	5.8	0.3	1.1	9.7
俄罗斯联邦	Russian Federation	100	50.8	41.0	36.9	6.9	2.1	0.9	24.8
西 班 牙	Spain	100	78.4	71.5	69.6	5.1	0.8	1.0	4.3
乌 克 兰	Ukraine	100	28.4	24.0	23.7	3.0	0.9	0.6	35.4
英　　国	United Kingdom	100	80.1	58.8	55.8	17.2	2.0	2.1	3.2
澳大利亚	Australia	100	49.1	12.8	12.3	11.1	18.5	6.7	0.4
新 西 兰	New Zealand	100	64.8	15.3	15.0	17.6	11.5	20.4	0.5

13-10续表 continued

单位：%　　(%)

国家和地区	Country or Area	发展中国家 Developing Countries	石油输出国组织国家 OPEC	美洲 America	非洲 Africa	西亚 West Asia	其他亚洲地区 Other Asia	未分类 Unallocated
中　　国①	China ①	35.8	2.7	2.3	1.4	2.0	30.0	0.3
中国香港	Hong Kong, China	62.7	1.9	2.7	0.9	1.5	57.5	-
孟加拉国	Bangladesh	9.0	1.5	0.8	0.7	2.7	4.9	16.0
印　　度	India	39.8	9.5	3.1	4.0	9.9	22.6	3.9
印度尼西亚	Indonesia	46.1	2.6	1.7	1.3	3.0	40.0	0.2
伊　　朗	Iran	47.2	7.7	0.1	5.8	10.7	30.6	15.1
以 色 列	Israel	21.6	0.4	3.8	1.6	2.0	14.0	5.3
日　　本	Japan	50.2	3.9	3.6	0.9	2.9	42.7	0.2
哈萨克斯坦	Kazakhstan	37.8	5.6	13.1	0.2	5.7	15.2	-
朝　　鲜	Korea, Dem.People's Rep.	66.9	1.1	24.8	3.5	3.3	35.1	0.1
韩　　国	Korea, Rep.	50.7	6.2	6.3	2.3	4.3	37.0	0.1
马来西亚	Malaysia	50.6	3.7	1.1	0.8	2.3	46.3	0.3
蒙　　古	Mongolia	50.5	-	0.1	0.0	0.1	50.3	0.1
缅　　甸	Myanmar	66.6	1.6	0.1	7.5	0.8	57.2	0.7
巴基斯坦	Pakistan	41.1	14.7	1.8	4.2	16.4	18.6	0.4
菲 律 宾	Philippines	35.3	0.8	0.9	0.2	0.5	33.7	-
新 加 坡	Singapore	60.1	1.8	2.0	1.0	1.9	54.5	0.2
斯里兰卡	Sri Lanka	18.9	6.4	1.5	0.8	8.7	7.9	3.3
泰　　国	Thailand	43.5	5.1	1.6	1.9	2.9	37.0	1.3
土 耳 其	Turkey	15.5	5.8	1.2	2.9	6.4	4.9	7.0
越　　南	Vietnam	31.9	4.3	0.7	1.0	2.8	27.3	0.7
埃　　及	Egypt	20.6	6.0	0.6	2.8	9.1	8.1	13.4
尼日利亚	Nigeria	34.4	2.2	9.7	12.2	1.3	10.7	-
南　　非	South Africa	29.6	2.5	2.2	14.8	1.8	10.8	0.1
加 拿 大	Canada	5.1	0.6	1.5	0.4	0.3	2.9	0.1
墨 西 哥	Mexico	6.3	0.5	4.6	0.1	-	1.3	-
美　　国	United States	42.8	2.7	21.4	1.1	2.2	17.9	0.4
阿 根 廷	Argentina	63.1	4.3	45.7	3.4	3.9	10.2	2.8
巴　　西	Brazil	39.3	5.6	23.4	2.7	3.5	9.1	2.6
委内瑞拉	Venezuela	33.8	-	27.4	-	-	0.4	0.2
白俄罗斯	Belarus	9.7	1.9	1.5	0.8	1.9	5.3	0.9
保加利亚	Bulgaria	16.4	1.4	1.2	1.3	11.2	2.6	3.9
捷　　克	Czech Republic	4.3	0.8	0.4	0.4	1.4	2.1	0.1
法　　国	France	17.4	4.0	2.6	5.2	3.9	5.0	2.1
德　　国	Germany	13.9	2.2	2.3	1.6	3.0	6.9	0.5
意 大 利	Italy	17.2	4.1	3.2	2.8	4.9	6.2	1.4
荷　　兰	Netherlands	8.3	1.6	1.1	1.3	2.0	3.8	1.0
波　　兰	Poland	5.8	0.9	1.3	1.2	1.1	2.0	0.4
罗马尼亚	Romania	11.5	2.5	1.0	1.4	6.4	2.8	1.4
俄罗斯联邦	Russian Federation	22.2	1.8	0.8	0.8	6.5	14.1	2.2
西 班 牙	Spain	14.9	2.8	5.5	3.4	3.0	2.9	2.3
乌 克 兰	Ukraine	34.8	4.4	2.2	4.6	9.1	17.1	1.4
英　　国	United Kingdom	14.3	3.1	1.7	2.2	3.5	6.8	2.4
澳大利亚	Australia	48.0	7.5	1.2	2.0	5.3	37.4	2.4
新 西 兰	New Zealand	33.0	4.2	3.5	1.2	2.5	22.5	1.7

注：①联合国贸易与发展会议数据。
Note: ① Data from UNCTAD.

13-11 主要国家(地区)进口来源构成(2002年)

Imports by Origin(2002)

资料来源：联合国贸易和发展会议数据库。
Source:UNCTAD Database.

单位：% (%)

国家和地区 Country or Area	世界 World	发达国家 Developed Countries						东欧国家 Countries in Eastern Europe
			欧洲 Europe	欧盟 European Union	美国和加拿大 United States and Canada	日本 Japan	其他 other	
中　　国① China①	100	42.2	13.9	12.9	9.9	16.1	2.3	3.4
中国香港 Hong Kong, China	100	31.0	10.5	9.0	6.6	12.4	1.5	0.3
孟加拉国 Bangladesh	100	25.2	12.0	10.2	3.8	7.1	2.3	0.6
印　　度 India	100	38.0	23.3	22.5	7.9	3.3	3.4	3.5
印度尼西亚 Indonesia	100	42.4	12.2	11.7	7.9	16.9	5.3	0.5
伊　　朗 Iran	100	49.7	42.3	40.8	0.7	4.6	2.1	6.5
以 色 列 Israel	100	69.4	43.8	38.5	22.8	2.4	0.4	4.2
日　　本 Japan	100	38.9	14.3	13.0	19.5		5.0	1.3
哈萨克斯坦 Kazakhstan	100	37.7	25.5	24.5	10.2	1.5	0.5	46.4
朝　　鲜 Korea, Dem.People's Rep.	100	23.3	14.6	14.2	1.9	6.6	0.1	4.3
韩　　国 Korea, Rep.	100	52.5	11.7	10.8	16.8	19.5	4.5	1.3
马来西亚 Malaysia	100	46.9	12.1	11.0	15.9	16.8	2.1	0.5
蒙　　古 Mongolia	100	25.0	9.8	9.1	9.6	4.2	1.5	35.9
缅　　甸 Myanmar	100	8.8	3.3	3.2	0.4	4.5	0.6	4.0
巴基斯坦 Pakistan	100	35.7	19.6	17.9	7.4	6.1	2.5	1.2
菲 律 宾 Philippines	100	54.1	8.5	8.1	20.4	22.4	2.8	0.5
新 加 坡 Singapore	100	43.6	14.1	11.8	14.7	12.5	2.3	0.6
斯里兰卡 Sri Lanka	100	30.5	16.8	15.5	3.5	5.2	5.0	0.2
泰　　国 Thailand	100	48.8	12.3	11.0	10.2	23.0	3.3	1.6
土 耳 其 Turkey	100	64.2	53.3	50.2	7.3	1.9	1.6	12.9
越　　南 Vietnam	100	28.9	10.6	10.2	3.8	12.5	2.0	2.4
埃　　及 Egypt	100	62.1	38.1	36.6	18.3	3.0	2.7	6.2
尼日利亚 Nigeria	100	58.8	45.8	44.4	10.0	2.4	0.5	2.8
南　　非 South Africa	100	66.4	46.7	44.8	10.2	6.0	3.4	0.8
加 拿 大 Canada	100	80.6	12.7	11.1	62.6	4.4	0.8	0.5
墨 西 哥 Mexico	100	83.3	10.8	10.3	69.0	3.0	0.5	0.5
美　　国 United States	100	50.7	20.7	19.3	17.8	10.4	1.8	1.3
阿 根 廷 Argentina	100	31.3	17.2	15.9	11.8	1.5	0.8	1.1
巴　　西 Brazil	100	57.6	28.9	26.5	24.0	3.4	1.3	1.9
委内瑞拉 Venezuela	100	53.5	19.9	19.1	30.3	2.8	0.6	0.1
白俄罗斯 Belarus	100	17.8	17.2	16.5	0.3	0.1	0.2	76.4
保加利亚 Bulgaria	100	56.1	51.9	50.5	2.5	1.1	0.6	26.0
捷　　克 Czech Republic	100	77.1	74.2	72.1	1.9	0.8	0.2	17.6
法　　国 France	100	80.0	70.2	65.9	7.4	1.9	0.5	4.1
德　　国 Germany	100	70.6	58.6	52.7	7.8	3.6	0.6	13.1
意 大 利 Italy	100	70.0	61.6	57.0	5.3	2.1	0.9	9.8
荷　　兰 Netherlands	100	68.5	53.9	51.5	9.7	4.0	0.9	4.3
波　　兰 Poland	100	72.8	70.1	68.1	1.5	0.9	0.3	16.5
罗马尼亚 Romania	100	68.3	65.5	64.3	1.6	0.2	1.0	18.0
俄罗斯联邦 Russian Federation	100	55.4	46.1	44.6	6.5	2.1	0.7	21.5
乌 克 兰 Ukraine	100	33.3	30.9	29.6	1.6	0.3	0.5	4.1
英　　国 United Kingdom	100	73.5	54.7	49.8	13.5	3.8	1.4	47.9
澳大利亚 Australia	100	60.5	24.2	23.0	19.7	12.3	4.3	3.5
新 西 兰 New Zealand	100	69.2	20.1	19.3	14.8	12.0	22.3	0.4

13-11 续表 continued

单位：% (%)

国家和地区	Country or Area	发展中国家 Developing Countries	石油输出国组织国家 OPEC	美洲 America	非洲 Africa	西亚 West Asia	其他亚洲地区 Other Asia	未分类 Unallocated
中国①	China ①	50.8	3.9	2.5	1.7	3.0	43.5	3.7
中国香港	Hong Kong, China	68.7	1.4	0.7	0.3	0.7	67.0	-
孟加拉国	Bangladesh	61.2	6.6	1.0	0.5	4.6	55.0	13.0
印度	India	35.3	9.7	2.1	3.7	7.7	21.7	23.2
印度尼西亚	Indonesia	56.3	7.3	1.1	1.9	6.6	46.6	0.8
伊朗	Iran	33.9	5.4	5.4	0.7	6.8	21.0	10.0
以色列	Israel	16.3	0.2	1.1	1.3	2.3	11.6	10.1
日本	Japan	59.8	15.3	2.6	1.6	11.7	43.7	-
哈萨克斯坦	Kazakhstan	15.9	0.8	1.6	0.4	2.9	10.2	0.1
朝鲜	Korea, Dem.People's Rep.	72.4	5.2	12.2	0.2	4.7	55.4	-
韩国	Korea, Rep.	46.1	16.5	2.4	1.3	15.5	26.8	0.1
马来西亚	Malaysia	51.2	3.9	1.0	0.3	1.7	48.2	1.4
蒙古	Mongolia	39.1	0.4	-		0.1	38.9	-
缅甸	Myanmar	87.8	2.8	-	0.1	0.2	87.4	-
巴基斯坦	Pakistan	62.8	34.0	0.6	3.0	33.4	25.8	0.3
菲律宾	Philippines	44.8	8.4	0.8	0.2	7.2	36.4	0.6
新加坡	Singapore	55.5	7.6	0.9	0.5	8.3	45.6	0.3
斯里兰卡	Sri Lanka	68.8	10.6	0.5	0.5	8.6	59.2	0.5
泰国	Thailand	47.2	7.7	1.6	1.4	8.2	36.0	-
土耳其	Turkey	18.6	8.9	1.0	4.1	5.0	8.6	4.3
越南	Vietnam	67.9	3.2	1.1	0.4	1.2	65.2	0.7
埃及	Egypt	25.0	6.3	3.2	1.9	7.4	12.4	6.7
尼日利亚	Nigeria	38.2	2.4	4.9	4.6	1.0	27.7	0.2
南非	South Africa	32.7	13.8	4.3	2.8	12.8	12.6	-
加拿大	Canada	17.3	1.7	5.6	0.9	0.7	10.1	1.6
墨西哥	Mexico	15.9	1.0	3.8	0.5	0.2	11.1	0.3
美国	United States	47.9	4.7	17.5	1.8	2.2	26.4	0.1
阿根廷	Argentina	64.8	2.2	49.2	1.9	0.6	12.9	2.7
巴西	Brazil	40.3	8.8	19.9	6.5	2.3	11.5	0.2
委内瑞拉	Venezuela	38.4	0.1	26.2	-	-	8.5	8.1
白俄罗斯	Belarus	4.1	0.1	1.7	0.2	0.3	1.8	1.7
保加利亚	Bulgaria	14.2	1.3	2.5	0.4	5.5	5.8	3.6
捷克	Czech Republic	5.2	0.6	0.2	0.5	0.4	4.1	0.2
法国	France	14.9	3.1	1.9	4.1	2.6	6.1	1.0
德国	Germany	15.8	1.3	1.8	1.7	1.8	10.5	0.5
意大利	Italy	17.8	6.0	2.4	4.2	3.4	7.7	2.5
荷兰	Netherlands	23.7	3.5	3.4	2.3	2.8	15.3	3.5
波兰	Poland	10.5	0.5	1.7	0.8	0.9	7.1	0.1
罗马尼亚	Romania	10.6	0.8	2.1	0.5	2.9	5.1	3.1
俄罗斯联邦	Russian Federation	23.0	0.5	4.1	1.0	1.7	16.2	0.1
乌克兰	Ukraine	18.7	0.2	0.7	0.3	2.0	15.5	0.1
英国	United Kingdom	20.2	1.7	1.9	2.8	2.2	13.3	2.8
澳大利亚	Australia	38.7	5.1	1.1	1.0	1.8	33.5	0.4
新西兰	New Zealand	28.3	3.6	1.2	1.3	3.3	22.1	2.2

注：①联合国贸易与发展会议数据。
Note: ① Data from UNCTAD.

13-12 世界主要货物出口占全部货物出口的比重

Main Commodity Exports of the World as Percentage of All Products Exports

资料来源：联合国贸易和发展会议数据库。
Source: UNCTAD Database.
单位：%　　(%)

商品组代码及含义		Group Code and Description	1990-1991 出口额(亿美元) Export Value (USD 100 million)	1990-1991 占全部货物出口的比重 Percentage of Total	1990-1991 占世界比重 Percentage of World	2000-2001 出口额(亿美元) Export Value (USD 100 million)	2000-2001 占全部货物出口的比重 Percentage of Total	2000-2001 占世界比重 Percentage of World
世界		**World**						
	全部商品	All commodities	33381.29	100.00	100.00	59447.00	100.00	100.00
001	活动物，主要用于食品	Live animals for food	96.56	0.29	100.00	86.35	0.15	100.00
011	肉及新鲜、急冻或冷藏	Meat, fresh, chilled, frozen	295.34	0.88	100.00	372.77	0.63	100.00
014	加工及腌制的肉	Meat prepd, prsrvd nes, etc	44.02	0.13	100.00	60.33	0.10	100.00
022	奶及奶油	Milk and cream	88.27	0.26	100.00	131.64	0.22	100.00
023	黄油	Butter	32.30	0.10	100.00	26.83	0.05	100.00
024	乳酪（芝士）及凝乳	Cheese and curd	80.74	0.24	100.00	103.94	0.17	100.00
034	鱼，新鲜、急冻或冷藏	Fish, fresh, chilled, frozen	149.87	0.45	100.00	216.87	0.36	100.00
036	甲壳类，鲜的，急冻	Shell fish fresh, frozen	115.32	0.35	100.00	164.94	0.28	100.00
037	鱼，加工的或腌的	Fish etc prepd, prsrvd nes	64.75	0.19	100.00	93.80	0.16	100.00
041	小麦，未碾磨	Wheat etc, unmilled	145.01	0.43	100.00	143.02	0.24	100.00
042	稻谷	Rice	42.53	0.13	100.00	73.20	0.12	100.00
044	玉米，未碾磨	Maize (corn), unmilled	93.19	0.28	100.00	88.22	0.15	100.00
048	谷物制品	Cereal etc preparations	100.88	0.30	100.00	183.13	0.31	100.00
054	新鲜蔬菜，简单加工	Vegtb etc fresh, simply prsrvd	179.45	0.54	100.00	240.49	0.40	100.00
056	加工蔬菜及制品	Vegtb etc prsrvd, preprd	46.58	0.14	100.00	58.07	0.10	100.00
057	水果和坚果，新的或干的	Fruit, nuts, fresh, dried	197.85	0.59	100.00	266.62	0.45	100.00
058	水果，腌的或水果制品	Fruit prsrvd, preprd	89.72	0.27	100.00	122.07	0.21	100.00
061	糖及蜜糖	Sugar and honey	118.78	0.36	100.00	110.38	0.19	100.00
062	糖制品（非巧克力）	Sugar preps non-chocolate	21.85	0.07	100.00	40.21	0.07	100.00
071	咖啡及咖啡代替品	Coffee and substitutes	85.54	0.26	100.00	105.83	0.18	100.00
072	可可	Cocoa	39.67	0.12	100.00	39.36	0.07	100.00
073	巧克力及其他配制食品	Chocolate and products	43.13	0.13	100.00	71.95	0.12	100.00
074	茶	Tea and mate	25.53	0.08	100.00	29.88	0.05	100.00
081	动物饲料	Feeding stuff for animals	160.63	0.48	100.00	209.47	0.35	100.00
098	其它可食用品	Edible products, preps nes	82.07	0.25	100.00	158.39	0.27	100.00
111	无酒精饮料	Non alcoholic beverages nes	25.16	0.08	100.00	54.27	0.09	100.00
112	酒精饮料	Alcoholic beverages	193.87	0.58	100.00	288.74	0.49	100.00
121	未制成的烟草；烟草费料	Tobacco, unmanufactd, refuse	52.47	0.16	100.00	58.14	0.10	100.00
122	制成的烟草	Tobacco, manufactured	119.57	0.36	100.00	149.28	0.25	100.00
211	兽皮（毛皮除外）	Hides skins, exc furs, raw	49.63	0.15	100.00	51.12	0.09	100.00
222	油子及含油果实	Seeds for soft fixed oils	100.48	0.30	100.00	140.38	0.24	100.00
232	天然橡胶和天然胶	Natural rubber, gums	40.94	0.12	100.00	34.06	0.06	100.00
233	合成橡胶；再生橡胶	Rubber, synthetic, reclaimed	54.41	0.16	100.00	59.94	0.10	100.00
247	原木或略成方形	Other wood rough, squared	77.26	0.23	100.00	73.78	0.12	100.00
248	成形的木材及铁路枕木	Wood, shaped, rail sleepers	180.84	0.54	100.00	241.60	0.41	100.00
251	浆及纸废料	Pulp and waste paper	162.58	0.49	100.00	206.24	0.35	100.00
263	棉	Cotton	88.04	0.26	100.00	76.26	0.13	100.00
266	适合纺织用的合成纤维	Synthetic fibres for spinning	39.42	0.12	100.00	43.24	0.07	100.00
268	羊毛及其他动物毛	Wool (exc tops), animal hair	55.83	0.17	100.00	31.98	0.05	100.00
273	石、沙及砾石	Stone, sand and gravel	26.47	0.08	100.00	37.78	0.06	100.00
278	其他未加工的矿产	Other crude minerals	67.66	0.20	100.00	69.16	0.12	100.00
281	铁矿砂及其精矿	Iron ore and concentrates	83.61	0.25	100.00	90.42	0.15	100.00
282	钢铁废料	Iron and steel scrap	50.53	0.15	100.00	72.77	0.12	100.00
287	贱金属矿及其精矿	Base metals ores, conc nes	166.24	0.50	100.00	196.22	0.33	100.00
288	有色金属废料	Non-ferrous metal scrap nes	58.16	0.17	100.00	81.48	0.14	100.00

13−12 续表 1 continued

单位：%　　　　　　　　　　　　　　　　　　　　　　　　　　　　　　　　　　　　(%)

商品组代码及含义	Group Code and Description	1990-1991			2000-2001		
		出口额（亿美元）Export Value (USD 100 million)	占全部货物出口的比重 Percentage of Total	占世界比重 Percentage of World	出口额（亿美元）Export Value (USD 100 million)	占全部货物出口的比重 Percentage of Total	占世界比重 Percentage of World
289 废金属	Prec metal ores, waste nes	11.77	0.04	100.00	34.28	0.06	100.00
291 未加工的动物材料	Crude animal materials nes	26.31	0.08	100.00	33.22	0.06	100.00
292 未加工的植物材料	Crude vegetb materials nes	113.42	0.34	100.00	142.09	0.24	100.00
322 煤砖、褐煤及泥煤	Coal, lignite and peat	184.46	0.55	100.00	189.20	0.32	100.00
333 原油	Crude petroleum	1821.42	5.46	100.00	3389.29	5.70	100.00
334 石油制品，精制	Petroleum products, refined	840.68	2.52	100.00	1533.11	2.58	100.00
335 石油产品渣滓	Residual petroleum prdts nes	50.56	0.15	100.00	108.59	0.18	100.00
341 气，天然的和人造的	Gas, natural and manufactured	343.98	1.03	100.00	823.65	1.39	100.00
423 不挥发蔬菜油	Fixed vegetable oils, soft	63.53	0.19	100.00	79.72	0.13	100.00
424 其它不挥发蔬菜油	Other fixed vegetable oils	37.51	0.11	100.00	65.60	0.11	100.00
431 加工的动植物油	Procesd animl and veg oil, etc	20.20	0.06	100.00	29.30	0.05	100.00
511 烃类及衍生物	Hydrocarbons nes, derivatives	152.05	0.46	100.00	214.78	0.36	100.00
512 乙醇、苯酚	Alcohols, phenols, etc	80.21	0.24	100.00	138.13	0.23	100.00
513 羧酸	Carboxylic acids, etc	100.89	0.30	100.00	162.87	0.27	100.00
514 氮基化合物	Nitrogen-function compounds	176.61	0.53	100.00	343.51	0.58	100.00
515 有机—无机化合物	Organo-inorgan compounds, etc	121.66	0.36	100.00	315.49	0.53	100.00
516 其他有机化学品	Other organic chemicals	69.92	0.21	100.00	135.82	0.23	100.00
522 无机化学元素，氧化物	Inorg chem elmnt, oxides, etc	124.61	0.37	100.00	165.32	0.28	100.00
523 其他无机化学品	Other inorganic chemicals	80.20	0.24	100.00	122.50	0.21	100.00
524 放射性材料	Radioactive etc materials	50.49	0.15	100.00	47.84	0.08	100.00
531 合成有机色料及天然染料	Synth dye, natrl indigo, lakes	76.79	0.23	100.00	84.22	0.14	100.00
533 颜料、油漆、清漆等	Pigments, paints, varnishes etc	118.31	0.35	100.00	233.79	0.39	100.00
541 医疗及药用产品	Medicinal, pharmaceutical prdts	391.81	1.17	100.00	1191.58	2.00	100.00
551 精油，芳香及芬芳材料	Essential oils, perfume, etc	36.91	0.11	100.00	81.18	0.14	100.00
553 香水、化妆品或梳洗用品	Perfumery, cosmetics, etc	104.68	0.31	100.00	238.47	0.40	100.00
554 肥皂、清洁及磨光用品	Soap, cleansing, etc preps	70.75	0.21	100.00	131.86	0.22	100.00
562 肥料制品	Fertilizers, manufactured	131.93	0.40	100.00	146.42	0.25	100.00
582 浓缩产品	Prdts of condensation, etc	164.24	0.49	100.00	298.86	0.50	100.00
583 聚合和共聚合制品	Polymerization, etc, prdts	483.26	1.45	100.00	827.77	1.39	100.00
591 消毒剂、杀虫剂	Pesticides, disinfectants	72.43	0.22	100.00	105.69	0.18	100.00
592 淀粉、菊粉及小麦麸质	Starch, inulin, gluten, etc	49.64	0.15	100.00	90.74	0.15	100.00
598 杂项化学产品	Miscel chemical prdts nes	218.74	0.66	100.00	424.49	0.71	100.00
611 皮革	Leather	90.75	0.27	100.00	150.03	0.25	100.00
612 皮革或合成皮革的制成品	Leather, etc, manufactures	42.17	0.13	100.00	65.47	0.11	100.00
621 橡胶材料	Materials of rubber	40.36	0.12	100.00	74.22	0.12	100.00
625 橡胶轮胎	Rubber tyres,tubes, etc	157.99	0.47	100.00	245.20	0.41	100.00
628 其它橡胶制品	Rubber articles nes	50.07	0.15	100.00	110.84	0.19	100.00
634 饰面板、胶合板及其他木料	Veneers, plywood, etc	93.33	0.28	100.00	134.83	0.23	100.00
635 木制成品	Wood manufactures nes	84.82	0.25	100.00	165.64	0.28	100.00
641 纸及纸板	Paper and paperboard	504.97	1.51	100.00	748.17	1.26	100.00
642 纸及纸板，切成一定尺寸或形状	Paper and paperboard, cut	135.56	0.41	100.00	247.55	0.42	100.00
651 纺织纱	Textile yarn	236.43	0.71	100.00	309.62	0.52	100.00
652 棉织物	Cotton fabrics, woven	153.10	0.46	100.00	201.11	0.34	100.00
653 人造纺织原料的梭织物	Woven man-made fib fabric	224.93	0.67	100.00	276.82	0.47	100.00
654 其他纺织物	Other woven textile fabric	81.12	0.24	100.00	86.26	0.15	100.00
655 针织或钩织物	Knitted, etc, fabric	65.34	0.20	100.00	130.51	0.22	100.00
656 网眼薄纱、丝带、边条料	Lace, ribbon, tulle, etc	29.62	0.09	100.00	51.55	0.09	100.00
657 特种纺织物及有关产品	Spec textile fabrics, products	115.01	0.34	100.00	199.97	0.34	100.00

13–12 续表 2 continued

单位：% (%)

商品组代码及含义	Group Code and Description	1990-1991 出口额（亿美元）Export Value (USD 100 million)	1990-1991 占全部货物出口的比重 Percentage of Total	1990-1991 占世界比重 Percentage of World	2000-2001 出口额（亿美元）Export Value (USD 100 million)	2000-2001 占全部货物出口的比重 Percentage of Total	2000-2001 占世界比重 Percentage of World
658 纺织原料制的制成品	Textile articles nes	87.50	0.26	100.00	168.49	0.28	100.00
659 铺地制成品	Floor coverings, etc	87.78	0.26	100.00	87.81	0.15	100.00
661 石灰、水泥、及装配式建筑材料	Lime, cement and building prdts	75.49	0.23	100.00	108.61	0.18	100.00
662 黏土建筑材料及耐火建筑材料	Clay, refractory building prdts	74.14	0.22	100.00	100.93	0.17	100.00
663 矿物制成品	Mineral manufactures nes	86.49	0.26	100.00	133.59	0.22	100.00
664 玻璃	Glass	95.66	0.29	100.00	205.37	0.35	100.00
665 玻璃制成品	Glassware	70.17	0.21	100.00	100.48	0.17	100.00
666 陶器	Pottery	42.05	0.13	100.00	47.75	0.08	100.00
667 珍珠、宝石及半宝石	Pearl, prec, semi-prec stones	244.96	0.73	100.00	510.09	0.86	100.00
671 生铁	Pig iron, etc	64.16	0.19	100.00	87.57	0.15	100.00
672 铁或钢，成锭或其他初级形状	Iron, steel primary forms	191.69	0.57	100.00	256.68	0.43	100.00
673 平板轧材，铁或非合金钢制	Iron, steel shapes, etc	187.82	0.56	100.00	227.47	0.38	100.00
674 铁或非合金钢平板轧材	Iron, steel univ, plate, sheet	366.38	1.10	100.00	493.61	0.83	100.00
677 铁或钢丝，不包括盘条	Iron, steel wire, exc w rod	31.35	0.09	100.00	36.66	0.06	100.00
678 铁及钢棒、杆、角材、型材	Iron, steel tubes, pipes, etc	199.47	0.60	100.00	237.11	0.40	100.00
679 钢铁铸造，未成型的	Iron, steel castings unworked	26.21	0.08	100.00	46.85	0.08	100.00
681 银、白金及其他白金族金属	Silver, platinum, etc	56.67	0.17	100.00	108.63	0.18	100.00
682 铜	Copper	234.11	0.70	100.00	302.43	0.51	100.00
683 镍	Nickel	34.72	0.10	100.00	66.33	0.11	100.00
684 铝	Aluminium	283.94	0.85	100.00	476.76	0.80	100.00
686 锌	Zinc	40.06	0.12	100.00	48.88	0.08	100.00
689 冶金用的杂项非铁贱金属	Non-fer base metals nes	17.54	0.05	100.00	36.75	0.06	100.00
691 结构物及结构物部件	Structures and parts nes	96.22	0.29	100.00	135.65	0.23	100.00
692 储存或运输用的金属容器	Metal tanks, boxes, etc	49.94	0.15	100.00	66.15	0.11	100.00
693 线材产品（绝缘电线除外）	Wire products, non-electric	34.82	0.10	100.00	47.30	0.08	100.00
694 钉及类似物，铁、钢、铜或铝制	Stell, copper nails, nuts, etc	65.01	0.19	100.00	115.44	0.19	100.00
695 手用或机用工具	Tools	123.87	0.37	100.00	199.54	0.34	100.00
696 刃具	Cutlery	26.13	0.08	100.00	46.72	0.08	100.00
697 贱金属制的家用设备	Base metal household equip	61.92	0.19	100.00	109.37	0.18	100.00
699 贱金属制成品	Base metal manufactures nes	243.76	0.73	100.00	481.61	0.81	100.00
712 水蒸汽或其他蒸汽发动锅炉	Steam engines, turbines	27.56	0.08	100.00	27.46	0.05	100.00
713 活塞内燃引擎	Intern combust piston engines	364.70	1.09	100.00	666.63	1.12	100.00
714 引擎及马达	Engines and motors nes	228.50	0.68	100.00	512.03	0.86	100.00
716 旋转式电力装置及其零件	Rotating electric plant	139.10	0.42	100.00	296.21	0.50	100.00
718 其他动力发动机械及其零件	Oth power generating machinery	34.68	0.10	100.00	49.37	0.08	100.00
721 农业机械（拖拉机除外）	Agricult machinry exc tractor	88.36	0.26	100.00	107.96	0.18	100.00
722 拖拉机	Tractors non-road	67.09	0.20	100.00	74.77	0.13	100.00
723 土木工程及建筑用装置及设备	Civil engineering equip, etc	185.75	0.56	100.00	260.05	0.44	100.00
724 纺织及皮革用机械，及其零件	Textile, leather machinery	210.70	0.63	100.00	186.66	0.31	100.00
725 纸厂及纸浆厂机械	Paper etc mill machinery	68.40	0.20	100.00	66.57	0.11	100.00
726 印刷及书本钉装机械及其零件	Print and bookbind machy, parts	107.01	0.32	100.00	138.27	0.23	100.00
727 食品加工机器（家用的除外）	Food machinery, non-domestic	52.31	0.16	100.00	55.85	0.09	100.00
728 其他特种工业专用机器及设备	Oth machy for spec industries	390.76	1.17	100.00	686.91	1.16	100.00
736 金属工具母机或金属碳化物	Metal working machy, tools	237.90	0.71	100.00	300.60	0.51	100.00
737 金工机械（工作母机除外）	Metal working machinery nes	69.48	0.21	100.00	86.66	0.15	100.00
741 加热及冷却设备	Heating, cooling equipment	238.70	0.72	100.00	404.77	0.68	100.00
742 液体泵	Pumps for liquids, etc	115.85	0.35	100.00	193.25	0.33	100.00
743 泵，离心分离机	Pumps nes, centrifuges, etc	202.75	0.61	100.00	394.51	0.66	100.00
744 机械搬运设备	Mechanical handling equipment	234.11	0.70	100.00	358.77	0.60	100.00

13—12 续表 3 continued

单位：% (%)

商品组代码及含义	Group Code and Description	1990-1991 出口额（亿美元）Export Value (USD 100 million)	1990-1991 占全部货物出口的比重 Percentage of Total	1990-1991 占世界比重 Percentage of World	2000-2001 出口额（亿美元）Export Value (USD 100 million)	2000-2001 占全部货物出口的比重 Percentage of Total	2000-2001 占世界比重 Percentage of World
745 其他非电动机械、工具	Non-electr machy, tools nes	162.61	0.49	100.00	226.60	0.38	100.00
749 机械的非电力零件及附件	Non-electr machy parts, acces	370.99	1.11	100.00	646.05	1.09	100.00
751 办公室机器	Office machines	113.71	0.34	100.00	124.12	0.21	100.00
752 自动资料处理机及其部件	Automatic data processing equip	693.07	2.08	100.00	1814.03	3.05	100.00
759 办公室机器的零件及附件	Office, adp machy parts, acces	507.62	1.52	100.00	1417.54	2.38	100.00
761 电视接收机	Television receivers	171.32	0.51	100.00	277.19	0.47	100.00
762 无线电广播接收机	Radio-broadcast receivers	117.75	0.35	100.00	147.84	0.25	100.00
763 声音收录或重播机	Sound recorders, phonographs	154.65	0.46	100.00	246.18	0.41	100.00
764 电讯设备及零件	Telecom equip, parts, acces	601.69	1.80	100.00	1987.29	3.34	100.00
771 电力机械，及其零件	Electric power machinery nes	109.84	0.33	100.00	306.93	0.52	100.00
772 开关设备及零件	Switchgear etc, parts nes	366.07	1.10	100.00	863.45	1.45	100.00
773 电力传输设备	Electricity distributing equip	138.39	0.41	100.00	361.80	0.61	100.00
774 电诊断器具及辐射线器具	Electro-medical, xray equip	81.82	0.25	100.00	148.18	0.25	100.00
775 家用型，电动及非电动设备	Household type equip nes	212.81	0.64	100.00	350.90	0.59	100.00
776 热离子管、冷阴极管	Transistors, valves, etc	625.25	1.87	100.00	2504.30	4.21	100.00
778 电动机械及器具	Electrical machinery nes	382.59	1.15	100.00	912.50	1.54	100.00
781 载客的汽车（公共运输车辆除外）	Passengr motor vehicl, exc bus	1691.11	5.07	100.00	3022.42	5.08	100.00
782 运货汽车及特殊用途汽车	Lorries, spec motor vehicl nes	383.32	1.15	100.00	569.32	0.96	100.00
783 陆路汽车	Road motor vehicles nes	72.18	0.22	100.00	153.59	0.26	100.00
784 汽车发动机零件及附件	Motor vehicl parts, acces nes	848.17	2.54	100.00	1387.26	2.33	100.00
785 电单车及脚踏车，无论是否装有马达	Cycles, etc, motorized or not	106.36	0.32	100.00	200.23	0.34	100.00
786 拖车及半拖车	Trailers, non-motor vehicl nes	72.40	0.22	100.00	106.42	0.18	100.00
791 铁路车辆及有关设备	Railway vehicles	49.59	0.15	100.00	84.53	0.14	100.00
792 航空器及有关设备	Aircraft, etc	713.62	2.14	100.00	1113.33	1.87	100.00
793 船、艇	Ships, boats, etc	263.64	0.79	100.00	414.07	0.70	100.00
812 卫生、管道及发热装备及装配	Plumbg, heatg, lightg equip	91.78	0.27	100.00	164.51	0.28	100.00
821 家具及其零件	Furniture and parts thereof	306.29	0.92	100.00	619.68	1.04	100.00
831 旅行商品，手包	Travel goods, handbags, etc	64.18	0.19	100.00	117.46	0.20	100.00
842 男装或针织衫	Men's outwear non-knit	176.65	0.53	100.00	340.16	0.57	100.00
843 女装或针织衫	Women's outwear non-knit	269.44	0.81	100.00	454.11	0.76	100.00
844 织物服装，无论是否针织	Under garments non-knit	74.41	0.22	100.00	135.49	0.23	100.00
845 无弹力的针织外套	Outer garments knit nonelastic	265.08	0.79	100.00	429.36	0.72	100.00
846 织物制的衣服配件	Under garments knitted	129.43	0.39	100.00	307.80	0.52	100.00
847 衣服配件	Textile clothing accessoris nes	50.25	0.15	100.00	86.34	0.15	100.00
848 帽子头饰，织物制的除外	Headgear, non-textile clothing	96.72	0.29	100.00	129.26	0.22	100.00
851 鞋履	Footwear	279.56	0.84	100.00	361.39	0.61	100.00
871 光学仪器及器具	Optical instruments	40.09	0.12	100.00	205.62	0.35	100.00
872 仪器及用具	Medical instruments nes	105.76	0.32	100.00	250.86	0.42	100.00
873 计量器及计数器	Meters and counters nes	13.96	0.04	100.00	26.90	0.05	100.00
874 量度及控制的仪器及器具	Measuring, controlg instruments	373.38	1.12	100.00	715.74	1.20	100.00
881 摄影器具及设备	Photogr apparatus, equip nes	76.15	0.23	100.00	151.83	0.26	100.00
882 摄影或电影摄影用品	Photogr and cinema supplies	124.91	0.37	100.00	168.27	0.28	100.00
884 光学货品	Optical goods nes	48.30	0.14	100.00	94.45	0.16	100.00
885 钟表	Watches and clocks	142.43	0.43	100.00	135.58	0.23	100.00
892 印刷品	Printed matter	188.05	0.56	100.00	260.84	0.44	100.00
893 塑胶制成品	Articles of plastic nes	296.75	0.89	100.00	622.83	1.05	100.00
894 婴儿车、玩具、游戏及运动货品	Toys, sporting goods, etc	204.38	0.61	100.00	348.15	0.59	100.00
895 办公室及文具用品	Office supplies nes	44.82	0.13	100.00	73.27	0.12	100.00
896 艺术品、珍藏品及古董	Works of art, etc	97.34	0.29	100.00	76.40	0.13	100.00
897 首饰、金器、银器及宝石	Gold, silver ware, jewellery	132.92	0.40	100.00	214.87	0.36	100.00
898 乐器及其零件及附件	Musical instruments and parts	191.96	0.58	100.00	326.67	0.55	100.00
931 杂项制品	Special transactions	109.26	0.33	100.00	215.45	0.36	100.00
951 军车，战斗车和弹药车	War firearms, ammunition	54.26	0.16	100.00	47.42	0.08	100.00

13–12续表4 continued

单位：% (%)

商品组代码及含义		Group Code and Description	1990-1991 出口额（亿美元）Export Value (USD 100 million)	1990-1991 占全部货物出口的比重 Percentage of Total	1990-1991 发达国家占世界比重 Developed Countries as Percentage of World	2000-2001 出口额（亿美元）Export Value (USD 100 million)	2000-2001 占全部货物出口的比重 Percentage of Total	2000-2001 发达国家占世界比重 Developed Countries as Percentage of World
发达国家		**Developed Countries**						
	全部商品	All commodities	24530.47	100.00	73.49	38617.93	100.00	64.96
001	活动物，主要用于食品	Live animals for food	60.12	0.25	62.26	66.74	0.17	77.29
011	肉及新鲜、急冻或冷藏	Meat, fresh, chilled, frozen	245.81	1.00	83.23	305.73	0.79	82.02
014	加工及腌制的肉	Meat prepd, prsrvd nes, etc	30.43	0.12	69.14	39.63	0.10	65.68
022	奶及奶油	Milk and cream	82.38	0.34	93.32	112.04	0.29	85.11
023	黄油	Butter	30.92	0.13	95.74	24.54	0.06	91.45
024	乳酪（芝士）及凝乳	Cheese and curd	78.80	0.32	97.60	97.96	0.25	94.25
034	鱼，新鲜、急冻或冷藏	Fish, fresh, chilled, frozen	100.43	0.41	67.01	124.41	0.32	57.36
035	鱼（干、腌、熏）	Fish salted, dried, smoked	19.07	0.08	85.27	19.48	0.05	76.82
036	甲壳类，鲜的，急冻	Shell fish fresh, frozen	35.24	0.14	30.55	52.23	0.14	31.66
037	鱼，加工的或腌的	Fish etc prepd, prsrvd nes	28.88	0.12	44.61	35.16	0.09	37.48
041	小麦未碾磨	Wheat etc, unmilled	133.23	0.54	91.88	116.78	0.30	81.65
042	稻谷	Rice	17.29	0.07	40.65	21.58	0.06	29.48
043	大麦，未碾磨	Barley, unmilled	29.05	0.12	97.26	22.37	0.06	87.78
044	玉米，未碾磨	Maize (corn), unmilled	76.84	0.31	82.46	61.68	0.16	69.92
048	谷物制品	Cereal etc preparations	90.37	0.37	89.58	151.06	0.39	82.48
054	新鲜蔬菜，简单加工	Vegtb etc fresh, simply prsrvd	121.92	0.50	67.94	159.74	0.41	66.42
056	加工蔬菜及制品	Vegtb etc prsrvd, preprd	28.89	0.12	62.01	34.18	0.09	58.86
057	水果和坚果，新的或干的	Fruit, nuts, fresh, dried	111.83	0.46	56.52	145.82	0.38	54.69
058	水果，腌的或水果制品	Fruit prsrvd, preprd	48.87	0.20	54.47	65.23	0.17	53.44
061	糖、糖蜜及蜜糖	Sugar and honey	49.40	0.20	41.59	40.17	0.10	36.39
062	糖制品（非巧克力）	Sugar preps non-chocolate	17.89	0.07	81.88	26.18	0.07	65.10
071	咖啡及咖啡代替品	Coffee and substitutes	17.50	0.07	20.46	27.76	0.07	26.23
073	巧克力及其他配制食品	Chocolate and products	40.57	0.17	94.06	61.73	0.16	85.80
081	动物饲料	Feeding stuff for animals	97.13	0.40	60.47	127.26	0.33	60.75
098	其它可食用品	Edible products, preps nes	70.56	0.29	85.97	120.96	0.31	76.36
111	无酒精饮料	Non alcoholic beverages nes	20.04	0.08	79.66	41.21	0.11	75.94
112	酒精饮料	Alcoholic beverages	177.51	0.72	91.56	243.32	0.63	84.27
121	未制成的烟草；烟草费料	Tobacco, unmanufactd, refuse	23.66	0.10	45.08	23.35	0.06	40.16
122	制成的烟草	Tobacco, manufactured	102.47	0.42	85.70	112.39	0.29	75.29
211	兽皮（毛皮除外）	Hides skins, exc furs, raw	41.19	0.17	82.99	41.18	0.11	80.56
222	油子及含油果实	Seeds for soft fixed oils	64.78	0.26	64.47	82.86	0.21	59.02
233	合成橡胶；再生橡胶	Rubber, synthetic, reclaimed	39.04	0.16	71.75	43.29	0.11	72.23
247	原木或略成方形	Other wood rough, squared	41.62	0.17	53.87	33.66	0.09	45.63
248	成形的木材及铁路枕木	Wood, shaped, rail sleepers	131.24	0.54	72.57	169.82	0.44	70.29
251	浆及纸废料	Pulp and waste paper	139.59	0.57	85.86	155.42	0.40	75.36
263	棉	Cotton	38.26	0.16	43.46	36.02	0.09	47.23
266	适合纺织用的合成纤维	Synthetic fibres for spinning	26.90	0.11	68.23	19.38	0.05	44.82
267	其他人造纤维	Other man-made fibres	20.62	0.08	80.73	18.19	0.05	81.48
268	羊毛及其他动物毛	Wool (exc tops), animal hair	40.13	0.16	71.89	24.48	0.06	76.54
273	石、沙及砾石	Stone, sand and gravel	19.89	0.08	75.12	25.30	0.07	66.95
278	其他未加工的矿产	Other crude minerals	42.16	0.17	62.31	43.36	0.11	62.69
281	铁矿砂及其精矿	Iron ore and concentrates	34.66	0.14	41.46	39.16	0.10	43.31
282	钢铁废料	Iron and steel scrap	42.85	0.17	84.81	51.02	0.13	70.11
287	贱金属矿及其精矿	Base metals ores, conc nes	88.31	0.36	53.12	84.96	0.22	43.30
288	有色金属废料	Non-ferrous metal scrap nes	49.74	0.20	85.52	58.13	0.15	71.35
289	废金属	Prec metal ores,waste nes	8.71	0.04	73.98	17.80	0.05	51.93

13－12 续表 5 continued

单位：%　　　　(%)

商品组代码及含义	Group Code and Description	1990-1991 出口额(亿美元) Export Value (USD 100 million)	1990-1991 占全部货物出口的比重 Percentage of Total	1990-1991 发达国家占世界比重 Developed Countries as Percentage of World	2000-2001 出口额(亿美元) Export Value (USD 100 million)	2000-2001 占全部货物出口的比重 Percentage of Total	2000-2001 发达国家占世界比重 Developed Countries as Percentage of World
291 未加工的动物材料	Crude animal materials nes	14.91	0.06	56.68	18.29	0.05	55.05
292 未加工的植物材料	Crude vegetb materials nes	86.25	0.35	76.04	102.15	0.26	71.89
322 煤砖、褐煤及泥煤	Coal, lignite and peat	126.83	0.52	68.76	101.30	0.26	53.54
333 原油	Crude petroleum	282.12	1.15	15.49	620.69	1.61	18.31
334 石油制品，精制	Petroleum products, refined	426.11	1.74	50.69	642.59	1.66	41.91
335 石油产品渣滓	Residual petroleum prdts nes	38.70	0.16	76.54	59.46	0.15	54.75
341 气，天然的和人造的	Gas, natural and manufactured	123.33	0.50	35.85	343.23	0.89	41.67
423 不挥发蔬菜油	Fixed vegetable oils, soft	40.26	0.16	63.37	45.98	0.12	57.68
511 烃类及衍生物	Hydrocarbons nes, derivatives	130.41	0.53	85.77	149.74	0.39	69.72
512 乙醇、苯酚	Alcohols, phenols, etc	59.12	0.24	73.71	85.55	0.22	61.94
513 羧酸	Carboxylic acids, etc	88.49	0.36	87.71	112.50	0.29	69.07
514 氮基化合物	Nitrogen-function compounds	161.75	0.66	91.59	300.80	0.78	87.57
515 有机—无机化合物	Organo-inorgan compounds, etc	106.80	0.44	87.78	282.44	0.73	89.53
516 其他有机化学品	Other organic chemicals	62.66	0.26	89.61	102.11	0.26	75.18
522 无机化学元素，氧化物	Inorg chem elmnt, oxides, etc	87.43	0.36	70.16	95.15	0.25	57.56
523 其他无机化学品	Other inorganic chemicals	63.82	0.26	79.57	87.94	0.23	71.78
524 放射性材料	Radioactive etc materials	46.48	0.19	92.06	41.04	0.11	85.79
531 合成有机色料及天然染料	Synth dye, natrl indigo, lakes	66.34	0.27	86.39	60.37	0.16	71.68
533 颜料、油漆、清漆等	Pigments, paints, varnishes etc	108.01	0.44	91.29	191.73	0.50	82.01
541 医疗及药用产品	Medicinal, pharmaceutical prdts	351.63	1.43	89.74	1090.69	2.82	91.53
551 精油，芳香及芬芳材料	Essential oils, perfume, etc	31.62	0.13	85.68	69.46	0.18	85.57
553 香水、化妆品或梳洗用品	Perfumery, cosmetics, etc	92.23	0.38	88.10	202.74	0.53	85.02
554 肥皂、清洁及磨光用品	Soap, cleansing, etc preps	61.28	0.25	86.61	99.64	0.26	75.57
562 肥料制品	Fertilizers, manufactured	72.40	0.30	54.88	79.48	0.21	54.28
582 浓缩产品	Prdts of condensation, etc	149.76	0.61	91.19	231.79	0.60	77.56
583 聚合和共聚合制品	Polymerization, etc, prdts	412.02	1.68	85.26	615.40	1.59	74.34
584 纤维素及相关产品	Cellulose, derivatives, etc	16.45	0.07	92.90	21.70	0.06	89.27
591 消毒剂、杀虫剂	Pesticides, disinfectants	65.24	0.27	90.06	83.42	0.22	78.93
592 淀粉、菊粉及小麦麸质	Starch, inulin, gluten, etc	43.17	0.18	86.97	72.70	0.19	80.11
598 杂项化学产品	Miscel chemical prdts nes	201.80	0.82	92.26	367.80	0.95	86.65
611 皮革	Leather	56.25	0.23	61.98	75.71	0.20	50.46
612 皮革或合成皮革的制成品	Leather, etc, manufactures	15.46	0.06	36.66	27.08	0.07	41.36
621 橡胶材料	Materials of rubber	36.17	0.15	89.62	60.29	0.16	81.24
625 橡胶轮胎	Rubber tyres,tubes, etc	131.32	0.54	83.12	168.75	0.44	68.82
628 其它橡胶制品	Rubber articles nes	43.09	0.18	86.05	86.70	0.22	78.22
634 饰面板、胶合板及其他木料	Veneers, plywood, etc	46.28	0.19	49.59	72.78	0.19	53.98
635 木制成品	Wood manufactures nes	58.07	0.24	68.46	99.59	0.26	60.13
641 纸及纸板	Paper and paperboard	469.27	1.91	92.93	633.41	1.64	84.66
642 纸及纸板，切成一定尺寸或形状	Paper and paperboard, cut	118.86	0.48	87.68	187.10	0.48	75.58
651 纺织纱	Textile yarn	151.17	0.62	63.94	148.49	0.38	47.96
652 棉织物	Cotton fabrics, woven	82.38	0.34	53.81	93.84	0.24	46.65
653 人造纺织原料的梭织物	Woven man-made fib fabric	129.57	0.53	57.60	123.08	0.32	44.45
654 其他纺织物	Other woven textile fabric	55.54	0.23	68.46	58.45	0.15	67.76
655 针织或钩织物	Knitted, etc, fabric	33.59	0.14	51.40	53.27	0.14	40.81
656 网眼薄纱、丝带、边条料	Lace, ribbon, tulle, etc	19.84	0.08	66.97	27.41	0.07	53.16
657 特种纺织物及有关产品	Spec textile fabrics, products	88.87	0.36	77.27	129.36	0.34	64.69
658 纺织原料制的制成品	Textile articles nes	39.22	0.16	44.82	52.90	0.14	31.40
659 铺地制成品	Floor coverings, etc	57.61	0.23	65.63	53.85	0.14	61.32
661 石灰、水泥、及装配式建筑材料	Lime, cement and building prdts	52.30	0.21	69.28	58.96	0.15	54.29
662 黏土建筑材料及耐火建筑材料	Clay, refractory building prdts	66.70	0.27	89.96	80.26	0.21	79.52

13−12续表6 continued

单位：% (%)

商品组代码及含义	Group Code and Description	1990-1991 出口额（亿美元）Export Value (USD 100 million)	1990-1991 占全部货物出口的比重 Percentage of Total	1990-1991 发达国家占世界比重 Developed Countries as Percentage of World	2000-2001 出口额（亿美元）Export Value (USD 100 million)	2000-2001 占全部货物出口的比重 Percentage of Total	2000-2001 发达国家占世界比重 Developed Countries as Percentage of World
663 矿物制成品	Mineral manufactures nes	76.45	0.31	88.39	108.79	0.28	81.43
664 玻璃	Glass	83.45	0.34	87.23	157.16	0.41	76.52
665 玻璃制成品	Glassware	54.49	0.22	77.66	67.17	0.17	66.85
666 陶器	Pottery	29.80	0.12	70.88	23.83	0.06	49.89
667 珍珠、宝石及半宝石	Pearl, prec, semi-prec stones	191.62	0.78	78.23	327.64	0.85	64.23
671 生铁	Pig iron, etc	27.10	0.11	42.23	22.22	0.06	25.38
672 铁或钢，成锭或其他初级形状	Iron, steel primary forms	123.02	0.50	64.17	126.77	0.33	49.39
673 平板轧材，铁或非合金钢制	Iron, steel shapes, etc	139.48	0.57	74.27	147.61	0.38	64.89
674 铁或非合金钢平板轧材	Iron, steel univ, plate, sheet	310.21	1.26	84.67	342.40	0.89	69.37
677 铁或钢丝，不包括盘条	Iron, steel wire, exc w rod	24.28	0.10	77.46	24.06	0.06	65.65
678 铁及钢棒、杆、角材、型材	Iron, steel tubes, pipes, etc	166.79	0.68	83.62	169.57	0.44	71.51
679 钢铁铸造，未成型的	Iron, steel castings unworked	20.22	0.08	77.17	27.68	0.07	59.09
681 银、白金及其他白金族金属	Silver, platinum, etc	42.47	0.17	74.96	91.50	0.24	84.23
682 铜	Copper	128.38	0.52	54.83	152.05	0.39	50.28
683 镍	Nickel	26.78	0.11	77.14	47.40	0.12	71.47
684 铝	Aluminium	222.77	0.91	78.46	311.88	0.81	65.42
686 锌	Zinc	27.44	0.11	68.50	27.22	0.07	55.68
689 冶金用的杂项非铁贱金属	Non-fer base metals nes	12.90	0.05	73.51	23.27	0.06	63.32
691 结构物及结构物部件	Structures and parts nes	83.18	0.34	86.45	94.70	0.25	69.81
692 储存或运输用的金属容器	Metal tanks, boxes, etc	43.50	0.18	87.12	48.64	0.13	73.53
693 线材产品（绝缘电线除外）	Wire products, non-electric	26.55	0.11	76.26	30.01	0.08	63.46
694 钉及类似物，铁、钢、铜或铝制	Stell, copper nails, nuts, etc	50.28	0.21	77.35	79.56	0.21	68.92
695 手用或机用工具	Tools	105.00	0.43	84.76	146.96	0.38	73.65
696 刃具	Cutlery	17.68	0.07	67.66	27.10	0.07	58.00
697 贱金属制的家用设备	Base metal household equip	42.17	0.17	68.11	54.50	0.14	49.83
699 贱金属制成品	Base metal manufactures nes	202.29	0.82	82.99	343.94	0.89	71.41
711 水蒸汽或其他蒸汽发动锅炉	Steam boilers and auxil parts	18.15	0.07	87.34	17.24	0.04	65.11
712 蒸汽机，涡轮	Steam engines, turbines	16.79	0.07	60.92	23.35	0.06	85.05
713 活塞内燃引擎，及其零件	Intern combust piston engines	327.10	1.33	89.69	543.71	1.41	81.56
714 引擎及马达	Engines and motors nes	219.39	0.89	96.01	484.59	1.25	94.64
716 旋转式电力装置及其零件	Rotating electric plant	117.18	0.48	84.24	196.36	0.51	66.29
718 其他动力发动机械及其零件	Oth power generating machinery	27.50	0.11	79.29	39.84	0.10	80.70
721 农业机械（拖拉机除外）	Agricult machinry exc tractor	79.12	0.32	89.55	97.33	0.25	90.15
722 拖拉机	Tractors non-road	57.40	0.23	85.56	66.94	0.17	89.53
723 土木工程及建筑用装置及设备	Civil engineering equip, etc	163.92	0.67	88.25	222.60	0.58	85.60
724 纺织及皮革用机械，及其零件	Textile, leather machinery	183.13	0.75	86.91	147.77	0.38	79.17
725 纸厂及纸浆厂机械	Paper etc mill machinery	64.21	0.26	93.88	61.17	0.16	91.90
726 印刷及书本钉装机械及其零件	Print and bookbind machy, parts	103.51	0.42	96.73	130.40	0.34	94.31
727 食品加工机器（家用的除外）	Food machinery, non-domestic	47.57	0.19	90.93	49.42	0.13	88.48
728 其他特种工业专用机器及设备	Oth machy for spec industries	344.48	1.40	88.16	599.56	1.55	87.28
736 金属工具母机或金属碳化物	Metal working machy, tools	210.38	0.86	88.43	254.72	0.66	84.74
737 金工机械（工作母机除外）	Metal working machinery nes	61.95	0.25	89.16	74.66	0.19	86.15
741 加热及冷却设备	Heating, cooling equipment	218.67	0.89	91.61	308.72	0.80	76.27
742 液体泵	Pumps for liquids, etc	109.93	0.45	94.89	168.80	0.44	87.35
743 泵，离心分离机	Pumps nes, centrifuges, etc	186.18	0.76	91.83	330.44	0.86	83.76
744 机械搬运设备	Mechanical handling equipment	215.31	0.88	91.97	309.71	0.80	86.33
745 其他非电动机械、工具	Non-electr machy, tools nes	151.32	0.62	93.06	200.41	0.52	88.44
749 机械的非电力零件及附件	Non-electr machy parts, acces	333.48	1.36	89.89	517.33	1.34	80.08
751 办公室机器	Office machines	96.31	0.39	84.70	87.31	0.23	70.34
752 自动资料处理机及其部件	Automatic data processing equip	536.21	2.19	77.37	1012.36	2.62	55.81

13−12 续表 7 continued

单位：% (%)

商品组代码及含义	Group Code and Description	1990-1991			2000-2001		
		出口额（亿美元）Export Value (USD 100 million)	占全部货物出口的比重 Percentage of Total	发达国家占世界比重 Developed Countries as Percentage of World	出口额（亿美元）Export Value (USD 100 million)	占全部货物出口的比重 Percentage of Total	发达国家占世界比重 Developed Countries as Percentage of World
759 办公室机器的零件及附件	Office, adp machy parts, acces	407.8	1.66	80.34	748.5	1.94	52.8
761 电视接收机	Television receivers	102.42	0.42	59.78	110.69	0.29	39.93
762 无线电广播接收机	Radio-broadcast receivers	49.77	0.2	42.27	49.34	0.13	33.38
763 声音收录或重播机	Sound recorders, phonographs	112.5	0.46	72.74	132.16	0.34	53.68
764 电讯设备及零件	Telecom equip, parts, acces	469.2	1.91	77.98	1337.04	3.46	67.28
771 电力机械，及其零件	Electric power machinery nes	80.54	0.33	73.32	170.06	0.44	55.41
772 开关设备及零件	Switchgear etc, parts nes	323.48	1.32	88.36	584.48	1.51	67.69
773 电力传输设备	Electricity distributing equip	109.28	0.45	78.96	193.57	0.5	53.5
774 电诊断器具及辐射线器具	Electro-medical, xray equip	80.37	0.33	98.23	139.04	0.36	93.83
775 家用型，电动及非电动设备	Household type equip nes	168.33	0.69	79.1	209.16	0.54	59.61
776 热离子管、冷阴极管	Transistors, valves, etc	419.95	1.71	67.17	1310.82	3.39	52.34
778 电动机械及器具	Electrical machinery nes	329.97	1.35	86.25	624.96	1.62	58.49
781 载客的汽车（公共运输车辆除外）	Passengr motor vehicl, exc bus	1611.18	6.57	95.27	2591.87	6.71	85.75
782 运货汽车及特殊用途汽车	Lorries, spec motor vehicl nes	363.9	1.48	94.93	455.24	1.18	79.96
783 陆路汽车	Road motor vehicles nes	67.38	0.27	93.34	130.74	0.34	85.12
784 汽车零件及附件	Motor vehicl parts, acces nes	758.9	3.09	89.47	1172.11	3.04	84.49
785 电单车及脚踏车，无论是否装有马达	Cycles, etc, motorized or not	76.44	0.31	71.86	129.99	0.34	64.92
786 拖车及半拖车	Trailers, non-motor vehicl nes	48.7	0.2	67.26	62.56	0.16	58.79
791 铁路车辆及有关设备	Railway vehicles	37.16	0.15	74.93	65.19	0.17	77.12
792 航空器及有关设备	Aircraft, etc	684.02	2.79	95.85	1026.92	2.66	92.24
793 船、艇	Ships, boats, etc	195.44	0.8	74.13	247.48	0.64	59.77
812 卫生、管道及发热装备及装配	Plumbg, heatg, lightg equip	75.13	0.31	81.86	108.09	0.28	65.7
821 家具及其零件	Furniture and parts thereof	246.12	1	80.36	393.74	1.02	63.54
831 旅行商品，手包	Travel goods, handbags, etc	30.47	0.12	47.48	51.25	0.13	43.63
842 男装或针织衫	Men's outwear non-knit	82.32	0.34	46.6	94.36	0.24	27.74
843 女装或针织衫	Women's outwear non-knit	129.15	0.53	47.93	137.41	0.36	30.26
844 织物服装，无论是否针织	Under garments non-knit	20.16	0.08	27.09	34.29	0.09	25.31
845 无弹力的针织外套	Outer garments knit nonelastic	111.76	0.46	42.16	138.28	0.36	32.21
846 织物制的衣服配件	Under garments knitted	58.32	0.24	45.06	107.55	0.28	34.94
847 衣服配件	Textile clothing accessoris nes	27.32	0.11	54.37	36.42	0.09	42.18
848 帽子头饰，织物制的除外	Headgear, non-textile clothing	31.57	0.13	32.64	38.64	0.1	29.9
851 鞋履	Footwear	133.25	0.54	47.66	162.49	0.42	44.96
871 光学仪器及器具	Optical instruments	34.87	0.14	86.99	153.8	0.4	74.8
872 仪器及用具	Medical instruments nes	97.35	0.4	92.04	207.09	0.54	82.55
873 计量器及计数器	Meters and counters nes	12.52	0.05	89.69	20.11	0.05	74.74
874 量度及控制的仪器及器具	Measuring, controlg instruments	352.05	1.44	94.29	631.48	1.64	88.23
881 摄影器具及设备	Photogr apparatus, equip nes	61.91	0.25	81.3	107.48	0.28	70.79
882 摄影或电影摄影用品	Photogr and cinema supplies	118.14	0.48	94.58	144.22	0.37	85.71
884 光学货品	Optical goods nes	40.28	0.16	83.39	73.43	0.19	77.75
885 钟表	Watches and clocks	94.44	0.39	66.31	98.35	0.25	72.54
892 印刷品	Printed matter	169.26	0.69	90.01	212.56	0.55	81.49
893 塑胶制成品	Articles of plastic nes	241.17	0.98	81.27	443.69	1.15	71.24
894 婴儿车、玩具、游戏及运动货品	Toys, sporting goods, etc	110.04	0.45	53.84	181.33	0.47	52.08
895 办公室及文具用品	Office supplies nes	37.06	0.15	82.69	49.94	0.13	68.16
896 艺术品、珍藏品及古董	Works of art, etc	92.89	0.38	95.43	74.19	0.19	97.11
897 首饰、金器、银器及宝石	Gold, silver ware, jewellery	96.17	0.39	72.35	135.08	0.35	62.87
898 乐器及其零件及附件	Musical instruments and parts	163.31	0.67	85.07	236.56	0.61	72.42
899 其它制成品	Other manufactured goods	71.21	0.29	65.17	144.53	0.37	67.09
931 杂项制品	Special transactions	457.48	1.86	74.6	1342.47	3.48	72.07
951 军车，战斗车和弹药车	War firearms, ammunition	50.68	0.21	93.41	40.86	0.11	86.17

13-12续表 8 continued

单位：%　　　　(%)

商品组代码及含义	Group Code and Description	1990-1991 出口额(亿美元) Export Value (USD 100 million)	1990-1991 占全部货物出口的比重 Percentage of Total	1990-1991 发展中国家占世界比重 Developing Countries as Percentage of World	2000-2001 出口额(亿美元) Export Value (USD 100 million)	2000-2001 占全部货物出口的比重 Percentage of Total	2000-2001 发展中国家占世界比重 Developing Countries as Percentage of World
发展中国家	**Developing Countries**						
全部商品	All commodities	7480.71	100.00	22.41	18085.49	100.00	30.42
001 活动物，主要用于食品	Live animals for food	17.13	0.23	17.74	15.15	0.08	17.54
011 肉及新鲜、急冻或冷藏	Meat, fresh, chilled, frozen	38.02	0.51	12.87	54.88	0.30	14.72
014 加工及腌制的肉	Meat prepd, prsrvd nes, etc	9.76	0.13	22.17	17.13	0.09	28.39
022 奶及奶油	Milk and cream	3.10	0.04	3.51	11.65	0.06	8.85
034 鱼，新鲜、急冻或冷藏	Fish, fresh, chilled, frozen	43.60	0.58	29.09	86.65	0.48	39.96
035 鱼（干、腌、熏）	Fish salted, dried, smoked	3.20	0.04	14.32	5.37	0.03	21.18
036 甲壳类，鲜的，急冻	Shell fish fresh, frozen	76.76	1.03	66.56	112.05	0.62	67.94
037 鱼，加工的或腌的	Fish etc prepd, prsrvd nes	32.46	0.43	50.12	56.05	0.31	59.75
041 小麦，未碾磨	Wheat etc, unmilled	9.99	0.13	6.89	21.65	0.12	15.14
042 稻谷	Rice	24.71	0.33	58.10	51.52	0.28	70.38
044 玉米，未碾磨	Maize (corn), unmilled	14.68	0.20	15.76	24.22	0.13	27.46
046 小麦，面粉	Wheat etc, meal or flour	2.34	0.03	13.54	5.39	0.03	30.39
048 谷物制品	Cereal etc preparations	9.09	0.12	9.01	27.07	0.15	14.78
054 新鲜蔬菜，简单加工	Vegtb etc fresh, simply prsrvd	52.04	0.70	29.00	74.88	0.41	31.14
056 加工蔬菜及制品	Vegtb etc prsrvd, preprd	16.38	0.22	35.16	20.81	0.12	35.84
057 水果和坚果，新的或干的	Fruit, nuts, fresh, dried	83.88	1.12	42.39	117.70	0.65	44.14
058 水果，腌的或水果制品	Fruit prsrvd, preprd	35.99	0.48	40.12	48.97	0.27	40.12
061 糖及蜜糖	Sugar and honey	66.74	0.89	56.19	65.62	0.36	59.45
062 糖制品（非巧克力）	Sugar preps non-chocolate	3.38	0.05	15.47	11.75	0.06	29.21
071 咖啡及咖啡代替品	Coffee and substitutes	67.95	0.91	79.43	76.03	0.42	71.84
072 可可	Cocoa	28.52	0.38	71.88	24.19	0.13	61.45
073 巧克力及其他配制食品	Chocolate and products	2.15	0.03	4.98	5.90	0.03	8.20
074 茶	Tea and mate	21.47	0.29	84.08	25.44	0.14	85.15
075 香料，调味品	Spices	10.15	0.14	76.43	19.96	0.11	78.32
081 动物饲料	Feeding stuff for animals	60.56	0.81	37.70	77.13	0.43	36.82
098 其它可食用品	Edible products, preps nes	8.57	0.11	10.45	32.09	0.18	20.26
111 无酒精饮料	Non alcoholic beverages nes	5.04	0.07	20.02	10.73	0.06	19.77
112 酒精饮料	Alcoholic beverages	12.47	0.17	6.43	38.46	0.21	13.32
121 未制成的烟草；烟草费料	Tobacco, unmanufactd, refuse	28.19	0.38	53.73	33.06	0.18	56.87
122 制成的烟草	Tobacco, manufactured	16.67	0.22	13.94	31.87	0.18	21.35
211 兽皮（毛皮除外）	Hides skins, exc furs, raw	6.29	0.08	12.68	6.30	0.03	12.32
222 油子及含油果实	Seeds for soft fixed oils	31.01	0.41	30.87	51.34	0.28	36.58
232 天然橡胶和天然胶	Natural rubber, gums	39.70	0.53	96.96	32.60	0.18	95.72
233 合成橡胶；再生橡胶	Rubber, synthetic, reclaimed	3.24	0.04	5.95	12.18	0.07	20.31
246 纸浆、废木	Pulpwood, chips, woodwaste	2.53	0.03	15.18	5.67	0.03	31.81
247 原木或略成方形	Other wood rough, squared	26.59	0.36	34.41	20.01	0.11	27.11
248 经简单加工的木及铁路枕木	Wood, shaped, rail sleepers	32.55	0.44	18.00	42.38	0.23	17.54
251 浆及纸废料	Pulp and waste paper	15.68	0.21	9.64	42.20	0.23	20.46
263 棉	Cotton	38.33	0.51	43.54	39.93	0.22	52.35
266 适合纺织用的合成纤维	Synthetic fibres for spinning	10.67	0.14	27.08	21.67	0.12	50.11
268 羊毛及其他动物毛	Wool (exc tops), animal hair	13.44	0.18	24.07	7.23	0.04	22.59
271 原肥	Fertilizers, crude	11.61	0.16	28.75	10.14	0.06	77.23
273 石、沙及砾石	Stone, sand and gravel	6.15	0.08	23.22	11.14	0.06	29.47
278 其他未加工的矿产	Other crude minerals	16.53	0.22	24.43	21.88	0.12	31.63
281 铁矿砂及其精矿	Iron ore and concentrates	43.67	0.58	52.23	45.75	0.25	50.60
282 钢铁废料	Iron and steel scrap	4.36	0.06	8.62	8.00	0.04	10.99

13−12续表9 continued

单位：% (%)

商品组代码及含义	Group Code and Description	1990-1991 出口额（亿美元）Export Value (USD 100 million)	1990-1991 占全部货物出口的比重 Percentage of Total	1990-1991 发展中国家占世界比重 Developing Countries as Percentage of World	2000-2001 出口额（亿美元）Export Value (USD 100 million)	2000-2001 占全部货物出口的比重 Percentage of Total	2000-2001 发展中国家占世界比重 Developing Countries as Percentage of World
287 贱金属矿及其精矿	Base metals ores, conc nes	72.34	0.97	43.52	105.81	0.59	53.92
288 有色金属废料	Non-ferrous metal scrap nes	6.68	0.09	11.49	17.22	0.10	21.13
289 废金属	Prec metal ores, waste nes	2.95	0.04	25.08	15.95	0.09	46.54
291 未加工的动物材料	Crude animal materials nes	9.45	0.13	35.93	13.23	0.07	39.84
292 未加工的植物材料	Crude vegetb materials nes	24.46	0.33	21.56	37.83	0.21	26.63
322 煤砖、褐煤及泥煤	Coal, lignite and peat	31.61	0.42	17.14	63.46	0.35	33.54
323 煤饼、焦炭和半焦炭	Briquettes, coke and semi-coke	1.50	0.02	7.56	10.95	0.06	46.08
333 原油	Crude petroleum	1408.87	18.83	77.35	2524.85	13.96	74.49
334 石油制品，精制	Petroleum products, refined	320.92	4.29	38.17	729.56	4.03	47.59
335 石油产品渣滓	Residual petroleum prdts nes	8.71	0.12	17.23	44.81	0.25	41.26
341 气，天然的和人造的	Gas, natural and manufactured	126.97	1.70	36.91	302.47	1.67	36.72
423 不挥发蔬菜油	Fixed vegetable oils, soft	21.51	0.29	33.85	29.20	0.16	36.62
424 其它不挥发蔬菜油	Other fixed vegetable oils	31.07	0.42	82.84	54.04	0.30	82.38
431 加工的动物和植物油	Procesd animl and veg oil, etc	8.56	0.11	42.38	12.76	0.07	43.55
511 烃类及衍生物	Hydrocarbons nes, derivatives	17.40	0.23	11.44	56.99	0.32	26.53
512 乙醇、苯酚	Alcohols, phenols, etc	17.11	0.23	21.34	46.62	0.26	33.75
513 羧酸	Carboxylic acids, etc	10.75	0.14	10.66	46.19	0.26	28.36
514 氮基化合物	Nitrogen-function compounds	12.57	0.17	7.12	36.76	0.20	10.70
515 有机—无机化合物	Organo-inorgan compounds, etc	12.54	0.17	10.31	26.92	0.15	8.53
516 其他有机化学品	Other organic chemicals	6.61	0.09	9.45	30.87	0.17	22.72
522 无机化学元素，氧化物	Inorg chem elmnt, oxides, etc	28.21	0.38	22.64	55.48	0.31	33.56
523 其他无机化学品	Other inorganic chemicals	12.25	0.16	15.28	28.98	0.16	23.66
524 放射性材料	Radioactive etc materials	1.90	0.03	3.76	4.75	0.03	9.92
531 合成有机色料及天然染料	Synth dye, natrl indigo, lakes	9.29	0.12	12.09	22.67	0.13	26.91
533 颜料、油漆、清漆等	Pigments, paints, varnishes etc	9.07	0.12	7.66	34.83	0.19	14.90
541 医疗及药用产品	Medicinal, pharmaceutical prdts	27.30	0.36	6.97	80.82	0.45	6.78
551 精油，芳香及芬芳材料	Essential oils, perfume, etc	5.05	0.07	13.67	11.11	0.06	13.69
553 香水、化妆品或梳洗用品	Perfumery, cosmetics, etc	11.83	0.16	11.30	29.14	0.16	12.22
554 肥皂、清洁及磨光用品	Soap, cleansing, etc preps	8.86	0.12	12.52	25.89	0.14	19.63
562 肥料制品	Fertilizers, manufactured	23.26	0.31	17.63	31.79	0.18	21.71
582 浓缩产品	Prdts of condensation, etc	13.48	0.18	8.21	62.69	0.35	23.98
583 聚合和共聚合制品	Polymerization, etc, prdts	62.15	0.83	12.86	185.19	1.02	22.37
591 消毒剂、杀虫剂	Pesticides, disinfectants	6.28	0.08	8.67	20.74	0.11	19.62
592 淀粉、菊粉及小麦麸质	Starch, inulin, gluten, etc	4.03	0.05	8.13	14.18	0.08	15.63
598 杂项化学产品	Miscel chemical prdts nes	14.73	0.20	6.74	51.23	0.28	12.07
611 皮革	Leather	31.17	0.42	34.35	69.18	0.38	46.11
612 皮革或合成皮革的制成品	Leather, etc, manufactures	24.55	0.33	58.22	28.56	0.16	43.62
621 橡胶材料	Materials of rubber	3.42	0.05	8.48	9.79	0.05	13.19
625 橡胶轮胎	Rubber tyres,tubes, etc	22.75	0.30	14.40	59.72	0.33	24.36
628 其它橡胶制品	Rubber articles nes	6.04	0.08	12.06	18.55	0.10	16.74
634 饰面板、胶合板及其他木料	Veneers, plywood, etc	43.40	0.58	46.51	50.36	0.28	37.35
635 木制成品	Wood manufactures nes	20.32	0.27	23.96	46.60	0.26	28 13
641 纸及纸板	Paper and paperboard	27.43	0.37	5.43	81.43	0.45	10.88
642 纸及纸板，切成一定尺寸或形状	Paper and paperboard, cut	15.38	0.21	11.35	47.66	0.26	19.25
651 纺织纱	Textile yarn	82.57	1.10	34.92	146.84	0.81	47.42
652 棉织物	Cotton fabrics, woven	65.49	0.88	42.78	101.46	0.56	50.45
653 人造纺织原料的梭织物	Woven man-made fib fabric	93.69	1.25	41.65	148.81	0.82	53.76
654 其他纺织物，梭织	Other woven textile fabric	21.45	0.29	26.44	23.20	0.13	26.90
655 针织或钩织物	Knitted, etc, fabric	31.14	0.42	47.66	75.86	0.42	58.13
656 网眼薄纱、丝带、边条料	Lace, ribbon, tulle, etc	9.61	0.13	32.43	23.34	0.13	45.28

13-12 续表 10 continued

单位：% (%)

商品组代码及含义	Group Code and Description	1990-1991 出口额（亿美元）Export Value (USD 100 million)	1990-1991 占全部货物出口的比重 Percentage of Total	1990-1991 发展中国家占世界比重 Developing Countries as Percentage of World	2000-2001 出口额（亿美元）Export Value (USD 100 million)	2000-2001 占全部货物出口的比重 Percentage of Total	2000-2001 发展中国家占世界比重 Developing Countries as Percentage of World
657 特种纺织物及有关产品	Spec textile fabrics, products	24.96	0.33	21.7	64.62	0.36	32.31
658 纺织原料制的制成品	Textile articles nes	41.92	0.56	47.9	104.8	0.58	62.2
659 铺地制成品	Floor coverings, etc	28	0.37	31.89	32.01	0.18	36.46
661 石灰、水泥、及装配式建筑材料	Lime, cement and building prdts	20.33	0.27	26.93	43.25	0.24	39.82
662 黏土建筑材料及耐火建筑材料	Clay, refractory building prdts	5.62	0.08	7.58	15.5	0.09	15.36
663 矿物制成品	Mineral manufactures nes	8.52	0.11	9.85	18.11	0.1	13.56
664 玻璃	Glass	9.31	0.12	9.73	39.58	0.22	19.27
665 玻璃制成品	Glassware	10.43	0.14	14.87	21.63	0.12	21.53
666 陶器	Pottery	10.79	0.14	25.67	20.5	0.11	42.93
667 珍珠、宝石及半宝石	Pearl, prec, semi-prec stones	49.61	0.66	20.25	182.07	1.01	35.69
671 生铁	Pig iron, etc	23.86	0.32	37.19	51.45	0.28	58.76
672 铁或钢，成锭或其他初级形状	Iron, steel primary forms	44.4	0.59	23.16	70.21	0.39	27.35
673 平板轧材，铁或非合金钢制	Iron, steel shapes, etc	35.77	0.48	19.05	48.05	0.27	21.12
674 铁或非合金钢平板轧材	Iron, steel univ, plate, sheet	44.37	0.59	12.11	106.53	0.59	21.58
677 铁或钢丝，不包括盘条	Iron, steel wire, exc w rod	4.71	0.06	15.04	8.87	0.05	24.2
678 铁及钢棒、杆、角材、型材	Iron, steel tubes, pipes, etc	26.77	0.36	13.42	48.87	0.27	20.61
679 钢铁铸造，未成型的	Iron, steel castings unworked	4.67	0.06	17.81	13.55	0.07	28.91
681 银、白金及其他白金族金属	Silver, platinum, etc	5.03	0.07	8.87	15.02	0.08	13.83
682 铜	Copper	74.61	1	31.87	124.69	0.69	41.23
684 铝	Aluminium	43.8	0.59	15.42	93.45	0.52	19.6
685 铅	Lead	2.71	0.04	20.67	5.39	0.03	37.87
686 锌	Zinc	6.94	0.09	17.33	17.5	0.1	35.8
687 锡	Tin	10.95	0.15	84.09	12.29	0.07	83.26
689 冶金用的杂项非铁贱金属	Non-fer base metals nes	3.81	0.05	21.74	9.74	0.05	26.51
691 结构物及结构物部件	Structures and parts nes	8.99	0.12	9.35	25.87	0.14	19.07
692 储存或运输用的金属容器	Metal tanks, boxes, etc	5.44	0.07	10.89	12.19	0.07	18.43
693 线材产品（绝缘电线除外）	Wire products, non-electric	6.69	0.09	19.21	13.79	0.08	29.16
694 钉及类似物，铁、钢、铜或铝制	Stell, copper nails, nuts, etc	13.73	0.18	21.13	32.36	0.18	28.03
695 手用或机用工具	Tools	16.41	0.22	13.24	42.62	0.24	21.36
696 刃具	Cutlery	8.16	0.11	31.22	18.33	0.1	39.24
697 贱金属制的家用设备	Base metal household equip	17.59	0.24	28.41	50.28	0.28	45.97
699 贱金属制成品	Base metal manufactures nes	37.65	0.5	15.45	109.6	0.61	22.76
711 水蒸汽或其他蒸汽发动锅炉	Steam boilers and auxil parts	1.32	0.02	6.36	6.27	0.03	23.67
713 活塞内燃引擎	Intern combust piston engines	32.39	0.43	8.88	75.2	0.42	11.28
714 引擎及马达	Engines and motors nes	8.29	0.11	3.63	18.69	0.1	3.65
716 旋转式电力装置	Rotating electric plant	16.64	0.22	11.96	84.2	0.47	28.43
721 农业机械（拖拉机除外）	Agricult machinry exc tractor	2.65	0.04	3	5.42	0.03	5.02
723 土木工程及建筑用装置及设备	Civil engineering equip, etc	10.19	0.14	5.49	32.47	0.18	12.49
724 纺织及皮革用机械，及其零件	Textile, leather machinery	20.39	0.27	9.68	34.05	0.19	18.24
726 印刷及书本钉装机械；及其零件	Print and bookbind machy, parts	2.22	0.03	2.08	6.53	0.04	4.72
727 食品加工机器（家用的除外）	Food machinery, non-domestic	1.94	0.03	3.7	4.63	0.03	8.28
728 其他特种工业专用机器及设备	Oth machy for spec industries	36.21	0.48	9.27	76.03	0.42	11.07
736 金属工具母机或金属碳化物	Metal working machy, tools	15.2	0.2	6.39	35.42	0.2	11.78
737 金工机械（工作母机除外）	Metal working machinery nes	2.8	0.04	4.03	8.75	0.05	10.1
741 加热及冷却设备	Heating, cooling equipment	16.89	0.23	7.07	84.23	0.47	20.81
742 液体泵	Pumps for liquids, etc	4.1	0.05	3.54	16.64	0.09	8.61
743 泵，离心分离机	Pumps nes, centrifuges, etc	14.78	0.2	7.29	55.5	0.31	14.07
744 机械搬运设备	Mechanical handling equipment	13.14	0.18	5.61	36.14	0.2	10.07
745 其他非电动机械、工具	Non-electr machy, tools nes	6.66	0.09	4.1	22.02	0.12	9.72
749 机械的非电力零件及附件	Non-electr machy parts, acces	29.16	0.39	7.86	102.59	0.57	15.88

13-12续表11 continued

单位：%　　(%)

商品组代码及含义	Group Code and Description	1990-1991			2000-2001		
		出口额（亿美元）Export Value (USD 100 million)	占全部货物出口的比重 Percentage of Total	发展中国家占世界比重 Developing Countries as Percentage of World	出口额（亿美元）Export Value (USD 100 million)	占全部货物出口的比重 Percentage of Total	发展中国家占世界比重 Developing Countries as Percentage of World
751 办公室机器	Office machines	16.41	0.22	14.43	36.31	0.20	29.25
752 自动资料处理机及其部件	Automatic data processing equip	154.06	2.06	22.23	775.43	4.29	42.75
759 办公室机器的零件及附件	Office, adp machy parts, acces	98.09	1.31	19.32	651.14	3.60	45.93
761 电视接收机	Television receivers	64.90	0.87	37.88	148.00	0.82	53.39
762 无线电广播接收机	Radio-broadcast receivers	67.47	0.90	57.30	95.81	0.53	54.80
763 声音收录或重播机	Sound recorders, phonographs	41.55	0.56	26.87	106.04	0.59	43.07
764 电讯设备及零件	Telecom equip, parts, acces	120.85	1.62	20.09	605.21	3.35	30.45
771 电力机械，及其零件	Electric power machinery nes	26.68	0.36	24.29	127.77	0.71	41.63
772 开关设备及零件	Switchgear etc, parts nes	39.55	0.53	10.80	253.29	1.40	29.33
773 电力传输设备	Electricity distributing equip	23.18	0.31	16.75	135.25	0.75	37.38
774 电诊断器具及辐射线器具	Electro-medical, xray equip	0.94	0.01	1.15	8.28	0.05	5.59
775 家用型，电动及非电动设备	Household type equip nes	36.44	0.49	17.12	123.25	0.68	35.12
776 热离子管、冷阴极管	Transistors, valves, etc	203.12	2.72	32.49	1180.21	6.53	47.13
778 电动机械及器具	Electrical machinery nes	46.76	0.63	12.22	250.09	1.38	27.41
781 载客的汽车（公共运输车辆除外）	Passengr motor vehicl, exc bus	61.57	0.82	3.64	342.44	1.89	11.33
782 运货汽车及特殊用途汽车	Lorries, spec motor vehicl nes	9.38	0.13	2.45	100.97	0.56	17.74
783 陆路汽车	Road motor vehicles nes	2.72	0.04	3.76	17.40	0.10	11.33
784 汽车零件及附件	Motor vehicl parts, acces nes	70.10	0.94	8.26	166.34	0.92	11.99
785 电单车及脚踏车，无论是否装有马达	Cycles, etc, motorized or not	28.07	0.38	26.39	67.45	0.37	33.69
786 拖车及半拖车	Trailers, non-motor vehicl nes	20.22	0.27	27.93	36.45	0.20	34.25
791 铁路车辆及有关设备	Railway vehicles	1.84	0.02	3.71	8.54	0.05	10.11
792 航空器及有关设备	Aircraft, etc	18.66	0.25	2.61	78.79	0.44	7.08
793 船、艇	Ships, boats, etc	54.69	0.73	20.74	133.94	0.74	32.35
812 卫生、管道及发热装备及装配	Plumbg, heatg, lightg equip	15.13	0.20	16.49	46.94	0.26	28.53
821 家具及其零件	Furniture and parts thereof	39.91	0.53	13.03	164.21	0.91	26.50
831 旅行商品，手包	Travel goods, handbags, etc	32.38	0.43	50.46	64.20	0.36	54.65
842 男装或针织衫	Men's outwear non-knit	89.41	1.20	50.62	217.45	1.20	63.93
843 女装或针织衫	Women's outwear non-knit	132.96	1.78	49.35	277.03	1.53	61.00
844 织物服装，无论是否针织	Under garments non-knit	53.59	0.72	72.02	94.91	0.52	70.05
845 无弹力的针织外套	Outer garments knit nonelastic	148.90	1.99	56.17	274.58	1.52	63.95
846 织物制的衣服配件	Under garments knitted	69.23	0.93	53.49	185.14	1.02	60.15
847 衣服配件	Textile clothing accessoris nes	22.10	0.30	43.98	47.43	0.26	54.93
848 帽子头饰，织物制的除外	Headgear, non-textile clothing	63.26	0.85	65.40	87.41	0.48	67.63
851 鞋履	Footwear	126.43	1.69	45.23	180.01	1.00	49.31
871 光学仪器及器具	Optical instruments	4.96	0.07	12.38	49.57	0.27	24.11
872 仪器及用具	Medical instruments nes	7.03	0.09	6.65	40.92	0.23	16.31
873 计量器及计数器	Meters and counters nes	0.73	0.01	5.25	5.20	0.03	19.33
874 量度及控制的仪器及器具	Measuring, controlg instruments	15.77	0.21	4.22	69.18	0.38	9.67
881 摄影器具及设备	Photogr apparatus, equip nes	13.58	0.18	17.83	43.18	0.24	28.44
882 摄影或电影摄影用品	Photogr and cinema supplies	6.32	0.08	5.06	23.48	0.13	13.95
884 光学货品	Optical goods nes	7.91	0.11	16.37	19.71	0.11	20.87
885 钟表	Watches and clocks	46.71	0.62	32.80	36.74	0.20	27.10
892 印刷品	Printed matter	14.85	0.20	7.90	37.04	0.20	14.20
893 塑胶制成品	Articles of plastic nes	53.75	0.72	18.11	157.69	0.87	25.32
894 婴儿车、玩具、游戏及运动货品	Toys, sporting goods, etc	91.16	1.22	44.60	157.37	0.87	45.20
895 办公室及文具用品	Office supplies nes	7.29	0.10	16.26	21.86	0.12	29.84
897 首饰、金器、银器及宝石	Gold, silver ware, jewellery	36.12	0.48	27.17	78.62	0.43	36.59
898 乐器及其零件及附件	Musical instruments and parts	27.43	0.37	14.29	85.61	0.47	26.21
899 其它制成品	Other manufactured goods	36.26	0.48	33.19	66.94	0.37	31.07
931 杂项制品	Special transactions	144.28	1.93	23.53	380.09	2.10	20.41

13-13 按部门分的服务出口额（2002年）

Exports of Services by Sector(2002)

资料来源：联合国贸易和发展会议数据库。
Source:UNCTAD Database.

单位：亿美元 (USD 100 million)

国家和地区	Country or Area	服务总额 Total Services	交通运输 Transport	旅游 Travel	其他服务 Other Services	通讯 Communica-tions	建筑 Construction	计算机和信息服务 Computer and Information Services
中国①	China ①	397.45	57.20	203.85	136.39	5.50	12.46	6.38
中国香港②	Hong Kong,China ②	407.59	127.72	79.30	200.57	3.62	3.38	0.60
孟加拉国	Bangladesh	8.94	0.93	0.57	7.44	0.36	0.00	0.03
印度②	India ②	183.31	18.82	31.68	132.81	0.00	0.00	0.00
印度尼西亚	Indonesia	65.74	9.90	52.85	3.00	1.55	0.00	0.00
伊朗②	Iran ②	13.82	6.71	5.01	2.10	0.00	0.00	0.00
以色列	Israel	108.53	21.22	21.03	66.28	1.08	2.16	0.00
日本	Japan	657.12	240.22	34.97	381.93	7.40	46.25	11.40
哈萨克斯坦	Kazakhstan	15.87	6.82	6.22	2.84	0.45	0.01	0.00
韩国	Korea, Rep.	281.43	130.73	52.94	97.76	4.22	1.19	0.20
马来西亚③	Malaysia ③	144.55	27.48	68.63	48.43	2.42	3.38	1.76
蒙古	Mongolia	1.84	0.39	1.30	0.15	0.06	0.00	0.01
缅甸③	Myanmar ③	4.24	0.80	1.26	2.18	0.00	0.00	0.00
巴基斯坦	Pakistan	24.69	8.31	0.97	15.41	3.32	0.00	0.21
菲律宾	Philippines	30.56	6.31	17.40	6.85	3.10	0.28	0.21
新加坡③	Singapore ③	261.68	47.20	51.11	163.38	0.00	0.00	0.00
斯里兰卡	Sri Lanka	12.68	5.14	3.63	3.91	0.69	0.34	0.50
泰国	Thailand	153.19	32.65	79.01	41.54	1.30	2.44	0.00
土耳其	Turkey	147.81	27.95	84.81	35.05	0.00	8.48	0.00
埃及	Egypt	91.53	27.97	37.64	25.92	2.21	1.72	0.27
尼日利亚④	Nigeria ④	9.80	1.18	0.54	8.08			
南非	South Africa	44.86	10.23	27.28	7.35	0.43	0.00	0.00
加拿大	Canada	371.95	69.10	106.81	196.05	13.56	1.08	19.61
墨西哥	Mexico	127.40	11.43	88.58	27.39	5.57	0.00	0.00
美国	United States	2887.22	462.12	852.62	1572.49	43.73	27.99	54.31
阿根廷	Argentina	29.45	7.00	15.35	7.10	1.43	0.16	0.88
巴西	Brazil	96.06	15.90	19.98	60.18	1.35	0.12	0.36
委内瑞拉	Venezuela	10.04	3.27	4.68	2.09	0.06	0.00	0.00
白俄罗斯	Belarus	13.00	7.10	1.93	3.97	0.61	0.55	0.12
保加利亚	Bulgaria	25.94	7.71	13.34	4.89	0.43	0.61	0.07
捷克	Czech Republic	70.83	17.32	29.64	23.87	1.69	1.22	1.44
法国	France	867.45	188.50	327.38	351.57	22.88	30.99	11.91
德国	Germany	1059.99	257.15	191.92	610.93	14.12	42.22	51.85
意大利	Italy	602.51	91.19	268.73	242.59	9.93	17.22	3.89
荷兰	Netherlands	555.36	176.76	77.10	301.50	14.86	25.84	14.09
波兰	Poland	100.35	32.70	43.14	24.51	1.64	5.50	0.99
罗马尼亚	Romania	23.47	9.64	3.35	10.48	1.67	0.65	0.78
俄罗斯联邦	Russian Federation	130.42	54.92	41.88	33.62	4.83	0.53	1.38
西班牙	Spain	627.57	93.48	337.83	196.26	9.35	9.70	24.87
乌克兰	Ukraine	46.82	33.84	7.88	5.10	0.89	0.29	0.10
英国	United Kingdom	1254.64	178.96	211.26	864.43	21.60	2.84	56.75
澳大利亚	Australia	171.72	41.70	80.59	49.43	5.66	0.58	5.85
新西兰	New Zealand	53.00	11.82	28.89	12.30	2.19	0.12	1.86

13-13续表 continued

单位：亿美元 (USD 100 million)

国家和地区 Country or Area	金融 Insurance	保险服务 Financial Services	版税和许可证费用 Royalties and License Fees	其他商业服务 Other Business Services	个人、文化和休闲服务 Personal, Cultural and Recreational Services	政府服务及其他 Government Services n.i.e.
中国① China ①	2.09	0.51	1.33	104.19	0.30	3.63
中国香港② Hong Kong, China ②	4.43	26.77	1.07	159.52	0.51	0.67
孟加拉国 Bangladesh	0.04	0.10	0.00	1.01	0.00	5.89
印度② India ②	2.49		0.83	122.89		6.60
印度尼西亚 Indonesia	0.01					1.44
伊朗② Iran ②	1.18	0.27		0.40		0.25
以色列 Israel	0.15		3.89	58.72		0.27
日本 Japan	3.80	31.27	104.22	174.01	3.15	8.03
哈萨克斯坦 Kazakhstan	0.00	0.11		0.71	0.00	1.56
韩国 Korea, Rep.	0.42	8.61	8.26	62.45	1.80	10.62
马来西亚③ Malaysia ③	2.65	1.10	0.21	35.37	0.29	1.24
蒙古 Mongolia	0.01	0.00		0.01		0.05
缅甸③ Myanmar ③			0.00	1.99		0.19
巴基斯坦 Pakistan	0.19	0.16	0.02	2.18		9.33
菲律宾 Philippines	0.35	0.32	0.01	2.24	0.07	0.27
新加坡③ Singapore ③	11.19			151.42		0.77
斯里兰卡 Sri Lanka	0.45			1.71		0.21
泰国 Thailand	0.92		0.07	35.93		0.87
土耳其 Turkey	0.28	2.21		10.12	13.35	0.61
埃及 Egypt	0.22	0.85	0.38	17.81	0.54	1.93
尼日利亚④ Nigeria ④	0.08			8.00		
南非 South Africa	2.39		0.43	3.15		0.95
加拿大 Canada	20.78	9.53	16.89	91.07	14.29	9.23
墨西哥 Mexico	12.12		0.48	2.55	4.00	2.66
美国 United States	28.39	158.59	441.42	587.94	69.19	160.92
阿根廷 Argentina	0.06	0.01	0.17	3.10	0.62	0.67
巴西 Brazil	2.06	3.90	1.00	43.19	0.58	7.61
委内瑞拉 Venezuela	0.03			0.47		1.53
白俄罗斯 Belarus	0.04	0.03	0.01	2.36	0.02	0.24
保加利亚 Bulgaria	0.14	0.14	0.04	2.74	0.31	0.41
捷克 Czech Republic	0.09	1.85	0.45	14.89	1.65	0.59
法国 France	10.02	11.22	32.41	208.64	15.17	8.33
德国 Germany	74.21	42.91	37.65	279.07	5.12	63.78
意大利 Italy	13.32	6.42	5.39	170.43	7.21	8.77
荷兰 Netherlands	3.01	8.10	19.59	196.28	5.37	14.38
波兰 Poland	2.14	1.35	0.34	11.89	0.61	0.05
罗马尼亚 Romania	0.20	0.83	0.03	5.13	0.98	0.21
俄罗斯联邦 Russian Federation	0.88	1.43	1.47	20.87	0.63	1.60
西班牙 Spain	12.25	13.75	3.70	109.46	6.71	6.47
乌克兰 Ukraine	0.06	0.19	0.04	2.51	0.03	0.99
英国 United Kingdom	104.80	186.99	77.01	367.40	23.70	23.34
澳大利亚 Australia	3.66	4.26	2.87	18.89	3.43	4.23
新西兰 New Zealand	0.31	0.17	1.20	4.95	0.86	0.64

注：①数据来源于联合国贸易和发展会议数据库。②2000年数据。③2001年数据。④1999年数据。
Note: ① Data from UNCTAD database. ② Refer to 2000. ③ Refer to 2001. ④ Refer to 1999.

13−14　国际旅游收支

International Tourism, Expenditures and Receipts

资料来源：世界银行数据库。
Sources: World Bank Database.
单位：亿美元　　(USD 100 million)

国家和地区	Country or Area	国际旅游支出 International Tourism,Expenditures			国际旅游收入 International Tourism,Receipts		
		1990	2001	2002	1990	2001	2002
世界	**World**	**2687.4**	**4275.2**	**4492.2**	**2648.9**	**4588.2**	**4725.1**
高收入国家	**High Income**	**2325.2**	**3417.8**	**3574.1**	**2158.0**	**3282.8**	**3363.1**
中等收入国家	**Middle Income**	**295.2**	**751.6**	**798.0**	**424.5**	**1192.6**	**1261.2**
低收入国家	**Low Income**	**45.5**	**107.2**		**58.9**	**135.3**	**125.7**
中国	China	4.7 ①	139.1 ①	153.9 ①	22.2	177.9	203.9
中国香港	Hong Kong, China		123.2	124.2	50.3	82.8	101.2
孟加拉国	Bangladesh	0.8	1.7	2.0	0.1	0.5	0.6
印度	India	3.9	23.1	34.5	15.1	30.4	29.2
印度尼西亚	Indonesia	8.4	34.1	33.7	21.1	54.0	43.1
伊朗	Iran	3.4	2.4		0.6	11.2	
以色列	Israel	14.4	29.0	25.5	14.0	15.7	12.0
日本	Japan	249.3	265.3	266.8	35.8	33.0	35.0
哈萨克斯坦	Kazakhstan		4.7	7.6		4.0	6.2
韩国	Korea, Rep.	31.7	65.5	76.4	35.6	63.7	52.8
马来西亚	Malaysia	14.5	26.1	26.2	16.7	63.7	67.9
蒙古	Mongolia	0.0	0.6	1.2	0.1	0.4	1.3
缅甸	Myanmar	0.2	0.3		0.1	0.5	
巴基斯坦	Pakistan	4.4	2.6	1.8	1.6	0.9	1.1
菲律宾	Philippines	1.1	12.3	8.7	13.1	17.2	17.4
新加坡	Singapore	18.9	46.5	52.1	49.4	50.8	49.3
斯里兰卡	Sri Lanka	0.7	2.5	2.5	1.3	2.1	2.5
泰国	Thailand	8.5	29.2	33.0	43.3	70.8	79.0
土耳其	Turkey	5.2	17.4	18.8	32.3	73.9	90.1
埃及	Egypt	1.3	11.3	12.8	11.0	38.0	37.6
尼日利亚	Nigeria	5.8	7.0		0.3	1.6	
南非	South Africa	11.2	18.8	18.0	9.9	24.3	27.3
加拿大	Canada	109.3	102.5	99.3	63.4	107.7	97.0
墨西哥	Mexico	55.2	57.0	60.6	54.7	84.0	88.6
美国	United States	373.5	602.0	580.4	430.1	718.9	665.5
阿根廷	Argentina	15.1	38.0		11.3	25.5	
巴西	Brazil	15.6	32.0	23.8	14.4	37.0	31.2
委内瑞拉	Venezuela	10.2	18.0	14.2	5.0	6.8	4.7
白俄罗斯	Belarus		5.0	5.6		1.7	1.9
保加利亚	Bulgaria	1.9	5.7	6.2	3.2	12.0	13.4
捷克	Czech Republic	4.6	13.9	15.8	4.2	31.1	29.4
法国	France	124.2	177.2	194.6	201.8	299.8	323.3
德国	Germany	337.7	519.3	532.0	142.9	184.2	191.6
意大利	Italy	103.0	148.0	169.4	164.6	258.0	269.2
荷兰	Netherlands	73.8	120.2	129.2	41.6	67.2	77.1
波兰	Poland	4.2	35.0	32.0	3.6	48.2	45.0
罗马尼亚	Romania	1.0	4.5	4.0	1.1	5.0	6.1
俄罗斯联邦	Russian Federation		99.6	120.1		35.6	41.9
西班牙	Spain	42.5	59.7	66.4	185.9	328.7	336.1
乌克兰	Ukraine		21.8	20.9		27.3	29.9
英国	United Kingdom	175.6	364.7	404.1	137.6	162.8	175.9
澳大利亚	Australia	45.4	57.6	61.2	40.9	76.2	80.9
新西兰	New Zealand	9.6	13.3	14.8	10.3	23.3	29.2

注：①世界银行数据。
Note: ① Data from World Bank.

13−15　国际旅游人数

International Tourism,Number of Arrivals and Departures

资料来源：世界银行数据库。
Sources: World Bank Database.
单位：万人　　(10 000 people)

国家和地区	Country or Area	国外游客到达人数 Number of Arrivals			出国旅游人数 Number of Departures		
		1990	2001	2002	1990	2001	2002
世　　界	**World**	**44887**	**67498**	**69229**	**38032**	**69133**	**69230**
高收入国家	**High Income**	**31468**	**43499**	**44239**	**22394**	**34797**	**34990**
中等收入国家	**Middle Income**	**11515**	**20644**	**21570**	**13024**	**27354**	
低收入国家	**Low Income**	**1048**	**2291**	**2324**			
中　　国	China	1048	3317	3680		1213 ①	1660 ①
中国香港	Hong Kong, China		8901	9791	204	480	471
孟加拉国	Bangladesh	12	21	21	39	108	
印　　度	India	171	254	238	228	407	421
印度尼西亚	Indonesia	218	515	503	69		
伊　　朗	Iran	15	140		79	240	
以色列	Israel	106	120	86	88	356	327
日　　本	Japan	324	477	524	1100	1622	1652
哈萨克斯坦	Kazakhstan		185	283		229	227
韩　　国	Korea, Rep.	296	515	535	156	608	712
马来西亚	Malaysia	745	1278	1329	1492	3625	
蒙　　古	Mongolia	15	17	20			
缅　　甸	Myanmar	2	21	22			
巴基斯坦	Pakistan	42	50	50			
菲律宾	Philippines	103	180	193	114	179	197
新加坡	Singapore	484	673	700	124	436	440
斯里兰卡	Sri Lanka	30	34		30	51	53
泰　　国	Thailand	530	1013	1087	88	204	
土耳其	Turkey	480	1078	1278	292	486	513
埃　　及	Egypt	241	436	491	201	307	
尼日利亚	Nigeria	19	83		6		
南　　非	South Africa	103	591	655	62	373	279
加拿大	Canada	1521	1968	2006	2042	1836	1771
墨西哥	Mexico	1718	1981	1967	736	1208	1195
美　　国	United States	3936	4490	4189	4462	5796	5636
阿根廷	Argentina	193	262	282	240	476	301
巴　　西	Brazil	109	477	378	119	227	186
委内瑞拉	Venezuela	53	58	43	31	93	83
保加利亚	Bulgaria	159	319	343	240	273	319
捷　　克	Czech Republic	728	519	458	1338		
法　　国	France	5250	7520	7701	1943	1927	1740
德　　国	Germany	1705	1786	1797		7640	7330
意大利	Italy	2668	3956	3980		2242	2513
荷　　兰	Netherlands	580	950	960	900	1422	1676
波　　兰	Poland	340	1500	1398	2213	5312	4504
罗马尼亚	Romania	301	330	320	1125	641	576
俄罗斯联邦	Russian Federation		740	794		1794	2034
西班牙	Spain	3409	5009	5175	2188	414	375
乌克兰	Ukraine		579	633		941	927
英　　国	United Kingdom	1801	2284	2418	3115	5828	5938
澳大利亚	Australia	222	486	484	217	344	346
新西兰	New Zealand	98	191	205	72	129	129

注：①国内居民出境总人数。
Note: ① Data refer to number of domestic residents outbound.

主要统计指标解释

出口即货物离开一国的统计疆界。在通常的贸易体系中，一国的统计疆界与它的经济领土是一致的。在特殊的贸易体系中，一国的统计疆界只包括一部分经济领土，一般这部分与货物自由贸易区是一致的。自由贸易地区是一国经济疆界的一部分，在此间货物可以无进口税限制地流通。

进口货物进入一国统计疆界。

数量指数基于诸如数量或权数这样的货物单位的指数。

服务贸易服务指无形商品的经济产出。它有可能是在同一时间生产、转让和消费。IMF《国际收支手册（1993年）》中定义了该项目，但报告经济体之间各不相同。

Explanatory Notes on Main Statistical Indicators

Exports Goods leaving the statistical territory of a country. In the general trade system, the definition of the statistical territory of a country coincides with its economic territory. In the special trade system, the definition of the statistical territory comprises only a particular part of the economic territory, mainly that part which coincides with the free circulation area for goods. The free circulation area is a part of the economic territory of a country within which goods may be disposed of without customs restrictions.

Imports Goods entering the statistical territory of a country.

Quantum Index An index based on quantity units of goods such as number or weight.

Service Exports(Imports) Services (previously no factor services) refer to economic output of intangible commodities that may be produced, transferred, and consumed at the same time. International transactions in services are defined by the IMF's Balance of Payments Manual (1993), but definitions may nevertheless vary among reporting economies.

十四、国际收支和外债

Balance of Payments and External Debts

14-1 世界国际收支
Summary of International Transactions

资料来源:IMF《国际收支统计年鉴》,2003年。
Sources:IMF *Balance of Payments Statistics Yearbook*,2003.
单位:亿美元 (USD 100 million)

		1990	1999	2000	2001	2002
经常帐户	**Current Account(net)**	**-128**	**-800**	**-1027**	**-1178**	**-760**
货物	Goods	16	457	163	17	441
贷方	Credits	3435	56468	63691	61068	63693
借方	Debits	3419	56011	63528	61051	63252
服务	Services	-45	-131	-112	-212	-87
贷方	Credits	861	14318	15174	15189	16224
借方	Debits	906	14449	15287	15401	16312
收入	Income	-67	-810	-653	-733	-910
贷方	Credits	839	12486	14311	13455	12633
借方	Debits	906	13297	14963	14188	13543
经常转移	Current Transfers	-32	-316	-425	-249	-204
贷方	Credits	250	3775	3633	3800	4212
借方	Debits	282	4090	4058	4049	4416
资本帐户	**Capital Account(net)**	**12**	**-176**	**138**	**-47**	**-115**
金融帐户	**Financial Account**	**102**	**423**	**2145**	**1715**	**1128**
直接投资	Direct Investment	-34	156	1582	952	160
国外	Abroad	-235	-10778	-13510	-7026	-6341
在报告经济体内	In Reporting Economy	201	10934	15092	7978	6500
证券投资	Portfolio Investment	64	2436	2017	996	3830
资产	Assets	-186	-13627	-12927	-12009	-6552
负债	Liabilities	251	16063	14944	13005	10382
金融衍生工具	Financial Derivatives		148	-91	64	29
资产	Assets		1954	2287	2346	1942
负债	Liabilities		-1806	-2378	-2282	-1913
其他投资	Other Investment	165	-795	369	1299	-237
资产	Assets	-581	-5400	-12531	-7188	-6473
负债	Liabilities	745	4604	12900	8487	6236
储备	Reserves	-93	-1522	-1731	-1596	-2654
净误差与遗漏	**Net Errors and Omissions**	**14**	**553**	**-1256**	**-491**	**-253**

14-2 分国别（地区）的国际收支（2002 年）

资料来源：国际货币基金组织数据库。
Source: International Monetary Fund Database.
单位：亿美元

国家和地区	Country or Area	经常帐户 Current Account, n.i.e.	货物 Goods			服务
			出口 Exports f.o.b.	进口 Imports f.o.b.	差额 Trade Balance	贷方 Credit
中国	China	354.2	3256.5	-2814.8	441.7	397.4
中国香港	Hong Kong, China	137.2	2003.0	-2053.5	-50.5	433.3
孟加拉国	Bangladesh	7.4	61.0	-77.8	-16.8	8.5
印度	India	46.6	527.4	-651.6	-124.2	248.6
印度尼西亚	Indonesia	78.2	591.7	-356.5	235.1	66.6
伊朗①	Iran ①	126.5	283.5	-152.1	131.4	13.8
以色列	Israel	-12.3	276.5	-312.1	-35.6	108.5
日本	Japan	1124.5	3955.8	-3017.5	938.3	657.1
哈萨克斯坦	Kazakhstan	-7.0	100.3	-77.3	23.0	15.9
韩国	Korea, Rep.	60.9	1625.5	-1483.7	141.8	281.4
马来西亚	Malaysia	71.9	933.8	-752.5	181.4	148.8
缅甸①	Myanmar ①	-3.1	22.9	-25.6	-2.7	4.2
巴基斯坦	Pakistan	38.5	98.3	-104.3	-6.0	24.3
菲律宾	Philippines	42.0	343.8	-339.8	4.1	30.6
新加坡	Singapore	187.0	1283.7	-1098.3	185.5	297.0
斯里兰卡	Sri Lanka	-2.9	47.0	-61.1	-14.1	12.7
泰国	Thailand	76.5	668.0	-570.2	97.8	153.2
土耳其	Turkey	-15.2	401.2	-484.6	-83.4	147.9
越南	Vietnam	-6.0	167.1	-177.6	-10.5	29.5
埃及	Egypt	6.2	71.2	-128.8	-57.6	93.2
南非	South Africa	2.9	310.8	-267.1	43.7	44.9
加拿大	Canada	149.1	2640.8	-2272.4	368.4	372.0
美国	United States	-4808.6	6853.8	-11647.6	-4793.8	2887.2
墨西哥	Mexico	-140.7	1607.6	-1686.8	-79.2	127.4
阿根廷	Argentina	95.6	257.1	-84.7	172.4	29.7
巴西	Brazil	-77.0	603.6	-472.2	131.4	96.1
委内瑞拉	Venezuela	74.2	266.6	-136.2	130.3	10.6
白俄罗斯	Belarus	-3.8	79.6	-88.8	-9.1	13.0
保加利亚	Bulgaria	-6.8	56.9	-72.9	-15.9	25.9
捷克	Czech Republic	-44.8	384.8	-407.2	-22.4	70.8
法国	France	257.4	3056.2	-2966.3	89.9	867.4
德国	Germany	465.9	6150.2	-4928.4	1221.8	1060
匈牙利	Hungary	-26.4	347.9	-369.1	-21.2	78.1
意大利	Italy	-67.4	2536.8	-2371.5	165.3	602.5
荷兰	Netherlands	101.2	2068.9	-1869.4	199.4	560.1
波兰	Poland	-50.1	467.4	-539.9	-72.5	100.4
罗马尼亚	Romania	-15.3	138.8	-164.9	-26.1	23.5
俄罗斯联邦	Russian Federation	295.2	1073.0	-609.7	463.4	136.1
西班牙	Spain	-160.4	1279.5	-1607.9	-328.4	626.8
乌克兰	Ukraine	31.7	186.7	-179.6	7.1	46.8
英国	United Kingdom	-267.1	2798.6	-3500	-701.5	1304.4
澳大利亚	Australia	-173.9	651.0	-705.3	-54.3	179.1
新西兰	New Zealand	-22.7	145.2	-140.1	5.0	51.1

Balance of Payments by Country or Area(2002)

(USD 100 millions)

Services 借方 Debit	货物和服务差额 Balance on Goods & Services	收入 Income 贷方 Credit	借方 Debit	货物、服务和收入差额 Balance on Gds, Serv. & Inc.	经常转移 Current Transfers 贷方 Credit	借方 Debit
-465.3	373.8	83.4	-232.9	224.4	138.0	-8.1
-248.0	134.8	432.2	-410.8	156.2	7.8	-26.7
-14.1	-22.3	0.6	-3.2	-25.0	32.5	-0.1
-186.9	-62.5	23.0	-61.8	-101.3	151.6	-3.7
-170.5	131.2	13.2	-83.7	60.7	22.5	-5.0
-23.0	122.2	4.0	-6.0	120.2	5.4	0.8
-114.7	-41.8	28.5	-64.5	-77.8	78.9	-13.4
-1079.4	516	914.8	-257.1	1173.7	100.4	-149.6
-36.7	2.2	2.3	-12.6	-8.1	4.3	-3.1
-356.0	67.2	68.1	-63.6	71.7	72.9	-83.7
-164.5	165.7	21.4	-87.3	99.7	6.6	-34.4
-3.8	-2.3	0.4	-4.0	-5.9	3.0	-0.1
-22.4	-4.1	1.3	-24.1	-26.9	65.9	-0.5
-43.2	-8.6	79.3	-33.8	36.9	5.9	-0.9
-273.0	209.5	143.7	-155.1	198.1	1.2	-12.3
-10.0	-11.4	0.8	-3.3	-13.9	12.9	-1.9
-167.2	83.7	33.6	-47.0	70.3	9.9	-3.8
-69.1	-4.6	24.9	-70.4	-50.1	35.4	-0.5
-37.0	-18.0	1.7	-8.9	-25.3	19.2	0.0
-66.3	-30.7	7.0	-9.7	-33.4	40.0	-0.4
-53.2	35.4	18.2	-45.1	8.5	1.4	-7.0
-424.8	315.5	201.7	-376.9	140.4	44.6	-35.9
-2273.8	-4180.4	2555.4	-2595.1	-4220.1	115	-703.5
-176.6	-128.4	40.5	-155.4	-243.2	102.9	-0.4
-45.8	156.3	31.8	-96.5	91.6	5.7	-1.7
-146.4	81.0	33.0	-214.9	-100.9	26.3	-2.4
-38.5	102.4	15.9	-42.4	75.9	2.9	-4.5
-9.1	-5.2	0.4	-0.7	-5.5	2.4	-0.6
-20.0	-10.0	3.2	-5.5	-12.3	6.6	-1.1
-64.4	-16.0	21.9	-59.9	-54.0	14.6	-5.5
-689.5	267.9	807.5	-679.3	396.1	203.9	-342.5
-1504.9	776.9	1032.6	-1092.6	716.9	158.3	-409.4
-71.9	-15.1	12.2	-28.0	-30.9	10.0	-5.5
-635.4	132.4	433.0	-578.5	-13.1	208.7	-263.1
-571.9	187.6	400.5	-425.0	163.2	55.4	-117.5
-91.9	-64.0	19.5	-38.4	-82.9	41.8	-9.0
-23.4	-26.0	4.1	-8.7	-30.6	18.1	-2.7
-235.0	364.5	56.5	-122.2	298.8	16.8	-20.4
-373.7	-75.2	202.3	-309.2	-182.1	140.7	-119.1
-35.4	18.6	1.7	-7.7	12.5	19.7	-0.5
-1076.7	-473.7	1896.8	-1560.7	-137.5	178.9	-308.4
-181.1	-56.3	81.9	-198.8	-173.2	23.1	-23.7
-47.5	8.6	10.6	-42.4	-23.3	6.1	-5.6

14–2续表1 continued

单位:亿美元

国家和地区	Country or Area	资本帐户 Capital Account, n.i.e.	贷方 Credit	借方 Debit	金融帐户 Financial Account, n.i.e.	直接投资 FDI 国外 Direct Investment Abroad	在报告经济体内 Dir. Invest. in Rep.Econ.,n.i.e.
中国	China	-0.5		-0.5	323.4	-25.2	493.1
中国香港	Hong Kong, China	-20.1	0.3	-20.4	-197.5	-174.6	96.8
孟加拉国	Bangladesh	3.6	3.6	0.0	-2.6	-	0.5
印度	India	34.8	63.7	-28.9	80.7	-4.5	30.3
印度尼西亚	Indonesia				-11.7		1.5
伊朗①	Iran ①				-101.9		0.4
以色列	Israel	2.9	2.9		-20.6	-12.3	16.5
日本	Japan	-33.2	9.1	-42.4	-633.8	-320.2	90.9
哈萨克斯坦	Kazakhstan	-1.2	1.1	-2.3	13.6	-4.3	25.8
韩国	Korea, Rep.	-10.9	0.4	-11.4	26.1	-26.7	19.7
马来西亚	Malaysia				-31.4	-19.0	32.0
缅甸①	Myanmar ①				4.0		2.1
巴基斯坦	Pakistan	0.4	0.4		-7.9	-0.3	8.2
菲律宾	Philippines	-0.2	0.0	-0.2	-27.4	-0.9	11.1
新加坡	Singapore	-1.6	0.0	-1.6	-156.6	-40.8	61.0
斯里兰卡	Sri Lanka	0.6	0.6	-0.1	-2.0	-0.1	2.4
泰国	Thailand				-26.8	-1.1	9.0
土耳其	Turkey				13.3	-1.8	10.4
越南	Vietnam				20.9		14.0
埃及	Egypt				-33.3	-0.3	6.5
南非	South Africa	-0.1	0.2	-0.4	-1.2	4.0	7.4
加拿大	Canada	30.7	36.0	-5.3	-116.9	-288.6	205.0
美国	United States	-12.9	11.1	-23.9	5316.8	-1378.4	396.3
墨西哥	Mexico				222.3	-9.3	144.4
阿根廷	Argentina	0.4	0.4	-	-234.4	6.3	7.9
巴西	Brazil	4.3	4.6	-0.3	-31.0	-24.8	165.7
委内瑞拉	Venezuela				-93.7	-10.2	7.8
白俄罗斯	Belarus	0.5	1.2	-0.7	4.8	2.1	2.5
保加利亚	Bulgaria	-		-	16.9	-0.3	8.7
捷克	Czech Republic	-	0.1	-0.1	112.4	-2.8	93.2
法国	France	-1.8	9.1	-10.9	-333.6	-627.3	520.2
德国	Germany	-2.3	20.9	-23.2	-770.8	-253	373
匈牙利	Hungary	1.8	2.2	-0.5	1.3	-2.6	8.5
意大利	Italy	7.4	20.6	-13.2	111.9	-172.5	147.0
荷兰	Netherlands	-5.5	8.6	-14.0	-125.5	-339.5	285.3
波兰	Poland	-0.1	0.5	-0.5	69.6	-2.3	41.3
罗马尼亚	Romania	0.9	1.0	-0.1	40.8	-0.2	11.4
俄罗斯联邦	Russian Federation	-124.0	75.3	-199.2	9.1	-34.9	34.4
西班牙	Spain	73.1	81.9	-8.8	174.8	-324.1	367.3
乌克兰	Ukraine	0.2	0.3	-0.1	-10.7	0.1	6.9
英国	United Kingdom	15.8	34.9	-19	88.8	-342	291.8
澳大利亚	Australia	4.4	13.0	-8.5	171.7	-75.8	163.6
新西兰	New Zealand	7.7	11.2	-3.6	12.7	-3.8	8.2

(USD 100 millions)

证券投资 Portfolio Investment						金融衍生工具 Financial Derivatives	
资产 Assets	股本证券 Equity Securities	债务证券 Debt Securities	负债 Liabilities	股本证券 Equity Securities	债务证券 Debt Securities	资产 Assets	负债 Liabilities
-120.9		-120.9	17.5	22.5	-5.0		
-377.0	-157.6	-219.5	-10.8	13.9	-24.7	200.4	-134.2
-	-		-	-			
-0.4	-0.4		9.7	9.7			
			12.2	8.8	3.5		
-24.9	-4.5	-20.4	4.5	4.5			
-859.3	-372.8	-486.5	-200.4	-166.9	-33.5	772.5	-747.7
-10.8	-3.8	-7.0	-1.8	0.4	-2.2		
-50.4	-14.6	-35.8	49.4	1.9	47.5	13.1	-10.3
-5.6	-0.4	-5.2	-8.4	-0.6		-1.7	-1.4
			-5.7	0.8	-6.5		
-3.7	-0.2	-3.5	22.8	4.1	18.7		
-113.7	-78.8	-35.0	-12.7	-13.0	0.3		
			0.3	0.3			
-9.1	-0.1	-9.0	-6.9	5.4	-12.3		
-21.0	-0.4	-20.5	15.0	-0.2	15.2		
-0.1	-0.1		-6.7	-2.2	-4.5		
-8.7	-5.7	-3.0	4.6	-3.9	8.5		
-158.4	-118.7	-39.7	134.5	-8.5	143.0		
158	-176.8	334.8	4214.4	532	3682.4		
11.3	0.0	11.3	-6.3	-1.0	-5.3		
4.8	0.1	4.6	-66.0	-1.2	-64.8		
-3.2	-3.9	0.7	-48.0	19.8	-67.8	9.3	-12.9
-13.5	-1.7	-11.8	-9.6	-0.1	-9.5		
-	0.1	-0.1	-0.1	-	-0.1		
2.2	-0.2	2.4	-3.0	-0.2	-2.8	0.1	
-23.7	-2.3	-21.4	8.1	-2.6	10.8	-4.8	3.5
-773.7	-169.5	-604.3	613.2	-43.6	656.8		53.3
-633.2	-106.4	-526.8	987	151.2	835.7		-7.9
-0.5	-0.6	0.1	18.4	-1.4	19.8	19.2	-21.2
-152.6	-52.0	-100.7	329.3	-62.7	392.0	-61.4	34.3
-642.9	-79.2	-563.8	499.5	-1.9	501.5	704.2	-772.6
-11.6	-2.7	-8.9	28.3	-5.5	33.7		-9.0
			3.8	0.2	3.6		
-8.0	0.8	-8.8	33.0	26.3	6.7	0.8	-0.7
-289.8	2.8	-292.7	348.5	35.5	313.0		-47.1
-		-	-17.2	-19.6	2.4		
26.5	84.2	-57.7	785.7	42	743.8		13.5
-160.9	-133.6	-27.2	171.5	8.4	163.1	22.4	-20.4
-5.8	-5.9	0.1	24.1	7.7	16.3		

14-2续表2 continued

单位:亿美元

国家和地区	Country or Area	其他投资:资产 Other Investment Assets	货币当局 Monetary Authorities	政府 General Government	银行 Banks	其他部门 Other Sectors	金融帐户 其他投资:债务 Other Investment Liab., n.i.e.
中国	China	-30.8			-102.6	71.8	-10.3
中国香港	Hong Kong, China	466.2			460.4	5.8	-264.1
孟加拉国	Bangladesh	-5.6			1.4	-7.0	2.6
印度	India	47.9		-0.3	48.1	0.1	-2.3
印度尼西亚	Indonesia	-5.0				-5.0	-20.4
伊朗①	Iran ①	-82.6		-59.3	-17.8	-5.4	-19.7
以色列	Israel	-16.1		1.1	3.4	-20.6	11.8
日本	Japan	364.1		9.2	15.9	339	266.3
哈萨克斯坦	Kazakhstan	-11.0	-	3.2	-6.2	-7.9	15.6
韩国	Korea, Rep.	-24.0	-0.3	-3.1	-4.4	-16.3	55.4
马来西亚	Malaysia	-46.0					18.7
缅甸①	Myanmar ①						1.9
巴基斯坦	Pakistan	-0.6		-0.1	-0.1	-0.5	-9.5
菲律宾	Philippines	-132.1			3.7	-135.9	75.4
新加坡	Singapore	-2.9			10.7	-13.6	-47.3
斯里兰卡	Sri Lanka	1.0			1.0		-5.6
泰国	Thailand	41.9			42.9	-0.9	-60.6
土耳其	Turkey	-7.8	-0.3		6.4	-13.9	18.4
越南	Vietnam	6.2			6.2	0.0	0.7
埃及	Egypt	-29.4	0.3		-3.3	-26.4	-3.3
南非	South Africa	12.3	-	-4.2	-4.1	20.6	-20.6
加拿大	Canada	-69.0		-0.2	22.9	-91.7	59.6
美国	United States	-532.7		-0.3	-213.6	-318.8	2459.1
墨西哥	Mexico	116.0			74.0	42.0	-33.8
阿根廷	Argentina	-89.9		0.9	19.0	-109.8	-97.4
巴西	Brazil	-32.1	-	-9.8	43.3	-65.7	-85.0
委内瑞拉	Venezuela	-74.1	0.2	0.7	4.2	-79.1	5.8
白俄罗斯	Belarus	-3.1	-2.2		0.2	-1.1	3.5
保加利亚	Bulgaria	2.8	-	0.1	2.6	0.1	6.4
捷克	Czech Republic	40.1		6.5	38.4	-4.8	-1.3
法国	France	-360.8	-46.3	5.2	-351.7	32	241.5
德国	Germany	-1512.1	-334.1	67	-1252.3	7.3	275.5
匈牙利	Hungary	-15.7	0.4	0.2	5.1	-21.4	-4.7
意大利	Italy	41.6	135.4	12.5	-340.0	233.8	-53.8
荷兰	Netherlands	-402.6	3.6	-16.2	-205.7	-184.3	543.1
波兰	Poland	18.9		-0.4	31.1	-11.8	4.0
罗马尼亚	Romania	6.9		-0.4	5.4	2.0	18.8
俄罗斯联邦	Russian Federation	21.2	9.7	169.9	-6.7	-151.7	-36.8
西班牙	Spain	-226.1	61.1	-3.3	-174.2	-109.8	346.2
乌克兰	Ukraine	-7.8	-0.2		-0.9	-6.7	7.3
英国	United Kingdom	-1471.7		-10.4	-1111.4	-349.8	784.9
澳大利亚	Australia	-32.9	4.1	-0.8	-36.2	-	104.1
新西兰	New Zealand	-9.0					-1.1

注: ①2001年数据。

Note: ① Data refer to 2001.

(USD 100 millions)

Financial Account				净误差与遗漏 Net Errors and Omissions	国际收支总盈余 Overall Balance
货币当局 Monetary Authorities	政府 General Government	银行 Banks	其他部门 Other Sectors		
	0.4	-17.2	6.5	75.0	752.2
		-209.4	-54.7	56.6	-23.8
-1.0	1.4	0.6	1.6	-3.5	5.0
3.0	-28.7	30.8	-7.3	6.7	168.7
	4.6	-12.2	-12.8	-16.9	49.6
-14.1	-6.2		0.6	-13.7	10.8
	-0.1	1.2	10.7	21.2	-8.8
	0.6	224.6	41.1	3.9	461.3
-	-	9.4	6.2	-0.1	5.4
-0.4	-13.9	85.4	-15.8	41.6	117.7
				-3.9	36.6
2.0	-0.1			0.9	1.8
-2.5	-1.6	-0.8	-4.5	9.7	40.8
-7.0	-1.3	-6.2	89.8	-14.3	0.1
		24.9	-72.2	-15.5	13.4
0.3	-3.7	-1.4	-0.7	1.0	-3.3
53.5	-13.6	-16.7	-83.8	5.7	55.4
14.3	-6.7	-20.2	30.9	-0.2	-2.1
			0.7	-10.4	4.5
	-13.6	-0.1	10.3	19.1	-8.0
-17.0	19.4	-17.7	-5.4	14.5	16.1
	-1.3	85.2	-24.3	-64.7	-1.9
649.1	26.6	1087.2	696.2	-458.4	36.9
	3.2	-28.6	-8.3	-8.0	73.6
-3.4	-21.1	-18.5	-54.4	-14.2	-152.7
-1.6	-4.9	-38.3	-40.2	-9.0	-112.7
-0.2	1.7	-2.6	6.9	-24.8	-44.3
0.2	0.1	0.9	2.3	-0.6	1.0
	-1.4	2.5	5.4	-3.0	7.2
-	-0.5	-2.8	2.0	-1.3	66.2
-12.8	2.5	291.8	-40	38.3	-39.7
5.3	-14.2	257.5	26.9	287.4	-19.8
-6.2	7.7	6.5	-12.6	5.5	-17.9
8.7	-5.3	-61.2	4.1	-20.2	31.7
22.8	0.0	521.6	-1.3	28.5	-1.3
-4.7	-5.0	-5.5	19.2	-12.9	6.5
-1.0	4.7	3.1	12.0	-8.6	17.9
-12.7	-133.4	25.8	83.5	-64.7	115.6
11.2	4.4	261.8	68.8	-50.6	36.9
-	-3.8	0.8	10.5	-9.0	12.3
	-11	1428.1	-632.2	156.2	-6.3
0.1		96.9	7.1	-1.0	1.2
				13.2	10.9

14-3 外国直接投资

Foreign Direct Investment

资料来源：联合国贸易和发展会议《世界投资报告》2003。
Source:UNCTAD *World Investment Report*, 2003.

单位：亿美元 (USD 100 million)

国家和地区	Country or Area	外来直接投资 FDI Inflows			对外直接投资 FDI Outflows		
		1995	2000	2002	1995	2000	2002
世界	**World**	**3310.7**	**13929.6**	**6511.9**	**3552.8**	**12007.8**	**6473.6**
发达国家	**Developed countries**	**2034.6**	**11205.3**	**4603.3**	**3058.5**	**10978.0**	**6000.6**
发展中国家	**Developing countries**	**1133.4**	**2460.6**	**1621.5**	**489.9**	**990.5**	**431.0**
中国	China	375.2	407.7	527.0	20.0 ②	9.2 ②	28.5 ②
中国香港	Hong Kong, China	62.1 ①	619.4	137.2	250.0 ①	593.7	176.9
孟加拉国	Bangladesh		2.8	0.5	.	–	–
印度	India	21.4	23.2	34.5	1.2	3.4	4.3
印度尼西亚	Indonesia	43.5	-45.5	-15.2	13.2	1.5	1.2 ①
伊朗	Iran	0.2	0.4	0.4 ①		3.5 ①	13.0 ①
以色列	Israel	13.5	49.9	16.5	7.3	34.4	12.3
日本	Japan	0.4	83.2	93.3	225.1	315.6	314.8
哈萨克斯坦	Kazakhstan	9.6	12.8	25.6		–	4.2
朝鲜	Korea, Dem.people's Rep.		0.1 ①	0.1 ①			
韩国	Korea, Rep.	17.8	92.8	19.7	35.5	50.0	26.7
马来西亚	Malaysia	58.2	37.9	32.0	24.9	20.3	12.4 ①
蒙古	Mongolia	0.1	0.5	0.8			
缅甸	Myanmar	2.8	2.1	1.3	-0.4		
巴基斯坦	Pakistan	7.2	3.1	8.2		0.1	-0.2
菲律宾	Philippines	14.6	13.5	11.1	1.0	-1.1	0.9
新加坡	Singapore	87.9	124.6	76.6	34.4	60.6	40.8
斯里兰卡	Sri Lanka	0.7	1.8	2.4	0.1	–	–
泰国	Thailand	20.0	33.5	10.7	8.4	-0.2	1.1
土耳其	Turkey	8.9	9.8	10.4	1.1	8.7	1.8
越南	Viet Nam	23.4	12.9	12.0			
埃及	Egypt	6.0	12.4	6.5	0.9	0.5	0.3
尼日利亚	Nigeria	10.8	9.3	12.8	1.0	0.9	1.0
南非	South Africa	12.4	8.9	7.5	25.0	2.7	-4.0
加拿大	Canada	92.6	667.6	206.0	114.6	466.3	287.9
墨西哥	Mexico	95.3	154.8	136.3	-2.6	9.8 ①	9.7
美国	United States	587.7	3140.1	300.3	920.7	1426.3	1197.4
阿根廷	Argentina	56.1	116.6	10.0	15.0	10.2	-10.7
巴西	Brazil	54.8	327.8	165.7	11.6	22.8	24.8
委内瑞拉	Venezuela	9.9	44.6	13.2	0.9	1.1	8.9
白俄罗斯	Belarus	0.2	1.2	2.3	0.1	–	-2.1
保加利亚	Bulgaria	0.9	10.0	4.8	-0.1	–	0.3
捷克	Czech Republic	25.6	49.9	93.2	0.4	0.4	2.8
法国	France	236.8	432.5	515.1	157.6	1774.5	625.5
德国	Germany	120.3	2030.8	380.3	390.5	568.5	245.3
意大利	Italy	48.4	133.8	145.5	70.2	123.2	171.2
荷兰	Netherlands	123.2	603.1	291.8	202.0	735.4	262.7
波兰	Poland	36.6	93.4	41.2	0.4	0.2	1.7
罗马尼亚	Romania	4.2	10.3	11.1	–	-0.1	0.1
俄罗斯联邦	Russian Federation	20.2	27.1	24.2	3.6	31.8	32.8
西班牙	Spain	61.6	375.2	211.9	40.8	546.8	184.6
乌克兰	Ukraine	2.7	6.0	6.9	0.1	–	-0.1
英国	United Kingdom	199.7	1304.2	249.5	435.6	2497.8	397.0
澳大利亚	Australia	119.7	130.7	139.8	32.8	5.6	68.3
新西兰	New Zealand	36.6	35.1	3.7	-3.4	5.6	3.2

注：①估计数。②联合国贸易与发展会议数据。
Note: ① Estimates. ② Data from UNCTAD.

14-4 国际储备与黄金储备

Total International Reserves and Gold Reserves

资料来源：国际货币基金组织数据库。
Source: IMF Database.

国家和地区	Country or Area	国际储备（不包括黄金，亿美元） Total Reserves Minus Gold (USD 100 millions)			黄金储备(万盎司) Gold (10 000 Fine Troy Ounces)		
		1990	2000	2002	1990	2000	2002
世界	**World**	**9306.8**	**20167.3**	**25145.0**	**93923.8**	**95209.3**	**93055.7**
发达国家	**Developed Countries**	**5880.1**	**8454.2**	**9826.6**	**79581.5**	**79650.9**	**76984.9**
发展中国家	**Developing Countries**	**3426.7**	**11713.0**	**15318.5**	**14342.4**	**15558.4**	**16070.8**
中国	China	110.9 ①	1655.7 ①	2864.1 ①	1267.0	1270.0	1929.0
中国香港	Hong Kong, China	245.2	1073.0	1119.4	22.8	6.7	6.7
孟加拉国	Bangladesh	6.3	14.8	16.8	8.0	10.9	11.2
印度	India	15.2	378.2	676.9	1069.2	1150.2	1150.2
印度尼西亚	Indonesia	74.5	284.4	309.8	311.1	310.1	310.1
伊朗	Iran				434.3		
以色列	Israel	62.6	232.3	240.9	83.9		
日本	Japan	783.5	3541.1	4613.5	2422.8	2454.7	2460.2
韩国	Korea, Rep.	147.7	959.2	1213.9	32.0	43.9	44.4
哈萨克斯坦	Kazakhstan		15.9	25.6		184.0	170.8
马来西亚	Malaysia	97.4	294.6	342.3	235.0	117.0	117.0
蒙古	Mongolia		1.8	3.5	3.7	8.5	14.2
缅甸	Myanmar	3.1	2.2	4.7	25.1	23.1	23.1
巴基斯坦	Pakistan	3.0	15.1	80.8	194.9	209.1	209.3
菲律宾	Philippines	9.2	130.2	131.4	288.8	722.8	872.9
新加坡	Singapore	277.0	799.5	820.5			
斯里兰卡	Sri Lanka	4.2	10.4	16.3	6.3	6.3	6.3
泰国	Thailand	132.8	319.4	380.6	247.6	236.7	250.0
土耳其	Turkey	60.4	224.4	270.8	409.5	373.9	373.3
越南	Viet Nam		34.1	41.2			
埃及	Egypt	26.8	130.9	132.5	243.2	243.2	243.2
南非	South Africa	10.1	60.7	59.1	409.0	590.0	558.0
尼日利亚	Nigeria	38.6	98.9	73.3	68.7	68.7	68.7
加拿大	Canada	178.1	318.5	370.0	1476.4	118.4	59.9
美国	United States	721.2	564.7	679.9	26191.0	26161.1	26200.0
墨西哥	Mexico	98.4	354.3	506.1	91.9	24.9	22.5
阿根廷	Argentina	45.8	250.9	104.9	423.3	1.9	0.9
巴西	Brazil	74.3	324.2	377.0	456.9	189.3	44.2
委内瑞拉	Venezuela	83.0	130.6	84.9	1146.0	1024.0	1056.0
白俄罗斯	Belarus		3.5	6.2			
保加利亚	Bulgaria		31.5	44.1		128.4	128.2
捷克	Czech Republic		129.9	235.6		44.6	44.2
法国	France	367.1	369.6	283.8	8185.3	9724.5	9724.7
德国	Germany	677.8	567.6	511.9	9518.2	11151.9	11078.6
意大利	Italy	628.1	255.1	286.1	6667.1	7882.9	7882.9
荷兰	Netherlands	174.5	96.2	95.7	4394.2	2931.5	2738.2
波兰	Poland	44.8	265.0	286.6	47.2	330.6	330.9
罗马尼亚	Romania	5.2	39.1	72.1	220.8	337.4	338.6
俄罗斯联邦	Russian Federation		242.1	440.7		1235.9	1246.4
西班牙	Spain	511.3	309.2	345.5	1561.1	1682.9	1682.8
乌克兰	Ukraine		13.5	42.4		45.4	50.4
英国	United Kingdom	357.9	437.9	393.7	1894.1	1567.4	1009.1
澳大利亚	Australia	162.3	180.8	207.0	793.3	256.3	256.3
新西兰	New Zealand	41.2	33.2	37.4	0.1		

注：①外汇储备。
Note: ① Foreign exchange reserves.

14-5 主要国家外债及其构成(2002 年)
External Debts by Type (2002)

资料来源：世界银行数据库。
Sources: World Bank Database.
单位：亿美元 (USD 100 million)

国家和地区	Country or Area	外债总额 External Debt Total	长期外债 Long-term Debt	私人非担保外债 Private Nonguaranteed Debt	政府及政府担保外债 Public and Publicly Guaranteed Debt	短期外债 Short-term Debt	IMF 贷款 Use of IMF Credit
中等收入国家	**Middle Income**	**18153.8**	**14677.0**	**4904.2**	**9772.7**	**2721.4**	**755.5**
低收入国家	**Low Income**	**5234.6**	**4489.3**	**498.6**	**3990.8**	**542.7**	**202.6**
中国①	China ①	1682.5	1203.7	318.4	885.3	478.8	0.0
孟加拉国	Bangladesh	170.4	164.5	0.0	164.5	5.2	0.7
印度	India	1044.3	998.6	115.9	882.7	45.7	0.0
印度尼西亚	Indonesia	1322.1	1000.4	300.3	700.1	233.1	88.6
伊朗	Iran	91.5	68.0	2.2	65.8	23.6	0.0
哈萨克斯坦	Kazakhstan	175.4	163.5	131.5	32.1	11.8	0.0
韩国②	Korea, Rep. ②	1101.0	750.0	413.0	337.0	351.0	0.0
马来西亚	Malaysia	485.6	401.9	139.9	262.0	83.7	0.0
蒙古	Mongolia	10.4	9.5	0.0	9.5	0.4	0.4
缅甸	Myanmar	65.6	53.9	0.0	53.9	11.7	0.0
巴基斯坦	Pakistan	336.7	301.0	20.0	281.0	15.4	20.3
菲律宾	Philippines	593.4	521.0	191.3	329.7	55.8	16.9
斯里兰卡	Sri Lanka	96.1	88.1	3.5	84.5	5.0	3.1
泰国	Thailand	592.1	469.0	242.7	226.3	119.2	3.9
土耳其	Turkey	1315.6	942.8	324.5	618.2	151.9	220.9
越南	Vietnam	133.5	121.8	0.0	121.8	7.9	3.8
埃及	Egypt	307.5	272.8	6.6	266.2	34.7	0.0
尼日利亚	Nigeria	304.8	282.1	1.5	280.6	22.7	0.0
南非	South Africa	250.4	176.4	82.1	94.3	74.0	0.0
墨西哥	Mexico	1412.6	1313.6	550.4	763.3	99.0	0.0
阿根廷	Argentina	1323.1	1031.4	284.8	746.6	148.3	143.4
巴西	Brazil	2279.3	1837.1	871.4	965.6	233.9	208.3
委内瑞拉	Venezuela	325.6	288.4	55.8	232.6	37.2	0.0
白俄罗斯	Belarus	9.1	7.1	0.0	7.1	1.4	0.6
保加利亚	Bulgaria	104.6	85.8	11.1	74.7	8.3	10.5
捷克	Czech Republic	264.2	156.6	87.6	69.0	107.6	0.0
波兰	Poland	695.2	606.4	312.6	293.7	88.8	0.0
罗马尼亚	Romania	146.8	137.8	56.7	81.1	4.7	4.3
俄罗斯联邦	Russian Federation	1475.4	1247.4	285.1	962.2	163.2	64.8
乌克兰	Ukraine	135.5	111.0	27.5	83.5	5.8	18.8

注：①世界银行数据。②2001 年数。
Note: ① Data from World Bank. ② Data refer to 2001.

14-6 外债风险指标（2002年）
Risk Indicators on Foreign Debts (2002)

资料来源：世界银行数据库。
Sources: World Bank Database.
单位：%　　(%)

国家和地区	Country or Area	政府及政府担保外债占中央政府经常性财政收入比重 PPG Debt Service as % of Central Government Current Revenue	债务率 Present Value of Debt as % of Exports of Goods and Services	负债率 Present Value of Debt as % of GNI	短期外债比重 Short-term Debt as % of Total External Debt	偿债率 Total Debt Service as % of Exports of Goods and Services	外债本息占GNI比重 Total Debt Service as % of GNI
中等收入国家	**Middle income**				**15.0**	**18.5**	**6.8**
低收入国家	**Low income**				**10.4**	**13.7**	**4.2**
中国	China		49.7	12.9	28.5 ①	8.2	2.4 ①
孟加拉国	Bangladesh		155.0	22.1	3.1	7.3	1.5
印度	India	13.1 ②	115.0	16.4	4.4	14.9	2.6
印度尼西亚	Indonesia	22.4 ②	191.4	79.5	17.6	24.8	10.3
伊朗	Iran		24.9	7.3	25.7	4.1	1.3
哈萨克斯坦	Kazakhstan	18.6 ②	150.5	69.9	6.7	34.4	17.4
韩国	Korea, Rep.						
马来西亚	Malaysia		44.0	54.6	17.2	7.3	9.1
蒙古	Mongolia	11.6 ②	107.2	63.8	4.3	6.7	4.7
缅甸	Myanmar				17.8		
巴基斯坦	Pakistan	19.6	238.2	44.4	4.6	17.8	4.8
菲律宾	Philippines	49.4 ②	135.0	77.0	9.4	20.2	11.1
斯里兰卡	Sri Lanka	19.5 ②	122.4	47.1	5.2	9.8	4.4
泰国	Thailand	24.3 ②	69.4	46.6	20.1	23.1	15.8
土耳其	Turkey	26.0 ②	245.5	74.3	11.5	46.8	15.2
越南	Vietnam	16.1	61.4	32.4	5.9	6.0	3.4
埃及	Egypt		149.9	29.7	11.3	10.3	2.3
尼日利亚	Nigeria		151.7	77.6	7.4	8.6	3.7
南非	South Africa	8.1 ②	65.9	24.6	29.6	12.5	4.6
墨西哥	Mexico		85.8	24.7	7.0	23.2	7.0
阿根廷	Argentina	43.6 ②	392.8	146.2	11.2	18.3	6.1
巴西	Brazil		342.3	55.8	10.3	68.9	11.9
委内瑞拉	Venezuela	23.1 ②	112.4	39.9	11.4	25.6	8.2
白俄罗斯	Belarus	5.4 ②	10.1	6.0	15.6	2.1	1.4
保加利亚	Bulgaria	19.1 ②	135.5	70.5	7.9	15.9	9.0
捷克	Czech Republic	9.7 ②	61.7	40.1	40.7	9.5	6.9
波兰	Poland	11.4 ②	123.8	35.6	12.8	22.5	7.2
匈牙利	Hungary		82.3	51.0	16.2	33.9	23.1
罗马尼亚	Romania	16.4 ②	106.1	33.5	3.2	18.6	6.8
俄罗斯联邦	Russian Federation	12.0 ②	121.7	43.7	11.1	11.3	4.2
乌克兰	Ukraine	8.2 ②	58.7	30.9	4.3	13.7	7.9

注：①世界银行数据。②2001年数。
Note: ① Data from World Bank. ② Data refer to 2001.

主要统计指标解释

国际储备　一国当局可以使用和控制的外部资产，它可直接用来弥补国际收支不平衡或间接用来平衡国际收支。

黄金储备（货币黄金）　一国当局拥有的、作为储备资产的黄金。参见国际储备。

外债总计　指欠非本地居民的，可用外币、货物或服务偿还的债务。它是长期公共债务、公共担保债务和私人非担保长期债务、IMF货款和短期外债的总和。

长期债务　指初始到期日或宽限期在一年以上的债务。它有三个构成部分：公共债务、公共担保债务和私人非担保债务。用现价美元表示。

短期债务　包括初始到期日为一年及一年期以下的所有债务和长期债务到期未付的利息。用现价美元表示。

Explanatory Notes on Main Statistical Indicators

International Reserves External assets that is readily available to and controlled by the authorities for direct financing of payments imbalances and for indirect regulation of the magnitude of such imbalances.

Gold Reserves (Monetary Gold) Gold owned by the authorities and held as a reserve asset. See also international reserves

External Debt Total Total external debt is debt owed to nonresidents repayable in foreign currency, goods, or services. Total external debt is the sum of public, publicly guaranteed, and private no guaranteed long-term debt, use of IMF credit, and short-term debt.

Long-term Debt Long-term debt is debt that has an original or extended maturity of more than one year. It has three components: public, publicly guaranteed, and private no guaranteed debt. Data are in current U.S. dollars.

Short-term Debt includes all debt having an original maturity of one year or less and interest in arrears on long-term debt. Data are in current U.S. dollars.

十五、教育、科技、文化、卫生和军事

Education, Science and Technology, Culture, Health and Military

15-1　人文发展指数（2002 年）

Human Development Index(2002)

资料来源：联合国开发计划署《人文发展报告》2004 年。
Source:UNDP *Human Development Report 2004.*

人文发展指数排名 HDI Rank 2002	2001	国家和地区	Country or Area	出生时的预期寿命（岁） Life Expectancy at Birth (years)	成人识字率(%) Adult literacy Rate (% age 15 and above)	初等、中等和高等教育入学率(%) Combined Primary,Secondary and Tertiary Gross Enrolment Ratio (2001/02)	人均国内生产总值（购买力平价法，美元） GDP per Capita (PPP, US$)
		世界	**World**	**66.9**		**64**	**7804**
		高收入国家	**High income**	**78.3**		**92**	**28741**
		中等收入国家	**Middle income**	**70.0**	**89.7**	**71**	**5908**
		低收入国家	**Low income**	**59.1**	**63.6**	**51**	**2149**
1	1	挪威	Norway	78.9	②	98	36600
2	3	瑞典	Sweden	80.0	②	114	26050
3	4	澳大利亚	Australia	79.1	②	113	28260
4	8	加拿大	Canada	79.3	②	95	29480
5	5	荷兰	Netherlands	78.3	②	99	29100
6	6	比利时	Belgium	78.7	②	111	27570
7	2	冰岛	Iceland	79.7	②	90	29750
8	7	美国	United States	77.0	②	92	35750
9	9	日本	Japan	81.5	②	84	26940
10	12	爱尔兰	Ireland	76.9	②	90	36360
11	10	瑞士	Switzerland	79.1	②	88	30010
12	13	英国	United Kingdom	78.1	②	113	26150
13	14	芬兰	Finland	77.9	②	106	26190
14	16	奥地利	Austria	78.5	②	91	29220
15	15	卢森堡	Luxembourg	78.3	②	75	61190
16	17	法国	France	78.9	②	91	26920
17	11	丹麦	Denmark	76.6	②	96	30940
18	20	新西兰	New Zealand	78.2	②	101	21740
19	18	德国	Germany	78.2	②	88	27100
20	19	西班牙	Spain	79.2	97.7	92	21460
21	21	意大利	Italy	78.7	98.5	82	26430
22	22	以色列	Israel	79.1	95.3	92	19530
23	26	中国香港	Hong Kong, China	79.9	93.5	72	26910
24	24	希腊	Greece	78.2	97.3	86	18720
25	28	新加坡	Singapore	78.0	92.5	87	24040
26	23	葡萄牙	Portugal	76.1	92.5	93	18280
27	29	斯洛文尼亚	Slovenia	76.2	99.7	90	18540
28	30	韩国	Korea, Rep. of	75.4	97.9	92	16950
29	27	巴巴多斯	Barbados	77.1	99.7	88	15290
30	25	塞浦路斯	Cyprus	78.2	96.8	74	18360
31	33	马耳他	Malta	78.3	92.6	77	17640
32	32	捷克	Czech Republic	75.3	②	78	15780
33	31	文莱	Brunei Darussalam	76.2	93.9	73	19210
34	34	阿根廷	Argentina	74.1	97.0	94	10880
35	36	塞舌尔	Seychelles	72.7	91.9	85	18232
36	41	爱沙尼亚	Estonia	71.6	99.8	96	12260
37	35	波兰	Poland	73.8	99.7	90	10560
38	38	匈牙利	Hungary	71.7	99.3	86	13400
39	51	圣基茨和尼维斯	Saint Kitts and Nevis	70.0	97.8	97	12420
40	37	巴林	Bahrain	73.9	88.5	79	17170

15-1 续表 1 continued

国家和地区	Country or Area	预期寿命指数 Life Expectancy Index	教育指数 Education Index	国内生产总值指数 GDP Index	人文发展指数 Human Development Index (HDI)	人文发展指数与人均国内生产总值位次之差① GDP per Capita (PPP, US$)Rank Minus HDI Rank ①
世界	**World**	**0.70**	**0.76**	**0.73**	**0.729**	
高收入国家	**High income**	**0.89**	**0.97**	**0.94**	**0.933**	
中等收入国家	**Middle income**	**0.75**	**0.84**	**0.68**	**0.756**	
低收入国家	**Low income**	**0.57**	**0.59**	**0.51**	**0.557**	
挪威	Norway	0.90	0.99	0.99	0.956	1
瑞典	Sweden	0.92	0.99	0.93	0.946	19
澳大利亚	Australia	0.90	0.99	0.94	0.946	9
加拿大	Canada	0.90	0.98	0.95	0.943	5
荷兰	Netherlands	0.89	0.99	0.95	0.942	6
比利时	Belgium	0.90	0.99	0.94	0.942	7
冰岛	Iceland	0.91	0.96	0.95	0.941	1
美国	United States	0.87	0.97	0.98	0.939	-4
日本	Japan	0.94	0.94	0.93	0.938	6
爱尔兰	Ireland	0.86	0.96	0.98	0.936	-7
瑞士	Switzerland	0.90	0.95	0.95	0.936	-4
英国	United Kingdom	0.88	0.99	0.93	0.936	8
芬兰	Finland	0.88	0.99	0.93	0.935	6
奥地利	Austria	0.89	0.96	0.95	0.934	-4
卢森堡	Luxembourg	0.89	0.91	1.00	0.933	-14
法国	France	0.90	0.96	0.93	0.932	0
丹麦	Denmark	0.86	0.98	0.96	0.932	-12
新西兰	New Zealand	0.89	0.99	0.90	0.926	6
德国	Germany	0.89	0.95	0.94	0.925	-5
西班牙	Spain	0.90	0.97	0.90	0.922	5
意大利	Italy	0.89	0.93	0.93	0.920	-3
以色列	Israel	0.90	0.94	0.88	0.908	5
中国香港	Hong Kong, China	0.91	0.86	0.93	0.903	-6
希腊	Greece	0.89	0.95	0.87	0.902	5
新加坡	Singapore	0.88	0.91	0.92	0.902	-3
葡萄牙	Portugal	0.85	0.97	0.87	0.897	6
斯洛文尼亚	Slovenia	0.85	0.96	0.87	0.895	3
韩国	Korea, Rep. of	0.84	0.97	0.86	0.888	9
巴巴多斯	Barbados	0.87	0.95	0.84	0.888	11
塞浦路斯	Cyprus	0.89	0.89	0.87	0.883	1
马耳他	Malta	0.89	0.87	0.86	0.875	3
捷克	Czech Republic	0.84	0.92	0.84	0.868	7
文莱	Brunei Darussalam	0.85	0.87	0.88	0.867	-5
阿根廷	Argentina	0.82	0.96	0.78	0.853	14
塞舌尔	Seychelles	0.80	0.90	0.87	0.853	-2
爱沙尼亚	Estonia	0.78	0.98	0.80	0.853	10
波兰	Poland	0.81	0.96	0.78	0.850	13
匈牙利	Hungary	0.78	0.95	0.82	0.848	3
圣基茨和尼维斯	Saint Kitts and Nevis	0.75	0.98	0.80	0.844	6
巴林	Bahrain	0.81	0.85	0.86	0.843	-4

15-1 续表 2 continued

人文发展指数排名 HDI Rank 2002	2001	国家和地区	Country or Area	出生时的预期寿命(岁) Life Expectancy at Birth (years)	成人识字率(%) Adult Literacy Rate (% age 15 and above)	初等、中等和高等教育入学率(%) Combined Primary, Secondary and Tertiary Gross Enrolment Ratio (2001/02)	人均国内生产总值(购买力平价法,美元) GDP per Capita (PPP, US$)
41	45	立陶宛	Lithuania	72.5	99.6	90	10320
42	39	斯洛伐克	Slovakia	73.6	99.7	74	12840
43	43	智利	Chile	76.0	95.7	79	9820
44	46	科威特	Kuwait	76.5	82.9	76	16240
45	42	哥斯达黎加	Costa Rica	78.0	95.8	69	8340
46	40	乌拉圭	Uruguay	75.2	97.7	85	7830
47	44	卡塔尔	Qatar	72.0	84.2	82	19844
48	47	克罗地亚	Croatia	74.1	98.1	73	10240
49	48	阿联酋	United Arab Emirates	74.6	77.3	68	22420
50	50	拉脱维亚	Latvia	70.9	99.7	87	9210
51	49	巴哈马	Bahamas	67.1	95.5	74	17280
52	52	古巴	Cuba	76.7	96.9	78	5259
53	55	墨西哥	Mexico	73.3	90.5	74	8970
54	54	特立尼达和多巴哥	Trinidad and Tobago	71.4	98.5	64	9430
55	56	安提瓜和巴布达	Antigua and Barbuda	73.9	85.8	69	10920
56	57	保加利亚	Bulgaria	70.9	98.6	76	7130
57	63	俄罗斯联邦	Russian Federation	66.7	99.6	88	8230
58	61	利比亚	Libyan Arab Jamahiriya	72.6	81.7	97	7570
59	58	马来西亚	Malaysia	73.0	88.7	70	9120
60	60	马其顿	Macedonia	73.5	96.0	70	6470
61	59	巴拿马	Panama	74.6	92.3	73	6170
62	53	白俄罗斯	Belarus	69.9	99.7	88	5520
63		汤加	Tonga	68.4	98.8	82	6850
64	62	毛里求斯	Mauritius	71.9	84.3	69	10810
65	95	阿尔巴尼亚	Albania	73.6	98.7	69	4830
66	66	波黑	Bosnia and Herzegovina	74.0	94.6	64	5970
67	77	苏里南	Suriname	71.0	94.0	74	6590
68	69	委内瑞拉	Venezuela	73.6	93.1	71	5380
69	72	罗马尼亚	Romania	70.5	97.3	68	6560
70	75	乌克兰	Ukraine	69.5	99.6	84	4870
71	71	圣卢西亚	Saint Lucia	72.4	94.8	74	5300
72	65	巴西	Brazil	68.0	86.4	92	7770
73	64	哥伦比亚	Colombia	72.1	92.1	68	6370
74	79	阿曼	Oman	72.3	74.4	63	13340
75	70	西萨摩亚	Samoa (Western)	69.8	98.7	69	5600
76	74	泰国	Thailand	69.1	92.6	73	7010
77	73	沙特阿拉伯	Saudi Arabia	72.1	77.9	57	12650
78	76	哈萨克斯坦	Kazakhstan	66.2	99.4	81	5870
79	78	牙买加	Jamaica	75.6	87.6	75	3980
80	83	黎巴嫩	Lebanon	73.5	86.5	78	4360
81	81	斐济	Fiji	69.6	92.9	73	5440
82	100	亚美尼亚	Armenia	72.3	99.4	72	3120
83	85	菲律宾	Philippines	69.8	92.6	81	4170
84	86	马尔代夫	Maldives	67.2	97.2	78	4798
85	82	秘鲁	Peru	69.7	85.0	88	5010

15－1 续表 3 continued

国家和地区	Country or Area	预期寿命指数 Life Expectancy Index	教育指数 Education Index	国内生产总值指数 GDP Index	人文发展指数 Human Development Index (HDI)	人文发展指数与人均国内生产总值位次之差① GDP per Capita (PPP, US$)Rank Minus HDI Rank ①
立陶宛	Lithuania	0.79	0.96	0.77	0.842	10
斯洛伐克	Slovakia	0.81	0.91	0.81	0.842	1
智利	Chile	0.85	0.90	0.77	0.839	11
科威特	Kuwait	0.86	0.81	0.85	0.838	-6
哥斯达黎加	Costa Rica	0.88	0.87	0.75	0.834	14
乌拉圭	Uruguay	0.84	0.94	0.73	0.833	16
卡塔尔	Qatar	0.78	0.83	0.88	0.833	-21
克罗地亚	Croatia	0.82	0.90	0.77	0.830	4
阿联酋	United Arab Emirates	0.83	0.74	0.90	0.824	-26
拉脱维亚	Latvia	0.76	0.95	0.75	0.823	6
巴哈马	Bahamas	0.70	0.88	0.86	0.815	-16
古巴	Cuba	0.86	0.91	0.66	0.809	39
墨西哥	Mexico	0.81	0.85	0.75	0.802	5
特立尼达和多巴哥	Trinidad and Tobago	0.77	0.87	0.76	0.801	1
安提瓜和巴布达	Antigua and Barbuda	0.82	0.80	0.78	0.800	-8
保加利亚	Bulgaria	0.77	0.91	0.71	0.796	10
俄罗斯联邦	Russian Federation	0.69	0.95	0.74	0.795	3
利比亚	Libyan Arab Jamahiriya	0.79	0.87	0.72	0.794	6
马来西亚	Malaysia	0.80	0.83	0.75	0.793	-2
马其顿	Macedonia	0.81	0.87	0.70	0.793	15
巴拿马	Panama	0.83	0.86	0.69	0.791	18
白俄罗斯	Belarus	0.75	0.95	0.67	0.790	24
汤加	Tonga	0.72	0.93	0.71	0.787	5
毛里求斯	Mauritius	0.78	0.79	0.78	0.785	-15
阿尔巴尼亚	Albania	0.81	0.89	0.65	0.781	31
波黑	Bosnia and Herzegovina	0.82	0.84	0.68	0.781	15
苏里南	Suriname	0.77	0.87	0.70	0.780	6
委内瑞拉	Venezuela	0.81	0.86	0.67	0.778	21
罗马尼亚	Romania	0.76	0.88	0.70	0.778	5
乌克兰	Ukraine	0.74	0.94	0.65	0.777	25
圣卢西亚	Saint Lucia	0.79	0.88	0.66	0.777	19
巴西	Brazil	0.72	0.88	0.73	0.775	-9
哥伦比亚	Colombia	0.78	0.84	0.69	0.773	4
阿曼	Oman	0.79	0.71	0.82	0.770	-32
西萨摩亚	Samoa (Western)	0.75	0.89	0.67	0.769	10
泰国	Thailand	0.74	0.86	0.71	0.768	-9
沙特阿拉伯	Saudi Arabia	0.79	0.71	0.81	0.768	-33
哈萨克斯坦	Kazakhstan	0.69	0.93	0.68	0.766	4
牙买加	Jamaica	0.84	0.83	0.61	0.764	28
黎巴嫩	Lebanon	0.81	0.84	0.63	0.758	21
斐济	Fiji	0.74	0.86	0.67	0.758	7
亚美尼亚	Armenia	0.79	0.90	0.57	0.754	33
菲律宾	Philippines	0.75	0.89	0.62	0.753	22
马尔代夫	Maldives	0.70	0.91	0.65	0.752	13
秘鲁	Peru	0.74	0.86	0.65	0.752	7

15－1 续表 4 continued

人文发展指数排名 HDI Rank 2002	2001	国家和地区 Country or Area		出生时的预期寿命（岁） Life Expectancy at Birth (years)	成人识字率(%) Adult Literacy Rate (% age 15 and above)	初等、中等和高等教育入学率(%) Combined Primary, Secondary and Tertiary Gross Enrolment Ratio (2001/02)	人均国内生产总值（购买力平价法，美元） GDP per Capita (PPP, US$)
86	87	土库曼斯坦	Turkmenistan	66.9	98.8	81	4300
87	80	圣文森特和格林纳丁斯	Saint Vincent and the Grenadines	74.0	83.1	64	5460
88	96	土耳其	Turkey	70.4	86.5	68	6390
89	84	巴拉圭	Paraguay	70.7	91.6	72	4610
90	90	约旦	Jordan	70.9	90.9	77	4220
91	89	阿塞拜疆	Azerbaijan	72.1	97.0	69	3210
92	91	突尼斯	Tunisia	72.7	73.2	75	6760
93	93	格林纳达	Grenada	65.3	94.4	65	7280
94	104	中国③	China ③	70.9	90.9	68	4580
95	68	多米尼克	Dominica	73.1	76.4	74	5640
96	99	斯里兰卡	Sri Lanka	72.5	92.1	65	3570
97	88	格鲁吉亚	Georgia	73.5	100.0	69	2260
98	94	多米尼加	Dominican Republic	66.7	84.4	77	6640
99	67	伯利兹	Belize	71.5	76.9	71	6080
100	97	厄瓜多尔	Ecuador	70.7	91.0	72	3580
101	106	伊朗	Iran, Islamic Rep. of	70.1	77.1	69	6690
102	98	巴勒斯坦	Palestine	72.3	90.2	79	
103	105	萨尔瓦多	El Salvador	70.6	79.7	66	4890
104	92	圭亚那	Guyana	63.2	96.5	75	4260
105	103	佛得角	Cape Verde	70.0	75.7	73	5000
106	110	叙利亚	Syrian Arab Republic	71.7	82.9	59	3520
107	101	乌兹别克斯坦	Uzbekistan	69.5	99.3	76	1670
108	107	阿尔及利亚	Algeria	69.5	68.9	70	5760
109	116	赤道几内亚	Equatorial Guinea	49.1	84.2	58	30130
110	102	吉尔吉斯斯坦	Kyrgyzstan	68.4	97.0	81	1620
111	112	印度尼西亚	Indonesia	66.6	87.9	65	3230
112	109	越南	Viet Nam	69.0	90.3	64	2300
113	108	摩尔多瓦	Moldova	68.8	99.0	62	1470
114	114	玻利维亚	Bolivia	63.7	86.7	86	2460
115	115	洪都拉斯	Honduras	68.8	80.0	62	2600
116	113	塔吉克斯坦	Tajikistan	68.6	99.5	73	980
117	117	蒙古	Mongolia	63.7	97.8	70	1710
118	121	尼加拉瓜	Nicaragua	69.4	76.7	65	2470
119	111	南非	South Africa	48.8	86.0	77	10070
120	120	埃及	Egypt	68.6	55.6	76	3810
121	119	危地马拉	Guatemala	65.7	69.9	56	4080
122	118	加蓬	Gabon	56.6	71.0	74	6590
123	122	圣多美和普林西比	São Tomé and Principe	69.7	83.1	62	1317
124	123	所罗门群岛	Solomon Islands	69.0	76.6	50	1590
125	126	摩洛哥	Morocco	68.5	50.7	57	3810
126	124	纳米比亚	Namibia	45.3	83.3	71	6210
127	127	印度	India	63.7	61.3	55	2670
128	125	博茨瓦纳	Botswana	41.4	78.9	70	8170
129	128	瓦努阿图	Vanuatu	68.6	34.0	59	2890
130	130	柬埔寨	Cambodia	57.4	69.4	59	2060

15-1 续表 5 continued

国家和地区	Country or Area	预期寿命指数 Life Expectancy Index	教育指数 Education Index	国内生产总值指数 GDP Index	人文发展指数 Human Development Index (HDI)	人文发展指数与人均国内生产总值位次之差① GDP per Capita (PPP, US$)Rank Minus HDI Rank ①
土库曼斯坦	Turkmenistan	0.70	0.93	0.63	0.752	16
圣文森特和格林纳丁斯	Saint Vincent and the Grenadines	0.82	0.77	0.67	0.751	0
土耳其	Turkey	0.76	0.80	0.69	0.751	-12
巴拉圭	Paraguay	0.76	0.85	0.64	0.751	9
约旦	Jordan	0.76	0.86	0.62	0.750	14
阿塞拜疆	Azerbaijan	0.78	0.88	0.58	0.746	23
突尼斯	Tunisia	0.79	0.74	0.70	0.745	-23
格林纳达	Grenada	0.67	0.85	0.72	0.745	-28
中国③	China ③	0.76	0.83	0.64	0.745	5
多米尼克	Dominica	0.80	0.76	0.67	0.743	-11
斯里兰卡	Sri Lanka	0.79	0.83	0.60	0.740	16
格鲁吉亚	Georgia	0.81	0.89	0.52	0.739	29
多米尼加	Dominican Republic	0.70	0.82	0.70	0.738	-27
伯利兹	Belize	0.78	0.75	0.69	0.737	-19
厄瓜多尔	Ecuador	0.76	0.85	0.60	0.735	11
伊朗	Iran, Islamic Rep. of	0.75	0.74	0.70	0.732	-31
巴勒斯坦	Palestine	0.79	0.86	0.52	0.726	21
萨尔瓦多	El Salvador	0.76	0.75	0.65	0.720	-9
圭亚那	Guyana	0.64	0.89	0.63	0.719	-1
佛得角	Cape Verde	0.75	0.75	0.65	0.717	-12
叙利亚	Syrian Arab Republic	0.78	0.75	0.60	0.710	4
乌兹别克斯坦	Uzbekistan	0.74	0.91	0.47	0.709	35
阿尔及利亚	Algeria	0.74	0.69	0.68	0.704	-25
赤道几内亚	Equatorial Guinea	0.40	0.76	0.95	0.703	-103
吉尔吉斯斯坦	Kyrgyzstan	0.72	0.92	0.46	0.701	33
印度尼西亚	Indonesia	0.69	0.80	0.58	0.692	2
越南	Viet Nam	0.73	0.82	0.52	0.691	12
摩尔多瓦	Moldova	0.73	0.87	0.45	0.681	36
玻利维亚	Bolivia	0.64	0.86	0.53	0.681	6
洪都拉斯	Honduras	0.73	0.74	0.54	0.672	3
塔吉克斯坦	Tajikistan	0.73	0.90	0.38	0.671	45
蒙古	Mongolia	0.64	0.89	0.47	0.668	21
尼加拉瓜	Nicaragua	0.74	0.73	0.54	0.667	1
南非	South Africa	0.40	0.83	0.77	0.666	-66
埃及	Egypt	0.73	0.62	0.61	0.653	-12
危地马拉	Guatemala	0.68	0.65	0.62	0.649	-15
加蓬	Gabon	0.53	0.72	0.70	0.648	-50
圣多美和普林西比	São Tomé and Principe	0.75	0.76	0.43	0.645	29
所罗门群岛	Solomon Islands	0.73	0.68	0.46	0.624	21
摩洛哥	Morocco	0.72	0.53	0.61	0.620	-17
纳米比亚	Namibia	0.34	0.79	0.69	0.607	-48
印度	India	0.64	0.59	0.55	0.595	-10
博茨瓦纳	Botswana	0.27	0.76	0.73	0.589	-67
瓦努阿图	Vanuatu	0.73	0.42	0.56	0.570	-13
柬埔寨	Cambodia	0.54	0.66	0.50	0.568	1

15–1 续表 6 continued

人文发展指数排名 HDI Rank 2002	2001	国家和地区	Country or Area	出生时的预期寿命（岁） Life Expectancy at Birth (years)	成人识字率(%) Adult Literacy Rate (% age 15 and above)	初等、中等和高等教育入学率(%) Combined Primary, Secondary and Tertiary Gross Enrolment Ratio (2001/02)	人均国内生产总值（购买力平价法，美元） GDP per Capita (PPP, US$)
131	129	加纳	Ghana	57.8	73.8	46	2130
132	131	缅甸	Myanmar	57.2	85.3	48	1027
133	132	巴布亚新几内亚	Papua New Guinea	57.4	64.6	41	2270
134	136	不丹	Bhutan	63.0	47.0		1969
135	135	老挝	Laos	54.3	66.4	59	1720
136	134	科摩罗	Comoros	60.6	56.2	45	1690
137	133	斯威士兰	Swaziland	35.7	80.9	61	4550
138	139	孟加拉国	Bangladesh	61.1	41.1	54	1700
139	138	苏丹	Sudan	55.5	59.9	36	1820
140	143	尼泊尔	Nepal	59.6	44.0	61	1370
141	142	喀麦隆	Cameroon	46.8	67.9	56	2000
142	144	巴基斯坦	Pakistan	60.8	41.5	37	1940
143	141	多哥	Togo	49.9	59.6	67	1480
144	140	刚果	Congo	48.3	82.8	48	980
145	137	莱索托	Lesotho	36.3	81.4	65	2420
146	147	乌干达	Uganda	45.7	68.9	71	1390
147	145	津巴布韦	Zimbabwe	33.9	90.0	58	2400
148	146	肯尼亚	Kenya	45.2	84.3	53	1020
149	148	也门	Yemen	59.8	49.0	53	870
150	149	马达加斯加	Madagascar	53.4	67.3	45	740
151	152	尼日利亚	Nigeria	51.6	66.8	45	860
152	154	毛里塔尼亚	Mauritania	52.3	41.2	44	2220
153	150	海地	Haiti	49.4	51.9	52	1610
154	153	吉布提	Djibouti	45.8	65.5	24	1990
155	151	冈比亚	Gambia	53.9	37.8	45	1690
156	155	厄立特里亚	Eritrea	52.7	56.7	33	890
157	156	塞内加尔	Senegal	52.7	39.3	38	1580
158		东帝汶	Timor-Leste	49.3	58.6	75	
159	158	卢旺达	Rwanda	38.9	69.2	53	1270
160	157	几内亚	Guinea	48.9	41.0	29	2100
161	159	贝宁	Benin	50.7	39.8	52	1070
162	160	坦桑尼亚	Tanzania	43.5	77.1	31	580
163	161	科特迪瓦	Côte d'Ivoire	41.2	49.7	42	1520
164	163	赞比亚	Zambia	32.7	79.9	45	840
165	162	马拉维	Malawi	37.8	61.8	74	580
166	164	安哥拉	Angola	40.1	42.0	30	2130
167	165	乍得	Chad	44.7	45.8	35	1020
168	167	刚果(金)	Congo, Dem. Rep.	41.4	62.7	27	650
169	168	中非	Central African Republic	39.8	48.6	31	1170
170	169	埃塞俄比亚	Ethiopia	45.5	41.5	34	780
171	170	莫桑比克	Mozambique	38.5	46.5	41	1050
172	166	几内亚比绍	Guinea-Bissau	45.2	39.6	37	710
173	171	布隆迪	Burundi	40.8	50.4	33	630
174	172	马里	Mali	48.5	19.0	26	930
175	173	布基纳法索	Burkina Faso	45.8	12.8	22	1100
176	174	尼日尔	Niger	46.0	17.1	19	800
177	175	塞拉利昂	Sierra Leone	34.3	36.0	45	520

15—1 续表 7 continued

国家和地区	Country or Area	预期寿命指数 Life Expectancy Index	教育指数 Education Index	国内生产总值指数 GDP Index	人文发展指数 Human Development Index (HDI)	人文发展指数与人均国内生产总值位次之差① GDP per Capita (PPP, US$)Rank Minus HDI Rank ①
加纳	Ghana	0.55	0.65	0.51	0.568	-3
缅甸	Myanmar	0.54	0.73	0.39	0.551	26
巴布亚新几内亚	Papua New Guinea	0.54	0.57	0.52	0.542	-8
不丹	Bhutan	0.63	0.48	0.50	0.536	0
老挝	Laos	0.49	0.64	0.47	0.534	2
科摩罗	Comoros	0.59	0.53	0.47	0.530	4
斯威士兰	Swaziland	0.18	0.74	0.64	0.519	-37
孟加拉国	Bangladesh	0.60	0.45	0.47	0.509	1
苏丹	Sudan	0.51	0.52	0.48	0.505	-3
尼泊尔	Nepal	0.58	0.50	0.44	0.504	11
喀麦隆	Cameroon	0.36	0.64	0.50	0.501	-9
巴基斯坦	Pakistan	0.60	0.40	0.49	0.497	-7
多哥	Togo	0.41	0.62	0.45	0.495	5
刚果	Congo	0.39	0.71	0.38	0.494	17
莱索托	Lesotho	0.19	0.76	0.53	0.493	-24
乌干达	Uganda	0.34	0.70	0.44	0.493	4
津巴布韦	Zimbabwe	0.15	0.79	0.53	0.491	-25
肯尼亚	Kenya	0.34	0.74	0.39	0.488	11
也门	Yemen	0.58	0.50	0.36	0.482	16
马达加斯加	Madagascar	0.47	0.60	0.33	0.469	20
尼日利亚	Nigeria	0.44	0.59	0.36	0.466	15
毛里塔尼亚	Mauritania	0.45	0.42	0.52	0.465	-25
海地	Haiti	0.41	0.52	0.46	0.463	-9
吉布提	Djibouti	0.35	0.52	0.50	0.454	-21
冈比亚	Gambia	0.48	0.40	0.47	0.452	-15
厄立特里亚	Eritrea	0.46	0.49	0.36	0.439	8
塞内加尔	Senegal	0.46	0.39	0.46	0.437	-11
东帝汶	Timor-Leste	0.41	0.64	0.26	0.436	19
卢旺达	Rwanda	0.23	0.64	0.42	0.431	-6
几内亚	Guinea	0.40	0.37	0.51	0.425	-30
贝宁	Benin	0.43	0.44	0.40	0.421	-5
坦桑尼亚	Tanzania	0.31	0.62	0.29	0.407	12
科特迪瓦	Côte d'Ivoire	0.27	0.47	0.45	0.399	-16
赞比亚	Zambia	0.13	0.68	0.36	0.389	3
马拉维	Malawi	0.21	0.66	0.29	0.388	9
安哥拉	Angola	0.25	0.38	0.51	0.381	-38
乍得	Chad	0.33	0.42	0.39	0.379	-8
刚果(金)	Congo, Dem. Rep.	0.27	0.51	0.31	0.365	4
中非	Central African Republic	0.25	0.43	0.41	0.361	-15
埃塞俄比亚	Ethiopia	0.34	0.39	0.34	0.359	-1
莫桑比克	Mozambique	0.22	0.45	0.39	0.354	-14
几内亚比绍	Guinea-Bissau	0.34	0.39	0.33	0.350	-1
布隆迪	Burundi	0.26	0.45	0.31	0.339	0
马里	Mali	0.39	0.21	0.37	0.326	-11
布基纳法索	Burkina Faso	0.35	0.16	0.40	0.302	-20
尼日尔	Niger	0.35	0.18	0.35	0.292	-8
塞拉利昂	Sierra Leone	0.16	0.39	0.28	0.273	-1

注:①正值表示人文发展指数排序比人均国内生产总值(购买力平价方法计算)排名位次靠前,负值则表示相反。②为计算人文发展指数,此指标值采用99%。③联合国开发计划署统计数字。

Note: ① Positive figure indicates that the HDI rank is higher than the GDP per capita(PPP US$)rank,a negative the opposite. ② For purpose of Calculating the HDI,a value of 99% was applied. ③ Data from UNDP.

15-2 15岁及以上成人识字率

Adult Literacy Rate(As % of People Ages 15 and Above)

资料来源：世界银行数据库。
Source: World Bank Database.
单位：% (%)

国家和地区	Country or Area	总计 Total		男性 Male		女性 Female	
		1990	2002	1990	2002	1990	2002
世界	**World**	**69.6**	**79.1 ①**	**77.4**	**84.6 ①**	**61.6**	**73.5 ①**
中等收入国家	**Middle Income**	**80.1**	**90.2 ①**	**86.5**	**93.4 ①**	**73.4**	**86.9 ①**
低收入国家	**Low Income**	**49.9**	**63.9 ②**	**61.4**	**70.7 ①**	**38.2**	**51.5 ①**
中国	China	78.3	88.4	87.2	93.6	68.9	83.1
中国澳门	Macao, China	90.5	91.3 ②	94.6	95.3 ②	86.8	87.8 ②
孟加拉国	Bangladesh	34.2	41.1	44.3	50.3	23.7	31.4
印度	India	49.3	61.3 ②	61.9	68.4 ①	35.9	45.4 ①
印度尼西亚	Indonesia	79.5	87.9	86.7	92.5	72.5	83.4
伊朗	Iran	63.2	77.1 ②	72.2	83.5	54.0	70.4
以色列	Israel	91.4	95.3	94.9	97.3	88.0	93.4
哈萨克斯坦	Kazakhstan	98.8	99.4	99.5	99.7	98.2	99.2
马来西亚	Malaysia	80.7	88.7 ①	86.9	92.0 ①	74.4	85.4 ①
蒙古	Mongolia	97.8	97.8 ①	98.5	98.0 ①	97.1	97.5 ①
缅甸	Myanmar	80.7	85.3	87.4	89.2	74.2	81.4
巴基斯坦	Pakistan	35.4	41.5 ③	49.3	53.4 ③	20.1	28.5 ③
菲律宾	Philippines	91.7	92.6 ①	92.2	92.5 ①	91.2	92.7 ①
新加坡	Singapore	88.8	92.5 ①	94.4	96.6 ①	83.2	88.5 ①
斯里兰卡	Sri Lanka	88.7	92.1	92.9	94.7	84.7	89.6
泰国	Thailand	92.4	92.6 ①	95.3	94.9 ①	89.5	90.5 ①
土耳其	Turkey	77.9	86.5 ①	89.2	94.4 ①	66.4	78.5 ①
越南	Viet Nam	90.4	90.3 ④	94.0	93.9 ④	87.1	86.9 ④
埃及	Egypt	47.1	55.6 ⑤	60.4	67.2 ⑤	33.6	43.6 ⑤
尼日利亚	Nigeria	48.7	66.8	59.4	74.4	38.4	59.4
南非	South Africa	81.2	86.0	82.2	86.7	80.2	85.3
墨西哥	Mexico	87.3	90.5 ①	90.6	92.6 ①	84.3	88.7 ①
阿根廷	Argentina	95.7	97.0	95.9	97.0	95.6	97.0
巴西	Brazil	82.0	86.4 ①	82.9	86.2 ①	81.2	86.5 ①
委内瑞拉	Venezuela	88.9	93.1	90.1	93.5	87.7	92.7
白俄罗斯	Belarus	99.5	99.7	99.7	99.8	99.3	99.6
保加利亚	Bulgaria	97.2	98.6	98.3	99.1	96.2	98.1
意大利	Italy	97.7	98.5	98.3	98.9	97.1	98.2
罗马尼亚	Romania	97.1	97.3	98.6	98.4	95.6	96.3
俄罗斯联邦	Russian Federation	99.2	99.6	99.6	99.7	98.9	99.5
西班牙	Spain	96.3	97.8	97.8	98.7	94.8	97.0
乌克兰	Ukraine	99.4	99.6	99.7	99.8	99.2	99.5

注：①2000年数字。②2001年数字。③1998年数字。④1999年数字。⑤1996年数字。
Note: ① Refer to 2000. ② Refer to 2001. ③ Refer to 1998. ④ Refer to 1999. ⑤ Refer to 1996.

15-3 大中小学生入学率

Tertiary,Secondary and Primary School Enrollment Ratio

资料来源：世界银行数据库。
Source:World Bank Database.
单位：%　　(%)

国家和地区	Country or Area	大学生粗入学率 Tertiary,Gross		中学生净入学率 Secondary,Net		小学生净入学率 Primary,Net	
		1990	2001	1990	2001	1990	2001
世界	**World**	**16.0**	**23.9②**				**87.9②**
高收入国家	**High income**	**47.4**	**61.1②**	**87.1**	**91.1②**	**97.6**	**97.4②**
中等收入国家	**Middle income**	**13.1**	**22.0②**			**94.5**	**91.6②**
低收入国家	**Low income**	**5.4**	**9.6②**				**79.5②**
中国①	China ①	3.0	12.7①②			97.4	92.8②
中国香港	Hong Kong, China	19.1	27.4③		69.0		
中国澳门	Macao, China	25.4	66.4	53.0④	71.6	81.2④	85.7
孟加拉国	Bangladesh	4.2	6.1	18.0	43.8	64.0	86.6
印度	India	6.1	10.6②				83.3②
印度尼西亚	Indonesia	9.2	15.1	37.9		97.5	92.1
伊朗	Iran	10.0	19.2			99.2④	86.5
以色列	Israel	33.5	52.7②		88.4②		99.9②
日本	Japan	29.6	47.7②	96.8	100.0②	99.7	100.0②
哈萨克斯坦	Kazakhstan	40.1	38.7		84.1		89.5
韩国	Korea, Rep.	38.6	82.0	85.8	90.9②	100.0	98.5②
马来西亚	Malaysia	7.3	26.0		69.4		95.2
蒙古	Mongolia	14.0	34.7	55.9⑤	71.5	75.3⑤	86.6
缅甸	Myanmar	4.1	11.5		35.3		81.9
巴基斯坦	Pakistan	2.9					66.9②
菲律宾	Philippines	28.2	30.4	56.6⑥	56.5	97.5④	93.0
新加坡	Singapore	18.6					
斯里兰卡	Sri Lanka	4.6					
泰国	Thailand	16.7	36.8				86.3
土耳其	Turkey	13.1	24.5	41.4		89.4	87.9
越南	Viet Nam	1.9	10.0		65.3		94.0
埃及	Egypt	15.8		65.2⑦	78.3②	88.3⑦	89.9②
尼日利亚	Nigeria	4.2					
南非	South Africa	13.2	14.6	50.5④	62.0②	102.6④	89.5
加拿大	Canada	94.7	59.1②	88.7	97.6②	96.9	99.6②
墨西哥	Mexico	14.5	20.5②	44.8	58.2②	100.3	99.4②
美国	United States	75.2	70.7②	85.8	87.1②	96.0	94.3②
阿根廷	Argentina	38.8	56.6		80.8		99.8
巴西	Brazil	11.2	17.9	15.5	71.6	86.4	96.5
委内瑞拉	Venezuela	29.0	17.7	18.6	57.5	88.1	92.4
白俄罗斯	Belarus	47.6	62.1		77.5		94.2
保加利亚	Bulgaria	31.1	40.1②	63.3	86.7	86.1	90.4
捷克	Czech Republic	16.0	29.8②	86.1⑦	88.3②	91.2⑦	90.3②
法国	France	39.6	53.6②	85.8④	92.3②	100.9	99.9②
德国	Germany	33.9		89.0⑧	88.3②	83.7⑧	
意大利	Italy	32.1	49.9②				99.8②
荷兰	Netherlands	39.8	55.0②	83.6	89.9②	95.3	99.5②
波兰	Poland	21.7	55.5②	75.8	90.8②	96.6	97.7②
罗马尼亚	Romania	9.7	27.3②	72.8⑦	79.6②	76.9⑧	92.8②
俄罗斯联邦	Russian Federation	52.1	68.4			95.4⑦	
西班牙	Spain	36.7	56.8②		92.6②	100.0	99.7②
乌克兰	Ukraine	46.6	57.2		90.5		81.5
英国	United Kingdom	30.2	59.0②	79.1	94.6②	97.0	99.9②
澳大利亚	Australia	35.5	64.6	62.2	88.5	69.4	96.0
新西兰	New Zealand	39.7	71.7	78.6	91.6②	99.2	98.4

注：①数据来源于世界银行。②2000年数据。③1997年数据。④1991年数据。⑤1994年数据。⑥1995年数据。⑦1993年数据。⑧1992年数据。

Note: ① Data from World Bank. ② The data refer to 2000. ③ The data refer to 1997. ④ The data refer to 1991. ⑤ The data refer to 1994. ⑥ The data refer to 1995. ⑦ The data refer to 1993. ⑧ The data refer to 1992.

15-4 研究与发展经费支出和公共教育经费支出占国内生产总值比重

Research and Development Expenditure and Public Spending on Education as Percentage of GDP

资料来源：世界银行数据库。
Source: World Bank Database.

国家和地区	Country or Area	研究与发展经费支出占国内生产总值比重(%) Research and Development Expenditure (% of GDP)			公共教育经费支出占国内生产总值比重(%) Public Spending on Education, Total (% of GDP)		
		1990	1996	2001	1990	1995	2000
世界	**World**		**2.1**	**2.5**			
高收入国家	**High Income**		**2.3**	**2.6**			
中等收入国家	**Middle Income**		**0.6**	**0.7④**			
中国	China		0.6	1.1	2.3①	2.5①	2.9①
中国香港	Hong Kong, China			0.4③	2.8	2.9	
中国澳门	Macao, China				1.7		3.6
孟加拉国	Bangladesh				1.5		2.5
印度	India	0.7	0.6⑥		3.7	3.1	4.1④
印度尼西亚	Indonesia		0.1②		1.0	1.3	
伊朗	Iran		0.5②		4.1	4.1	4.4
以色列	Israel	2.2	3.0	5.0	6.3		7.3
日本	Japan	2.9⑤	2.8	3.1			3.5
哈萨克斯坦	Kazakhstan		0.3	0.3④	3.2	4.5	
韩国	Korea, Rep.	1.9	2.6	3.0	3.4	3.4	3.8
马来西亚	Malaysia	0.4⑦	0.2	0.4③	5.1	4.4	6.2
蒙古	Mongolia				12.3	6.3	2.3
巴基斯坦	Pakistan				2.6	2.8	1.8
菲律宾	Philippines	0.2⑦			2.9	3.0	
新加坡	Singapore		1.4	2.1	3.1	3.1	3.7
斯里兰卡	Sri Lanka		0.2		2.7	3.0	
泰国	Thailand		0.1		3.6	4.1	5.4
土耳其	Turkey	0.3	0.5	0.6⑨	2.2	2.3	3.5
越南	Viet Nam				2.0	2.9	
埃及	Egypt		0.2	0.2⑨	3.9	4.7	
尼日利亚	Nigeria				0.9	0.7	
南非	South Africa	0.9⑤	0.6⑧		5.9	5.9	5.5
加拿大	Canada	1.5	1.7	1.9	6.5		5.5④
墨西哥	Mexico		0.3	0.4②	3.6		4.4④
美国	United States	2.7⑦	2.6	2.8	5.1		4.8
阿根廷	Argentina		0.4	0.4	10.0	3.6	4.0
巴西	Brazil		0.8	1.1⑨		5.0	4.7
委内瑞拉	Venezuela	0.5	0.3	0.4	3.0		
白俄罗斯	Belarus	9.1⑦	1.1⑥		4.8	5.5	6.0④
保加利亚	Bulgaria	2.6	0.5	0.5⑨	5.2	3.8	
捷克	Czech Republic	1.7⑦	1.0	1.3		5.2	4.4
法国	France	2.4	2.3	2.2	5.3	6.0	5.8
德国	Germany		2.3	2.5		4.7	4.6④
意大利	Italy	1.3	1.0	1.1⑨	3.1	4.6	4.5④
荷兰	Netherlands	1.9⑦	2.0	1.9⑨	5.7	5.0	4.8④
波兰	Poland		0.7	0.7		4.9	5.0④
罗马尼亚	Romania	0.8⑤	0.7	0.4	2.8		3.5④
俄罗斯联邦	Russian Federation		0.9	1.2	3.0	3.6	4.4④
西班牙	Spain	0.8	0.8	1.0	4.2	4.7	4.5④
乌克兰	Ukraine		1.2⑥	0.9⑨	5.2	7.2	
英国	United Kingdom	2.2	1.9	1.9	4.8	5.2	4.5④
澳大利亚	Australia	1.3	1.7	1.5⑨	4.9	5.2	4.7
新西兰	New Zealand	1.1⑦	1.0⑥	1.0④	6.1	7.0	6.1

注：①数据来源于世界银行。②1994年数字。③1998年数字。④1999年数字。⑤1991年数字。⑥1995年数字。⑦1992年数字。⑧1993年数字。⑨2000年数字。

Note: ① Data from World Bank. ② Refer to 1994. ③ Refer to 1998. ④ Refer to 1999. ⑤ Refer to 1991. ⑥ Refer to 1995. ⑦ Refer to 1992. ⑧ Refer to 1993. ⑨ Refer to 2000.

15-5 每百万人从事研究与发展的研究人员及技术人员数

Researchers and Technicians in R&D (Per Million People)

资料来源：世界银行数据库。
Source: World Bank Database.
单位：人 (person)

国家和地区	Country or Area	年份	每百万人从事研究与开发的研究人员数 Researchers in R&D (per million people)	年份	每百万人从事研究与发展的技术人员数 Technicians in R&D (per million people)
高收入国家	**High Income**	**1997**	**3284**		
中等收入国家	**Middle Income**	**2000**	**818**		
中国①	China ①	2000	545	1996	187
中国香港	Hong Kong, China	1995	93	1995	100
中国澳门	Macao, China	2000	41	2000	23
孟加拉国	Bangladesh	1995	51	1995	32
印度	India	1996	157	1996	115
伊朗	Iran	1994	590	1994	174
以色列	Israel	1997	1563	1997	516
日本	Japan	2001	5321	1999	667
哈萨克斯坦	Kazakhstan	1997	716	1997	293
韩国	Korea, Rep.	2001	2880	1999	564
马来西亚	Malaysia	1998	160	1998	45
蒙古	Mongolia	2000	531	2000	116
巴基斯坦	Pakistan	1997	69	1997	12
菲律宾	Philippines	1992	156	1992	22
新加坡	Singapore	2001	4052	1996	335
斯里兰卡	Sri Lanka	1996	191	1996	46
泰国	Thailand	1997	74	1997	74
土耳其	Turkey	1999	306	1997	38
越南	Viet Nam	1995	274		
埃及	Egypt	1991	493	1991	366
南非	South Africa	1993	992	1993	303
加拿大	Canada	1999	2978	1998	1038
墨西哥	Mexico	1999	225	1999	183
美国	United States	1997	4099		
阿根廷	Argentina	2001	684	2001	149
巴西	Brazil	2000	323	2000	129
委内瑞拉	Venezuela	2001	193	1992	32
白俄罗斯	Belarus	1997	1893	1997	273
保加利亚	Bulgaria	2000	1167	2000	472
捷克	Czech Republic	2001	1466	2000	712
法国	France	1999	2718	1994	2878
德国	Germany	2001	3153	1999	1345
意大利	Italy	1999	1128	1997	808
荷兰	Netherlands	1999	2572	1997	1464
波兰	Poland	2001	1473	1997	463
罗马尼亚	Romania	2001	879	1994	584
俄罗斯联邦	Russian Federation	2001	3494	1999	551
西班牙	Spain	2001	1948	1999	1019
乌克兰	Ukraine	2000	2118	2000	594
英国	United Kingdom	1998	2666	1993	1014
澳大利亚	Australia	2000	3439	1994	792
新西兰	New Zealand	1997	2197	1997	732

注：①数据来源于世界银行。
Note: ① Data from World Bank.

15-6 高技术产品出口额占制成品出口额的比重

High-technology Exports as Percentage of Manufactured Exports

资料来源：世界银行数据库。
Source: World Bank Database.
单位：%

(%)

国家和地区	Country or Area	1990	1999	2000	2001	2002
世界	**World**	**17.4**	**22.0**	**23.3**	**22.2**	**21.4**
高收入国家	**High income**	**18.2**	**23.2**	**25.0**	**23.7**	**22.7**
中等收入国家	**Middle income**		**18.4**	**18.5**	**18.5**	**18.6**
低收入国家	**Low income**		**7.1**	**7.9**	**8.0**	**8.6**
中国①	China ①		16.8	18.6	20.6	23.3
中国香港	HongKong, China		20.9	23.3	19.7	16.9
中国澳门	Macao, China	1.6	0.9	0.9	0.9	0.7
孟加拉国	Bangladesh	0.1			0.2	
印度	India	2.4	4.3	5.0	5.4	4.8
印度尼西亚	Indonesia	1.2	10.2	16.2	14.0	16.4
伊朗	Iran		0.5	1.9	1.0	2.6
以色列	Israel	10.5	19.1	25.1	24.5	19.7
日本	Japan	23.8	26.3	28.4	26.3	24.5
哈萨克斯坦	Kazakhstan		9.7	10.8	9.6	
韩国	Korea, Rep.	17.8	31.9	34.8	29.6	31.5
马来西亚	Malaysia	38.2	58.9	59.5	58.1	58.3
蒙古	Mongolia		4.0	0.5	0.1	0.5
巴基斯坦	Pakistan	0.1	0.3	0.4	0.3	0.7
菲律宾	Philippines		75.0	72.6	71.9	55.3
新加坡	Singapore	39.9	60.7	62.6	60.7	60.3
斯里兰卡	Sri Lanka	0.5	3.2		2.2	0.6
泰国	Thailand	20.7	32.3	33.3	31.4	
土耳其	Turkey	1.2	4.3	4.9	3.9	1.9
埃及	Egypt		0.2	0.3	0.9	0.8
尼日利亚	Nigeria		13.4	0.4		
南非	South Africa		8.2	7.0	5.6	5.1
加拿大	Canada	13.7	14.8	18.6	16.6	14.3
墨西哥	Mexico	8.3	20.7	22.4	22.0	21.4
美国	United States	33.0	34.2	33.5	32.5	31.8
阿根廷	Argentina		7.8	9.0	9.0	7.5
巴西	Brazil	7.1	13.0	18.6	19.1	
委内瑞拉	Venezuela	3.9	2.8	2.8	3.3	3.4
白俄罗斯	Belarus		3.5	3.7	4.0	4.1
保加利亚	Bulgaria		2.8	2.8	2.7	
捷克	Czech Republic		8.3	8.2	9.6	14.3
法国	France	16.1	22.9	24.3	23.2	21.2
德国	Germany	11.1	15.9	17.7	17.8	16.6
意大利	Italy	7.5	8.1	9.2	9.4	9.0
荷兰	Netherlands	16.4	32.9	35.5	32.3	27.7
波兰	Poland		2.6	3.3	3.1	2.8
罗马尼亚	Romania	2.5	3.1	5.6	5.8	3.5
俄罗斯联邦	Russian Federation		14.9	13.5	14.3	13.3
西班牙	Spain	6.4	7.6	7.6	7.5	6.9
乌克兰	Ukraine		4.3	5.1		4.7
英国	United Kingdom	23.6	29.8	32.0	32.7	31.4
澳大利亚	Australia	8.2	11.0	15.2	15.5	16.5
新西兰	New Zealand	4.4	15.1	10.2	9.9	10.1

注：①数据来源于世界银行。
Note: ① Data from World Bank.

15-7 专利权申请文件数量

Patent Applications

资料来源：世界银行数据库。
Source:World Bank Database.
单位：件 (unit)

国家和地区	Country or Area	居民 Residents			非居民 Non-residents		
		1998	2000	2001	1998	2000	2001
世界	**World**	**785229**	**908117**	**939267**	**5034563**	**8538033**	**10814600**
高收入国家	**High Income**	**730544**	**839072**	**855902**	**2943252**	**4163025**	**4855135**
中等收入国家	**Middle Income**	**50889**	**67542**	**81357**	**1090253**	**2400994**	**3317058**
低收入国家	**Low Income**	**3796**	**1503**	**2008**	**1001058**	**1974014**	**2642403**
中国①	China ①	14004	25592	30324	68285	96714	118970
中国香港	Hong Kong, China	128	51	74	14539	8244	8840
中国澳门	Macao, China						7
孟加拉国	Bangladesh	32			184		
印度	India	2111	90	234	7997	60852	78288
印度尼西亚	Indonesia				32910	60363	77407
伊朗	Iran	337		691	159		302
以色列	Israel	2529	2460	2378	39742	65398	82027
日本	Japan	360338	388879	388390	77037	97325	108231
哈萨克斯坦	Kazakhstan	1245	1400	1610	34093	58187	75560
韩国	Korea, Rep.	50714	73378	74001	71036	98806	116021
蒙古	Mongolia	148		106	35006	58983	76133
巴基斯坦	Pakistan			58			1168
菲律宾	Philippines	163	154		3280	3482	13598
新加坡	Singapore	311			44637	62471	79026
斯里兰卡	Sri Lanka				34974	58929	76095
泰国	Thailand	477	1117		4594	4548	
土耳其	Turkey	231	333	425	37155	67289	228914
越南	Viet Nam		35		35748	59741	76542
埃及	Egypt	494	534	464	1139	1081	923
南非	South Africa		190	175	8	57976	76571
加拿大	Canada	4841	5518	5737	60841	80408	92752
墨西哥	Mexico	472	451	594	44249	66465	81876
美国	United States	141342	175582	190907	121445	156191	184750
阿根廷	Argentina	861			5459	6634	
巴西	Brazil	2535	41	6706	48331	64645	87301
委内瑞拉	Venezuela		56			2292	
白俄罗斯	Belarus	919	1003	945	34350	58427	75750
保加利亚	Bulgaria	281	255	291	36294	60225	77331
捷克	Czech Republic	641	598	605	38555	62047	78648
法国	France	20298	21471	21790	109717	138707	153332
德国	Germany	67790	78754	80222	134981	183796	212176
意大利	Italy	3167	3667	3819	109341	138248	153039
荷兰	Netherlands	5751	7528	8107	109325	136813	150825
波兰	Poland	2410	2419	2218	38942	62454	78856
罗马尼亚	Romania	1308	1019	1148	36518	112360	130602
俄罗斯联邦	Russian Federation	16630	23658	25046	41902	65771	82632
西班牙	Spain	3119	3813	3814	144770	198626	230729
乌克兰	Ukraine	5327	5645	7234	36623	60272	77196
英国	United Kingdom	28889	33658	34500	147298	199565	230206
澳大利亚	Australia	9097	10367	10244	48609	70354	84929
新西兰	New Zealand	1353	2266	920	38381	65672	82362

注：①数据来源于世界银行。
Note: ① Data from World Bank.

15-8 享有卫生设施人口占总人口比重

Percentage of Population with Access to Improved Sanitation Facilities

资料来源：世界银行数据库。
Source:World Bank Database.
单位：% (%)

国家和地区	Country or Area	占总人口的比重 (% of Total)		占城市人口的比重 (% of Urban Population)		占农村人口的比重 (% of Rural Population)	
		1990	2000	1990	2000	1990	2000
世界	**World**	**45**	**56**	**75**	**81**	**27**	**38**
中等收入国家	**Middle Income**			**75**	**82**	**29**	**43**
低收入国家	**Low Income**			**58**	**71**	**20**	**31**
中国①	China ①	29	40	57	69	18	27
孟加拉国	Bangladesh	41	48	81	71	31	41
印度	India	16	28	44	61	6	15
印度尼西亚	Indonesia	47	55	66	69	38	46
伊朗	Iran		83		86		79
哈萨克斯坦	Kazakhstan		99		100		98
韩国	Korea, Rep.		63		76		4
马来西亚	Malaysia		30				98
蒙古	Mongolia		64		46		2
缅甸	Myanmar	36	62		84		57
巴基斯坦	Pakistan	74	83	77	95	17	43
菲律宾	Philippines	100	100	85	93	63	69
斯里兰卡	Sri Lanka	85	94	94	97	82	93
泰国	Thailand	79	96	95	96	75	96
土耳其	Turkey	87	90	97	97	70	70
越南	Viet Nam	29	47	52	82	23	38
埃及	Egypt	87	98	96	100	79	96
尼日利亚	Nigeria	53	54	69	66	44	45
南非	South Africa	86	87	93	93	80	80
加拿大	Canada	100	100	100	100	99	99
墨西哥	Mexico	70	74	87	88	26	34
美国	United States	100	100	100	100	100	100
阿根廷	Argentina	82		87		47	
巴西	Brazil	71	76	82	84	38	43
委内瑞拉	Venezuela		68		71		48
保加利亚	Bulgaria		100		100		100
荷兰	Netherlands	100	100	100	100	100	100
罗马尼亚	Romania		53		86		10
俄罗斯联邦	Russian Federation				100		
乌克兰	Ukraine		99		100		98
英国	United Kingdom	100	100	100	100	100	100
澳大利亚	Australia	100	100	100	100	100	100

注：①数据来源于世界银行。
Note: ① Data from World Bank.

15-9 医疗支出占国内生产总值比重及人均医疗支出
Health Expenditure as Percentage of GDP and per Capita Health Expenditure

资料来源：世界银行数据库。
Source:World Bank Database.

国家和地区	Country or Area	医疗支出占国内生产总值的比重(%) Health Expenditure, Total (% of GDP)			人均医疗支出(现价美元) Health Expenditure per Capita (current USD)		
		1997	2000	2001	1997	2000	2001
世界总计	**World**	**8.9**	**9.3**	**9.8**	**454**	**482**	**500**
高收入国家	**High Income**	**9.8**	**10.2**	**10.8**	**2512**	**2751**	**2841**
中等收入国家	**Middle Income**	**5.8**	**5.9**	**6.0**	**114**	**116**	**118**
低收入国家	**Low Income**	**4.2**	**4.4**	**4.4**	**22**	**22**	**23**
中国①	China ①	4.6	5.3	5.5	33	45	49
孟加拉国	Bangladesh	2.9	3.6	3.5	10	13	12
印度	India	5.3	5.1	5.1	23	23	24
印度尼西亚	Indonesia	2.4	2.7	2.4	26	20	16
伊朗	Iran	5.9	6.4	6.6	153	312	363
以色列	Israel	8.1	8.2	8.7	1551	1612	1641
日本	Japan	6.8	7.7	8.0	2337	2890	2627
哈萨克斯坦	Kazakhstan	3.2	3.3	3.1	44	39	44
韩国	Korea, Rep.	5.0	5.9	6.0	520	577	532
马来西亚	Malaysia	2.8	3.3	3.8	129	129	143
蒙古	Mongolia	5.0	6.3	6.4	22	23	25
缅甸	Myanmar	2.1	2.0	2.1	81	162	197
巴基斯坦	Pakistan	3.8	4.1	3.9	19	18	16
菲律宾	Philippines	3.6	3.4	3.3	41	34	30
新加坡	Singapore	3.7	3.6	3.9	936	826	816
斯里兰卡	Sri Lanka	3.2	3.6	3.6	27	32	30
泰国	Thailand	3.7	3.6	3.7	95	73	69
土耳其	Turkey	4.2	6.9		125	202	
越南	Viet Nam	4.4	5.2	5.1	16	21	21
埃及	Egypt	3.8	3.8	3.9	48	52	46
尼日利亚	Nigeria	2.8	3.0	3.4	35	12	15
南非	South Africa	9.0	8.7	8.6	315	253	222
加拿大	Canada	8.9	9.1	9.5	1864	2102	2163
墨西哥	Mexico	5.5	5.7	6.1	231	327	370
美国	United States	13.0	13.1	13.9	3939	4540	4887
阿根廷	Argentina	8.1	8.9	9.5	668	683	679
巴西	Brazil	7.4	7.6	7.6	362	265	222
委内瑞拉	Venezuela	5.4	5.9	6.0	210	296	307
白俄罗斯	Belarus	6.1	5.4	5.6	82	56	68
保加利亚	Bulgaria	4.7	4.8	4.8	58	75	81
捷克	Czech Republic	7.1	7.1	7.4	364	358	407
法国	France	9.4	9.4	9.6	2261	2067	2109
德国	Germany	10.7	10.6	10.8	2753	2408	2412
意大利	Italy	7.7	8.2	8.4	1570	1518	1584
荷兰	Netherlands	8.2	8.6	8.9	1968	2012	2138
波兰	Poland	6.1	5.8	6.1	228	245	289
罗马尼亚	Romania	5.0	6.6	6.5	79	109	117
俄罗斯联邦	Russian Federation	5.8	5.3	5.4	167	95	115
西班牙	Spain	7.5	7.5	7.5	1067	1048	1088
乌克兰	Ukraine	5.4	4.2	4.3	53	27	33
英国	United Kingdom	6.8	7.3	7.6	1563	1783	1835
澳大利亚	Australia	8.5	8.9	9.2	1909	1808	1741
新西兰	New Zealand	7.5	8.0	8.3	1301	1054	1073

注：①数据来源于世界银行。
Note: ① Data from World Bank.

15-10 每千人口医生数和病床数
Physician and Hospital Bed per 1000 People

资料来源：世界银行数据库。
Source: World Bank Database.

国家和地区	Country or Area	每千人口医生数(人) Physicians (per 1000 people)			每千人口床位数(张) Hospital beds (per 1000 people)		
		1990	2000	2001	1990	2000	2001
世界	**World**	**1.6**			**4.0**		
高收入国家	**High income**	**2.4**	**2.8 ①**		**7.9**	**7.4**	
中等收入国家	**Middle income**	**1.7**	**1.9 ①**		**3.8**	**3.7 ①**	
中国	China	1.6	1.7	1.7	2.3	2.4	2.4
孟加拉国	Bangladesh	0.2	0.2 ②		0.3	0.3 ③	
印度尼西亚	Indonesia	0.1	0.2 ③		0.7	0.7 ③	
伊朗	Iran		0.9 ④		1.4	1.6 ④	
以色列	Israel	3.2	3.8	3.7	6.2	6.1	6.2
日本	Japan	1.7	1.9		16.0	16.5	
哈萨克斯坦	Kazakhstan	4.0	3.3	3.5	13.7	7.2	7.0
韩国	Korea, Rep.	0.8	1.3	1.4	3.1	6.1	
马来西亚	Malaysia	0.4	0.7 ②		2.1	2.0 ④	
蒙古	Mongolia	2.5	2.4 ⑤				
缅甸	Myanmar	0.1	0.3 ①		0.6		
巴基斯坦	Pakistan	0.5	0.6 ②		0.6		
菲律宾	Philippines	0.1	1.2 ④		1.4		
新加坡	Singapore	1.3	1.6 ⑤		3.6	3.6 ③	
斯里兰卡	Sri Lanka		0.4 ①		2.7		
泰国	Thailand	0.2	0.4 ④		1.6	2.0 ⑥	
土耳其	Turkey	0.9	1.3	1.3	2.1	2.6	
越南	Vietnam	0.4	0.5 ⑤		3.8	1.7 ②	
埃及	Egypt	0.8	1.6 ②		2.1	2.1 ②	
尼日利亚	Nigeria				1.7		
南非	South Africa		0.6 ④				
加拿大	Canada	2.1	2.1	2.1	6.3	3.9 ①	
墨西哥	Mexico	1.1	1.4	1.5	0.8	1.1	
美国	United States	2.4	2.7 ①		4.9	3.6	
阿根廷	Argentina	2.7	2.7 ⑥		4.6	3.3 ④	
巴西	Brazil	1.4	1.3 ④		3.3	3.1 ④	
委内瑞拉	Venezuela	1.6	2.4 ②		2.7	1.5 ④	
白俄罗斯	Belarus	3.6	4.6	4.5	13.2	12.6	12.6
保加利亚	Bulgaria	3.2	3.4	3.4	9.8	7.4	7.2
捷克	Czech Republic	2.8	3.4	3.4	11.3	8.8	
法国	France	2.6	3.3	3.3	9.7	8.2	
德国	Germany	3.1	3.3	3.3	10.4	9.1	
意大利	Italy	4.7	4.1	4.3	7.2	4.9 ①	
荷兰	Netherlands	2.5	3.2	3.3	11.5	10.8	
波兰	Poland	2.1	2.2	2.2	5.7	4.9	
罗马尼亚	Romania	1.8	1.9	1.9	8.9	7.4	7.5
俄罗斯联邦	Russian Federation	4.1	4.2	4.2	13.1	10.9	10.8
西班牙	Spain	2.3	3.3		4.3	4.1	
乌克兰	Ukraine	4.3	3.0	3.0	13.0	8.8	8.7
英国	United Kingdom	1.4	2.0		5.9	4.1	
澳大利亚	Australia		2.4	2.5		7.9 ①	
新西兰	New Zealand	1.9	2.2		8.5	6.2 ⑤	

注：①1999年数字。②1997年数据。③1994年数据。④1996年数据。⑤1998年数据。⑥1995年数据。
Note: ① Refer to 1999. ② Refer to 1997. ③ Refer to 1994. ④ Refer to 1996. ⑤ Refer to 1998. ⑥ Refer to 1995.

15-11 军事支出占中央政府支出及国内生产总值比重

Military Expenditure as Percentage of Central Government Expenditure &Gross Domestic Product

资料来源：世界银行数据库。
Source:World Bank Database.
单位：%　　　　(%)

国家和地区	Country or Area	军事支出占中央政府支出的比重 Military Expenditure (% of Central Government Expenditure)			军事支出占国内生产总值的比重 Military Expenditure (% of GDP)		
		1990	2000	2001	1990	2001	2002
世　　界	**World**	**13.2**			**3.5**	**2.3**	**2.4**
高收入国家	**High Income**	**13.2**			**3.4**	**2.3**	**2.4**
中等收入国家	**Middle Income**				**4.6**	**2.5**	**2.6**
低收入国家	**Low Income**	**16.3**		**13.0**	**2.8**	**2.3**	**2.7**
中　　国①	China ①	26.8			2.7	2.3	2.5
孟加拉国	Bangladesh				1.0	1.3	1.1
印　　度	India	16.5	14.1	14.0	2.7	2.5	2.6
印度尼西亚	Indonesia	9.9		4.6	1.8	1.1	
伊　　朗	Iran	13.9	17.2		2.7	4.8	
以色列	Israel	24.1	17.5	16.6	12.2	7.7	8.6
日　　本	Japan	6.1			0.9	1.0	1.0
哈萨克斯坦	Kazakhstan		5.5	6.8		1.0	0.9
韩　　国	Korea, Rep.	22.9			3.7	2.8	2.7
马来西亚	Malaysia	8.7			2.6	2.2	2.1
蒙　　古	Mongolia		8.5	7.5	5.7	2.3	2.3
缅　　甸	Myanmar	21.4	26.6		3.4		
巴基斯坦	Pakistan	30.5	21.2	23.0	5.8	4.5	4.5
菲律宾	Philippines	6.9	5.6	5.1	1.4	1.0	1.0
新加坡	Singapore	23.0	24.8	22.8	4.8	5.0	5.2
斯里兰卡	Sri Lanka	7.3	17.7	14.7	2.1	3.9	
泰　　国	Thailand	16.3	8.4	7.1	2.3	1.4	1.4
土耳其	Turkey	20.3	12.7	10.0	3.5	4.9	5.0
越　　南	Viet Nam				7.9		
埃　　及	Egypt	16.1			3.9	2.6	2.7
尼日利亚	Nigeria				0.9	1.1	
南　　非	South Africa	12.6	5.0	5.4	3.8	1.6	
加拿大	Canada	7.7	5.8	6.2	2.0	1.2	1.1
墨西哥	Mexico	2.4	3.2		0.4	0.5	0.5
美　　国	United States	23.5	16.0	16.0	5.3	3.1	3.4
阿根廷	Argentina	12.0	7.8	8.1	1.3	1.4	1.2
巴　　西	Brazil	5.0			1.9	1.5	1.6
委内瑞拉	Venezuela		5.3	6.1		1.5	1.2
白俄罗斯	Belarus		4.4	4.5		1.4	
保加利亚	Bulgaria	6.4	7.2	7.9	3.5	2.7	2.7
捷　　克	Czech Republic		5.5	5.4		2.1	
法　　国	France	8.4			3.5	2.5	2.5
德　　国	Germany	9.5			2.8	1.5	1.5
意大利	Italy	4.5			2.1	2.0	1.9
荷　　兰	Netherlands	5.1			2.5	1.6	1.6
波　　兰	Poland		5.6	5.3	2.7	1.9	1.8
罗马尼亚	Romania	13.6	7.4	8.1	4.6	2.5	2.3
俄罗斯联邦	Russian Federation		15.7	15.4	12.3	3.8	4.0
西班牙	Spain	5.4			1.8	1.2	1.2
乌克兰	Ukraine		12.9	9.8		2.7	2.8
英　　国	United Kingdom	10.7			3.9	2.5	2.4
澳大利亚	Australia	9.2			2.2	1.7	1.7
新西兰	New Zealand	4.2	4.1	4.0	1.9	1.2	1.1

注：①数据来源于世界银行。
Note: ① Data from World Bank.

15-12 军事人员数及军事人员数占劳动力总数比重

Military Personnel & Military Personnel as Percentage of Total Labor Force

资料来源：世界银行数据库。
Source:World Bank Database.

国家和地区	Country or Area	军事人员数(万人) Military Personnel (10000 people)			军事人员数占劳动力总数的比重（%） Military Personnel (% of Total Labor Force)		
		1990	1995	1999	1990	1995	1999
世界	**World**	**2391.8**	**2282.5**	**2119.8**	**1.0**	**0.8**	**0.7**
高收入国家	**High income**	**688.4**	**593.9**	**539.8**	**1.6**	**1.3**	**1.1**
中等收入国家	**Middle income**	**1074.8**	**1124.8**	**993.1**	**1.0**	**0.9**	**0.7**
低收入国家	**Low income**	**628.6**	**563.8**	**586.9**	**0.8**	**0.6**	**0.6**
中国①	China ①	350.0	293.0	240.0	0.5	0.4	0.3
孟加拉国	Bangladesh	10.3	11.5	11.0	0.2	0.2	0.2
印度	India	126.0	127.0	130.0	0.3	0.3	0.3
印度尼西亚	Indonesia	28.3	28.0	29.6	0.4	0.3	0.3
伊朗	Iran	44.0	47.5	46.0	2.8	2.7	2.4
以色列	Israel	19.0	18.5	17.3	10.3	8.0	6.6
日本	Japan	25.0	24.0	24.0	0.4	0.4	0.4
哈萨克斯坦	Kazakhstan		2.0	3.3		0.3	0.4
韩国	Korea, Rep.	65.0	75.0	66.5	3.3	3.4	2.8
马来西亚	Malaysia	13.0	12.2	9.5	1.8	1.5	1.0
蒙古	Mongolia	3.2	1.8	2.0	3.3	1.6	1.7
缅甸	Myanmar	23.0	32.2	34.5	1.1	1.4	1.4
巴基斯坦	Pakistan	55.0	58.0	59.0	1.4	1.3	1.2
菲律宾	Philippines	10.9	10.4	10.7	0.4	0.4	0.3
新加坡	Singapore	5.6	5.3	6.0	3.6	3.0	3.0
斯里兰卡	Sri Lanka	2.2	11.0	11.0	0.3	1.5	1.4
泰国	Thailand	28.3	28.8	30.0	0.9	0.8	0.8
土耳其	Turkey	76.9	80.5	78.9	3.2	2.8	2.5
越南	Vietnam	105.0	65.0	48.5	3.1	1.8	1.2
埃及	Egypt	43.4	43.0	43.0	2.4	2.0	1.8
尼日利亚	Nigeria	9.4	8.0	7.7	0.2	0.2	0.2
南非	South Africa	8.5	7.5	6.8	0.6	0.5	0.4
加拿大	Canada	8.7	7.0	6.0	0.6	0.4	0.4
墨西哥	Mexico	17.5	17.5	25.5	0.6	0.5	0.6
美国	United States	218.0	162.0	149.0	1.7	1.2	1.0
阿根廷	Argentina	8.5	6.5	7.3	0.7	0.5	0.5
巴西	Brazil	29.5	29.6	30.0	0.5	0.4	0.4
委内瑞拉	Venezuela	7.5	7.5	7.5	1.0	0.9	0.8
白俄罗斯	Belarus		6.5	6.5		1.2	1.2
保加利亚	Bulgaria	12.9	9.0	7.0	2.9	2.1	1.7
捷克	Czech Republic		6.8	5.4		1.2	0.9
法国	France	55.0	50.4	42.1	2.2	2.0	1.6
德国	Germany	54.5	35.2	33.1	1.4	0.9	0.8
意大利	Italy	49.3	43.5	39.1	2.0	1.7	1.5
荷兰	Netherlands	10.4	6.7	5.4	1.5	0.9	0.7
波兰	Poland	31.3	25.0	18.7	1.7	1.3	0.9
罗马尼亚	Romania	12.6	20.0	17.0	1.2	1.9	1.6
俄罗斯联邦	Russian Federation		140.0	90.0		1.8	1.2
西班牙	Spain	26.3	21.0	15.5	1.7	1.3	0.9
乌克兰	Ukraine		37.5	34.0		1.5	1.3
英国	United Kingdom	30.8	22.3	21.8	1.1	0.8	0.7
澳大利亚	Australia	6.8	6.5	5.5	0.8	0.7	0.6
新西兰	New Zealand	1.1	1.0	1.0	0.7	0.6	0.5

注：①数据来源于世界银行。
Note: ① Data from World Bank.

主要统计指标解释

人文发展指数　是人类发展的一项综合指标，它代表了人类发展的三个方面指标的平均成就：寿命(出生时人口的预期寿命)，知识(成人识字率和平均受教育年限)以及收入(购买力平价计算的人均国内生产总值)。

成人识字率　是指15岁及以上人口中有一定理解、阅读、使用文字能力的人口占总人口的百分比。

粗入学率　是指入学总人数(不考虑年龄) 与适龄入学人数之比。

净入学率　是指官方入学年龄(国家教育制度制定的年龄)儿童中已入学人数与相应官方学龄人口数之比。

研究与发展经费支出　是经常性和资本性支出（包括超前支出)，目的在于增加知识存量的创造性、系统性活动。具体包括基础研究、应用研究和目的在于寻求新型设计，产品和工艺的科学实验活动。

研究与发展技术人员　是指专门从事研究与发展活动，在知识或技术某一分支领域接受过职业或技术培训的人员。

高技术产品出口　是指研究与开发密集的产品出口。它包括的高技术产品有：航空宇宙、计算机、医药、科学仪器和电气设备等。

军事人员数　指有效服役期内的军人，包括具有正规装备和组织，并进行正常训练的准军事人员数，不包括预备役部队。

Explanatory Notes on Main Statistical Indicators

The HDI is a summary measure of human development. It measures the average achievements in a country in three basic dimensions of human development: life expectancy at birth, adult literacy rate and the combined primary, secondary and tertiary gross enrolment ratio and income, as measured by GDP per capita (PPP $).

Adult Literacy Rate is the percentage of people ages 15 and above who can, with understanding, read and write a short, simple statement on their everyday life.

Gross Enrollment Ratio is the ratio of total enrollment, regardless of age, to the population of the age group. Net enrollment ratio is the ratio of the number of children of official school age (as defined by the national education system) who are enrolled in school to the population of the corresponding official school age.

Expenditures for Research and Development are current and capital expenditures (including overhead) on creative, systematic activity intended to increase the stock of knowledge. Included are fundamental and applied research and experimental development work leading to new devices, products, or processes.

Technicians in R&D are people engaged in professional R&D activity who have received vocational or technical training in any branch of knowledge or technology.

High-technology Exports are products with high R&D intensity. They include high-technology products such as in aerospace, computers, pharmaceuticals, scientific instruments, and electrical machinery.

Military Personnel refer to active duty military personnel, including paramilitary forces if those forces resemble regular units in their organization, equipment, training, or mission, not including reservist.

十六、世界最大500家企业主要指标

Main Indicators of the 500 Largest Companies in the World

16-1 2003年按国家和地区汇总的世界最大500家企业资料

The Data of the Largest 500 Companies in the World Aggregated by Country or Area in 2003

资料来源：美国《财富》杂志2004年7月26日。
Source: United States *Fortune* July 26, 2004.

国家和地区	Country or Area	企业数(家) Number of Companies	营业额(亿美元) Revenues (USD 100 million)	利润额(亿美元) Profits (USD 100 million)
中　　国	China	15	3582.9	178.7
印　　度	India	4	604.5	36.3
日　　本	Japan	82	21806.2	629.0
韩　　国	Korea, Rep.	11	2661.8	123.2
马来西亚	Malaysia	1	256.6	62.3
新 加 坡	Singapore	1	145.3	-3.5
泰　　国	Thailand	1	119.0	9.5
中国台湾省	Taiwan, China	1	138.0	2.3
加 拿 大	Canada	13	1845.5	111.6
墨 西 哥	Mexico	1	492.4	-37.7
美　　国	United States	189	58414.4	3836.4
巴　　西	Brazil	3	608.2	80.8
比 利 时	Belgium	3	603.5	28.7
比利时／荷兰	Belgium/Netherlands	1	567.0	24.9
丹　　麦	Denmark	2	353.7	40.4
芬　　兰	Finland	4	712.6	55.2
法　　国	France	37	12458.0	331.3
德　　国	Germany	34	13634.9	162.3
爱 尔 兰	Ireland	1	121.9	7.3
意 大 利	Italy	8	2997.6	141.1
卢 森 堡	Luxembourg	1	293.4	2.9
荷　　兰	Netherlands	12	3875.2	171.8
挪　　威	Norway	2	595.2	38.9
俄罗斯联邦	Russian Federation	3	618.4	138.0
西 班 牙	Spain	7	1621.4	136.3
瑞　　典	Sweden	6	961.3	24.4
瑞　　士	Switzerland	12	3818.6	249.6
英　　国	United Kingdom	35	10794.2	491.6
英国／荷兰	United Kingdom/Netherlands	2	2500.5	156.2
委内瑞拉	Venezuela	1	460.0	38.0
澳大利亚	Australia	7	1068.0	43.9
合　　计	**Totals**	**500**	**148730.3**	**7311.6**

16-2　2003年按营业额排序的世界最大500家企业

资料来源：美国《财富》杂志2004年7月26日。
Source: United States *Fortune* July 26, 2004.

位次 Rank		企 业 名 称	Company Name	国家和地区	Country or Area	营业额(百万美元)	
2003	2002					Revenues (USD mil.)	比上年增长% % Change from 2002
1	1	沃尔玛公司	Wal-Mart Stores	美国	United States	263009.0	6.7
2	5	英国石油公司	BP	英国	United Kingdom	232571.0	30.1
3	3	埃克森－美孚石油	Exxon Mobil	美国	United States	222883.0	22.2
4	4	英荷壳牌石油集团	Royal Dutch/Shell Group	英国／荷兰	U.K./Netherlands	201728.0	12.4
5	2	通用汽车	General Motors	美国	United States	195324.0	4.6
6	6	福特汽车	Ford Motor	美国	United States	164505.0	0.4
7	7	戴姆勒－克莱斯勒	DaimlerChrysler	德国	Germany	156602.2	10.7
8	8	丰田汽车	Toyota Motor	日本	Japan	153111.0	20.4
9	9	通用电气	General Electric	美国	United States	134187.0	1.9
10	14	托塔尔菲纳埃尔夫公司	Total Fina Elf	法国	France	118441.4	22.2
11	12	安联保险	Allianz	德国	Germany	114949.9	12.8
12	15	雪弗龙德士古公司	ChevronTexaco	美国	United States	112937.0	22.7
13	31	安盛公司	AXA	法国	France	111912.2	80.4
14	36	菲利普斯石油公司	ConocoPhillips	美国	United States	99468.0	70.4
15	20	大众汽车	Volkswagen	德国	Germany	98636.6	20.0
16	16	日本电报电话公司	Nippon Telegraph & Telephone	日本	Japan	98229.1	9.6
17	17	荷兰国际集团	ING Group	荷兰	Netherlands	95893.3	8.8
18	13	花旗银行集团	Citigroup	美国	United States	94713.0	-6.0
19	19	国际商用机器	Intl. Business Machines	美国	United States	89131.0	7.2
20	25	美国国际集团	American Intl. Group	美国	United States	81303.0	20.5
21	21	西门子	Siemens	德国	Germany	80501.0	4.3
22	29	家乐福	Carrefour	法国	France	79773.8	22.8
23	26	日立	Hitachi	日本	Japan	76423.3	13.7
24	40	惠普	Hewlett-Packard	美国	United States	73061.0	29.1
25	28	本田汽车	Honda Motor	日本	Japan	72263.7	10.5
26	39	麦克逊公司	McKesson	美国	United States	69506.1	21.7
27	27	美国邮政总局	U.S. Postal Service	美国	United States	68529.0	3.1
28	24	维里森通讯	Verizon Communications	美国	United States	67752.0	0.2
29	44	忠利保险公司	Assicurazioni Generali	意大利	Italy	66754.9	24.5
30	32	索尼	Sony	日本	Japan	66365.7	8.2
31	34	松下电器工业	Matsushita Electric Industrial	日本	Japan	66218.4	9.0
32	41	日产汽车	Nissan Motor	日本	Japan	65771.1	17.4
33	38	雀巢	Nestle	瑞士	Switzerland	65414.6	14.2
34	37	家居百货	Home Depot	美国	United States	64816.0	11.3
35	78	伯克希尔－哈撒韦公司	Berkshire Hathaway	美国	United States	63859.0	50.8
36	33	日本生命保险公司	Nippon Life Insurance	日本	Japan	63840.7	4.4
37	35	皇家AHOLD公司	Royal Ahold	荷兰	Netherlands	63455.8	7.1
38	55	德国电信	Deutsche Telekom	德国	Germany	63195.5	24.5
39	52	标致	Peugeot	法国	France	61384.6	19.3
40	30	菲利普－莫里斯	Altria Group	美国	United States	60704.0	-2.4
41	58	梅特罗	Metro	德国	Germany	60656.9	24.5
42	57	商联保险	Aviva	英国	United Kingdom	59719.4	20.6
43	63	埃尼公司	ENI	意大利	Italy	59304.4	28.0
44	49	慕尼黑再保险集团	Munich Re Group	德国	Germany	59082.6	13.7
45	48	瑞士信贷银行	Credit Suisse	瑞士	Switzerland	58957.1	13.1
46	.	国家电网公司	STATE GRID	中国	China	58348.0	-
47	89	汇丰银行控股公司	HSBC Holding	英国	United Kingdom	57608.0	40.0
48	54	巴黎国民银行	BNP Paribas	法国	France	57271.8	12.0
49	60	沃达丰	Vodafone	英国	United Kingdom	56844.5	21.0
50	53	卡地纳健康	Cardinal Health	美国	United States	56829.5	11.1

The 500 Largest Companies in the World Sorted by Revenue in 2003

利润额(百万美元) Profits (USD mil.)	比上年增长% % Change from 2002	资产额(百万美元) Assets (USD mil.)	股东产权权益(百万美元) Stockholders' Equity (USD mil.)	雇员人数(人) Employees (persons)
9054.0	12.6	104912.0	43623.0	1500000
10267.0	50.0	177572.0	75938.0	103700
21510.0	87.7	174278.0	89915.0	88300
12496.0	32.7	168091.0	72848.0	119000
3822.0	120.2	448507.0	25268.0	326000
495.0	-	304597.0	11651.0	327531
507.0	-88.6	224857.8	43491.9	362063
10288.1	66.9	211852.9	78613.2	264410
15002.0	6.3	647483.0	79180.0	305000
7950.6	41.6	100859.7	38352.0	110783
1828.9	-	1180543.1	36063.9	173750
7230.0	538.9	81470.0	36295.0	61533
1137.4	26.8	566631.1	29516.4	74584
4735.0	-	82455.0	34366.0	39000
1239.3	-49.3	150269.8	30814.3	336843
5700.1	197.6	186809.9	61497.9	205228
4575.7	7.6	982287.2	26905.4	115200
17853.0	16.9	1264032.0	98014.0	256000
7583.0	111.9	104457.0	27864.0	319273
9274.0	68.0	678346.0	71253.0	86000
2651.4	11.1	90374.1	27617.1	417000
1843.8	41.9	49271.7	8273.4	419040
140.6	-38.5	92183.1	20840.3	326344
2539.0	-	74708.0	37746.0	142000
4110.8	17.4	80057.0	27629.0	131600
646.5	16.4	16240.2	5165.5	24600
3868.0	-	27242.0	866.0	826955
3077.0	-24.6	165968.0	33466.0	203065
1148.9	-	327707.8	10720.2	60633
783.6	-17.3	87380.4	22857.6	162000
373.1	-	71494.9	33176.9	290493
4459.0	9.7	75549.7	19454.8	123654
4619.5	-4.9	72414.5	29819.3	253000
4304.0	17.5	34437.0	22407.0	300000
8151.0	90.2	180559.0	77596.0	172732
1758.5	89.7	437277.1	29593.9	70073
-1.1	-	29513.9	6118.7	257140
1418.1	-	146413.9	37534.7	248519
1694.3	6.0	73237.9	14964.4	199900
9204.0	-17.1	96175.0	25077.0	165000
561.4	34.0	33526.2	5248.4	198486
1551.4	-	373566.4	11732.6	60740
6320.9	45.6	84932.9	33672.5	76521
-491.2	-148.1	264102.3	23837.9	41431
3716.9	-	777957.7	25660.1	60837
260.5	-	127148.0	46679.4	75034
8774.0	40.6	1034216.0	74473.0	218000
4256.6	36.6	987717.3	35722.1	89071
-15270.2	-	270399.6	205698.4	60109
1405.8	33.1	18521.4	7758.1	50000

16-2 续表1 continued

位次 Rank		企业名称	Company Name	国家和地区	Country or Area	营业额(百万美元) Revenues (USD mil.)	比上年增长% % Change from 2002
2003	2002						
51	73	福特斯	Fortis	比利时/荷兰	Belgium/Netherlands	56695.2	30.0
52	69	中国石油天然气集团公司	China National Petroleum	中国	China	56384.5	25.7
53	56	州立农业保险公司	State Farm Insurance	美国	United States	56064.6	12.9
54	70	中国石油化工集团公司	Sinopec	中国	China	55062.0	23.7
55	59	三星电子公司	Samsung Electronics	韩国	Korea, Rep.	54400.2	14.3
56	51	克罗格公司	Kroger	美国	United States	53790.8	3.9
57	45	范尼美集团	Fannie Mae	美国	United States	53766.9	1.6
58	46	菲亚特	Fiat	意大利	Italy	53499.6	1.7
59	71	法国电信	France Télécom	法国	France	52198.1	18.4
60	84	特斯科公司	Tesco	英国	United Kingdom	51570.2	27.7
61	83	苏黎世金融服务公司	Zurich Financial Services	瑞士	Switzerland	51357.0	26.4
62	65	法国电气	Electricite De France	法国	France	50837.7	11.2
63	43	波音	Boeing	美国	United States	50485.0	-6.6
64	67	AMERISOURCE BERGEN	AmerisourceBergen	美国	United States	49657.3	9.8
65	62	东芝	Toshiba	日本	Japan	49395.5	6.4
66	95	墨西哥石油公司	Pemex	墨西哥	Mexico	49240.1	29.7
67	68	费巴集团	E. ON	德国	Germany	48708.9	8.4
68	47	德意志银行	Deutsche Bank	德国	Germany	48670.4	-6.6
69	82	莱茵集团	Rwe	德国	Germany	48406.7	17.7
70	66	联合利华	Unilever	英国/荷兰	U.K./Netherlands	48318.4	5.9
71	72	塔吉特公司	Target	美国	United States	48163.0	9.7
72	64	美洲银行集团	Bank of America Corp.	美国	United States	48065.0	5.1
73	79	瑞士联合银行	UBS	瑞士	Switzerland	47741.0	12.8
74	87	宝马汽车(BMW)	BMW	德国	Germany	46996.5	17.6
75	88	德国邮政	Deutsche Post	德国	Germany	46651.3	16.8
76	.	PDVSA	PDVSA	委内瑞拉	Venezuela	46000.0	8.0
77	106	大都会人寿保险公司	MetLife	美国	United States	45950.0	30.2
78	98	农业信贷银行	Crédit Agricole	法国	France	45928.1	25.0
79	77	第一相互生命保险公司	Dai-ichi Mutual Life Insurance	日本	Japan	45065.6	4.5
80	74	苏黎士里昂水务公司	Suez	瑞士	Switzerland	44842.5	2.9
81	75	摩根大通集团	J.P. Morgan Chase	美国	United States	44363.0	2.3
82	161	明治相互生命保险公司	Meiji Life Insurance	日本	Japan	44064.0	68.0
83	80	美国在线时代华纳	AOL Time Warner	美国	United States	43877.0	5.3
84	102	苏格兰皇家银行	Royal Bank of Scotland	英国	United Kingdom	43757.6	21.4
85	93	日本电气	NEC	日本	Japan	43440.2	12.7
86	86	宝洁	Procter & Gamble	美国	United States	43377.0	7.8
87	85	东京电力	Tokyo Electric Power	日本	Japan	42971.0	6.4
88	92	COSTW WHOLESALE	Costco Wholesale	美国	United States	42545.6	9.8
89	111	雷诺公司	Renault	法国	France	42469.5	23.6
90	97	富士通	Fujitsu	日本	Japan	42201.4	11.4
91	110	雷普索尔公司	Repsol YPF	西班牙	Spain	42031.5	22.1
92	101	强生公司	Johnson&Johnson	美国	United States	41862.0	15.3
93	105	戴尔计算机	Dell Computer	美国	United States	41444.0	17.1
94	114	罗伯特—施博有限公司	Robert Bosch	德国	Germany	41147.6	24.4
95	81	西尔斯·罗巴克	Sears Roebuck	美国	United States	41124.0	-0.6
96	76	西南贝尔通讯公司	SBC Communications	美国	United States	40843.0	-5.3
97	113	蒂森·克虏伯公司	THYSSENKRUPP	德国	Italy	39188.3	16.2
98	94	现代汽车	Hyundai motor	韩国	Korea, Rep.	39100.8	1.7
99	150	VALERO ENERGY	VALERO ENERGY	美国	United Kingdom	37968.6	40.7
100	123	巴斯夫	BASF	德国	United States	37757.0	24.0

利润额（百万美元） Profits (USD mil.)	比上年增长% % Change from 2002	资产额（百万美元） Assets (USD mil.)	股东产权权益（百万美元） Stockholders' Equity (USD mil.)	雇员人数（人） Employees (persons)
2486.9	394.8	659990.9	15002.5	62565
4351.4	-19.4	97656.8	59904.5	1024371
2825.9	-	136441.3	40322.6	71976
1048.1	135.1	67567.6	19830.3	854700
5004.0	-11.2	57105.4	24750.6	94185
314.6	-73.9	20184.0	4011.8	289000
7904.9	71.1	1009568.5	22373.3	5032
-2150.4	-	79099.3	8568.2	174242
3628.4	-	125922.4	15168.8	218523
1841.0	26.9	34447.2	14744.3	223335
2120.0	-	317876.0	19384.0	58667
969.9	113.3	185289.4	23869.4	167309
718.0	45.9	53035.0	8139.0	157000
441.2	27.9	12040.1	4005.3	14200
255.2	68.1	42891.1	7257.0	161000
-3766.4	-	74145.5	4081.1	138215
5259.3	100.3	141079.8	37554.8	66549
1544.9	311.6	1013622.5	35572.0	67682
1078.6	8.6	125050.8	8845.7	127028
3125.9	55.3	47890.2	7467.1	234000
1841.0	11.3	31392.0	11065.0	328000
10810.0	16.9	736445.0	47980.0	133549
4747.4	109.0	1120650.3	28659.9	65929
2203.5	15.4	77540.3	20370.5	104342
1481.5	137.8	195421.6	7701.7	383173
3800.0	46.7	58000.0	38000.0	27422
3910.0	-57.2	116775.0	65377.0	122000
2970.9	36.8	1103964.0	48700.0	136446
879.5	89.5	285655.0	14138.8	55134
-2450.5	-	88230.3	8697.8	172291
6719.0	304.0	770912.0	46154.0	93453
1944.1	359.3	244103.0	12346.3	49412
2639.0	-	121783.0	56038.0	85800
6602.8	42.9	815006.0	50301.1	120900
363.7	-	38874.6	6838.6	143393
5186.0	19.2	43706.0	16186.0	98000
1324.0	-2.4	133616.9	22689.1	51694
721.0	3.0	13191.7	6555.0	82400
2806.8	51.8	73524.2	17142.7	130740
440.0	-	37156.4	7950.9	156169
2286.2	23.9	47972.2	17194.5	31121
7197.0	9.1	48263.0	26869.0	110600
2645.0	24.6	19311.0	6280.0	46000
1104.6	99.4	40356.3	14226.5	231600
3397.0	146.9	27723.0	6401.0	249000
8505.0	50.5	100166.0	38248.0	168000
555.2	179.7	35100.4	8886.6	190102
1490.1	30.0	45532.6	10353.1	51471
621.5	579.2	15664.2	5735.2	19621
1030.1	-27.6	42382.7	19538.4	87159

16-2 续表 2 continued

位次 2003	Rank 2002	企业名称	Company Name	国家和地区	Country or Area	营业额(百万美元) Revenues (USD mil.)	比上年增长 % % Change from 2002
101	109	荷兰公司	ABN AMRO Holding	荷兰	Netherlands	37682.1	8.9
102	146	美国马拉松石油公司	Marathon Oil	美国	United States	37137.0	35.2
103	100	住友生命保险公司	Sumitomo Life Insurance	日本	Japan	36913.0	1.7
104	90	弗雷德马克	Freddie Mac	美国	United States	36839.0	-20.4
105	91	特科国际	Tyco International	美国	United States	36801.3	-5.6
106	112	大都会人寿保险公司	MetLife	美国	United States	36261.0	6.3
107	125	HBOS	HBOS	英国	United Kingdom	36023.6	20.4
108	107	塞夫韦公司	Safeway	美国	United States	35552.7	2.2
109	104	保诚	Prudential	英国	United Kingdom	35472.6	-1.0
110	138	国家电力公司	Enel	意大利	Italy	35443.5	25.1
111	103	艾伯森公司	Albertson's	美国	United States	35436.0	-1.3
112	122	挪威国家石油公司	Statoil	挪威	Norway	35241.8	15.4
113	127	好利获得公司	Olivetti	意大利	Italy	35221.6	16.9
114	119	葛兰素史克	GlaxoSmithKline	英国	United Kingdom	35050.9	10.0
115	116	摩根斯坦利添惠	Morgan Stanley	美国	United States	34933.0	7.8
116	61	美国电话电报	AT&T	美国	United States	34529.0	-26.1
117	.	MEDCO HEALTH SOLUTIONS	MEDCO HEALTH SOLUTIONS	美国	United States	34264.5	-
118	139	欧洲航空防御及航天公司	EADS	荷兰	Netherlands	34103.5	20.6
119	108	鲜京公司	SK	韩国	Korea, Rep.	33768.5	-2.6
120	133	圣戈班公司	Saint-Gobain	法国	France	33488.9	17.0
121	120	联合包裹运输公司	United Parcel Service	美国	United States	33485.0	7.1
122	136	诺基亚	Nokia	芬兰	Finland	33336.1	17.5
123	117	彭尼公司	J.C. Penney	美国	United States	32923.0	1.8
124	124	皇家飞利浦电子	Royal Philips Electronics	荷兰	Netherlands	32863.0	9.2
125	145	陶氏化学公司	Dow Chemical	美国	United States	32632.0	18.2
126	132	沃尔格林公司	Walgreen	美国	United States	32505.4	13.3
127	162	欧尚	Groupe Auchan	法国	France	32488.4	24.7
128	135	Veolia Environnement	Veolia Environnement	法国	France	32371.9	13.8
129	143	拜尔	Bayer	德国	Germany	32331.1	15.4
130	137	微软	Microsoft	美国	United States	32187.0	13.5
131	129	全球保险集团	Aegon	荷兰	Netherlands	32174.9	9.3
132	128	好事达保险	Allstate	美国	United States	32149.0	8.7
133	264	德国联邦铁路	Deutsche Bahn	德国	Germany	31947.4	80.8
134	153	洛克希德－马丁公司	Lockheed Martin	美国	United States	31844.0	18.8
135	134	富国	Wells Fargo	美国	United States	31800.0	11.7
136	130	英国电信	BT	英国	United Kingdom	31668.6	8.1
137	152	西班牙电话	Telefónica	西班牙	Spain	31541.7	19.5
138	131	三井住友银行	Sumitomo Mitsui Banking	日本	Japan	31450.5	9.3
139	159	劳氏	Lowe's	美国	United States	31263.0	18.0
140	169	AEON	AEON	日本	Japan	31161.2	24.1
141	141	联合技术公司	United Technologies	美国	United States	31034.0	10.0
142	157	巴克莱银行	Barclays	英国	United Kingdom	30843.0	16.0
143	203	法国国家人寿保险公司	CNP Assurances	法国	France	30805.9	43.6
144	189	巴西石油公司	Petrobrás	巴西	Brazil	30797.0	36.2
145	179	阿彻－丹尼尔斯－米德兰公司	Archer Daniels Midland	美国	United States	30708.0	30.9
146	155	英特尔公司	Intel	美国	United States	30141.0	12.6
147	261	乐喜金星电子公司	LG Electronics	韩国	Korea, Rep.	29873.9	67.5
148	183	Arcelor	Arcelor	卢森堡	Luxemburg	29338.7	26.5
149	148	伊藤洋华堂	Ito-Yokado	日本	Japan	29332.7	7.8
150	201	英国煤气	Centrica	英国	United Kingdom	29312.9	36.3

利润额(百万美元) Profits (USD mil.)	比上年增长% % Change from 2002	资产额(百万美元) Assets (USD mil.)	股东产权权益(百万美元) Stockholders' Equity (USD mil.)	雇员人数(人) Employees (persons)
3577.5	71.5	706896.0	16456.6	110000
1321.0	156.0	19482.0	6075.0	27007
709.1	4503.3	203800.9	5947.9	49436
4891.0	-51.5	803449.0	31562.0	4400
979.6	-	63545.0	26369.0	258500
2217.0	38.1	326841.0	21149.0	49029
4008.4	39.2	731116.4	27510.9	59253
-169.8	-	15096.7	3644.3	185000
340.0	-49.6	289512.2	5868.1	21012
2746.8	64.0	80031.4	26644.3	64770
556.0	14.6	15394.0	5381.0	200000
2339.4	10.8	33309.1	10548.0	19326
1349.1	-	101538.3	20297.3	93187
7349.9	24.3	42918.6	13819.9	100919
3787.0	26.7	602843.0	24867.0	51196
1865.0	-	47988.0	13956.0	61600
425.8	-	10263.0	5080.0	13000
172.0	-	68588.6	20369.2	109135
1164.9	-	34810.1	4230.1	22000
1175.9	19.6	37171.0	13984.4	172811
2898.0	-8.9	28909.0	14852.0	355000
4065.3	27.2	30171.0	19106.6	51359
-928.0	-329.1	18300.0	5425.0	216000
786.6	-	36578.6	16098.4	164438
1730.0	-	41891.0	9175.0	46372
1175.7	15.4	11405.9	7195.7	130000
650.8	135.7	22142.6	5426.2	156000
-2325.4	-825.1	49091.5	4509.0	309563
-1540.3	-253.7	47230.5	15404.6	115400
9993.0	27.6	79571.0	61020.0	55000
2029.3	38.7	295120.9	17825.1	27708
2705.0	138.5	134142.0	20565.0	38878
-305.6	-	60098.6	6333.1	242759
1053.0	110.6	26175.0	6756.0	130000
6202.0	14.1	387798.0	34469.0	140000
2400.2	-42.2	48919.6	5686.3	99900
2493.9	-	78297.3	21135.6	148288
2925.2	-	982502.5	29518.2	42014
1877.0	27.6	19042.0	10309.0	132500
486.1	16.5	23881.1	4384.8	51246
2361.0	5.6	34648.0	11707.0	203300
4485.8	33.9	793678.3	29489.0	78900
659.4	22.1	211047.6	6376.1	3579
6559.0	183.8	53612.0	17152.0	48798
451.1	-11.7	17182.9	7069.2	26197
5641.0	81.0	47143.0	37846.0	79700
591.7	116.2	20191.2	2870.7	27683
290.9	-	31038.8	8492.5	98264
435.0	154.2	23230.4	10120.9	46345
817.4	13.8	15565.3	4541.6	42573

16–2 续表 3 continued

位次 Rank 2003	2002	企业名称	Company Name	国家和地区	Country or Area	营业额(百万美元) Revenues (USD mil.)	比上年增长 % % Change from 2002
151	126	三菱电机	Mitsubishi Electric	日本	Japan	29300.4	-1.9
152	151	桑斯博里	J. Sainsbury	英国	United Kingdom	29034.6	7.7
153	42	威望迪环球	Vivendi Universal	法国	France	28839.6	-47.5
154	167	联合健康集团	UnitedHealth Group	美国	United States	28823.0	15.2
155	260	诺斯洛普格拉曼	Northrop Grumman	美国	United States	28686.0	60.8
156	164	德国德众银行	DZ Bank	德国	Germany	28663.1	12.1
157	158	日本三菱石油公司	Nippon Oil	日本	Japan	28560.6	7.8
158	173	兴业银行	Société Générale	法国	France	28556.7	18.0
159	142	瑞穗控股公司	Mizuho Financial Group	日本	Japan	28335.2	0.5
160	147	德尔福	Delphi	美国	United States	28096.0	2.4
161	99	抵押银行	HypoVereinsbank	德国	Germany	28082.5	-22.8
162	154	宝德信金融集团	Prudential Financial	美国	United States	27907.0	4.1
163	140	美林公司	Merrill Lynch	美国	United States	27745.0	-1.8
164	172	杜邦	DuPont	美国	United States	27730.0	13.1
165	178	佳能公司	Canon	日本	Japan	27591.7	17.5
166	163	皮诺春天集团	Groupe Pinault-Printemps	法国	France	27570.7	6.5
167	235	Gazprom	Gazprom	俄罗斯	Russian Fed.	27526.5	40.8
168	.	MCI	MCI	美国	United States	27331.0	-16.9
169	199	瑞士再保险公司	Swiss Reinsurance	瑞士	Switzerland	27086.6	22.5
170	165	沃尔特·迪斯尼公司	Walt Disney	美国	United States	27061.0	6.8
171	156	摩托罗拉公司	Motorola	美国	United States	27058.0	1.4
172	194	FONCIERE EURIS	Fonciére Euris	法国	France	27005.0	20.4
173	166	百事公司	PepsiCo	美国	United States	26971.0	7.4
174	160	桑坦德集团	Santander Central Hispano Group	西班牙	Spain	26956.8	-1.1
175	174	CVS	CVS	美国	United States	26588.0	10.0
176	171	维亚康姆	Viacom	美国	United States	26585.3	8.0
177	11	三井物产	Mitsui	日本	Japan	26385.0	-75.7
178	149	斯普林特公司	Sprint	美国	United States	26202.0	-3.6
179	181	西斯科	Sysco	美国	United States	26140.3	11.9
180	208	弗朗茨–哈尼尔有限公司	Franz Haniel	德国	Germany	26073.6	22.8
181	229	美国教师退休基金会	TIAA-CREF	美国	United States	26016.2	31.5
182	190	新日本制铁	Nippon Steel	日本	Japan	25902.9	14.8
183	176	美国运通公司	American Express	美国	United States	25866.0	8.6
184	240	马自达汽车公司	Mazda Motor	日本	Japan	25816.6	33.0
185	170	纽约人寿保险公司	New York Life Insurance	美国	United States	25699.7	4.0
186	204	国营石油公司	Petronas	马来西亚	Malaysia	25660.9	19.7
187	212	法国国营铁路公司	SNCF	法国	France	25490.7	21.6
188	195	劳埃德集团	Lloyds TSB Group	英国	United Kingdom	25378.0	13.3
189	191	印度石油公司	Indian Oil	印度	India	25316.3	12.5
190	184	KDDI	KDDI	日本	Japan	25196.6	10.2
191	168	国际造纸公司	International Paper	美国	United States	25179.0	0.8
192	188	Best Buy	Best Buy	美国	United States	24901.0	9.8
193	214	诺华	Novartis	瑞士	Switerland	24864.0	19.4
194	211	布伊格公司	Bouygues	法国	France	24697.4	17.4
195	175	Millea Holdings	Millea Holdings	日本	Japan	24573.5	2.2
196	23	丸红	Marubeni	日本	Japan	24559.8	-66.0
197	180	泰森食品公司	Tyson Foods	美国	United States	24549.0	5.1
198	177	Wachovia Corp.	Wachovia Corp.	美国	United States	24474.0	3.7
199	221	Norsk Hydro	Norsk Hydro	挪威	Norway	24276.3	18.9
200	219	拉博银行	Rabobank	荷兰	Netherlands	24124.7	17.6

利润额(百万美元) Profits (USD mil.)	比上年增长% % Change from 2002	资产额(百万美元) Assets (USD mil.)	股东产权权益(百万美元) Stockholders' Equity (USD mil.)	雇员人数(人) Employees (persons)
397.0	-	31001.2	5782.0	98988
670.8	-4.5	23143.9	9380.3	97000
-1293.6	-	69272.2	15038.8	55451
1825.0	35.0	17634.0	5128.0	33000
866.0	1253.1	33009.0	15785.0	122500
332.7	539.9	418412.2	4423.5	25313
-1182.1	-546.2	31383.3	7893.5	14347
2820.4	113.5	680345.0	23936.3	90040
3603.0	-	1324067.6	35030.3	26575
-56.0	-116.3	20904.0	1570.0	190000
-2986.7	-	604751.0	13006.8	60214
1264.0	551.5	321274.0	21292.0	39422
3988.0	58.7	494518.0	27651.0	48100
973.0	-	37039.0	9781.0	81000
2378.9	56.2	29692.3	17407.2	102557
729.5	-51.4	31078.4	8702.2	102331
5569.3	43.8	90850.7	64029.1	299717
22211.0	-	27367.0	8472.0	56600
1265.5	-	137209.3	14967.1	7949
1267.0	2.5	49988.0	23791.0	112000
893.0	-	32098.0	12689.0	88000
125.6	216.4	22372.2	319.1	124146
3568.0	7.7	25327.0	11896.0	143000
2954.8	39.1	443724.0	30827.0	103038
847.3	18.2	10543.1	6021.8	83000
1416.9	95.2	89848.5	63205.0	117750
605.4	136.9	64555.1	9259.1	39735
1215.0	92.9	42850.0	13224.0	66900
778.3	14.5	6936.5	2197.5	47400
317.7	45.8	13699.9	3423.8	43649
514.3	-	303763.6	10241.5	5671
367.5	-	35621.6	9021.7	46233
2987.0	11.8	175001.0	15323.0	78200
300.1	51.5	17259.2	2139.7	35627
695.0	64.1	131267.2	9136.6	12180
6226.0	56.6	53474.8	25683.6	30634
12.4	-79.1	47286.0	3697.0	243944
5319.5	98.8	451136.8	17228.3	71609
1631.2	19.9	13956.6	5516.2	37158
1036.0	120.1	25371.9	9702.4	13127
302.0	-	35525.0	8237.0	83000
705.0	612.1	8652.0	3422.0	100000
5016.0	6.8	49317.0	30429.0	78541
509.3	-19.1	31620.3	6471.9	124300
986.4	112.3	105793.2	22211.9	19779
306.0	23.0	40891.7	3777.4	24417
337.0	-12.0	10486.0	3954.0	120000
4264.0	19.1	401032.0	32428.0	86670
1550.0	41.2	32862.6	13239.5	42911
1587.9	34.4	508700.7	24120.4	50849

16-2 续表 4 continued

位次 Rank 2003	2002	企业名称	Company Name	国家和地区	Country or Area	营业额(百万美元) Revenues (USD mil.)	比上年增长% % Change from 2002
201	.	A.P.MOLLER-MERSK GROUP	A.P.MOLLER-MERSK GROUP	丹麦	Danmark	23887.9	-
202	186	高盛集团	Goldman Sachs Group	美国	United States	23623.0	3.4
203	121	凯马特	Kmart	美国	United States	23485.0	-23.7
204	310	杜克能源	Duke Energy	美国	United States	23483.0	49.9
205	245	罗氏制药	Roche Group	瑞士	Switerland	23212.9	21.6
206	197	霍尼韦尔国际公司	Honeywell Intl.	美国	United States	23103.0	3.7
207	185	阿西布朗勃法瑞	ABB	瑞士	Switzerland	23079.0	1.0
208	241	CAISSE DEPARGNE	Groupe Caisse D'epargne	法国	France	23077.8	19.3
209	223	卡特彼勒公司	Caterpillar	美国	United States	22763.0	13.0
210	220	TUI	TUI	德国	Germany	22730.4	11.3
211	215	日联银行	UFJ Holdings	日本	Japan	22722.9	9.8
212	243	沃尔沃公司	Volvo	瑞典	Sweden	22692.4	18.4
213	244	日本电装公司	Denso	日本	Japan	22685.1	18.5
214	218	富士胶卷公司	Fuji Photo Film	日本	Japan	22667.2	10.2
215	224	约翰逊控制器公司	Johnson Controls	美国	United States	22646.0	12.6
216	193	贝尔南方	BellSouth	美国	United States	22635.0	0.9
217	187	三菱东京金融集团	Mitsubishi Tokyo Financial Group	日本	Japan	22621.1	-0.6
218	192	英格雷姆麦克罗	Ingram Micro	美国	United States	22613.0	0.7
219	210	东日本铁路	East Japan Railway	日本	Japan	22507.0	6.9
220	202	关西电力公司	Kansai Electric Power	日本	Japan	22488.1	4.8
221	217	联邦捷运公司	FedEx	美国	United States	22487.0	9.1
222	50	默克公司	Merck	美国	United States	22485.9	-56.6
223	353	BUNGE	Bunge	美国	United States	22345.0	58.8
224	118	三菱汽车	Mitsubishi Motors	日本	Japan	22304.7	-30.0
225	257	三洋电气公司	Sanyo Electric	日本	Japan	22203.5	24.0
226	144	康尼格拉	ConAgra Foods	美国	United States	22052.5	-20.2
227	226	JIFE Holdings	JIFE Holdings	日本	Japan	21900.0	10.0
228	232	HCA	HCA	美国	United States	21808.0	10.5
229	216	美国铝公司	Alcoa	美国	United States	21728.0	5.4
230	225	DELHAIZE"LELION" 公司	Delhaize Group	比利时	Belgium	21719.9	9.0
231	196	标准人寿保险公司	Standard Life Assurance	英国	United Kingdom	21711.9	-3.0
232	200	电子数据系统公司	Electronic Data Systems	美国	United States	21596.0	-0.9
233	198	第一银行	Bank One Corp.	美国	United States	21454.0	-3.2
234	270	Vinci	Vinci	法国	France	21363.2	22.5
235	408	COMCAST	Comcast	美国	United States	21263.0	70.7
236	222	麻省相互人寿保险公司	Mass. Mutual Life Ins.	美国	United States	21075.8	4.1
237	234	可口可乐公司	Coca-Cola	美国	United States	21044.0	7.6
238	206	三菱重工	Mitsubishi Heavy Industries	日本	Japan	21012.1	-1.3
239	252	布里斯托尔－迈尔斯施贵宝公司	Bristol-Myers Squibb	美国	United States	20894.0	15.3
240	269	乔治韦斯顿公司	George Weston	加拿大	Canada	20838.4	19.2
241	290	中国人寿保险公司	China Life Insurance	中国	China	20782.1	26.9
242	230	中国移动通信集团公司	China Mobile Communications	中国	China	20764.7	5.0
243	237	中国工商银行	Industrial & Commercial Bank of China	中国	China	20757.3	6.3
244	289	法国邮政局	La Poste	法国	France	20376.3	24.3
245	272	WellPoint Health Netwks.	WellPoint Health Netwks.	美国	United States	20359.7	17.4
246	182	佐治亚－太平洋公司	Georgia-Pacific	美国	United States	20255.0	-13.0
247	242	超价商店	Supervalu	美国	United States	20209.7	5.5
248	238	安万特	Aventis	法国	France	20162.4	3.4
249	288	夏普公司	Sharp	日本	Japan	19983.7	21.6
250	256	布里奇斯通轮胎公司	Bridgestone	日本	Japan	19877.3	10.7

利润额(百万美元) Profits (USD mil.)	比上年增长% % Change from 2002	资产额(百万美元) Assets (USD mil.)	股东产权权益(百万美元) Stockholders' Equity (USD mil.)	雇员人数(人) Employees (persons)
2626.2	-	29312.3	15616.8	60000
3005.0	42.1	403799.0	21632.0	19476
-614.0	-	6084.0	2192.0	158000
-1323.0	-227.9	56203.0	13748.0	23300
2281.9	-	48097.4	19057.5	65357
1324.0	-	29344.0	10729.0	108000
-767.0	-	30413.0	3026.0	116464
1263.0		480156.8	12976.6	44700
1099.0	37.7	36465.0	6078.0	69169
311.2	928.7	16383.7	3130.4	64257
-3566.1	-	789484.5	16005.1	34269
36.9	-74.3	32139.4	10342.9	73156
974.1	6.9	24285.0	14509.4	95451
728.8	82.8	29062.3	16820.0	73164
682.9	13.7	13127.3	4261.3	118000
3904.0	174.4	49702.0	19712.0	75743
4964.9	-	1024798.7	41286.3	20323
149.2	-	5474.2	1872.9	11300
1061.2	32.0	65186.3	10575.0	77009
797.8	20.8	68734.5	15737.4	33935
830.0	16.9	15385.0	7288.0	190918
6830.9	-4.5	40587.5	15576.4	63200
411.0	61.2	9884.0	2377.0	23295
-1907.2	-722.0	19503.3	288.1	49000
25.3	-	25609.0	4964.4	82337
774.8	-1.0	15071.4	4621.7	63000
946.1	622.8	35799.7	7173.5	52557
1332.0	59.9	21063.0	6209.0	161000
938.0	123.3	31711.0	12075.0	120000
193.8	15.0	12006.7	4205.2	141711
0.0	-	151935.8	N.A.	14586
-1698.0	-252.2	18280.0	5714.0	132000
3535.0	7.3	326563.0	23419.0	71196
612.7	35.6	27551.7	3704.4	127513
3240.0	-	109159.0	41662.0	68000
735.0	-48.6	108617.1	6282.0	10906
4347.0	42.5	27342.0	14090.0	49000
192.9	-31.5	35712.4	12731.2	59949
3106.0	50.3	27471.0	9786.0	44000
565.2	28..7	13417.0	3452.9	142000
32.2	-66.9	55068.0	2377.9	78187
3579.9	-3.4	49733.8	32395.9	116189
298.8	-62.1	637828.6	20600.1	389045
228.6	611.2	67350.0	2319.6	315364
935.2	33.0	14788.7	5429.9	19100
254.0	-	24405.0	5394.0	61000
280.1	9.0	6152.9	2209.6	55200
2151.5	8.8	35666.6	13160.7	75567
537.5	100.9	20668.4	9069.3	46164
765.4	111.2	20720.3	8285.7	108741

16-2 续表 5 continued

位次 Rank 2003	2002	企业名称	Company Name	国家和地区	Country or Area	营业额(百万美元) Revenues (USD mil.)	比上年增长% % Change from 2002
251	249	惠好公司	Weyerhaeuser	美国	United States	19873.0	7.3
252	271	Almanij	Almanij	比利时	Belgium	19745.5	13.4
253	255	英美烟草公司	British American Tobacco	英国	United Kingdom	19684.1	9.6
254	263	雅培制药公司	Abbott Laboratories	美国	United States	19680.6	11.3
255	207	阿尔斯通	Alstom	法国	France	19627.1	-7.6
256	286	铃木自动车工业公司	Suzuki Motor	日本	Japan	19467.7	17.7
257	254	中国电信集团公司	China Telecommunications	中国	China	19464.5	8.1
258	239	全美汽车租赁	AutoNation	美国	United States	19381.1	-0.5
259	377	卢克石油公司	Lukoil	俄罗斯	Russian Fed.	19345.0	43.8
260	276	巴登－符腾堡州立银行	Landesbank Baden-Wurttemberg	德国	Germany	19270.8	12.4
261	.	williams	williams	美国	United States	19265.6	105.2
262	233	皇家和太阳联盟公司	Royal & Sun Alliance	英国	United Kingdom	19259.1	-2.2
263	236	三星人寿保险公司	Samsung Life Insurance	韩国	Korea, Rep.	19159.0	-1.9
264	213	毕尔巴鄂比斯开银行	Banco Bilbao Vizcaya Argentaria	西班牙	Spain	19144.9	-8.1
265	279	韩国电力公司	Korea Electric Power	韩国	Korea, Rep.	19114.3	11.9
266	273	贝特尔斯曼公司	Bertelsmann	德国	Germany	19014.8	9.8
267	265	Dexia Group	Dexia Group	比利时	Belgium	18889.1	7.0
268	247	思科系统	Cisco Systems	美国	United States	18878.0	-0.2
269	253	阿斯特拉捷利康	AstraZeneca	英国	United Kingdom	18849.0	4.5
270	248	中国化工进出口总公司	Sinochem	中国	China	18846.1	0.4
271	364	法国煤气	Gaz de France	法国	France	18840.5	37.0
272	227	信诺公司	Cigna	美国	United States	18808.0	-5.6
273	305	国家电力公司	Endesa	西班牙	Spain	18768.0	17.3
274	301	哈特福德金融服务公司	Hartford Fin. Services	美国	United States	18733.0	17.8
275	328	Anglo American	Anglo American	英国	United Kingdom	18637.0	23.1
276	246	华盛顿共同公司	Washington Mutual	美国	United States	18629.0	-2.1
277	259	中部电力公司	Chubu Electric Power	日本	Japan	18600.8	4.2
278	294	Adecco	Adecco	瑞士	Switzerland	18391.2	14.1
279	307	三井住友保险公司	Mitsui Sumitomo Insurance	日本	Japan	18294.8	16.1
280	266	萨拉 · 李公司	Sara Lee	美国	United States	18291.0	3.8
281	291	3M	3M	美国	United States	18232.0	11.6
282	349	CENDANT	Cendant	美国	United States	18192.0	27.7
283	367	保险集团	Groupama	法国	France	18155.8	24.8
284	280	雷声公司	Raytheon	美国	United States	18109.0	6.8
285	331	意大利联合信贷银行	UniCredito Italiano	意大利	Italy	18092.2	20.3
286	313	COMPASS 集团	Compass Group	英国	United Kingdom	18072.0	15.8
287	296	汉莎集团	Lufthansa Group	德国	Germany	18059.6	12.6
288	325	米其林公司	Michelin	法国	France	18047.6	18.6
289	228	安泰	Aetna	美国	United States	17976.4	-9.6
290	287	日本烟草公司	Japan Tobacco	日本	Japan	17881.4	8.5
291	268	Banca Intesa	Banca Intesa	意大利	Italy	17789.1	1.3
292	285	日本出光兴产石油公司	Idemitsu Kosan	日本	Japan	17669.6	6.5
293	250	威斯蒂安	Visteon	美国	United States	17660.0	-4.0
294	258	大荣	Daiei	日本	Japan	17518.3	-2.0
295	326	新闻公司	News Corp.	澳大利亚	Australia	17493.9	15.2
296	274	美利坚公司	AMR	美国	United States	17440.0	0.8
297	.	japan post	japan post	日本	Japan	17430.8	-
298	309	技术数据	Tech Data	美国	United States	17406.3	10.6
299	282	可口可乐企业	Coca-Cola Enterprises	美国	United States	17330.0	2.6
300	231	德国商业银行	Commerzbank	德国	Germany	17316.0	-12.4

利润额(百万美元) Profits (USD mil.)	比上年增长% % Change from 2002	资产额(百万美元) Assets (USD mil.)	股东产权权益(百万美元) Stockholders' Equity (USD mil.)	雇员人数(人) Employees (persons)
277.0	14.9	28109.0	7109.0	55162
1060.7	56.4	327478.2	10101.7	50948
1031.5	-40.4	33975.1	8025.2	60915
2753.2	-1.4	26715.3	13072.3	72181
-2159.4	-	23009.4	35.6	76811
388.1	52.4	15165.1	6654.9	38493
1708.4	82.2	61741.8	30386.7	371139
479.2	25.6	8823.1	3949.7	28000
3701.0	100.8	26574.0	17472.0	150000
385.5	44.5	407150.6	11307.3	12648
-492.2	-	27021.8	4102.1	13400
-624.5	-	98366.4	5372.2	31980
276.8	-65.0	72697.2	8753.6	6314
2520.4	55.1	362190.9	21834.9	86197
1950.0	-19.9	60198.5	31602.2	19371
174.3	-80.1	25433.5	8408.0	73221
1619.6	31.9	441324.2	12348.4	23865
3578.0	89.0	37107.0	28029.0	34000
3036.0	7.1	23573.0	13178.0	61900
123.4	27.4	5454.7	1394.6	12000
1029.9	-69.8	39803.8	12092.4	36072
668.0	-	90953.0	4519.0	32700
1484.9	23.7	58080.5	11101.0	26777
-91.0	-109.1	225853.0	11639.0	30000
1592.0	1.9	43727.0	20394.0	193000
3880.0	-0.4	257178.0	19742.0	63720
1015.6	16.2	58251.0	13237.6	25250
345.2	51.8	7953.9	1951.3	28000
688.7	155.7	68505.1	13475.3	15980
1221.0	20.9	15084.0	2052.0	145800
2403.0	21.7	17600.0	7885.0	67072
1172.0	38.5	39037.0	10186.0	87400
175.4	-	84907.7	5092.0	28900
365.0	-	23668.0	9162.0	78000
2218.9	30.3	300519.0	16413.1	69062
294.6	-9.7	14311.3	4284.8	412574
-1113.7	264.3	21104.6	3346.3	93246
359.4	-34.6	20391.8	5458.2	127210
933.8	-	40950.2	7924.0	27600
-67.3	-110.9	29115.8	14494.4	39243
1374.0	626.6	328217.0	16223.2	60040
33.1	77.2	21856.9	2982.2	8242
-1213.0	-	10964.0	1858.0	72000
159.5	-85.5	20691.6	810.2	22730
1057.4	-	45434.5	21678.1	37000
-1228.0	-	29330.0	46.0	96400
233.1	-	22207.6	-5.3	121489
104.1	-	4167.9	1658.5	8400
676.0	36.8	25700.0	4365.0	74000
-2522.7	-	481304.6	11466.8	32377

16-2 续表 6 continued

位次 Rank		企业名称	Company Name	国家和地区	Country or Area	营业额(百万美元) Revenues (USD mil.)	比上年增长% % Change from 2002
2003	2002						
301	284	莱曼兄弟公司	Lehman Brothers Hldgs.	美国	United States	17287.0	3.0
302	284	卡尔斯泰公司	KarstadtQuelle	德国	Germany	17282.5	15.6
303	284	加拿大皇家银行	Royal Bank of Canada	加拿大	Canada	17203.9	16.5
304	284	OLD MUTUAL	Old Mutual	英国	United Kingdom	17145.4	16.5
305	284	麦当劳公司	McDonald's	美国	United States	17140.5	11.3
306	277	日本航空公司	Japan Airlines System	日本	Japan	17101.8	0.0
307	300	西北联合人寿保险公司	Northwestern Mutual	美国	United States	17059.7	7.2
308	317	三菱化工	Mitsubishi Chemical	日本	Japan	17045.0	10.0
309	327	曼恩公司	MAN Group	德国	Germany	17000.2	12.1
310	329	宠巴迪	Bombardier	加拿大	Canada	16996.2	12.4
311	341	自由联合保险集团	Liberty Mutual Ins. Group	美国	United States	16914.0	16.3
312	299	PUBLIX 超级市场	Publix Super Markets	美国	United States	16848.3	5.8
313	297	全国保险公司	Nationwide	美国	United States	16803.0	5.4
314	348	安田火灾海上保险公司	Sompo Japan Insurance	日本	Japan	16794.9	17.8
315	381	ANTHEM	Anthem	美国	United States	16771.4	26.3
316	355	TENET HEALTHCARE	TENET HEALTHCARE	美国	United States	16746.0	20.4
317	312	AT&T WIRELESS SERVICES	AT&T Wireless Services	美国	United States	16695.0	6.8
318	357	通用动力	General Dynamics	美国	United States	16617.0	19.9
319	306	来德爱	Rite Aid	美国	United States	16600.4	5.1
320	334	SKANAKA	Skanska	瑞典	Sweden	16451.1	9.8
321	396	达能集团	Groupe Danone	法国	France	16376.6	27.3
322	400	哈利伯顿公司	Halliburton	美国	United States	16271.0	29.4
323	.	HANWHA	Hanwha	韩国	Korea, Rep.	16181.8	170.9
324	372	科尔斯美亚公司	Coles Myer	澳大利亚	Australia	16042.8	18.5
325	350	瑞士人寿和养老保险	Swiss Life Ins. & Pension	瑞士	Switzerland	16035.6	13.5
326	401	太阳石油	Sunoco	美国	United States	15930.0	26.9
327	373	欧莱雅	L'Oreal	法国	France	15877.6	17.5
328	391	曼格纳国际	Magna International	加拿大	Canada	15870.0	22.3
329	342	加普公司	Gap	美国	United States	15853.8	9.7
330	340	惠氏	Wyeth	美国	United States	15850.6	8.7
331	371	中国建设银行	China Construction Bank	中国	China	15824.8	16.9
332	351	澳大利亚国民银行	National Australia Bank	澳大利亚	Australia	15819.5	12.1
333	335	EXELON	Exelon	美国	United States	15812.0	5.7
334	283	洛斯公司	Loews	美国	United States	15809.6	-6.1
335	347	理光公司	Ricoh	日本	Japan	15760.6	10.5
336	343	利尔公司	Lear	美国	United States	15746.7	9.2
337	323	加拿大太阳人寿保险公司	Sun Life Financial Services	加拿大	Canada	15741.2	2.8
338	382	LEGAL£GENERAL	Legal & General Group	英国	United Kingdom	15729.7	18.8
339	304	施乐公司	Xerox	美国	United States	15701.0	-0.9
340	388	伍尔沃斯公司	Woolworths	澳大利亚	Australia	15681.8	19.9
341	302	BHP BILLITON	BHP Billiton	澳大利亚	Australia	15608.0	-1.9
342	262	日本矿业控股公司	Nippon Mining Holdings	日本	Japan	15551.1	-12.4
343	324	巴伐利亚州立银行	Bayerische Landesbank	德国	Germany	15549.4	1.6
344	354	迪尔公司	Deere	美国	United States	15534.6	11.4
345	356	电通公司	Dentsu	日本	Japan	15484.9	11.5
346	361	拉法基	Lafarge	法国	France	15457.6	11.9
347	314	美国电力	American Electric Power	美国	United States	15441.0	-0.9
348	18	伊藤忠商事	Itochu	日本	Japan	15393.2	-82.1
349	365	伊莱克斯	Electrolux	瑞典	Sweden	15361.4	12.1
350	320	美国银行	U.S. Bancorp	美国	United States	15354.4	-0.4

利润额(百万美元) Profits (USD mil.)	比上年增长% % Change from 2002	资产额(百万美元) Assets (USD mil.)	股东产权权益(百万美元) Stockholders' Equity (USD mil.)	雇员人数(人) Employees (persons)
1699.0	74.3	312061.0	13174.0	16188
121.7	-20.6	11595.0	2067.8	100956
2082.1	18.7	305781.1	13941.1	60812
446.3	89.2	103513.1	5125.2	44689
1471.4	64.7	25525.1	11981.9	418000
-784.5	-920.9	20314.4	1530.9	54053
692.3	338.3	113822.1	7546.8	4427
305.8	74.3	19239.6	3816.6	33496
256.9	101.3	12556.5	3430.8	64158
-64.5	-	19218.9	2442.9	63865
851.0	67.5	64422.0	7381.0	37850
660.9	4.5	5150.7	3169.3	90500
653.4	279.3	147674.2	10833.7	33249
487.7	-	54683.6	7620.8	17031
774.3	41.0	13438.7	5999.9	20130
-1477.0	-288.2	12298.0	4361.0	93844
442.0	-	47802.0	20663.0	31000
1004.0	9.5	16183.0	5921.0	67600
83.3	-	6246.7	9.3	54375
341.8	-	9275.2	1969.2	69669
149.4	-87.7	21316.5	7501.1	88607
-820.0	-	15463.0	2547.0	101000
29.1	-	34882.9	584.9	2714
255.0	36.8	5463.4	2447.4	165000
173.2	-	131371.6	4013.6	10015
312.0	-	6922.0	1556.0	14900
1688.0	39.8	18935.2	10247.4	50500
522.0	-5.8	9816.0	4930.0	75000
1030.2	115.8	10343.3	4781.9	153000
2051.2	-53.9	31031.9	9294.4	52385
49.7	-90.5	429431.5	22506.5	275029
2423.4	35.0	269028.2	16519.9	42540
905.0	-37.2	41941.0	8503.0	16495
-610.7	-167.0	77880.9	11054.3	22700
812.4	36.5	17809.2	7642.9	73165
380.5	2826.9	8571.0	2257.5	111002
934.2	47.0	126365.8	10815.3	13570
660.4	-	223654.7	5835.9	8141
360.0	295.6	24591.0	4679.0	61100
380.5	29.1	3947.7	828.5	145000
1901.0	12.5	28365.0	12013.0	34801
131.5	338.8	15115.3	2246.8	9858
76.9	-65.5	395339.9	11304.7	9061
643.1	101.5	26258.0	4002.1	43200
273.4	45.1	11429.7	4514.0	14245
823.9	91.1	31325.1	10324.0	75338
110.0	-	36744.0	7874.0	22075
-282.8	-271.6	43132.2	4064.6	40737
591.5	12.8	10705.4	3816.7	77140
3732.6	13.5	189286.0	19242.0	51377

16–2 续表 7 continued

位次 Rank		企业名称	Company Name	国家和地区	Country or Area	营业额(百万美元)	
2003	2002					Revenues (USD mil.)	比上年增长% % Change from 2002
351	.	英国电网公司	National Grid Transco	英国	United Kingdom	15300.7	5.2
352	319	联合百货公司	Federated Dept. Stores	美国	United States	15264.0	-1.1
353	293	布瑞德斯克银行	Banco Bradesco	巴西	Brazil	15179.5	-5.9
354	.	TRAVELERS PROPERTY CASUALTY	Travelers Property Casualty	美国	United States	15139.2	-
355	22	住友商事	Sumitomo	日本	Japan	15126.2	-80.0
356	358	固特异轮胎和橡胶公司	Goodyear Tire & Rubber	美国	United States	15119.0	9.1
357	330	韩国国民银行	Kookmin Bank	韩国	South Korea	15112.4	0.2
358	332	中国银行	Bank Of China	中国	China	15021.6	-0.1
359	461	尤科斯公司	Yukos	俄罗斯	Russian Fed.	14966.0	37.1
360	318	奎斯特电信	Qwest Communications	美国	United States	14936.0	-11.7
361	443	浦项综合制铁公司	POSCO	韩国	South Korea	14930.2	30.1
362	392	MIGROS	Migros	瑞士	Switzerland	14880.2	14.7
363	338	巴西银行	Banco Do Brasil	巴西	Brizal	14844.2	1.1
364	405	拉加代尔	Lagardere Group	法国	France	14790.7	13.3
365	383	阿克佐诺贝尔公司	Akzo Nobel	荷兰	Netherlands	14770.7	11.6
366	448	计算机科学	Computer Sciences	美国	United States	14767.6	30.2
367	363	日本通运公司	Nippon Express	日本	Japan	14757.5	7.2
368	395	英国邮局	Royal Mail Holdings	英国	United Kingdom	14623.2	13.9
369	.	惠尔通集团	Hilton Group	英国	United Kingdom	14599.2	77.3
370	333	爱立信公司	L.M. Ericsson	瑞典	Sweden	14576.6	-2.8
371	411	莱茵集团	RAG	德国	Germany	14559.2	18.2
372	.	上海宝钢集团公司	Shanghai Baosteel Group	中国	China	14548.0	54.9
373	292	翠丰集团	Kingfisher	英国	United Kingdom	14536.4	-10.7
374	378	伟创力	Flextronics International	新加坡	Singapore	14530.4	8.6
375	399	法国航空公司	Air France Group	法国	France	14509.8	15.0
376	303	佛雷特波士顿银行	FleetBoston Financial	美国	United States	14442.0	-9.0
377	428	ROYAL KPN	Royal KPN	荷兰	Netherlands	14420.9	20.9
378	427	阿拉美达赫斯	Amerada Hess	美国	United States	14408.0	20.8
379	421	联盟联合化学公司	Alliance Unichem	英国	United Kingdom	14384.7	19.3
380	322	鹿岛公司	Kajima	日本	Japan	14357.5	-6.7
381	370	金伯利克拉克有限公司	Kimberly-Clark	美国	United States	14348.0	5.8
382	359	SCHLUMBERGER	Schlumberger	美国	United States	14278.8	3.3
383	481	KFW BANKENGRUPPE	KFW Bankengruppe	德国	Germany	14240.3	35.7
384	440	AISIN SEIKI	Aisin Seiki	日本	Japan	14211.3	23.0
385	311	阿尔卡太尔公司	Alcatel	法国	France	14161.8	-9.5
386	375	大成公司	Taisei	日本	Japan	14151.7	4.8
387	369	安荷伊泽布什公司	Anheuser-Busch	美国	United States	14146.7	4.3
388	390	加拿大贝尔电子	BCE	加拿大	Canada	14119.0	8.4
389	10	三菱商事	Mitsubishi	日本	Japan	14116.4	-87.1
390	409	克里斯汀迪奥	Christian Dior	法国	France	14108.6	13.3
391	406	马克斯－斯潘塞公司	Marks & Spencer	英国	United Kingdom	14061.6	12.5
392	360	埃默森电器公司	Emerson Electric	美国	United States	13999.0	1.3
393	486	VATTENFALL	Vattenfall	瑞典	Sweden	13858.2	33.3
394	387	东北电力公司	Tohoku Electric Power	日本	Japan	13835.1	5.8
395	389	国泰人寿保险	Cathay Life	中国台湾	Taiwan	13804.6	5.6
396	419	斯达拉恩索	Stora Enso	芬兰	Finland	13776.2	14.0
397	398	清水公司	Shimizu	日本	Japan	13727.1	7.9
398	346	联合航空公司	UAL	美国	United States	13724.0	-3.9
399	417	BAE SYSTEMS	BAE Systems	英国	United Kingdom	13710.7	13.0
400	397	奥拓邮购公司	Otto Versand	德国	Germany	13708.0	7.3

利润额(百万美元) Profits (USD mil.)	比上年增长% % Change from 2002	资产额(百万美元) Assets (USD mil.)	股东产权权益(百万美元) Stockholders' Equity (USD mil.)	雇员人数(人) Employees (persons)
1861.6	207.8	42999.9	2229.3	24527
693.0	-15.3	14550.0	5940.0	111000
749.6	8.2	61038.8	4695.6	75781
1696.0	-	64872.0	11986.7	22100
589.8	154.1	48180.3	7025.0	33799
-802.1	-	15005.5	-13.1	86000
-622.5	-161.3	156753.0	7109.7	28980
554.2	-51.4	464212.8	22517.5	188715
4534.0	48.3	18514.0	10134.0	100000
1512.0	-	26216.0	1016.0	46876
1675.2	92.4	17430.4	10873.8	27475
276.6	141.9	13412.2	6787.0	61486
773.9	11.4	79772.4	4219.0	80640
377.9	-	22649.1	4895.9	43009
681.3	-11.9	15077.9	3155.8	64600
519.4	18.0	11840.7	5495.1	90000
241.4	26.1	12134.2	4047.9	64699
11.9	-	10744.0	3929.3	212310
183.1	25.2	9445.0	4374.6	49187
-1342.5	-	25346.1	8405.6	51583
-93.9	-1728.8	25430.7	2668.6	77680
946.2	96.2	20792.1	11196.3	102039
379.3	47.2	12998.2	8015.8	64320
-352.4	-	9583.9	4367.2	82000
109.4	-8.4	15924.9	4991.7	71654
2598.0	118.7	200235.0	18280.0	47500
3090.8	-	30429.6	9034.9	29668
643.0	-	13983.0	5340.0	11481
210.1	28.5	6196.4	1664.5	22160
-39.6	-147.7	17977.3	2081.1	16471
1694.2	1.2	16779.9	6766.3	62000
383.0	-	20041.3	5881.3	77000
280.0	12.0	395923.9	10006.2	3670
307.4	-22.0	13289.5	4866.2	47600
-2200.1	-	26654.4	3821.2	60486
91.7	-25.5	17034.0	1963.2	17014
2075.9	7.3	14689.5	2711.7	23316
1295.4	-17.8	30436.3	10508.9	64000
1021.4	99.9	80650.1	11761.7	49213
342.9	103.8	32544.8	4760.3	56815
935.5	25.9	13557.9	4510.1	46654
1089.0	792.6	15194.0	6460.0	106700
1129.5	45.1	36824.8	7297.3	35296
452.2	-11.0	39365.8	8370.7	18289
227.6	-38.8	42848.9	2540.0	28977
165.9	-	22630.9	10196.2	42814
81.1	44.7	16832.5	2606.7	13090
-2808.0	-	21979.0	-5916.0	63000
9.8	-	27500.1	10008.7	68400
152.7	19.3	6588.3	982.0	54098

16-2 续表 8 continued

位次 Rank		企 业 名 称	Company Name	国家和地区 Country or Area		营业额(百万美元)	
2003	2002					Revenues (USD mil.)	比上年增长 % % Change from 2002
401	.	CUNTRYWIDE FINANCIAL	Countrywide Financial	美国	United States	13659.5	53.9
402	410	SAN PAOLO IMI	San Paolo IMI	意大利	Italy	13658.1	10.7
403	416	住友电气工业公司	Sumitomo Electric Industries	日本	Japan	13654.9	11.7
404	402	阿尔坎公司	Alcan	加拿大	Canada	13652.0	8.9
405	.	AMP	AMP	澳大利亚	Australia	13515.7	150.0
406	386	韩国电信	KT	韩国	South Korea	13485.4	2.9
407	.	和记黄埔有限公司	Hutchison Whampoa	中国	China	13473.5	39.7
408	455	TPG	TPG	荷兰	Netherlands	13429.5	20.6
409	376	五月百货公司	May Dept. Stores	美国	United States	13343.0	-1.1
410	425	TJX	TJX	美国	United States	13327.9	11.2
411	394	伊士曼柯达公司	Eastman Kodak	美国	United States	13317.0	3.7
412	488	中国农业银行	Agricultural Bank of China	中国	China	13303.1	14.1
413	380	德尔塔航空公司	Delta Air Lines	美国	United States	13303.0	0.0
414	414	EXPRESS SCRIPTS	Express Scripts	美国	United States	13294.5	8.4
415	384	中国粮油食品进出口公司	COFCO	中国	China	13290.1	0.5
416	420	NORDER BANK	Nordea Bank	瑞典	Sweden	13194.1	9.3
417	434	斯特普尔斯	Staples	美国	United States	13181.2	13.7
418	435	沃尔斯利公司	Wolseley	英国	United Kingdom	13084.9	12.9
419	468	CONTINENTAL	Continental	德国	Germany	13054.2	21.0
420	466	康力斯集团	Corus Group	英国	United Kingdom	13001.2	20.4
421	491	GASUNIE	Gasunie	荷兰	Netherlands	12973.2	26.2
422	478	FORTUM	Fortum	芬兰	Finland	12893.1	22.3
423	429	英国航空公司	British Airways	英国	United Kingdom	12805.6	7.7
424	407	联合太平洋铁道公司	Union Pacific	美国	United States	12792.0	2.4
425	458	GUS	GUS	英国	United Kingdom	12785.3	15.7
426	450	富士重工业公司	Fuji Heavy Industries	日本	Japan	12743.5	13.1
427	433	科斯莫石油公司	Cosmo Oil	日本	Japan	12691.5	9.3
428	457	铃木汽车	Isuzu Motors	日本	Japan	12662.8	14.3
429	403	埃尔帕索能源公司	El Paso	美国	United States	12653.0	1.2
430	462	澳洲电信	Telstra	澳大利亚	Australia	12641.6	16.1
431	.	PLAINS ALL AMER.PIPELINE	Plains All Amer. Pipeline	美国	United States	12589.8	50.2
432	.	CEPSA	Cepsa	西班牙	Spain	12588.6	39.3
433	456	礼来大药厂	Eli Lilly	美国	United States	12582.5	13.6
434	441	索迪斯联合	Sodexho Alliance	法国	France	12532.1	8.8
435	463	精工爱普生	Seiko Epson	日本	Japan	12511.5	15.3
436	495	日本邮船株式会社	Nippon Yusen	日本	Japan	12379.4	20.7
437	444	办公用品公司	Office Depot	美国	United States	12358.6	8.1
438	344	ONEX	Onex	加拿大	Canada	12352.6	-14.4
439	431	九洲电力公司	Kyushu Electric Power	日本	Japan	12320.6	5.6
440	374	三井联合人寿保险公司	Mitsui Life Insurance	日本	Japan	12318.7	-8.8
441	415	第一能源	FirstEnergy	美国	United States	12317.7	0.7
442	452	日本中央铁道公司	Central Japan Railway	日本	Japan	12253.1	9.5
443	451	胡曼纳	Humana	美国	United States	12226.3	8.6
444	.	CRH	CRH	爱尔兰	Ireland	12194.0	22.6
445	475	MANPOWER	Manpower	美国	United States	12184.5	14.8
446	459	惠尔普尔公司	Whirlpool	美国	United States	12176.0	10.5
447	393	温－迪克西百货公司	Winn-Dixie Stores	美国	United States	12168.4	-6.0
448	438	爱迪生国际	Edison International	美国	United States	12156.0	5.1
449	496	多米宁资源公司	Dominion Resources	美国	United States	12078.0	18.2
450	.	巴哈拉特石油	Bharat Petroleum	印度	India	12053.7	16.1

利润额(百万美元) Profits (USD mil.)	比上年增长% % Change from 2002	资产额(百万美元) Assets (USD mil.)	股东产权权益(百万美元) Stockholders' Equity (USD mil.)	雇员人数(人) Employees (persons)
2373.0	181.9	97949.8	8084.7	34298
1100.1	30.9	255520.2	13868.3	43465
226.9	-	16347.9	6301.2	87415
167.0	-55.3	31957.0	10715.0	88000
-3615.6	-	52907.3	2658.9	3961
689.7	-55.7	21449.0	5495.0	44012
1846.4	0.8	80333.3	31881.4	172653
339.5	-40.0	9983.4	3744.9	163028
434.0	-19.9	12097.0	4191.0	110000
658.4	13.8	4396.8	1552.4	94000
265.0	-65.6	14818.0	3264.0	63900
232.2	-33.7	359631.7	16436.5	511425
-773.0	-	26356.0	-659.0	70600
249.6	23.1	3409.2	1194.0	8575
112.2	-3.0	5546.7	1704.0	24804
1686.3	101.1	330708.1	15359.2	33978
490.2	9.9	6503.0	3662.9	45867
474.9	13.3	7854.6	2851.9	46084
355.4	66.3	10467.1	2501.5	68828
-498.6	-	11421.1	5007.0	49400
41.1	19.7	4017.1	228.9	1446
870.3	38.2	20890.1	8080.1	13046
220.2	97.7	22296.7	4076.3	51939
1585.0	18.2	33460.0	12354.0	46000
801.2	106.4	12427.5	5232.3	54926
342.2	24.5	12973.7	4361.1	28161
72.4	157.6	12112.1	1968.6	5727
484.4	-	10360.1	1055.0	18130
-3464.0	-	42676.0	6753.0	11855
1984.9	3.9	23874.5	10341.4	37169
59.4	-9.0	2095.6	746.7	1400
692.6	58.9	7840.4	3656.6	10299
2560.8	-5.4	21678.1	9764.8	46100
173.7	3.9	8901.8	2469.2	308385
336.7	228.0	11602.3	3982.9	84899
308.2	162.7	13232.6	3441.6	20660
276.3	-11.1	6145.2	2794.1	46000
-236.9	-	11314.5	226.7	102000
644.4	22.1	39547.8	8755.1	19284
-133.4	-131.4	72091.7	2395.5	13143
422.8	-19.1	32909.9	8289.3	15905
639.9	58.8	52611.9	7362.6	23296
228.9	60.4	5293.3	1835.9	13700
725.0	23.0	13957.1	6002.5	54239
137.7	21.6	4384.9	1310.3	21600
414.0	-	7361.0	1301.0	68407
239.2	175.4	2790.4	1028.5	69550
821.0	-23.8	34962.0	5383.0	16271
318.0	-76.7	44186.0	10538.0	16700
442.8	38.0	5365.5	1510.6	15055

16-2 续表 9 continued

位次 Rank 2003	2002	企业名称	Company Name	国家和地区	Country or Area	营业额(百万美元) Revenues (USD mil.)	比上年增长% % Change from 2002
451	469	大日本印刷公司	Dai Nippon Printing	日本	Japan	11987.9	11.6
452	480	THALES GROUP	Thales Group	法国	France	11962.1	13.9
453	432	丰业银行	Bank of Nova Scotia	加拿大	Canada	11960.0	2.8
454	.	HOCHTEIF	Hochteif	德国	Germany	11922.4	5.0
455	460	大林组	Obayashi	日本	Japan	11918.8	8.3
456	.	法国邮电总局	PTT	泰国	Thailand	11904.6	28.0
457	.	前进公司	Progressive	美国	United States	11892.0	27.9
458	479	宏利保险	Manulife Financial	加拿大	Canada	11887.3	12.9
459	464	加拿大帝国商业银行	Canadian Imperial Bank of Commerce	加拿大	Canada	11863.7	9.5
460	436	埃森哲	Accenture	美国	United States	11818.0	2.1
461	.	上海汽车工业(集团)公司	Shanghai Automotive	中国	China	11754.6	36.6
462	.	恒都斯坦石油公司	Hindustan Petroleum	印度	India	11750.5	12.9
463	439	RELIANT ENERGY	Reliant Energy	美国	United States	11707.3	1.3
464	412	旭电	Solectron	美国	United States	11700.4	-4.7
465	485	MBNA	MBNA	美国	United States	11684.4	12.0
466	.	SHV HOLDINGS	SHV Holdings	荷兰	Netherlands	11624.9	31.1
467	484	马什-麦克伦南公司	Marsh & McLennan	美国	United States	11588.0	11.0
468	454	废物处理公司	Waste Management	美国	United States	11574.0	3.9
469	449	玩具反斗店	Toys'R'Us	美国	United States	11566.0	2.3
470	298	朝日生命联合保险公司	Asahi Mutual Life Insurance	日本	Japan	11550.6	-27.5
471	482	积水建房公司	Sekisui House	日本	Japan	11544.6	10.1
472	385	迪阿吉奥	Diageo	英国	United Kingdom	11537.6	-12.7
473	446	EUROHYPO	Eurohypo	德国	Germany	11535.8	1.3
474	471	日本近铁	Kintetsu	日本	Japan	11489.9	7.4
475	492	凸版印刷公司	Toppan Printing	日本	Japan	11485.5	11.8
476	.	DANSKE 银行集团	Danske Bank Group	丹麦	Denmark	11479.4	13.3
477	493	美国家庭生命保险公司	AFLAC	美国	United States	11447.0	11.6
478	404	太阳微系统公司	Sun Microsystems	美国	United States	11434.0	-8.5
479	.	CHUBB	Chubb	美国	United States	11394.0	24.7
480	483	KURAYA SANSEIDO	Kuraya Sanseido	日本	Japan	11366.6	8.7
481	.	公共服务公司	Public Service Enterprise Group	美国	United States	11340.0	28.4
482	.	RELIANCE INDUSTRIES	Reliance Industries	印度	India	11327.7	19.4
483	352	德州公用	TXU	美国	United States	11325.0	-19.6
484	442	太阳联合人寿保险公司	Taiyo Life Insurance	日本	Japan	11275.1	-2.0
485	.	UPM-KYMMENE	UPM-Kymmene	芬兰	Finland	11258.8	13.7
486	477	南方公司	Southern	美国	United States	11251.0	6.7
487	418	加拿大电力保险公司	Power Corp. of Canada	加拿大	Canada	11238.5	-7.2
488	362	太平洋天然气和电气公司	PG&E Corp.	美国	United States	11221.0	-18.6
489	.	MASCO	Masco	美国	United States	11134.0	18.2
490	.	IBERDROLA	IBERDROLA	西班牙	Spain	11111.2	22.7
491	.	ASAHI KASEI	Asahi Kasei	日本	Japan	11097.6	13.3
492	497	HEALTH NET	Health Net	美国	United States	11062.5	8.4
493	115	三星公司	Samsung	韩国	South Korea	11051.4	-66.5
494	308	阿比国民银行	Abbey National	英国	United Kingdom	11041.2	-20.3
495	467	大西洋和太平洋茶叶公司	Great Atl. & Pacific Tea	美国	United States	11033.7	2.2
496	453	太平洋健康系统	PacifiCare Health Sys.	美国	United States	11008.5	-1.3
497	.	大和房产	Daiwa House Industry	日本	Japan	10841.8	11.5
498	.	瑞士电信公司	Swisscom	瑞士	Switzerland	10841.3	16.2
499	447	TOKYU	Tokyu	日本	Japan	10830.8	-4.7
500	476	多伦多-道明银行	Toronto-Dominion Bank	加拿大	Canada	10827.2	2.2

利润额(百万美元) Profits (USD mil.)	比上年增长% % Change from 2002	资产额(百万美元) Assets (USD mil.)	股东产权权益(百万美元) Stockholders' Equity (USD mil.)	雇员人数(人) Employees (persons)
469.0	98.6	14550.2	9407.7	34514
127.2	21.2	23146.2	2540.8	57439
1716.3	50.3	216906.3	11087.6	43986
18.4	-55.1	9332.9	2003.4	34039
187.6	631.8	17512.1	3309.2	13695
949.5	66.6	8192.4	2834.5	4262
1255.4	88.1	16281.5	5030.6	25834
1096.2	25.7	115288.2	7164.3	35000
1429.4	244.5	210271.4	10453.4	36630
498.2	103.4	6459.2	794.2	83000
688.9	149.9	9115.6	3996.6	51200
430.2	41.8	4493.7	1731.1	11088
-1342.1	-	13308.3	4371.8	5293
-3462.0	-	6529.5	1422.0	59500
2338.1	32.4	59113.4	11113.0	26500
302.4	27.4	7343.7	1768.3	28200
1540.0	12.8	15053.0	5451.0	60000
630.0	-23.4	20656.0	5563.0	51700
88.0	-61.6	10218.0	4222.0	65000
166.0	223.7	61995.6	2946.6	19162
328.7	18.1	11157.4	6310.5	19498
120.5	-94.8	26727.5	8174.8	35674
33.9	-87.8	286599.0	6464.5	2417
146.5	-	21004.5	1338.2	36675
276.5	15.7	14046.2	7117.6	32180
1411.9	35.1	309350.8	10240.5	16391
795.0	-3.2	50964.0	6646.0	6473
-3429.0	-	12985.0	6491.0	36100
808.8	262.9	38360.6	8552.0	12300
69.7	69.5	6023.2	1239.8	7468
1160.0	373.5	28055.0	5529.0	10632
1125.5	32.7	16388.0	7934.6	11371
582.0	-	316868.0	5919.0	14235
38.0	192.3	61781.0	2127.4	13417
416.5	-19.9	18310.7	8664.1	34482
1474.0	11.8	35045.0	9648.0	25762
905.0	120.3	83361.4	4675.6	19000
420.0	-	30175.0	4215.0	20600
806.0	36.7	12149.0	5456.0	61000
1200.0	31.9	30818.0	10374.9	13042
245.0	-	12007.5	4329.8	25011
235.0	2.8	3549.1	1295.2	9000
71.8	22.2	10217.5	3726.9	5900
-1142.7	-	316452.0	9543.2	24421
-147.0	-	2750.6	385.8	48470
242.7	-	4619.3	1851.5	7700
329.8	-	10454.7	4739.2	17814
1166.6	120.4	13373.4	6200.8	19207
-109.3	-489.9	19321.7	1547.2	25082
745.6	-	207528.7	9947.3	41934

主要统计指标解释

500家大企业营业额和利润　表上所列的企业必须公布其财务数据，并向有关政府机构汇报其全部或部分数字。上报的营业额包括公布时非连续性经营活动所得收入。商业银行及储蓄所的营业额为利息收入和非利息收入。对保险公司而言，这样的数字为保险费、年金收入、投资收入、资产收益或亏损，但不包括存款。营业额包括子公司，不包括营业税。

此表中的利润为税后利润，扣除收入声明中的额外账款或费用，扣除费用改变的累积影响。负数为亏损。利润跌幅超过100%反映出从2002年盈利到2003年亏损的变动。2003年会计年度截止日期不晚于2004年3月31日，各国会计年度会有所不同。对于非美国企业的销售额和利润，会计年度截止日期为2003年12月31日，均按年度平均官方汇率换算成美元。

资产及股东产权权益　均为企业会计年度末的数据。股东产权权益为此时的资本存量、实收资本、留存收益总数，不包括少数股权。非美国企业的数字，按其会计年度末的官方汇率换算成美元。

雇员数　因企业不同而有所不同，或为会计年度末人数，或为年度平均人数。

行业分类　反映出这些公司最主要的收入所属行业。行业分组按照美国管理和预算办公室制定的分类方法。

Explanatory Notes on Main Statistical Indicators

Revenues and Profits for the Global 500 Companies All the companies on the list must publish financial data and report part or all of their figures to a government agency. Revenues are as reported, including revenues from discontinues operations when they are published on a consolidated basis. The revenues for commercial banks and savings institutions are the sum of interest and no interest revenues. Such figures for insurance companies include premium and annuity income, investment income and capital gains or losses but exclude deposits. Revenue figures include consolidated subsidiaries and exclude excise taxes.

Profits are shown after taxes, after extraordinary credits or charges if any appear on the income statement, and after cumulative effects of accounting charges. Figures in minus indicate a loss. Profit declines more than 100% reflect swings from 2002profits to 2003 losses.

Data shown are for the fiscal year ended on or before March 21, 2004. Revenue and profit figures for non-U.S. companies have been converted to U.S. dollars at the average exchange rate during each company's fiscal year (ended Dec.31, 2003).

Assets and Equity Assets shown are those at the company's fiscal year-end. Stockholders' equity is the sum of capital stock, paid-in capital, and retained earnings on the same date. Minority interest is not included. Figures for the non-U.S. companies have been converted to U.S. Dollars at the official exchange rate at each company's fiscal year-end.

Employees The figure shown is either a fiscal year-end or a yearly average number, as published by the corporation.

Industry Classification Companies are included in the industry that represents the greatest volume of their revenues. Industry groups are based on categories established by the U.S. Office of Management and Budget.

附 录

Appendix

附录1　各国(地区) 货币单位*

Annex1 Local Currency Units of Countries or Area*

资料来源：德国《国外统计年鉴》2003年；世界知识出版社《世界知识年鉴》2003/2004年；国际货币基金组织《国际金融统计月报》2004年4月。

Source: *Statistical Yearbook 2003 for Foreign Countries* of Germany; World Knowledge Publishing House *World Knowledge Yearbook 2003/2004*; IMF *International Financial Statistics April 2004*.

国家和地区	Country or Area	货币名称	Local Currency	国际标准组织编码 ISO-Code
亚　洲	**Asia**			
中　国	China	元=10角=100分	Chinese Yuan=10 Jiao=100 Fen	CNY
中国香港	Hong Kong, China	港元=100仙	Hongkong Dollar=100 Cents	HKD
中国澳门	Macao, China	澳门元=100仙	Macao Pataca=100 Cents	MOP
阿富汗	Afghanistan	阿富汗尼=100普尔	Afghani=100 Puls	AFA
亚美尼亚	Armenia	德拉姆=100鲁马	Dram=100 Luma	AMD
阿塞拜疆	Azerbaijan	马纳特=100开比克	Azerbaijan Manat=100 Gepik	AZM
巴　林	Bahrain	巴林第纳尔=1000费尔斯	Bahrain Dinar=1000 Fils	BHD
孟加拉国	Bangladesh	塔卡=100波依夏	Taka=100 Poisha	BDT
不　丹	Bhutan	努扎姆=100吉扎姆	Ngultrum=100 Chhetrum	BTN
文　莱	Brunei Darussalam	文莱元=100分	Brunei Dollar=100 Cents	BND
柬埔寨	Cambodia	瑞尔=10角=100仙	Riel=10 Kak=100 Sen	KHR
塞浦路斯	Cyprus	塞浦路斯镑	Cyprus Pound	CYP
格鲁吉亚	Georgia	拉里=100　秦特勒	Lari = 100 Tetri	GEL
印　度	India	印度卢比=100　派萨	Indian Rupie=100 Paise	INR
印度尼西亚	Indonesia	印度尼西亚盾=100分	Rupiah=100 Sen	IDR
伊　朗	Iran	里亚尔=100第纳尔	Rial=100 Dinars	IRR
伊拉克	Iraq	伊拉克第纳尔=1000菲尔斯	Iraq Dinar=1000 Fils	JOD
以色列	Israel	新谢克尔	New Shekel	ILS
日　本	Japan	日元=100钱	Yen=100 Sen	JPY
约　旦	Jordan	约旦第纳尔=1000费尔斯	Jordan Dinar=1000 Fils	JOD
哈萨克斯坦	Kazakhstan	坚戈=100特因	Tenge=100 Tiin	KZT
朝　鲜	Korea, Dem.People's Rep.	朝鲜元=100钱	Won=100 Chon	KPW
韩　国	Korea, Rep.	韩圆=100钱	Won=100 Chon	KRW
科威特	Kuwait	科威特第纳尔=1000菲尔斯	Kuwaiti Dinar=1000 Fils	KWD
吉尔吉斯	Kyrgyz Rep.	索姆=100特因	Kyrgyz Som=100 Tyin	KGS
老　挝	Lao People's Dem.Rep	基普	Kip	LAK
黎巴嫩	Lebanon	黎巴嫩镑=100比索	Lebanese Pound=100 Piastres	LBP
马来西亚	Malaysia	林吉特=100分	Ringgit=100 Sen	MYR
马尔代夫	Maldives	拉菲亚=100拉里	Rufiyaa=100 Laari	MVR
蒙　古	Mongolia	图格里克	Togrog	MNT
缅　甸	Myanmar	缅元=100分	Kyat=100 Pyas	MMK
尼泊尔	Nepal	尼泊尔卢比=100派萨=2摩赫	Rupee=100 Paisa, 50Paisa=1 Mohur	NPR
阿　曼	Oman	里亚尔=1000比索	Rial Omani=100 Baizas	OMR
巴基斯坦	Pakistan	巴基斯坦卢比=100派萨	Pakistani Rupee = 100 Paisa	PKR

附录 1　续表 1 continued

国家和地区	Country or Area	货币名称	Local Currency	国际标准组织编码 ISO-Code
菲律宾	Philippines	比索 =100 分	Philippine Peso = 100 Centavos	PHP
卡塔尔	Qatar	卡塔尔里亚尔 =100 迪姆拉	Qatar Riyal=100 Dirhams	QAR
留尼汪	Reunion	1 欧元 =6.5596 法郎，	Euro=6.5596 Franc,	EUR
		法郎 =100 生丁	Franc = 100 Centimes	FRF
沙特阿拉伯	Saudi Arabia	沙特里亚尔 =100 哈拉拉	Saudi Arabian Riyal=100 Hallalas	SAR
新加坡	Singapore	新加坡元 =100 分	Singapore Dollar=100 Cents	SGD
斯里兰卡	Sri Lanka	卢比 =100 分	Sri Lanka Rupee =100 Sri Lanka Cents	LKR
叙利亚	Syrian Arab Rep.	叙利亚镑 =100 比索	Syrian Pound=100 Piastres	SYP
塔吉克斯坦	Tajikistan	索莫尼	Somoni	TJS
泰国	Thailand	铢	Baht	THB
土耳其	Turkey	土耳其里拉	Turkish Lira	TRL
土库曼斯坦	Turkmenistan	马纳特 =100 坚戈	Turkmenistan Manat =100 Tenge	TMM
阿联酋	United Arab Emirates	迪尔汗 =100 菲尔斯	Dirham=100 Fils	AED
乌兹别克斯坦	Uzbekistan	苏姆 =100 蒂因	Usbekistan Sum=100 Tijin	UZS
越南	Vietnam	越南盾 =10 角 =100 分	Dong=10 Hao=100 Xu	VND
也门	Yemen	里亚尔 =100 费尔斯	Yemeni Rial=100 Fils	YER
非洲	**Africa**			
阿尔及利亚	Algeria	阿尔及利亚第纳尔 =100 生丁	Algerian Dinar=100 Centines	DZD
安哥拉	Angola	宽扎	Kwanza	AOA
贝宁	Benin	非洲法郎	CFA Franc	XOF
博茨瓦纳	Botswana	普拉 =100 生丁	Pula=100 Centimes	DZD
布基纳法索	Burkina Faso	非洲法郎	CFA Franc	XOF
布隆迪	Burundi	布隆迪法郎 =100 生丁	Burundi Franc=100 Centimes	BIF
喀麦隆	Cameroon	非洲法郎	CFA Franc	XOF
佛得角	Cape Verde	埃斯库多 =100 分，1 康托 =1000 埃斯库多	Cape Verde Escudo = 100 Cent,1000 Escudoes = Conto	CVE
中非共和国	Central African Rep.	非洲法郎	CFA Franc	XOF
乍得	Chad	非洲法郎	CFA Franc	XOF
科摩罗	Comoros	科摩罗法郎	Comoran Franc	KMF
刚果(金)	Congo, Dem. Rep.	刚果法郎	Congo Franc	GNF
刚果(布)	Congo	非洲法郎	CFA Franc	XOF
科特迪瓦	Cote D`Ivoire	非洲法郎	CFA Franc	XOF
吉布提	Djibouti	吉布提法郎	Djibouti Franc	DJF
埃及	Egypt	埃及镑 =100 比索 =1000 米利姆	Egypt Pound = 100Piasters = 1000 Milliemes	EGP
赤道几内亚	Equatorial Guinea	非洲法郎	CFA Franc	XOF
厄里特尼亚	Eritrea	纳克法 =100 分	Nakfa = 100 Cents	ERN
埃塞俄比亚	Ethiopia	埃塞俄比亚比尔 =100 分	Birr=100 Cents	ETB
加蓬	Gabon	非洲法郎	CFA Franc	XOF
冈比亚	Gambia	达拉西 = 布图	Dalasi=Bututs	GMD
加纳	Ghana	塞地 =100 比塞瓦	Cedi=100 Pesewas	GHC
几内亚	Guinea	几内亚法郎	Guinean Franc	GNF

附录1　续表2 continued

国家和地区	Country or Area	货币名称	Local Currency	国际标准组织编码 ISO-Code
几内亚比绍	Guinea-Bissau	非洲法郎	CFA Franc	XOF
肯尼亚	Kenya	肯尼亚先令=100分	Kenya Shilling=100 Cents	KES
莱索托	Lesotho	洛蒂(复数为马洛蒂)=100分	Loti(Pl.:Maloti)=100 Lisente	LSL
利比里亚	Liberia	利比里亚元=100分	Liberian Dollar=100 Cents	LRD
利比亚	Libya	第纳尔=1000迪拉姆	Dinar=1000 Dirhams	LYD
马达加斯加	Madagascar	马达加斯加法郎=100生丁	Madagascar Franc = 100 Centimes	MGF
马拉维	Malawi	马拉维克瓦查=100塔姆巴拉	Malawi Kwacha=100 Tambala	MWK
马里	Mali	非洲法郎	CFA Franc	XOF
毛里塔尼亚	Mauritania	乌吉亚=5库姆斯	Ouguiya=5 Khoums	MRO
毛里求斯	Mauritius	卢比	Rupee	MUR
摩洛哥	Morocco	迪拉姆	Dirham	MAD
莫桑比克	Mozambique	梅蒂卡尔=100分	Metical=100 Centavos	MZM
纳米比亚	Namibia	纳米比亚元=100分	Namibia Dollar=100 Cents	NAD
尼日尔	Niger	非洲法郎	CFA Franc	XOF
尼日利亚	Nigeria	奈拉=100克布	Naria=100 Kobo	NGN
卢旺达	Rwanda	卢旺达法郎=100生丁	Rwanda Franc=100 Centimes	RWF
圣多美和普林西比	Sao Tome & Principe	多布拉=100分	Dobra=100 Centimos	STD
塞内加尔	Senegal	非洲法郎	CFA Franc	XOF
塞舌尔	Seychelles	塞舌尔卢比=100分	Seychelles Rupee =100 Cents	SCR
塞拉利昂	Sierra Leone	利昂=100分	Leone=100 Cents	SLL
索马里	Somali	索马里先令=100分	Somali Shilling=100 Centesimi	SOS
南非	South Africa	兰特=100分	Rand=100 Cents	ZAR
圣赫勒拿	St Helena	圣赫勒拿镑=100便士	St Helena Pound=100 Pennies	SHP
苏丹	Sudan	第纳尔=100比索	Sudanese Dinar=100 Piastres	SDD
斯威士兰	Swaziland	埃马兰吉尼=100分	Lilangeni=100 Cents	ZAR
坦桑尼亚	Tanzania	坦桑尼亚先令=100分	Tanzanian Shilling=100 Cents	TZS
多哥	Togo	非洲法郎	CFA Franc	XOF
突尼斯	Tunisia	第纳尔=1000米利姆	Dinar=1000 Millimes	TND
乌干达	Uganda	乌干达先令	Uganda Shilling	UGX
赞比亚	Zambia	克瓦查=100恩韦	Kwacha = 100 Ngwee	ZMK
津巴布韦	Zimbabwe	津巴布韦元	Zimbabwe Dollar	ZWD
美洲	**America**			
阿根廷	Argentina	比索=100分	Argentine Peso=100 Centavos	ARS
阿鲁巴	Aruba	阿鲁巴弗罗林=100分	Aruba Florin=100 Cents	AWG
安圭拉	Anguilla	东加勒比元=100分	East Caribbean Dollar = 100 Cents	XCD
安提瓜和巴布达	Antigua And Barbuda	东加勒比元=100分	East Caribbean Dollar = 100 Cents	XCD
巴西	Brazil	雷亚尔=100分	Real=100 Centavos	BRL
巴哈马	Bahamas	巴哈马元	Bahamian Dollar=100 Cents	BSD
巴拉圭	Paraguay	瓜拉尼=100分	Guarani=100 Centimos	PYG

附录1　续表3 continued

国家和地区	Country or Area	货币名称	Local Currency	国际标准组织编码 ISO-Code
巴拿马	Panama	巴波亚=100分	Balboa=100 Centesimos	PAB
巴巴多斯	Barbados	巴巴多斯元	Barbados Dollar=100 Cents	BBD
百慕大	Bermuda	百慕大元=100分	Bermuda Dollar=100 Cents	BMD
波多黎各	Porto rico	美元=100分	Dollar=100 Cents	USD
玻利维亚	Bolivia	玻利维亚诺=100分	Bolivariano=100 Centavos	BOB
伯利兹	Belize	伯利兹元=100分	Belize Dollar=100 Cents	BZD
多米尼加	Dominican Rep.	比索=100分	Peso=100 Centavos	DOP
多米尼克	Dominica	东加勒比元=100分	East Caribbean Dollar = 100 Cents	XCD
厄瓜多尔	Ecuador	美元=100分	Dollar=100 Cents	USD
法属圭亚那	Guayane Francaise	1欧元=6.5596法郎	Euro=6.5596 Franc	EUR
		法国法郎=100生丁	Franc=100 Centimes	FRF
哥伦比亚	Colombia	比索=100分	Peso=100 Centavos	COP
哥斯达黎加	Costa Rica	科朗=100分	Colon=100 Centimos	CRC
格陵兰	Greenland	丹麦克朗=100欧尔	Danish Kroon=100 Ore	DKK
格林纳达	Grenada	东加勒比元=100分	East Caribbean Dollar = 100 Cents	XCD
古巴	Cuba	可兑换比索=100分	Peso convertible=100 Centavos	CUP
瓜德罗普	Guadeloupe	法国法郎=100生丁	Franc=100 Centimes	FRF
圭亚那	Guyana	圭亚那元=100分	Guyana Dollar=100 Cents	GYD
海地	Haiti	古德=100生丁	Gourde=100 Centimes	HTG
荷属安的列斯	The Netherlands Antilles	荷属安的列斯盾或弗罗林，1盾=100分	Netherlands Antilles Guildar / Florin = 100 Cents	ANG
洪都拉斯	Honduras	伦皮拉=100分	Lempira=100 Centavos	HNL
加拿大	Canada	加拿大元=100分	Canadian Dollar=100 Cents	CAD
开曼群岛	The Cayman Islands	开曼元=100分	Cayman Dollar=100 Cents	KYD
马提尼克	Martinique	1欧元=6.5596法郎	Euro=6.5596 Franc	EUR
		法国法郎=100生丁	Franc=100 Centimes	FRF
美国	United States	美元=100分	Dollar=100 Cents	USD
蒙特塞拉特	Montserrat	东加勒比元=100分	East Caribbean Dollar=100 Cents	XCD
秘鲁	The Rep. of Peru	新索尔=100分	New Sol=100 Centimos	PEN
墨西哥	Mexico	比索=100分	Mexican Peso=100 Centavos	MXN
尼加拉瓜	Nicaragua	科多巴=100分	Cordoba=100 Centavos	NIO
萨尔瓦多	El Salvador	科朗=100分	El Salvadoran Colon=100 Centavos	SVC
圣基茨和尼维斯	St. Kitts And Nevis	东加勒比元=100分	East Caribbean Dollar=100 Cents	XCD
圣卢西亚	St. Lucia	东加勒比元=100分	East Caribbean Dollar=100 Cents	XCD
圣文森特和格林纳丁斯	St. Vincent & Grens.	东加勒比元=100分	East Caribbean Dollar=100 Cents	XCD
苏里南	Suriname	苏里南盾=100分	Suriname Guilder=100 Cents	SRG
特克斯和凯科斯群岛	The Turks and Caicos Islands	美元=100分	Dollar=100 Cents	USD
特立尼达和多巴哥	Trinidad And Tobago	特立尼达和多巴哥元=100分	Trinidad And Tobago Dollar =100 Cents	TTD
危地马拉	Guatemala	格查尔=100分	Quetzal=100 Centavos	GTQ

附录1　续表4 continued

国家和地区	Country or Area	货币名称	Local Currency	国际标准组织编码 ISO-Code
委内瑞拉	Venezuela	玻利瓦尔＝100分	Bolivar = 100 Centimos	VEB
乌拉圭	Uruguay	乌拉圭比索	Uruguayan Peso=100 Centesimos	UYU
牙买加	Jamaica	牙买加元＝100分	Jamaica Dollar=100 Cents	JMD
英属维尔京群岛	The British Virgin Islands	美元＝100分	Dollar=100 Cents	USD
智利	Chile	比索＝100分	Peso=100 Centavos	CLP
欧洲	**Europe**			
阿尔巴尼亚	Albania	列克＝100昆塔	Lek=100 Qindarka	ALL
奥地利	Austria	欧元＝13.7603奥地利先令，	Euro=13.7603 Austrian Schillings,	EUR
		奥地利先令＝100格罗申	Schilling = 100 Groschen	ATS
白俄罗斯	Belarus	白俄罗斯卢布＝100戈比	Belarus Ruble = 100 Kopeken	
比利时	Belgium	欧元＝40.3399比利时法郎，	Euro=40.3399 Belgian Francs,	EUR
		比利时法郎＝100生丁	Belgian Franc = 100 Centimes	BEF
波斯尼亚和黑塞哥维那	Bosnia And Hercegovinia	可兑换马克＝100芬尼	Konvertible Mark=100 Fening	BAM
保加利亚	Bulgaria	列弗＝100斯托丁卡	Lev=100 Stótinki	BGN
克罗地亚	Croatia	库纳＝100利珀	Kuna=100 Lipa	HRK
捷克	Czech Republic	捷克克郎＝100哈莱士	Czech Krouna = 100 Hellers	CZK
丹麦	Denmark	丹麦克郎＝100欧尔	Danish Krone=100 Ore	DKK
爱沙尼亚	Estonia	爱沙尼亚克郎＝100分	Estonian Kroon=100 Cents	EEK
芬兰	Finland	欧元＝5.94873芬兰马克，	Euro=5.94873 Finnish Markka,	EUR
		芬兰马克＝100分	Finnish Markka = 100 Pennies	FIM
法国	France	1欧元＝6.5596法郎，	Euro=6.5596 Franc,	EUR
		法郎＝100生丁	Franc = 100 Centimes	FRF
德国	Germany	欧元＝1.95583德国马克，	Euro=1.95583 Deutsche Mark,	EUR
		德国马克＝100芬尼	Deutsche Mark= 100 Deutsche Pfennig	
希腊	Greece	欧元＝340.75德拉克马，	Euro= 340.75 Drachma,	EUR
		德拉克马＝100雷普塔	Drachma=100 Lepta	GRD
匈牙利	Hungary	福林＝100非列	Forint=100 Fillér	
冰岛	Iceland	冰岛克郎＝100分	Icelandic Krona=100 Cents	ISK
爱尔兰	Ireland	欧元＝0.787564爱尔兰镑，	Euro = 0.787564 Irish Pounds,	EUR
		爱尔兰镑＝100便士	Irish Pound = 100 Pennies	IEP
意大利	Italy	1欧元＝1936.27里拉	Euro=1936.27 Italian Lire	EUR
		里拉	Italian Lire	ITL
拉脱维亚	Latvia	拉特＝100拉分	Lats=100 Centas	LVL
立陶宛	Lithuania	立特＝100立分	Litas = 100 Centas	LTL

附录1　续表5 continued

国家和地区	Country or Area	货币名称	Local Currency	国际标准组织编码 ISO-Code
卢森堡	Luxembourg	1欧元=40.3399卢森堡法郎	Euro= 40.3399 LUF	EUR
		卢森堡法郎，简称卢郎	Luxemburg Franc = 100 Cents	LUF
马其顿	Macedonia	代纳尔=100代尼	Denar=100Deni	MKD
马耳他	Malta	马耳他镑=100分=1000米尔	Malta Lira = 100 Cents = 1000 Mils	MTL
摩尔多瓦	Moldova	摩尔多瓦列伊=100巴尼	Moldova Leu=100 Bani	MDL
摩纳哥	**Monaco**	**欧元，摩纳哥辅币**		
		法国法郎=100生丁	Franc=100 Centimes	FRF
荷兰	Netherlands	欧元=2.2037荷兰盾	Euro=2.2037 Dutch Guilders,	EUR
		荷兰盾=100分	Dutch Guilder=100 Cents	NLG
挪威	Norway	挪威克郎=100欧尔	Norwegian Krone =100 Ore	NOK
波兰	Poland	兹罗提=100格罗什	Zloty=100 Gloszes	PLN
葡萄牙	Portugal	欧元=200.482埃斯库多	Euro=200.482 Portugal Escudos,	EUR
		埃斯库多=100分	Escudo=100 Centavos	PTE
罗马尼亚	Romania	列伊=100班尼	Leu = 100 Bani	ROL
俄罗斯联邦	Russia Federation	卢布=100戈比	Ruble = 100 Kopeken	RUB
圣马力诺	San Marino	意大利里拉	Italian Lire	ITL
斯洛伐克	Slovak Rep.	斯洛伐克克郎=100哈莱士	Slovak Koruna = 100 Helles	SKK
斯洛文尼亚	Slovenia	托拉尔=100斯托丁	Tolar = 100 Stotin	SIT
西班牙	Spain	欧元=166.386比赛塔	Euro = 166.386 Spanish Pecetas	EUR
		比赛塔	Pecetas	ESP
瑞典	Sweden	瑞典克朗	Swedish Krona	SEK
瑞士	Switzerland	瑞士法郎=100生丁	Switzerland Franc = 100 Centimes	CHF
列支敦示登	Liechtenstein	瑞士法郎=100生丁	Switzerland Franc = 100 Centimes	CHF
乌克兰	Ukraine	格里夫尼亚=100戈比	Hryvnia=100 Kopeken	UAH
英国	United Kingdom	英镑=100便士	Pound=100 Pennies	GBP
南斯拉夫	Yugoslavia	第纳尔=100巴拉	Yugoslavia Dinar = 100 Para	YUM
大洋州	**Oceania**			
澳大利亚	Australia	澳元=100分	Australian Dollar=100 Cents	AUD
斐济	Fiji	斐济元=100分	Fiji Dollar=100 Cents	FJD
法属波利尼西亚	French Polynesia	欧元=119.33太平洋法郎	Euro = 119.33 Franc CFP	EUR
		太平洋法郎	Franc CFP	XPF
基里巴斯	Kiribati	澳元／吉布提=100分	Australian Dollar/Kiribati=100 Cents	AUD
马绍尔群岛	Marshall Islands	美元=100分	Dollar=100 Cents	USD
密克罗尼西亚	Micronesia, Fed States of	美元=100分	Dollar=100 Cents	USD
新喀里多尼亚	New Caledonia	欧元	Euro	EUR
		太平洋法郎	Franc CFP	XPF
新西兰	New Zealand	新西兰元=100分	New Zealand Dollar=100 Cents	NZD
巴布亚新几内亚	Papua New Guinea	基那=100托伊	Kina=100 Toea	PGK
萨摩亚	Samoa	塔拉=100分	Tala=100 Sene	WST
所罗门群岛	Solomon Islands	所罗门群岛元=100分	Solomon Islands Dollar = 100 Cents	SBD
汤加	Tonga	潘加=100分	Pa'anga=100 Senti	TOP
图瓦卢	Tuvalu	澳元=100分	Australian Dollar=100 Cents	AUD
瓦努阿图	Vanuatu	瓦图	Vatu	VUV
瓦利斯和富图纳	Wallis and Futuna	太平洋法郎	Franc CFP	XPF

注：*对于欧元区成员国，为方便用户，除了列示欧元以外，同时列示了相应国家原货币单位。
Note: *For the member countries of Eurozone, the original currencies of the relevant countries have been recorded besides the euro to facilitate the readers to use the materials.

附录2 索引

Appendix 2 Index

中国统计出版社最新资料书简目

《中国统计年鉴－2004》
《中国统计摘要－2004》
《长江和珠江三角洲及
港澳特别行政区统计年鉴－2004》
《中国城市统计年鉴－2003》
《中国农村统计年鉴－2004》
《中国劳动统计年鉴－2004》
《中国人口统计年鉴－2004》
《中国工业经济统计年鉴－2001》
《中国市场统计年鉴－2004》
《中国对外经济贸易统计年鉴－2003》
《中国发展报告－2004》
《中国固定资产投资统计年鉴－2004》
《中国基本单位统计年鉴－2001》
《中国建筑业统计年鉴－2003》
《中国民政统计年鉴－2004》
《中国农村乡镇统计概要－2004》
《中国农村住户调查年鉴－2004》
《中国物价及城镇居民家庭收支
调查统计年鉴－2004》
《中国高技术产业统计年鉴－2004》

《北京统计年鉴－2004》
《天津统计年鉴－2004》
《河北经济年鉴－2004》
《山西统计年鉴－2004》
《内蒙古统计年鉴－2004》
《辽宁统计年鉴－2004》
《吉林统计年鉴－2004》
《黑龙江统计年鉴－2004》
《上海统计年鉴－2004》
《江苏统计年鉴－2004》
《浙江统计年鉴－2004》
《安徽统计年鉴－2004》
《福建统计年鉴－2004》
《江西统计年鉴－2004》
《山东统计年鉴－2004》
《河南统计年鉴－2004》
《湖北统计年鉴－2004》
《湖南统计年鉴－2004》
《广东统计年鉴－2004》
《广西统计年鉴－2004》
《海南统计年鉴－2004》
《重庆统计年鉴－2004》
《四川统计年鉴－2004》
《贵州统计年鉴－2004》
《云南统计年鉴－2004》
《西藏统计年鉴－2004》
《陕西统计年鉴－2004》
《甘肃年鉴－2004》
《青海统计年鉴－2004》
《宁夏统计年鉴－2004》
《新疆统计年鉴－2004》
《新疆生产建设兵团统计年鉴－2004》

《石家庄统计年鉴－2004》
《唐山统计年鉴－2004》
《邯郸统计年鉴－2004》
《呼和浩特经济统计年鉴－2004》
《鄂尔多斯市统计年鉴－2004》
《包头统计年鉴－2004》
《赤峰统计年鉴－2004》
《沈阳年鉴－2004》
《大连统计年鉴－2004》
《鞍山统计年鉴－2004》
《长春统计年鉴－2004》
《吉林市社会经济统计年鉴－2004》
《四平统计年鉴－2004》
《延吉统计年鉴－2004》
《哈尔滨统计年鉴－2004》
《齐齐哈尔经济统计年鉴－2004》
《牡丹江统计年鉴－2004》
《大庆统计年鉴－2004》
《黑龙江垦区统计年鉴－2004》
《上海浦东新区统计年鉴－2004》
《南京统计年鉴－2004》
《苏州统计年鉴－2004》
《无锡统计年鉴－2004》
《常州统计年鉴－2004》
《徐州统计年鉴－2004》
《南通统计年鉴－2004》
《盐城统计年鉴－2004》
《镇江统计年鉴－2004》
《江阴统计年鉴－2004》
《杭州统计年鉴－2004》
《宁波统计年鉴－2004》
《绍兴统计年鉴－2004》
《台州统计年鉴－2004》
《舟山统计年鉴－2004》
《温州统计年鉴－2004》
《金华统计年鉴－2004》
《嘉兴统计年鉴－2004》
《丽水统计年鉴－2004》
《安庆经济统计年鉴－2004》
《福州年鉴－2004》
《厦门经济特区年鉴－2004》
《福州经济技术开发区年鉴－2004》
《南昌经济社会统计年鉴－2004》
《九江经济统计年鉴－2004》
《济南统计年鉴－2004》
《青岛统计年鉴－2004》
《潍坊统计年鉴－2004》
《淄博统计年鉴－2004》
《郑州统计年鉴－2004》
《洛阳统计年鉴－2004》
《三门峡统计年鉴－2004》
《平顶山统计年鉴－2004》
《南阳经济统计年鉴－2004》
《武汉统计年鉴－2004》
《宜昌统计年鉴－2004》
《十堰统计年鉴－2004》
《荆州统计年鉴－2004》
《长沙统计年鉴－2004》
《广州统计年鉴－2004》
《东莞统计年鉴－2004》
《惠州统计年鉴－2004》
《深圳统计年鉴－2004》
《南宁统计年鉴－2004》
《桂林经济社会统计年鉴－2004》
《柳州经济统计年鉴－2004》
《来宾统计年鉴－2004》
《河池地区经济社会统计年鉴－2004》
《海口统计年鉴－2004》
《成都统计年鉴－2004》
《贵阳统计年鉴－2004》
《昆明统计年鉴－2004》
《西安统计年鉴－2004》
《兰州年鉴－2004》
《西宁统计年鉴－2004》
《银川统计年鉴－2004》
《乌鲁木齐统计年鉴－2004》
《巴音郭楞统计年鉴－2004》
《吐鲁番统计年鉴－2004》

New Published Statistical Yearbook by China Statistics Press

Chifeng Statistical Yearbook-2004